Elina Pitkäkangas

Die Gabe des Schattenkriegers

ELINA PITKÄKANGAS

Die Gabe des Schattenkriegers

Aus dem Finnischen
von Claudia Nierste und Sarah Onkels

cbt

Zitat auf S. 189 aus Sun Tsu: *Die Kunst des Krieges*, Anaconda Verlag, München, 2016, 2024, in deutscher Übersetzung von Ingrid Fischer-Schreiber

Diese Übersetzung wurde gefördert von

FILI FINNISH LITERATURE EXCHANGE

MIX
Papier | Fördert gute Waldnutzung
FSC® C014496

Penguin Random House Verlagsgruppe
FSC® N001967

1. Auflage 2025
Erstmals als cbt Taschenbuch September 2025

Original edition published by WSOY, 2022
German language edition published by agreement with Elina Pitkäkangas and Elina Ahlback Literary Agency, Helsinki, Finland.

Neumarkter Straße 28, 81673 München
produktsicherheit@penguinrandomhouse.de
(Vorstehende Angaben sind zugleich Pflichtinformationen nach GPSR.)

Übersetzung: Claudia Nierste, Sarah Onkels
Umschlaggestaltung: Grafikagentur Kathrin Schüler,
unter Verwendung der Umschlaggestaltung von Kaisu Sandberg
Vignetten: © Adobe Stock (Layerform, Michele)
LR · Herstellung: DiMo
Satz: Buch-Werkstatt GmbH, Bad Aibling
Druck: GGP Media GmbH, Pößneck
ISBN 978-3-570-31718-1
Printed in Germany
www.cbj-verlag.de

Für Jenna

Prolog

»Keine Sorge, *Dìdi*, es tut nicht richtig weh.«

Ren zog mich sanft zum Ende der Schlange. Ich folgte ihm, obwohl ich eigentlich lieber auf der Stelle umgedreht und weggerannt wäre. Dabei hielt ich gleichzeitig schon nach möglichen Verstecken Ausschau, nach dichten Loktabüschen und Yak-Karren, wo ich zwischen die frischen Häute schlüpfen könnte. Rund um mich her waren weinende Vierjährige. Ich hörte ihre wütenden Proteste, ihr verängstigtes Flehen. Noch deutlicher aber hörte ich diejenigen, die ihr Schicksal bereits erlitten hatten.

Ich betrachtete die lange, von Fackeln erleuchtete Schlange, die sich zum Zelt des Gouverneurs wand. Die Kinder, die aus dem Zelt kamen, schrien am lautesten. Sie hielten ihr Handgelenk fest umklammert, manche wurden von ihren Eltern getröstet, andere von ihren Geschwistern begleitet, so wie ich. Zwischen ihren Fingern blitzte glänzendes Metall hervor.

Ren bemerkte meinen entsetzten Gesichtsausdruck. Er hockte sich neben mich, sodass wir auf Augenhöhe waren.

»Hey«, sagte mein großer Bruder und lächelte. »Soll ich dir was erzählen, was die anderen nicht wissen? Ein Geheimnis. Was im Zelt passiert. Eigentlich darf ich es nicht verraten, aber ich kann es dir ins Ohr flüstern, wenn du willst.«

Ich schüttelte den Kopf. Ren sprach weiter, als hätte ich genickt. Er tat geheimnisvoll.

»Sie versuchen, dich hinters Licht zu führen. Sie legen dir das Armband um und fordern dich auf, zu zählen, wie viele Sterne du auf Meister Shuyas *Thangka* siehst. Du kommst höchstens bis fünf, dann haben sie es auch schon angebracht. Der Trick ist dämlich, aber er funktioniert.«

»Tut er nicht«, schluchzte ich. »Jetzt nicht mehr, wo du ihn verraten hast.«

»Na ja, also …« Ren blinzelte. Jetzt bemerkte er offenbar selbst, dass sein Versuch, mich zu ermutigen, in die Hose gegangen war. Er seufzte, packte mich unter den Achseln und setzte mich auf seine Hüfte.

In meiner Welt war Ren groß und gab mir Sicherheit, obwohl er erst acht Jahre alt war. Das lag an unserem Altersunterschied von vier Jahren. Ich hielt mich an der dicken Wolle seiner *Chuba* fest und suchte die Umgebung ab. Obwohl ich wusste, dass ich unsere Mutter in der Menge nicht finden würde, versuchte ich es trotzdem. Ich hoffte, irgendwo eine Spur ihres himmelblauen Tuchs und ihrer schwarzen Zöpfe zu entdecken, die sie wie eine geflochtene Krone auf dem Kopf trug. Stattdessen sah ich nur Verzweiflung. Kinder, die keinen Armreif am Handgelenk haben wollten.

Die Schlange bewegte sich vorwärts. Damit trat auch Ren näher an die Öffnung im Zelt heran, und Panik stieg in mir auf.

»*Gēge*, ich will nicht«, bettelte ich mit Tränen in den Augen. »Nicht ohne Mama.«

»Sie wird hier schon irgendwo sein«, versicherte Ren. »Wir suchen sie sofort, wenn wir wieder draußen sind. Stell dir vor, gleich kannst du ihr deinen neuen Armreif zeigen. Mama wird sicher stolz sein, wenn sie hört, wie tapfer du warst. Schau doch mal: Die anderen Kinder heulen, und du lässt dir gar nichts anmerken.«

Kaum hatte er das gesagt, kamen mir die Tränen. »*Gēge*, ich habe Angst …! Ich will zu Mama!«

»Ich weiß, *Dìdi*. Ich weiß.«

Das Mitgefühl in Rens Augen verriet mir, dass er verstand, was ich durchmachte. Ihm war es in meinem Alter genauso ergangen. Wie allen anderen auch. Im Jahr des Büffels hatte Ren in der gleichen Schlange gestanden und genauso viel Angst gehabt wie ich. Allerdings waren damals Mama und Papa dabei gewesen, ich dagegen hatte nur ihn. Und obwohl Ren, mein unschlagbarer großer Bruder, mir Sicherheit gab, war er kein Ersatz für Mama.

Ich konnte nicht glauben, dass sie mich vergessen hatte. Warum war sie nicht gekommen, um mich abzuholen, wie sie es noch am Morgen versprochen hatte? Ren und ich hatten auf der Steintreppe vor unserem Haus auf sie gewartet, bis es dunkel geworden war und die Lampions an den Dachtraufen zu leuchten begonnen hatten. Schließlich hatte mich Ren bei der Hand genommen und gesagt, wenn wir nicht sofort losgingen, würden wir die Registrierung beim Gouverneur verpassen. Dann würde ich ohne Armband dastehen – und das durfte unter gar keinen Umständen passieren.

Hilflos sah ich zu, wie die Schlange vorrückte und ein weiteres Kind heulend aus dem Zelt getragen wurde. Sein Weinen übertönte mein eigenes. Ich schluchzte auf und schlang die Arme fester um Rens Hals.

»Das wird schon«, sagte er und lächelte. »Es tut wirklich nicht so weh, wie du denkst.«

Aber es tat weh. Und auf dem *Thangka* von Meister Shuya gab es keine Sterne, die man zählen konnte.

1. Teil

Das Jahr der Schlange

12 Jahre später

1. Kapitel

Einen Falken zähmte man nicht mit Härte. Wollte man, dass er Beute machte, ließ man ihn los. Man ließ ihn ungehindert durch die Lüfte fliegen, wo er spektakuläre Sturzflüge vollführen und sich mit tödlicher Geschwindigkeit auf sein Ziel stürzen konnte. Am Himmel waren die Falken wunderschön. Wären sie mitten in den Siedlungen gelandet, um ihre Klauen in ein kleines Tier zu schlagen und es mit ihrem spitzen Schnabel zu zerreißen, hätten die Menschen mehr Angst vor ihnen gehabt.

Aus genau diesem Grund war auch mein Platz nicht im Trubel der Stadt. Dort fühlte ich mich wie ein angebundener Falke, dem die Menschen beim Vorübergehen auswichen.

Ich beobachtete die endlosen Massen auf dem Basar von Sandu. Die Menschen kamen und gingen. Sie ließen sich treiben wie Schafe von ihrem Hirten. Esel und Dzomos wurden vor Karren gespannt und über die grob gepflasterten Straßen gezerrt, die von langen Reihen aus Marktständen gesäumt waren. Die Händler hinter ihren Sperrholzständen wetteiferten um Kundschaft. Kisten und Säcke, die sie überall um sich herum verteilt hatten, versperrten einen Großteil der Straße. Lebende Hühner kauerten in übereinandergestapelten Käfigen, große Flussfische dümpelten in Bottichen vor sich hin, in denen das Wasser durch einen Luftstrom aus einem schmalen Schlauch in Bewegung gehalten wurde.

Die Stadt Sandu hatte einen ganz eigenen Atem. Ihr Rhythmus

war wie eine Sitar mit ihrem schnellen Saitenspiel, das die Wände der Steinhäuser zu beiden Seiten des Basars durchdrang und so bereits Säuglinge an laute Geräusche gewöhnte. In der Luft hing ein schwerer Dunst von Räucherwerk, das auf Altären am Straßenrand verbrannt wurde, gemischt mit dem Duft von fetttriefendem Hammelfleisch aus den Straßenküchen. Der Rauch vernebelte sogar die Stromleitungen, die über den Straßen hingen und sich in dicken Strängen von einem Laternenpfahl zum nächsten wanden. Auch der dämmrige Abendhimmel darüber war kaum zu erkennen. Von den Sternen ganz zu schweigen.

Ich betrachtete die Wolkenbänder, die der Wind über die geschwungenen Dächer dahintrieb. In belebten Städten wie Sandu waren die Dächer mit ihren rinnenförmigen Ziegeln der beste Ort für Menschen wie mich. Wäre ich allein gewesen, hätte ich mich bereits auf das Dach des nächstgelegenen Teehauses geschwungen und meinen Weg abseits vom Gedränge fortgesetzt. Diesmal musste ich allerdings mit der Straße vorliebnehmen: Meine Begleitung war nicht gerade kletterfreudig.

Wir kamen zu einem Stoffladen. Ich blieb in die Ladentür gelehnt stehen und starrte nach draußen. Währenddessen hörte ich mit einem Ohr, wie Dray drinnen mit dem sturen Inhaber verhandelte. Das Feilschen klang wie ein Streit.

»Ein lächerliches Angebot!« Der Verkäufer schlug den letzten Preisvorschlag energisch aus. »Das ist echter Yak-Khullu. Ich bin schon großzügig, wenn ich bei zehn Wen mitgehe. Wovon soll ich bitte meine Familie ernähren, wenn ich mich auf weniger als zehn einlasse?«

Ich hörte Dray schnauben. »Dummes Geschwätz. Sie haben nicht mehr als fünf Wen dafür bezahlt. Die Wolle ist nicht richtig verarbeitet – sehen Sie her – an mehreren Stellen. Für einen guten Khullu können Sie zehn verlangen, aber dieser hier ist Ausschuss.«

»Er ist in gutem Zustand.«

Dray lachte. »Gut? Ist das Ihr Ernst? He, Dawei!« Er stieß einen Pfiff aus. »Sag mal, findest du, der ist zehn Wen wert?« Ich sah ihn über die Schulter hinweg an. Dray war groß und schlank, hielt sich stets aufrecht und hatte ein gepflegtes Äußeres, was ihn wohlhabender erscheinen ließ, als er in Wirklichkeit war. Er trug eine dunkelgraue Chuba – ein langes Gewand aus Schaffell, das nur eine Schulter bedeckte und über einem helleren Hemd getragen wurde – und eine schwarze Baumwollhose, deren Beine in seinen hohen Stiefeln steckten. Er lächelte mich an. Die Grübchen in seinen Wangen und seine Unschuldsmiene ließen vermuten, er habe bei seiner Bitte keinerlei Hintergedanken.

Dray hätte meine Hilfe nicht wirklich gebraucht. Er war geschickt im Feilschen und bekam letztendlich immer den Preis, den er wollte. Dass er mich herbeirief, hieß, er war der Höflichkeiten überdrüssig und wollte dem Händler klarmachen, wer das letzte Wort haben würde.

Na schön, dachte ich, und betrat das Geschäft. *Dann stelle ich mich eben zur Abschreckung neben dich, wie schon Millionen Mal zuvor.*

Im Ladeninneren waren die Regale zum Bersten mit Tierhäuten, Pelzen und leuchtend eingefärbten Leinen- und Wollstoffen vollgestopft. An den roten Lehmwänden hingen auf Leder gemalte Porträts der Gottheiten, die Wohlstand symbolisierten. An der Stirnwand des Raumes stand ein kleiner Altar mit Obstschalen und Räucherstäbchen, die nach Sandelholz dufteten. Da über dem Altar neben einem *Thangka*-Rollbild von Meister Shuya auch Porträts der Oberhäupter des herrschenden Clans hingen, konnte man davon ausgehen, dass der Händler ihnen treu ergeben war.

Mit verschränkten Armen und übertrieben düsterer Miene stellte ich mich neben Dray, damit sein Verhandlungspartner einsah, dass er sich in puncto Preise mit den Falschen anlegte. Der alte Mann starrte mich an. Er musste wissen, was meine Aufmachung bedeutete. Der schwarze, in der Taille gebundene Kaftan war für die Menschen aus den Bergen kein ungewöhnliches Kleidungsstück, doch ein gekrümmtes, mit Fledermausgravuren verziertes Khukri trugen nur die Vertreter einer Berufsgruppe am Gürtel: die Bianfu. Selbst wenn der

Händler in mir einen sechzehnjährigen Jungen sah, zeigte meine Anwesenheit Wirkung – mit dem Feilschen war es nun vorbei.

Dray hielt mir den Khullu hin. Er strich mit den Händen über den silbergrauen Wollstoff. »Siehst du? Was meinst du, was ist der wert?«

»*Gar nichts*«, gab ich mit einer für beide unmissverständlichen Geste zu verstehen, ohne auch nur einen Blick auf das Stück zu werfen.

Der Händler verzog das Gesicht. Meine Antwort war unnötig schroff, wenn man bedachte, dass der Mann sicher kein ausgemachter Schwindler war. Auf den Basaren konnte der Ausgangspreis bis zum Dreifachen des Warenwertes betragen, also war Drays Versuch, den Preis um einige Wen zu drücken, nicht der Rede wert. Ehrlich gesagt hätte ich auch nichts entdecken können, was an dem Khullu auszusetzen gewesen wäre. Dray hatte in der Hinsicht zehnmal bessere Augen als ich, und wenn er den Yak-Filz zu einem Spottpreis haben wollte, dann half ich ihm natürlich, ihn auch zu bekommen. Es gehörte nicht gerade zu meinen Stärken, ihm etwas abzuschlagen.

Dray lächelte und wiederholte sein Angebot: »Ich zahle sechs Wen. Der Preis ist mehr als fair.«

»Na, meinetwegen«, lenkte der Händler widerwillig ein. »Dann sind wir im Geschäft.«

Ich schmunzelte zufrieden. Das ging wirklich leicht. Manchmal war bei den Händlern trotz der abschreckenden Wirkung, die wir Bianfu hatten, noch ein wenig zusätzliche Überzeugungsarbeit nötig – auch wenn sie nur noch der Form halber feilschten –, ehe sie auf Drays Angebot eingingen. Hier und jetzt genügte allein meine Anwesenheit, damit Dray seinen Wunschpreis ohne weitere Umschweife bekam.

Ich betrachtete die Stoffe, während Dray den Händler bezahlte. Den Geldtransfer führten sie durch, indem sie routiniert ihre Armreife – die Geren – aneinanderhielten. Deren kleine Lämpchen leuchteten kurz auf, als sie sich mit dem Himmelsnetz verbanden. Der Händler sah so sauer aus, dass er mit seinem Blick ein Loch in die Berge des Aachalendra hätte ätzen können.

»Das war gierig von dir«, gestikulierte ich, sobald wir uns ein Stück vom Laden entfernt hatten. Dray trug das papierumwickelte Stoffbündel mit beiden Händen wie ein Kind, das gerade einen großen Fisch gefangen hatte. *»Mir sind keine Mängel daran aufgefallen. Du hättest ihm ohne Weiteres die zehn geben können.«*

»Ich habe einen guten Preis für verschlissene Ware gezahlt. Ich haue niemanden übers Ohr, und das weißt du auch. Der Mann hätte sich nicht darauf eingelassen, wenn er wirklich Verlust gemacht hätte.«

»Wenn die Wolle tatsächlich in so schlechtem Zustand ist, warum hast du sie dann gekauft?«

Er zuckte mit den Schultern. »Das weiß ich noch nicht. Vielleicht mache ich eine Satteltasche daraus. Die Farbe ist wunderschön. Damit kann ich das Doppelte von dem herausschlagen, was ich heute hingelegt habe.«

Ich schüttelte den Kopf. Dray geriet leicht ins Schwärmen, wenn er über zukünftige Projekte nachdachte. Er war bereits vor Jahren bei einem Schneider in die Lehre gegangen und brachte unserer Familie mit dem Verkauf seiner Kreationen so manches hübsche Sümmchen ein. Vor seiner Zeit im Waisenhaus hatte Dray bei Nomaden gelebt und unter dem offenen Sternenhimmel geschlafen. Zu jeder Jahreszeit nahm er kleinste Veränderungen wahr, die mir niemals aufgefallen wären. Er war von Natur aus neugierig, hatte eine rege Vorstellungskraft und ein unersättliches Verlangen nach Neuem, was in mir die Angst schürte, dass ihm das Leben in einem Bergdorf auf Dauer nicht genügen würde.

Dray war zwei Jahre älter als ich. Im Laufe der kommenden Monate würde er achtzehn werden – oder er war es bereits, denn niemand wusste, in welchem Monat er genau geboren war. Einige Jahre, nachdem Tantchen meinen älteren Bruder Ren und mich in ihrem Haus aufgenommen hatte, war er auf die Terrassen von Madang gezogen. Obwohl ich ein Schweigegelübde, ein *Anjing*, abgelegt hatte und die Kommunikation zwischen uns anfangs nicht einfach war, hatte sich Dray meine Sprache schnell angeeignet. Dabei kam ihm zugute, dass er selbst keine Gebärden verwenden musste. Es reichte aus, dass er mich verstand. Denn taub war ich nicht. Ein *Anjing* legte man aus freien Stücken ab.

»Davon abgesehen«, sagte Dray spitzbübisch, »hast du dem Mann selbst gesagt, dass die Wolle nichts wert ist. Und jetzt hast du Mitleid mit ihm, weil ich sechs Wen bezahlt habe?«

»Ich dachte, du wolltest, dass ich ihn einschüchtere.«

»Wie bitte?« Dray drehte sich zu mir um und ging rückwärts weiter. »Hast du gerade etwa zugegeben, den alten Kauz um meinetwillen erschreckt zu haben? Dawei. Ich bin schockiert.«

Ich senkte den Blick. Eine vertraute Wärme kribbelte auf meinem Gesicht, wie so oft, wenn ich mit Dray zusammen war.

Wir waren in vielerlei Hinsicht gegensätzlich. Er war gesellig und gutaussehend, hatte üppiges dunkelbraunes Haar, dichte Wimpern und große Augen, die die Welt mit Staunen betrachteten. Ihre Farbe schien sich mit der Tageszeit zu ändern: In der Morgendämmerung war seine Iris schwarz wie Feuerstein, in der Mittagssonne hatte sie ein warmes Braun, und im Schein des abendlichen Lagerfeuers glühte sie mahagonifarben. Seine Haut hatte einen stärkeren Bronzeton als meine und wirkte noch mitten im Winter wie von der Sonne geküsst. Seine Mundwinkel zeigten selbst dann leicht nach oben, wenn sein Gesicht entspannt war.

Alle mochten ihn. Ich dagegen war derjenige, der nicht lächelte. Der die Fehler sah, der zweifelte und zögerte, wenn Dray losstürmen wollte. Im Zorn hatte Tantchen einmal gesagt, ich sei der größte Sauertopf, den sie je großgezogen hätte. Wenn man bedachte, wie viele Waisenkinder sie im Laufe der Zeit in ihrer Obhut gehabt hatte, sagte das ziemlich viel aus.

Die Basare von Sandu erinnerten mich immer wieder daran, wie anders das Leben hätte verlaufen können, wenn Tantchen Ren, Dray und mich nicht adoptiert hätte. Mein Blick fiel auf einen Jungen in meinem Alter, der schlaff an einer Rikscha lehnte. Auf den ersten Blick sah es aus, als ob er döste, aber schon wenige Details verrieten, dass sein Zustand tiefer als ein Schlaf war. An seinen Lippen hatte sich Speichel gesammelt. Sein Geren war für alle sichtbar. Obwohl er kaum über nennenswerte Ersparnisse verfügen konnte, beäugten die Passanten seinen Armreif gierig. Es war nur eine Frage der Zeit, bis jemand die Gelegenheit nutzen und dem Jungen auch noch die letzten Wen stehlen würde.

Ich hatte versucht, mich an den Gedanken zu gewöhnen, dass der Tod nicht zwangsläufig schlimm war. Eine der ersten Lehren, die ich von den heiligen Männern, den Luohan, erhalten hatte, besagte, dass die Toten die Erde nährten. Dass dort, wo der Tod auftauchte, später sattes Grün in neuer Pracht gedieh. Nachdem der Schwarze Regen ganze Familien und Dörfer ausgelöscht hatte, blühten Jahrhunderte später Zichorien auf den Gräbern, und das Gras wuchs üppiger als zuvor. Es hieß, dies sei die Art der Götter, zu zeigen, dass der Verstorbene weitergezogen und in einem reinen Körper wiedergeboren worden war.

Der Gedanke war tröstlich. Und grausam zugleich. Zu den Lehren der Luohan gehörte auch der Glaube, dass die Taten aus einem vergangenen Leben bestimmten, in wessen Körper und in welcher Stellung die Seele wiedergeboren würde. Sinn und Zweck der Lehre bestand vermutlich darin, die Leute zu einem tugendhaften Leben zu animieren, aber manchmal fragte ich mich in kindlicher Einfalt, ob es wirklich so viele gab, die die Armut verdienten. Lediglich ein Drittel der Bevölkerung Fusangs war imstande, ihre Bürgerschulden vor Erreichen des zwanzigsten Lebensjahres zu begleichen.

Die Bürgerschulden waren auch der Grund, warum Dray und ich am heutigen Tag nach Sandu gekommen waren. Die zweite Zahlungsperiode im Jahr der Schlange näherte sich ihrem Ende. Jeder Bewohner Fusangs musste sich seine Staatsbürgerschaft erkaufen. Diese Pflicht oblag allen, die den staatlichen Armreif, den Geren, am Handgelenk trugen – mit anderen Worten, allen über vier Jahren. Ob wir wollten oder nicht, Dray und ich mussten regelmäßig nach Sandu kommen, um einen Teil unserer Schulden zu begleichen und uns den Status als vollwertige Bürger Fusangs zu sichern.

Wir schlenderten weiter an den zahlreichen Läden vorbei, bis wir den Gouverneurssitz erreichten, der mit seinem Prunk einen starken Kontrast zu dem Gedränge auf den Basaren bildete. Das riesige Bauwerk repräsentierte die Leitkultur Fusangs, die im Laufe der Jahre zusehends auch in die Minderheitengebiete vorgedrungen war. Bei der Restaurierung alter Gebäude wurde die Namla- und Hirayal-Architektur einfach durch die Architektur Fusangs ersetzt. Das Gouverneursgebäude war dafür das beste Beispiel und führte einem die herrschenden Machtverhältnisse vor Augen. Seine Säulen dufteten nach frischer Kiefer und waren mit leuchtend roter Farbe gestrichen. Unter dem Dachvorsprung hingen Lampions in strahlendem Rot, und in den aufragenden Ecken auf dem Dach verzogen geflügelte, löwenartige Wesen, die *Píxiū*, ihre Gesichter zu Grimassen. Vor dem Eingang wehten Fahnen mit einer schwarzen Schildkröte und einer Schlange – zum Zeichen dafür, dass die Behörde Beifang Zhi unterstellt war, einem der vier herrschenden Clans im Staat Fusang.

Der Vorhof war von einer moosbewachsenen Steinmauer umgeben, mit Wachen vor dem Tor. Eine von ihnen grüßte uns in förmlichem Fusang: »Guten Abend, meine Herren. Der Gouverneur ist heute nicht zu sprechen. Wenn Sie wegen der Bürgerschulden kommen, dann beeilen Sie sich bitte. Das Büro schließt jeden Augenblick.«

»Um die geht es«, antwortete Dray auf Namla, der Sprache, die in unserer Provinz überwiegend gesprochen wurde. Er beherrschte Fusang zwar, verwendete es aber nur, wenn es wirklich nötig war. Die Wachen verstanden Namla. Obwohl sie edle Uniformen im Stile Fusangs trugen und ihre langen Haare auf dem Kopf zu einem Knoten zusammengebunden hatten, verriet ihr nördlicher Akzent, dass sie Einheimische waren. Jedermann wusste, dass Staatsbedienstete ungeachtet ihrer Herkunft verpflichtet waren, die Gepflogenheiten Fusangs zu übernehmen. Sie mussten sogar Ortsnamen auf Fusang für Gebiete nutzen, die eine eigene Sprache und Namensgebung hatten. Die Provinz Namla wurde auf Fusang Nanmu genannt.

Der Mann fuhr fort: »Ich möchte Sie bitten, das Khukri sowie alle anderen Waffen hier abzugeben. Wir werden solange auf sie aufpassen. Wenn Sie hineingehen, melden Sie sich bitte am Empfang an, indem Sie Ihren Geren mit dem Sensor am Eingang synchronisieren. Warten Sie, bis Sie namentlich an den Serviceschalter gerufen werden. Sie können den Vorgang beschleunigen, indem Sie die erforderlichen Ausweisdokumente bereithalten –«

Er trug die Anweisungen vor, während Dray und ich sie schon befolgten. Ich nahm meinen Gürtel mit dem Khukri ab und öffnete meine Tasche. Der Mann warf nur einen kurzen Blick hinein. In der Provinz Namla wussten alle, dass die Bianfu nicht nur am Gürtel Waffen trugen, aber sie sahen darüber hinweg. Die Einheimischen, einschließlich der Staatsdiener, respektierten diese Tradition.

Das Innere des Gebäudes war nicht so reich verziert wie seine Außenwände. Das dunkle Eichenholz war gänzlich unbemalt. Meine Schritte hallten in der leeren Eingangshalle, die einzig von einem Sandmandala belebt wurde, das die hiesigen Luohan angefertigt hatten. Das kreisrunde Muster sollte den Menschen, die das Gebäude aufsuchten, Glück bringen. Seit sieben Jahren zierte es unverändert den kahlen Empfangsbereich. Hinter dem Mandala standen zwei Identifikationsautomaten aus Metall. Sie wirkten inmitten des imposanten Holzgebäudes grotesk hässlich.

Ich zog den Ärmel hoch und legte meine Hand unter den Sensor. Ich hatte die Staatstechnologie schon immer als abstoßend, ja regelrecht bedrohlich empfunden, wohingegen Dray von allem Technischen fasziniert war, als wäre es reine Magie. Ein strahlend blaues Licht in der Röhre scannte meine Daten, und eine mechanische Frauenstimme verkündete: »Vielen Dank. Registrierung abgeschlossen.«

Normalerweise war die Halle voller Menschen. Ich hatte unangenehme Erinnerungen daran, wie es war, im schwülen Hochsommer zur Stoßzeit hier zu warten, wenn die abgestandene Luft nach Schweiß und Dreck stank. Kinder weinten, weil ihnen schlecht wurde, und Eltern verloren die Nerven. Man wartete Stunden. Dray und ich hatten unsere Lehren daraus gezogen und uns angewöhnt, erst am letzten Tag der Zahlungsperiode herzukommen, wenn die meisten Bewohner ihre Bürgerschulden bereits beglichen hatten. Die Taktik zahlte sich aus, denn wir kamen sofort an die Reihe.

Dray sah mich an und fragte dann zögerlich: »Hör mal … Kann ich dich um etwas bitten?«

Ich nickte, ohne darüber nachzudenken. Dray schien seine Worte abzuwägen. Er dämpfte die Stimme, als hätte er Angst vor meiner Reaktion: »Ich weiß, dass ich Tantchens Anweisungen widerspreche, aber es ist wichtig. Kümmere dich zuerst um deine Schulden, bevor du die der anderen bezahlst. Bitte, Dawei. Ich möchte nicht, dass es dir so ergeht wie Qiren. Obwohl die ganze Familie mitgeholfen hat, konnten wir seine Schulden nicht abzahlen – die meisten Kinder sind zu klein, um Geld zu verdienen. Noch hast du die Chance, deine eigenen Schulden loszuwerden. Du kannst es schaffen, wenn du nur einmal an dich denkst.«

»Dray, dein Termin verstreicht, wenn du jetzt nicht gehst.«

Ich umklammerte den Riemen meiner Tasche. Dray sah sie an, als wäre sie eine schwere Eisenkugel, mit der ich in den nächstbesten Fluss springen wollte. Er zog die Augenbrauen zusammen. Der finstere Gesichtsausdruck schmerzte zutiefst, dennoch gab ich ihm nicht die erhoffte Antwort. Ich war meiner Familie gegenüber loyal. Wie alle anderen Waisenkinder hatte auch ich mit Tantchen ein Gespräch geführt, bevor ich zum ersten Mal arbeiten ging: Sie wünschte sich, dass wir alle an einem Strang zogen und zuerst die Schulden derer abstotterten, die unsere Hilfe am dringendsten nötig hatten. Das hatte ich mir zu Herzen genommen. Als Bianfu verdiente ich besser als die anderen, und mit dem Geld trug ich so viel wie möglich von den Schulden meiner Adoptivgeschwister ab.

Ich wandte mich ab und ging auf den leeren Stuhl vor einem Schalter zu, hinter dem ein Angestellter bereits ungeduldig mit den Fingern auf den Tisch trommelte. Mir war mulmig zumute. *Kümmere dich zuerst um deine Schulden, bevor du die der anderen bezahlst.* Warum musste Dray so etwas sagen …? Normalerweise hielt er sich an Tantchens Anweisungen. Warum dachte er, ich wäre bereit, so egoistisch zu handeln, wie er es verlangte?

»Guten Abend«, unterbrach eine gereizte Stimme meine Gedanken. Ich sah zu dem Mann auf, der hinter dem Holzgitter saß, und deutete eine höfliche Verbeugung an. Mein Gegenüber erwiderte sie nicht. Seiner schroffen Haltung nach zu urteilen, hatte dieser Mann mittleren Alters, der in ein schwarzes *Tángzhuāng*-Hemd gekleidet war, in den letzten Tagen einen endlosen Strom von Ausflüchten gehört, warum die Stadtbewohner ihre Schulden aktuell nicht bezahlen konnten. Ich hatte den Verdacht, dass die Trenngitter vor den Schaltern gar nicht dazu da waren, die Angestellten zu schützen, sondern um zu verhindern, dass sie die Not der Bürger sahen.

Ich warf einen Blick auf das Namensschild des Mannes und seufzte, als ich sah, dass Gebärdensprache dort nicht aufgeführt war.

»Herr Kong«, hob er an. »Aus Ihrer Akte geht hervor, dass Sie in den letzten Jahren stets den erforderlichen Mindestbetrag Ihrer Bürgerschulden entrichtet haben. Gleichzeitig sehe ich aber auch, dass Sie bisher weniger als die Hälfte Ihrer Gesamtschulden getilgt haben. In Anbetracht Ihres Alters wäre das wünschenswert. Mit einem Blick in Ihre Zahlungshistorie sehe ich außerdem, dass Sie …« Der Mann hielt inne, als er bemerkte, dass ich mir den Zeigefinger an die Lippen hielt. Er vollendete den Satz anders als geplant. »Ach … ein *Anjing* sind?«

Ich nickte. Er verdrehte theatralisch die Augen.

»Einen Augenblick«, knurrte er. »Ich hole jemanden, der Ihre Sprache spricht.«

»*Tun Sie das*«, stimmte ich mit einer Handbewegung zu. Die Geste war so eindeutig, dass sie nun wirklich jeder verstand. Der Mann murmelte im Weggehen etwas von »verfluchten Hinterwäldlern« und »Zeitverschwendung«.

Als eine Frau am Schalter erschien, hatte ich den Inhalt meiner Tasche bereits ordentlich auf dem Tisch zurechtgelegt. Die Papiere der

Kinder hatte ich dem Alter nach sortiert, damit die Bearbeiterin direkt wusste, in welcher Reihenfolge ich zahlen wollte.

Sie lächelte mich an und schob das Gitter zur Seite, um besser mit mir kommunizieren zu können.

»Guten Abend«, flötete sie und gestikulierte dabei. »Man sagte mir, hier sei jemand, der ein *Anjing* abgelegt hat. Hören können Sie normal, oder soll ich in Gebärden sprechen?«

Ich gab ihr zu verstehen, dass sie sich den Aufwand sparen konnte.

»Alles klar«, sagte sie und nahm die Hände herunter. Sie richtete ihre Aufmerksamkeit auf die Papierstapel vor sich. »Wie wollen Sie Ihre Zahlungen dieses Mal verteilen, Herr Kong?«

»Wie letztes Mal auch«, antwortete ich und schob ihr alles hin. *»Ihm möchte ich das meiste abgeben.«* Ich tippte auf Drays Papiere. »Er ist der Älteste. Dann weiter von Alt nach Jung.«

Die Frau zog die Stapel zu sich heran und blätterte sie durch. Vor ihr lagen die Unterlagen von insgesamt vierzehn Waisenkindern. Der sanfte Ausdruck auf ihrem Gesicht wurde augenblicklich ernst.

»Herr Kong, bevor wir die Überweisung durchführen, würde ich mich mit Ihnen gerne über Ihren Zahlungsplan unterhalten. Es ist meine Pflicht, sicherzustellen, dass Sie Ihren eigenen Plan im Blick behalten. Aktuell haben Sie bis zur kompletten Tilgung noch vier Jahre, was weniger als ein Drittel des gesamten Zahlungszeitraums ist. Und Sie haben noch nicht einmal die Hälfte Ihrer eigenen Schulden abgetragen. In einer solchen Situation empfehle ich Ihnen unter keinen Umständen, weiter die Tilgungszahlungen für andere zu leisten. Sonst geraten Sie in ernsthafte Schwierigkeiten.«

»Vier Jahre genügen, um meine Schulden abzubezahlen. Meine Raten sind gut, wie Sie sehen können.«

»Ja, das sehe ich. Allerdings sehe ich auch einen Widerspruch bei Ihren Gehaltszahlungen. Als Beruf ist bei Ihnen ›Bote‹ angegeben, Ihr Einkommen übersteigt allerdings die Geldmittel Ihres eingetragenen Arbeitgebers – des Waisenhauses Namla Dolma – um ein Vielfaches.« Die Frau sah mich ernst an. »Korrigieren Sie mich, wenn ich falschliege, aber Sie sind ein Bianfu. Leute wie Sie haben kein geregeltes Gehalt, daher kann ich auf dieser Grundlage keinen Schätzwert für Ihr Einkommen ansetzen.«

»Das macht nichts. Es reicht, wenn ich weiß, was ich in Zukunft verdienen werde.«

»Herr Kong«, sagte die Frau und seufzte. Sie verschränkte die Arme auf dem Tisch und sah mir direkt in die Augen. »Ich habe das Gefühl, dass Sie den Ernst der Lage nicht begreifen. Die Datenbank sagt mir, dass Ihr älterer Bruder Kong Qiren zwanzig Jahre alt geworden ist. Er hat sich während der letzten Zahlungsperiode weder bei den Behörden gemeldet, noch haben wir den erforderlichen Mindestbetrag zur Deckung seiner Schulden erhalten. Wenn diese bis Jahresende nicht beglichen sind, wird er nach Naraka ins Arbeitslager geschickt.«

Ihre Worte gingen mir zum einen Ohr hinein und zum anderen wieder hinaus. Mir war bewusst, dass Ren seine Schulden nicht mehr rechtzeitig begleichen konnte. Ebenso war mir klar, dass sein plötzliches Verschwinden stark dafür sprach, dass er untergetaucht war. Niemals wäre mir jedoch in den Sinn gekommen, das einer Staatsdienerin zu verraten. Ich hielt zu Ren. Wenn er seine Schulden nicht beglich, wurde er Eigentum des Staates. Eine kostenlose Arbeitskraft, wenn sie ihn erwischen würden. Da half ich lieber, meinen Bruder zu decken, als den pflichtbewussten Bürger zu mimen.

»Was soll ich dazu sagen?«, fragte ich achselzuckend. *»Mein Bruder ist für seine Tilgung selbst verantwortlich.«*

»Ganz im Gegenteil, Herr Kong. Seit einer Gesetzesänderung sind Angehörige verpflichtet, die Schulden eines Familienmitglieds zu übernehmen, wenn es die letzte Frist verstreichen lässt.«

Die Beamtin hielt inne, um sich zu vergewissern, dass ich ihr zuhörte. »Das bedeutet, dass Sie die Schulden Ihres Bruders erben, sollte Kong Qiren in die Berge flüchten. Haben Sie das verstanden?«

Was verstanden?

Ich sah die Frau fragend an. Die Worte hatte ich gehört, ihre Bedeutung aber wollte mir nicht in den Kopf. Den Stein, der kalt und schwer in meinen Magen sank, spürte ich in diesem Moment noch gar nicht. Dass die Frist zur Begleichung von Rens Schulden ablief, hatte mir kein Kopfzerbrechen bereitet, denn die Option zu fliehen hatte von Anfang an im Raum gestanden. Sie war unser Notfallplan gewesen, weil Ren und ich wussten, dass wir in der Wildnis überleben konnten. Deshalb hatte ich mir um meinen großen Bruder keine Sorgen gemacht. Deshalb hatte ich nicht versucht, seine Schulden zu tilgen, obwohl ihm die Zeit davonlief.

Mit dem neuen Gesetz schlug der Staat die Hintertür zu, die uns vorher stets offen gestanden hatte.

»Also …«, begann ich zögernd. *»Wenn mein Bruder verschwindet … werde ich zur Verantwortung gezogen?«*

»Ja. Und sollten Sie beschließen, Ihre Zahlungspflicht mit dem gleichen Trick zu umgehen, dann werden Ihre Erziehungsberechtigten zur Rechenschaft gezogen. Dann müsste das Waisenhaus Namla Dolma zahlen.« Der heitere Ton und das Wohlwollen der Frau waren einem mechanischen Abspulen von Informationen gewichen. Sie senkte die Stimme. »Der Staat Fusang ist gezwungen, auf die wiederholten Fälle vermisster Personen zu reagieren. Es geht nicht anders. Jeder muss einen Beitrag leisten: entweder durch die Zahlung der Bürgerschulden oder als Arbeitskraft in Naraka.«

»Naraka ist keine Option!« Ich schlug mit der Handfläche auf den Tisch. *»Euch muss doch klar sein, was die Strahlung dort anrichtet? Ihr schickt alle in den sicheren Tod!«*

»Unsinn.« Eine leichte Röte stieg der Frau in die Wangen. Sie machte sich weiterhin Notizen. »Wenn die Situation Sie stört, empfehle ich Ihnen, Ihren Bruder ausfindig zu machen. Hinsichtlich des fehlenden Betrags habe ich einen Vermerk hinterlassen, dass die Gesamtsumme seiner Schulden um eine Säumnisgebühr erhöht wird.«

»Schon gut, ich bezahle die verdammte Rate für ihn.«

»Wie Sie wünschen.«

Die Frau griff nach den Papierstapeln und gab die Namen der Waisenkinder der Reihe nach in die Datenbank ein. »Wenn ich Ihnen einen Rat geben darf: Eine einfache Möglichkeit, die Schulden abzubauen, besteht darin, ein Kind zu bekommen. In dem Fall erhalten Sie vom Staat zum Dank eine Prämie für die Steigerung der Geburtenrate.«

Ich erwiderte nichts mehr. Stattdessen lehnte ich mich im Stuhl zurück und verschränkte die Arme. Ein Kind zur Schuldentilgung, guter Witz. Gerade diese Prämien waren der Grund dafür, dass so viele Kinder auf der Straße landeten. Von dem Geld profitierte nur eine Person – die Mutter –, Vater und Kind blieben weiterhin verschuldet. Manchmal beschloss ein Paar, ein weiteres Kind zu bekommen, damit auch der Vater in den Genuss der Bonuszahlung kam. Wenn die Eltern ihre Kinder dann nicht ernähren konnten, setzten sie sie auf den Stufen eines Waisenhauses aus. Die Kinder blieben verschuldet zurück und warteten auf das Zwangsarbeitslager in Naraka wie die Schweine auf den Metzger.

Auf diese Weise versorgte sich der Staat mit kostenlosen Arbeitskräften, vor allem aus ärmeren Bezirken. Es war ein abgekartetes Spiel.

»Vorerst wäre damit alles erledigt«, sagte die Beamtin schließlich. Sie nickte in Richtung des röhrenförmigen Lesegeräts auf dem Tisch. »Bitte halten Sie Ihren Geren an den Sensor.«

Ich schob meine Hand in die Röhre. Ein blaues Lämpchen leuchtete auf, und ein Zähler an der Seite des Geräts fing an zu laufen. Ausdruckslos verfolgte ich, wie meine gesamten Ersparnisse aufgezehrt wurden und die Nullen am Ende der Summe eine nach der anderen verschwanden. Ich nahm einen tiefen Atemzug. Gegenüber Dray würde ich so tun müssen, als wäre alles in Ordnung. Er durfte nicht wissen, dass mich das Arbeitslager in Naraka erwartete, ganz egal was ich tat. Dort sei kein Leben, hieß es. Niemand, der nach Naraka geschickt wurde, kehrte je zurück.

Es gab kein schlimmeres Schicksal.

2. Kapitel

Ich dachte noch immer über das hoffnungslose Ausmaß meiner Schulden nach, als ich Stunden später allein den steilen Bergpfad des Aachalendra hinaufging. Ich hatte Dray in Madang nach Hause begleitet, war aber bald darauf schon wieder in die Nacht entschwunden. Er hatte mir besorgt nachgeblickt. Dray hatte die bemerkenswerte Gabe, meinen wahren Gemütszustand zu erkennen, auch wenn ich mir alle Mühe gab, ihn zu verheimlichen.

Es war nie der Plan gewesen, in dieser Nacht etwas zu schmuggeln – Ren und ich arbeiteten zusammen, und während seiner Abwesenheit hatte auch ich mich von den Bergen ferngehalten –, aber was ich im Büro des Gouverneurs erfahren hatte, ließ mir keine andere Wahl.

Ich brauchte Geld. Und dafür wiederum Aufträge, die auf einen Schlag viel einbrachten. Ich würde mir die Hände wund schuften, um für Tantchen so viel wie nur möglich zusammenzuraffen, ehe meine eigene Frist ablief. Freie Tage konnte ich mir jetzt nicht mehr leisten.

Auf den kiefernbewachsenen Hängen herrschte nachts eine erbarmungslose Dunkelheit. Meiner Erinnerung folgend hangelte ich mich den immer steiler ansteigenden Bergpfad hinauf. Dort, wo es besonders unwegsam war, suchte ich Halt an stabilen Ästen und Felsbrocken. Mein Ziel war eine Pagode mit einer Reihe goldener Lampions an den Dachtraufen, durch die sich das Gebäude von der steil aufragenden Bergwand dahinter deutlich abhob. Ganz oben auf dem First sah ich drei Falken sitzen, die aussahen wie kleine Skulpturen aus Stein. Sie hatten die Schwungfedern im Schlaf angelegt und öffneten die Augen einen Spalt breit, als sie meine Schritte hörten.

Die Gebirgspagode hatte einst den Luohan gehört. Sie war ein beeindruckender Holzbau mit sechs Stockwerken, die je ein eigenes Dach hatten. Die grüne Farbe auf den tönernen Dachziegeln war im Laufe der Jahre grau geworden, und der Lack auf den roten Säulen war ebenfalls nicht mehr das, was er einmal gewesen war. Der Weg, der zur Pagode führte, war einst durch einen verheerenden Erdrutsch unpassierbar geworden, und so hatte man das Gebäude dem Verfall preisgegeben. Doch die Bianfu hatten es als perfekten Ort für ihre Versammlungen auserkoren. Die Pagode lag hoch genug, um die Behörden auf Abstand zu halten, denn selbst die trittsicheren Bianfu mussten an den Steilhängen Vorsicht walten lassen. Ohne die Seile, die als Kletterhilfe an den Ästen der Kiefern befestigt waren, wäre der Aufstieg reiner Selbstmord gewesen.

Das Wort »*Biānfú*« bedeutete in der Sprache Fusangs Fledermaus. Damit bezeichnete man Namlas gefürchtete Drogenkuriere, denn genau wie Fledermäuse waren sie schnell und unauffällig, am nächtlichen Himmel fast unmöglich zu entdecken. Ihrem düsteren Erscheinungsbild zum Trotz waren Fledermäuse aber auch ein Symbol für Glück. Daher stellte man ihre Flügel oft mit roter Farbe in Form eines Rúyì-Zeichens dar, das für Glück und Stärke stand, denn in *Fledermaus* und *Glück* steckte dieselbe Silbe. Das waren Ren und ich, glückbringende Fledermäuse.

Obwohl die Bianfu gefürchtet waren, genossen sie in Namla großen Respekt. Kleinere Lieferungen, so hieß es, brachte man jetzt, wo Kraftfahrzeuge verboten waren, am schnellsten ans Ziel, indem man junge Menschen mit flinken Beinen beauftragte. Anfangs waren die Taschen der Kuriere voller Briefe und anderer Botschaften gewesen. Später hatte sich das Volumen der Taschen vergrößert. Nun transportierten die Kuriere vorwiegend Rauschmittel, aber auch andere illegale Waren, wie zum Beispiel Waffen, was sie wiederum dazu zwang, ein Khukri mit sich zu führen. Die Straßen wurden strenger überwacht, und die Kuriere verlegten sich auf die Dächer. Sie verwendeten Routen, die andere nicht zu nehmen wagten, huschten des Nachts so flink und geräuschlos dahin, dass es ihnen den Spitznamen Fledermäuse eingebracht hatte. Wann immer eine Sendung etwas Heikles beinhaltete – etwas, das man vor dem staatlichen Himmelsnetz geheim halten wollte –, ließ man sie einen Bianfu überbringen.

Ich erinnerte mich, dass ich anfangs begierig darauf gewesen war, zu erfahren, was die Taschen enthielten, die ich überbrachte. Einmal hatte ich der Neugier nachgegeben und ein in Leinen gewickeltes Heilkraut genauer inspiziert, als Ren mich ertappte. Nie zuvor hatte ich ihn so wütend erlebt. Obwohl er ein Hitzkopf war, der schnell in die Luft ging, hatte er mich noch nie geschlagen. Ich hatte beobachtet, wie Eltern ihre Kinder mit dem Stock züchtigten. Hatte gesehen, wie ein Bianfu einem Rivalen sein Khukri tief in den Bauch gestoßen hatte. Rens Schlag auf meiner Wange jedoch war das Schlimmste, was mir nach dem Tod meiner Mutter widerfahren war.

Ich spürte die Scham immer noch auf der Haut brennen, obwohl seitdem mehr als drei Jahre vergangen waren.

Ren hatte mir beigebracht, mich um den Inhalt der Sendungen nicht zu scheren. Mir war bewusst, dass ich jede Woche illegale Waren schmuggelte. Dray und Tantchen zuliebe war ich jedoch verantwortungsbewusster als viele andere Bianfu. Zum Beispiel weigerte ich mich, Dinge zu transportieren, die das Leben der Menschen in Namla gefährden könnten. Darunter fielen auch Schusswaffen. Ren wäre durchaus für lukrativere Aufträge zu haben gewesen, aber da er mit mir zusammenarbeitete, musste er meine Bedingungen akzeptieren.

Vielleicht hätte er das nicht tun dürfen, dachte ich. *Vielleicht hätte er es dann geschafft, seine Schulden rechtzeitig zu begleichen.*

Ich kam als einer der Letzten an der Bergpagode an. Sechs Personen in dunklen Gewändern saßen auf dem Holzboden und wärmten sich am Feuer. Sie tranken Buttertee und unterhielten sich in vertrautem Ton, teilweise in Gebärdensprache. Eine von ihnen, eine Frau, war deutlich älter als die anderen. Sie saß ein wenig abseits des Grüppchens und rauchte Pfeife. Ihre Augen waren trüb vom Grauen Star, die Haut im Gesicht faltig und schlaff. Trotz ihres Alters hatte sie die Beine mühelos zu einem Lotussitz verschränkt. Sie war eine ehemalige Bianfu, unser derzeitiger Kontakt. Wir nannten sie Frau Trizin.

»Dawei!«, rief ein junges Mädchen. »Dawei, setz dich hierher.«

Sie winkte mich heran. Sie trug einen cremeweißen Kaftan und einen Umhang aus Fuchspelz. Ihr pechschwarzes Haar war wie bei den meisten jungen Frauen in Namla zu zwei Zöpfen geflochten. Ihre Wimpern waren lang und dicht, und der warme Ton ihres Gesichts im Feuerschein erinnerte mich an die herbstlichen Weizenfelder kurz vor der Ernte, wenn sie die Terrassen goldbraun färbten. Das Mädchen war zart wie ein Vogel, sie war kleiner als die anderen Bianfu um sie herum, aber sie strotzte vor Selbstvertrauen, wie sie so breitbeinig dasaß.

Freyal Rawal war die Freundin meines Bruders und gehörte damit zur Familie. Sie war, im Vergleich zu uns, schon lange im Geschäft, obwohl sie nur drei Jahre älter war als ich. In meinen frühen Erinnerungen hatte Freyal auf dem Aachalendra-Bergfest für Aufruhr gesorgt, nachdem ihr einer der Männer aus dem Dorf einen Klaps auf den Hintern verpasst hatte. Der Alte hatte Glück gehabt, nicht sofort mit ihrem Khukri Bekanntschaft zu machen. Nach der Massenschlägerei hatte Freyal einen Schwall Blut ausgespuckt und mit fliegenden Zöpfen weitergetanzt, als wäre nichts geschehen. Ich glaube, das war der Augenblick, in dem Ren ihr mit Haut und Haaren verfallen war. Freyal Rawal war eine Klasse für sich.

»Taucht also doch noch einer von euch auf«, sagte sie, als ich mich neben ihr niederließ. »Ich hätte beinahe gewettet, ihr Kong-Brüder seid für immer von der Erdoberfläche verschwunden.«

»Du meinst wohl Ren«, verbesserte ich sie. *»Ich war die ganze Zeit in der Gegend. Ich bin eben erst mit Dray in Sandu gewesen.«*

»Ah ja … na, das erklärt dann wohl, warum du so spät dran bist«, kicherte Freyal und goss Buttertee in eine Tasse.

Ich schnaubte zur Antwort. Drays Vorliebe für die Verlockungen der Stadt war allgemein bekannt, und weil ich ihn ein paar Mal dort in Spielhallen begleitet hatte, wurde mir diese Neigung nun ebenfalls nachgesagt. Das war allerdings Unsinn. In Wirklichkeit war das einzige Spiel, das ich regelmäßig spielte, »Fingerraten« – und auch das nur ohne Geldeinsatz. Die kleinsten von Tantchens Kindern liebten dieses simple Spiel, bei dem sie erraten mussten, wie viele Finger ich hinter dem Rücken hochhielt.

Freyal hielt mir die Teetasse hin und fuhr fort: »Du weißt also nicht, wo sich dein großer Bruder herumtreibt?«

Ich nippte an dem heißen Getränk und antwortete ihr nicht. Tatsächlich hatte ich gehofft, Freyal die gleiche Frage stellen zu können.

»Hmm«, machte sie und legte die Stirn in Falten. Funken glühten in ihren großen dunkelbraunen Augen, als sie in die tanzenden Flammen der Feuerstelle starrte. »Eigentlich ist das gut. Ich hatte schon den Verdacht, Qiren wäre abgehauen, ohne mir etwas zu sagen, aber dir würde er das niemals antun. Wenn er sich von dir nicht verabschiedet hat, kommt er auf jeden Fall zurück.«

»Ehrlich? Dasselbe habe ich über dich gedacht.«

Freyal lächelte. »Sei nicht albern, Dawei. Qiren würde nie im Leben seinen lieben kleinen *Dìdi* im Stich lassen.«

Bei den letzten Worten klang ihre Stimme zuckersüß und sie betonte jenes Wort besonders stark, das »kleiner Bruder« bedeutete und das Ren verwendete, wenn er über mich sprach. Ich verdrehte die Augen. Wie die Menschen mich behandelten, hätte unterschiedlicher nicht sein können. Wildfremde sahen mich als furchterregenden Bianfu, für Bekannte war ich Rens ernstes kleines Brüderchen. Freyal liebte es, meine Glaubwürdigkeit zu untergraben. Sie hatte die Rolle der großen Schwester übernommen, die mich triezte und versuchte, mir ein Lächeln auf die Wangen zu zaubern, besonders wenn sie zu viel selbst gebrauten Reiswein getrunken hatte. Ich wusste nicht, wie sie sich in ernsten Situationen verhielt, denn ich hatte sie noch nie bei der Arbeit beobachtet. Im Gegensatz zu Ren und mir arbeitete Freyal immer allein. Ich hingegen war an einen Partner gewöhnt.

Ich sah erwartungsvoll zu Frau Trizin hinüber. Die alte Frau zog an ihrer langen Pfeife und blies eine dicke Rauchwolke aus, die ihr Gesicht einnebelte. Sie räusperte sich und spie zähflüssigen Schleim auf den Holzboden. Das war das Zeichen für die Bianfu an der Feuerstelle, ihr Gespräch zu beenden. Sie verstummten und verneigten sich demütig vor ihrer Anführerin.

»*Guten Abend, meine Freunde*«, begrüßte uns Frau Trizin. Genau wie ich kommunizierte auch sie in Gebärdensprache. Sie hatte ihr Schweigegelübde lange vor meiner Geburt abgelegt, weshalb ich ihre Stimme nur von dem Husten kannte, den der Pfeifentabak bei ihr hervorrief. Als Oberhaupt der Bianfu war Frau Trizin genau die richtige Person gewesen, um mir meinen Gebärdennamen zu geben. Einen Tag lang hatte sie über meine Persönlichkeit nachgedacht und anschließend die Gebärde vorgeschlagen, die »Sturm« bedeutete. Ihre Wahl hatte mich erstaunt. Es gab weit und breit keinen ruhigeren Menschen als mich, und der Gebärdenname sollte doch den Charakter oder das Aussehen seines Trägers widerspiegeln. Frau Trizin rechtfertigte ihre Wahl jedoch nicht, sondern beharrte auf ihrer Entscheidung.

Ich war der Sturm. So unpassend die Gebärde für mich auch war.

»*Ich freue mich, euch heute zu sehen*«, setzte Frau Trizin an. »*Gleichzeitig bekümmert es mich, dass so viele heute nicht hier sind. Weiß jemand, wie sich das Ende der aktuellen Zahlungsperiode auf die Lebenssituation unserer Freunde ausgewirkt hat?*«

»Yang-*shījiě* wird nicht mehr kommen«, sagte eines der Mädchen. Ihr Haar war um den ganzen Kopf herum zu vielen kleinen Zöpfen geflochten. Ihr Gesicht war lang und schmal, und um ihren Hals wand sich eine dünne rötliche Narbe. Sie hörte auf den Namen Ruby Shay. Weil sie meist das Kinn zur Brust gezogen hatte, schien es, als würde sie jeden belauern, den sie ansah.

»Ihre Frist ist heute abgelaufen. *Shījiě* ist für immer fort.«

»*Verstehe*«, gab Frau Trizin mit einem Nicken zu verstehen. Sie nahm es augenscheinlich gelassen hin, reichte aber gleichzeitig einem

Bianfu direkt neben sich ihre Pfeife zum Befüllen. Was auch immer sie rauchte, es musste eine beruhigende Wirkung haben. *»Was ist mit den anderen? Dawei? Hast du etwas Neues zu berichten?«*

Sie formte mein Namenszeichen so schnell, dass ich erst aus meinen Gedanken aufschreckte, als sie mich ansah. Schnell gestikulierte ich: *»Niemand weiß, wo sich mein Bruder aufhält. Er hat noch den Rest des Jahres Zeit, seine Schulden zu bezahlen, im Prinzip kann es also sein, dass er zurückkommt.«*

Frau Trizin nickte erneut. Sie nahm ihre Pfeife wieder entgegen und sog den Rauch gierig in die Lunge. Dann deutete sie mit dem Pfeifenkopf zwischen Ruby Shay und mich.

»Kong Dawei und Ruby Shay. Eure Partner fehlen. Ich würde euch zusammenstecken, aber die Aufträge, die ich für euch vorgesehen hatte, unterscheiden sich deutlich im Anforderungsniveau. Der eine ist besonders umfangreich – aber weil ich Daweis Prinzipien kenne, kann ich euch schlecht zwingen, ihn gemeinsam auszuführen.«

»Ich nehme jeden lukrativen Auftrag an, ob es dem Bübchen passt oder nicht«, entgegnete Ruby Shay. »In einem halben Jahr werde ich zwanzig. Ich habe keine Zeit, mich nach dem moralischen Kodex kleiner Jungs zu richten. Ich brauche das Geld.«

»Wer hat gesagt, dass ich den Job ablehnen würde?«, fragte ich entrüstet.

Ruby Shay warf mir einen wütenden Blick zu. Sie mochte keine Männer. Das wusste jeder. Ich kannte sie nicht gut, aber die Gerüchte über ihre Vergangenheit waren mir vertraut. Man erzählte sich, sie sei als Kind von einem Sklavenhändler an den nächsten verscherbelt und in der Steppe zum Zeitvertreib zwischen den Söldnern herumgereicht worden, bis sie schließlich in einem Freudenhaus in Sandu gelandet war. Frau Trizin hatte sie gekauft, sie gewaschen, aufgepäppelt und eingekleidet. Einige Jahre später war Ruby Shay eine Bianfu geworden.

Unter normalen Umständen hätte ich mich aus ihren Angelegenheiten herausgehalten. Jetzt aber verband uns beide die Verzweiflung. Vielleicht war Ruby Shay genau die Partnerin, die ich in meiner Situation brauchte.

»Kleiner, es ist wunderbar, dass du das Nest verlassen willst«, sagte sie spöttisch. »Deine Familie kann stolz auf dich sein. Aber einen Klotz am Bein kann ich nicht gebrauchen. Ich habe keine Lust, für dich die Lehrerin zu mimen. Ich werde nicht auf dich aufpassen und schon gar nicht auf dich warten. Wenn ich gehe, blicke ich nicht zurück.«

Zu einer Antwort kam ich nicht, denn schon blaffte Freyal sie lauthals an: »Was soll das heißen? Hast du Dawei schon mal rennen sehen? Da könntest du nicht mithalten, selbst wenn du dich noch so sehr ins Zeug legst.«

Viele Bianfu lachten. Die Situation war insofern amüsant, weil Freyal selbst überhaupt nicht wusste, dass ich ein erstklassiger Bianfu war. Sie hatte sich einzig und allein aus familiärer Verbundenheit auf meine Seite geschlagen.

»Die Entscheidung liegt bei dir«, gab ich Ruby Shay zu verstehen. *»Ich will nur sagen, dass ich das Geld genauso dringend brauche wie du. Ich habe Erfahrung darin, im Team zu arbeiten. Falls ich nicht mithalte, kannst du die Sache alleine durchziehen.«*

Ruby Shay schwieg. Sie sah nicht erfreut aus, protestierte aber auch nicht weiter.

»Dann ist es abgemacht«, verkündete Frau Trizin. *»Wenn keiner von euch zweien mehr etwas zu sagen hat, würde ich gerne zum nächsten Team übergehen. Wir liegen im Zeitplan zurück.«*

Ich stand auf und nahm die Schriftrolle aus Reispapier in Empfang, die Frau Trizin mir reichte. Ich öffnete sie und ließ meinen Blick von oben nach unten über die Schriftzeichen gleiten. Von der Arbeit mit Ren war ich es gewohnt, dass wir unsere Routen in der Pagode planten, und als Ruby Shay sich erhob, ging ich davon aus, dass sie sich mit mir in eine ruhige Ecke zurückziehen würde. Stattdessen steuerte sie schnurstracks das Geländer an. Ich erhaschte noch einen Blick auf ihre flatternden schwarzen Zöpfe, ehe sie mit einem Satz im Dunkel der Nacht verschwunden war. Der Luftzug versetzte die Lampions in Bewegung und ließ die Gebetsglocken klirren.

»Viel Spaß«, wünschte mir Freyal mit einem Grinsen im Gesicht.

Ich schüttelte den Kopf und verstaute die Rolle in meinem Kaftan. Ohne eine Ahnung, was mich erwartete, folgte ich Ruby Shay ins schwarze Maul der Nacht.

Als ich beobachtete, wie Ruby Shay den steilen Hang hinunterwirbelte, war mir schnell klar, dass sie vollkommen wahnsinnig war. Sie flog den Berghang förmlich hinunter, glitt von einem Felsvorsprung zum nächsten, stieß sich ab und schwang sich an den Kiefern von Ast zu Ast. Ihr Falke Bhara flog über ihr in der Luft, zog enge Kreise und stürzte wie auf Kommando mit ihr in die Tiefe.

Ich verharrte an der senkrechten Bergwand, mein Gewicht auf einen Arm und ein Bein gestützt, und beäugte den Pfad, den Ruby Shay eingeschlagen hatte. Sie sauste weit unter mir her, sicherlich zufrieden, mich bereits auf den ersten Metern erfolgreich abgeschüttelt zu haben. Sie hatte den kürzesten Weg gewählt, der per Luftlinie direkt auf die fernen Lichter der Stadt Sandu zuführte. Ich konnte keine sichere Route erkennen, auf der ich ihr hätte folgen können. Es war zu dunkel. Ich konnte gerade so die Silhouette der Berge und das Gelände vor mir bis zu einer Entfernung von einer halben *Lǐ* ausmachen, aber selbst ein Bianfu musste unter solch schwierigen Bedingungen überlegt vorgehen. Es hatte keinen Zweck, die Hänge des Aachalendra blind bezwingen zu wollen, wenn man an seinem Leben hing.

Ruby Shay stellte meine Fähigkeiten auf die Probe. Wie albern. Obwohl sie die Schriftrolle von Frau Trizin nicht eines Blickes gewürdigt hatte, schien sie ziemlich genau zu wissen, wohin sie wollte. Ich konnte gerade so noch erahnen, dass sie zunächst zielsicher auf den hohen Geren-Sendemast aus Stahl zusteuerte, dessen Signallicht rot vor dem schwarzen Nachthimmel blinkte. Dort angekommen, drehte sie offenbar scharf nach Süden ab und änderte den Kurs in Richtung des Industriegebietes von Sandu, wo die Bäume abgeholzt und massiven staatlichen Getreidesilos gewichen waren.

Natürlich. Ruby Shay wollte zum Bahnhof von Sandu. Eine Lieferung dieses Kalibers konnte nur mit dem Zug aus anderen Dörfern und Städten kommen, weshalb Ruby Shay bereits wusste, wohin sie gehen musste. Das leuchtete ein.

Ich schloss die Augen. Konzentrierte mich.

Qiu, rief ich meinen Falken in Gedanken. *Komm zu mir. Es geht los.*

Auch wenn ich meinen Falken nicht täglich rief – oft nicht einmal jede Woche –, war es für mich immer wieder ein Leichtes, die Verbindung zu ihm herzustellen. Meine Sinne lösten sich von dem Ort, an dem ich mich befand. Die Temperatur blieb die gleiche, ebenso die Gerüche und das raue Gestein unter meinen Fingern. Die Geräusche aber wurden deutlicher, und hinter meinen geschlossenen Augenlidern blitzten Farbtupfer auf. Ich spürte, dass sich mein Geist in der Ferne befand, nahm vom Berghang aus eine zuckende Vision wahr.

Das war kein Trick, keine Magie. Frau Trizin hatte Ren und mir die Fähigkeit vor Jahren beigebracht, als wir uns dazu entschlossen, die Falken anzuschaffen. Sie hatte uns in die Steppe von Hirayal mitgenommen, wo ein gutes Dutzend Jurten für Nomaden standen. Ren und mir waren eine Woche lang geeignete Jagdfalken vorgeführt worden. Frau Trizin hatte uns geraten, unserer Intuition zu vertrauen. Wir sollten uns die Vögel zügig nacheinander ansehen, ohne lange nachzudenken. Der Falke, nach dem man sich noch einmal umdrehte, war es wert, näher betrachtet zu werden.

Qiu war nicht der wertvollste Vogel des Händlers gewesen, aber er hatte sich nach … mir angefühlt. Er war winzig gewesen, hatte eine Haube aufgehabt und mit offenem Schnabel auf dem Arm des Händlers hektisch nach Luft geschnappt. Ich bat den Mann, ihm die Haube abzunehmen. Qiu hatte gelbe Augen mit Pupillen, die sich im Licht zu schmalen Keilen verengten. Das braune Gefieder glänzte wie Öl, und die mächtigen Schwingen formten ein breites Segel, als er sie von seinem zarten Körper abspreizte. Der Händler hielt Qiu an den Beinen fest, während er mit den Flügeln durch die Luft peitschte. Damals hatte er keine Notiz von mir genommen. Er war viel zu angespannt gewesen, um sich für mich zu interessieren. Ich hatte ihm erlaubt, mich in seinem eigenen Tempo kennenzulernen.

Was sich zwischen meinem Vogel und mir aufbaute, nannte man eine Brücke. Das Wort bezeichnete eine Verbindung, ein gemeinsames Bewusstsein zweier Seelen. Ich hatte Qiu mein Vertrauen geschenkt, und nach ein paar Monaten der Eingewöhnung hatte er mich akzeptiert. Ich ließ ihn eins mit mir werden. Zunächst nur für einen kurzen Augenblick, dann auch für längere Zeiträume. Trotzdem verging eine ganze Weile, bis Qiu die Verbindung auch in die andere Richtung duldete. Bis er mich die Welt durch die Augen eines Falken sehen ließ. Von den Gipfeln der Berge. Aus großer Höhe oberhalb der Steppe, mit schnellem, scharfem Blick.

Ich öffnete die Augen, ausgestattet mit neuen Sinnen. Die Dunkelheit, die mich noch kurz zuvor daran gehindert hatte, die genauen Umrisse der Baumstümpfe, gebrochenen Äste und Felsspalten auf dem Berghang auszumachen, war verschwunden. Ich sah klarer als am Tag. Flimmernd. Weit. Ich konnte mich auf Details fokussieren, um die Route ausfindig zu machen, die Ruby Shay genommen hatte. Zudem entdeckte ich weitere Möglichkeiten, gefährlichere, aber schnellere. Und interessantere.

Ich ließ los. Lehnte mich vor ins Leere, zog die Arme dicht an den Körper, minimierte den Luftwiderstand und überließ es der Schwerkraft, meinen Fall zu beschleunigen. Jedes Mal – ganz egal, wie oft ich es bereits getan hatte – fühlte ich, wie sich mein Herz mit einer traumgleichen Unwirklichkeit und einer gesunden Angst füllte. In der Dunkelheit verwandelte sich die Stille in Lärm. Der Wind rauschte in meinen Ohren. Ich spürte die Hosenbeine an meinen Beinen flattern und behielt mein Ziel im Blick, bis die Instinkte des Falken mir befahlen, die Arme vorzustrecken – *eins, zwei, jetzt* – und ich mit festem Griff den rauen Ast eines Gebirgsbaums packte.

Er brach unter lautem Knacken, doch der kurze Halt, den mir der Ast geboten hatte, genügte, um mich näher an den Hang zu bringen. Ich wurde nicht langsamer, sondern lenkte die Bewegungsenergie lediglich in die gewünschte Richtung. Meine Füße sausten wie von selbst über die Felswand und stießen mich direkt nach der Landung über den nächsten Vorsprung in einen weiteren Sturzflug. Der Wind ließ meine Augen tränen. Aus dem Augenwinkel sah ich die Landschaft an mir vorbeirauschen.

Angst – was war das überhaupt? Die Ungewissheit verwandelte die Geschwindigkeit in blendende Ekstase. Ich benutzte diese Route zum ersten Mal, trotzdem hielt ich nicht inne, um die Abstände zwischen meinen Sprüngen abzuschätzen – Qius Falkeninstinkte übernahmen das alles für mich. Wenn ich meinen Füßen den Befehl zum Sprung gab, wussten sie, wie weit dieser Sprung sein musste. Meine Augen hatten die Informationen bereits an Gehirn und Muskeln weitergegeben. Qiu flog mit mir.

Wir hatten eine Brücke zwischen unseren Seelen geschaffen und erlaubten einander, sie zu überqueren.

Die Zeit, die während des Fluges verging, konnte ich nicht abschätzen. Ich erlebte die Welt viel intensiver als sonst, gierte nach Adrenalin und Schnelligkeit. Qiu brauchte nicht physisch bei mir zu sein, damit ich spürte, wie der Geist des Vogels in den Jagdmodus umschaltete, den *Jarak*. Mein Herz hämmerte immer heftiger. Entfernt wurde mir klar, dass der gesunde Selbsterhaltungstrieb, der mich daran gehindert hatte, Ruby Shay kopflos hinterherzustürzen, verschwunden war. Ich wollte über den Felskämmen schweben. Wollte die Leere unter den Füßen spüren, die Freiheit, die ich nur empfand, wenn mir der kalte Gegenwind ins Gesicht schlug.

Sachte, sachte, befahl ich mir. Ren hatte mich davor gewarnt. Qiu war ein kräftiger junger Vogel mit einem Geist, der deutlich aggressiver in meinen vordringen konnte als beabsichtigt. Mein Tempo wuchs wie eine Lawine. Für den Anfang war es immer das Beste, sich leiten zu lassen und lediglich hier und da ein wenig gegenzuhalten. Mein Körper wollte das Gefühl des *Jarak* nicht missen, mein Verstand aber wusste, wo die Grenze war.

Sachte, sachte, befahl ich mir noch einmal ganz in Ruhe.

Alles war in Ordnung, ich würde nicht fallen, mein Fuß würde nicht abrutschen, und ich würde auch nicht am Felsen zerschmettern. Ich war in meinem Element. Alles war gut. Sachte. Ich prallte mit der Hüfte gegen eine Felswand, rutschte daran hinunter und zog dabei eine Wolke aus Sand hinter mir her. Die Steine zerkratzten mir die Haut unter dem Schafswollmantel, aber ich spürte keinen Schmerz. Ich starrte auf den Geren-Sendemast, der näher und näher kam. Eines der vielen Kabel, die von ihm abgingen, durchschnitt über einem Felsvorsprung die Luft.

Im richtigen Moment stieß ich mich ab. Ohne Qius Sehkraft wäre es Selbstmord gleichgekommen, im Dunkeln nach dem Kabel zu greifen – jetzt schloss ich die Hände mühelos um das dicke Stahlseil. Mein Körper schwang wie eine Schaukel unter dem Kabel hin und her, glitt daran entlang und über den Vorsprung hinweg. Ich warf einen kurzen Blick auf meine Beine, die frei über dem Abgrund strampelten, und bremste meine Fahrt mit den Händen. Meine Lederhandschuhe wurden heiß und zerschlissen durch die Reibung des Stahlseils. Kurz vor der Felswand, an der das Seil befestigt war, zog ich die Beine an und machte mich in den Knien locker, ehe ich gegen das raue Gestein prallte.

BAMM.

Ich verzog das Gesicht. Der Schmerz des Aufpralls schoss mir von den Fußspitzen bis in die Wirbelsäule. Von oben rieselte mir Sand in die Haare. *»Cào, cào, cào! Scheiße, Scheiße, Scheiße!«*, fluchte ich gedanklich immer wieder. Ich schmeckte Blut. Hatte ich mir auf die Zunge gebissen? Die Sachen, die Dray mir genäht hatte, waren jedenfalls zerrissen. Meine Hüfte und die linke Seite brannten. Ich hatte heute in kurzer Zeit mehr Blessuren davongetragen als Ren und ich bei unseren üblichen Aufträgen zusammen. Dennoch war ich erleichtert. Ich hatte es geschafft anzuhalten.

Ich brachte meine Atmung wieder unter Kontrolle. Die Verbindung zu Qiu verhinderte, dass sich mein Herzschlag beruhigte, obwohl ich lange und gleichmäßige Atemzüge nahm. Ich legte die Stirn an den Fels und sammelte mich.

»Nicht übel, *Shīdì*«, sagte die Stimme eines Mädchens über mir. Ich blickte zu einer krummen Kiefer empor, wo Ruby Shay mit Bhara auf der Schulter saß. Sie ließ die langen Beine baumeln und hatte die Ellbogen auf die Oberschenkel gestützt. Auch die beiden hatten untereinander eine Brücke gebildet: Rubys Iris schimmerte golden, als strömte ihre Energie wie ein Licht aus ihr heraus.

»Ich habe schon gehört, wie schnell du und dein Bruder seid, aber Himmel.« Sie schüttelte den Kopf. »Du bist ja gerast wie ein Blitz. Nimm das nächste Mal eine Rauchfackel mit, dann kannst du deinen Namen in die Luft schreiben.«

Ich runzelte die Stirn und suchte nach dem Spott in ihrer Stimme, denn immerhin hatte ich eine Notbremsung hingelegt und war wie ein Trottel gegen die Bergwand geprallt. Ruby Shay blickte mich jedoch ernst an. Sie hatte mich eben *Shīdì* genannt, was »jüngerer Lehrbruder« bedeutete. Ich hatte Ruby Shay bisher nur andere Bianfu als *Shījiě* oder *Shīmèi*, als große oder kleine Lehrschwester, bezeichnen hören. Jetzt musterte sie meine Augen, die mit ihrer goldenen Farbe und den verengten Pupillen ihren eigenen glichen. Die Augen der Bianfu waren golden, solange wir die Verbindung zu unseren Falken aufrechterhielten.

»Ich wollte nur sichergehen, dass du eine Brücke bilden kannst«, sagte Ruby Shay und zeigte auf ihre eigenen Augen. »Qiu ist ein toller Vogel, und ich habe mich oft gefragt, warum er sich ausgerechnet an dich gebunden hat. Ich sage nicht, dass das eben eine einwandfreie Performance war – es sah aus, als wärst du in Panik geraten. Einen Moment lang habe ich gedacht, du kriegst dein Tempo nicht unter Kontrolle. Sah schon witzig aus.«

Hätten meine Hände nicht immer noch das Kabel umklammert, hätte ich sie mit Flüchen überzogen. Ruby Shay konnte allerdings an meinem Gesichtsausdruck ablesen, was in mir vorging: *Und? Bin ich deiner würdig?* Ihre Lippen verzogen sich zu einem breiten Grinsen.

»Fürs Erste bin ich ganz zufrieden«, sagte sie und streckte die Hand aus. »Los, komm. Wir haben noch einen weiten Weg vor uns.«

3. Kapitel

Qiu kam zu mir geflogen, als wir den Bahnhof von Sandu erreichten. Das trostlose, heruntergekommene Bahnhofsgelände lag am Rande eines Wohngebiets, sodass ich den Sehsinn meines Falken nicht mehr benötigte. Ich kappte die Verbindung zu ihm. Kurz darauf aber zeigte sich der Vogel in Form eines schwarzen Schattens im Licht der Straßenlaternen. Qiu hatte lange gebraucht, um zu mir zu kommen, daher schloss ich, dass er weit weg gewesen war. Andere Bianfu wollten ihre Falken immer in ihrer Nähe wissen. Ich hatte Ruby Shay noch nie ohne Bhara gesehen, aber mir gefiel es besser, wie Qiu und ich es handhabten.

Ich schob die Hand in meinen Mantelkragen und tastete nach dem Päckchen mit dem Trockenfleisch. Genau für diesen Zweck hatte ich es auf dem Basar gekauft. Ich pfiff eine Melodie.

»Himmel«, meldete sich Ruby Shay neben mir zu Wort. »Ich werde mich nie daran gewöhnen, einen *Anjing* pfeifen zu hören. Oder seufzen oder so. Man könnte fast meinen, ihr hättet eine Stimme.«

»Die haben wir natürlich«, gab ich ihr zu verstehen. Wäre der Kommentar von jemand anderem gekommen, hätte ich ihn als Unwissenheit abgetan, aber Ruby Shay war eine Bianfu. Sie wusste genau, was ein Schweigegelübde bedeutete. Frau Trizin war ihr größtes Vorbild.

»Weißt du, was ich glaube?«, sagte sie herausfordernd. »Ich glaube, du könntest kein einziges Wort mehr auf Namla über die Lippen bringen, selbst wenn du es versuchen würdest. Freyal hat mir erzählt, dass du mit vier Jahren aufgehört hast zu sprechen. Kinder in diesem Alter sind auf einem erbärmlichen Sprachniveau. Selbst wenn du dein Gelübde brechen wolltest, hättest du wahrscheinlich gar nicht den Mumm dazu.«

Ich verdrehte die Augen. Das stachelte Ruby Shay nur weiter an. »Oh, habe ich etwa unrecht? Dann beweis mir das Gegenteil. Sag etwas – meinen Namen zum Beispiel. Ich verrat's auch keinem. Ich haue eh bald ab.«

»Welchen Nutzen hätte ich davon?«

»Was würde dir denn nützen?« Ruby Shay machte eine Pirouette und tänzelte rückwärts vor mir her, dass ihre schwarzen Zöpfe nur so von einer Schulter zur anderen flogen. Sie schob den Kopf vor. Ihr goldener Blick funkelte provokativ unter den langen Wimpern, als wollte sie testen, wie standhaft ich war.

Sie legte eine Hand an das Taillenband ihres Kaftans und löste langsam den Knoten. »Was wollt ihr Männer denn normalerweise?«

Ich stand da und rührte mich nicht. Wich ihrem aufreizenden Blick aus und spähte zum Himmel hinauf. *Qiu, mach schnell*, flehte ich meinen Falken an. Ich knetete das Trockenfleisch in den Händen und pfiff ein zweites Mal nach ihm.

Ruby Shay brach in Gelächter aus. »*Shīdì*, du bist süß. Ich mache doch nur Spaß.«

Ich sparte mir jeglichen Kommentar. Was für ein dummer, kindischer Humor.

Dem Himmel sei Dank ließ sich Qiu endlich davon überzeugen, zu mir zu kommen. Mit Stolz und Erleichterung registrierte ich, wie er die Schwingen ausbreitete und mich anflog. Vor dem Nachthimmel glühte sein rotbraunes Gefieder, als stünde es in Flammen. Er richtete die Rückenfedern auf und fuhr die langen Beine aus, ehe er mit Wucht auf meinem Arm landete. Die gebogenen Krallen bohrten sich in das Schutzleder an meinem Handgelenk wie in einen flüchtenden Hasen. Die gewaltigen Flügel peitschten durch die Luft und zerzausten mir das Haar, bevor Qiu das Gleichgewicht fand. Er schüttelte sich, um seine Federn zu glätten, und machte sich über das Trockenfleisch her.

Mit den Fingerknöcheln strich ich über Qius glatte Brust. Das Muster darauf glich einer Reihe Pfeilspitzen, die Farbe war eine Mischung aus Rotbraun, Weiß und Grau. Als Qiu und ich uns gerade erst kennengelernt hatten, hatte er die Angewohnheit, den Kopf einzuziehen, die Flügel an den Körper zu legen und sich möglichst klein zu machen, sodass er mehr einem Huhn als einem Falken ähnelte. Nun war seine Haltung erhaben und selbstbewusst. Sein Nackenflaum stellte sich auf, wie immer, wenn er zufrieden war.

»Niedlich, wie stolz du ihn ansiehst«, sagte Ruby Shay. »Das solltest du auch. Qiu ist ein prächtiger Falke. Ihr gebt ein tolles Paar ab.«

Ich tat so, als hörte ich sie nicht. Ruby Shays Großspurigkeit regte mich auf, auch wenn ihre Stimme sanfter war als zuvor. Sie konnte Falken besser leiden als Menschen und respektierte diejenigen am meisten, die ihre Vögel gut behandelten. Das konnte ich nachvollziehen. Qiu betrachtete Ruby Shay, als wüsste er, dass sie ihn bewunderte. Aus der Nähe wirkten seine Augen wie aus Glas. Ich war davon überzeugt, dass es auf der ganzen Welt kein schöneres Geschöpf gab.

Wir sehen uns später noch, versprach ich und entließ Qiu wieder in die Lüfte. Falken waren tagaktiv, und ich wollte nicht, dass sein Rhythmus allzu sehr unter meinen nächtlichen Aktivitäten litt. Ich glaubte nicht, dass ich Qius geschärfte Sinne in dieser Nacht noch einmal benötigen würde.

Gemeinsam mit Ruby Shay hielt ich auf das weitläufige Bahnhofsgelände von Sandu zu, das völlig ungeschützt vor uns lag. Die Stämme der gefällten Bäume waren zu hohen Stößen aufgeschichtet. Ohne Äste, Zweige und Wurzeln erinnerten sie an Skelette. An Leichenberge aus Holz. Ihr Anblick widerte mich an.

Ich war nicht der Einzige, der so dachte, denn die Stadtbewohner mieden die Gegend, egal zu welcher Tageszeit. Der Bahnhof und die daran angrenzenden massiven Getreidesilos aus Stein führten ihnen das Wohlstandsgefälle vor Augen, das in den Provinzen Fusangs herrschte: Obwohl die Menschen auf dem Land von der Hand in den Mund lebten, waren sie verpflichtet, einen Teil ihres Holzes und ihrer Ernten an den Staat abzugeben. Weizen, Gerste und Tee von den Feldern der Provinz Namla wurden in Massen gen Süden geschickt, wo sich die Anbauflächen, die der Schwarze Regen zerstört hatte, immer noch nicht vollständig erholt hatten. Die in Namla gefällten *Nánmù*-Bäume hingegen wurden für den Bau neuer Häuser in den Großstädten benötigt.

Täglich wurden hier Züge in den Süden beladen. Große Güterwaggons warteten neben der Bahnstrecke darauf, abgefertigt zu werden, manche standen leer im Depot, andere wurden mit Säcken voller Getreide und Wurzelgemüse beladen, die auf Karren angeliefert wurden. Die Verladearbeiten waren noch in vollem Gange. Die Waggons würden erst am Morgen abfahren. Bahnarbeiter und Bauern, die ihre Ernte ablieferten, huschten um die Waggons herum, einige saßen paffend auf den Schienen. Sie kümmerten sich nicht um Ruby Shay und mich. Wir waren Fledermäuse in der Nacht, nichts weiter Ungewöhnliches. Die Arbeiter sahen weg, als hätten sie Angst, etwas zu Gesicht zu bekommen, das ihnen später Probleme bereiten könnte.

Ich glich die Nummer des Güterzuges und des Waggons mit den Angaben auf Frau Trizins Schriftrolle ab, ehe ich die Tür aufzog. Ein ohrenbetäubendes Quietschen ertönte. Ich blieb zurück, um Schmiere zu stehen, während Ruby Shay in den Waggon sprang. Um die Arbeiter machte ich mir keine Sorgen – sie waren Einheimische und wussten, wie es in Namla ablief. Viel mehr Kopfzerbrechen bereitete mir die Ware, die wir abholen sollten. Die Absender der Fracht, wer auch immer das war, stammten nicht von hier. Ihre Welt war mir fremd. Ich kannte die Motive der Käufer und Verkäufer nicht und wollte vermeiden, dass Ruby Shay und ich ins Kreuzfeuer rivalisierender Gruppen gerieten. Es hätte an dem Abend gerade noch gefehlt, dass jemand die Tür hinter uns zuzog und den Waggon mit Schusswaffen durchlöcherte, die laut Gesetz in Fusang inzwischen nicht mehr hergestellt werden durften.

Einmal hatte ich eine Schusswaffe gesehen. Ein uraltes Stück, das in den Händen seines Besitzers losgegangen war. Die Kugel hatte einem Jungen in meinem Alter, der für den Kauf unvorsichtigerweise sein ganzes Vermögen auf den Kopf gehauen hatte, den Daumen abgerissen. Der Arme hatte geschrien wie am Spieß. Keiner der Umstehenden hatte es gewagt, die blutige Waffe vom Boden aufzuheben. Ich hatte keine Ahnung, was mit dem Ding am Ende geschehen war – eins jedoch wusste ich sicher, nämlich, dass tödliche Schusswaffen wie diese über ganz Fusang verstreut waren. Dafür sorgten wir Bianfu.

»Hab sie«, flüsterte Ruby Shay aus dem Inneren. Ich warf einen Blick über die Schulter und sah, dass sie hinter einer Holzpalette mit zwei großen Leinenrucksäcken hantierte. Einen schwang sie sich auf den Rücken, zupfte ihre Zöpfe unter den Gurten hervor und schleifte den zweiten zu mir. »Was dagegen, wenn du den schwereren nimmst? Wird dir guttun. Bisschen Muskelmasse aufbauen.«

»Hat eigentlich schon mal irgendjemand über deine Witze gelacht?«

»Was? Tut mir leid, ich verstehe dich nicht.«

Ruby Shay klimperte mit ihren langen Wimpern und tat, als ob sie nach all den Jahren, die sie bei Frau Trizin verbracht hatte, keine Gebärdensprache verstünde. Ich atmete tief aus und setzte den Rucksack auf. Er war wirklich schwer. Mindestens zwanzig *Jīn*, vergleichbar mit einem großen Sack Reis. Ich wollte nicht wissen, was sich darin befand – Hauptsache, ich konnte ihn so schnell wie möglich wieder abgeben.

Die ersten zehn *Lǐ* brachten wir in leichtem Laufschritt hinter uns. Den Weg zwischen dem Bahnhofsvorplatz und Sandus alter Baumwollspinnerei, Yarong, hätte man besser zu Pferd zurückgelegt, aber die Nutzung von Straßen gehörte nicht zum Berufsbild eines Bianfu. Sobald wir das Wohngebiet erreichten, kletterten wir sofort auf die Dächer. Ich ließ Ruby Shay vorausgehen. Wir sprangen von einem Dach zum nächsten. Die mit Blättern und Zweigen bedeckten rinnenförmigen Ziegel schepperten unter unseren Schritten, aber die Bewohner achteten nicht darauf. Sie wussten, was über ihren Köpfen vor sich ging. In den meisten Häusern wohnten bis zu drei Familien, die sich einen Innenhof mit Außenküchen und Toiletten teilten. Die Abstände zwischen den ein- und zweistöckigen Häusern waren so gering, dass es keine große Herausforderung darstellte, von einem zum nächsten zu springen.

Zu einem ersten größeren Sprung setzte Ruby Shay erst an, als die dicht aneinandergereihten Arbeiterbehausungen von hohen Fabrikhallen abgelöst wurden. Die Strecke war ihr vertraut. Ihre Muskeln kannten die Entfernung, ihre Hände griffen wie von selbst nach einem Lüftungsrohr, das auf das Dach eines grauen Backsteingebäudes führte. Ich sprang hinterher. Unter meinem Gewicht erzitterte das Rohr merklich. Gesteinsstaub rieselte mir ins Haar und ich wartete ab, bis das Rohr aufhörte zu schwingen, ehe ich mich wieder zu rühren wagte.

»Alles klar bei dir?«, rief Ruby Shay mir zu. Ich nickte atemlos. Der bleischwere Rucksack zog mich nach unten. Mit zitternden Muskeln machte ich mich daran, das Lüftungsrohr hinter ihr zu erklimmen.

Das Gebäude, auf das wir stiegen, war Eigentum des Staates. Es war eine der alten Fabrikhallen, in denen vor dem Schwarzen Regen beachtliche Mengen an Baumwolle produziert worden waren. Die meisten Fabriken waren abgerissen worden, um Platz für neuen Wohnraum zu schaffen, aber die Baumwollspinnerei Yarong gehörte zu den wenigen, die man stattdessen dem Verfall überlassen hatte. Aus dem hohen, dunkelgrau angelaufenen Backsteinbau waren schon längst sämtliche Fensterscheiben und Türen gestohlen worden.

Die Einheimischen fürchteten sich vor dem alten Gemäuer. Man glaubte, die Geister vergangener Zeiten würden darin spuken. Die Anwohner in der Nähe der Spinnerei befestigten mit roten Schriftzeichen bemalte Talismane an ihren Haustüren, die sie vor bösen Geistern schützen sollten. Sie hängten ihren Kindern Amulette um den Hals und gaben ihnen Tiernamen, um die Aufmerksamkeit der Geister von ihnen fernzuhalten.

Vor einigen Jahren war der Ruf Yarongs bis in mein Heimatdorf

Madang vorgedrungen. Im tiefsten Winter, wenn das Vieh im Stall war und Schneewehen die Bergpässe unpassierbar machten, gab es in einem kleinen Dorf inmitten von Terrassenplantagen wenig anderes zu tun, als am Feuer zu sitzen und Geschichten zu lauschen. Ren hatte das Gerücht über den Spuk in der Spinnerei damals aufgeschnappt. Er hatte gehört, dass dort ein gefräßiger Geist sein Unwesen trieb, eine Frau mit weit aufgerissenem Mund und grotesk verbogenem Rückgrat. In der Nacht könnte man ihre Schreie und schlurfenden Schritte hören. Wenn man dem Geist begegnete, müsste man den Atem anhalten, sonst würde man von ihm verschlungen.

Natürlich hatte Ren sich einen Tadel von Tantchen zugezogen, die danach nächtelang die verängstigten Kleinen hatte beruhigen dürfen. Aber Drays Neugierde auf die Gruselgeschichten der Spinnerei war geweckt. Er hatte die Lippen zusammengepresst und mich mit hochgezogenen Augenbrauen angesehen. Ich wusste sofort, dass wir uns, sobald der Schnee geschmolzen wäre, auf den Weg nach Yarong machen würden.

Als die Frühlingssonne die verschneiten Hänge des Aachalendra in plätschernde Bäche verwandelt hatte, war ich mit Dray nach Sandu geritten. Keiner von uns war besonders abergläubisch, aber wir wollten mit eigenen Augen sehen, ob Rens Geschichten der Wahrheit entsprachen. Wir waren des Winters überdrüssig und hätten jeden Zeitvertreib willkommen geheißen. Dray hätte sich sonst was einfallen lassen können, und ich hätte mitgemacht.

In Sandu angekommen, standen wir allerdings vor einem Problem: Die Türen der Fabrik waren mit breiten Holzbrettern verrammelt. Die Fenster lagen hoch oben unterm Dach, doch am Fabrikgebäude wuchsen nicht genügend hohe Bäume, die uns hätten nützlich sein können. Für mich war es ein Kinderspiel, an der Wand hochzuklettern, um Dray hingegen machte ich mir Sorgen. Zwar

war er nicht ungeschickt, aber er konnte seinen Körper nicht so gut einschätzen wie ich. Daher kletterte ich voraus und zeigte ihm haargenau, wo er seine Hände und Füße platzieren musste. Ich bewegte mich langsam, überwachte ihn auf Schritt und Tritt und hielt ihn am Mantel fest, als er das Fenster erreichte und sich ins Gebäude schwang.

Der Aufprall unserer Stiefel hallte durch die leere Fabrik. Dray rang keuchend nach Atem. Wir sahen uns in dem verlassenen Gebäude um, in dem die zerbrochenen Fenster die sanften Strahlen der Frühlingssonne hereinließen. In den Lichtstreifen schwebten Staubpartikel.

Die Atmosphäre der Halle hätte kaum weniger mit den schaurigen Horrorgeschichten gemein haben können. Yarong war nur ein bröckelndes Stück Geschichte. In der melancholischen Stille lag die gleiche Schönheit wie bei einem Schiffswrack, das auf dem Meeresgrund Jahr für Jahr dem Zahn der Zeit ausgeliefert war. Ich empfand eine überraschende Ehrfurcht vor der alten Fabrik.

Dray schritt vorsichtig durch die Halle. Er sah sich mit verzücktem Blick um, als könnte er sich die Maschinen und die schwebenden weißen Baumwollfasern in der Luft vorstellen. Ich versuchte, es ihm gleichzutun, aber meine Fantasie kollidierte mit der kargen Leere der Fabrik und dem Echo unserer Schritte, das von den Wänden widerhallte.

Und sie kollidierte mit Drays tiefbraunen Augen, als er bemerkte, dass ich trotz der Geistergeschichten, die den ganzen Westen Sandus in Angst und Schrecken versetzten, nichts Besseres zu tun hatte, als ihn anzustarren.

Er lächelte mich fragend an. Dann begriff er. Und hielt inne. Regungslos stand er da und verfolgte meine Bewegungen, als wäre ich ein scheues Tier, das es kaum wagte, einen Bissen aus seiner Hand zu nehmen.

Es war das erste Mal, dass ich seinen Hals mit meinen Lippen streifte. Ich hatte noch nie jemanden geküsst und wusste daher auch nicht, wie es sich anfühlen sollte. Drays Haut glühte noch nach der Klettertour. Er duftete nach Frühling. Nach den ersten Sonnenstrahlen, die auf einen langen Winter folgen. Ich wusste nicht, wie ich ihn sonst beschreiben sollte. Alle Vergleiche verblassten neben dem, was ich fühlte. Seine Haut war so samtig braun, so unglaublich schön. Die Sonne musste ihn wirklich lieben.

Ich spürte Angst. Hingabe. Verlangen. Alles an Dray fühlte sich so traumgleich an, dass ich ebenso gut handeln konnte, als wäre dies ein Traum. Ich küsste seinen Hals erneut, diesmal kühner. Spürte den Puls an meinen Lippen. Das schnelle Pochen seiner Halsvene. Er aber rührte sich keinen Millimeter, sondern ließ es geschehen, gab mir Zeit, diese neue Erfahrung auf mich wirken zu lassen, den Duft seiner Haut zu atmen, seine Taille zu berühren.

Ich spielte mit dem Gedanken, meine Lippen auf seine zu legen. Um diesen Moment zwischen uns einzufangen. Ich hoffte, er würde meine Berührung erwidern, mir wenigstens eine Andeutung geben, dass er mich auch wollte.

Doch als ich Dray in die Augen sah, brannten darin ein derartiges Verlangen und eine solche Leidenschaft, dass ich erstarrte. Seine Reglosigkeit war kein Zeichen von Unsicherheit. Sein Blick verriet mir, hätte er sich die geringste Bewegung gestattet, hätte ich mich im nächsten Augenblick zwischen ihm und der Wand wiedergefunden. »*Cào*«, zwang ich mich zu denken – und mit diesem Fluch war meine Beseeltheit entschwunden, die Realität brachte die Wände um mich herum schlagartig zurück, und all die neuen Gefühle waren dahin, verzogen sich wieder in ihr Gehäuse.

Ich wich zurück.

Ich zerstörte den Moment, zugleich aber auch etwas zwischen Dray und mir, denn ab diesem Tag behandelte er mich nicht mehr nur wie einen Freund. Er redete und lachte wie zuvor, beobachtete mich dabei jedoch aufmerksam, als könnte ich jeden Augenblick davonfliegen. Jede seiner Berührungen fühlte sich an wie ein Stromschlag, wie kurz oder ungewollt sie auch war. Ich konnte Dray nicht ansehen, ohne ein Kribbeln im Bauch zu spüren, geschweige denn daran zu denken, wie sein Atem dicht an meinem Ohr geklungen hatte.

Vielleicht hatte ich solche Gedanken auch früher schon gehabt – das war sogar mehr als wahrscheinlich –, aber nach dem Ausflug in die Baumwollspinnerei Yarong gab es keine Zweifel mehr, was ich für Dray empfand.

Nun hatte ich Angst, dass es noch einmal geschehen würde. Dass Yarong die Kraft hatte, eine Grenze zwischen Vergangenheit und Zukunft zu ziehen. Dass sich, wenn ich Ruby Shay in die Fabrik folgte, wieder etwas für immer verändern würde.

In der Dunkelheit der Nacht wirkte Yarong anders. Gespenstisch und abstoßend. Die Wärme und die Ornamente moderner Wohnhäuser suchte man hier vergeblich, stattdessen sprach aus dem schmucklosen Bauwerk die Trübsal des Krieges. Ich versuchte, einen kühlen Kopf zu bewahren, während sich das flaue Gefühl in meinem Magen verstärkte. Der Wind wurde heftiger, je höher wir die Mauer erklommen. Als wir den Dachfirst erreichten, rang sogar Ruby Shay sichtlich nach Luft. Ich stellte mich neben sie und versuchte, ruhig zu atmen, die Arme in die Seiten gestemmt.

»Es versteht sich wahrscheinlich von selbst, aber wenn wir reingehen, übernehme ich die Führung«, sagte sie. »Du machst alles genauso wie ich. Stellst keine blöden Fragen und funkst mir auch sonst nicht dazwischen.«

»Meinetwegen.« Ich nickte, obwohl in meinem Kopf lauter Zweifel schwirrten.

Ruby Shay sah mich an. In ihren Augen lag ein Eifer, den ich von ihr nicht kannte. Instinktiv legte ich die Hand an mein Khukri und vergewisserte mich so, dass die Waffe in Reichweite war. Ruby Shay machte sich daran, eines der wuchtigen Sperrholzbretter beiseitezuschieben, die man hier hochgehievt hatte, um die Risse im altersschwachen Dach abzudecken. Ich packte mit an, bis sie durch das Loch im Dach hineinschlüpfen konnte. Ich hörte einen dumpfen Aufprall, als sie weich auf einem Stapel Holzpaletten landete.

Ich folgte ihr, federte den Sprung beim Aufkommen ab und blieb zunächst in der Hocke sitzen, um die Lage zu sondieren. Ruby Shay stand neben mir, die Hand am Griff ihres Khukri. Ihr Rücken war gerade, die Füße standen etwas auseinander. Ich tat es ihr gleich und fühlte mich augenblicklich wie ein Wildhund, der gerade in das Revier eines fremden Rudels eingedrungen war. Ich fixierte die fünf Gestalten, die weiter hinten in der Halle standen.

Die Männer hatten die Bretter heruntergerissen, die den Zugang zur Fabrik versperrten. Sie führten ein stämmiges Pony, das vor einen Holzkarren gespannt war. Sie selbst standen daneben. Ich wusste sofort, dass es Söldner waren: Vier von ihnen trugen Säbel am Gürtel und hatten über einer Augenbraue das Schriftzeichen für Himmel tätowiert. Ihre Kaftane waren aus fein gewebter Wolle, nicht grob gefilzt wie die der Einheimischen. Ihre Umhänge waren aus schwarzem Lammleder.

Der fünfte und älteste von ihnen trug keinen Säbel. Er lächelte aufgesetzt und blickte uns aus glasigen Augen an, die unter bleiernen Lidern lagen. Sein Gesicht war aufgedunsen, vermutlich vom Alkohol. Die langen Flügelärmel eines schweren Kaftans bedeckten seine Hände. Auf dem Kopf hatte er einen *Fútóu*-Hut aus schwarzer Gaze, wie ihn nur wohlhabende und gebildete Menschen trugen. Für den Status des Mannes sprach auch sein sorgfältig gestutzter Bart. In Namla sah man selten Männer, die sich so offensichtlich Zeit dafür nahmen, ihr Äußeres zu pflegen.

»Ausgezeichnet.« Er war der Erste, der etwas sagte. »Präzise Arbeit wie sonst auch, Ruby Shay. Nicht gerade rekordverdächtig, zeitlich gesehen aber auch keine Verschlechterung. Vielleicht aus nachvollziehbaren Gründen.« Sein Blick richtete sich auf mich. Er räusperte sich und fuhr fort: »Wie ich sehe, hast du einen neuen Partner. Wo ist Yang Lin?«

»Das geht Sie nichts an«, sagte Ruby Shay. »Sie haben bei Frau Trizin zwei Kuriere bestellt, und die haben Sie bekommen.«

»Ja, natürlich, aber bisher habe ich doch immer dich und A-Lin gebu ...«

»Nehmen Sie die Ware nun an oder nicht?«, fiel Ruby Shay ihm ins Wort.

Ihre gepresste Stimme verriet deutlich, dass ihr der Kosename A-Lin, den der Mann benutzte, zuwider war. Sie packte den Rucksack am Riemen und schüttelte ihn. Hinter ihrer gespielten Tapferkeit spürte ich Angst, auf die mein eigener Körper reagierte. In solchen Situationen waren Ruby Shay und ich eine Einheit. Obwohl mir ihre Hitzköpfigkeit nicht gefiel, war sie als Bianfu meine Schwester, und ihre Angst durchfuhr auch mich wie ein Stromschlag.

»Natürlich, natürlich«, grinste der Mann und entblößte dabei seine gelblichen Zähne.

Er winkte sie näher heran. »Na kommt, dann wollen wir mal sehen, was ihr dabeihabt. Nicht, weil ich glaube, du wärst unartig gewesen, mein Mädchen, aber hin und wieder verschwinden ja Taschen aus der Ladung. Recht häufig sogar. Ich lasse die Ware am liebsten über euren Bahnhof liefern, denn ihr Bergmenschen seid ein kooperatives Völkchen. Diese anderen Affen können ihre Finger nicht bei sich behalten.«

Affen. Bergmenschen.

Ruby Shay hatte verlangt, dass ich mich genauso verhielt wie sie, doch mit einem Mal verspürte ich den Drang, eine Kostprobe meines »Gehorsams« zu geben. Mit einem Satz sprang ich von den Paletten. Die vier Söldner legten die Hände an ihre Säbel. Auch Ruby Shay blieb nicht untätig, sondern tat es mir gleich, und gemeinsam schritten wir auf die Männer zu. Ich nahm den Rucksack ab und wuchtete ihn auf die Sitzbank des Ponywagens.

Die Lippen des Alten verzogen sich zu einem gespielten Lächeln. »Aber hallo. Da hast du dir ja einen richtigen Hitzkopf angelacht.«

»Bitte überprüfen Sie Ihre Bestellung, Erlik Han«, entgegnete Ruby

Shay und knallte ihren Rucksack neben meinen. »Das ist alles, was wir im Zug vorgefunden haben. Sollte etwas fehlen, dann ist das nicht unsere Schuld. Die dürfen Sie dann gerne bei Ihrer Quelle suchen.«

»Natürlich. Aber auch du siehst sicherlich ein, dass es in diesem Fall einer gründlichen Überprüfung bedarf. Ihr wartet hier, bis wir die Ware genau gezählt haben. Eigentlich der übliche Ablauf. Ich nehme an, dein schweigsamer Freund wird das ebenfalls verstehen.«

Ruby Shay rang sich ein müdes Lächeln ab. Sie bedeutete mir mit einer Kopfbewegung, zurückzutreten.

Erst als wir uns weit genug entfernt hatten, umringten die Söldner die Rucksäcke. Sie begannen, die Lieferung zu durchwühlen, und zogen mehrere Bündel hervor, geschätzt jeweils von einigen *Jīn* Gewicht. Abscheu schnürte mir die Kehle zu, als ich sah, was ich da transportiert hatte: Die Männer öffneten die Bündel und luden eine Schusswaffe nach der anderen auf den Karren. Es waren ähnlich kleine Pistolen wie die, mit der sich der Junge damals den Daumen weggeschossen hatte. Eine hatte eine schmal zulaufende Spitze, eine andere ein flaches Gehäuse, eine dritte einen braunen Griff mit Goldverzierung.

Während die Söldner die illegalen Waffen abzählten, grinste der Alte ununterbrochen Ruby Shay an. Sie starrte mit zusammengebissenen Zähnen an die Wand.

»Fertig«, verkündete einer der Söldner schließlich. »Alles da. Die Anzahl stimmt mit der Bestellung überein.«

»Höchst erfreulich«, sagte Erlik Han. »Nicht, dass ich daran gezweifelt hätte. Na, dann komm her, mein Mädchen, jetzt kriegst du deine Belohnung. Ich will euch nicht aufhalten. Ihr habt doch sicher noch eine Menge zu erledigen. Ihr müsst bestimmt noch Reis pflanzen, Yaks kastrieren – igitt! Ich muss mir jetzt sofort den Mund mit Wein ausspülen, damit ich mich wieder normal fühle.«

Die Söldner lachten. Ich lugte zu Ruby Shay hinüber, um zu sehen, ob die schlagfertige Bianfu, die ich kannte, all das wirklich so beherrscht über sich ergehen ließ. Offenbar schon. Ruby Shay behielt einen neutralen Gesichtsausdruck. Doch als sie die geballten Fäuste öffnete, hinterließen ihre Fingernägel rötliche Abdrücke in den Handflächen.

Um ihr meine Unterstützung deutlich zu machen, setzte auch ich mich in Bewegung, als sie auf Erlik Han zutrat.

Darauf reagierten die Söldner sofort.

»Hätte dein Freund wohl die Güte, Abstand zu halten?«, fragte Erlik Han. Er war gerade im Begriff, die Sicherheitsverriegelung seines Armreifs zu öffnen, unterbrach den Vorgang jedoch. »Ich werde dir die Belohnung auszahlen, mein Mädchen. Ich habe bei Frau Trizin dich und A-Lin gebucht, nicht diesen Schakal, und ich werde meinen Geren keinesfalls auch nur in die Nähe seines Handgelenks bringen.«

»*Shīdì*, warte hier«, wies Ruby Shay mich an.

Widerwillig befolgte ich ihre Anordnung. Ich hielt mich im Hintergrund und wartete darauf, dass sie und Erlik Han ihre Geren aneinanderhielten. Als er dabei seine knorrigen Finger um Ruby Shays Arm legte, verzog ich das Gesicht. Es war unhöflich, beim Zahlungsvorgang die Hand des anderen zu berühren. Das taten nur Freunde, Verwandte oder Liebespaare.

Trotzdem hielt ich mich heraus. Wenn das Ruby Shays Art war, Geschäfte abzuwickeln, dann war das ihre Sache. Meinen Segen brauchte sie nicht.

Endlich, nach einer gefühlten und bedrückenden Ewigkeit, lockerte Erlik Han seinen Griff.

»So, mein Mädchen, das hätten wir.«

Doch nichts geschah. Ihre Geren blieben miteinander verbunden. Erlik Hans Finger lösten sich von Ruby Shays Arm, aber als er seine Hand zurückziehen wollte, krallten sich ihre Finger in seinen Schmetterlingsärmel.

Ich blinzelte. Im nächsten Moment erkannte ich Ruby Shays Absicht, lange vor den anderen. Die Wut, die ich in ihren goldglänzenden Augen gesehen hatte, war zurückgekehrt. Ihre Finger bohrten sich wie Klauen in seinen Arm. Die Bewegung war schnell, und die

Worte, die Erlik Han daran hindern sollten, die Zahlung zu beenden, kamen Ruby Shay im selben Moment über die Lippen, als sich die Klinge ihres Khukri gegen seine Kehle drückte: »Nicht so schnell.«

Erlik Hans Augen weiteten sich unter seinen schweren Lidern. »Wa … was hast du …«

Er brauchte keinen Befehl zu geben – die Söldner handelten ungefragt.

Das Zischen der Säbel hallte in der hohen Fabrikhalle wider, als die Männer die Waffen zogen.

Dann ging alles blitzschnell. Ich zögerte nicht, sondern nutzte den kritischen ersten Augenblick, ehe die Söldner sich ihre Überzahl zunutze machen konnten. Die Bewegungsfolge, die ich mit Ren tausende Male geübt hatte, war mir in Fleisch und Blut übergegangen: Ich machte einen Satz nach vorn, verlagerte das Gewicht auf mein rechtes Knie und führte blitzschnell die Hand an mein Khukri. Im Hervorziehen rammte ich dem nächststehenden Söldner gleichzeitig den Ellbogen mit voller Wucht in die Kehle. Der Mann röchelte. Er ging in die Knie, noch bevor er seinen Säbel ziehen konnte.

Für Angst war keine Zeit. Ich konnte auch nicht darüber nachdenken, welcher Wahnsinn Ruby Shay befallen hatte, denn die Situation spitzte sich weiter zu. Ruby musste den Griff von Erlik Hans Arm lösen, als zwei Söldner auf sie losgingen. Mehr sah ich nicht, denn der Säbel eines dritten schwang auf mein Gesicht zu.

Ich ließ die Klinge meines Khukri gegen das größere Schwert prallen. Dabei spannte ich die Muskeln wie beim Armdrücken an, aber nur, um dem Mann einen Grund zu geben, dagegenzuhalten. An seinem verzogenen Gesicht erkannte ich, dass er seinen Säbel mit aller Kraft gegen mein Khukri drückte. Ohne Vorwarnung gab ich nach. Ich duckte mich unter seinem Hieb hinweg, und als er vorwärtstaumelte, riss ich ihm die Beine weg. Er stürzte zu Boden, jaulte vor Wut auf und versuchte, wie ein schlaksiges Hirschkalb wieder auf die Füße zu kommen. Ich packte ihn an den Haaren und drückte ihm das Khukri an die Kehle.

Der Mann war wie zu einer Statue erstarrt. Er ließ den Säbel zwar nicht fallen, hob ihn aber auch nicht wieder.

Ich richtete den Blick auf Ruby Shay, die in ein hitziges Gefecht mit dem letzten Söldner verwickelt war. Einer der beiden Männer, die sie angegriffen hatten, lag auf dem Rücken, das Gesicht bis zum Hals blutverschmiert. Die Klinge ihres Khukri hatte es wie eine Wassermelone aufgeschlitzt. Zwischen seinen Augen verlief ein langer, tiefer Schnitt, aus dem das Blut immer noch sprudelte wie ein reißender Fluss. Die glasigen Augen des Mannes starrten zur Decke. Seine abgebrochenen Zähne zeigten, wie erbarmungslos die Messerklinge ihm durch das Gesicht gefahren war – die Angreiferin hatte nichts dem Zufall überlassen wollen. Hatte nicht gezögert, ein Menschenleben auszulöschen.

Ruby Shay hatte getötet.

Ein schlichtes Wort, so einfach. Aber mein Gehirn wollte es nicht begreifen. Ich schloss die Augen und öffnete sie wieder, als wollte ich mich selbst aus einem Traum aufwecken. Natürlich hatte Ruby Shay getötet. Was war daran so besonders? Sie war eine Mörderin. Sie wollte diese Leute tot sehen, die uns ebenfalls nicht wohlgesonnen waren. Ich war der Einzige, der dort vom Gegner abließ, wo ein Übungskampf enden würde. Der nichts mit einem Opponenten anzufangen wusste, der sich ergeben hatte.

»Schon gut, nur die Ruhe …«, presste der Söldner hervor, den ich gepackt hielt. Er hatte den Säbel endlich fallen lassen und hielt die Hände in die Höhe. Je mehr er redete, desto jämmerlicher wurden seine Worte. »Bitte … ich habe nichts gegen dich, mein Junge, ich mache nur meine Arbeit. Bitte – ich versuche nur, die Schulden meiner Tochter abzuzahlen. Ich bitte dich. Sie ist gerade einmal sechs Jahre alt. Ihre Mutter ist krank – sie – sie brauchen mich. Sie haben sonst niemanden.«

Ich packte ihn an den Haaren, um ihm meinen Standpunkt klarzumachen: *Sei still!*

Der Söldner heulte auf. Er war auf das Niveau eines Kindes herabgesunken, obwohl er kurz vorher noch versucht hatte, mir den Säbel in die Brust zu stoßen.

Im selben Augenblick setzte sich Erlik Han in Bewegung. Meine Muskeln spannten sich reflexartig an. Ich beobachtete, wie der Alte zum Ponywagen stürzte. Er ergriff jedoch nicht die Zügel des Pferdes, um der chaotischen Situation zu entkommen. Stattdessen angelte er eine der Schusswaffen aus dem Wagen. Mit offenem Mund fingerte er an der pechschwarzen Pistole herum, wie jemand, der vor Angst nicht ganz bei sich war.

Bergmenschen, hallte seine Stimme in meinem Kopf nach. *Affen, die ihre Finger nicht bei sich behalten können.*

Angewidert kniff ich die Augen zusammen. Ohne den Söldner loszulassen, stieß ich mich vom Boden ab und schlang Erlik Han ein Bein um den Hals. Dadurch knallte er mit der Stirn gegen den Karren, und der schwarze *Fútóu* rutschte ihm vom Kopf. Der Wagen neigte sich zur Seite, und das Pony tänzelte nervös in seinem Geschirr. Erlik Hans Aufschrei war nur ein kurzer Rülpser. Der Laut erstarb, als ich seinen schmalen Hals zwischen Wade und Oberschenkel einklemmte. Er wand sich eine Weile, ehe mein Würgegriff seine volle Wirkung entfaltete. Japsend rang er nach Luft. Er schlug auf meine Wade ein, wie ein Ringer, der im Wettkampf seine Aufgabe verkündete.

»Oh Himmel, oh Himmel, oh Himmel!«, keuchte der Söldner, dem ich noch immer das Khukri an den Hals hielt. Er war durch mein Kunststück gegen den Ponywagen geschleudert worden. Ich spürte, wie mir etwas Nasses auf die Finger tropfte, und bemerkte an der Messerklinge ein dünnes Blutrinnsal. Ich hatte dem Mann versehentlich in den Hals geschnitten, und er stöhnte, als müsste er jeden Moment verbluten.

»Meister Shuya, Eurem Namen gelobe ich Treue, Euch zu Ehren gebe ich mein Leben. Fusang wird gedeihen und hunderttausend Jahre lang blühen, oh Himmel –«

»Halt dein Maul!«, krächzte Erlik Han mit tiefrotem Gesicht, immer noch im Würgegriff meiner Beine gefangen. Seine Schuhspitzen scharrten über den Fußboden. Die Adern auf seiner Stirn traten hervor. Ich wusste nicht, was ich tun sollte. Ich hatte noch nie jemanden umgebracht und würde jetzt sicher nicht damit anfangen.

Ein Stück von mir entfernt vollendete Ruby Shay gerade ihre Arbeit. Der Söldner, gegen den sie gekämpft hatte, gab ein lautes Gurgeln von sich und taumelte nach hinten. Ihr heftiges Keuchen hallte durch den Raum, der jedes Geräusch noch verstärkte – das Klirren von Metall, als der Säbel des Mannes zu Boden fiel, seinen erstickten Versuch, etwas zu sagen, den Aufprall, als er zu Boden ging.

Ruby Shay richtete sich auf. Sie schüttelte das Blut von ihrem Khukri und drehte sich zu mir um. Ihr Gesicht war schweißüberströmt, und in ihren goldenen Falkenaugen glühte ein manisches Feuer. Ihr Keuchen verwandelte sich in Gelächter, als sie sah, auf welche Weise ich meinen Beitrag geleistet hatte.

»*Shīdì*«, sagte sie grinsend. »Was machst du denn da? Willst du sie alle erledigen?«

Lockeren Schrittes kam sie näher. Der Söldner, dem ich zu Beginn des Kampfes den Ellbogen in die Kehle gestoßen hatte, kniete immer noch auf dem Boden. Er hob die Hand zum Zeichen der Kapitulation. Obwohl er kaum einen Ton hervorbrachte, versuchte er zu sprechen: »Nicht – nicht –«

Ruby Shay hob ihr Khukri.

Ich wandte den Blick ab und konzentrierte mich stattdessen darauf, die beiden verbliebenen Männer festzuhalten, die sich zu winden begannen, als Ruby Shay näher kam.

»Lass den Söldner gehen«, sagte Ruby Shay. »Wir brauchen ihn nicht mehr.«

Der Mann begann sofort zu flehen: »Bitte, ich habe eine Tochter – ein kleines Mädchen – sie braucht mich – ich bin alles, was sie hat – bitte – ich bin nur wegen ihrer Schulden hier – oh Himmel – man hat mir gesagt, ich bekäme für das hier viel Geld.«

»*Shīdì*«, wiederholte Ruby Shay. »Lass ihn gehen. Er hat eine Tochter.«

Sie ließ ihre Worte milde klingen. Als wäre ich derjenige von uns beiden, der dem Mann nach dem Leben trachtete. Der Söldner musste das Gleiche gedacht haben. Er unterdrückte ein Schluchzen und nickte zustimmend. Er verstand nicht, dass der kurze Moment, als ich mein Khukri von seinem Hals nahm, für ihn über Leben und Tod entscheiden würde.

Er nutzte die Gelegenheit und rannte davon.

Ruby Shay und ich sahen uns an. Ich schüttelte den Kopf. Sie lächelte. Dann wirbelte sie herum und warf ihm ihr Messer in den Rücken. Die Klinge durchtrennte dem Soldaten die Wirbelsäule, als wäre sie aus Stroh. Seine Beine gaben nach. Er stürzte aus vollem Lauf aufs Gesicht.

»Ah.« Ruby Shay ließ die Schultern kreisen. »Das tat gut. So was wollte ich schon lange mal machen.«

»Was zum Teufel ist los mit dir?«, fragte ich, jetzt, da meine Hände frei waren. *»Dafür habe ich mich nicht gemeldet! So etwas tun Bianfu nicht!«*

»Ich weiß. Du hast recht, und es tut mir leid.«

»Es tut dir leid? Du hast es getan, obwohl es nicht notwendig war! Du –«

Ruby Shay drehte sich weg und ließ die Kritik an sich abprallen. Frustriert ließ ich die Hände sinken und stieß ein wütendes Schnauben aus. Das kaltblütige Verhalten meiner Partnerin widerstrebte mir zutiefst. Es war ein Raubüberfall gewesen, das hatte ich bereits in dem Moment geahnt, als Ruby Shay sich geweigert hatte, ihren Geren von Erlik Hans Handgelenk zu lösen. Aber es war auch Mord. Sie hatte die Männer richtiggehend abgeschlachtet.

»Glaubt ihr zwei etwa, dass ihr irgendwie aus der Nummer herauskommt?«, krächzte Erlik Han. Er wand sich immer noch in meiner Kniekehle. Mein Hosenbein war mit seinem Speichel besudelt. Ich stieß den Alten von mir weg. Erlik Han stürzte erschöpft zu Boden.

Sein Haar, das sich aus dem Knoten auf seinem Kopf gelöst hatte, stand in alle Richtungen ab, und von seinem gepflegten Äußeren war nichts mehr übrig. Sein Blick war hasserfüllt, und als er sprach, sprühte ihm der Speichel nur so aus dem Mund: »Der Gouverneur wird erfahren, was ihr getan habt! Ich bin ein wichtiger Mann! Der Staat kann im Himmelsnetz alle Daten auf meinem Geren einsehen – und weiß damit auch, an wen mein Geld geflossen ist! Du bist eine tote Hure, Ruby Shay! Wegzulaufen wird dich und deinen Schakal nicht retten! Der Gouverneur wird es herausfinden, und du wirst dafür bezahlen!«

»Halt dein Maul!« Ruby Shay verlieh ihren Worten mit einem kräftigen Tritt Nachdruck. Erlik Han rollte auf die Seite. Sein teurer Kaftan schleifte über den dreckigen Hallenboden. Ruby Shay presste ihm das Knie in die Ellbeuge und erzwang sich so Zugang zu seinem Handgelenk. Ich beobachtete, wie die Lämpchen an den Geren aufleuchteten, um den Geldtransfer anzuzeigen. Die Zahlen auf der Anzeige von Erlik Han wurden immer kleiner, während sie sich bei Ruby Shay vervielfachten. Die blauen Ziffern blinkten schnell und zeigten eine Summe an, von der ich nicht einmal wusste, wie man sie korrekt aussprach.

Mir wurde schlecht. Ich konnte die Übertragung nicht länger mit ansehen.

Als Ruby Shay fertig war, wischte sie ihren Geren ab. Ihr Gesicht war wie versteinert. Erlik Han stöhnte kläglich, als sei ihm nicht nur sein Vermögen, sondern auch sämtliche Lebenskraft ausgesaugt worden. Ich hatte eine gewaltige Wut im Bauch, auf ihn ebenso wie auf Ruby Shay. Ich sprang vom Wagen, war mit wenigen Schritten bei ihr und tippte ihr auf die Schulter, um ihre Aufmerksamkeit zu erregen. Sie sah mich mit dem gleichen gläsernen Blick an wie unsere Falken.

»Hast du gehört, was er gesagt hat? Der Gouverneur wird erfahren, was wir getan haben«, sagte ich in dem Versuch, sie zur Vernunft zu bringen. *»Sie werden uns vor den Toren Sandus aufknüpfen. Uns als Warnung an alle dort hängen lassen, die – die …«*

Ich versuchte, meinen Gedanken zu Ende zu führen, aber es gelang mir nicht. Ich ließ mich in die Hocke fallen und stützte den Kopf in die Hände. Mein Gesicht glühte. Ich starrte auf Ruby Shays Schafslederstiefel, die mit roten Quasten verziert waren. Dray wusste, wie man solche Quasten machte. Auch er würde erfahren, was wir getan hatten. Er würde zusehen müssen, wie die Insekten meine ausgepeitschte Leiche auffraßen, die in der Sommerhitze über dem Torbogen baumelte. Dray, Ren, Tantchen und die Kinder – alle würden es mitansehen müssen.

Mir wurde schwindlig. Ich wusste nicht, ob ich selbst schwankte oder ob es nur die Welt auf meiner Netzhaut war. Ich schloss die Augen, riss mich selbst an den Haaren und hoffte, dass der Schmerz mir den Kopf frei machen würde.

»Der Gouverneur wird denken, ich hätte den Raub begangen«, sagte Ruby Shay. »Er wird an den Logdaten sehen, dass der letzte Geldtransfer von Erlik Han an mich getätigt wurde. Nicht an dich.« Sie hockte sich neben mich. »Niemand wird wissen, dass du heute hier warst. Frau Trizin wird es für sich behalten.«

»Alle werden es wissen.«

»Werden sie nicht. Du bist in Sicherheit, *Shīdì.*« Ruby Shays Stimme war sanfter als je zuvor mir gegenüber. Sie nahm meine Hand. »Alles ist unter Kontrolle. Yang-*shījiě* und ich haben alles abgesprochen. Sie wartet in Gyamda auf mich. Wenn die Behörden der Meinung sind, wir würden uns nach allem, was wir durchgemacht haben, nach Naraka ins Sklavenlager verfrachten lassen, sind sie schief gewickelt. *Shījiě* und ich werden weit weg von hier ein neues Leben beginnen.«

Wie gelähmt hörte ich, was sie sagte. Als ich sah, wie sie meinen Ärmel hochkrempelte und den metallenen Armreif freilegte, verfolgte ich es ohne innere Beteiligung. Ihre langen, kräftigen Finger glitten von meinem Handgelenk zu meinem Geren, der in den Augen des Staates meinen ganzen Wert als Person ausmachte. Ich riss die Hand zurück.

Doch Ruby Shay packte noch fester zu. »Schon gut. Du wirst deswegen schon keine Schwierigkeiten kriegen. Niemand wird herausfinden, dass ich dir Geld geschickt habe. Ich bin nicht wohlhabend. Über Transfers mit meinem Geren wird nirgendwo Buch geführt, nicht wie bei Erlik Han. Und selbst wenn man mich erwischen sollte, halte ich deinen Namen da raus. Eher sterbe ich.«

»Nicht … ich kann nicht …«

»Mit dem Betrag kannst du deinen Bruder und dich retten. Und alle, die dir am Herzen liegen. Denk doch mal nach, *Shīdì*. Ich weiß, dass du es nötig hast.« Sie sah mir in die Augen. Sanftmütig. Lange. Ließ mich alle Optionen durchspielen, die mein verwirrtes Gehirn sich ausdenken konnte. Es gab nicht viele. Ruby Shay hatte benannt, was mir am meisten bedeutete. Ren. Dray. Tantchen und die Kinder. Ihretwegen war ich hier. Für sie lebte ich. Nur für sie. Ruby Shay wusste das.

Sie legte ihren Geren an meinen.

4. Kapitel

Als ich nach Hause kam, war es tiefste Nacht. Das Dorf lag schlafend am Steilhang zwischen den Terrassenplantagen. Windspiele klimperten, Wäsche flatterte in der steifen Brise. Der benachbarte Ziegenbauer hatte seine drei großen Wachhunde von der Leine gelassen. Als sie meine leisen Schritte hörten, veranstalteten sie einen Mordslärm und kamen mir auf dem Bergpfad entgegengerannt wie drei gewaltige pelzige Bären. Die Glöckchen an ihren Halsbändern bimmelten bei jeder Bewegung.

Ich streckte die Hände aus und beruhigte sie. Die Hunde kannten mich, seit sie Welpen waren. Raubtieren und Dieben gegenüber waren sie aggressiv, wenn sie aber jemanden witterten, den sie kannten, verwandelten sie sich in sanfte Schoßhündchen. Es waren wertvolle Tiere. Wertvoller noch als Jagdfalken. Deshalb genoss unser Nachbar Zhaxi für den Besitz gleich dreier starker und gesunder Hunde bei den anderen Dorfbewohnern ein geradezu königliches Ansehen.

Onkel Zhaxi, der vor allem Käse herstellte, war einer der wenigen Bauern in der Gegend, die sich für ihre Geren einen Sperrmechanismus zugelegt hatten. Ein Vermögen wie seines wollte geschützt sein, und nur eine Sperre meldete unbefugte Zugriffe an das staatlichen Himmelsnetz, das die Transfers aller aktiven Geren aufzeichnete. Überfälle auf einkommensschwache Bürger blieben daher normalerweise unentdeckt. In armen Regionen war Raubmord an der Tagesordnung, nicht jedoch auf dem Gebiet der wohlhabenden, sogenannten Sicheren Städte. Die Reichen konnten es sich leisten, ihre Transaktionen lückenlos zu dokumentieren. Man ging davon aus, dass die Aufzeichnungen des Himmelsnetzes Diebe noch effektiver abschreckten als der Mechanismus selbst.

Clevere zumindest.

Ich drückte meinen Geren an die Brust. Sein Anblick war zu viel für mich. Was in der Baumwollspinnerei passiert war, ließ mich nicht los. Ich war den ganzen Weg von Yarong bis zu den Terrassen Madangs, wo Tantchens Haus stand, zu Fuß gegangen. Es hatte Stunden gedauert. Trotzdem hatte der nächtliche Spaziergang mir nicht geholfen, meine Gedanken zu sortieren. In meinem Kopf sagte ich mir immer wieder dasselbe simple Mantra auf: *Zurück zu Dray. Schlafen. Zurück zu Dray. Schlafen.* Normalerweise wäre ich wie sonst auch im Obergeschoss durchs Fenster gestiegen, damit ich in mein Zimmer huschen konnte, ohne die Kinder zu wecken. Jetzt allerdings hatte ich nicht mehr den kleinsten Funken Energie in den Beinen. Meine Muskeln schmerzten. Ich schlich so leise wie möglich durch den Vordereingang. Die schwere Holztür schwang auf. Ich bückte mich, um mir die blut- und staubverschmierten Lederstiefel von den Füßen zu ziehen, und stellte sie an der Schwelle ab, bevor ich den Holzboden betrat.

Bei dem vertrauten rauchigen Duft im Flur musste ich schlucken. Ich war zu Hause. Jetzt war alles gut. Der Geruch von verkohltem Holz und der Suppe, die es zum Abendessen gegeben hatte, lag noch in der Luft und ließ mich allmählich zur Ruhe kommen. Das Räucherwerk auf Meister Shuyas Altar brannte noch. Die silbrigen Rauchschwaden schlängelten sich an den dicken Pfeilern aus Kiefernholz empor und verflüchtigten sich zwischen den Dachbalken. Es war so dunkel, dass man die *Thangkas* an den Wänden kaum erkennen konnte. Ich wusste, dass die Gottheiten, die darauf abgebildet waren, mich aus der Dunkelheit anstarrten.

Zurück zu Dray. Endlich schlafen.

Die hölzernen Stufen knarrten, als ich zu den Schlafräumen hinaufstieg. Durch die dünnen Wände konnte ich die tiefen Atemzüge der Kinder hören. Viele Zimmer hatten keine Türen, sondern nur bunte, handgewebte Vorhänge. Die Jüngsten waren zu viert in einem Raum untergebracht, während die Älteren eigene Zimmer hatten. Auch Dray, Ren und ich hatten uns früher ein Zimmer geteilt. Inzwischen besaß jeder von uns sein eigenes Reich. Tantchen hielt es für angebracht, weil Ren angefangen hatte, sich mit Freyal zu treffen, und Dray sich schon den Hals verrenkte, wenn man ihm nur ein Lächeln zuwarf. Ich war der Einzige, der auf diese Veränderung hätte verzichten können. Der alles am liebsten so gelassen hätte, wie es war.

Ruby Shay hatte mir endgültig den Boden unter den Füßen weggezogen. Mir die Chance genommen, in ein normales Leben zurückzukehren.

Ich betrat Drays Zimmer, in dem die Luft deutlich kühler war als im Flur. Sein Fenster stand halb offen. Davor spendete eine Öllampe schummriges Licht. Wenn ich nachts unterwegs war, ließ Dray das Fenster immer angelehnt. Ich hatte ihn gebeten, damit aufzuhören, weil ich befürchtete, er würde sich erkälten. Er hatte sich vor der kalten Nacht unter eine Fellbettdecke geflüchtet. Seine Beine waren angewinkelt, vom Kopf war nur ein Haarbüschel zu sehen.

Ich hätte das Fenster lautlos schließen können. Aber ich ließ es scheppernd zufallen.

Dray schreckte hoch.

»Dawei …?«, fragte er. Sein braunes Haar war zerzaust, und er blinzelte im trüben Licht. Mit einem Mal wusste ich nicht mehr, warum ich auf Drays Hilfe gehofft hatte, obwohl es der erste Teil meines Mantras gewesen war: *Zurück zu Dray*. Jetzt war ich hier. Und stand einfach nur da.

Dray reckte sich nach der Öllampe, um sie heller zu stellen. Als er mich im Licht musterte, weiteten sich seine schläfrigen Augen. »Meine Güte … Was ist passiert?«

Ich hob die Hände, um zu antworten, hielt aber mitten in der Bewegung inne. Ich wusste nicht, was ich sagen sollte.

Dray schwang die Beine aus dem Bett. Er begriff besser als ich selbst, was ich jetzt am dringendsten brauchte, und schmiegte sich fest an mich. Ich umklammerte ihn. Er war warm und roch nach Wildhundfell. Ich dagegen war ein Eiszapfen, blut- und staubbedeckt. Dray musste spüren, wie schnell mein Herz pochte, denn seine Stimme klang ängstlich: »Dawei, was ist passiert? Du zitterst ja.«

Das war ihm am wichtigsten: eine eilige, schützende Umarmung, die er jedoch viel zu schnell wieder löste. Aufmerksam ließ er den Blick über meine Verletzungen gleiten. Seine rechte Hand lag an meiner Wange, die linke berührte den zerrissenen Mantel. Da wurde mir wieder bewusst, dass ich die Kleidung, die er mit so großer Mühe für mich genäht hatte, in den Bergen zerrissen hatte. An einer Seite sowie am Oberschenkel war das Gewebe großflächig mit meinem Blut durchtränkt. Selbst wenn Dray es herauswaschen könnte, wäre der Stoff nicht zu retten.

»Tut mir leid«, sagte ich mit einer schlaffen Geste. *»Ich habe alles ruiniert.«*

»Mach dir wegen der Kleidung keine Sorgen, du Dummkopf, es ist doch bloß Stoff. Bist du schlimm verletzt?«

Er zog mir den blutigen Kaftan aus, ließ Khukrigürtel und Mantel auf den Boden fallen. Obwohl er behutsam vorging, verzog ich vor Schmerz das Gesicht, als er das blutverkrustete Unterhemd von meiner Haut löste. Im Adrenalinrausch hatte ich zunächst keinerlei Schmerzen verspürt, doch auf dem Rückweg hatte ich zu humpeln begonnen. Meine Haut war schlimmer aufgeschürft, als ich gedacht hatte. Dreck war in die Wunden gelangt. Beide Handflächen hatten Brandblasen, meine Finger zitterten sichtlich.

»Ich hole heißes Wasser und ein Handtuch«, erklärte Dray. Seine Stimme war ruhig, aber seine Augen verrieten ihn. Schon lange hatte ich ihn nicht mehr so aufgewühlt gesehen. Er fragte nicht noch einmal, was geschehen war. Stattdessen holte er eine Hose aus Yakwolle aus dem Schrank und legte sie aufs Bett. »Zieh die an. Ich bin gleich zurück.«

»Verzeih mir, Dray.«

»Und hör auf damit. Du musst dich bei mir nicht entschuldigen, weder jetzt noch sonst wann.« Er legte mir die Hand in den Nacken. »Ich bin nicht wütend. Ich mache mir Sorgen. Mir ist es egal, ob du in deinem Irrsinn das halbe Dorf zerlegst – ich will nur, dass du heil bleibst.«

Plötzlich, zum ersten Mal an diesem chaotischen Abend, begannen meine Augen zu brennen.

Du hast ja keine Ahnung, dachte ich. *Du hast keinen Schimmer, dass schon morgen der Gouverneur hier aufkreuzen und nach mir suchen könnte. Dass die Schrammen, die du an meinem Körper siehst, ein Gute-Nacht-Kuss sind im Vergleich zu dem, was mich erwartet.* Das konnte ich ihm nicht sagen. Ich schluckte die Tränen hinunter, denn ich war mir sicher: Wenn ich jetzt anfinge zu weinen, würden auch die letzten Pfeiler einstürzen, die mein Nervengerüst noch aufrecht hielten.

Ich nickte nur. Er schloss daraus offenbar, dass er es riskieren konnte, mich einen Moment lang mit meinen abscheulichen Befürchtungen allein zu lassen.

Als er fort war, setzte ich mich auf die Kante des niedrigen, mit Fellen zugedeckten Bettes. Ich zog die Socken aus. Schlüpfte in Drays saubere Hose. Danach rückte ich nach hinten und schlug die Beine übereinander. Strich über meinen Geren. Ihn zu aktivieren wagte ich nicht, ich wollte die Unsumme nicht sehen, die auf der Anzeige erscheinen würde. Es war nicht mein Geld. Ich hatte vollkommen neben mir gestanden, als Ruby Shay mir die Hälfte von Erlik Hans Vermögen übertragen hatte. Nichtsdestotrotz. Was spielte es für eine Rolle, in welchem Geisteszustand ich das Blutgeld bekommen hatte? Es war geschehen. Ruby war auf und davon. Sie hatte Erlik Hans Pony genommen und war verschwunden. Das Geld zurückzugeben war unmöglich.

Ich ließ mich auf meine unversehrte Seite fallen. Die wunde Körperseite brannte. Obwohl ich todmüde war, konnte ich die Augen nicht schließen. Denn dann kehrten die Bilder aus der Baumwollspinnerei zurück. *Schlafen* war der zweite Teil meines Mantras gewesen. Diesen umzusetzen schien ebenso unmöglich. Ich starrte ausdruckslos in den warmen Schein der Öllampe und lauschte dem Säuseln des Windes am Fensterrahmen.

Draußen bellte einer der Wachhunde. Die Glöckchen an seinem Halsband klingelten leise. Ich lauschte so konzentriert auf den Hund, der die Ziegenfarm bewachte, dass ich kaum mitbekam, wie Dray zurückkehrte. Das bemerkte ich erst, als er mit einem nassen Handtuch meine verletzte Seite abtupfte. Ich zuckte vor Schmerz zusammen. Es brannte. Wortlos machte Dray sich daran, die Wunden sanft zu säubern. Ich ließ es einfach geschehen, denn ich war zu müde, um auch nur einen Finger zu rühren. Ich schloss die Augen.

Allmählich wurde Dray ruhiger. Ich erkannte es daran, dass er die Hand länger auf meiner Seite ruhen ließ. Vielleicht hatte er gedacht, ich sei schlimmer verletzt, und war erleichtert festzustellen, dass die Wunden nicht allzu tief waren.

Als er fertig war, stand er auf und stellte die Wasserschüssel auf den Boden. Ich warf einen Blick über die Schulter, um mich zu vergewissern, dass er nicht woanders schlafen wollte. Ich hatte nicht vor, ihn aus seinem Zimmer zu vertreiben. Aber er ging nicht zur Tür, um den Raum zu verlassen, sondern um sie zu verriegeln.

Ich war sofort hellwach. Noch nie hatte Dray mir gegenüber einen offenen Annäherungsversuch gewagt wie bei so vielen anderen. Seine vielen kleinen Gesten aber sprachen für sich. Er legte sich hinter mich und zog die dicke Bettdecke über uns. Seine Hand glitt unter meiner Achselhöhle hindurch, seine Finger schlangen sich um meine. Seine Nase drückte sich in meinen Nacken, sein heißer Atem strich über meine Haut. Sein nussbraunes Haar kitzelte mich am Hals.

Wie immer in seiner Nähe, durchfluteten mich zeitgleich Hitze und Unruhe, aber auch ein tiefer Frieden. Es war nicht das erste Mal, dass wir so schliefen – aber als ich seine breite Brust an meinem bloßen Rücken spürte, war ich ganz entschieden der Meinung, dass wir das andererseits noch nicht oft genug getan hatten.

Ich schmiegte mich dichter an seine Hüfte und stieß einen langen Seufzer aus. Dray strich mit dem Daumen über meine Fingerknöchel. Er murmelte einige Worte in Hirayal, der Sprache seiner Mutter, von denen ich nur das letzte Wort verstand. Wahrscheinlich dachte er, ich wüsste nicht, was es bedeutete. *Priya*, mein Schatz.

Seine Lippen berührten meinen Nacken, als er auf Namla hinzufügte: »Jag mir nie wieder einen solchen Schrecken ein.«

In den Morgenstunden ließen mir meine Träume keine Ruhe. Ruby Shay kehrte wieder und wieder zu mir zurück. Ihre Hände waren blutverschmiert. In der einen Hand hielt sie ihr Khukri, in der anderen baumelte der Kopf von Erlik Han, den sie am Schopf gepackt hatte. Sie streckte ihn mir entgegen. Erlik Hans glasige Augäpfel waren nach oben verdreht. Getrocknetes Blut, das aus dem aufgerissenen Mund geronnen war, klebte in seinem Bart. Ich wich zurück, bis das Loch im Dach der Baumwollspinnerei hinter mir auftauchte. Unten lagen die leblosen Körper von Dutzenden Kindern mit zertrümmerten Knochen. Ruby Shays Augen waren aus reinstem Gold.

Sie werden es herausfinden, sagte sie – und stieß mich in die Tiefe. Ich fiel. Aus großer Höhe, in rasantem Tempo, und alles, was ich sah, waren meine Hände, die wild durch die Luft ruderten, alles, was ich hörte, war mein panisch keuchender Atem, der immer schneller wurde, und das Rauschen des Luftstroms, während der Boden immer näher kam.

Schlagartig war ich wach.

Einen Moment lang hatte ich keine Ahnung, wo ich mich befand oder was los war, alles, was ich wusste, war, dass ich die Hand eines jungen Mannes gepackt hielt, die einen Augenblick zuvor meinen Geren berührt hatte. Er hockte vor mir auf dem Boden. Seine Augen waren mir nur zu vertraut. Sie waren wie meine schwarz und mandelförmig. Ich sah mein Spiegelbild, eine nur wenige Jahre ältere Version meiner selbst. Der Unterkiefer war kantig, die buschigen Brauen warfen einen Schatten auf die Augen und gaben seinem Blick etwas Strenges. Nur wenige Züge in seinem Gesicht waren anders als bei mir: Seine Nase war lang. Das dichte, dunkle Haar war an den Seiten kurz geschnitten und oben zu einem lockeren Knoten gebunden, während ich es komplett kurz trug. Seine Lippen verzogen sich zu einem verwirrten, aber charmanten Lächeln, mit dem er sich meine Vergebung immer leichter erkaufte, als er es verdiente.

»Qiren«, gähnte Dray in meinem Rücken. »Himmel, wegen euch Kong-Brüdern kriege ich noch einen Herzinfarkt. Wo bist du denn gewesen?«

»Ich wollte euch nicht wecken«, sagte Ren. »Das fand ich irgendwie …«, er räusperte sich, während sein Blick von der Kleidung auf dem Boden zu meinem nackten Körper wanderte, »unangebracht. Aber ich hätte mir denken können, dass dieser Draufgänger selbst im Schlaf noch wachsam ist. *Dìdi*, was ist? Du kannst meine Hand jetzt loslassen.«

Er war es wirklich. Ren. Mein großer Bruder. Nach einem Monat im Nirgendwo war er endlich zurückgekehrt. Auf den ersten Blick schien er wohlauf: weder abgemagert noch verletzt. Und das, obwohl er die letzten Wochen in der Wildnis verbracht hatte. Er sah gut aus, so unbekümmert wie immer, das schwarze Haar vom Wind zerzaust, die Wangen von der Wintersonne gebräunt.

Ich ließ sein Handgelenk los. Er rieb darüber, als hätte ich zu fest zugedrückt.

»Das wird jetzt nicht leicht«, murmelte er. »Verdammt. Ich wollte es eigentlich nicht an die große Glocke hängen.«

»Du haust ab«, schloss Dray daraus. Damit half er Ren, schneller die richtigen Worte zu finden, als ich es mir gewünscht hätte. Wäre es nach mir gegangen, hätte ich meinen Bruder länger zappeln lassen.

Ren nickte. »Ja. Diesmal für immer. Der Gouverneur sitzt mir wegen der fehlenden Raten im Nacken, und die jetzt noch zusammenzukratzen, wäre ein aussichtsloser Kampf. Keine Macht der Welt bringt mich nach Naraka. Was ich habe, wollte ich *Dìdi* geben. Ich weiß, er hätte das nicht angenommen, also dachte ich, ich überweise ihm das Geld … nun ja, in aller Stille. Ich wollte euch später in einem Brief alles erklären. Aus Rücksicht auf euch.«

Er lachte nervös auf. Anscheinend hörte er selbst, wie dämlich sein Plan klang. Es zeugte nicht gerade von Rücksichtnahme, sich klammheimlich aus dem Staub zu machen. Ohne die Familie vorher einzuweihen, war es nichts weiter, als sich vor der Verantwortung zu drücken. Feigheit. Auch wenn Rens Absichten selbstlos waren, auch wenn er uns später hätte zusammenführen wollen, konnte er solche folgenschweren Entscheidungen nicht allein treffen. Keine Ahnung, mit welchem Ausdruck ich Ren ansah, aber es brachte ihn deutlich aus der Fassung.

»*Dìdi?* He, schläfst du noch? Wieso antwortet er nicht, hat er die Gebärdensprache verlernt?«

Die letzte Frage war an Dray gerichtet. Der setzte sich auf und fuhr sich mit der Hand durch das zerzauste Haar. Seine Lider waren schwer vor Müdigkeit, sein Blick voller Sorge.

»Dawei war ohne dich unterwegs. Er ist erst weit nach Mitternacht zurückgekommen und seitdem kaum ansprechbar. Ich weiß nicht, was passiert ist. Ich dachte, später ließe sich das besser besprechen, wenn er geschlafen und sich ein wenig erholt hat. Wovon auch immer.«

Sofort wurde Ren hellhörig, wie ein Wolf, der die Ohren aufstellte. Er hörte schlagartig auf, sich zu rechtfertigen, und verwandelte sich in den mir so vertrauten großen Bruder, der, so unbeschwert er auch sein mochte, Verantwortung übernahm und den Ernst einer Situation sofort erkannte. Das hatte er bei unserer gemeinsamen Arbeit jahrelang bewiesen. Weil es noch dämmrig war, zündete Ren die Öllampe an. Der warme Lichtschein ließ mich blinzeln. Mit einem Schlag wurde mir bewusst, wie ich aussehen musste. Der Albtraum hatte glänzende Schweißperlen auf meiner Haut hinterlassen, und als Dray und Ren auf mein Handgelenk starrten, fiel mir auf, dass ich es verkrampft umklammert hielt.

Ren interessierten meine Wunden nicht. Er griff nach der Hand, die den Geren umschlossen hielt, und als ich nicht loslassen wollte, versuchte er sie aufzubiegen.

»Dir ist nicht in den Sinn gekommen, dass es um seinen Geren geht?«, fuhr er Dray an. »Wie dämlich bist du eigentlich?«

Dray rang nach Worten. »Ich ... Daran habe ich nicht gedacht ...«

»Wie denn auch – dir würde nicht mal auffallen, wenn er mit abgehacktem Handgelenk hier ankäme, solange du nur einen Vorwand findest, mit ihm rumzumachen.« Ich verzog das Gesicht, um Ren zu zeigen, was ich von seinen bösartigen Unterstellungen hielt. Ich wollte den Arm wegziehen, aber Ren kletterte zu mir aufs Bett. Mit beiden Händen hielt er meinen Geren fest. »Halt still und zeig her. Wurdest du ausgeraubt, *Dìdi*?«

Natürlich – natürlich dachte er das. Es war wahrscheinlicher, dass ich das Opfer und nicht der Täter war. Bianfu verübten keine Raubüberfälle. Tantchens Kinder schon gar nicht. Ich hatte einen Fehler gemacht. Einen furchtbaren, unverzeihlichen Fehler, und diese Erkenntnis ließ blanke Panik in mir aufsteigen. Mein einziger Gedanke war, dass Ren und Dray unter keinen Umständen meinen Armreif zu Gesicht bekommen durften, weder jetzt noch sonst irgendwann.

Ren presste mich rücklings gegen die Wand. Er fluchte lauthals, als ich den Geren immer noch nicht loslassen wollte.

»Qiren, hör auf«, keuchte Dray. »Dawei will nicht – du machst es bloß noch schlimmer.«

»Ich zeige dir gleich, was schlimm heißt, wenn du weiter nur dasitzt und mir nicht hilfst. Halt ihn fest, bevor er – ah, *Cào*! Beiß mich noch einmal, *Dìdi*, und ich schwöre dir –«

»Dawei, lass Qiren deinen Geren sehen«, warf Dray eilig ein, um die Situation zu entschärfen. »Mal im Ernst, das bringt doch nichts. Wir können dir nicht helfen, wenn du uns nicht sagst, was passiert ist.«

Helfen ...? Sie dachten, sie könnten mir helfen. Ich sah in Drays blasses Gesicht und in Rens funkelnde Augen und begriff, dass ich mich nur noch tiefer in den Schlamassel ritt. Den Raub hatte ich zu verantworten. Nicht sie. Ich hatte das Blutgeld von Ruby Shay genommen, weil ich denen helfen wollte, die ich liebte. Stattdessen hatte ich ihnen Kummer bereitet. Wieder einmal. Mich zu sträuben, hatte keinen Sinn. Ich musste für meine Taten geradestehen.

Ich ließ so ruckartig los, dass sich Ren mit der Hand, an der er zerrte, beinahe selbst eine Ohrfeige verpasst hätte. Er blinzelte verwirrt. Ich nahm einen tiefen Atemzug. Ließ ihn tun, wozu ich nicht den Mut hatte.

Dray streckte den Kopf vor, als Ren meinen Geren aktivierte. Das blaue Lämpchen leuchtete auf. Wir alle sahen nun auf dem Bildschirm anstelle einer kurzen Zahlenreihe vier Schriftzeichen aufblinken. Ich lehnte den Kopf gegen die Wand. Na bitte. Jetzt wussten sie es. Ich hatte es mir nicht eingebildet, das Geld von Erlik Han befand sich tatsächlich auf meinem Geren.

Ren und Dray starrten eine ganze Weile wie gebannt auf meinen Armreif. Keiner von ihnen schien zu begreifen, was sie da sahen. Zwar konnten beide geschriebenes Fusang lesen, doch die ganze Tragweite des Geschehens war ihnen nicht klar.

»Ich …«, begann Ren. »Wurdest du ausgeraubt?«

Er ging also immer noch davon aus. Was Ren auf meinem Geren zu sehen glaubte, waren nur die ersten drei Schriftzeichen, die die Zahl Sechzehn darstellten. Das Zeichen für Einhunderttausend ignorierte er einfach. Bei Dray war es anders. Er war gebildeter als Ren, und obwohl er noch nie mit so großen Summen wie auf meinem Display zu tun gehabt hatte, erkannte er das letzte Zeichen. Seine braunen Augen weiteten sich.

»Nein, Qiren. Ich glaube nicht, dass er ausgeraubt wurde. Dawei …? Woher hast du das alles?«

Aus irgendeinem Grund löste die Frage jetzt keine Panik mehr in mir aus. Die Karten lagen auf dem Tisch. Ich hatte nichts mehr zu verbergen und sah Dray in die Augen. Endlich konnte ich ihm Antworten auf die Fragen geben, denen ich bisher ausgewichen war, die ausgesprochenen wie die unausgesprochenen. Ich beschloss, ihnen alles zu erzählen.

Kurz nach dem Aufwachen war Tantchen immer schlecht gelaunt und kurz angebunden. Wenn sich die ersten zarten Streifen des Morgenlichts am Himmel zeigten und die Kinder noch schliefen, stand sie bereits auf, um Weizennudeln und süßen Tee zuzubereiten. Tantchen war immer beschäftigt, das war ich gewohnt. Erst in der Abenddämmerung legte sie die Arbeit aus der Hand. Sie versorgte die Tiere, hielt das Haus instand, kochte alle Mahlzeiten und hielt nur inne, um am Hausschrein zu beten. Obwohl es Aufgabe der älteren Kinder war, sich um die Jüngsten in der Familie zu kümmern, wies Tantchen die Kleinen nie ab, wenn sie zu ihr kamen.

In den Jahren, in denen Dray, Ren und ich erwachsen geworden waren, hatte Tantchen sich nicht verändert. Bereits bei unserer ersten Begegnung hatte sie Tränensäcke und Falten um den Mund gehabt. Und nach Schafswolle gerochen. Ich erinnerte mich noch an die vielen bunten Streifen an ihrer Chuba und wie kunstvoll das schwarze Haar auf ihrem Kopf geflochten war. In Namla trugen Mädchen und kinderlose Frauen das Haar zu Zöpfen geflochten, während Frauen, die ein Kind zur Welt gebracht hatten, es auf dem Kopf zu einer Krone drehten.

So hatte ich auch das Haar meiner Mutter in Erinnerung. An Festtagen war ihre Flechtkrone mit glänzendem Messingschmuck verziert gewesen, der klirrte, wenn sie sich zu mir herunterbeugte.

An meine Mutter hatte ich schon lange nicht mehr gedacht.

Jetzt fragte ich mich, ob sie wohl von mir enttäuscht wäre.

Was Tantchen durch den Kopf ging, war ihr nicht anzusehen. Seit sie erfahren hatte, was in der Baumwollspinnerei geschehen war, hatte sie kein Wort mehr gesagt. Sie saß in einer grauen Chuba am Feuer und starrte in die Flammen. Meister Shuyas riesiges, auf Hirschleder gemaltes *Thangka* hing an der Wand hinter ihr, als würde der Lehrmeister des Friedens höchstpersönlich über unser Gespräch wachen. Fürs Frühstück war es noch zu früh, also tranken wir nur heißen Buttertee. Der Kessel brodelte auf einem Holzgestell in der Mitte des Raumes.

»Tantchen«, begann Ren mit leiser Stimme. »Ich weiß, das ist sehr viel auf einmal, aber wir müssen jetzt sofort eine Entscheidung fällen. *Dìdi* hat 160 000 Wen auf seinem Geren. Wir müssen es beiseiteschaffen, ehe der Gouverneur in dem Raubüberfall ermittelt. Er kann nicht mit solch einer Summe durch die Gegend laufen. Das wäre Selbstmord.«

»An wen sollten wir es deiner Meinung nach denn überweisen?«, fragte Dray. Er saß mit verschränkten Armen da und hatte mich keines Blickes gewürdigt, seit ich von den Ereignissen in der Fabrik erzählt hatte. Er war wütend. Ich konnte es mir bis auf Weiteres aus dem Kopf schlagen, die Nächte bei ihm zu verbringen.

»Alles an die Kinder?«, fragte Dray weiter. »Wenn Dawei ins Gouverneursamt spaziert und auf einen Schlag die Bürgerschulden von fünf Waisenkindern bezahlt, wird das Büro dann nicht stutzig? Der Gouverneur könnte Dawei mit Ruby Shays Morden in Verbindung bringen. Ich werde nicht zulassen, dass er ein solches Risiko eingeht.«

»Ich habe auch nicht vor, Dawei den Wölfen zum Fraß vorzuwerfen«, sagte Ren. »Ich sage nur, dass diese verfluchte Summe nicht auf seinem Geren bleiben kann!«

»*Bì zuǐ!*«, zischte Dray. »Halt den Mund!«

»Jungs«, sagte Tantchen. »Unter diesem Dach will ich solche Worte nicht hören.«

Damit brachte sie alle zum Schweigen, sodass nur noch das Knistern des Feuers zu hören war. Ren rutschte ungeduldig hin und her, hielt aber den Mund. Nur Tantchen durfte uns »Jungs« nennen, als wären wir immer noch pausbäckige kleine Kinder in viel zu großer Kleidung. Vielleicht hatten wir deshalb einstimmig beschlossen, sie einzuweihen. Als Familienoberhaupt führte kein Weg an ihr vorbei, wenn es um die häuslichen Finanzen ging.

Sie wandte den Blick vom Feuer ab und sah mich direkt an. Obwohl ich mich schämte, erwiderte ich ihren Blick mit hocherhobenem Kopf, denn ich ahnte, dass sie genau das von mir erwartete. Wenn Tantchen ihre Waisenkinder eins gelehrt hatte, dann den Stolz des Nordens. Sie verabscheute nichts mehr als Feigheit, Selbstmitleid und sinnlose Ausflüchte.

»Dawei, mein Junge«, sagte sie zu mir. »Du bist gerade sehr schweigsam. Ich würde gerne wissen, was du dir dabei dachtest, als du das Geld von Ruby Shay angenommen hast.«

Was ich mir dachte? Mit Müh und Not bekam ich zusammen, wie viele Leute dort gewesen waren und wie alles angefangen hatte. In meinem Kopf vermischten sich unklare Erinnerungsfetzen: Ruby Shays blutiges Khukri, das Flehen des verängstigten Söldners, das Gurgeln einer durchtrennten Kehle und die Todesschreie, die von den Wänden der Geisterfabrik Yarong widerhallten. Der Ort würde seinem Ruf wieder einmal gerecht werden: Sollte sich am Morgen jemand in die Fabrik verirren, würde er dort fünf Leichen in Blutlachen vorfinden. Alle kaltblütig aufgeschlitzt wie Schafe auf der Schlachtbank.

Ich schloss die Augen, um die Bilder loszuwerden. Ich musste mich zusammenreißen.

»Ich brauchte das Geld«, antwortete ich. *»Ren war weg, und ich hatte kurz vorher erfahren, dass seine Schulden auf mich übertragen werden. Ruby hat mir eine Chance geboten, Geld für die Familie zu beschaffen. Ich habe sie ergriffen. Das bin ich dir schuldig, Tantchen, und genauso Ren und Dray. Ihr habt euch um mich gekümmert – jetzt ist es an mir, mich zu revanchieren.«*

»Was soll das heißen, meine Schulden werden auf dich *übertragen?*«, fragte Ren.

Ich zuckte mit den Schultern. *»Das ist ein neues Gesetz. Ich habe gestern davon gehört.«*

»Machst du Witze?« Ren runzelte die Stirn und sah Dray an, der genauso überrascht schien wie er. »Davon habe ich noch nie gehört.

Die Bianfu sind schon immer in die Berge geflohen und niemand hat je nach ihnen gefragt. Meinst du, ich hätte es auch nur im Mindesten in Erwägung gezogen, mich zu verdrücken, wenn ich gewusst hätte, dass andere dafür den Kopf hinhalten müssen? *Dìdi*, so etwas kannst du doch nicht für dich behalten.«

»Hat er streng genommen ja auch nicht«, stellte Dray fest. »Es ist bloß schwer, dir etwas mitzuteilen, wenn du einen Monat lang wie vom Erdboden verschluckt bist.«

»Das ist jetzt nicht von Belang«, sagte Tantchen. »Wir haben ganz andere Sorgen. Dawei, noch einmal ganz direkt, denn das ist wichtig: Du hast letzte Nacht also niemanden umgebracht? Weder Erlik Han noch seine Söldner?«

Das konnte ich ohne zu zögern beantworten. Ich schüttelte den Kopf.

»Und du bist dir da absolut sicher?«, fragte sie. »Ich wiederhole: Du hast niemanden getötet?«

»Nein, Tantchen. Aber ich habe Ruby Shay auch nicht aufgehalten, als sie …« Weiter kam ich nicht. Ich wollte Tantchen gegenüber nicht ins Detail gehen, also umschrieb ich es: *»Sie hat das Ganze nicht so gesehen wie ich.«*

»Gut. Genau das wollte ich hören.« Tantchen führte den Tonbecher an ihre schmalen Lippen. Sie atmete den Dampf des Buttertees ein und richtete den Blick wieder auf die tanzenden Flammen im Kamin. »Ich habe euch nicht zu Mördern erzogen. Ihr seid meine Söhne, ganz gleich, wer euch in die Welt gesetzt hat. Ich werde nicht zulassen, dass der Gouverneur oder sonst jemand meine Kinder zu Unrecht einer Straftat bezichtigt. Ruby Shay wusste genau, was sie tat, ihr Handeln will ich nicht entschuldigen – aber meinen Jungen wird sie nicht mit in den Abgrund ziehen. Das schwöre ich bei Meister Shuya.«

Ren und ich tauschten Blicke aus. Mein Bruder lächelte halbherzig. Wenn Tantchen erst einmal in Rage war, konnte sie nichts mehr aufhalten. Wie eine Wildhündin, die ihre Jungen beschützte. Obwohl ich wusste, dass ihre Möglichkeiten begrenzt waren, und ich mich schämte, ihr so große Sorgen zu bereiten, war ich erleichtert, dass Tantchen mit mir gemeinsam nach einer Lösung suchte. Mit ihr an meiner Seite fühlte ich mich sicherer.

Sie hatte über vierzig Jahre lang als Leiterin des Waisenhauses, als Bäuerin und Handwerkerin gearbeitet und einiges über Finanzen gelernt. Sie war keine Heilige und kannte sich mit dem Schuldensystem in Fusang bestens aus. Ihr war bewusst, wie gering die Chancen von Waisen und ausgesetzten Kindern waren, ihre Bürgerschulden mit ehrlicher Arbeit zu begleichen. Die meisten ihrer Kinder waren sich selbst überlassen worden, sobald die Eltern die staatliche Prämie für die Erhöhung der Geburtenrate kassiert hatten. Die Familie war in Fusang das höchste Gut, weshalb das Aussetzen von Kindern als unvorstellbare Schande galt – das bedeutete jedoch nicht, dass es nicht vorkam. Im Gegenteil, es geschah häufig. Andauernd sogar. Eltern wickelten ihre Babys in ein Tuch und überließen sie entweder nachts im dunklen Wald ihrem unabwendbaren Schicksal oder, falls sie ausreichend Mitleid hatten, ritten sie mit dem Kind in ein abgelegenes Dorf und legten es so in einem Korb ab, dass jemand es finden würde.

Mit anderen Worten: Ausgesetzte Kinder hatten nicht den Hauch einer Chance auf ein erfülltes Leben. Daher war Tantchen auch unkonventionellen Verdienstmethoden gegenüber aufgeschlossen. Obwohl sie nie über ihre ehemaligen Pflegekinder sprach, wusste ich, dass die meisten von ihnen im Alter von zwanzig Jahren ins Arbeitslager nach Naraka geschickt worden waren. Wahrscheinlich hatte sie damit gerechnet, dass es uns genauso ergehen würde. Als Ren und ich den Bianfu beitraten, hatte sie deshalb angeboten, unsere Kurierverdienste zu waschen, damit es in der Datenbank des Himmelsnetzes so aussah, als hätten wir das Geld legal verdient.

Dieses Mal jedoch hatte ich Tantchen einen Fang vorgesetzt, wie sie ihn noch nie gesehen hatte.

»Wir werden diese Chance nicht vergeuden, indem wir nur einzelne Schulden abbezahlen«, murmelte sie. »Stattdessen bauen wir etwas Dauerhaftes auf. Das Geld soll auch in Zukunft so vielen Kindern wie möglich helfen, denn die Familie zu unterstützen, ist doch Daweis oberstes Ziel. Dray, mein Junge.«

»Ja?« Er richtete sich auf.

»Stell dir vor, wir hätten so viel gespart, dass ich in einem neuen Geschäftszweig aktiv werden könnte. Was wäre die lukrativste Option?«

»Ähm …« Dray schien verwirrt. Dass Tantchen die Frage ausgerechnet an ihn richtete, hatte einen Grund. Dray hatte sich einst auf die Beamtenprüfung in Fusang vorbereitet. Auch wenn er es schließlich nicht an die Hanlin-Akademie geschafft hatte, war er derjenige von uns, der am besten wusste, welche Art von Geschäft sich lohnen würde. Er rieb sich den Nacken.

»Ehrlich gesagt denke ich, wir sollten den Ball eher flach halten. Wenn wir wollen, dass unsere Einnahmen in den Regierungsbüchern glaubwürdig erscheinen, müssen wir klein anfangen. Wie wäre es mit einer Teestube? Die kann so ziemlich jeder eröffnen. Alle Überweisungen könnten von Daweis Geren aus getätigt und mit dem Siegel des Waisenhauses versehen werden. Dann sähe es so aus, als stammte das Geld dafür aus den langfristigen Ersparnissen der Familie.«

Tantchen nickte. »Brillant. *Diǎnhóng-* und *Pǔ'ěr-*Tee aus Namla sind in ganz Fusang heiß begehrt. Allein in Sandu gibt es Dutzende von Teehäusern.«

»Aber?« Dray hörte den Zweifel in ihrer Stimme.

»An deiner Idee ist nichts auszusetzen – ich will nur wirklich sicher sein. Selbst wenn das Geld in meinem Namen ins Teehaus fließt, besteht immer die Gefahr, dass Ruby Shay Daweis Namen ins Spiel bringt, wenn sie geschnappt wird. Ich kenne sie nicht und werde mich nicht auf die Loyalität einer fremden Bianfu verlassen. Wir müssen Dawei in Sicherheit bringen, bis der Mord an Erlik Han aufgeklärt ist. Dray, mein Junge, überleg noch mal: Wenn ich mein Geschäft außerhalb von Namla aufbauen wollte, wo wäre die Nachfrage nach exquisitem Tee am größten?«

»In der Hauptstadt. Penglai.«

»Da habt ihr eure Antwort, Jungs.«

Tantchen nippte an ihrem Tee. Noch bevor sie aussprechen konnte, was ich vermutete, lachte Ren laut auf. Er wirkte begeistert wie ein Kind, das zum ersten Mal auf dem Rücken eines großen Yaks saß.

Penglai war die Hauptstadt des Staates Fusang und das größte Siedlungsgebiet der südlichen Provinz Sang. Sie war nicht nur eine blühende und pulsierende Metropole, sondern auch ein beliebter Wallfahrtsort, weil sie in ihrem Innern die Grabkammer des Friedensbringers Meister Shuya beherbergte.

Wir hatten vom Glanz der Hauptstadt gehört, Zeichnungen von Penglai gesehen und miterlebt, wie Gebäude im Stil der Hauptstadt in den Straßen unserer eigenen Provinz auftauchten – doch niemand, den wir kannten, war jemals in Penglai gewesen.

Trotzdem verzog Tantchen kaum eine Miene, als sie verkündete: »Packt eure Sachen. Dawei muss sich so schnell wie möglich auf den Weg machen. Man wird Ruby Shay verhaften, und wenn das passiert, will ich sicherstellen, dass die Entfernung zwischen meinem Jungen und dem Gouverneur von Namla etliche Tagesreisen beträgt.«

5. Kapitel

»Bist du sicher, dass es ihm dort gut gehen wird?«

Dray befühlte den Vogelkäfig aus Weidengeflecht und neigte den Kopf. Mein Falke hatte sich in eine Ecke des Käfigs gedrückt und die Flügel eng angelegt. Er wirkte so klein, es war herzzerreißend. Auf dem Kopf trug Qiu eine Haube, damit er auf der Reise keinen allzu großen Stress erleiden musste. Er hatte sich sicher verraten gefühlt, als ich ihn nach meinem Lockruf schnurstracks in den Käfig gesteckt hatte. Und er war nicht der einzige Freund, den ich in den letzten 24 Stunden verärgert hatte.

»Mach dir um Qiu keine Sorgen«, beruhigte ich Dray. *»Ich lasse ihn noch vor dem Abend raus. Bevor der Zug nach Sang fährt, hält er in Baoshan. Ren und ich haben dort bis zum Umsteigen einen ganzen Tag Aufenthalt. In dieser Zeit kann Qiu frei fliegen.«*

»Das wird eine lange Reise«, sagte Dray. »Zwei Tage, bevor ihr überhaupt an die Grenze zum Reich des Weißen Tigers kommt. Dann noch einen ganzen Tag bis nach Penglai. Und dort müsst ihr erst mal das Terrain für das Teehaus sondieren und den Kauf abwickeln, bevor ihr zurückkommen könnt. Das alles kann sich über Wochen hinziehen.«

»Ja. Ich weiß.«

Ich befestigte die Tragegurte des Käfigs am Rucksack und wischte mir den Staub von den Handflächen.

Der Güterzug am Bahnhof von Sandu zeigte durch ein lang gezogenes Zischen an, dass er gleich abfahren würde. Das schwere dunkelgraue Ungetüm aus Metall brachte überwiegend Holz und Getreide aus Namla in andere Provinzen. Nur in den ersten Waggons gab es Plätze für Reisende. Doch wir waren anscheinend die Einzigen am Bahnsteig. Weiter hinten am Zug wimmelte es zwar von Menschen, die aber wollten nicht einsteigen, sondern drängten den Arbeitern, die die Züge beluden, ihre wertlosen Waren zum Kauf auf. Für die Einheimischen waren Güterzüge Sinnbild des reichen Südens, wo die Nachfrage nach Waren schier endlos war. So ging es auch mir.

Ich war noch nie mit dem Zug gefahren. Keiner der Bauern aus Namla vergeudete sein Geld für teure Zugreisen. Wenn wir in anderen Provinzen zu tun hatten, planten wir genügend Zeit ein, damit wir das Pferd nehmen konnten. Die Provinz Sang lag allerdings zu weit weg, und Ren und ich durften keine Zeit verlieren – Geld hatten wir ja jetzt.

Ich versuchte, mir nicht anmerken zu lassen, wie sehr die Anspannung mir den Magen zusammenzog. Ren freute sich auf die Zugfahrt, ich fühlte mich jedoch ein wenig wie Qiu. Der Zug roch nach Öl und Eisen. Die Hitze, die er abstrahlte, ließ ihn wie ein lebendiges, atmendes Wesen erscheinen.

»Dawei«, sagte Dray und seufzte.

Mir fiel auf, wie durchdringend er mich ansah. Er fingerte am Zaumzeug seines Pferdes herum und suchte Blickkontakt zu mir. Aus irgendeinem Grund fiel es mir schwer, den Blick zu erwidern. Ich war nicht bereit, mich von Dray zu verabschieden. Ich streckte die Hand aus und streichelte Amiya. Die Stute kaute gelassen auf ihrer Trense. Sie war ein wunderschöner Fuchs mit aufrechter Mähne, breitem Hals und kräftigen, stämmigen Beinen. Ihr Maul war rosig und weich wie Samt. Das Zaumzeug war mit roten und gelben Quasten verziert, der Sattel aus glänzendem Leder.

Amiya war Drays Augapfel, so wie Qiu meiner war.

»Dawei, ich …«, begann Dray erneut. »Ich möchte nicht, dass wir so auseinandergehen.«

»Bist du immer noch sauer?«

»Nein. Vielleicht. Oder doch – ja, ich bin immer noch sauer. Das ist das Heftigste, was du dir bis jetzt geleistet hast. Und das will was heißen, wenn man überlegt, was du in den letzten Jahren so getrieben hast.«

Ich zog die Augenbrauen hoch. Dray behauptete zwar, dass er wütend war, aber sein Gesichtsausdruck verriet etwas anderes. Er machte sich Sorgen. Er verabscheute Abschiede genauso wie ich, denn normalerweise stand der Bahnhof von Sandu nur für eines: die Abreise nach Naraka ins Arbeitslager. An diesem Bahnsteig waren so viele Tränen geweint worden, dass kein Herbstregen dagegen ankam. Vielleicht war Dray deshalb so angespannt. Vielleicht konnte auch ich ihn deshalb nicht zu lange ansehen.

»Ich weiß«, stimmte ich zu. Ich hörte auf, Amiya zu streicheln, und wandte mich zu Dray. *»Falls es dir dadurch besser geht: Ich fühle mich scheußlich. Ich will nicht weg. Ren ist begeistert, aber was, wenn unsere Erwartungen enttäuscht werden? Ich war noch nie in Penglai und habe keine Ahnung, wie es da zugeht. Wenn du nur mitkommen könntest …«*

»Du brauchst nur zu fragen, *Priya*. Ich gehe, wohin du auch willst.«

Das brachte mich augenblicklich zum Schweigen. Meine Hände blieben ungelenk in der Luft hängen. Ich lächelte ungeschickt, als ob Dray das gerade nur so gesagt hätte. Er aber verzog keine Miene. Seine zerbissene Unterlippe verriet mir, wie sehr es ihm zu schaffen machte, dass ich fortging. Er wollte eine echte Antwort. Und mehr als ein verwirrtes, halbherziges Lächeln.

»Startklar, *Dìdi*?« Hinter mir ertönte Rens Stimme.

Himmel, was für ein Timing. Ich warf einen Blick über die Schulter und erblickte Ren und Freyal, die den Bahnsteig entlangschlenderten. Sie sahen toll zusammen aus. Wie zwei scharfe Schwerter, denen die fliegenden Händler fluchtartig auswichen. Trotz ihres erheblichen Größenunterschieds wirkten beide kraftvoll, einander ebenbürtig. Selbstbewusst schritten sie in ihrer schwarzen Bianfu-Kluft einher, die gebogenen Khukris am Gürtel und das schwarze Haar zu Zöpfen gebunden, und strahlten über das ganze Gesicht an diesem Bahnhof, den alle anderen verabscheuten.

»*Ja, ich bin bereit*«, nickte ich.

Ich schulterte meinen Rucksack und blickte vorsichtig zu Dray. Er hatte eine fröhliche Miene aufgesetzt und begrüßte Ren und Freyal, als wäre er voller Vorfreude auf unsere Reise. Ich kam mir vor wie ein Verräter. Welche Reaktion hatte Dray von mir erwartet? Dass ich »Bitte komm mit« rufen würde? Oder »Du wirst mir fehlen«? Natürlich würde ich ihn vermissen. Das tat ich jetzt schon. Trotzdem wollte ich ihn nicht mit nach Penglai nehmen. Die Vorstellung, mit meinem älteren Bruder in die Hauptstadt zu fahren, war schon nervenaufreibend genug, nicht auszudenken, wie es erst in Gesellschaft meines attraktiven, gutgläubigen Freundes wäre, der sich von schönen Menschen und billiger Unterhaltung allzu leicht den Kopf verdrehen ließ. Ich bekäme vor lauter Sorge kein Auge zu.

»Guck mal, hier«, sagte Ren und hielt mir eine nagelneue Geren-Sperre vor die Nase. Die Sperre war ein zusätzliches Metallelement über dem Zahlungssensor des Armreifs: dünn wie eine Folie, aber sie verhinderte die Aktivierung des Gerens ohne Sicherheitscode. »Fühlst du dich schon wie ein reicher Mann? Freyal hat dir auch eine mitgebracht. Für die beiden hat sie eine unverschämte Menge Mohnsamen eingetauscht. Wie sie das in so kurzer Zeit geschafft hat, ist mir unbegreiflich.«

»Gib ruhig weiter mit mir an«, sagte Freyal. »Davon brauche ich noch 'ne ganze Menge, ehe ich vergessen kann, dass du *einen ganzen Monat lang* verschwunden warst, ohne mir Bescheid zu sagen.«

»Ich kann dir etwas Schönes aus Penglai mitbringen.« Ren beugte sich hinunter und drückte Freyal einen Kuss auf die Schläfe. »Kunsthandwerk vielleicht, ein Messer oder so. Als Wiedergutmachung dafür, dass ich so ein Esel bin.«

Damit sind wir schon zwei, Bruder, seufzte ich in Gedanken. Das Eseltum schien uns angeboren zu sein.

»Wow.« Dray sah sich den Mechanismus der Geren-Sperre genauer an. »Kein schlechter Kauf. Es scheint jedenfalls zu funktionieren. Hast du die Hälfte von Daweis Geld bekommen?«

»Ja. Tantchen hat eine Vollmacht aufgesetzt, in der steht, dass sie ihren beiden Adoptivsöhnen – also uns – 80 000 Wen übergibt, um ein Teehaus zu eröffnen. Mit ihrem Siegel und allem. Sollte durchgehen, falls die Unterlagen an der Provinzgrenze kontrolliert werden.«

»Hört sich gut an«, sagte Dray. Leicht wehmütig sah er zu, wie Freyal den zweiten Sperrmechanismus an meinem Geren anbrachte. »Hör mal, Tantchen hat mich gebeten, so schnell wie möglich wieder nach Hause zu kommen. Wenn ihr mich also nicht mehr braucht, würde ich mich langsam … äh …«

Die Verletzlichkeit in seiner Stimme brachte deutlicher zum Ausdruck, wie sehr er litt, als Worte es je vermocht hätten. Hitze stieg mir ins Gesicht. Warum war es so schwer, ihn in den Arm zu nehmen, obwohl er es eindeutig wollte? Letzte Nacht, als ich ihn brauchte, hatte Dray mich umarmt. Einfach so, aus einem natürlichen Impuls heraus. Doch als ich jetzt für ihn hätte da sein müssen, wusste ich plötzlich nicht, was ich tun sollte.

»Keine Sorge«, sagte Ren, als er merkte, dass ich nicht reagierte. »Wir kommen klar. Du musst dir das hier nicht länger antun. Ich hasse die Stimmung hier am Bahnhof auch.«

»Ich kann Abschiede auch nicht ausstehen«, sagte Freyal. »Schon gut, Dray. Ich weiß ganz genau, was dir durch den Kopf geht, aber versuch, zuversichtlich zu bleiben. Es sind nur ein paar Wochen. Qiren wird für dich ein Auge auf den Wirrkopf hier haben.«

»Da mach dir mal keine Sorgen«, lachte Ren. »Und wir haben ja die Falken. Wir können euch Briefe schicken.« Er trat einen Schritt zur Seite, damit Dray einen besseren Blick auf Meimei, seinen großen Jagdfalken, werfen konnte, der beleidigt in seinem Käfig hockte. »Meine Damen und Herren, ich präsentiere Ihnen den ältesten Postboten der Menschheitsgeschichte. Falken finden sogar vom anderen Ende der Welt nach Hause. Keine Ahnung, was für einen Magneten sie im Hirn haben müssen. Himmel, ihr werdet diesen Vogel lieben, wenn ihr ihn eines Morgens über dem Aachalendra kreisen seht.«

Ich sah Ren verwirrt an. Er hatte anscheinend vergessen, dass wir keine Falkenpost mehr schicken mussten, wenn alles nach Plan lief. Wir hatten nun genug Geld, um uns Kommunikationslizenzen zu besorgen. Das bedeutete, wir würden über den Armreif elektronische Nachrichten versenden können. Zwar kannte ich bisher niemanden, der vom Staat eine solche Erlaubnis bekommen hatte, aber man erzählte sich, dass in der Hauptstadt fast alle über diesen Luxus verfügten.

Die Vorstellung war verlockend. Wenn der Staat mir eine Lizenz erteilen würde, könnte ich Dray aus Penglai schreiben. Ich könnte ihn mit einer elektronischen Nachricht überraschen und ihm die Hauptstadt direkt von dort aus beschreiben.

»Mal sehen, ob ihr nach eurer Ankunft überhaupt Zeit habt, uns zu schreiben.« Drays Worte ließen meine Gedankenblase platzen. Er warf Amiya die Zügel über den Kopf und schwang sich mit einer anmutigen Bewegung auf ihren Rücken. Die Stute tänzelte ungeduldig. Dray aber hielt die Zügel fest angezogen und ignorierte sie. »Ich weiß, dass ich mir umsonst Sorgen mache, aber ich sage es trotzdem. Was auch passiert, ich werde hier sein, bis ihr zurückkehrt. Gute Reise, Qiren.« Er nickte zuerst meinem Bruder zu, dann erst mir. »Dawei.«

»Pass auf dich auf«, erwiderte ich förmlich.

Ich hörte Freyal schnauben, als wollte sie mir sagen, wie armselig meine Verabschiedung war. Dray zwang sich ein blasses Lächeln auf die Lippen. Sein Blick war starr, als versuchte er, gefasst zu wirken, obwohl ihm eigentlich zum Heulen zumute war. Selbst wenn ich noch etwas hätte hinzufügen wollen, der Moment war vorüber, denn Dray trieb Amiya an. Ein sanfter Stups in die Seiten genügte, damit die Stute angaloppierte und auf direktem Weg die Wohngebiete Sandus ansteuerte. Sie war an die Steppe gewöhnt und verabscheute den übel riechenden Bahnhof.

Ich rieb mir mit den Handflächen übers Gesicht. Wie viel schlimmer konnte es noch werden?

»Der Junge ist einfach liebenswert, aber viel zu selbstlos.« Freyal schüttelte den Kopf. »Dawei, nimm's mir nicht übel, ja? Normalerweise bist du kein Arsch – meistens bist du sogar echt in Ordnung –, aber das, was du mit Dray abziehst, ist grausam. Natürlich geht es mich nichts an, und Qiren wirft mir gerade einen so bösen Blick zu, dass ich schwöre, mich nie wieder in dein Liebesleben einzumischen – aber nimm das hier als Weckruf. Ja?«

»Weckruf wofür?«

Mein Versuch, aufrichtig zu wirken, ging gründlich in die Hose, denn Ren brach in schallendes Gelächter aus. Er machte auf dem Absatz kehrt und lief zu den beiden Kontrolleuren, die den Waggon für die Reisenden bewachten. Ich schaute meinem Bruder verärgert hinterher. Insgeheim hoffte ich, die Kontrolleure würden pfeifen und die Fahrgäste zum Einsteigen auffordern, damit ich einen Vorwand hätte, mich aus Freyals Fängen zu befreien.

Sie stemmte die Hände in die Hüften. »Muss ich es wirklich aussprechen? Qiren kann meinetwegen den Unwissenden spielen, aber mir liegt Dray zu sehr am Herzen. Der Junge ist in dich *verliebt*, um Himmels willen. Bis über beide Ohren. Also fahr nach Penglai und denk gründlich nach. Aber im Namen von Meister Shuya, sprich mit Dray, wenn du zurückkommst. Das hat er verdient.«

»Ich verspreche es«, gab ich ihr mit einem Nicken zu verstehen. Freyal hatte mich so weit aus meiner Komfortzone gedrängt, dass ich unwillkürlich begonnen hatte, am Griff meines Khukris herumzufingern. Natürlich war Freyal das nicht entgangen.

»Ach, und noch etwas«, sie hielt mir die Hand hin. »Waffen sind in Penglai nicht erlaubt.«

Ich stützte das Kinn in die Hand und beobachtete, wie die Berglandschaft des Aachalendra vor dem Fenster vorüberzog. Die schneebedeckten Berge am Horizont strahlten in der Mittagssonne. Der Himmel leuchtete so blau wie die Blüten des Herbstenzians, der an den felsigen Hängen wuchs. Der Wind war milder als sonst. An den bunten Gebetsfahnen an den Hängebrücken konnte man erkennen, wie stark der Wind blies. Heute riss er nicht am Stoff, sondern kräuselte die Fahnen in einer sanften Brise. Sandus dicht stehende steinerne Gebäude waren nach der Abfahrt schnell hinter uns verschwunden, und an ihre Stelle waren vereinzelte Bauernhöfe getreten: roter Lehmputz, Strohdächer, Tiergehege und Terrassenplantagen, auf denen die Bauern mit hochgekrempelten Hosen Getreide und Wurzelgemüse anbauten. Auf den Feldwegen sah ich Yaks und kleine Kinder, die sie führten, daneben grasende wilde Kiangs und Falken, die über den Himmel glitten.

Das und noch viel mehr sah ich jetzt – denn im Gegensatz zu all den Jahren, in denen ich die Regionen Namlas zu Fuß und zu Pferd durchquert, jede Höhle und jede Abkürzung erkundet hatte und dennoch zu beschäftigt gewesen war, um irgendetwas zu sehen, schaute ich mir meine Heimat jetzt wirklich an. Mir fielen die Sommer wieder ein, die ich als Kind auf den Bergwiesen verbracht hatte. Am schönsten war es zur Erntezeit gewesen, wenn Ren, Dray und ich die Yaks gehütet hatten. Wir waren den ganzen Sommer über draußen gewesen und hatten in Zelten aus Yakfell übernachtet. Die kleinsten Kälber wollte Dray nachts mit ins Zelt nehmen, um sie vor Raubtieren zu schützen. Er hatte eine Art Nuckelflasche gebastelt, indem er ein Stück Stoff über einen Flaschenhals gestülpt hatte, und gab den Kälbern die Milch ihrer Mütter zu trinken.

Die Erinnerungen an diese guten Tage stimmten mich wehmütig.

Namla war wunderschön. Ich fragte mich, ob das auch all jene dachten, die mit dem Zug nach Naraka ins Arbeitslager gekarrt wurden? Spürten sie die Endgültigkeit? Empfanden sie Reue über die vergeudeten Tage, an denen sie sich zu müde gefühlt hatten, um das Haus zu verlassen, obwohl es noch so viele Ausblicke zu genießen, so viele Wege zu beschreiten, so viele verborgene Relikte vergangener Zeiten zu entdecken gab? Ich fragte mich auch, warum mir das alles durch den Kopf ging. Das hier war ja nicht für immer. Ich würde doch zurückkommen.

Der Zug bewegte sich erstaunlich geschmeidig. Er rumpelte nicht so stark, wie ich es mir vorgestellt hatte, und die Stille im Waggon war

Musik in meinen Ohren. Verrückt, wenn man bedachte, wie schnell der Zug fuhr und dass ich trotzdem nichts von der Bewegungsenergie wahrnahm. In regelmäßigen Abständen tauchten wir in Tunnel ein. In Namla gab es viele, denn einfach umfahren konnte man das Aachalendra-Gebirge nicht. Dann wurde es schwarz vor den Fenstern, und die goldenen Glühbirnen im Waggon erinnerten mich an Sandus Einkaufsstraßen bei Nacht. Ren presste die Hände gegen die Schläfen, vermutlich hatte er Druck auf den Ohren.

Lange Zeit sagte keiner von uns ein Wort. Ren, der am Bahnhof noch vor Aufregung gesprüht hatte, war verstummt. Obwohl Freyal beim Abschied keine Träne vergossen hatte, schien ihm jetzt bewusst zu werden, welche Entfernung sie trennte. Die Provinz Sang war nicht unsere Heimat. Das war Namla. Dort gehörten wir hin, hatten unsere Sprache und Kultur. Daher machte ich mir Sorgen, dass wir in der Hauptstadt wie eine seltsame, fremde Spezies wirken würden.

Bergmenschen, wie Erlik Han es ausgedrückt hatte.

Anders als viele Menschen in Namla unterschieden Ren und ich uns optisch nicht so sehr von den Leuten aus Fusang: Das lag daran, dass unser Vater zwar von hier stammte, unsere Mutter gebürtig aber aus Fusang kam. Auch unsere Namen kamen von dort, was uns das Leben in Penglai vermutlich erleichtern würde. Aber gewisse äußerliche Unterschiede waren nicht zu leugnen. Züge, die den Schönheitsidealen der Hauptstädter nicht entsprachen. Ich wusste, dass es im Süden eine Bezeichnung für uns gab, *Hùnxùe'ér*, was so viel wie Halbblut bedeutete. Ich war mir nicht so sicher, wie neutral der Ausdruck gemeint war und was ich von ihm halten sollte.

Durch eine Lücke im Weidenkäfig streichelte ich Qiu sanft übers Gefieder. Er hechelte nicht, das war gut. Er hatte nur einmal kurz die Nerven verloren, als ich in das Zugabteil gestiegen war, und hatte in seinem engen Käfig panisch mit den Flügeln geschlagen. Aus Angst, er könnte sich verletzen, hatte ich den Käfig vom Rucksack gelöst und auf den Sitz gestellt. Neben mir hatte er sich schließlich beruhigt. Zum Glück saß außer uns niemand im Waggon.

Der erste Sonnenuntergang glitt vorbei, ohne dass Ren ihn bemerkte. Er döste und wachte erst auf, als es draußen völlig dunkel war. Mein Blick war weiterhin starr auf das Fenster gerichtet, obwohl ich dort nur noch mein eigenes Spiegelbild sah. Ich wirkte wie ein Fremder. Zu Hause hatten wir einen Ganzkörperspiegel, vor dem ich eigentlich nur dann stand, wenn Dray neue Kleider für mich genäht hatte. Dabei achtete ich natürlich eher darauf, wie die Jacke saß, nicht auf die Details meines Gesichts. Ich konnte nicht sagen, wann ich so ... erwachsen geworden war. Lag es am Kiefer, der markanter war als zuvor, oder am düsteren Ausdruck in meinen Augen, aus denen die kindliche Naivität verschwunden war? Mein schwarzes Haar hatte ich gerade erst schneiden lassen, trotzdem war es buschig wie das Fell unserer Hütehunde. Mein Gesicht wirkte nicht freundlich, obwohl die Mundwinkel leicht nach oben zeigten. Kein Wunder, dass Erlik Han Angst vor mir gehabt hatte.

»*Wǒ cào*«, fluchte Ren und rieb sich die Augen. »Die Luft ist so stickig, dass ich ständig davon aufwache. Als hätte man einen Sack über dem Kopf. Probier mal, ob man das Fenster öffnen kann.«

»Hab ich schon versucht, als wir losgefahren sind. Es ist verriegelt.«

»Na, großartig. Wenn schon mal ein Zug in Sandu hält, muss es ausgerechnet die armseligste Klapperkiste in ganz Fusang sein. Ich habe gehört, die Luft in Penglai ist so feucht, dass man nicht mal seine Kleidung draußen aufhängen kann. Sie vergammelt schneller, als sie trocknet. Nachher ersticke ich da noch.«

Ich musste über seine theatralische Einlage grinsen. *»Bruder, unser Zuhause liegt mehr als 1000 Zhàng über dem Meeresspiegel. An den Berghängen arbeiten wir in einer Höhe von bis zu 1300 Zhàng. Du wirst in der Hauptstadt bestens Luft bekommen.«*

»Angeber!«, sagte Ren grinsend. Er öffnete den Rucksack und warf mir ein Proviantpaket zu. »Tantchens Geschwätz über Heimat und Ehre färbt wohl langsam auf dich ab. Pass lieber auf. Bald sitzen auch deine Wurzeln fest in Namlas Erde wie bei einer alten Kiefer.«

»Was ist falsch daran, stolz auf seine Herkunft zu sein?«

»Nichts. Ich sage nur, dass dir eine Veränderung guttun wird. Im Ernst, du starrst jetzt schon den halben Tag aus diesem Fenster. Ich bin heilfroh, dass du nachts nicht auch noch Landschaftsbilder sehen kannst, die dich zum Träumen bringen.«

Ich antwortete nicht, denn ich ahnte, dass er noch nicht fertig war. Stattdessen drehte ich das in Papier eingeschlagene Proviantpäckchen zwischen den Händen. Sein Inhalt war weich, vermutlich *Tsampa*. Teigbällchen aus Weizenmehl und gesalzener Butter, die zusammen mit Käse, Joghurt oder Gemüse gegessen wurden. Die Bällchen gehörten zu Hause fast täglich zu unserer Verpflegung. *Tsampa* war nicht unbedingt mein Lieblingsgericht, aber ich war daran gewöhnt, genauso wie an Joghurt und Buttertee.

»Unter uns gesagt«, fuhr Ren fort. »Ich habe Namla satt. Tag für Tag dieselbe Landschaft, dieselben Leute, dasselbe Essen …« Er nahm ein braunes *Tsampa*-Bällchen und sah zu, wie es auf seinem Schoß zerbröselte. »Ich will mehr. Genau deshalb habe ich die letzte Zeit in der Wildnis verbracht. Ich möchte in der Lage sein, mich um Freyal, dich und Dray zu kümmern, wenn eure Schuldenfrist abläuft. Wir hätten überall hingehen können. Aber gerade, wo ich es umsetzen will, passiert das. Das kann doch nur Schicksal sein, oder?«

»Ruby Shay hat fünf Menschen getötet«, bemerkte ich. *»Ohne jede Notwendigkeit. Dass das Schicksal die fünf dazu bestimmt hat, in die Fabrik zu spazieren, um wie … Schweine abgeschlachtet zu werden, kann ich mir nicht vorstellen.«*

»Das kommt dir vielleicht jetzt so vor, aber denk daran, dass du die Folgen noch nicht absehen kannst. Vielleicht nimmt das Leben des Kindes, das in dieser Nacht in der Fabrik seinen Vater verloren hat, nun einen anderen Lauf. Vielleicht wird es Krieger, wenn es groß ist. Oder Kaiserin.«

»Komm schon. Ich bin kein Kind, dem du Märchen erzählen kannst.«

Ren lachte. Es war ansteckend wie immer. Zunächst kicherte er leise und lachte erst ganz am Ende aus vollem Hals. Auch mich brachte er damit jedes Mal zum Lächeln.

»Das warst du aber mal. Vor gar nicht allzu vielen Jahren. Tut mir leid, *Dìdi*, ich versuche mich immer noch an den Gedanken zu gewöhnen, dass du so groß bist wie ich, deinen eigenen Kopf hast und dass praktisch ganz Namla kurz vor einem Bürgerkrieg steht, weil alle dir an die Wäsche wollen. Ich habe versucht wegzuhören, aber mit Freyals Freunden ist das unmöglich. Anscheinend hat Dray gute Karten. Oder eben auch nicht«, fügte er hinzu, als er meinen Gesichtsausdruck sah. »Wenn du wirklich genug von ihm hast, kannst du ja froh sein, dass du in den Süden abhauen darfst. Madang ist todlangweilig. Mal im Ernst, selbst wenn du es schaffst, deine Schulden abzubezahlen, hast du ehrlich vor, in Zukunft für ein paar lausige Wen Äcker zu pflügen oder an der Bahnstrecke zu schuften? Tantchen wird nicht ewig für dich sorgen. Und zum Bianfu taugst du nur, bis du dreißig bist.«

»So habe ich das noch nie betrachtet«, gab ich zu. *»Ich habe fest damit gerechnet, dass ich in vier Jahren im Arbeitslager in Naraka lande. Bis dahin hatte ich vor, so viel Geld wie möglich für Tantchen zusammenzubekommen.«*

Ren hörte auf zu kauen. Er sah mich lange an, als wäre ihm erst jetzt klar geworden, dass ich in seine Fußstapfen getreten war. Vielleicht war ich immer noch sein kleiner Bruder, den er einst Huckepack genommen hatte, aber beschützen musste er mich nicht mehr. Auch ich war ein *Gēge*, ein großer Bruder, geworden. Tantchens Waisenkinder waren meine Geschwister – vielleicht nicht blutsverwandt, aber ebenso wichtig. Ich fühlte mich genauso wie Ren dazu verpflichtet, für meine Familie zu sorgen.

Er beugte sich vor und stützte die Ellbogen auf die Knie. »*Dìdi*, diese Reise könnte alles verändern. Penglai ist das Paradies. Du kannst von Ruby Shay halten, was du willst, aber wenn wir ehrlich sind, hat sie uns eine Chance gegeben. Jetzt müssen wir nur zusehen, dass sie uns nicht durch die Lappen geht.«

6. Kapitel

Ich betrachtete die gehissten Wimpel, die die hohen Wände der Bahnhofshalle säumten. Auf den Fahnen reckte sich stolz ein weißer Tiger, die Krallen ausgefahren, die Zähne gefletscht. Xifang Baihu, der Weiße Tiger des Westens, eine der vier Schutzgottheiten Fusangs. Dieser Anblick war der Beweis, dass ich mir die Reise nicht nur eingebildet hatte. Ich war wirklich in Fusangs Hauptstadt. Weiter weg von zu Hause als je zuvor.

»Geren, bitte«, sagte der Mitarbeiter hinter der Scheibe am Eingang. Er sah nicht einmal auf, sondern setzte nur die roten Stempel der Provinz Sang auf die von Tantchen unterzeichnete Vollmacht. Ich entsperrte meinen Geren. Darauf, dass bei der Grenzkontrolle in der Hauptstadt die Daten aller Einreisenden aufgenommen wurden, war ich gefasst gewesen. Penglai nahm am staatlichen Programm der Sicheren Städte teil, weshalb die Kontrollen hier strenger waren als bei uns. Im Himmelsnetz sammelte man Informationen über alle möglichen Gesetzesverstöße seiner Bürger. Waren es zu viele, wurde man als nicht vertrauenswürdig eingestuft – in solchen Fällen konnte einem die Einreise in die Provinz bei der Grenzkontrolle verweigert werden.

Bisher war meine Weste rein. Obwohl ich ein Bianfu war, hatte ich laut Himmelsnetz-Register ein absolut tadelloses Leben geführt. Daher zögerte ich nicht, mein Handgelenk in das röhrenförmige Lesegerät zu stecken. Erst als ich feststellte, dass von meinem Konto Geld abgebucht wurde, riss ich die Hand zurück.

»Bitte brechen Sie den Geldtransfer nicht mittendrin ab. Das bringt das Gerät zum Absturz.«

»*Wie bitte?*«

»Penglai erhebt von allen Auswärtigen eine Stadtsteuer. Es ist derselbe Betrag für alle, er steht auch auf Ihrem Zugticket. Bitte stecken Sie den Geren wieder ins Lesegerät. Sie halten alle auf.«

Ich warf einen Blick auf die Schlange hinter mir. Sie zog sich durch die riesige Empfangshalle des Bahnhofs, die so groß war wie das ganze Bergdorf Madang. Ich hatte vergessen, mich meinem neuen Vermögen gemäß zu verhalten. Wer die Hauptstadt bereiste, war es gewohnt, eine Abgabe zu entrichten, zudem waren zwanzig Wen so gut wie nichts. Dass ich so genau auf mein Geld achtete, fiel auf.

Du bist reich, rief ich mir ins Gedächtnis. *Benimm dich also entsprechend.*

Ich schob die Hand zurück ins Lesegerät und ließ den Mann die Zahlung durchführen, bis er nickte und mir die gestempelte Vollmacht überreichte. Er hieß mich in der Stadt willkommen, während er gleichzeitig schon die nächste Person heranwinkte.

Mit eingezogenem Kopf ging ich weiter. Ich fühlte mich alles andere als selbstsicher. Ich rollte die Vollmacht zusammen, steckte sie in meine Chuba und sah mich um. Der Bahnhof von Penglai war eine geschlossene Halle mit hoher, kunstvoll bemalter Decke und einem ohrenbetäubenden Lärmpegel. Die Stimmen der Menschen, die Durchsagen des Personals und das Zischen der Züge hallten alle gleichzeitig von den hohen Wänden wider. Mitarbeiter in grauen Uniformen trieben die Fahrgäste wie Vieh vor sich her. Die Menschen klebten buchstäblich aneinander. Hier und da patrouillierten Mitglieder der Militärgarde, die die Ordnung in der Stadt überwachte. An ihren Gürteln hingen lange Schwerter.

Etwas Vergleichbares hatte ich in meinem Leben noch nicht gesehen. Ich hielt Ausschau nach Ren, der die Kontrolle vor mir passiert hatte. Es war nicht sonderlich schwer, ihn zu finden: Mein großer Bruder stand mitten im Getümmel still wie ein Fels in einem Fluss.

Er bewunderte die prächtigen Malereien an der Decke. Es waren detaillierte Bilder von Kranichen und Lotusblumen, den Symbolen für Glück und Reinheit. Keiner von uns hatte je ein Gebäude gesehen, das höher war als die Pagoden in Namla. Inmitten des imposanten Bahnhofs kam ich mir klein und verunsichert vor.

»Alles in Ordnung?«, vergewisserte sich Ren, als ich mich zu ihm gesellte. Ich sah wohl ziemlich blass aus.

Himmel, wir waren in der Hauptstadt. Rens Augen leuchteten wie die eines Kindes am Morgen des Bergfestes.

»Wurdest du auch gefilzt? Keine Ahnung, ob du es mitbekommen hast, aber die Soldaten da drüben haben mich einfach aus der Schlange gezogen. Ich habe schön brav stillgestanden, als sie mich von den Knöcheln aufwärts am ganzen Körper abgetastet haben. Sie haben sich wohl gewundert, dass sie nichts gefunden haben.«

»Das haben sie bei mir auch gemacht.«

Ren lachte. »Wir sind wohl nicht die ersten Bianfu in Penglai. Stell dir bloß vor, was passiert wäre, wenn Freyal uns in Sandu nicht die Messer abgenommen hätte. Himmel!«

Er ging forsch voran, ganz als wäre er stolz darauf, so viel Aufmerksamkeit zu erregen. Mir waren die Blicke durchaus aufgefallen. Mütter schoben ihre Kinder beiseite, Männer musterten uns kritisch, junge Mädchen tuschelten und warfen uns Blicke über die Schulter zu. Ich wusste noch genau, wie imposant Ren und Freyal am Bahnhof von Sandu ausgesehen hatten. Unter den Leuten hier, den sonnenverwöhnten Städtern, die ein unbeschwertes Leben führten, musste dieser Eindruck noch bedeutend stärker sein. Neben ihnen wirkten Ren und ich wie Wilde. Obwohl unsere Chubas von bester Qualität waren, war der Stoff unserer Kleidung grob und dick. Auf dem Rücken trugen wir zudem die Käfige mit Meimei und Qiu.

Ren hatte sichtlich Spaß. Er bat für seine Anwesenheit nicht um Verzeihung, sondern stellte sich bereitwillig zur Schau. Ich hingegen sehnte mich danach, dem Trubel zu entfliehen.

Ich wischte mir den Schweiß aus dem Nacken. Hätte ich mir doch schon im Zug etwas Leichteres angezogen. Jetzt lagen die dünneren Sachen ganz unten im Rucksack, und stattdessen trug ich eine Chuba, die dafür gedacht war, den Wind in den Bergen abzuhalten. Als ich durch die großen Doppeltüren des Bahnhofs nach draußen trat, war ich überzeugt, vor einem Lüftungsrohr zu stehen, aus dem heiße Luft blies. Geblendet vom hellen Sonnenlicht, hob ich die Hand, um meine Augen zu beschatten.

Himmel …

Wenn ich erwartet hatte, den Trubel im Bahnhof zurückzulassen, hatte ich vergeblich gehofft. Die Straße, auf die wir traten, war der reinste Hexenkessel. Zu allen Seiten warben Plakate in großen Lettern für Produkte und anstehende Theaterstücke. Überall brannten elektrische Lichter. Ladenschilder blinkten und schrien lautstark nach der Aufmerksamkeit der Passanten wie im Wind züngelnde Flammen. Die roten Gebäude waren zehn Stockwerke hoch und so dicht aneinandergebaut, dass sie fast wie aufeinandergestapelt schienen. Die Dachziegel wölbten sich wie die Stoßzähne eines Elefanten gen Himmel. Auf ihrem First schützten Hunderte von Fabelwesen die Gebäude vor bösen Geistern, Bränden und Unfällen.

Die Leute gingen nicht nur auf der Straße, sondern auch auf Überführungen und höher gelegenen Ebenen, als wäre alles miteinander verbunden. Die Menschen bahnten sich kreuz und quer ihren Weg. Vor den Läden wetteiferten Verkäufer mit lautem Gebrüll um die Aufmerksamkeit der Kunden. Zum Verkauf standen Obst, Kleidung, Schuhe, Schmuck und Krimskrams aller Art. Zwischendrin immer wieder Essensstände. Ich sah Menschen, die beim Gehen scharf gewürzte Grillspieße aßen, und Kinder, die die Arme nach *Tánghúlu*-Stäben mit kandierten Früchten reckten.

Penglai war mit Sandus Basaren nicht zu vergleichen. Hier war es deutlich schlimmer.

»*Bitte sag mir, dass das hier die Hauptstraße ist*«, flehte ich Ren an.

»Die Hauptstraße? Nein, die führt am Palast des Weißen Tigers entlang. Das hier ist … ähm …« Ren versuchte, den Namen auf einem Stadtplan zu entziffern. »Die südliche Einkaufsstraße, wahrscheinlich der Basar. Mach dir keine Sorgen, *Dìdi*, so ist es nicht in der ganzen Stadt.«

Hoffentlich stimmte das auch. Ich würde innerhalb eines Tages durchdrehen, wenn die Straßen in Penglai alle so chaotisch waren.

Ren setzte seinen Rucksack auf den steinernen Treppenstufen vor dem Bahnhofsgebäude ab. Meimei saß hechelnd im Käfig und hatte die Flügel abgespreizt. Ich begriff, was Ren vorhatte: Er wollte seinem Falken das Gedränge ersparen. Ich biss mir auf die Lippe. Qiu wollte ich genauso wenig im Käfig lassen, aber ich war skeptisch. Ich beäugte die hohen, dicht an dicht stehenden Gebäude, zwischen denen hier und da der blaue Himmel hervorblitzte.

Waren die Dächer der einzige Ort, wo sie landen könnten? Wo würden sie Schutz finden, wo Beute? Die wachsende Sorge schnürte mir die Kehle zu, und ich wünschte, wir hätten die Falken in den Bergen gelassen, wo sie hingehörten.

Begeisterte Ausrufe von Passanten lenkten meine Aufmerksamkeit auf die Straße zurück. Ren hatte sich Meimei auf den Arm gesetzt und war gerade dabei, ihr die Haube abzunehmen. Der Vogel hatte eine beachtliche Menschenmenge um sich versammelt. Meimei war ein Weibchen und daher größer und imposanter als Qiu. Sie hatte glänzend braune Federn und einen goldenen, gebogenen Schnabel. Ren schüttelte ein paar Mal sachte den Arm, damit der Vogel seine großen Schwingen ausbreitete. Es sah aus, als erhöbe sich Meimei jeden Augenblick in die Lüfte, aber ich sah, dass Ren sie an den Füßen festhielt. Die Leute waren begeistert.

»Schaut mal, was für ein großer Vogel«, hörte ich Mütter zu ihren Kleinen auf Fusang sagen. *»Fēicháng piàoliang,* wunderschön!«

Es musste das erste Mal sein, dass sie einen echten Falken sahen. Regionen mit tropischem Klima hatten in der Zeit des Schwarzen Regens ganz besonders unter der Kälte und Dunkelheit gelitten, die die dichten Rauchwolken nach den Bombardierungen über das Land gebracht hatten. Die meisten Tier- und Pflanzenarten waren damals für immer verschwunden. In Fusang war es gelungen, einige Pflanzenarten durch konserviertes Saatgut zu erhalten und Tiere in Gefangenschaft nachzuzüchten, seltenere Wildtiere aber kamen in der Provinz Sang weiterhin nicht vor. Qiu und Meimei waren vielleicht die einzigen Jagdfalken in der ganzen Stadt.

»Worauf wartest du, *Dìdi*?« Ren grinste mich an. »Lass uns die Stadt erobern. Ich will, dass alle hier wissen, dass die Kong-Brüder in Penglai eingetroffen sind.«

»Du spinnst.« Ich schüttelte den Kopf. Dennoch nahm ich den Rucksack ab und löste die Schnüre an Qius Käfig. Wäre es nach mir gegangen, hätte ich einen ruhigeren Ort gewählt, um die Vögel freizulassen. Aber Ren war nicht mehr zu bremsen, und ich wollte das Ganze nicht unnötig in die Länge ziehen.

Ich öffnete den Käfig und lockte Qiu auf meinen Arm. Mit seinen langen Krallen klammerte er sich an meinen ledernen Armschoner. Die Flügel hielt er dicht an den Körper gepresst, bis ich die Haube entfernt hatte. Als das Licht auf seine Augen traf, überwältigte ihn instinktiv die Panik. Seine Pupillen verengten sich und er peitschte so heftig mit den Flügeln, dass der Luftstrom den Zuschauern die Haare zerzauste. Wieder hörte ich entzücktes Gelächter und Rufe von Kindern.

Ich fluchte in Gedanken.

Los! Flieg!

Ich warf Qiu in die Luft. Er schlug heftig mit den Flügeln, bis er genug Auftrieb hatte, um abzuheben. Auch Ren ließ seinen Vogel los. Die Falken kreisten über der überfüllten Einkaufsstraße. Rund herum stoben kleinere Vögel davon, und die Leute schrien reihenweise: »*Wā sāi!* Wow!«

Ren sonnte sich derart in der Aufmerksamkeit, dass ich den Anblick kaum ertrug.

»Geht's dir jetzt besser?«, fragte ich. *»Hast du genug Bewunderung getankt, damit du jetzt wieder normal sein kannst?«*

»Keine Ahnung, was du meinst«, sagte Ren. Er setzte sich den

Rucksack auf den Rücken und zupfte den Mantelkragen zurecht, als wäre nichts gewesen. »Aber eins weiß ich: dass ich Hunger habe. Hier stinkt's nach Scheiße, aber irgendwo brutzelt auch Fleisch. Ich will wissen, was die Leute hier so essen.«

»Im Moment ist alles besser als Tsampa«, war meine Meinung dazu.

Ren lachte. Trotz all der Gedanken, die mir auf die Stimmung drückten, schaffte es Ren mit seiner ehrlichen Begeisterung, meine Laune zu heben. Ich lächelte ihn an und konnte mich nicht erinnern, wann ich mich meinem Bruder das letzte Mal so stark verbunden gefühlt hatte. Zwar hatten wir uns immer nahegestanden, doch zu Hause in der vertrauten Umgebung hatte ich es schon als kleiner Junge gewagt, ohne ihn unterwegs zu sein. Jetzt aber waren wir geradezu zusammengewachsen. Wir befanden uns gemeinsam am anderen Ende des Landes und erlebten etwas, das für uns beide völlig neu war. Der Staub unseres gewöhnlichen Alltags war zu Hause zurückgeblieben.

Seite an Seite stürzten wir uns ins Chaos der Einkaufsstraße. Eingekesselt von den wuchtigen Gebäudekomplexen nahm ich Penglais Bewohner endlich genauer in Augenschein, wie sie sich viel zu langsam vor mir herschoben, während diejenigen, die mir entgegenkamen, mich mit den Schultern streiften. Schnell stellte ich fest: Die meisten von ihnen waren kleiner als Ren und ich. Ihr Haar war glatter und ihre Augen erinnerten an Pfirsichblüten, was bei den Frauen durch das Make-up zusätzlich betont wurde. Trotz der enormen Hitze hatten die meisten eine hellere Haut als wir. Die Leute schützten sich vor der Sonne mit Schirmen aus Ölpapier, was das Gedränge auf der Straße noch schlimmer machte. Als eine Passantin sich ruckartig umdrehte, um einer Bekannten zu winken, rammte sie mir ihren Schirm beinahe ins Auge.

Wir kamen an einigen herrlich duftenden Essensständen vorbei, aber keiner von uns beiden wollte in dem Gedränge stehen bleiben und etwas essen. Scharen von Krähen pickten im Müll und hüpften den Leuten erst in letzter Sekunde aus dem Weg. Mal stieg mir der durchdringende Duft von Weihrauch, mal der Gestank von Abwasser in die Nase. Die Hitze machte alles nur noch schlimmer. Mir war so übel, dass ich mich am liebsten in den Schatten des nächstbesten Gebäudes zurückgezogen hätte.

»Warte hier, *Dìdi*«, sagte Ren seufzend, nachdem wir eine gefühlte Ewigkeit gelaufen waren, ohne dass das Ende der belebten Straße in Sicht gekommen wäre. »Ich werde jemanden um Rat fragen. Irgendwie muss man hier doch rauskommen.«

Er huschte auf der anderen Straßenseite in einen schäbigen Laden, wo ein Schild an der Tür hochwertige Haarschnitte anpries. Ich suchte mir ein Plätzchen im Schatten, an dem ich den Leuten nicht allzu sehr im Weg stand. Ich hatte das Gefühl, an Ort und Stelle zu zerlaufen. Ich streifte mir die Chuba von den Schultern und band mir den dicken Mantel um die Taille. Mein rotes Unterhemd war schweißdurchtränkt, aber ich war so erschöpft, dass mir meine Körperhygiene egal war. Mir war so heiß, dass mir schwarz vor Augen wurde und der Schweiß mir nur so über den Rücken rann.

»*Shuài gē*«, drang plötzlich eine schwache Stimme zu mir herauf. Erschrocken sah ich, dass neben mir ein alter Mann kniete. Er hatte sich so leise und unauffällig genähert wie ein Schatten. Seine Kleidung war schmutzig und zerrissen, sein schwarzes Haar zu einer verfilzten Matte zusammengewachsen. Ich konnte sein Gesicht nicht richtig sehen, denn er hielt den Kopf gesenkt und hatte die Arme ausgestreckt.

Seine linke Hand war oberhalb des Gelenks abgetrennt. Einen Geren besaß er nicht.

»Bitte«, sagte der Mann auf Fusang, »helfen Sie mir.«

Ich wich ihm so heftig aus, dass ich eine vorbeigehende Frau anrempelte.

»Pass doch auf!«, zischte sie. Ich entschuldigte mich rasch mit einer Geste, ohne sie anzusehen. Stattdessen starrte ich erschrocken auf den knienden Mann, der mit erhobener Hand um Almosen bettelte.

Himmel. Was hatte man ihm angetan …? Ich hatte in Sandu ab und zu verzweifelte Jugendliche gesehen, die versuchten, sich ein paar Wen für Essen und zur Schuldentilgung zu erbetteln – aber sie alle hatten einen Geren getragen. Ohne den Armreif war man nicht im Himmelsnetz registriert. Das wiederum war die einzige Möglichkeit, etwas zu besitzen, die einzige Möglichkeit, in den Augen des Staates zu existieren, die einzige Möglichkeit, Rechte zugestanden zu bekommen. Der alte Mann – war er überhaupt alt? – verharrte kniend am Straßenrand. Ich starrte mit pochendem Herzen auf ihn herunter. Geld konnte ich ihm nicht geben. Er war darauf angewiesen, dass ihm jemand etwas zu essen kaufte. So würde es ewig für ihn weitergehen.

Da stieß jemand gegen meine Schulter.

»He, bist du blöd? Aus dem Weg, Junge.«

Ich blickte mich um und sah in die eisigen Augen eines wütenden Soldaten. Sein restliches Gesicht war von einem Metallhelm und einer Maske verdeckt, auf der ein grimmiges Maul seine scharfen Zähne fletschte. Der Mann trug einen schweren Umhang und eine rot-schwarze Militäruniform. Seine Hand ruhte auf dem Griff eines Schwertes, das an seinem Gürtel befestigt war. Hinter ihm fuhr eine überdachte Rikscha, die von zwei Dienern gezogen wurde und in der sich zwei junge Mädchen unterhielten.

Schnell wich ich auf die andere Seite aus. Der Soldat warf mir erneut einen finsteren Blick zu, bevor er weiterging. Die Rikscha folgte ihm. Die jungen Mädchen schenkten der Verzögerung keinerlei Beachtung, sondern setzten kichernd ihr fröhliches Gespräch fort. Sie waren kaum fünfzehn Jahre alt. Ihr langes Haar glänzte wie noch feuchte Tinte, ihre Gesichter leuchteten hell, die seidenen Kleider erinnerten an plätscherndes Quellwasser, das an ihren Beinen hinabrann und sich auf dem Boden der Rikscha sammelte. Nie zuvor hatte ich etwas so Makelloses gesehen. Wie Malereien auf Keramikvasen.

Als die Rikscha vorbeigefahren war, kehrte der Trubel sofort in die Gasse zurück. Ren kam vom Friseursalon auf mich zugelaufen. Ich sah mich nach dem Bettler um, doch ich konnte ihn nirgends mehr finden. Er war verschwunden.

»Hast du das gesehen, *Dìdi*?«, fragte Ren und reckte den Kopf nach der Rikscha.

»Richtige Aristokratie. Für diese edlen Damen reicht ein bloßes Gerenschloss nicht aus. Sie müssen von einer bewaffneten Leibwache begleitet werden.«

»*Einem Sklaven*«, korrigierte ich brüsk. »*Nenn die Dinge ruhig beim Namen. Leibwächter sind niedriger gestellt als Arbeiter und werden nicht bezahlt. Solche Menschen nennt man Sklaven.*«

»He.« Ren griff nach meiner Hand und drückte sie nach unten. »Pass auf, was du sagst. Was, wenn dich hier jemand versteht? Und außerdem«, fügte er grinsend hinzu, »würde ich, wenn ich die Wahl hätte, lieber hübsche Damen in Penglai bewachen, als in Naraka Asche schippen. Ich sag's dir, der Mann ist ein Glückspilz.«

Glücklich hat er nicht gerade ausgesehen, dachte ich. Ich überlegte, ob ich Ren von dem Bettler mit der abgehackten Hand erzählen sollte, beschloss aber, es nicht zu tun. Ren hielt mich bereits für einen Spielverderber. Ich war Penglai gegenüber von Anfang an skeptisch gewesen und nahm auch jetzt noch nur das Negative wahr. Tantchen hatte uns nicht in den Süden geschickt, um die Einheimischen zu beurteilen, sondern um mit ihnen zusammenzuarbeiten. Das hatte Ren deutlich besser verinnerlicht als ich.

»Herr Kooong!«, rief eine hohe Mädchenstimme über den Straßenlärm hinweg. »Hallo! Hier entlang!«

Mit hochgezogenen Augenbrauen sah ich zur Tür des Friseursalons hinüber, wo uns eine schlanke Angestellte schwungvoll zuwinkte. Ich hoffte, ich hätte mich verhört. Doch als die junge Frau erneut ein lang gezogenes »Herr Kooong« in unsere Richtung rief, waren sämtliche Zweifel überflüssig. Ah ja. Mein großer Bruder brauchte einen Laden nur kurz zu betreten, und schon kamen ihm die Angestellten nachgelaufen.

Ren kicherte verlegen. »Das ist Weiwei. Ich habe sie gefragt, wo man hier etwas essen und eine Verschnaufpause einlegen kann, ohne einen Sonnenstich zu bekommen, und sie hat mir die Pension ihrer Tante empfohlen. Sie liegt nur ein paar Straßen weiter.«

»*Sie empfiehlt die Pension ihrer Familie*«, wiederholte ich. Ich betrachtete den heruntergekommenen Friseursalon und die fuchtelnde Angestellte und zog daraus sofort Rückschlüsse über den Zustand des Gasthauses. »*Vielleicht denken wir noch einmal darüber nach …?*«

»Mecker nicht schon, bevor du die Unterkunft gesehen hast. Ich dachte, es wäre eine gute Idee, sich bei Einheimischen einzuquartieren – wir können ihre Meinung einholen, welcher Standort für Tantchens Teehaus am besten infrage kommt, und ein Gefühl dafür bekommen, wie die Leute hier ticken. *Dìdi*, sieh es dir wenigstens an.« Seine Stimme bekam einen lockenden Ton, als er hinzufügte: »Es gibt einen Ventilator.«

Im Hintergrund ertönte abermals: »Herr Kooong! Kommen Sie!«

Himmel. Ich musste wohl Ja sagen. *»Hör auf zu stänkern, Dawei«*, befahl ich mir selbst.

Ich folgte Ren zum Friseursalon, wo die junge Frau – Weiwei – auf uns wartete. Sie reichte mir kaum bis zur Schulter. Ihr langes, glattes Haar trug sie offen. Die Mädchen in Namla taten dies nur, wenn sie es im Fluss wuschen. Diese Fusanger Dame allerdings, die doch mutmaßlich einer höheren Zivilisationsstufe angehörte, schien deutlich unbeschwerter, als ich es mir vorgestellt hatte. Ihre Finger waren schmutzig und an ihrem knallroten Oberteil klebten zahlreiche schwarze Haare.

»Willkommen, willkommen, willkommen in Penglai, ihr Bianfu aus dem Norden«, plapperte sie fröhlich los. Worte mehrmals schnell hintereinander zu wiederholen, war eine Eigenheit, die man den Leuten aus Fusang nachsagte. Wenn wir im Norden die Hauptstädter nachäfften, redeten wir genauso. »Meine Tante wird vor Stolz platzen, euch bewirten zu dürfen. Es wird ihr eine große Ehre sein.«

»Danke, die Freude ist ganz unsererseits«, sagte Ren. Er legte die Hand auf meine Schulter. »Das ist mein Bruder, Kong Dawei.«

»Kong Dawei – oh – Krieger aus dem Norden mit südlichen Namen. Das halte ich nicht aus!«

Beinahe hätte ich »Danke, ich auch nicht« gestikuliert, beschränkte mich aber auf eine höfliche Verbeugung.

»Er ist ein *Anjing*, er benutzt seine Stimme nicht«, stellte Ren in meinem Namen klar. »Wir hoffen, Sie halten das nicht für unhöflich. Wir sind Ihnen beide für Ihre Gastfreundschaft sehr dankbar.«

Weiweis große Augen leuchteten noch heller. »Ein *Anjing* …? *Āiyā*!«, rief sie überrascht aus. »Ich wusste nicht, dass es euch noch gibt.«

Ren und ich sahen uns an. »Wie meinen Sie das?«

»In Sang ist das Schweigegelübde schon seit Jahren verboten. Es gilt als Missachtung der staatlichen Autorität. Das wusstet ihr wirklich nicht?« Weiwei legte die Hände an die Wangen. »Absolut verrückt, meine Tante wird ausflippen, wenn sie euch sieht. Ihr zwei seid wie aus einer anderen Zeit. Leute, die ein Schweigegelübde abgelegt haben, haben wir hier nicht mehr gesehen seit … hmm … Haha, kann ich nicht einmal sagen! Los, los, los, ich bringe euch zum Gasthaus.«

Weiwei bedeutete uns, ihr ins Gewimmel zu folgen. Mehr bekamen wir zum Thema Schweigegelübde vorerst nicht aus ihr heraus. Ren schüttelte den Kopf, um mir zu signalisieren, dass jetzt nicht der richtige Zeitpunkt für weitere Fragen war. Mein Magen zog sich zusammen, als hätte ich etwas falsch gemacht. Mir fiel der eigentliche Grund unserer Reise wieder ein: Ich war an einem Raubmord beteiligt gewesen und auf der Flucht vor meiner Strafe. Wenn mein Schweigegelübde hier in Sang gesetzeswidrig war, würde meine Gebärdensprache die Aufmerksamkeit der Militärgarde auf sich ziehen, ganz gleich, wie unschuldig ich war. Weiwei erzählte lebhaft, dass in der Einkaufsstraße alles teurer sei als in den Seitengassen. Ich hörte ihr nur mit halbem Ohr zu. Mir war unwohl. Ich sah mich misstrauisch um, als könnte irgendjemand mein Vermögen als gestohlen entlarven. Über eine Holztreppe gelangten wir auf die nächste Ebene und drangen immer weiter ins Innere der Stadt vor. Die Straßen wurden schmaler, und an die Stelle der wuchtigen Gebäude mit den Ladenlokalen traten graue Wohnhäuser mit Ziegeldächern. Wir bogen um so viele Ecken, dass ich die Orientierung verlor. Vom *Fēngshuǐ* der Häuser konnte ich mir immerhin die Himmelsrichtungen ableiten: Die größten Türen und Fenster waren nach Süden ausgerichtet, während die Wand nach Norden keinerlei Öffnungen hatte. Aus den Innenhöfen der Häuser ragten erfreulich viele Bäume und Sträucher, die dicht an den Hauswänden wuchsen.

»Diese Wohngebiete nennen wir *Hútòngs*«, erklärte uns Weiwei, als wir vor einem alten, zweigeschossigen Steinhaus stehen blieben. *Das fröhliche Gasthaus* stand in schwarzen Schriftzeichen über der Eingangstür. Weiwei scheuchte eine räudige Katze von der Tür weg, ehe sie eintrat, und rief: »Huhuuu,Tantchen! Sieh mal, wen ich hier mitgebracht habe!«

Ren und ich zogen unsere Lederstiefel aus. Wir betraten ein geräumiges Zimmer mit niedriger Decke, das offenbar als kleine Teestube diente. Es gab drei Sitzbereiche, die durch hölzerne Paravents voneinander getrennt waren. In jedem stand mittig ein niedriger Tisch, umgeben von bunten, abgenutzten Sitzkissen. An einer Wand befand sich ein kleiner Altar für Meister Shuya, von dem ein süßlichwürziger Räucherduft aufstieg und der eine gemütliche Atmosphäre verbreitete.

Weiweis Tante kam mit einer qualmenden Pfeife in der Hand aus dem Hinterzimmer. Sie trug eine lange dunkelgraue Tunika, die locker über einer Baumwollhose hing. Ihr Mund verzog sich zu einem breiten Lächeln, wie ich es seit Ewigkeiten nicht mehr gesehen hatte.

»Meine Güte, was für fesche junge Männer!«, rief sie. »Womit hat eine alte Frau wie ich solch unerwarteten Besuch verdient? Willkommen, willkommen. Ich bin Frau Bai Yinghe.«

»Mögen die Götter Sie segnen, Frau Bai«, sagte Ren und machte wie ich eine Verbeugung. Sein Fusang war nicht makellos, aber er scheute sich nicht davor, es zu benutzen, und die Frauen schien der ungewohnte Akzent nicht zu kümmern. »Wir können Ihnen beiden nicht genug für Ihre Gastfreundschaft danken. Wir haben eine lange Reise hinter uns und sind von den Eindrücken der Stadt noch ziemlich überwältigt. Selbst etwas zu essen zu bekommen, ist eine Herausforderung, obwohl man sich auf der Einkaufsstraße vor Angeboten kaum retten kann.«

»Sind sie nicht zauberhaft?«, warf Weiwei ein und grinste. »Wie aus einem Theaterstück.«

»Ja, Penglai ist gewiss in jeder Hinsicht überwältigend«, sagte Frau Bai. »Macht euch keine Sorgen, ihr werdet euch schon noch daran gewöhnen. Nur keine falsche Bescheidenheit, das ist die beste Methode. Man nimmt sich, was man braucht, notfalls mit ein wenig Ellbogeneinsatz. Wobei zwei große Mannsbilder wie ihr damit kaum ein Problem haben werdet. Setzt euch doch. Setzt euch doch.«

Sie deutete auf eine der Sitzgruppen. Weiwei war bereits eifrig dabei, den Tisch zu decken. Ich verbeugte mich erneut vor Frau Bai. Dann stellte ich meinen Rucksack zu Rens Gepäck und ließ die Schultern kreisen. Mein Hemd war am Rücken und dort, wo die Schultergurte gesessen hatten, klatschnass. Allerdings fühlte ich mich in der schummrigen Herberge gleich wohler als draußen, wo einem die Sonne auf den Kopf brannte. Ich ließ mich neben Ren nieder.

»Bitte verzeiht«, sagte Frau Bai und nahm auf der anderen Seite des Tisches Platz. »Mein Essen ist nichts Besonderes. Im Norden ist alles so herrlich frisch, es kommt direkt vom Feld auf den Teller. Fleisch esst ihr doch, oder? Ich habe gehört, dass ihr in den Bergen nur selten Tiere schlachtet. Aber keine Sorge, ich versichere euch, dass das Fleisch, das ich kaufe, ganz frisch ist.«

»Ich bin sicher, dass alles bestens ist, danke«, sagte Ren.

Ich nickte zustimmend. Ich war so hungrig, dass ich nahezu alles gegessen hätte. Als Weiwei das Essen auftrug, versuchte ich, mir nicht zu viele Teigtaschen auf einmal aufzutun. Beim Duft der gedämpften *Bāozi* knurrte mir der Magen, aber ich wollte das Klischee vom verrohten Bianfu nicht durch meinen ungezügelten Appetit bestätigen. Indem wir Frau Bais Gastwirtschaft annahmen und uns bewirten ließen, zeigten Ren und ich den erforderlichen Respekt, bevor wir uns auf unsere Zimmer zurückziehen konnten.

Allerdings hatte ich den Eindruck, dass Ren nicht unbedingt ans Ausruhen dachte. Penglai war für ihn ein wahr gewordener Traum. Ich wünschte mir, unsere Reise genauso sorglos genießen zu können wie er. Aber ich wurde die leisen Zweifel nicht los. All die Warnsignale, die ich in der kurzen Zeit bekommen hatte: der Bettler mit der abgetrennten Hand, die Augen des Soldaten hinter der grinsenden Maske, und nun hatte ich auch noch erfahren, dass mein Schweigegelübde hier rechtswidrig war.

Vielleicht waren das aber auch nur Vorurteile.

7. Kapitel

Ren war schon seit einer halben Stunde am Schrein von Meister Shuya. Ich saß am Rande des Platzes der Träumenden unter einer Trauerweide, fernab der Massen betender Menschen, und aß kalte Mangostücke auf einem Holzspieß. Sie waren längst zu meinem Leibgericht geworden. In Penglai gab es Früchte und Beeren, die man in Namla nicht frisch bekam. In der vergangenen Woche hatte ich schon viele neue Geschmacksrichtungen ausprobiert: Pitaya, Rambutan, Pappelpflaume und Kaki, aber die Mangos übertrafen alles. Sie waren saftig und süß. Belebend.

Innerhalb einer Woche hatten wir uns eine einfache Routine angeeignet. Wir klapperten die Stadt systematisch ab, Viertel für Viertel, besuchten unzählige verschiedene Teehäuser und machten uns Notizen über ihre Vorzüge und Nachteile. Frau Bai verpflegte uns nach Kräften. Jeden Tag bereitete sie eine exorbitante Menge an Essen zu, und seit sie bemerkt hatte, dass ich gerne Süßes aß, schleppte sie uns immer wieder Obst zum Probieren an. Es war rührend, wie sie uns umsorgte. Obwohl ihr Gasthaus schon bessere Tage gesehen hatte, war es für uns mit seiner behaglichen Atmosphäre schnell zu einem Zufluchtsort geworden, an den ich am Ende eines anstrengenden Tages gern zurückkehrte.

Die ersten Tage war Ren kaum zu bremsen gewesen und hatte die Hauptstadt mit allen Sinnen verschlungen. Er war erst zur Ruhe gekommen, nachdem er die Grabstätte von Meister Shuya mit eigenen

Augen gesehen hatte, für die Hunderttausende Pilger jedes Jahr in die Provinz Sang kamen. Die Pilgerstätte wurde Platz der Träumenden genannt, weil sich unter der Statue des Friedensbringers seine Gruft befand. Meister Shuya war ein *Xiān*, ein Unsterblicher, dessen Seele in den Himmel aufgestiegen war, nachdem sie die entsprechende spirituelle Ebene erreicht hatte. Er wurde nicht wie ein Sterblicher wiedergeboren, sondern sein Körper weilte in einem ewigen Schlaf, bis er wieder auferweckt würde. In jedem Haus, an den Straßenrändern, ja sogar in den Bergen des Aachalendra hatte man Altäre für ihn errichtet.

Ren hatte Meister Shuya um Weisheit angerufen, solange ich denken konnte. Auf dem Platz der Träumenden zu stehen, war für ihn eine bedeutende spirituelle Erfahrung, ein Moment des Innehaltens, der seinen rastlosen Geist zur Ruhe gebracht hatte.

Rens Bedürfnis, hier zu beten, stellte ich nicht infrage. Auch wenn ich mit dem Konzept wenig anfangen konnte, hatte es selbst mir bei unserem ersten Besuch den Atem verschlagen, als die Statuen auf dem Platz in Sichtweite kamen. Das *Páilou*-Tor war das größte, das ich je gesehen hatte. Es bestand aus fünf Durchgängen mit gigantischen Säulen, die in goldenen, geschwungenen Dachziegeln endeten. Dahinter tat sich ein großer, gepflasterter Platz auf, umringt von fünf schneeweißen menschlichen Steinstatuen im Lotussitz. Die bärtige Gestalt von Meister Shuya an ihrer Spitze hatte die Handflächen geöffnet. Ihm zur Seite saßen die vier Schutzpatrone Fusangs, von denen der Legende nach die herrschenden Clans abstammten: Zhi Ming, die Reinkarnation der Schwarzen Schildkröte, Meng Zhang, die Reinkarnation des Türkisen Drachen, Ling Guang, die Reinkarnation des Roten Feuervogels, und Jian Bing, die Reinkarnation des Weißen Tigers.

Ich hatte mich der Masse angeschlossen, die sich vor den Statuen verneigte, nicht weil ich mich dazu genötigt fühlte, sondern weil ich das Bedürfnis hatte, die Helden zu ehren, denen ich meine Existenz verdankte. Dabei hatte ich eine *Sānguìjiǔkòu* ausgeführt: Ich kniete dreimal vor der Statue von Meister Shuya nieder und berührte neunmal mit der Stirn den Boden. Dank der Schutzpatrone hatte Fusang einen Weltkrieg überlebt. Obwohl die Götter vor dem Schwarzen Regen in der Staatspolitik keine Rolle gespielt hatten, hatten unsere Schutzpatrone Fusang vor der endgültigen Zerstörung bewahrt. Bei Ausbruch des Krieges war Meister Shuya fünfzig Jahre alt und ein gewöhnlicher Luohan aus Süd-Fusang gewesen. Unter seiner Führung hatte das Land die harten Jahre überstanden. Er verfasste Friedensgesetze, die sicherstellten, dass es nie wieder zu einem Blutbad wie damals kommen würde.

Meine ursprüngliche Skepsis der Hauptstadt gegenüber hatte sich in der ekstatischen Stimmung auf dem Platz der Träumenden in Luft aufgelöst. Im Angesicht des Friedensbringers war es schier unmöglich, negativen Gedanken nachzuhängen. Ich fühlte mich so ausgeglichen wie schon lange nicht mehr. Während Ren also betete, saß ich mit meinem Mangospieß unter der Trauerweide und lauschte der Musik, die über den Platz schallte. Da ich an die Töne der Sitar gewöhnt war, merkte ich an den fremdartigen, ruhigen Klängen am deutlichsten, dass ich in eine andere Kultur eingetaucht war.

Die Musikerin saß anmutig mit geradem Rücken im Eingangsbereich, auf dem Schoß ein bauchiges Instrument mit vier Saiten, die sie mit geübten Fingern zupfte. Ein sanftes Lächeln umspielte ihre Lippen. Sie wusste, dass ich sie beobachtete, hütete sich aber wohlweislich davor, den Blick zu erwidern.

»Gefällt es dir?«, erklang plötzlich Rens Stimme neben mir. Er war unbemerkt zurückgekommen. »Sieht schwierig aus. Das Mädchen hat Talent.«

»Weißt du, was für ein Instrument das ist?«

»Keine Ahnung. Warum fragst du nicht sie?«

Ich wurde rot und sah weg.

Natürlich konnte Ren die Sache nicht auf sich beruhen lassen, sondern marschierte schnurstracks zu der jungen Frau hinüber. Ich hätte mein Gesicht am liebsten in den Händen vergraben, als sie ihr Spiel unterbrach und zu meinem Bruder aufblickte. Ren sagte etwas, woraufhin sie laut lachte. Sie warf mir einen Blick zu. Dann antwortete sie ihm und widmete sich mit geröteten Wangen wieder dem Instrument. Mit einem verschmitzten Grinsen auf den Lippen kam Ren zurück.

»Willst du dem Mädchen einen Heiratsantrag machen, oder was druckst du so herum?«, fragte er. »Das ist eine *Pípa*. Falls es dich wirklich interessiert.« Er ließ sich neben mich fallen. »*Dìdi*, es ist normal, nachzufragen, wenn man etwas nicht kennt. Die Leute antworten normalerweise gerne. So anders ist es hier nun auch wieder nicht.«

»Das dachte ich auch gar nicht. Ich bin in der Hinsicht bloß anders als du.« Dabei deutete ich zuerst auf mein Ohr, dann auf meine Augen. *»Ich höre zu. Ich beobachte.«*

»Wie wahr«, seufzte Ren. »Du kannst froh sein, dass du mich hast. Wo wärst du nur ohne deinen großen Bruder, der für dich die Namen von Instrumenten herausfindet, auf denen schöne Frauen spielen?«

Ich legte das Kinn auf die Brust. Ren pikste ein Stück Mango auf, steckte es sich aber nicht in den Mund, sondern drehte den Spieß in den Fingern. Obwohl er gerade noch herumgealbert hatte, lächelte er nicht. Irgendetwas lag ihm auf der Seele. Ich sah ihn fragend an, bis er schließlich weitersprach: »Wie gefällt es dir hier bisher? Sei ehrlich.«

»Was meinst du?«

»Könntest du dir vorstellen, in Penglai zu bleiben? Ich meine dauerhaft. Geld haben wir im Überfluss. Wir könnten uns in aller Ruhe niederlassen, die Teestube einrichten, ein Haus kaufen und müssten erst anfangen zu arbeiten, wenn alles geregelt ist. Ich weiß, was ich täte, wenn ich allein entscheiden könnte, aber meine Entscheidung hängt von deiner ab. Ich möchte wissen, ob du dich nach Madang sehnst.«

Ich zögerte. Mein Bruder sagte immer geradeheraus, was er dachte oder empfand, aber diesmal schien er Angst vor meiner Reaktion zu haben. Er wusste, wie sehr ich an unserer Heimat hing und alles mit Madang verglich. Gleichzeitig aber hoffte er, ich würde der Hauptstadt eine Chance geben. Es war offensichtlich, dass er bleiben wollte. Der Platz der Träumenden war für ihn ausschlaggebend gewesen. Er wollte in Penglai, der Heimatstadt des Friedensbringers, ein neues Leben beginnen. Aber er würde es nicht ohne mich tun.

»Ich weiß es nicht«, antwortete ich ehrlich. *»Die Woche lief gut. Aber bevor ich mich entscheide, möchte ich wissen, wie die Dinge in Madang stehen. Zu Hause ist noch vieles zu klären.«*

»Du meinst mit Dray?«

Ich zuckte mit den Schultern.

»Er wird mit dir nach Penglai kommen, wenn du hier leben möchtest«, sagte Ren ohne zu zögern. »In einer quirligen Stadt wie dieser wäre er genau in seinem Element. Darum mach dir mal keinen Kopf.«

»Es geht nicht nur um Dray. Schweigegelübde sind in Sang verboten. Ich weiß nicht, was daraus werden soll, wenn ich hierherziehe. Werde ich zum Verbrecher, wenn ich mein Gelübde weiter befolge?«

Ren überlegte. »Ich kann mir nicht vorstellen, dass die Behörden etwas dagegen unternehmen. Sie werden dich höchstens verwarnen. Du hast doch selbst gesehen, wie die Einheimischen reagiert haben: Sie sind begeistert. Ein *Anjing* ist ein Zeichen des Protests gegen die Führungselite. Ich verstehe sowieso nicht, wie der Clan des Weißen Tigers die Gelübde überhaupt verbieten konnte. Das wäre so, als würde man Demonstranten verbieten, zu – äh – demonstrieren. Der Sinn eines Schweigegelübdes liegt nicht darin, der Obrigkeit zu gefallen.«

Ich nickte. Da stimmte ich ihm voll und ganz zu.

Das Schweigegelübde wird als Missachtung der staatlichen Autorität betrachtet, hatte Weiwei gesagt. Das war doch nichts Neues. In ärmeren Regionen galt das *Anjing* als Ausdruck des Protests dagegen, dass die herrschenden Clans der Not ihrer Untertanen kein Gehör schenkten. Es schien widersinnig, dass man hier genau diese Menschen zum Sprechen zwang. Und was war mit denen, die aus anderen Gründen Gebärdensprache benutzten, weil sie beispielsweise taub oder schwerhörig waren? Wurden auch sie gezwungen, ihre Stimme zu gebrauchen? Allein bei dem Gedanken, meinen Eid zu brechen, drehte sich mir der Magen um.

Obwohl meine Motivation dafür erst in den letzten fünf Jahren politisch geworden war, als mir klar wurde, wie menschenverachtend das Schuldensystem war, hatte ich mein Schweigen immer in Ehren gehalten. Nachdem ich im Alter von vier Jahren aufgehört hatte zu sprechen, war ich von den Luohan im Bergtempel unterwiesen worden. Meine Erinnerungen an diese Zeit waren verschwommen. Ich wusste noch, dass Ren und ich nach dem Tod unserer Mutter noch fünfzig Tage lang in der leeren Wohnung gehaust hatten und dass ich seit dieser Zeit kein Wort mehr gesprochen hatte.

Schon vor ihrem Tod hatten wir mit wenig auskommen müssen, und die Lebensmittelvorräte in unserem unbeheizten Steinhaus waren spärlich gewesen. Nach wenigen Wochen hatten Ren und ich bis zum letzten Reiskorn alles aufgegessen. Er hatte mir gut zugeredet, so viel wie möglich zu schlafen, damit ich den Hunger nicht spürte.

Nachdem unsere Mutter zwei Vollmonde lang fort gewesen war, hatte Ren mich schließlich Huckepack genommen und zum Bergtempel getragen. Bis dorthin waren es über 60 *Lǐ* und Ren legte die ganze Strecke zu Fuß zurück, während ich auf seinem Rücken döste. Er war damals selbst gerade einmal acht Jahre alt gewesen und hatte niemanden, der ihm half. Abgesehen davon, dass er krank vor Sorge um unsere Mutter war, trug er auch noch die Verantwortung für mich, seinen kleinen Bruder, der so hilflos war wie ein aus dem Nest gefallenes Vogelkind.

Die Luohan nahmen uns mit offenen Armen auf. Sein Schweigen ist das Ergebnis eines tief sitzenden Schocks, erklärten sie Ren. Sie rieten ihm auch, meine Trauer nicht abzuwehren, sondern sie anzunehmen. Meine Erfahrungen hatten mich zu dem gemacht, der ich war. Ich wurde damals der jüngste *Anjing* in ganz Namla. Mein Schweigen diente damals noch nicht dazu, irgendeinen Standpunkt auszudrücken, sondern es entsprang einem viel stärkeren Gefühl: der Trauer um den Verlust meiner Mutter.

Es wäre eine Lüge gewesen zu behaupten, dass ich nie an meinem Eid gezweifelt hätte. Wie viel einfacher wäre mein Leben gewesen, wenn ich meine Stimme benutzt hätte. In meiner Familie beherrschten alle die Gebärdensprache von Namla, und in den nördlichen Provinzen war es nicht ungewöhnlich, dass man anderen begegnete, die sie sprachen. Trotzdem kam es bei Behördengängen nicht selten zu Problemen. Für den Fall, dass ich mein Anliegen schriftlich vorbringen musste, hatte ich immer ein kleines Stück Kohle bei mir. Das kam selbst in Sandu erstaunlich oft vor – von Penglai ganz zu schweigen. In der vergangenen Woche war ich gleich mehrmals gezwungen gewesen, mich schriftlich auszudrücken. Es ging langsam und war – ganz ehrlich – auch etwas anstrengend.

Was man nie gehabt habe, so hieß es, könne man nicht vermissen. Früher jedoch hatte ich gesprochen. Die meisten meiner Freunde schienen das zu vergessen, wenn sie auf mein Gähnen, Lachen oder andere Geräusche hin erschrocken zusammenzuckten. Als ob es automatisch bedeuten würde, dass man keine Stimme hätte, nur weil man sie nicht gebrauchte. Ren war eine Ausnahme. Er erinnerte sich noch gut an die Tage vor meinem Schweigegelübde. Dagegen fragte ich mich manchmal, ob er sich daran erinnerte, dass ich ihn stets *Gēge*, nie Qiren oder A-Ren genannt hatte. Die Geste für seinen Namen war ein und dieselbe: Rauschender Fluss. Sie spiegelte seinen Charakter wider, einen Geist, der immerzu in Bewegung war und der sich, wenn er auf ein Hindernis stieß, ein neues Flussbett suchte.

Nachdem ich Ren einen Namen in Gebärdensprache gegeben hatte, wollten plötzlich alle von Tantchens Kindern einen. Noch nie hatten sie eine solche Begeisterung für meine Gebärdensprache gezeigt. Sie alle wollten jetzt auch eine Geste haben, die nur ihnen galt. Die würdigte, dass sie auf der Welt waren. Alle Kinder zu benennen, kostete mich viel Zeit. Drays Name war mir dabei besonders wichtig. Ihn nannte ich Himmlisches Wissen, und zwar aus zwei Gründen: Erstens, weil er einen enormen Wissensdurst hatte, und zweitens, weil nichts Geringeres als der Himmel selbst genügte, um seine Schönheit zu beschreiben.

Dray war selten um ein Wort verlegen, doch damals hatte er es bei einem Lächeln belassen. Ich war sicher, dass er von der Aufmerksamkeit überwältigt war. Der Gebärdenname bedeutete ihm viel. Der Beweis dafür war das, was er mir noch am selben Abend erzählte, als wir allein in seinem Zimmer waren.

Dray saß auf dem Holzboden und flickte meine Lederstiefel, die ich durchgelaufen hatte. Ich lag schläfrig und mit vollem Magen auf dem Bett, rundum zufrieden mit mir selbst. Aus einem Impuls heraus fing ich an, mit seinen Haaren zu spielen. Zunächst strich ich nur vorsichtig darüber, dann vergrub ich meine Finger tief in der zotteligen Pracht. Sein üppiges braunes Haar war grob und leicht wellig und fühlte sich ganz anders an als meine glänzenden, glatten Haare.

Kaum hatte ich ihn berührt, schnurrte er bereits. »Fühlt sich gut an. Nicht aufhören, Dawei …«

Er legte den Kopf in den Nacken und schmiegte sich so in meine Hand, dass ich vor lauter Schmetterlingen im Bauch fast gestorben wäre. Ich wünschte mir, er würde ewig so daliegen, ewig so schnurren. Ich hatte mit meinen Fingerspitzen kleine Kreise auf seiner Kopfhaut gezogen, bis einzelne Strähnen ganz um meine Finger gewickelt waren. Meine Hand blieb erstaunlich ruhig, als ich sie weiter über seinen Hals, seinen Kiefer und seinen Nacken wandern ließ, wo ich einige Zeichen in Hirayal malte. Das war meine Art, seinen Namen zu streicheln. *Dray.*

Ich sah, wie er schluckte. Aber er betrachtete mich auch nachdenklich und ein wenig traurig, und ich hatte Schwierigkeiten, mir vorzustellen, was ihm in einem solchen Moment die Stimmung trüben konnte.

»Ich habe geträumt«, hatte er gesagt, »dass du ihn laut ausgesprochen hast.«

Ich wusste noch genau, wie geschockt ich damals gewesen war. Sofort hörte ich auf, ihn zu kraulen. An dem Ausdruck, der sich daraufhin auf sein Gesicht legte, sah ich, dass er seine Worte bereute. »Oh, verdammt – Dawei, damit wollte ich keinesfalls sag… Auch wenn ich mir deine Stimme vorgestellt habe, soll es nicht heißen, dass ich mir wünsche, dass du … dass du anders wärst. Entschuldige bitte. Das war unüberlegt.«

»Gŭnkăi«, gestikulierte ich. Es war die gemeinste Art, die ich kannte, jemandem zu verstehen zu geben, dass er abhauen sollte.

Dray hatte die Kiefer fest aufeinandergepresst, doch er rührte sich nicht vom Fleck, also hatte ich ausgespuckt und selbst den Raum verlassen. Jetzt, einige Jahre später, wusste ich, dass er mit seiner Aussage nicht mein Schweigegelübde herabwürdigen, sondern mir lediglich mitteilen wollte, dass er von mir träumte. Damals jedoch empfand ich alles, was sich gegen meinen Schwur richtete, als Schmähung des Andenkens meiner Mutter.

Ich strich über das glatte Display meines Gerens, das im Sonnenlicht kaum mehr leserlich war. Auf dieser Reise dachte ich mehr als sonst über meine Vergangenheit nach. Besonders über Dray. Vielleicht, weil ich ihn vermisste. Vielleicht, weil es mir leidtat, wie wir auseinandergegangen waren.

Es war falsch gewesen, Dray in Madang zurückzulassen. Er wäre von Penglai genauso begeistert gewesen wie Ren. Ich konnte seine leuchtenden Augen auf dem Platz der Träumenden vor mir sehen. Ich hätte ihm diese Erfahrung nicht verwehren dürfen. Ich wollte ihn glücklich machen. Doch dazu musste ich die Zügel ein wenig locker lassen, Veränderungen um mich herum akzeptieren, ohne ständig gegen sie anzukämpfen. Nicht jede Veränderung war schlecht.

»In Ordnung«, antwortete ich Ren. *»Wenn Dray bereit ist umzuziehen …, dann werde ich mich schon an das Leben hier gewöhnen, das verspreche ich dir.«*

Während ich dagesessen und gegrübelt hatte, hatte Ren es sich an der Trauerweide gemütlich gemacht und futterte jetzt ohne zu fragen meine Mangos. Meine Handbewegung ließ ihn innehalten. Er richtete sich auf, und sein Gesichtsausdruck verriet mir, dass er eine ganz andere Antwort erwartet hatte. Ich nickte, um zu betonen, dass ich es ernst meinte. Rens schwarze Augen leuchteten auf. Auf seinen Wangen bildeten sich Grübchen, in den Augenwinkeln Lachfältchen.

Seine aufrichtige Freude war ansteckend. Endlich hatte ich das Gefühl, dass sich alles fügte. Ich war ein enormes Risiko eingegangen, als ich Erlik Hans Geld von Ruby Shay angenommen hatte – aber wenn das Leben so schön bliebe wie jetzt, war es das absolut wert.

Es war ein klarer Nachmittag, als Ren und ich uns auf den Rückweg zu Frau Bais Gästehaus machten. Endlich hatte Ren im Geren-Supportcenter für sich eine Lizenz zur elektronischen Kommunikation beantragt. Ursprünglich hatte ich das selbst machen wollen, doch mein Bruder wollte vorsichtig sein. Er fand, wir sollten noch eine Weile abwarten, bevor ich meinen Geren regulär benutzte: Denn falls man Ruby Shay verhaftet hatte, könnte der Gouverneur von Namla nach ihrem Komplizen fahnden lassen. Auch wenn sie geschworen hatte, meinen Namen aus dem Spiel zu lassen, war das keine Garantie. Vorerst war es sicherer, meinen Geren nicht ins Himmelsnetz einzuloggen.

Also hatte Ren stattdessen die Lizenz beantragt. Ein Mitarbeiter hatte seine Daten gescannt und seine Vermögenswerte und Schulden überprüft. Ich hatte nervös vor dem Büro gewartet und mir ausgemalt, wie der Mann bei Tantchens Vollmacht stutzig werden und die Militärgarde herbeirufen würde, um die Situation zu klären.

Aber meine Angst war unbegründet. Der Angestellte hatte Rens Papiere abgestempelt und die Angelegenheit für abgeschlossen erklärt. Rens Antrag würde innerhalb weniger Tage bearbeitet werden. Wenn er genehmigt würde, bekäme Ren umgehend das Recht, elektronisch zu kommunizieren. Dann könnten wir Dray und Freyal schreiben. Ich malte mir bereits Drays Staunen und Neugier über die neue Technologie in allen Einzelheiten aus.

»Ich bin am Verhungern«, verkündete Ren, der neben mir herschlenderte. »Ich weiß nicht, wie es bei dir aussieht, aber ich könnte gerade eine große Portion von etwas Dampfendem und Fettigem gebrauchen. Frau Bais Lotuswurzelsuppe schmeckt zwar köstlich, aber sie macht nicht wirklich satt.«

»Geht mir genauso. Wo willst du essen?«

»Äh, in einem *Dà pái dàng*?«, schlug Ren vor und grinste, als er sah, dass ich bereits mit dem Daumen auf einen gut besuchten Imbissstand deutete. Ein *Dà pái dàng* war ein kleines, preiswertes Straßenrestaurant mit einfachen, aber großen Portionen. Besonders gern aßen wir das gegrillte Huhn, das am Spieß über dem offenen Feuer gegart wurde. Der Geschmack ließ mich unweigerlich an die reich gedeckten Tische auf dem Aachalendra-Bergfest denken. In den Bergen war Fleisch deutlich knapper als in Penglai, und so schmeckte sogar das Huhn von einem *Dà pái dàng* einfach himmlisch. Ich hätte riesige Mengen davon vertilgen können.

Ren lächelte zufrieden.

»Ich liebe es, mit dir zu reisen, *Dìdi.* Wir ticken ähnlich – na, obwohl – mit deinem Appetit kann es niemand aufnehmen, aber lieber so, als wenn ich dich immerzu daran erinnern müsste, etwas zu essen. Freyal ist in dieser Hinsicht ja ein bisschen schwierig. Sie sagt nicht wie jeder normale Mensch, wenn sie Hunger hat.«

»Ist es nicht inzwischen besser geworden?«, fragte ich.

Ich dachte an die Zeiten, als Freyal so mager war, dass Ren es nicht wagte, sie aus den Augen zu lassen. Mein Bruder hatte mich, Dray und einige andere Jugendliche aus Madang überredet, den Hof der Rawals in Ordnung zu bringen, auf dem Freyals sechsköpfige Familie mehr schlecht als recht nur von Freyals Bianfu-Lohn lebte. Den ganzen Sommer über hatten wir den Boden gepflügt, Gemüse angepflanzt und das Dach des Hauses repariert. Tantchen hatte den Rawals drei Legehennen und eine Ziege geschenkt. Allmählich hatte sich die Situation der Familie gebessert, aber es war schwer zu sagen, wie lange es ohne Ren gedauert hätte, bis alles wieder aus dem Ruder gelaufen wäre. Freyals Vater hatte ein schwerwiegendes Drogenproblem.

»Klar doch, alles ist bestens«, sagte Ren ein wenig zu schnell, um glaubwürdig zu klingen. »Ich muss mit ihr sprechen, aber ich kann Freyal und die anderen sicher davon überzeugen, hierherzuziehen.«

»Du meinst, die ganze Familie? Alle sechs?«

»Natürlich alle sechs«, lachte Ren. »Sie gehören zur Familie. Freyal und ich sind für sie verantwortlich. Wenn ich das Geld habe, ein Haus in Penglai zu kaufen, dann tue ich das nicht nur für mich allein. Was glaubst du eigentlich, was wir hier machen?«

Ich antwortete nicht. Ich wollte nicht zugeben, dass ich die Rawals nie als Teil unserer engeren Familie betrachtet hatte, so wie Tantchen und unsere Adoptivgeschwister. Tantchen hatte vierzehn Kinder. Mit den Rawals kämen sechs weitere Mäuler dazu, die gestopft werden wollten. Ich hatte nichts dagegen, Freyals Eltern in Namla zu unterstützen, aber Rens Absicht, einen suchtkranken alten Kauz in unsere Penglai-Pläne einzubeziehen, erschien mir nicht gerade klug.

Vielleicht war es das, was uns beide unterschied. Ren ging seine Familie über alles. In viel zu jungen Jahren hatte er mir die Eltern ersetzen müssen. Selbst als unsere Mutter noch bei uns war, hatte Ren es auf sich genommen, sich um mich zu kümmern. Während sie in den Silos arbeiten ging, hatte er auf mich aufgepasst, und als die anderen Achtjährigen im Sommer zum Tierehüten auf die Weiden zogen, blieb Ren bei mir zu Hause. Er nahm mich Huckepack überallhin mit. Nicht ein einziges Mal hatte er mir vorgeworfen, dass ich praktisch der Grund dafür war, dass Vater uns verlassen hatte.

Gēge, warum ist Vater weggegangen? Hat er uns nicht lieb gehabt?

Wie oft hatte ich ihn das gefragt, als ich klein war? Und wie oft hatte sich Ren mit der Wahrheit zurückgehalten, bis ich alt genug war, um selbst darauf zu kommen? Mama hatte unserem Vater die staatliche Prämie überlassen, die sie für meine Geburt erhalten hatte. Er hatte damit seine Bürgerschulden beglichen und sich anschließend ohne ein Wort aus dem Staub gemacht. Ich war nur gezeugt worden, damit mein Vater Madang hinter sich lassen konnte. Ren würde das nie zugeben. Er hatte die Wahrheit nie als Waffe benutzt, nicht einmal bei unseren ärgsten Auseinandersetzungen. Weil ich seine Familie war. So wie Freyal jetzt.

Ich beobachtete meinen großen Bruder, wie er über die Straße zur Garküche ging, in der sich ganze gebratene Hähnchen am Spieß drehten. Es war gerade einmal eine Woche her, seit Ren und ich in Sandu in den Zug gestiegen waren, aber ich hatte das Gefühl, ihn mit anderen Augen zu sehen. Wir waren vom gleichen Blut. Ich war nicht gerade mit einem Silberlöffel im Mund geboren worden, aber ich hatte viele Gründe, dankbar zu sein. Der größte von ihnen war Ren. Seine positive Art entfachte eine behagliche Wärme in meiner Brust. Endlich konnte ich es ihm vergelten. Mich seiner Fürsorge würdig erweisen.

»Herr Kong Dawei?«, fragte plötzlich eine tiefe Männerstimme.

Meinen vollen Namen inmitten der geschäftigen Essensstände zu hören, verblüffte mich. Als ich mich umdrehte, sah ich zwei Soldaten auf mich zukommen. Sie waren nicht zu übersehen, denn sie trugen Uniformen aus hohen Stiefeln, roten Hosen und einem knielangen Harnisch aus Leder. Auf ihren Bronzehelmen saß eine kurze Quaste, die eher dem Schwanz einer Ziege als dem eines Pferdes ähnelte. An ihren Gürteln hingen Schwerter.

Ich ließ meinen Blick über die Menschenmenge schweifen – in der Hoffnung, dass jemand anders meinen Namen gesagt hatte. Egal wer, Hauptsache irgendjemand anders.

»Herr Kong?«, rief einer der Soldaten erneut.

Angst bohrte sich wie ein Dorn in mein Herz. Ich schaute nach Ren, aber der war in der Garküche verschwunden. Ich blieb so gelassen wie möglich: *»Ja? Das bin ich.«*

Die Mienen der Soldaten wurden finster. Sie kniffen die Augen zusammen, als hätte ich ihnen mit meiner Geste gedroht. Einer von ihnen begann in mechanischem Ton zu sprechen: »Bitte rühren Sie sich nicht. Bleiben Sie genau da, wo Sie sind. Gut so. Wir haben Kenntnis davon erhalten, dass Ihr Geren aufgrund der staatlichen Sicherheitsbestimmungen im Himmelsnetz zur Fahndung ausgeschrieben wurde. Daher kann die Gouverneurin von Sang Ihren Aufenthalt in ihrem Verwaltungsgebiet nicht dulden. Außerdem werden wir umgehend Ihr Vermögen beschlagnahmen.«

»W … Wie bitte?«

»Ihnen wird die Mittäterschaft an fünf Raubmorden in der Stadt Sandu zur Last gelegt. Unter den Opfern waren Herr Han Erlik, Herr Miao Guang, Herr Tsering Jime und Herr Phentso Tashi. Aufgrund der mir von der Gouverneurin erteilten Befugnisse verhafte ich Sie für weitere Ermittlungen in dieser Sache.«

Nein …

Nein, nein, nein, nicht jetzt.

In meinem Kopf war nichts als Leere. Ich sah nur reglos zu, wie der andere Soldat auf mich zumarschierte. Zitternd wich ich zurück. Wie war das möglich? Ich hatte meinen Geren seit meiner Ankunft in Penglai kein Mal benutzt – woher wussten sie, wo ich mich aufhielt, in einer Stadt, die so unfassbar groß war? Instinktiv tastete ich nach meinem nicht vorhandenen Khukri. Der Mann kam näher, sein Blick war kalt, und ich wusste nicht, wie ich reagieren sollte. In meiner Fassungslosigkeit versuchte ich, einen Satz zu formulieren: *Moment, das muss ein Missverständnis sein.* Aber ich kam gerade einmal zu »Moment«, als er mich schon am Handgelenk packte und mir den Arm auf den Rücken drehte.

Aus der Menge erklang ein Aufschrei. Die Leute um uns herum stoben auseinander, als der Soldat meinen Unterarm nach oben zerrte und mich mit dem Gesicht voran gegen eine Wand schleuderte. Der Schmerz nahm mir den Atem. Mein ganzer Körper stand unter Spannung, alle meine Muskeln wollten nur eins: dass ich mich wehrte.

Ich hätte mich zu befreien gewusst. Ich hätte mich zu verteidigen gewusst, aber die leise Stimme der Vernunft in meinem Kopf riet mir, mich nicht zu rühren. Das hätte alles nur schlimmer gemacht. Noch ließe sich die Situation klären, wenn ich nur die Nerven behielt. Ich hatte niemanden getötet, ich hatte kein einziges Leben ausgelöscht. Sie bezichtigten mich einer Tat, die ich nicht begangen hatte, und das würden sie einsehen müssen.

Alles okay, beruhigte ich mich. *Nur die Ruhe, einfach atmen.*

»*Dìdi?!*«, ertönte plötzlich Rens erschrockene Stimme.

Oh nein … Ren, misch dich nicht ein …

»Um Himmels willen, was machen Sie da?!« Ren eilte im Laufschritt herbei. Zu fliehen kam ihm nicht in den Sinn, obwohl er noch die Gelegenheit dazu gehabt hätte. »Lassen Sie ihn los, er hat nichts getan!«

»Kommen Sie nicht näher, mein Herr«, sagte einer der Soldaten. »Das geht Sie nichts an.«

»Das ist mein Bruder.« Ren klang wie ein gereiztes Tier. Seine Worte waren so harsch, dass es nur eine Frage der Zeit war, bis er die Männer angreifen würde. »Sie attackieren ihn auf offener Straße, ohne ihm die Gelegenheit zu geben, sich zu äußern. Was werfen Sie ihm vor? Er hat nichts getan.«

»Er hat zugegeben, der zu sein, den wir suchen. Ich habe ihn über die Vorwürfe in Kenntnis gesetzt, und er hat sie nicht bestritten.«

»Wie soll er sich denn äußern, wenn Sie seine Hände fixieren?«

Ren kam näher. Der Soldat, der mich gepackt hielt, bekam Unterstützung von seinem Kameraden, der zwischen Ren und mich trat. Er zog sein Schwert.

Die Bewegung ließ die Umherstehenden aufschreien, einige rannten davon, andere wichen langsam zurück. Ren richtete den Blick fest auf die Soldaten. In seinen Augen blitzte ein furchtloser, ungestümer Blutdurst auf, jene Raserei, die auch unsere Falken im *Jarak* überkommt. Himmel, ich durfte nicht zulassen, dass er noch näher kam.

Ich wollte meine Hände losreißen. Der Soldat packte mich an den Haaren und schlug mein Gesicht erneut gegen die Wand.

Mir wurde schwarz vor Augen. Meine Knie gaben nach. Ich sah weiße Blitze, als eine Welle aus Schmerz durch meinen Kopf brandete. In meiner Nase kribbelte es, ich konnte den metallischen Geruch schon riechen, bevor mir das Blut aus der Nase schoss.

»Bleiben Sie zurück«, forderte der Mann lauthals. »Bevor jemand ernsthaft verletzt wird.«

»Mach das noch einmal«, sagte Ren mit bedrohlich leiser Stimme, »und ich bringe dich um.«

Cào, fluchte ich in Gedanken. An Rens Stimme war deutlich zu hören, wie ernst es ihm war. Das war keine Übertreibung. Es war eine Warnung. Er war ein Bianfu, ein gefürchteter Krieger aus dem Norden, und er verteidigte, was ihm heilig war. In seinen Augen war ich immer noch ein Kind, sein kleiner Bruder, den er von Anfang an beschützt und eigenhändig aufgezogen hatte.

Bitte, flehte ich Ren innerlich an. *Geh weg, wegen mir musst du das nicht tun.*

»Mein Herr, ich wiederhole: Bleiben Sie zurück«, rief der eine Soldat. Er klang nicht mehr mechanisch, seine Stimme war schriller als zuvor. »Glauben Sie mir, Sie wollen sich hier nicht einmischen. Treten Sie zurück, sonst müssen wir Gewalt anwenden.«

»Oh, nur zu – wendet ruhig Gewalt an«, provozierte Ren die Soldaten. Er hatte keine Waffe, nichts, womit er sich hätte verteidigen können. Doch die brauchte er auch nicht. Er verströmte eine pechschwarze, bedrohliche Energie, als hätte er das Sonnenlicht des Südens absorbiert und durch den klirrend kalten Wind des Aachalendra ersetzt. Ren kannte seine Macht. Er lauerte regungslos und mit bloßen Händen auf die Reaktion der Soldaten, die daraufhin zögerten. Der Mann mit dem Schwert beugte sich zu seinem Kameraden und raunte ihm einige Worte zu, die nicht für die Ohren der Umstehenden bestimmt waren. Ich konnte sie jedoch hören: »Wir müssen einen kühlen Kopf bewahren. Lass von dem Jüngeren ab, bis ich Verstärkung gerufen habe. Die werden wir brauchen.«

8. Kapitel

Es ging alles viel zu schnell. Gerade noch hatte ich auf der Straße gestanden, das Gesicht an eine raue Steinmauer gepresst, und im nächsten Augenblick fand ich mich in einem angenehm temperierten Raum wieder, die vom Straßenstaub grauen Stiefel auf einem goldgelben Teppich. Der Saal, in den man mich gebracht hatte, war schummrig. Die dunklen Holzsäulen waren mit Schnitzereien verziert und die von der Decke hängenden Brokatstoffe mit weißen Tigern bestickt. Die Gouverneurin der Provinz Sang saß erhöht am Ende des Raumes. Wie eine Richterin thronte sie hinter einem soliden, glänzend lackierten Akazientisch. Ihren Haarknoten zierte eine lange *Bùyáo*-Nadel mit feinen Ketten, an denen Ornamente hingen, die bei jeder Bewegung leise klimperten. Die Rauchwolke, die aus den bronzenen Räuchergefäßen vor ihr aufstieg, verbarg ihr Gesicht wie ein Schleier.

Ich roch Sandelholz: ein süßlicher, holziger, balsamartiger Duft. Genauso duftete es in den Tempeln von Meister Shuya. Das brachte mir zu Bewusstsein, wie schäbig ich aussah. Ich stand inmitten eines prunkvollen Raumes, verdreckt, das Gesicht voll Blut und Schweiß. Noch nie in meinem Leben war ich mir so arm vorgekommen. Verglichen mit der makellosen Reinheit der Gouverneurin war ich eine Ratte.

Ich wusste, warum man mich zu ihr gebracht hatte. Die Gouverneurin hatte die Macht, über Leben und Tod zu entscheiden.

Sie hatte die Soldaten weggeschickt. Ihre Stimme hinter den

Rauchschwaden war viel lieblicher, als ich es von einem Provinzoberhaupt erwartet hätte. Sie hatte keine Angst vor mir, obwohl beide Soldaten, die mich hereingeführt hatten, im Gesicht arg lädiert ausgesehen hatten. Stattdessen befahl sie ihrem Dienstmädchen, mir ein Tuch zu bringen, um das Nasenbluten zu stoppen. Das Mädchen reichte mir kurz darauf einen Teller mit einem blumenbestickten Seidentuch. Ich hätte es nicht gewagt, so ein feines Tuch auch nur anzufassen. Das Blut in meinen Nasenlöchern war bereits getrocknet. Mein Mantel war ebenfalls blutverschmiert.

Ich gab mein Bestes, um einen kühlen Kopf zu bewahren. Ich verhielt mich höflich und verneigte mich vor der Gouverneurin. Es gab keinen Grund, eine weitere Auseinandersetzung zu riskieren – Ren hatte unsere Situation mit seiner Aggressivität nur verschlimmert. Ich umklammerte meinen Geren, der zum ersten Mal vollkommen leer war. Mir war kein einziger Wen geblieben, nicht einmal das Geld, das ich vor dem Zwischenfall mit Ruby Shay und Erlik Han besessen hatte. Ich war ungewöhnlich ruhig. Wie betäubt. Ich verstand die Anklage, die die Soldaten verlesen hatten, und wusste, dass ich nicht träumte. Das Schlimmste war eingetreten. Gleich würde ich meine Strafe erfahren.

Trotz allem war mir das Urteil nicht wichtig.

Meine Gedanken waren bei Ren. Sie kreisten um die Schwierigkeiten, die ich ihm eingebrockt hatte.

»Wo ist mein Bruder?«, fragte ich die Gouverneurin.

»Kong-*gōngzǐ*«, sagte sie. Sie benutzte eine höfliche, vornehme Anrede, als ob sie mit einem gebildeten Staatsdiener und nicht mit einem Jungen vom Land sprach, der des Mordes beschuldigt wurde. »Soweit ich weiß, sind Sie bereits in Kenntnis darüber gesetzt worden, dass das Schweigegelübde im Herrschaftsgebiet des Weißen Tigers seit fünfzehn Jahren untersagt ist. Ich beherrsche Ihre Sprache nicht – weder die Gebärdensprache von Fusang noch die von Nanmu.«

»Was haben Sie mit ihm vor?«, bohrte ich hartnäckig weiter.

Die Gouverneurin seufzte. Meine Sturheit verärgerte sie – genauso wie es mich ärgerte, dass sie Namlas Namen auf Fusang aussprach. Ihr schlankes Handgelenk blitzte hinter dem Vorhang aus Rauch hervor. Sie erteilte ihrer Dienerin einen wortlosen Befehl, die sofort wusste, was zu tun war: Eilig brachte sie mir Tusche und ein Stück edles Papier. Ich hatte keine Schreibunterlage, also legte ich den Zettel auf meine Handfläche und notierte meine Frage, so gut es ging. Selbst für meine Verhältnisse war das Ergebnis krakelig und rudimentär. Ich reichte das Blatt der Dienerin, die es der Gouverneurin überbrachte.

Die studierte meine Zeilen in weihevoller Erhabenheit. Hinter der Rauchwand konnte ich sehen, wie sie den Deckel ihrer Teetasse anhob und sich den Duft in die Nase fächelte. Es irritierte mich, sie nicht richtig sehen zu können. Vielleicht war das Absicht. Die Gouverneurin war zu kostbar für meine Augen. Obwohl sie sich freundlich zeigte, war ich ihr völlig egal.

»Kong-*gōngzǐ*, Ihr älterer Bruder hat fünf meiner Soldaten zusammengeschlagen. Einem hat er die Zähne ruiniert. Selbst wenn er an Ihrem Verbrechen nicht beteiligt war, muss ich mich nun mit ihm befassen. Penglai nimmt am Programm der Sicheren Städte Fusangs teil. Wir nehmen jede Art von Gewalt in der Öffentlichkeit sehr ernst.«

Die Gouverneurin überreichte das Papier ihrer Dienerin, die es mir zurückgab.

»An Ihrer Stelle würde ich mir jetzt allerdings weniger Sorgen um Kong Qiren machen. Sie stehen aus ganz anderen Gründen vor mir als Ihr hitzköpfiger Bruder. Die Strafe für Raubmord ist überall in Fusang dieselbe: Tod durch Erhängen. Die Tatsache, dass Sie aus Nanmu hierhergeflohen sind, wird Sie davor nicht bewahren.«

Da war es. Das Wort, mit dem ich Ruby Shay klargemacht hatte, was uns blühte. Das Wort, das niemand meiner engsten Verwandten in den Mund zu nehmen wagte, weder Ren noch Tantchen oder Dray. *Erhängen*. Ich hätte nie gedacht, dass ich auf diese Weise sterben würde. Einfach nur dazustehen und demütig darauf zu warten, dass der Boden unter meinen Füßen nachgab. Wenn mein Genick vom

Sturz nicht gleich bräche, würde mein Tod qualvoll sein. Vermutlich wäre ich nicht in der Lage, einen Gedanken zu fassen, den ich mir als letzte Erinnerung an dieses Leben wünschen würde. Wahrscheinlich wäre da nur Schmerz.

Der beruhigende Sandelholz-Duft bewahrte mich davor, völlig in Panik zu geraten. So war ich noch in der Lage, die Situation rational zu betrachten. Wenn ich in der Provinz Sang starb, könnten meine Überreste nicht verbrannt und in den Winden des Aachalendra verstreut werden. Stattdessen erwartete mich hier irgendwo ein Massengrab, in das man alle bedeutungslosen Leichen, in weiße Laken gewickelt, warf. Die Luohan würden nicht für meine Seele beten, um ihr den Weg zur Wiedergeburt zu ebnen. Niemand würde Höllengeld für mich verbrennen. Ich würde mich nicht von Dray verabschieden können. Von Tantchen. Sie wäre von mir enttäuscht, sie würde sich fürchterlich schämen, dass ich mein Gesicht durch eine derart niederträchtige Tat verloren hatte.

Meine Finger zitterten, als ich auf das Papier schrieb: *»Wurde meine Adoptivmutter schon benachrichtigt?«*

»Bis jetzt noch nicht«, antwortete die Gouverneurin, nachdem sie die Frage gelesen hatte. »Der Gouverneur von Nanmu war der Meinung, dass Sie leichter aufzuspüren wären, wenn Ihre Familie Sie nicht vorwarnen könnte. Obwohl es keine Rolle gespielt hätte – jedenfalls nicht hier. Das Himmelsnetz hat seit Ihrer Ankunft in Sang jeden Ihrer Schritte aufgezeichnet. Ich vermute, dass Sie in den Bergen eine andere Vorstellung davon haben, wie Gerens funktionieren – wahrscheinlich glauben Sie, dass Sie ohne Loglizenz keine Daten ans Himmelsnetz weitergeben. In gewisser Hinsicht stimmt das auch: Nanmu verfügt nicht über ausreichend Sendemasten, um sich für das Programm der Sicheren Städte zu qualifizieren. Aber in Penglai ist die Lage anders. Ich habe unzählige Einwohner zu überwachen, doch kein einziger von ihnen begeht ein Verbrechen, ohne dass ich davon erfahre. Es war ein Irrtum, anzunehmen, dass Sie sich in meiner Stadt verstecken könnten.«

Die Gouverneurin nippte an ihrem Tee, ehe sie fortfuhr: »Ihre Adoptivmutter werden wir im nächsten Schritt kontaktieren. Die Vollmacht, die Sie bei sich trugen, trägt das Siegel des Waisenhauses Nanmu Dolma, weswegen sie der Veruntreuung verdächtigt wird. Möglicherweise werden wir ihr Waisenhaus schließen müssen. Die Kinder werden anderweitig untergebracht – Genaueres kann ich Ihnen nicht sagen. Wenn ich mich recht erinnere, gibt es in Sandu ein großes Freudenhaus.«

»Ich habe das Siegel gestohlen. Meine Adoptivmutter hat es nicht selbst angebracht. Sie weiß von nichts.«

»Kong-*gōngzǐ*. Sie wissen nicht, wie oft ich hier sitze und mir anhöre, wie überführte Kriminelle die Schuld auf sich nehmen, um ihre Komplizen zu schützen. Ganz im Sinne der Lehre Meister Shuyas: Opfere dich, damit andere leben können. Das verstehe ich.«

»Aber ich meine es ernst, ich habe das Siegel entwendet. Meine Adoptivmutter hat damit nichts zu tun.«

»Das wird sich noch zeigen. Wenn sie den Diebstahl nachweisen kann, sollte es kein Problem geben. Das aufzuklären obliegt jedoch dem Gouverneur von Nanmu, nicht mir.« Sie stellte die Teetasse ab. »Er ist nicht gerade ein weichherziger Mann, dieser Gouverneur. Aber ein geduldiger. Ich habe gehört, dass er Ihre Komplizin eine Woche lang verhört hat. Sie können von Glück reden, dass Sie auf meinem Gebiet verhaftet wurden und nicht auf seinem.«

Kalte Schauer liefen mir über den Rücken. Meine Gefasstheit bekam Risse, während mir die grauenhafte Vorstellung wie eine eisige Klinge langsam das Rückgrat entlangglitt, bereit, mich jederzeit zu durchbohren. Ruby Shay. Sie wüsste, was sie täte, hatte sie behauptet. Alles wäre geplant, unter Kontrolle. Yang Lin würde in Gyamda auf sie warten. Aber sie hatte noch etwas hinzugesetzt. »Falls.« Falls man sie erwischte …

… *halte ich deinen Namen da raus. Eher sterbe ich.*

Die Gouverneurin machte eine Denkpause, in der sie den Zettel bei sich behielt. Ich biss die Zähne aufeinander. Ich brannte darauf, mich nach Ruby Shays Schicksal zu erkundigen, aber sie gab mir nicht die Möglichkeit, meine Frage zu Papier zu bringen. Sie nutzte mein Schweigegelübde aus. Es war, als würde sie meinen Kopf unter Wasser drücken und willkürlich entscheiden, wann ich nach Luft schnappen durfte. Die Wut, die in mir schwelte, versetzte meinen ganzen Körper in Aufruhr.

»Sie wollen wissen, ob Ihre Komplizin noch auf dieser Welt weilt«, äußerte die Gouverneurin schließlich ihre Vermutung. »Das Mädchen ist tot. Ruby Shay und Yang Lin, beide. Sie werden so lange über dem Stadttor von Sandu baumeln, wie die Vögel sie verschonen. Die Einzelheiten überlasse ich Ihrer Fantasie. Das Urteil hätte schneller vollstreckt werden können, aber die Behörden hatten Mühe, herauszufinden, wo die gestohlenen Wen gelandet waren. Die Mädchen hatten nur die Hälfte des Diebesguts bei sich, also gab es Grund zur Annahme, dass sie nicht allein gehandelt hatten.«

Die Gouverneurin gab dem Dienstmädchen das Blatt zurück. Ich streckte ungeduldig die Hand danach aus und schrieb meine Nachricht so hektisch, dass der Stift die Oberfläche durchbohrte: *»Ruby Shay hat meinen Namen genannt?«*

Das ergab keinen Sinn. Die Ruby Shay, die ich kannte, würde das niemals tun. Sie war in vielerlei Hinsicht niederträchtig, aber den Bianfu gegenüber war sie stets loyal geblieben. Frau Trizin war ihre Rettung gewesen. Die anderen Bianfu waren ihre Schwestern und Brüder. Es war undenkbar, dass sie mich an die Behörden verraten hatte. Die Gouverneurin konnte nicht die Wahrheit sagen, sie schien zu versuchen, jeden noch so kleinen Hoffnungsschimmer im Keim zu ersticken. Ruby Shay war am Leben. Sie war ein zu zäher Brocken, um einfach so zu sterben.

Eine andere Wahrheit würde ich nicht akzeptieren.

»Mein Junge«, sagte die Gouverneurin, sie zwitscherte geradezu. Hinter dem Rauch konnte ich ihre rot geschminkten Lippen erkennen, die sich zu einem Lächeln verzogen. »Wie ich schon sagte, Sie können sich kaum vorstellen, wie hartnäckig die Festgenommenen im Verhör versucht haben, ihre Kameraden zu schützen. Aber sechs Tage sind eine lange Zeit. Seien Sie von Ihrer Komplizin nicht enttäuscht. Sie hat mehr für Sie gelitten, als Sie es in meiner Obhut je werden ertragen müssen. Sehen Sie der Wahrheit ins Auge: Ruby Shay ist tot. Und Sie nicht.«

Ich umklammerte mein Handgelenk so fest, dass sich meine Fingernägel in die Haut bohrten. Der Schmerz half mir, meine Aufmerksamkeit auf etwas anderes zu lenken. Weg von den Gefühlen, die in mir tobten. Ich konnte nicht begreifen, wie gelassen die Gouverneurin über das Thema sprach. Sie verachtete mich, so viel war klar, aber selbst wenn sie all das nur sagte, um mich zu quälen, war es mir unbegreiflich, wie kaltblütig sie Bilder tagelangen Leidens heraufbeschwor.

Die folgenden Zeichen schrieb ich trotziger als gewollt:

»Darf ich meinen Bruder vor dem Urteil sehen?«

»Hmm ...«, machte die Gouverneurin. »Darüber muss ich nachdenken. Momentan wird die Situation dadurch erschwert, dass es für den Mord keine direkten Beweise gegen Sie gibt. Wir wissen, dass Geld von Ruby Shays Geren an Sie geflossen ist. Sie waren in den Raubmord verwickelt, so viel ist klar. Dafür werden Sie bestraft werden. Aber nur aufgrund von Vermutungen kann ich niemanden hinrichten lassen. Das ist der Unterschied zwischen mir und dem Gouverneur von Nanmu.«

Ich lockerte den Griff an meinem Handgelenk. Erleichterung zu empfinden, gestattete ich mir nicht, doch die Worte der Gouverneurin verbreiteten eine gewisse Wärme in mir. Mein Herz bebte bei jedem noch so kleinen Lichtschimmer. Die Hoffnung ließ mich einen Blick in die Zukunft werfen: Wenn ich schon nicht wegen Mordes angeklagt wurde, würde ich dann gemeinsam mit Ren ins Arbeitslager kommen? Nach Naraka wurden nicht nur zahlungsunfähige junge Erwachsene geschickt, sondern auch Straftäter, die eine lange Gefängnisstrafe absitzen mussten. Als solche könnten Ren und ich gelten. Ich könnte also vielleicht bei meinem Bruder bleiben.

Unglaublich. Zum ersten Mal machte ich mir wirklich Gedanken darüber, wie ich es schaffen würde, *nach* Naraka zu gelangen.

»Gestatten Sie mir eine Frage«, sagte die Gouverneurin. »Sind Sie ein Bianfu?«

Überrascht von der Frage, richtete ich meinen Blick wieder auf sie. Durch den Rauch hindurch sah ich, wie sie einen Finger über den Rand der Teetasse gleiten ließ. »Ja. Doch, das sind Sie. Genau wie Ihr Bruder Kong Qiren. Er hat die Soldaten derart lächerlich wirken lassen, dass ich gar nicht wissen möchte, was Sie beide mit einem Schwert anstellen könnten. Sie werden Ihrem Ruf wahrlich gerecht.«

Ich traute mich nicht zu nicken. Denn ich war mir nicht sicher, worauf sie mit der Frage abzielte, und wollte Ren nicht noch mehr Schwierigkeiten bereiten, als er ohnehin schon hatte. Ja, wir waren Bianfu, wie man auf zehn *Lǐ* Entfernung an unserem Äußeren erkennen konnte. Die Gouverneurin brauchte meine Antwort nicht.

»Was ich Ihnen jetzt vorschlage, mag ungewöhnlich sein«, sagte sie. »Die Arbeitslager werden hauptsächlich genutzt, um sich menschlichen Abfalls zu entledigen. Drogensüchtige, hungerndes Bauerngesindel, das seine mickrigen Bürgerschulden nicht rechtzeitig abzahlen konnte. Es wäre eine Verschwendung, einen Bianfu dorthin zu schicken. Also dachte ich … Sie beide könnten Fusang auf andere Weise von Nutzen sein.«

Die Gouverneurin spielte mit dem Deckel ihrer Teetasse. Ihr scharfer Blick schnitt durch den Rauch und durchbohrte mich wie ein Speer. Ich war wie gelähmt. Ich kam mir gleichermaßen wie eine Ziege am Strick vor und wie ein Pferd auf dem Markt, das die Gouverneurin möglicherweise kaufen wollte.

Schließlich fuhr sie fort: »Das Clanoberhaupt Jian Daji wird mir Ende der Woche einen Besuch abstatten. Sie wird fünf Frauen und drei Männer für den Dienst im Palast des Weißen Tigers erwerben. Das Geld wird in die Stadtkasse von Penglai fließen, und die Summe, die sie für Sie und Ihren Bruder hinlegen wird, würde den Betrag, den Sie noch schuldig sind, um ein Vielfaches übersteigen. Aus der nächsten Gruppe für die Arbeitslager habe ich die Besten ausgewählt, um sie Frau Jian vorzuführen. Ich kann auch Sie und Ihren Bruder hinzufügen, wenn Sie interessiert sind.«

Ich starrte die Gouverneurin regungslos an. Die Frau sprach so leise, dass ich mich konzentrieren musste, um sie zu verstehen. Sie … fragte nach meiner Meinung? Ja, das tat sie eindeutig.

»Bitte erklären Sie es mir noch mal«, schrieb ich. *»Sie bieten mir und meinem Bruder also eine Anstellung als Palastbedienstete an?«*

»Selbstverständlich gibt es keine Garantie dafür, dass Frau Jian an einem von Ihnen beiden interessiert ist. In dem Fall würde ich Sie ins Arbeitslager schicken. Aber ja. Es ist eine Option.«

Ich traute meinen Ohren nicht. Ich warf der Dienerin einen fragenden Blick zu, um zu sehen, ob sie genauso überrascht war wie ich. Sie schenkte mir ein kurzes Lächeln. Das bestätigte, dass ich die Gouverneurin richtig verstanden hatte. Himmel. Wen kümmerten schon die Clanfamilie und ihre Bediensteten? Die Arbeit selbst war mir egal, solange ich mit Ren zusammen wäre. Seine Worte hallten in meinen Ohren nach: *Außerdem würde ich, wenn ich die Wahl hätte, lieber hübsche Damen in Penglai bewachen als in Naraka Asche schippen.*

Ich wusste sofort, welche Antwort mein Bruder von mir erwartete.

»*Dìdi!*« Rens Stimme übertönte die anderen. Ich rannte auf ihn zu und presste die Stirn an seine. Ren war nicht viel größer als ich, sodass er sich dabei nicht bücken musste. Er legte mir die Hand in den Nacken.

»Geht es dir gut?«, war seine allererste Frage. Ich trat einen Schritt zurück und betrachtete ihn aufmerksam. Von seinem Kampf mit den Soldaten hatte er nicht allzu viele sichtbare Blessuren davongetragen. Nur eine Platzwunde über dem Wangenknochen und einen daraus resultierenden Bluterguss, der sich bis zum Auge zog. Die übrigen Schläge hatte seine Körpermitte abbekommen, nachdem die Soldaten ihn überwältigt hatten. Ich hatte beobachtet, wie einer der Männer ihm den Griff seines Schwertes in den Bauch gerammt hatte, und obwohl Ren jetzt wieder aufrecht stand, wusste ich, dass er Schmerzen hatte.

Bei seinem Anblick war meine Benommenheit wie verflogen. Ren war meinetwegen festgenommen worden. Man hatte ihn seiner Zukunft beraubt. Er hätte im Hochland des Aachalendra auf ein Pferd steigen und durch die Berge nach Hirayal reiten sollen, wo er mit Freyal in einer Jurte hätte leben können. Das war sein eigentlicher Plan gewesen. Ich hatte ihm diese Chance genommen.

Ren bemerkte, dass ich zitterte, und umfasste meine Oberarme.

»Verzeih mir«, sagte ich. *»Es ist alles meine Schuld. Das habe ich nicht gewollt, ich …«*

»Natürlich wolltest du das nicht«, unterbrach er mich. Er senkte die Stimme, obwohl es unwahrscheinlich war, dass irgendjemand um uns herum Namla verstand. »Du hast das reinste Herz von allen Menschen, die ich kenne. Du bist das Risiko eingegangen, weil du helfen wolltest. Ich habe keine Angst. Ich werde bis zum Ende bei dir bleiben, was auch passieren mag.«

Vor lauter Tränen in den Augen konnte ich kaum etwas sehen. Ich vergrub die Finger in Rens Chuba, um ihm zu zeigen, dass auch ich bei ihm bleiben würde. Das Schicksal von Ruby Shay ging mir nicht aus dem Kopf, aber jetzt war nicht der richtige Zeitpunkt, um Ren die Wahrheit zu sagen. Ich wollte seine Entschlossenheit nicht erschüttern.

Der Raum, in den man uns gebracht hatte, war voller Menschen. Es waren mindestens zwanzig Männer und ebenso viele Frauen. Dabei musste es sich um solche Menschen handeln, die die Gouverneurin als menschlichen Abfall bezeichnet hatte. Obwohl die Anwesenden nicht krank oder ausgehungert aussahen, strahlte niemand so viel Stärke aus wie Ren. Alle wirkten niedergeschlagen, ihre Schultern hingen schlaff herab, ihre Blicke irrten ziellos umher. Sie schmiegten sich aneinander wie junge Kätzchen. Viele von ihnen betrachteten das riesige Gemälde an der Wand.

Das Bild stellte den Clankrieg dar, der vor vierzig Jahren getobt hatte und als einzige blutige Auseinandersetzung in der Epoche Meister Shuyas in die Geschichte Fusangs eingegangen war. Die Szenen waren in ihrer Malweise schlicht, dafür aber umso drastischer gestaltet. Reiter stürmten mit gezückten Schwertern aufeinander zu, Soldaten schlugen ihren Opfern die Köpfe ab. Aus den Hälsen spritzte Blut. Menschen, die in Flammen standen, verstümmelt oder von Hufen zertrampelt wurden. Mittendrin das Bild einer strahlenden, anmutig gekleideten Frau auf einem weißen Tiger. Die Frau war um ein Vielfaches größer als die Soldaten und von einem göttlichen Glanz umgeben.

Clanoberhaupt Jian Daji, schlussfolgerte ich. Die amtierende Herrscherin des Clans des Weißen Tigers. Sie war es, die kam, um sich aus diesem Haufen Verzweifelter Sklavinnen und Sklaven auszusuchen und zu kaufen.

»*Was machen wir hier nur?*«, fragte ich. »*Wir gehören nicht hierher.*«

»Nur keine Sorge. Weißt du noch, was ich dir im Zug gesagt habe? Du, ich, Freyal und Dray – wir gehen in die Wildnis und bauen zusammen eine funktionierende kleine Gemeinschaft auf. Das ist unser Ziel. Jetzt aber musst du einen kühlen Kopf bewahren und stark sein. Sieh dir die Leute an«, sagte Ren mit einem Blick auf ein Mädchen, das schluchzend am Boden kauerte. »Die Alte wird sich für uns entscheiden, so viel steht fest. Und genau das wollen wir. Aus den Arbeitslagern gibt es kein Entkommen, aber hier darf die Leibwache durch die Straßen laufen. Wir haben eine millionenfach höhere Chance, von hier zu fliehen als später aus Naraka.«

Ich nickte, blinzelte die Tränen weg und holte tief Luft.

Stark aussehen, alles klar. Ich war ein Bianfu. Ich konnte genauso beeindruckend wirken wie Ren und Freyal am Bahnhof von Sandu. Auch Erlik Han hatte sich vor mir gefürchtet. Er hatte mich auf Abstand halten wollen, weil ich in seinen Augen wie ein blutrünstiger Schakal gewirkt hatte. Wenn ich auf das Clanoberhaupt Jian Daji einen bedrohlichen Eindruck machte, würde sie mich vielleicht als Leibwächter in Betracht ziehen.

»Achtung!«, rief der Zeremonienmeister von der Tür her. »Macht euch bereit, Clanoberhaupt Jian Daji ist eingetroffen. Männer, an der Ostseite aufstellen, Frauen an der Westseite. Oberkörper frei machen. Frau Jian wartet nicht gerne, also beeilt euch, sonst könnt ihr gleich in den Zug nach Naraka steigen!«

»Wa …?«, keuchte Ren. Staunend sahen wir zu, wie die Leute um uns herum begannen, sich auszuziehen. Selbst das schluchzende Mädchen zog sich das Hemd über den Kopf. »Himmel. Ich habe gedacht, hier würden Bedienstete für den Palast ausgewählt und nicht fürs Freudenhaus. Verdammt, das ist ja die reinste Fleischbeschau.«

Ich schüttelte den Kopf und verschränkte die Arme zum Zeichen, dass ich genauso dachte.

Ren seufzte: »Du wirst es schon überstehen, *Dìdi*. Nimm's mit Humor. Stell dir einfach vor, Dray kommt.«

»Und das soll helfen?«

Ren schnaubte. Die anderen sahen mit großen Augen zu, wie er das Band um seine Taille mit einem selbstgefälligen Ruck löste und die Chuba von den breiten Schultern fallen ließ. Wie Ren es fertigbrachte, aus einer demütigenden Situation eine Lachnummer zu machen, war mir unbegreiflich. Zähneknirschend folgte ich seinem Beispiel: Ich öffnete mein Taillenband und machte mich daran, mein Unterhemd aufzuknöpfen.

»Letzte Gelegenheit, sich aufzustellen!«, rief der Zeremonienmeister.

Ich legte meine Kleidung gefaltet auf den Boden und stellte mich zu den anderen Männern. Ich versuchte, niemanden anzusehen. Da ich nicht von den anderen begafft werden wollte, würde ich das selbst ebenso wenig tun. Aber ich starrte auch nicht beschämt auf meine Zehen wie sämtliche Frauen auf der gegenüberliegenden Seite. Ich sah auf das Wandgemälde. Ein grimmiger Stolz sprach aus ihm, als wäre der Clan des Weißen Tigers als Sieger aus dem Krieg hervorgegangen.

In Wirklichkeit hatte der Jian-Clan neben dem Ling-Clan zu den Verlierern gezählt. Die Einzelheiten kannte ich nicht, aber laut Dray war der Clankrieg um Ackerland geführt worden. Der Schwarze Regen und der hohe Strahlungsgehalt im Grundwasser hatten die Nahrungsmittelproduktion im Süden vollkommen unmöglich gemacht, und auch dreihundert Jahre später hatten sich die Ackerflächen noch nicht wieder vollständig erholt. Die beiden Clans hatten Gebiete im Norden beansprucht, doch als die Verhandlungen keine Einigung brachten, wurde Fusang in den allerersten Bürgerkrieg seiner Geschichte gestürzt. Die nördlichen Clans Zhi und Meng konnten die Angreifer in die Flucht schlagen. Aus diesem Grund waren die Gebiete der Clans Jian und Ling im Vergleich zu denen im Norden heutzutage winzig. Umso mehr war man im Süden vom Getreide und den anderen im Norden produzierten Nahrungsmitteln abhängig.

»Clanoberhaupt Jian Daji!«, verkündete der Zeremonienmeister. »Sobald die ehrwürdige Jian Daji den Raum betritt, verneigt ihr euch. Eine *Sānguìjiǔkòu* wird nicht erwartet, also braucht ihr euch nicht hinzuknien. Haltet den Blick auf den Boden gerichtet und schweigt, es sei denn, das Clanoberhaupt richtet eine direkte Frage an euch. Die Gouverneurin wird euch vorstellen.«

Schweigen, es sei denn …? *Wǒ cào*, scheiße. Wenn ich das nur mit meinem Schweigegelübde vereinbaren könnte.

Als die Doppeltüren aufgingen und ein Trupp Soldaten hereinmarschierte, wurde mir vor Aufregung ganz anders. Ich stand da wie zu einer Salzsäule erstarrt. Die oberste Leibgarde war in keinster Weise mit den Soldaten vergleichbar, die ich in der Stadt gesehen hatte. Silbrig graue, lange Umhänge umflatterten sie. Ich zählte sechs Leibwächter, aber ihre Schritte hallten durch den Raum wie die einer ganzen Armee. Äußerlich waren die Männer identisch: groß, mit breiten Schultern, davon abgesehen jedoch schlank. Ihre Uniformen waren aus schwarzem Leder und Stahl und ihre Gesichter hinter derselben Fratze verborgen, die ich auf der Maske des Soldaten in der Einkaufsstraße gesehen hatte. Ihre schwarz umrandeten Augen blickten aufmerksam. Am Gürtel hing kein einschneidiger Säbel, sondern ein zweischneidiges *Jiàn*-Schwert mit einer roten Quaste am Griff.

Die Garde reihte sich in der Mitte des Raumes auf. Die Männer stampften mit den Füßen auf den Boden und blieben regungslos stehen, den Blick nach vorn gerichtet, die Hand am Schwertgriff. Neugierig starrte ich den nächststehenden Soldaten an. Ich gab mir Mühe, den Menschen hinter der Rüstung zu sehen. Wer war er? Der Soldat erwiderte kurz meinen Blick, wandte ihn aber ebenso schnell wieder ab, als hätte er nichts Bemerkenswertes gesehen.

»Die ehrenwerte Gouverneurin von Sang, Yin Lihua, und das ehrenwerte Clanoberhaupt Xifang Jian Daji«, verkündete der Zeremonienmeister mit lauter, klangvoller Stimme, als würde er vor großem Publikum ein Gedicht vortragen. Dann verneigte er sich und forderte alle auf, seinem Beispiel zu folgen.

Die Situation war mir zuwider. Ich hasste sie mit jeder Faser meines Seins. Wer auch immer Clanoberhaupt Jian Daji war, meine Herrin war sie nicht. Sie war eine überhebliche Herrscherin aus dem Süden, deren Großeltern in den Norden eingefallen waren und Madang und zahlreiche andere kleine Dörfer niedergebrannt hatten. Dennoch hatte ich zu gehorchen. Ren und ich verneigten uns weniger tief als die anderen, aber wir gehorchten. Wir zollten ihr Respekt.

Als Erstes trat die Gouverneurin von Sang ein. Man hätte meinen sollen, dass sie ohne den Rauchvorhang wie ein normaler Mensch wirken würde. Doch auch jetzt ließ sie sich nicht auf das Niveau gewöhnlicher Bürger herab. Sie trug ein imposantes rot-schwarzes *Rúqún*-Kostüm mit einem üppigen Saum und langen Ärmeln, für die so viel Stoff verarbeitet worden war, dass man daraus gut und gerne Kleider für drei Personen hätte nähen können. Ihr langes, schmales Gesicht war so glatt wie das eines jungen Mädchens. Die Lippen waren nur in der Mitte rot geschminkt, was den Mund kleiner erscheinen ließ, als er tatsächlich war. Die Augenbrauen waren rasiert und durch große gemalte Punkte ersetzt worden, sodass ihr Gesicht an eine Maske erinnerte. Die Gouverneurin bewegte sich so geschmeidig und leise, dass sie zu schweben schien. Sie sah unsterblich aus.

Hinter der Gouverneurin schritt eine weitere Frau mittleren Alters in einem langen Brokatgewand, das über den Boden schleifte. Ihr Anblick verschlug mir den Atem. Es war, als hätte sie den ganzen Sauerstoff im Raum aufgesogen und damit augenblicklich die Flamme der Rebellion erstickt, die in mir brannte.

Ihr Gesicht war überirdisch schön. Auf wunderbare Weise vereinte es alle vorherrschenden Schönheitsideale: ein ovales Gesicht, eine hohe Stirn und flache Wangenknochen, ein kleiner, aber voller Mund, große Augen und weidenblattförmige Augenbrauen. Ihre Haut war samtig glatt, mit einem Schönheitsfleck im Mundwinkel, einer *Huădiàn*-Verzierung auf der Stirn, die an Blütenblätter erinnerte, und roten, geschwungenen Linien an den äußeren Augenwinkeln. Ihr glänzendes schwarzes Haar war zu einem imposanten Dutt aufgesteckt und mit einer echten Pfingstrose sowie goldenen Rüschen und Perlen verziert, die im Takt ihres gemächlichen Schritts hin- und herschwangen.

Frau Jian war ein wandelndes Kunstwerk. Als wäre sie einem Wandgemälde entstiegen und zum Leben erwacht.

»Aufrichten«, befahl der Zeremonienmeister. Die Reihen rührten sich, doch niemand außer uns wagte es, das Clanoberhaupt anzusehen. Entweder weil Ren und ich vom Land waren und deshalb nicht wussten, was gut für uns war, oder weil wir unseren Wert zu gut kannten, denn keiner von uns scheute sich davor, Frau Jians Blick zu begegnen.

Die Gouverneurin schritt wie eine Stallmeisterin vor dem Clanoberhaupt her. Ihre Art zu sprechen hatte sich verändert: Sie redete schneller und lauter als im Gespräch mit mir und wirkte in Gegenwart ihrer Herrin gleichermaßen stolz und nervös. Frau Jian sprach überhaupt nicht. Ihr Schweigen fühlte sich anders an als meines. Als wäre sie kein Mensch, der lebte und atmete.

Sie schritt langsam an der Reihe der Frauen vorbei und betrachtete die Kandidatinnen mit ausdrucksloser Miene. Es war unmöglich zu sagen, welches der Mädchen ihr gefiel und welches nicht. Einige passierte sie, ohne anzuhalten, vor anderen verweilte sie einen Augenblick und lauschte der Gouverneurin. Diese informierte sie über die Herkunft der Mädchen, drehte sie hin und her und forderte einige auf, den Zustand ihrer Zähne zu zeigen. Wenn Frau Jian mit dem zufrieden war, was sie sah, nickte sie kaum merklich und ging weiter. Den so ausgewählten Mädchen wurde gestattet, ihre Kleidung aufzuheben und sich geräuschlos hinauszuschleichen.

Mir wurde übel. Ren hatte recht: Dies war eine Fleischbeschau.

»Danke, Mädchen, ihr könnt gehen.« Die Gouverneurin klatschte in die Hände, als sie das Ende der Reihe erreicht hatten. Die nicht ausgewählten Mädchen klaubten ihre Kleider vom Boden auf und verließen mit hängenden Köpfen den Raum.

Frau Jian wandte sich nun der Reihe der Männer zu. Ohne Aufforderung gesellte sich einer ihrer Leibwächter an ihre Seite. Aus irgendeinem Grund wurden die Sicherheitsmaßnahmen jetzt erhöht.

»Was die Männer betrifft, habe ich mich in diesem Jahr selbst übertroffen, wenn ich das so frei heraus sagen darf«, sagte die Gouverneurin. »Ihr seht hier eine taufrische und vielfältige Vorauswahl. Der zum Beispiel.« Die Gouverneurin packte den ersten Kandidaten am Kinn und drehte seinen Kopf hin und her. »Er kommt aus dem Südwesten Fusangs, aus Si Saket. Er ist Fischer. Beide Eltern haben ihre Schulden beglichen, sie sind vorbildliche Bürger. Der Junge wurde zu hervorragender Disziplin erzogen. Die Menschen in Si Saket sind streng zu ihren Kindern. Er ist zäh«, erklärte sie weiter und verpasste ihm eine Ohrfeige. »Ausgezeichneter Körperbau. Und die Größe entspricht ebenfalls Euren Vorlieben. Er spricht Fusang und –«

Frau Jian ging weiter. Ohne zu nicken. Ich sah keinen Grund, warum sie sich nicht für den jungen Fischer aus Si Saket entschieden hatte. Die Gouverneurin hatte recht, der Mann war kräftig. Andererseits hatte sie auch gesagt, dass das Clanoberhaupt nur drei Männer auswählen würde, und davon standen zwanzig in Bestform zur Wahl. Selbstverständlich würde sich die Herrscherin nicht mit dem Erstbesten zufriedengeben.

Ich hörte weg, als die Gouverneurin den nächsten vorstellte, und richtete meinen Blick wieder auf das Wandbild. Mir fiel ein gefesselter

Mann ins Auge, der von Pferden an allen Gliedmaßen in verschiedene Richtungen gezogen wurde. Dieser Mann war ich. Ich wusste nicht, wie ich mich fühlen sollte. Je weiter Frau Jian ging, ohne jemanden auszuwählen, desto erleichterter war ich, weil sich dadurch Rens und meine Chancen erhöhten. Zugleich war mir dieses Empfinden zuwider. Warum in aller Welt wollte ich, dass sich diese Frau für mich entschied? Am liebsten hätte ich einen Schritt zurück gemacht und wäre aus der Reihe getreten. Um mich zu schützen. Nie zuvor war ich derart beurteilt worden, ich war gut genug, so wie ich war – es war demütigend – ich wollte weg – wollte –

Frau Jian blieb vor mir stehen. Ich starrte ausdruckslos und mit leerem Kopf in ihre schwarzen Augen. Ich blickte sie direkt an und vergaß vollkommen, wie alle anderen vor mir den Blick zu senken. Sie war kleiner als ich. Jünger als Tantchen, vielleicht fünfundvierzig Jahre alt. Ihr Gesicht war meinem so nah, dass ich erkennen konnte, wie sich die Schminke in den Poren ihres Gesichts gesammelt hatte. Der Ockerton zauberte ihr einen goldenen Schimmer auf die Stirn. Ich roch den Jasminduft ihres Parfüms und hörte das Rascheln ihres schweren Brokatgewands.

All das registrierte ich, bevor mir ihr Leibwächter mit der Schwertscheide gegen den Hinterkopf stieß. Blick senken, lautete der Befehl. Ich gehorchte und sah nun auf den Rocksaum des Clanoberhaupts. Die silbernen Stickereien auf dem schwarzen Stoff stellten einen nächtlichen Blumengarten dar. Mein Herz hämmerte.

»Der hier wird Euch interessieren«, setzte die Gouverneurin an. »Ein Bianfu aus Nanmu, so eine Chance bietet sich Euch nie wieder. Der Junge ist in den Bergen aufgewachsen, daher hat seine Lunge eine außerordentliche Fähigkeit, Sauerstoff aufzunehmen. Den Bianfu werden schamanische Fähigkeiten nachgesagt, aber auch die Fähigkeit, *Qīnggōng* zu praktizieren. Ich weiß, das mag übertrieben klingen, aber an Gerüchten ist immer etwas dran.« Die Gouverneurin packte mich bei der Schulter und drehte mich. Zähneknirschend ließ ich es über mich ergehen. Jetzt betrachteten sie meinen Rücken oder wer weiß was. Die Finger der Gouverneurin strichen über meine blauen Flecken. »Er ist zäh, wie Ihr sehen könnt. Bianfu sind furchtlos und loyal. Mit ihm holt Ihr Euch einen treuen Diener ins Haus.«

Von wegen, ergänzte ich in Gedanken.

»Und sie sehen auch nicht gerade schlecht aus.« Die Gouverneurin wirbelte mich wieder herum. Sie legte mir die Finger ans Kinn wie schon bei den anderen, aber ich hatte die Faxen dicke und riss den Kopf zurück. Sie lachte. »Allerdings von Natur aus auch ein bisschen ungezähmt. Ein stolzes Volk.«

»So scheint es.«

Beim Klang von Frau Jians Stimme richtete ich den Blick wieder auf sie. Das Clanoberhaupt sprach. Mit einer weichen, lieblich säuselnden Stimme. Ihre Miene blieb unverändert, aber ich hatte mich nicht geirrt. Die Gouverneurin trat zur Seite, als stünde sie den Worten von Frau Jian im Weg. Sogar ihr Leibwächter forderte mich kein zweites Mal auf, den Blick zu senken. War dies ein Gespräch?

»Wie alt bist du, *Bǎobèi*?«, fragte mich Frau Jian.

Scheiße.

Scheiße. Scheiße. Scheiße.

Warum musste sie ausgerechnet mir eine Frage stellen, obwohl sie das bei niemandem sonst getan hatte? Nun gut, es war verständlich. Alle anderen in der Reihe warteten darauf, ins Arbeitslager nach Naraka gebracht zu werden, weil sie mit zwanzig Jahren ihre Schulden nicht rechtzeitig abbezahlt hatten. Ich war sechzehn. Obwohl ich nicht kleiner als der Rest war – im Gegenteil, ich war größer und kräftiger als viele von ihnen –, stand mir mein junges Alter ins Gesicht geschrieben. Daher auch die herablassende Anrede. *Bǎobèi. Schätzchen.*

Ich antwortete Frau Jian nicht. Meine Hände waren frei, ich hätte es also tun können. Aber ich wollte nicht.

»Meine Herrin«, begann die Gouverneurin. »Darauf wollte ich gerade zu sprechen kommen. Der Junge ist sechzehn Jahre alt. Er ist hier, weil er wegen eines Raubes verurteilt wurde – nichts Schwerwiegendes, keine Sorge. Leider hält er an einem Schweigegelübde fest.

Wenn Ihr mich fragt, ist das gemessen an den Vorzügen, die er mit sich bringt, allerdings eine Kleinigkeit. Eine Wache, die immer den Mund hält, wäre das nicht herrlich?«

Völlig unerwartet brach der gesamte Soldatentrupp hinter Frau Jian in Gelächter aus. Ihre Stimmen hallten dröhnend von den Wänden des Saals wider. Auch Frau Jians rote Lippen verzogen sich zu einem Lächeln. Davon abgesehen kommentierte sie mein Schweigegelübde in keiner Form. Sie ging lediglich an mir vorbei. Ohne zu nicken.

»Was ist mit dem hier?«, fragte sie. »Redet der?«

»Das tue ich, *meine Herrin*«, sagte Ren auf Namla, wohl wissend, dass niemand hier in Sang unsere Sprache verstand. Er grinste und reckte Frau Jian trotzig das Kinn entgegen. »Hättet Ihr gern, dass ich mich als Nächstes für Euch im Kreis drehe?«

Mir entfuhr ein kurzes Schnauben, doch ich biss mir sofort auf die Lippe, um mir ein Lachen zu verkneifen, während Ren sich mit ausgebreiteten Armen umdrehte. Er machte sich absichtlich lustig. Wenn Frau Jian mich wegen des Schweigegelübdes nicht auswählte, würde Ren auch nicht zulassen, dass sie sich für ihn entschied. Wir würden in Naraka landen. So sah es also aus. Damit würden wir uns später befassen müssen, fürs Erste wurde mir aber leichter ums Herz, weil ich wusste, dass wir uns dieser Demütigung nicht einfach gefügt hatten.

Die Gouverneurin sah aus, als wollte sie vor Scham in tausend Stücke zerspringen. Ihre blasse Schminke konnte die Röte auf ihrem Gesicht nicht verbergen, die unter dem Puder bis zum Hals und den Ohren durchschimmerte. Der Leibwächter an der Seite von Frau Jian regte sich. Seine Finger verkrampften sich um das Schwert, doch seine Herrin gab ihm nicht den Befehl, einzugreifen.

Frau Jian sah Ren ruhig an.

»Verspielt sind sie ja, die zwei«, sagte sie. »Brüder, nehme ich an?«

»Ja«, bestätigte die Gouverneurin und verneigte sich tief. »Ich bitte vielmals um Verzeihung.«

Frau Jian lächelte verhalten. Sie musterte meinen Bruder von Kopf bis Fuß. Ich ahnte, dass Ren sich fragte, weshalb das Clanoberhaupt nicht längst zum nächsten Kandidaten übergegangen war.

»Stattlich sind sie in der Tat«, sagte Frau Jian lächelnd. »Schade.«

Sie ging immer noch nicht weiter. Schließlich begriff die Gouverneurin, dass Frau Jian überzeugt werden wollte. Sie räusperte sich und gab sich alle Mühe, der Situation, die Ren verpatzt hatte, wieder etwas Würde zu geben: »Ihr könnt beide für 1 000 000 Wen haben. Ich wollte eigentlich 1 500 000 verlangen, aber für die Mätzchen gewähre ich Euch einen Rabatt.«

»600 000«, sagte Frau Jian.

Ren und ich sahen einander an. Was in Meister Shuyas Namen ging hier gerade vor sich, verhandelten sie ernsthaft über uns? Sie feilschten über unseren Preis wie auf einem Basar um die Ware.

»Meine Herrin, ich verlange 300 000 Wen für einen Arbeiter«, wand sich die Gouverneurin. »Ich kann unmöglich zwei Bianfu zu diesem Spottpreis verkaufen. Das wäre skandalös.«

»Ich bitte Sie nicht, mir zwei zu verkaufen.« Frau Jian warf der Gouverneurin einen Blick zu, als wäre diese schwer von Begriff. »Ich biete 600 000 Wen für *einen* Bianfu. Die Brüder stacheln sich gegenseitig auf, und einen Aufstand kann ich in meinem Palast nicht gebrauchen. Auch mit einem werden wir alle Hände voll zu tun haben. Den hier«, sagte Frau Jian und nickte Ren zu. »Den nehme ich. Den Jüngeren können Sie behalten.«

Nach ihrer Ankündigung zog sie weiter.

Die Gouverneurin tippelte hinterher. Sie gingen zum nächsten Kandidaten über, aber ich konnte nicht mehr hören, was sie sagten. Es war, als legte sich ein undurchdringlicher Nebel über ihre Stimmen. Ren und ich rührten uns nicht. Wir hatten Angst vor dem, was passieren würde. Mein Herz, das noch vor wenigen Augenblicken von Erleichterung erfüllt gewesen war, erstarrte zu Stein. Es fühlte sich an, als hätte es aufgehört zu schlagen und wäre aus meiner Brust gefallen wie tote Blätter von einem Baum.

Der Zeremonienmeister gab Ren das Zeichen, seine Kleidung aufzuheben.

»Na los … husch, lauf, sie hat dich gekauft!«

Gekauft. Frau Jian … hatte Ren gekauft. Meinen Bruder.

Ich schwankte. Ich spürte Rens Blick auf meiner Haut.

»Dawei.« Zum ersten Mal seit langer Zeit nannte er mich bei meinem Vornamen. »Dawei, sieh mich an.«

Ich konnte nicht. Es ging einfach nicht. Ich hörte, wie der Zeremonienmeister seinen Befehl wiederholte und Ren wütend zuzischte, er sollte gehorchen und den Raum verlassen. Doch Ren hörte nicht auf ihn. Er packte mich fest am Arm und raunte energisch: »Sieh mich an.«

Also schaute ich auf. Seine Augen brannten vor Wut und Entschlossenheit.

»Ich lasse dich nicht im Stich«, flüsterte er. Sein Griff wurde fester, als wäre er wütend auf mich. Dann hob er den Kopf und sagte laut hörbar auf Fusang: »Danke, aber ich bin nicht einverstanden. Nicht ohne ihn.«

Die Gouverneurin und Frau Jian blieben stehen. Die gesamte Männerreihe, die in geduckter Haltung verharrte, sah zu Ren auf, dem Verrückten, der diese einzigartige Chance nicht ergriff.

Die Stimme der Gouverneurin zitterte vor Wut: »Du bist mit exakt dem einverstanden, was deine Herrin dir diktiert.« Sie gab dem Zeremonienmeister ein Zeichen. »Schaffen Sie ihn hier raus.«

»Diese Frau ist nicht meine Herrin«, entgegnete Ren mit einem hämischen Grinsen. Er ließ meinen Arm los und ballte die Finger zur Faust. Die Wächter legten die Hände an die Griffe ihrer Schwerter. Ren kümmerte sich nicht darum. Er starrte Frau Jian an. »Meine Loyalität gilt meiner Familie, Meister Shuya und dem Erdboden, auf dem ich aufgewachsen bin. Sie liegt nicht bei einer *Herrscherin*, die sich in eine Kriegsszenerie malen lässt und ihre Untertanen wie Vieh behandelt.«

Er spuckte auf den Boden.

In dem Moment wusste ich, dass er zu weit gegangen war. Im Raum wurde es so still, dass man ein Reiskorn hätte fallen hören können. Niemand wagte es, den Blick zu heben – selbst der Zeremonienmeister und die Gouverneurin hielten den Kopf gesenkt. Nur Ren und ich standen aufrecht. Ich zitterte nicht mehr. Das Adrenalin brachte mein Herz zum Rasen, und meine Beine fühlten sich schwach und angespannt zugleich an, denn der Himmel war kurz davor zu bersten. Der Handel war abgeblasen. Dafür hatte Ren mit aller Gründlichkeit gesorgt.

Frau Jian warf dem Wächter neben sich einen Blick zu. »Houyi.«

Mehr war nicht nötig.

Die gesamte Garde zog die Schwerter. Das kreischende metallische Geräusch ließ den Zeremonienmeister auf die Knie fallen und die Männer, die Ren und mir am nächsten standen, zurückweichen. Das war es also. Das Ende. Welche Chance hatten wir schon halb nackt gegen eine bewaffnete Elitetruppe? Ich war mir unserer Niederlage von Anfang an bewusst, aber das hielt einen Bianfu wie mich nicht davon ab, sich zu verteidigen. Ich machte mich bereit, studierte die Bewegungen des Soldaten und plante meine eigenen voraus – doch das hier waren nicht Erlik Hans Söldner.

Was ich glaubte, vorhergesehen zu haben, trat nicht ein. Mein Angreifer war schnell. Sein silberner Umhang flatterte auf und verdeckte meine Sicht, und bevor ich wusste, was geschah, traf mich der knochige Schlag eines Ellenbogens an der Brust. Die Luft wich schlagartig aus meiner Lunge, und ich landete auf dem Rücken. Ich versuchte aufzustehen, aber der Mann presste mir bereits das Knie auf den Oberkörper. Er packte mich an den Haaren und drückte mir die Schwertklinge an den Hals.

Ich umklammerte sein Handgelenk, aber sein Arm rührte sich nicht. Sein Gewicht fühlte sich nicht normal an: Sein Bein erschien mir wie ein massiver Baumstamm, unter dem ich eingeklemmt war. Ich konnte mich nicht bewegen.

Ren …! Ich suchte nach meinem Bruder. Drei der sechs Wächter drückten ihn gegen die Wand: Zwei fixierten seine gespreizten Arme, der dritte hielt ihm ein Schwert an den Hals. Ren biss wütend die Zähne zusammen. Er wehrte sich aus reinem Trotz, entschlossen wie eh und je, denn der einzige noch erreichbare Sieg war jetzt, bis zuletzt seine Würde zu bewahren.

Frau Jian trat näher heran.

»Meine Herrin, ich bitte Euch«, flehte die Gouverneurin. »Lasst mich das regeln. Ich gebe zu, sie haben gedankenlos gehandelt, aber Ihr könnt sie nicht bestrafen, ohne …«

»Was *kann* ich nicht?«, unterbrach sie Frau Jian. Der süßliche Ton ihrer Stimme, gepaart mit dem Blutdurst in ihren Augen, war eine grauenhafte Kombination.

Da die Gouverneurin keine weiteren Einwände erhob, wandte sich Frau Jian wieder Ren zu. Mein Bruder ächzte im eisernen Griff der Soldaten, sein schwarzes Haar hing ihm in die Augen. Sein Abscheu war unverhohlen, sein Widerstand so unerschütterlich, dass Frau Jian es begreifen musste: Diesen Falken würde sie nicht zähmen. Dieser Bianfu würde nicht Teil ihrer Sammlung werden, es würde ihr nicht gelingen, einen Menschen zu brechen, in dessen Blut die Seele des Aachalendra floss.

Doch der Weiße Tiger würde vor ihm nicht sein Gesicht verlieren.

»Schneidet ihm den Geren ab«, befahl Frau Jian. »Mitsamt der Hand.«

Rens Augen weiteten sich. Meine auch. Mir kam das Bild des Mannes in den Sinn, der in Penglai auf der Straße um Geld gebettelt hatte. Dessen Hand abgetrennt gewesen war und den ich wie eine Straßenratte gemieden hatte.

Ohne den Armreif war man nicht im Himmelsnetz registriert. Das wiederum war die einzige Möglichkeit, etwas zu besitzen, die einzige Möglichkeit, in den Augen des Staates zu existieren und Rechte zugestanden zu bekommen.

Ohne Geren war man nichts.

Ich begann, mich wie ein Wahnsinniger zu wehren. Ich trat mit dem Fuß auf den Boden, zerrte am Arm des Mannes auf mir und schlug ihm die Fingernägel ins Fleisch wie ein wildes Tier. Das Brennen an meiner Kehle spürte ich nicht, als die Klinge eine schmale Wunde in meine Haut schnitt. Mein Geist war vor Entsetzen wie benebelt. Unfähig, mir eine wirksame Selbstverteidigungstechnik auszudenken, um dem Griff des Soldaten zu entkommen, langte ich instinktiv nach seinen Augen – der Soldat zog jedoch lediglich den Kopf außer Reichweite.

Zusätzlich kam ihm einer seiner Kameraden zu Hilfe. Er packte meine Hand und presste mein Handgelenk auf den Boden. Ich strampelte weiter und versuchte, einen Halt zu finden, um mich aufzurichten.

Ren leistete ebenso verzweifelt Widerstand. Aus dem Augenwinkel sah ich, wie sehr sich die Wächter anstrengen mussten, um ihn festzuhalten. Sie schlugen ihn nicht bewusstlos, denn das hatte das Clanoberhaupt nicht befohlen. Einer der Soldaten zog sein Schwert hervor. Er wirbelte die Waffe von einer Hand in die andere und hob sie dann über den Kopf, als wollte er eine Axt in ein Holzscheit treiben. Entsetzen packte mich, vor meinem inneren Auge glühte es leuchtend rot. Frau Jian war irre, das konnte sie nicht tun, das durfte sie nicht, Ren hatte lediglich von seiner Stimme Gebrauch gemacht, er hatte einen Fehler begangen – Himmel, Hilfe, das durfte nicht wahr sein –

Rens rechter Arm wurde fest an die Wand gedrückt. Einer der Soldaten fixierte sein Handgelenk und versicherte sich, dass Ren den Arm nicht wegziehen oder den Ellbogen beugen konnte. Der Geren glänzte. Solange ich mich erinnern konnte, war er dort gewesen, ein Teil von Ren wie ein zweiter Puls.

Ich kam nicht auf die Beine. Konnte ihm nicht zu Hilfe eilen.

Ich musste hochkommen, jetzt, sofort – *los* –

LOSLASSEN, LASST MICH LOS!

Ren – um Himmels willen, nein, *nicht* – Ren –

HIMMEL, TU ETWAS –

TUETWASTUETWASTUETWAS – Himmel, bitte – ich kam nicht

hoch, aber sie wollten Ren die Hand abschlagen, die Schwertklinge reflektierte das Licht und –

»AUFHÖREN!«, schrie jemand. Eine Stimme, die heiser und weinerlich und erbärmlich klang und die die Soldaten aus ganzem Herzen anflehte. »Bitte hört auf – hört auf – bitte tut ihm nicht weh …«

Ich keuchte. Tränen rannen mir über die Schläfen ins Haar, ich ließ den Kopf zu Boden sinken und ergab mich vollkommen. Ich konnte nicht aufstehen. Ich hatte alles gegeben, aber es war aussichtslos. Mir wurde vage bewusst, was gerade passiert war: Meine Verzweiflung war in Form von Worten aus mir herausgebrochen und dann auch noch auf Fusang, das ich niemals zuvor gesprochen hatte. Meine Kehle schmerzte. Ich spürte die Worte in meinem Mund, auf meinen Stimmbändern, in meiner Seele.

Es war mir egal.

Nichts zählte außer der Tatsache, dass ich die Leibgarde dazu gebracht hatte, innezuhalten. Sie waren erstarrt, genau wie Ren, der mich mit offenem Mund anstarrte. Die Augen meines Bruders waren vor Schreck geweitet. Als würde er seinen Sinnen nicht trauen. Als zweifelte er an der Realität, so wie vor einigen Wochen, als er Erlik Hans Reichtümer zum ersten Mal auf meinem Geren gesehen hatte.

Die Soldaten sahen Frau Jian an. Auch sie schien von der Wendung der Ereignisse überrascht zu sein.

»Ich dachte, Sie sagten, der Junge sei ein *Anjing*«, sagte sie an die Gouverneurin gewandt.

Die öffnete verdattert den Mund. »Ja … ich dachte wirklich … also …«

Ihr fehlten die Worte. Genauso, wie sie mir hätten fehlen müssen. Doch alles war bereits verloren, und nichts außer Ren zählte. Ich war wie betäubt. Ich dachte nicht darüber nach, was ich sagte, auf mich kam es nicht an. Mein Herz hatte meine Brust verlassen, und somit gab es nichts mehr in mir, was es zu verteidigen galt.

»Ich werde sein, was immer Ihr wollt«, sagte ich zu Frau Jian, »solange Ihr ihm nichts antut.«

Ren erschlaffte. Als er meine Stimme hörte, schnappte er nach Luft und kniff die Augen zusammen. Er bebte. Die Tränen kamen dennoch. Er verzog das Gesicht angesichts der Gefühle, die ihn übermannten, er schluchzte auf und brach in sich zusammen. Ich hatte ihn noch nie so weinen sehen. Ich wollte ihn um Verzeihung bitten, dass ich so schwach war. Dass alles, was ich im Leben fertigbrachte, ihn verletzte. Aber von mir war nichts mehr übrig. Ich war am Ende. Gebrochen. Tränen liefen mir übers Gesicht. Der Soldat, der mich festgehalten hatte, ließ meine Handgelenke los, damit ich mein Gesicht vor Scham bedecken konnte.

»Das klingt schon besser«, sagte Frau Jian lächelnd, der es völlig gleichgültig war, was der Bruch meines Gelübdes mit mir und meinem Bruder angestellt hatte. »500 000 Wen«, fuhr sie der Gouverneurin gegenüber fort.

»W … was immer Ihr wünscht, Herrin.«

»Qadan, bring den Jungen weg. Und Houyi«, Frau Jian sah Ren an, der kapituliert hatte und dessen kraftloser Körper noch immer von den Wachen an die Wand gedrückt wurde, »bring zu Ende, was du begonnen hast.«

Der Atem blieb mir im Hals stecken. Nein … Das hatte sie nicht wirklich gesagt. Nicht nach dem, was ich gerade geopfert hatte. Frau Jian hätte keinen zufriedeneren Eindruck machen können. Ihre Lippen blieben zu einem gelassenen Lächeln verzogen, als der Soldat sein Schwert hob – und es mit Wucht auf Rens Handgelenk niederschnellen ließ.

9. Kapitel

BUMM. BUMM. BUMM. BUMM.

»Kann vielleicht mal jemand was unternehmen …?«

BUMM. BUMM.

»Was denn bitte? Ihn stoppen? Also, ich geh da nicht rüber.«

BUMM.

»Warum greifen die Wächter denn nicht ein? Die müssten uns doch beschützen, oder etwa nicht?«

BUMM. BUMM.

»Hast du seine Augen gesehen?«

BUMM.

»Er ist ein Dämon!«

Sie tuschelten und drängten sich am anderen Ende des Wagens aneinander wie Kaninchen in einem Käfig. Die fünf Mädchen, die ausgewählt worden waren. Sie hatten sich wieder angezogen, waren aber offensichtlich noch ziemlich durch den Wind und halfen mir nicht bei dem Versuch, zu entkommen.

Stattdessen starrten sie mich ängstlich an, als ob ich es wäre, vor dem sie sich fürchten mussten. Hielten sie ernsthaft mich für den Bösen, obwohl sie wussten, wozu Frau Jian fähig war?

BUMM. BUMM. Ich warf mich wieder und wieder mit der Schulter gegen die Wagentür.

Zur Hölle mit ihnen. Ich ignorierte diese Schafherde, die dankend annahm, was Frau Jian ihr bot: Sklaverei. Was glaubten sie, durch ihre Fügsamkeit zu erreichen? Obwohl die Mädchen nicht mitbekommen hatten, was im Saal geschehen war, nachdem sie ihn verlassen hatten, mussten sie doch eine vage Ahnung haben. Sie kannten ihre Herrin.

Deshalb hatte auch niemand gewagt, den Blick zu heben. Ich hingegen hatte geglaubt, an Frau Jians gesunden Menschenverstand appellieren zu können, ich hatte alles in meiner Macht Stehende getan, ich hatte mein Gelübde gebrochen und mich ihr unterworfen wie ein Hund. Und die Belohnung der Herrscherin dafür war – nichts. Sie hatte ihm die Ha...

Ich hielt inne und lehnte mich keuchend gegen die Tür, würgte die Galle hinunter.

Allein daran zu denken war schwer. Es war unmöglich. Ich war schweißnass, meine Muskeln brannten vor Schmerz von den ständigen Stößen gegen die Tür, doch die Erinnerung an Ren – daran, wie er vor Schmerz geschrien hatte und wie das Blut aus dem abgetrennten Handgelenk auf die Bodenfliesen gespritzt war – spornte mich an, weiterzumachen.

BUMM. BUMM. BUMM.

Frau Jian hatte Ren zerstört.

Dafür würde ich sie umbringen, ich würde es aus diesem verdammten Wagen herausschaffen, und wenn ich mir dabei die Knochen bräche. Qiu stand mir bei. Ich hatte mich im selben Moment über die Brücke mit meinem Falken verbunden, als mich der Soldat aus dem Auswahlraum getragen hatte. Er hatte mich an den Handgelenken gepackt und mich wie einen Sack über seine Schulter geworfen. Noch nie in meinem Leben hatte ich mich so schäbig gefühlt. Als wäre ich ein tobendes Kleinkind und kein mächtiger Bianfu.

Den Soldaten kümmerte es nicht, dass ich mit aller Kraft versuchte, ihn zu treten und zu beißen. Stattdessen hielt er mich an den Knöcheln umklammert, fixierte meine Beine und trug mich durch einen Korridor nach draußen, wo eine stählerne Pferdekutsche wartete. Dort hatte er mich hineingeworfen.

Ich war rücklings auf dem Boden aufgeschlagen, hatte mich mit einem Salto wieder auf die Beine katapultiert und war auf die Tür zugestürmt, als diese direkt vor mir verriegelt wurde.

BUMM. Der heftige Aufprall hatte mich aus dem Gleichgewicht gebracht. Dennoch wiederholte ich den Versuch und rammte sofort noch einmal meine Schulter gegen die Tür. Und noch einmal. Und noch einmal. BUMM. BUMM. BUMM.

Qiu war in der Nähe. Ich spürte, dass er über dem Stahlwagen schwebte. Unsere Verbindung war beidseitig, und durch die Brücke nahm er mein Grauen, meine Wut und meinen Kampfeswillen wahr. Er ging binnen Sekunden in den Jarak über. Genau das brauchte ich. Qiu versetzte mich in den Geisteszustand eines Raubtiers und gab mir einen primitiven Adrenalinstoß, der es mir erlaubte, mich immer wieder gegen die Wagentür zu werfen, obwohl meine Haut dem nicht standhielt, alte Narben aufrissen und jeder neue Aufprall eine Blutspur an der Tür hinterließ.

Ich konnte nicht klar denken. Nur, dass ich zu Ren musste. Um jeden Preis. Er brauchte mich. Er hatte Schmerzen, er litt. Das durfte ich nicht einfach so hinnehmen. Ich durfte nicht zulassen, dass uns jemand auseinanderriss. Koste es, was es wolle.

Ich habe keine Angst, hatte Ren gesagt. *Ich werde bis zum Ende bei dir sein, was auch passiert.*

Ich musste zu ihm.

Mein Platz war an seiner Seite, ich musste ihm helfen, ihn beschützen.

Ich wusste nicht mehr, wie oft ich mich bereits gegen die Tür geworfen hatte, als von draußen plötzlich Schritte zu hören waren. Sand knirschte. Jemand war im Begriff, die Tür zu öffnen. Ich wich zurück, alle Muskeln in Alarmbereitschaft. Das grelle Licht der Mittagssonne flutete den schummrigen Wagen, eine leichte Brise trug den Geruch von Zitrusbäumen und Straßenküchen mit sich. Er erinnerte mich gnadenlos daran, dass das Leben in Penglai einfach weiterging. Nichts davon, was Ren und mir widerfahren war, hatte die Abläufe der Stadt auch nur für einen Moment unterbrochen. Unser Schicksal blieb unbemerkt. Es war allen anderen egal.

In der Tür tauchte einer der maskierten Elitesoldaten auf. Ohne ein Wort zu verlieren, stieg er in den Wagen. Dass die Tür blutverschmiert war und ich ihm am Rande der Hysterie gegenüberstand, kümmerte ihn nicht. Ihm folgten zwei junge Männer – vermutlich Frau Jians letzte Auserwählte. Beide waren kreidebleich. Nicht nur hatten sie mitangesehen, was man Ren angetan hatte, sondern sie wussten jetzt auch, dass sie mit mir im Wagen sitzen mussten.

Der Wächter raffte seinen Umhang beiseite und bedeutete ihnen, an ihm vorbeizugehen. Gehorsam gesellten sie sich zu den Mädchen im hinteren Teil des Wagens. Dem erfreuten Getuschel entnahm ich, dass einige von ihnen sich kannten. Schön, dass sich wenigstens irgendjemand unter Freunden wiederfand.

Der Wächter und ich starrten einander an. Ich war mir nicht sicher, was ich tun wollte. Qius Jarak drängte mich zum Angriff, aber etwas an der Miene des Wächters verriet mir, dass er genau darauf wartete. Sein Blick war gelassen. Ich wusste nicht, ob er dabei war, als Ren und ich auf der Straße angegriffen worden waren. Alle Wächter sahen gleich aus. Ihre Aufgabe war es, gefühllose Waffen ohne eigene Persönlichkeit und Bedürfnisse zu sein, die genau das taten, was ihre Herrin von ihnen verlangte. Nicht mehr und nicht weniger. Als hätte der Soldat meine Gedanken gelesen, griff er sich in den Nacken und löste die Bänder seiner Maske. Er zog sie so weit herunter, dass sie ihm um den Hals hing, nahm den Helm ab und wischte sich den Schweiß von der Stirn.

Er sah gut aus. Jünger, als ich ihn mir vorgestellt hatte, vielleicht vierundzwanzig.

Sein langes schwarzes Haar war zu einem hohen Pferdeschwanz gebunden, ein paar widerspenstige Strähnen hingen ihm in die Stirn. Sein Kiefer war glatt, der Nasenrücken hoch und gerade. Die dunklen Augenbrauen wirkten wie die Pinselstriche eines geschickten Kalligrafen und verliehen ihm einen scharfen Blick. Seine Erscheinung war so kühl, dass ich mich nicht gewundert hätte, wenn seine Haut im heißen Klima Penglais beschlagen wäre.

»Hallo, mein Bruder«, sagte er. Seine Stimme war tief und ruhig. »Darf man es wagen, sich dir zu nähern?«

Ich war nicht sicher, wie ich reagieren sollte, und vergewisserte mich, dass seine Hand nicht in der Nähe seines Schwertes lag. Einerseits wollte ich nicht mit ihm reden – ich wollte nur Ren sehen. Andererseits brauchte ich Hilfe, ich war auf die Unterstützung von jemandem angewiesen, der bei klarem Verstand war und meinem chaotischen Handeln einen Sinn verleihen konnte. Mein Feind war nicht dieser Wächter. Er war ein Spielball, so wie alle anderen im Wagen auch. Er hatte gesehen, was passiert war. Ich konnte ihn fragen, wohin sie meinen Bruder gebracht hatten … Sicherstellen, dass Ren Hilfe bekam …

Dass man ihn nicht einfach … verbluten ließ …

Meine Gedanken stockten. Die Sinneswahrnehmungen meines Falken brachten mein Blickfeld zum Flimmern. Qius flatternder Herzschlag fühlte sich an wie ein Schmetterling in meiner hohlen Hand. Der Wächter beäugte mich misstrauisch, als könnte ich jederzeit in Raserei verfallen. Ich wusste, was er sah: die goldenen Falkenaugen, die in meinen eigenen leuchteten, während wir über die Brücke miteinander verbunden waren. Ich musste bedrohlich aussehen. Dämonisch, wie es die Mädchen genannt hatten.

Ich blinzelte, um die Brücke zu unterbrechen. Qius Anwesenheit verblasste. Ich nahm wieder den Wagen wahr, die Wände kamen näher und versperrten den Blick auf die Außenwelt. Im nächsten Moment war alles eng, stickig und heiß. Mein Körper schmerzte. Meine Beine fühlten sich schlaff an. Ich zitterte am ganzen Leib.

»Ich wollte nicht glauben, was die Gouverneurin über dich erzählt hat«, sagte der Wächter. »Dass ihr Bianfu wisst, wie man mit seinem Qi umgeht. Aber beim Himmel. Du bist ein wahrer Meister des *Nèigōng*.«

»*Bin ich nicht … Es ist nur eine Brücke.*« Ich hatte keine Ahnung, was der Wächter mit *Nèigōng* meinte, und auch keine Lust, darüber nachzudenken. Ich brauchte Ren. Obwohl meine Hände zitterten, versuchte ich ihm klarzumachen, was ich wollte: *»Können Sie … mir helfen …? Bitte … mein Bruder …«*

»Nein«, unterbrach mich der Wächter. »Es tut mir leid, aber diese Sprache kannst du jetzt nicht mehr verwenden.«

Ich ballte die Hand zur Faust. Was er mir da sagen wollte, wagte ich noch nicht einmal zu denken. Zu dem Moment zurückzukehren, in dem ich meinen Eid gebrochen hatte, war unmöglich. Selbst daran, wie meine Stimme geklungen hatte, konnte ich mich nicht mehr erinnern. Es war nicht meine Stimme gewesen und auch nicht meine Worte. Die Person, der die Stimme gehörte, war mir völlig fremd.

Plötzlich legte mir der Wächter die Hand auf die Schulter. Ich zuckte zusammen, denn durch die unerwartete Berührung war er mir mit einem Mal ganz nahe. Vor Verwirrung war ich wie gelähmt. Falls mich seine Geste hatte trösten sollen, war dies kläglich misslungen. Sie wirkte eher bedrohlich. Als wollte er sagen: *Sieh her, ich habe die Macht dazu.*

Der Mann war größer als ich, und sein Schatten fiel auf mein Gesicht. Ich roch das gefettete Leder seiner Uniform. Das im Palast verräucherte Sandelholz, den Schweiß auf seiner Haut, das Blut, das aus Rens Handgelenk gespritzt war. Ich wich zurück, aber der Griff um meine Schulter wurde nur noch fester.

»Du willst meine Hilfe?«, fragte der Wächter und bewies damit, dass er meine Gebärden verstand. »Wie wäre es, wenn ich dir zunächst einmal dabei helfe, deinen Platz zu kennen?«

Mit diesen Worten rammte er mir den Helm in den Magen.

Die Luft wich mir aus der Lunge. Ich verlor jedes Gefühl in den Beinen und fiel auf die Knie. Aus dem Augenwinkel sah ich eine schnelle Bewegung, als der Wächter die Hand hob. Im nächsten Moment schlug er mir den metallenen Helm auch schon mit solcher Wucht gegen die Schläfe, dass ich zu Boden ging und mich gerade noch mit den Armen abfangen konnte. Der Schmerz kam nicht sofort. Stattdessen übermannte mich ein betäubendes Gefühl, und das

Innere des Wagens schwankte vor meinen Augen. Ich schnappte nur noch nach Luft. Welche Kampfkünste man mich als Bianfu auch gelehrt hatte, sie waren nutzlos. Ich funktionierte schlicht und einfach nicht mehr, sondern war versunken in einem lähmenden Schock, der meinen Geist verdunkelte. Blut rann mir von der Schläfe übers Gesicht, den Hals entlang, auf den Boden.

Der Wächter packte mich an den Haaren und riss meinen Kopf nach oben. Der Schmerz ging mir durch Mark und Bein. Ich griff mit beiden Händen nach seinem Handgelenk, versuchte, die Qual zu lindern, indem ich aufstand, aber er ließ es nicht zu. Er drückte mich wieder auf die Knie.

»Tiere reden nicht«, sagte der Wächter. »Bist du ein Tier, Bianfu?«

Ich biss die Zähne zusammen und versuchte zu ertragen, was mir bevorstand.

Atme, sagte ich mir. *Atme.* Der Schmerz war nichts im Vergleich zu dem, was Ren durchmachen musste. Er war unbedeutend. Irgendwie auszuhalten.

Der Wächter packte fester zu. »Also? Bist du eins?«

Ich antwortete nicht. Was er verlangte, konnte ich ihm nicht geben. Selbst unter Zwang nicht. Ich konzentrierte mich aufs Atmen. Ein. Aus. Ein –

Der Mann schlug mir mit der flachen Hand ins Gesicht. Ich kniff die Lippen zusammen. Ein heißes Prickeln breitete sich auf meiner Wange aus. Nicht, dass der Schmerz so schwer zu ertragen war, aber aus irgendeinem Grund stiegen mir Tränen in die Augen. Der Wächter demütigte mich. Er wollte mir zeigen, wie klein und machtlos ich ihm gegenüber war. Ich wollte nicht weinen. Nicht seinetwegen. Ich kannte meinen Wert, in mir wohnte die Seele des Aachalendra, und niemand konnte sie mir rauben.

Der Wächter seufzte. »Ich kann dich noch härter anpacken, wenn du darauf bestehst. Hunde richtet man durch Schläge ab. Entweder behandle ich dich wie einen Schüler oder wie ein Tier. Es liegt an dir, was du sein möchtest.«

Ich antwortete mit einem Tritt gegen seinen Knöchel.

Der Wächter zuckte nicht einmal. Mein Widerstand bewirkte rein gar nichts, dennoch ließ er einen Funken in seinen Augen aufblitzen. Seine Faust schnellte in meine Seite, wo die Wunden, die ich mir in den Bergen zugezogen hatte, noch nicht verheilt waren. Die Welle aus lähmendem Schmerz kam so unvermittelt, dass ich japsend nach Luft rang. Er versetzte mir einen weiteren Hieb in die Rippen. Ich versuchte auszuweichen, mich zu schützen, aber er zog mich jedes Mal an den Haaren hoch, wenn ich mich ducken wollte.

Er schlug mich wieder. Und wieder. Und wieder.

Es ging so lange weiter, bis Blut von seinen Fingerknöcheln auf den Boden tropfte. Bis meine Finger an seinem Handgelenk vor Schmerz zitterten. Bis ich sicher war, dass mir das Bewusstsein schwinden würde, bis ich *wollte*, dass es schwand. Eins der Mädchen hinter uns war in Tränen ausgebrochen. Vielleicht waren es auch mehrere.

»Ich werde so lange weitermachen, bis du genug hast«, sagte der Wächter. »Soll ich weitermachen?«

»Nein …«, hauchte ich so leise, dass sich meine Lippen kaum bewegten.

»Wie bitte? Ich verstehe dein miserables Fusang nicht.«

»Nein.«

Es folgte ein Moment der Stille, in dem der Wächter abwägte, ob ihm das genügte. Dann ließ er meine Haare los und schnaubte: »Dämlicher Bauernbursche.«

Ich blieb auf den Knien sitzen und umschlang mich selbst mit den Armen. Zwar konnte ich meinen geschundenen Körper kaum berühren, aber das Bedürfnis, mich zu schützen, war größer als der Schmerz. Mein gesamter Oberkörper stand in Flammen. Jeder Herzschlag ließ meine Rippen erzittern, die aufgerissenen Wunden glühten. Mein Gesicht und mein Hals waren blutüberströmt. Ich hatte nicht mehr die Kraft, aufzublicken.

»Ihr seid jetzt das Eigentum von Frau Jian«, verkündete der Wächter dem ganzen Wagen. »Ihr müsst euren Platz kennen. Es ist meine

Pflicht, dafür zu sorgen, dass ihr euch bezahlt macht. Jeder, der dem Clan des Weißen Tigers nicht wie gefordert dient, wird sich vor mir verantworten müssen. Ihr werdet mich mit Houyi-*shīzūn* anreden.«

Niemand im Wagen gab auch nur den kleinsten Mucks von sich. Der silbergraue Mantel des Wächters flatterte, als er sich umdrehte und ging. Für einen Augenblick fielen Sonnenstrahlen ins Wageninnere, und im hellen Licht sah ich, wie mein Blut über den sandigen Boden rann. Die Wagentüren wurden zugeschlagen. Die Welt versank wieder in Dunkelheit, und ich konnte mich nicht länger aufrecht halten. Ich ließ meinen Körper endgültig zu Boden sinken.

»Neana, sei vorsichtig«, sagte eins der Mädchen. »Er ist nicht wie wir.«

»Sei nicht albern, Zhaya. Er ist verletzt, allein und hat Angst. Soll ich ihn etwa sich selbst überlassen? Alles vergessen, was Meister Shuya uns gelehrt hat?« Das Mädchen, das neben mir hockte, lächelte mich traurig an. »Hallo. Geht es dir gut?«

Ihre Frage hörte ich kaum. Ich saß auf dem Boden, die Ellbogen auf die Knie gestützt, und konzentrierte mich auf das Getrappel der Pferdehufe und die Unebenheiten in der holprigen Straße. Der Wagen hatte sich in Bewegung gesetzt, und damit wurde die Entfernung zu Ren immer größer. Ich strich mit den Fingern über den Ärmel meiner Chuba. Die weiche Innenwolle fühlte sich gut an, schützend, obwohl mir bewusst war, dass ich gerade das einzige Kleidungsstück, das mir von zu Hause geblieben war, mit Blut beschmierte.

Ich wusste nicht, was aus Rens und meinen Sachen geworden war. Wir hatten sie in der Herberge gelassen. Normalerweise durfte man persönliche Gegenstände mit nach Naraka nehmen, aber ich konnte mir nicht vorstellen, dass das auch für Ren galt. Er war nicht mehr im Himmelsnetz, er hatte keinerlei Rechte mehr. Ohne Geren musste er dankbar sein, wenn er überhaupt etwas zu essen bekam. Oder zu trinken.

Falls er überhaupt noch lebte.

Das Blut war nur so geströmt. Gesprudelt. Mir kamen Bilder aus Madang in den Sinn, als ich beim Schlachten einer Ziege geholfen hatte: Ich hielt sie bei den Hörnern gepackt, während Onkel Zhaxi dem Tier die Kehle aufschlitzte. Das Blut war so schnell in die Emailleschüssel geschossen, dass sich oben auf der Flüssigkeit eine dünne Schaumschicht bildete. Ich wusste noch, wie erstaunt ich über die dunkle Farbe gewesen war. Das Blut war fast schwarz. Genauso wie Rens Blut. Es hatte sich in solchen Mengen auf den Boden ergossen, dass das leuchtende Rot nur noch an den Blutspritzern auf der Kleidung der Soldaten zu erkennen war.

Rens Schrei hallte noch immer in meinen Ohren nach. Er verklang nicht. Und ich wachte auch nicht aus diesem unerträglichen Albtraum auf, der kein Ende nehmen wollte.

»Ich heiße Neana«, versuchte es das Mädchen vor mir erneut. »Und wie heißt du?«

Ich schloss die Augen. Ich konnte das nicht.

»Ich habe auch Angst«, fuhr das Mädchen fort. »Das haben wir alle. Aber wir sind zusammen hier, und wenn wir füreinander da sind, wird es weniger schlimm.«

»Von dem da hast du nichts zu erwarten«, warf ein anderes Mädchen ein. »Hast du nicht mitbekommen, was eben los war? Der Bianfu wird sich zugrunde richten und dich mit in den Abgrund reißen, wenn du dich in seine Angelegenheiten einmischst. Es wird keine Woche dauern, bis Frau Jian ihn hinrichten lässt.«

»Hör nicht auf sie«, sagte das Mädchen vor mir und legte die Hand auf meinen Stiefel.

Ich erzitterte bei der geringsten Berührung. Sie bemerkte es und zog die Hand weg. »Frau Jian hat für dich fast doppelt so viel bezahlt wie für die anderen. Du bist ihr seltenes Sammlerstück. So leicht wird sie dich nicht aus der Hand geben, *Priya*, selbst wenn du Stress machst.«

Priya. Das Wort war Hirayal, Drays Sprache.

Priya, mein Schatz, das hatte Dray mir einst in den Nacken gehaucht.

Ich öffnete die Augen und starrte das Mädchen vor mir an wie eine Fata Morgana in der Wüste. Nicht nur, dass sie Hirayal sprach, sie hatte sogar Ähnlichkeit mit Dray: die gleichen struppigen Haare und großen Augen mit langen Wimpern. Ihre Haut war dunkler als die von Dray, die Lippen voller und das Gesicht rund wie bei einem Kind.

Ich erkannte in ihrer Stimme auch Drays Akzent wieder, wenn er Fusang sprach: Die Konsonanten klangen eine Spur zu hart, das R war prominenter und gerollt. Das Mädchen – hatte sie gesagt, ihr Name war Neana? – sprach Fusang kehliger als die meisten Mädchen in der Provinz Sang.

Sie spürte, dass etwas in ihren Worten mein Interesse geweckt hatte, und lächelte mich freundlich an.

»Hallo, Bruder«, sagte sie erneut.

Hallo, wollte ich erwidern, aber ich wusste nicht, wie. Meine eigene Sprache durfte ich nicht verwenden, und der Sprache, die von mir gefordert wurde, würde ich mich nicht beugen. Mein Blick wanderte zu meinen Armen, die weiterhin meine Knie umschlungen hielten. Die Tränen waren versiegt, meine Augen trocken und geschwollen.

Das andere Mädchen hatte recht: Neana sollte mir besser nicht zu nahe kommen. Egal, was Frau Jian von mir verlangte, ich würde mich nicht darauf einlassen. Auch wenn ich mein Gelübde gebrochen hatte, Worte würden mir nicht wieder über die Lippen kommen. Sie waren mir in einem verwirrten Zustand entfahren, in dem ich nicht gewusst hatte, was ich tat. Die Worte stammten aus einer Zeit, die viele Jahre zurücklag, aus einem Teil meines Gehirns, in dem alle Fähigkeiten schlummerten, die ich jemals gelernt hatte, zu dem ich aber keinen Zugang mehr besaß. Worte zu formen fühlte sich an wie … ein Ding der Unmöglichkeit.

Hätte Ren doch nur den Mund gehalten. Dann wären unsere Überlebenschancen besser gewesen. Jetzt gab es für keinen von uns mehr Hoffnung: Ren besaß keinen Geren mehr, er würde schwer verwundet im Arbeitslager landen, und ich konnte nicht sprechen.

»Neana hat recht, wir müssen einander helfen«, sagte einer der

Männer aus dem hinteren Teil des Wagens. Auch er kam herüber und hockte sich neben uns auf den Boden. Ich drückte mich unwillkürlich mit dem Rücken gegen die Wand.

Er sah ungeheuer gut aus. Als hätte der Himmel dem Helden einer tragischen Liebesgeschichte, wie sie meine kleinen Schwestern begierig verschlangen, Leben eingehaucht. Seine Haut war ockerfarben und glatt wie von Wellen überspülter Sand. Sein dichtes Haar so schwarz, dass es blau schimmerte wie seine Augen. Noch nie hatte ich jemanden mit blauen Augen gesehen, und ich schreckte vor dem Anblick zurück. Ich hatte Gerüchte über die blauäugigen Dämonen fremdländischer Mächte gehört, die *Guĭlăo*, die während des Schwarzen Regens gegen Fusang gekämpft hatten – aber dieser junge Mann war keiner von ihnen.

Er schaute mich entschlossen an und runzelte die buschigen Brauen.

»Du musst anfangen zu reden, Bruder«, sagte er. »Tut mir leid, aber so ist es nun mal. Dein Schwur ist gebrochen, das kannst du nicht rückgängig machen. Jetzt musst du erst mal zusehen, dass du irgendwie durchkommst. Damit meine ich nicht, dass du deine Selbstachtung aufgeben sollst. Wenn Frau Jian möchte, dass du redest, dann tu es aus freien Stücken und nicht unter Zwang. Bring dich nicht unnötig in Situationen, in denen sie dich wie Dreck behandeln.«

»Der Charmebolzen hier heißt übrigens Sichantha Sunan«, sagte Neana und lächelte. »Er vergisst ganz gern, sich vorzustellen.«

»Sunan Sichantha«, korrigierte er sie. Indem er seinen Familiennamen hinter den Vornamen stellte, verriet er, dass er einer der Minderheiten angehörte, die in Fusang lebten. Der Nachname Sichantha wiederum bedeutete, dass er aus Lopbur im tropischen Südwesten Fusangs stammte. Soweit ich wusste, waren die kulturellen Unterschiede zwischen Fusang und Lopbur genauso groß wie zwischen Fusang und Namla. Wenn nicht sogar größer.

Sunan deutete auf die anderen. »Wir kennen uns schon. Die Gouverneurin hat die erste Vorauswahl vor Wochen getroffen. Niemand hat uns gefragt, ob wir das wollen. Viele hätten sich eher gewünscht, ins Arbeitslager zu kommen. Du bist nicht der Einzige, der heute einen geliebten Menschen verloren hat.«

»Du musst uns für einen Haufen Hühner halten«, setzte der andere Mann hinzu. »Und wen wundert's. Ich dachte, ich wäre stark, aber es ist schwer, sich nach der Nummer, die dein Bruder und du abgezogen habt, wie ein Krieger zu fühlen.«

»Vinh, hör auf«, sagte Neana.

Das Gespräch lockerte die Stimmung auf. Obwohl die meisten anderen weiterhin im hinteren Teil des Wagens sitzen blieben, begannen sie, etwas entspannter miteinander zu plaudern. Sie sprachen über das Erlebte und auch darüber, wer wider Erwarten nicht ausgewählt worden war. Und sie stellten fest, dass ich kein Dämon war, der sie bei der erstbesten Gelegenheit zerfleischen würde, sondern eigentlich ziemlich bedauernswert. Ich war jünger als die anderen. Ohne Sprache. Gebrochen.

Bei einigen aktivierte das einen Beschützerinstinkt. Neana war sanft, Sunan entschlossen. Er sah mir direkt in die Augen. Obwohl er die Brauen zusammenzog, wirkte er nicht bedrohlich oder verärgert. Sondern fordernd. Wie Tantchen, die ihre Kinder immer dazu gedrängt hatte, ihr Bestes zu geben, damit sie auch alleine im Leben zurechtkamen. Sie hätte es nicht ertragen, mich so zu sehen.

»Fangen wir mit etwas Einfachem an«, sagte Sunan. »Dein Name. Wie heißt du?«

Ich wollte ihm antworten. Ich wollte es wirklich. Ich öffnete die Lippen einen Spalt, aber allein der Gedanke, meine eigene Stimme zu hören, lähmte mich. Ich rieb mit dem Daumen über meine Fingerspitzen. In mir brannte der Wunsch, ihnen meinen Namen in Gebärden zu zeigen. Diese Leute würden mich nicht verstehen, wenn ich ihnen meinen Namen nicht buchstabierte. Erst danach könnte ich ihnen meine Gebärde »Sturm« vorführen und unsere Kommunikation so beschleunigen.

Aber ich war nicht hier, um den anderen Gebärdensprache beizubringen, sondern sie brachten mir bei, meine Stimme zu benutzen.

»Es macht nichts, wenn es nicht sofort klappt«, ermutigte mich Sunan. »Wir können in aller Ruhe zusammen üben. Nicht zu viel nachdenken. Sag nur den Anfang. Probier es einfach. Ich habe dich vorhin gehört und weiß, dass du es kannst.«

Ich wand mich. Ich blickte auf den Bildschirm meines Geren, auf dem ich ihnen die Zeichen für meinen Namen problemlos hätte zeigen können. Mein Verstand versuchte, die Aufgabe zu umgehen. Mein Gehirn, das so sehr an das Schweigegelübde gewöhnt war, wollte mir weiterhin weismachen, dass ich nicht sprechen durfte – dass es schändlich war. Doch ich hatte auch Sunans Worte gehört und wusste, dass er recht hatte: Mein Eid war gebrochen. Die Entscheidung, was ich mit meiner Stimme anfangen wollte, lag bei mir. Das hatte sie immer getan. Ich hatte das Gelübde nicht befolgt, weil es mir von außen befohlen worden war. Genauso konnte ich mich jetzt aus freien Stücken dazu entscheiden, zu sprechen.

Frau Jian hatte mich dazu gebracht, mein Gelübde zu brechen, der Rest aber blieb mir überlassen. Für meine Stimme musste ich mich nicht schämen.

»Kong …«, sagte ich leise. Langsam. »Kong Dawei.«

Sunan und Neana strahlten mich an. Die anderen, die sich im Hintergrund unterhalten hatten, verstummten und lauschten, ob ich auch wirklich gesprochen hatte. Sunan knuffte mich vorsichtig mit der Faust.

»Na also, geht doch«, lachte er.

»Du hast eine entzückende Stimme, Bruder Kong«, sagte Neana lächelnd. »Du kannst sie ruhig benutzen.«

»Wie lange hast du mit dem Schweigegelübde gelebt?«, wollte Sunan wissen. Er sprach jetzt deutlich schneller, als habe meine Antwort bewiesen, dass ich Fusang offenbar problemlos verstand. »Nichts für ungut, aber deine Stimme ist ziemlich eingerostet.«

Neana gab ihm einen Klaps auf den Hinterkopf. *»Āiyā!«*

»Was denn? Ich habe doch gesagt, nichts für ungut.«

»Mit Taktgefühl habt ihr es in Lopbur nicht so, oder? Bruder Kong, darauf musst du nicht antworten. Dein Eid geht uns nichts an.«

Das stimmte zwar, aber ich wollte Sunan antworten. Er wirkte direkt, aber nicht bösartig, und es machte mir nichts aus, ihm von meinem Gelübde zu erzählen, wenn es ihn wirklich interessierte. Aus irgendeinem Grund beruhigte mich die Tatsache, dass es mir gelungen war, meinen Namen auszusprechen. Es war ein erstaunlich gutes Gefühl, mich auf meine Stimme zu konzentrieren. Statt darüber nachzudenken, dass ich in diesem Wagen in der Falle saß, musste ich mich nur mit einem einfachen Wort befassen.

»Z … zwe …« Ich hörte einen Fehler in meiner Aussprache und stockte.

Wǒ cào. Mist.

»Versuch es weiter«, ermutigte mich Sunan. »Es wird schon.«

»Zwö … zwölf.« Ich atmete erleichtert auf, als ich den richtigen Laut aus meinem Mund hörte. Er kam sogar noch flüssiger, als ich wiederholte: »Zwölf Jahre.«

»Zwölf Jahre? Himmel. Und Fusang sprichst du heute zum ersten Mal?«

»Du hast einen Fehler bei der Tonhöhe gemacht, aber das hast du wahrscheinlich selbst gehört«, meinte der andere Mann. Ich nickte. Natürlich hörte ich meine Fehler. Ich konnte meine Zunge nur nicht dazu bringen, sie zu korrigieren.

»Das wird schon«, sagte Sunan. »Deine Zunge muss sich erst daran gewöhnen. Es wird allerdings nicht besser, wenn du weiter schweigst. Jetzt heißt es üben, üben, üben. Neana, Vinh und ich sprechen Fusang auch nicht als Muttersprache, also haben wir viel Erfahrung darin.«

»Dann hat Houyi-*shīzūn* keinen Grund mehr, dich zu malträtieren«, sagte Neana. Sie ballte die Hände zu Fäusten, als hätte sie die Erinnerung an seine Schläge wütend gemacht. »Wenn du ihn das nächste Mal siehst, kannst du ihm in seiner geliebten Muttersprache sagen, dass er bleiben soll, wo der Pfeffer wächst.«

»Oder in deiner eigenen. Was hatte dein Bruder da gesprochen? Irgendeine Sprache aus dem Norden?«

Ich nickte und gab erneut mein Bestes: »Ja. Namla.«

Der vertraute Name ging mir leichter über die Lippen als alle Wörter auf Fusang. Namla war meine Sprache, meine Heimat. Ihre Laute hatte ich schon als Kind gelernt. Obwohl ich wusste, dass die meisten meine Provinz besser unter dem Namen »Nanmu« kannten, wie sie auf Fusang genannt wurde, blieb ich dem eigentlichen Namen meiner Heimat treu. Die verdutzten Gesichtsausdrücke der anderen zeigten, dass sie Namlas echten Namen noch nie gehört hatten.

»Du bist wirklich niedlich«, sagte Neana lächelnd. Sie warf den anderen Mädchen einen Blick zu – auch sie lächelten. »Ich mag ihn immer mehr.«

Es verwirrte mich ein wenig, dass Neana so nette Dinge über mich sagte, denn eigentlich fühlte ich mich miserabel. Genau genommen hätte mir niemand helfen sollen. Mein ganzes Leben lang war ich von den Altären Meister Shuyas umgeben gewesen, aber trotzdem war es ein seltsames Gefühl, echte Solidarität zu erfahren. In Sandu ging man an den Schwachen und Geschlagenen einfach vorbei. Unglück war wie eine Krankheit, mit der man sich nicht anstecken wollte. Von selbst verschuldetem Leid ganz zu schweigen.

»W … warum … hilfst du mir?«, fragte ich.

»Was meinst du mit ›warum‹?«, fragte Neana und machte große Augen. Sie schien kurz über die Frage nachdenken zu müssen, bevor sie eine Antwort fand. »Ich habe eine Schwester. Eine Zwillingsschwester. Sie wurde am selben Tag nach Naraka geschickt, an dem mich die Gouverneurin als Kandidatin für Frau Jian in die engere Auswahl nahm. Ich durfte mich von ihr verabschieden, aber …« Sie senkte den Blick. »Ich weiß, dass ich sie nie wiedersehen werde. Die Vorstellung, dass sie in Naraka jemanden findet, der sich für sie einsetzt, tröstet mich. Dein Bruder wünscht sich sicherlich das Gleiche für dich. Also dachte ich, vielleicht kann ich dir meine Freundschaft anbieten.«

Auf ihre Worte folgte eine bedrückende Stille. Die Erinnerungen an die Menschen, die wir vermissten, waren plötzlich so präsent, dass ich ihre Gegenwart fast schon spüren konnte. Ich war nicht der Einzige, der einen geliebten Menschen verloren hatte. Der einzige Unterschied bestand darin, dass alle anderen sich von ihren Lieben hatten verabschieden können. Kaum zu glauben, dass meine letzte Erinnerung an Ren nur aus Chaos und Blut bestehen sollte. Damit konnte ich mich nicht abfinden.

Neanas Augen glänzten vor Tränen. »Tut mir leid, dass du deinem Bruder nicht Lebewohl sagen konntest.«

»Ja«, sagte Sunan. »Mir auch.«

»Mir auch«, sagte eines der anderen Mädchen, und die übrigen nickten zustimmend.

»Qiren«, stieß ich heiser aus. »Sein N… Name. Ist Kong Qiren.«

»Ihr werdet euch wiedersehen«, versprach Sunan. »Wenn es so bestimmt ist, werden sich eure Seelen im nächsten Leben wiederfinden. Dann mag er vielleicht nicht mehr dein Bruder sein, aber du wirst ihn erkennen. Du musst nur abwarten.«

Ich holte tief Luft.

Genau. Abwarten. Aber anders als Sunan wollte ich nicht auf die Wiedergeburt hoffen. Meine Reise mit Ren durfte nicht so bitter enden. Ich würde alles tun, um das zu verhindern. Ich würde fliehen. Ihn suchen und finden. Das war die einzige Möglichkeit.

2. Teil

Der Weiße Tiger

10. Kapitel

Die Dunkelheit kam in Penglai ganz plötzlich. Unsere Fahrt vom Büro der Gouverneurin zum Palast des Weißen Tigers dauerte ewig, und als wir endlich angekommen waren, vergingen noch mehrere Stunden, bevor wir aussteigen durften. Bis tief in die Nacht saßen wir im Wagen. Wir hielten uns gemeinsam mit Ausspracheübungen wach. Nach und nach machten die anderen jedoch schlapp. Sunan klagte über Hunger, jemand anderes musste pinkeln.

Als die Wagentüren endlich geöffnet wurden, kam das Licht im Innenhof nicht mehr von der Sonne, sondern von elektrischen Lampen. Es war ganz still. Alles schien verwaist. Ich trat auf den gepflasterten Hof, der von niedrigen Holzgebäuden mit geschwungenen Dächern umgeben war. Der Trubel, der rund um die Uhr in Penglai herrschte, war verschwunden und dem nächtlichen Zirpen der Grillen gewichen. Das Palastgelände schien üppig bewachsen zu sein: Hinter den Häusern standen gewaltige Trauerweiden mit schwer herunterhängenden Zweigen, große immergrüne Laubbäume und hohe Sträucher. Riesige Nachtfalter flatterten durch den Lichtkreis der Laternen.

Mitten auf dem Hof standen zwei junge Bedienstete, die Stäbe mit Papierlaternen trugen. Ihre Kleidung bestand aus gerade geschnittenen dunkelgrauen Hosen und weiten Jacken in derselben Farbe. Ihr Haar war zu einem Knoten gebunden. Sie stellten sich nicht vor, sondern verbeugten sich lediglich zur Begrüßung. Die Frau nahm die

Mädchen mit, der Mann Sunan, Vinh und mich. Alle waren unnatürlich still. Neana winkte uns zum Abschied.

Wir folgten dem Diener hinter das Hofgebäude, wo wir uns kurz waschen durften. Das Licht der Laterne im Badehaus war gerade hell genug, dass ich die durch Faltschirme abgetrennten Waschkabinen erkennen konnte. Der Mann zeigte auf die Bottiche und die Hocker mit gefalteter Kleidung und drehte sich diskret um.

Ich versuchte, an nichts zu denken, und handelte mechanisch. Ich zog mich aus, spülte mir Schweiß und Blut ab. Meine Wunden brannten. Vorsichtig befühlte ich die blauen Flecken an meiner Seite, die sich violett verfärbt hatten. Ich brauchte eine Salbe. Da ich nichts zum Verbinden hatte, reinigte ich die offenen Wunden so gut es ging mit dem Waschwasser. Als ich fertig war, schlüpfte ich in eine weiche Baumwollhose und pantoffelähnliche Schuhe und zog ein dunkelblaues *Tángzhuāng*-Hemd mit geradem Mandarinkragen an, das vorne mit einem geknoteten Knebel geschlossen wurde. Die Kleidung passte erstaunlich gut. Ich rollte meine Chuba zusammen und klemmte sie mir unter den Arm.

Der Diener zischte etwas auf Fusang. Er deutete auf den Hocker, auf dem Sunan und Vinh ihre alten Sachen abgelegt hatten. Ich schüttelte den Kopf und drückte die Chuba fester an mich. In den letzten vierundzwanzig Stunden war mir so ziemlich alles geraubt worden, aber an diesem letzten Erinnerungsstück wollte ich festhalten.

Mit einem Schnauben ließ der Diener die Sache auf sich beruhen und führte uns durch einen steinernen Durchgang, der vor einer hohen roten Mauer endete. Dahinter ragte ein goldener Dachfirst empor, mit Fabelwesen, die das Haus beschützten.

War das der Palast? Oder einer von ihnen? Viel wusste ich nicht über den Herrschaftssitz des Weißen Tigers, aber von Dray hatte ich immerhin gelernt, dass nur die mächtigsten Clans goldene Dachziegel verwenden durften.

Der Diener führte uns zur Ostseite des Palastgeländes, wo sich ein dreistöckiges rotes Gebäude an eine riesige Akazie schmiegte. Über der Tür stand »Haus der himmlischen Krieger«. Zu beiden Seiten des Eingangs saßen zähnefletschende marmorne Löwen. Der eine hielt einen Ball unter der rechten Pfote, der andere hatte die linke auf ein Jungtier gelegt.

Drinnen war es warm, und mir fiel sofort der Geruch nach Moschus, altem Holz und Teer auf. Meine Augen gewöhnten sich schnell an die Dunkelheit, sodass ich meine neue Umgebung genauer betrachten konnte. Das Erdgeschoss bestand aus einem einzigen offenen Raum mit hölzernen Etagenbetten entlang der Wände. An den Fußenden sah ich Hocker, Kisten und Kleidungsstücke. Durch den Zuschnitt war das Gebäude wie ein großer Meditationssaal angelegt.

Ich hatte erst einige Schritte gemacht, als jemand hinter mir gegen den Waffenständer stolperte.

Erschrocken sah ich, wie Sunan von dem Gestell wegsprang und es dabei schaffte, die Hälfte der Speere aus ihren Halterungen zu reißen. Entsprechend laut polterte und klirrte es.

»*Tā mā de*«, fluchte jemand irgendwo im Schlafsaal mürrisch. »Was für Trampeltiere hat diese Frau denn jetzt schon wieder eingekauft?«

»Halt die Klappe. Ich war schon fast eingeschlafen.«

Hier und da ertönten Seufzer, einige warfen sich im Bett herum, es war offensichtlich, dass niemand daran interessiert war, Frau Jians neueste Sklaven in ihrem Gefängnis willkommen zu heißen. Sunan stand mit angespannten Schultern da, als erwartete er Peitschenhiebe. Ich begriff, dass er im Dunkeln nichts sehen konnte, also fasste ich ihn am Ärmel und lotste ihn hinter mir her durch den Raum.

Der Diener deutete auf drei leere Betten, legte dann einen Finger an den Mund und zeigte auf die schlafenden Männer um uns herum. Ich tat den anderen den Gefallen und entschied mich für das oberste Bett, weil ich mit Abstand der Geschickteste von uns war. Als Kopfkissen diente eine harte Nackenstütze. Ich war solchen Luxus nicht gewohnt, also schob ich sie beiseite und legte den Kopf auf die dünne Bambusmatte. Ich hörte, wie Sunan mir von unten noch etwas zuflüsterte, aber ich ignorierte ihn.

Ich versank in meinen eigenen Gedanken. Entschwand aus meinem Körper. Weg von dem Ort, an dem ich mich befand.

Die Stunden vergingen, aber ich tat kein Auge zu. Ich starrte auf die dicken Dachbalken, die verhinderten, dass das dreistöckige Gebäude über mir einstürzte. Es kam mir unwirklich vor. Ich war wie betäubt. Die letzten Tage war ich in Frau Bais Gasthaus aufgewacht, hatte mir Obst und grünen Tee schmecken lassen, und nun war ich irgendwo … irgendwo ganz anders. Ich dachte an Ren. *Wo bist du …?*

Lag er wach, so wie ich? Starrte er auch an die Decke, war er in Sicherheit? Ich dachte über all das nach, was passiert war. Daran, wie Ren geschrien hatte und wie schnell seine abgeschlagene Hand auf dem Boden bläulich angelaufen war. Wie er kurz zuvor noch meinen Arm gedrückt und gesagt hatte: *Ich lasse dich nicht im Stich.*

Meine Brust zog sich zusammen. Ich hatte ihn verraten und unabsichtlich seinen Platz als Auserwählter von Frau Jian eingenommen, obwohl der Sinn des Ganzen doch gewesen war, zusammenzubleiben. Hätte ich geschwiegen, wären wir gemeinsam in Naraka gelandet.

Mit den Fingerspitzen befühlte ich meine Lippen. Obwohl ich mit Sunan und Neana bereits stundenlang Laute geübt hatte, fiel es mir immer noch schwer zu begreifen, was gerade mit mir geschah. Ich hörte mich selbst. Meine eigene Stimme. Ich war nicht länger taub vor Hysterie und hatte deshalb auf der Fahrt hierher sehr genau auf meine Stimme achten können. Mir war sofort aufgefallen, dass ich ganz anders klang als Ren. Meine Stimme war sanfter. Sie war leise und heiser, während Ren laut und selbstsicher sprach.

Neana hatte gesagt, ich würde angenehm klingen. Zwar wirkte sie wie jemand, der dasselbe auch zu einer Krähe gesagt hätte, aber ihre Worte taten mir trotzdem gut. Irgendwie … mochte ich meine Stimme. Dieses Gefühl hätte ich gern mit einem geliebten Menschen geteilt. Mir stand noch immer Rens Entsetzen vor Augen, als er meine Stimme gehört hatte. Was hatte er wohl gedacht? War er enttäuscht gewesen, wütend? Und was würde Dray davon halten, dass ich mein

Gelübde gebrochen hatte? Er war es doch, der meine Stimme hören wollte – der von ihr geträumt hatte.

Ich möchte nicht, dass wir so auseinandergehen, hatte er am Bahnhof von Sandu gesagt. Hatte er geahnt, dass in Penglai etwas Schlimmes geschehen würde? Dass ich am Ende allein und geschunden in einem harten Bett liegen und zur Decke starren würde, dass dies für den Rest meines Lebens der einzige Ort sein sollte, an dem ich mich ausruhen konnte?

Ich drehte mich auf die Seite und umarmte die Chuba. Atmete ihren wolligen Duft ein, einen Hauch von Heimat. Dray. Ich vermisste ihn so sehr, dass mein ganzer Körper nun auch noch vor Sehnsucht schmerzte. Obwohl ich es gewohnt war, allein zu schlafen, und nicht gewusst hatte, dass ich etwas vermissen könnte, was ich kaum gekannt hatte, fühlte ich mich plötzlich sehr leer. Ich wollte Dray bei mir haben. Ich wollte ihn spüren, mich in seiner Wärme verlieren. Die Entfernung zwischen uns ließ mich in einem Raum frösteln, in dem allen anderen heiß war.

Ich schloss die Augen und flüsterte leise: »Dray.«

Genau das hätte er gern gehört. Diese einfache, bescheidene Stimme. Ich konnte seinem Namen nicht gerecht werden. Ihn richtig auszusprechen, erschien mir das Wichtigste auf der Welt. Drays Name auf Hirayal unterschied sich von dem offiziellen Namen auf Fusang, der auch im Geren eingetragen war. Dray billigte beide Versionen, aber wenn er seinen Namen selbst aussprach, sagte er ihn auf Hirayal und nannte seinen Familiennamen hinter dem Rufnamen. Das respektierte ich. Wenn ich jemals die Chance bekäme, würde ich es richtig machen. Dray Prasad Ghale.

Jemand im Raum schnarchte lautstark. Ein Schnaufen unter meiner Pritsche verriet mir, dass Sunan eingeschlafen war. Wie um alles in der Welt bekam er das hin? Entweder war er herrlich simpel gestrickt, oder er passte sich an Veränderungen seiner Umgebung so geschickt an wie ein Chamäleon. Ich dagegen war vom Einschlafen so weit entfernt wie von Madang.

Es blieb mir nichts anderes übrig, als bis zum Morgen wach zu liegen. Diese schlaflose Nacht zu ertragen. Jeden einzelnen Augenblick.

»Wwwas ist los …?«, fragte Sunan benommen, als er aufwachte. Ich musste ihn nicht sehen, um zu wissen, dass seine Haare in alle Richtungen abstanden und seine blauen Augen völlig verquollen waren. Die Mienen der Männer, die vorbeigingen, verrieten es mir bereits. Sie verzogen die Lippen zu einem Grinsen, schüttelten die Köpfe, einige tauschten vielsagende Blicke aus.

»Himmel, was für Bürschchen«, murmelte einer von ihnen.

»Frau Jian hat sich ein Schoßhündchen gekauft«, sagte ein anderer zu seinem Begleiter.

»Viel Glück bei dem Versuch, Kämpfer aus denen zu machen, Qadan«, rief ein Dritter nach hinten.

Qadan, den Namen würde ich mir merken. Ich machte mir innerlich Notizen zu allem, was später nützlich sein könnte. Wachsam wie ein Falke saß ich auf meinem Bett, augenscheinlich entspannt, aber mit geschärftem Blick, und beobachtete jedes Detail in der morgendlichen Routine der Wächter. Begonnen hatte ich damit, als die Ersten von ihnen mitten in der Nacht aufgestanden waren, sich angezogen und die Wohnquartiere verlassen hatten. Kurze Zeit später waren andere hereingekommen und zum Schlafen in ihre Betten gekrochen. Es war eindeutig ein Schichtwechsel. Nacht- und Morgenpatrouille. Die Männer, die jetzt aufwachten, schienen es nicht eilig zu haben, obwohl sie alle auf den Gong draußen im Hof reagiert hatten. Sie schlüpften in ihre Kleidung und machten sich einer nach dem anderen auf den Weg.

Durch die mit geschnitzten Holzgittern versehenen Papierfenster konnte ich erahnen, dass die Sonne noch nicht aufgegangen war. Das Zirpen der Grillen war Vogelgezwitscher gewichen, und die rötliche Morgendämmerung ließ die Sterne am Himmel verblassen. Die

Stunde des Drachen hatte wohl noch nicht geschlagen, vermutlich war es die des Hasen. Der Tag begann früh im Tigerpalast.

Die Männer grinsten immer noch, wenn sie an uns vorbeigingen. Ihre Neugier war unverschämt direkt, aber trotzdem blieb niemand stehen, um uns zu begrüßen oder zu fragen, wie es uns ergangen war. »Schaut nicht so verängstigt.«

»Ich frage mich, wer den Babysitter für sie geben darf. Houyi? Qadan?«

»Was spielt das für eine Rolle? Ich habe gehört, dass fünf neue Frauen angekommen sind. Die will ich sehen.«

Je länger ich ihnen zuhörte, desto berechtigter erschien mir der Maulkorb an ihren Uniformen.

Plötzlich lugte ein junger Mann über meine Bettkante. Im trüben Morgenlicht erkannte ich ihn nicht sofort, doch es war neben Sunan der andere Mann, der mit mir in den Palast gebracht worden war. Er hatte sich als Duong Vinh vorgestellt und sah aus, als hätte er schlecht geschlafen. Wie Sunan war er groß und muskulös, aber das war es auch schon, was sie gemeinsam hatten: Vinhs Gesicht hatte etwas von einer Eichel, sowohl in der Form als auch in der Farbe. Er hatte dicke Augenlider und einen schweren Blick. Auf der Stirn trug er eine kleine Tätowierung, das Schriftzeichen für Himmel.

»Morgen«, sagte Vinh und stützte sich mit den Ellbogen auf mein Bett. »Was meinst du, sollen wir den anderen hinterhergehen? Ich bin mir ziemlich sicher, dass sie auf dem Weg zur Meditation sind. Wenn die Wächter dem Weg von Meister Shuya folgen, dürfte das *Dharma* einen zentralen Bestandteil ihres Alltags ausmachen. Meinst du nicht auch?«

Warum in aller Welt fragte er mich das? Sah ich aus, als wüsste ich besser als er, was man von uns erwartete? Es interessierte mich nicht im Geringsten, ob sich die Wächter dem religiösen Lebensstil des *Dharma* verschrieben hatten oder nicht. Im ersten Moment war ich gereizt, aber dann besann ich mich eines Besseren. Vinh war nicht mein Feind. Im Moment waren Sunan und er meine einzigen Verbündeten.

Instinktiv hob ich die Hände, bis mir wieder einfiel, dass ich ja laut sprechen musste.

»E... essen«, sagte ich. »Ich habe Hunger.«

»Ich auch«, erklang Sunans Stimme von unten. »Seit gestern schon. Vor lauter Magenknurren konnte ich kaum einschlafen.«

»Red keinen Quatsch. So wie du geschnarcht hast, bist du sofort eingeschlafen«, knurrte Vinh.

Offensichtlich hatte auch er letzte Nacht kaum ein Auge zugetan.

Ich schnappte mir das *Tángzhuāng* von gestern und kletterte vom obersten Bett. Dabei schoss mir ein heftiger Schmerz durch die Rippen, der in meinen gesamten Brustkorb ausstrahlte, aber ich ließ mir nichts anmerken. Jetzt, da ich mich entschlossen vor ihnen aufbaute, verkniffen sich die Wächter ihre Frotzeleien. Die Männer musterten mich schweigend von Kopf bis Fuß und fragten sich offensichtlich, aus welchem Holz ich geschnitzt war. Ich knöpfte mein Hemd zu und erwiderte ihre Blicke grimmig.

»Los jetzt«, sagte ich zu Sunan, der offenbar Schwierigkeiten hatte, aus dem Bett zu kommen. Eigentlich hätte mich das nicht zu kümmern brauchen. Aber nachdem Sunan mir in der Kutsche geholfen hatte, wollte ich mich revanchieren. Ich wollte nicht, dass ihn irgendjemand für ein einfältiges, verhätscheltes Muttersöhnchen hielt, obwohl er das eindeutig war.

Die feuchte Morgenluft draußen fühlte sich auf meinem Gesicht herrlich erfrischend an. Anders als in Penglais Innenstadt waren mir auf dem Gebiet der Palastanlage noch keine unangenehmen Gerüche aufgefallen. Ich atmete die tropische Fülle ein und hoffte, sie würde meinen Kopf freimachen. Ich brauchte eine klare Vorstellung davon, wohin man mich gebracht hatte und welche Fluchtmöglichkeiten es gab. Alle anderen Gedanken verbannte ich aus meinem Kopf. Ich würde es kein zweites Mal zulassen, dass Kummer und Verzweiflung mich außer Gefecht setzten.

Sunan und Vinh folgten mir wie zwei Bärenjungen, als ich den Weg entlangging, den wir gestern gekommen waren. Das erschien mir seltsam, denn ich war jünger als sie. Wir betrachteten schweigend die Umgebung. Im heller werdenden Morgenlicht wirkte der Bedienstetenbezirk noch größer als im Dunkeln. Es gab Ansammlungen von Häusern und einzelne Amtsgebäude, Geländer aus weißem Marmor und dekorative Holzschnitzereien. Hinter den Gebäuden erhob sich eine scharlachrote Mauer aus Stein. Sie zu überwinden, wäre für mich als Bianfu kein besonderes Kunststück. Das größere Problem war, was ich danach anfangen würde. Ich hatte keine Ahnung, wo Ren war, ich besaß keinen einzigen Wen, und mein Eintrag im Himmelsnetz war mit dem Vermerk »nicht vertrauenswürdig« versehen. Alle Türen, für die ein Geren-Scan erforderlich war, wären mir verschlossen, solange sich daran nichts änderte. Ohne Geld konnte ich uns weder mit dem Zug noch zu Pferd nach Hause bringen. Wenn ich jetzt unüberlegt handelte, würde ich nur vom Regen in die Traufe geraten.

Wir passierten ein Verwaltungsgebäude und mehrere Schreinereien. In der Nähe eines großen Palastgebäudes kamen uns vier Beamte in auffälligen Roben mit Schmetterlingsärmeln entgegen. Ihre kegelförmigen *Fútóu*-Hüte machten ihren Status deutlich.

Schnell wichen wir an den Straßenrand aus und verneigten uns. Doch anders als erwartet nickten die Männer zurück.

Sie grüßten.

Nahmen Notiz von uns.

Noch nie hatte ich Beamte dieses Ranges auch nur mit eigenen Augen gesehen, Gelehrte, die für die Zentralregierung arbeiteten, geschweige denn, dass mir jemand so Wichtiges zugenickt hätte. In Sandu hatten mich Beamte, egal welchen Standes, immer nur skeptisch beäugt, als wäre ich ein potenzieller Krimineller. Hier im Tigerpalast schien das anders zu sein. Ich wurde gesehen. Der Sandelholzduft, der hinter den Beamten durch die Luft zog, erinnerte mich daran, wie tief ich ins Herz des Wohlstandes eingedrungen war.

Ich fühlte mich fehl am Platz. Als wäre ich ein Maultier in einer Herde Vollblutpferde und als wäre es nur eine Frage der Zeit, bis man meine Minderwertigkeit bemerkte. Wie aufs Stichwort rief mich eine strenge Frauenstimme: »Kong Dawei?«

Ich bekam Gänsehaut. Auf dem gepflasterten Weg kam eine Frau auf uns zu. Sie trug eine lange schwarze *Chángpáo*-Robe mit hohem Kragen und ein rotes Taillenband. Die Frau war breitschultrig und muskulös, mehr noch als die Bianfu-Mädchen in Namla. Dennoch war ihr Gesicht auffällig zart: Die Haut hatte einen feurig goldenen Schimmer und ihre Wangen eine kupferne Röte. Ihre langen Haare waren zu einem hohen Pferdeschwanz gebunden.

»Kong Dawei?«, fragte sie erneut.

»*Ja?*«, antwortete ich aus Reflex in Gebärdensprache.

»Mein Name ist Tanashiri, ich bin die persönliche Leibwächterin des zukünftigen Clanoberhaupts, Prinzessin Jian Ailing. Bitte komm mit mir. Ich habe den Auftrag, dich auf die Krankenstation zu bringen. Prinzessin Ailing vermutet, dass du vielleicht Knochenbrüche hast.« Die Frau musterte mich von Kopf bis Fuß und runzelte die Stirn. »Oder hat sie sich möglicherweise geirrt? Prinzessin Ailing war bei der Auswahlzeremonie nicht dabei. Sie hat Houyis Bericht gelesen, und aus eigener Erfahrung kann ich sagen, dass darin nicht immer die volle Wahrheit steht.«

»Bringen Sie ihn bloß schnell auf die Krankenstation«, antwortete Sunan für mich. »Bruder Kong sieht gesund aus, er ist es aber nicht. Fragen Sie mich nicht, wie er das anstellt. Vinh und ich haben von der Seite aus beobachtet, wie der Wächter ihn halb tot geprügelt hat. Seine Rippen sind ein einziger blauer Fleck.«

»Verstehe. Dann folge mir.«

Tanashiri hatte sich schon umgedreht, als Vinh fragte: »Und wir? Was sollen wir tun?«

»Ihr tut nichts ohne den Befehl eures *Shīzūn*. Houyi steht Frau Jian bis zum Nachmittag zu Diensten, und bis dahin werdet ihr den inneren Palastbereich nicht verlassen. Ich würde euch raten, etwas zu essen und euch auszuruhen. Eure Ausbildung bei Houyi beginnt, sobald er zurückkehrt.«

»Und sie beinhaltet …?«, versuchte Vinh, ihr eine Erklärung zu entlocken.

Tanashiri sah ihn an wie den letzten Idioten. »Was glaubst du denn, worin ihr ausgebildet werdet? Kalligrafie? Ihr wurdet als Wächter eingekauft, also müsst ihr wissen, wie man *kämpft*. Das hier«, sie deutete auf mich, »ist eine große Kunst, die ihr alle beherrschen solltet. In den kommenden Monaten werdet ihr alle ein einziger blauer Fleck sein.«

Der Palastarzt erklärte mir, was ich über meinen Gesundheitszustand bereits wusste: Meine Blutqualität hatte sich verschlechtert. Durch meine düsteren Gedanken hatte sich unreines Blut in mir angesammelt, das Schmerzen und Unwohlsein verursachte. Meine Rippen waren nicht gebrochen, aber ich war derart übel zugerichtet, dass mich der Arzt eigentlich erst nach einigen Tagen Beobachtung wieder entlassen wollte. Unter der Bedingung, dass ich täglich zum Schröpfen vorbeikäme, bis das unreine Blut aus meinem Körper entfernt war, durfte ich die Krankenstation jedoch wieder verlassen. Kämpfen durfte ich allerdings nicht. Der Arzt drohte, keinen einzigen Kratzer mehr an mir zu flicken, nicht einmal eine Papierschnittwunde. Sofern ich seine Hilfe noch einmal in Anspruch nehmen wollte, müsste ich meine Rippen in aller Ruhe ausheilen lassen.

Egal. Ich hatte nicht die Absicht, im Palast zu bleiben. Als Tanashiri mich zurück zum Wächterquartier begleitete, überlegte ich, ob ich sie nach Ren fragen sollte. Die Frau wirkte umgänglich. Sie prahlte nicht vor mir, wie es jeder männliche Wächter bisher getan hatte, und begleitete mich gewissenhaft überallhin, obwohl sie sicher wichtigere Aufgaben zu erledigen hatte. Entweder lag es daran, dass sie mir noch nicht vertraute, oder daran, dass ich mich ohne sie auf dem riesigen Palastgelände verlaufen hätte.

Mir wurde klar, dass der Palast in zwei separate Teile gegliedert war: den nördlichen inneren Bereich und den südlichen äußeren.

Die Gebäude des inneren Bereichs waren Wohn- und Amtsgebäude, zu denen außer den Beamten der Clanfamilie und den Hofbediensteten niemand Zutritt hatte. Im äußeren Bereich standen prächtige, imposante Bauwerke, die repräsentativen Zwecken dienten und auf dreistöckigen Marmorpodien errichtet waren. Die Räumlichkeiten der Clanfamilie befanden sich im Zentrum des inneren Palastbereichs: Sie stachen nicht nur durch ihre Größe, sondern auch durch ihre Pracht hervor. Jede Säule, jede Tür und jedes Geländer war mit detaillierten Holzschnitzereien und Marmorgravuren verziert. Auf den Dachfirsten schützten Wasserdrachen, die *Chīwěn*, die Gebäude vor Bränden.

Es fiel mir schwer zu begreifen, dass es Menschen gab, für die der Tigerpalast ein Zuhause darstellte. Ihre alltägliche Realität. Mir schnürte sich die Kehle zu bei dem Gedanken, dass es auch Rens Zuhause hätte sein können. Hätte ich ihn rechtzeitig gebremst, mich mutiger verhalten und ihm versichert, dass ich in Naraka zurechtkommen würde, wäre er vielleicht nicht so ausfallend gegenüber Frau Jian geworden. Stattdessen hatte ich seinen Platz beansprucht und ihm die letzte Chance auf ein anständiges Leben genommen. Ich, der sich niemals an den Luxus gewöhnen würde.

»Darf ich«, begann ich und gab mir große Mühe, deutlich zu sprechen, »eine Frage stellen?«

»Natürlich darfst du das«, antwortete Tanashiri. »Was möchtest du wissen, Bruder?«

»Ich habe Wächter gesehen. In der Stadt. Wie lange dauert es … bis ich nach draußen darf?«

»Du hast es eilig, deinen Bruder zu finden«, vermutete sie. Ihre Worte trieben mir die Hitze ins Gesicht. Um den heißen Brei herumzureden war zwecklos, also nickte ich. Tanashiri seufzte. »Am Anfang tun sich alle schwer. Ich könnte dir befehlen, deinen Bruder zu vergessen und deine Augen für das Glück zu öffnen, mit dem der Himmel dich gesegnet hat – aber du würdest ohnehin nicht darauf hören. Du wirst deinen aussichtslosen Kampf so lange fortführen, bis du deine Chancen vertan hast und einsiehst, dass dein Handeln keinen Sinn hatte.«

»Ich will nur wissen. Ob es *Gēge* gut geht.«

Das war nicht die ganze Wahrheit. Nur zu wissen, dass es ihm gut ging, würde mir nicht genügen. Ich wollte uns aus Penglai heraus, in Sicherheit bringen. Zurück nach Madang. Zurück zu Dray und Freyal. Ich wusste nicht, ob Tanashiri in Sang geboren war, ihr Name deutete zumindest darauf hin, dass ihre Wurzeln nicht in Fusang lagen. Wenn sie je ein Leben fernab von Penglais grellen elektrischen Lichtern geführt hatte, wüsste sie vielleicht, wie es war, alle Hoffnung aufzugeben. Wie unmöglich es war, zu vergessen.

Sie dachte lange über meine Worte nach.

»Diesen Blick habe ich schon so oft gesehen«, sagte sie schließlich. »Komm mit. Ich will dir etwas zeigen.«

Plötzlich änderte sie die Richtung. Sie führte mich in einen nahe gelegenen Garten, in dem sich Wege aus kunstvollen Steinplatten zwischen üppigen Blumenbeeten und Trauerweiden hindurchschlängelten, gesäumt von rot gestrichenen Sitzbänken und Ziersteinen auf Marmorsockeln. Wir gingen weiter, bis wir einen Teich erreichten, der mit großen Seerosen übersät war. Mitten auf einer künstlich angelegten Insel war eine mehrstöckige Holzpagode errichtet.

Ich war von der Schönheit, die mich umgab, so überwältigt, dass es mir ein Rätsel war, wie nüchtern Tanashiri sich ihr gegenüber verhielt. Sie verzog angesichts der weiß-goldenen Karpfen, die unter der hölzernen Bogenbrücke schwammen, keine Miene und steuerte ohne anzuhalten weiter auf die Pagode zu.

Ich blieb hinter ihr zurück, schloss die Hände um das lackierte Brückengeländer und blickte ins Wasser. Die Fische sahen mich – sie schwammen zu mir und streckten ihre offenen Mäuler aus dem Wasser, als warteten sie darauf, dass ich ihnen Futter zuwarf. Noch nie hatte ich einen echten Karpfen gesehen. Ich kannte sie nur von Gemälden und aus den Geschichten, in denen sich die Karpfen, die stromaufwärts den Longmen-Fluss hinaufschwammen, nach dem Bezwingen eines Wasserfalls in mächtige Drachen verwandelten. Ren hatte sie mir als Kind erzählt. Er hatte gehofft, dass sie mich dazu animieren würden, hart zu arbeiten.

Du musst für deine Träume kämpfen, Dìdi, hatte er gesagt. *Die größten Hindernisse auf dem Weg zu deinen Träumen sind die kleinen Wünsche, die du in der Gegenwart hast.*

Ich umklammerte das Geländer. Jetzt war nicht die Zeit, die Nerven zu verlieren. Noch konnte ich alles in Ordnung bringen. Wenn ich nur die Ruhe bewahrte, würde alles wieder gut werden. Nur keine Angst.

Ich wischte mir mit dem Ärmel über die Augen und ging weiter zur Pagode.

Im Innern führte mich Tanashiri zu einer Wendeltreppe. Wir stiegen Stockwerk für Stockwerk hinauf, bis wir meiner Zählung zufolge mindestens acht Ebenen erklommen hatten. Als wir schließlich die Spitze der Pagode erreichten, war ich hoffnungslos außer Atem. Tanashiri atmete ganz normal. Sie trat an das Geländer heran und präsentierte mir mit einer ausholenden Bewegung den Ausblick, der sich vor uns auftat.

»Sieh. Überzeug dich selbst«, sagte sie. »Wohin willst du gehen, um nach deinem Bruder zu suchen?«

Ich begriff sofort, was sie meinte. Das winzige bisschen Trost, das mir der wunderschöne Garten geschenkt hatte, erstarb auf der Stelle. Das Palastgelände war von einem breiten Wassergraben umgeben, der den Tigerpalast vom Rest der Stadt trennte. Jenseits der Mauer tat sich Penglai in seinem ganzen erschreckenden Ausmaß auf. Die mehrstöckigen Gebäude setzten sich unter uns fort, so weit das Auge reichte, und die Sendemasten des Himmelsnetzes ragten an den Rändern der Stadt wie Speere in die Luft.

Der Anblick führte mir die Macht der Hauptstadt vor Augen, all das, was mich daran erinnerte, wie winzig ich war, wie hilflos meine Versuche, gegen die herrschende Ordnung anzukämpfen. Mir war, als hätte sich die feuchte Luft in Penglai wie ein Film auf meine Haut gelegt. Ich konnte keine frische Luft atmen, nicht einmal das ließ mir diese verfluchte Stadt. Ich starrte vor mich hin, ohne etwas zu sagen.

»Das Leben als Wächter ist gar nicht so schlimm«, sagte Tanashiri. »Nicht alle in der Clanfamilie sind wie Frau Jian. Wenn du deine Karten richtig spielst, kannst du einem der sanftmütigen Mitglieder dienen. Prinzessin Ailing hat sich bereits um dich gekümmert. Ohne sie wären deine Verletzungen nicht behandelt worden. Vergiss das nicht.«

Ich schwieg.

Tanashiri holte tief Luft. »Niemand wird dir Pfeile hinterherschicken, solltest du beschließen zu gehen. Das ist auch gar nicht nötig. Frau Jian kann dich suchen lassen, wenn du fliehst. Deinen Geren wirst du nicht einsetzen können, denn dein Aufenthaltsort wird sofort ans Himmelsnetz übermittelt. Aus Angst vor der Überwachung wirst du auf der Straße betteln müssen – und die Wut, die dich jetzt antreibt, wird verkümmern. Das habe ich alles schon gesehen.«

Ich sagte immer noch nichts. Wahrscheinlich erwartete Tanashiri gar keine Antwort von mir. Sie hatte mir deutlich vor Augen geführt, dass ein Gefängniswärter, der jeden meiner Schritte überwachte, überhaupt nicht vonnöten war. Ketten gab es nicht. Nichts Greifbares, wogegen ich hätte kämpfen können.

Ich stützte die Ellbogen auf das Geländer. Legte mein Kinn auf den Handrücken und blickte über das endlose Dächermeer der Millionenstadt. Die Grenze zur Freiheit war so zerbrechlich. So hauchzart, dass es geradezu widersinnig erschien, nicht einfach zu gehen. Aber da stand ich nun. Frei. Und doch in Fesseln.

11. Kapitel

»Die erste Lektion lautet: Vergesst alles, was ihr bisher über das Kämpfen gelernt habt. Mag sein, dass euch Frau Jian wegen eurer besonderen Eigenschaften ausgewählt hat, aber wir sind hier keine Individuen. Außergewöhnliche Fähigkeiten, Alleingänge oder Kreativität stören ein einheitliches Vorgehen. Und gestörte Truppen sind schwach. Wahre Stärke liegt in einem gemeinsamen Ziel und gemeinsamen Regeln, die unsere Truppen durch Feuer und Wasser gehen lassen, ohne auch nur einen Moment zu zögern. Das ist die Art von Wächtern, die Frau Jian braucht.«

Houyis Stimme war kräftig und durchdringend. Sie hatte eine natürliche Autorität, was darauf schließen ließ, dass wir nicht seine ersten Schüler waren. Sunan und Vinh standen links von mir, Neana und Zhaya rechts. Die jungen Frauen trugen in der Wächterausbildung die gleiche Kleidung wie wir: schwarze, ärmellose *Chángpáos* mit roten, langärmeligen Hemden und grauen Sporthosen darunter. Ihre Gesichter waren ernst und konzentriert, während sie Houyi zuhörten.

Waren die Kandidaten bei der Auswahlzeremonie noch schüchtern gewesen, strahlten sie jetzt eine völlig andere Energie aus. Sie standen aufrecht, die Hände hinter dem Rücken gefaltet und die Beine schulterbreit, als wären sie stolz auf ihre neue Stellung. Die Umgebung und die Kleidung zeigten eindeutig Wirkung.

Man hatte uns auf den palasteigenen Übungsplatz gebracht, der von üppigen, immergrünen Bäumen umgeben war. Sie boten Schutz vor direkter Sonneneinstrahlung. Am einen Ende des Platzes stand ein rotes *Páilou*-Tor, am anderen Ende eine überdachte Tribüne. Es war friedlich. Der Wind rauschte in den Blättern, und die Vögel zwitscherten. Von irgendwoher hörte man den gedämpften Klang traditioneller Musik.

»Die zweite Lektion lautet«, fuhr Houyi fort, »vergesst alles, was ihr über Meister Shuya gelernt habt. Wie strikt ihr seinem Weg in eurer Freizeit folgt, ist eure Sache, aber während ihr der Clanfamilie dient, möchte ich nicht, dass sich jemand von euch auf die Lehren des Friedensbringers beruft, selbst wenn die Befehle unserer Herrin im Widerspruch zu euren moralischen Vorstellungen stehen.«

Neana und Sunan warfen einander unsichere Blicke zu. Die Friedenslehren von Meister Shuya zu verleugnen, war, gelinde gesagt, sonderbar. Es ging dabei um die *Dào*, eine philosophische Schule und Lebensweise, in deren Namen die Clanoberhäupter jährlich Rituale ausführten. Im dritten Jahr des Schwarzen Regens hatten die Anhänger von Meister Shuya die Regierung des historischen Fusang gestürzt und einen blutigen Putsch angezettelt, um die Gesellschaft nach den Lehren des Meisters neu aufzubauen. Dass die Elitesoldaten angewiesen wurden, etwas so Grundlegendes zu missachten, erschien mir absurd.

Andererseits war es sinnvoll, diesen Befehl gleich zu Beginn der Ausbildung zu geben, denn nichts widersprach Meister Shuyas Friedenslehre mehr, als einem unbewaffneten Zivilisten, der sich bereits ergeben hatte, ohne vernünftigen Grund die Hand abzuschlagen.

Ich sah Houyi an, der mich den Nachmittag über bislang gleichgültig behandelt hatte. Er trug die gleiche Kleidung wie wir, mit dem einzigen Unterschied, dass das Band um die Taille für uns Schüler gelb und für die Ausbilder schwarz war. Houyis Haare waren zu einem ordentlichen Knoten gesteckt, und um die Stirn trug er ein schwarzes Band mit langen Enden, die ihm den Rücken hinabhingen.

Er kniete vor uns auf dem Boden und sah gelangweilt aus, blickte aber jedem seiner Schüler der Reihe nach in die Augen. Neben ihm saßen Tanashiri und ein weiterer männlicher Wächter, der sich als Qadan vorgestellt hatte. Qadan war der älteste unserer Ausbilder, ich schätzte ihn auf vierzig, denn er trug einen Schnurrbart – sich nicht zu rasieren, galt in der fusangischen Kultur erst von diesem Alter an als akzeptabel. Sein Gesicht war kantig-maskulin und sein pechschwarzes Haar zu einem langen, groben Zopf geflochten. Über sein linkes Auge zog sich eine dünne Narbe.

Genau daran erkannte ich ihn: Qadan war der Wächter, der mir das Schwert an den Hals gehalten hatte. Der mich wie einen Sack über die Schulter geworfen und aus dem Auswahlraum getragen hatte, ohne meinen verzweifelten Widerstand auch nur im Geringsten zu beachten. Beim Anblick der beiden Männer wurde mir flau im Magen. Wie konnten sie nur tun, als wäre nichts geschehen? So schlecht konnte Houyis Gedächtnis doch nicht sein, dass er mich nicht als denselben Bianfu erkannte, den er gerade mal einen Tag zuvor gedemütigt hatte. Trotzdem schenkte er mir nicht mehr oder weniger Beachtung als den anderen Schülern.

Wäre ich Houyi hier und jetzt zum ersten Mal begegnet, hätte ich ihn als einen ganz normalen strengen Lehrer betrachten können. Als Meister, *Shīzūn*, wie er selbst genannt werden wollte. Aber Houyi hatte es sich zur Aufgabe gemacht, mich zu brechen. Er hatte demonstrieren wollen, dass alle Macht bei ihm lag. Ren und ich stellten in Penglai so etwas wie eine fremde Spezies dar, eine unbekannte Bedrohung, die Houyi sich von vornherein unterwerfen wollte.

Was soll's, dachte ich und stellte mich brav in die Reihe. Ich ging, wohin man mich haben wollte, schmiedete in Gedanken aber längst einen anderen Plan. Zuallererst musste ich einen Falken rufen. Über Meimei konnte ich Ren einen Brief schicken. Kaum zu glauben, dass ich vor wenigen Tagen noch von elektronischer Kommunikation geträumt hatte. Ich hätte wissen müssen, dass man dem staatlichen Himmelsnetz nicht trauen konnte – nur deshalb war ich erwischt worden. In einem Brief, der von einem Falken überbracht wurde, konnte ich hingegen schreiben, was ich wollte, und der Staat würde es nie erfahren.

Während ich so nachdachte, fuhr Houyi fort: »Für diejenigen unter euch, die eine Militärschule besucht haben, ist es nichts Neues, den Glauben hintenanstellen zu müssen. Erinnere ich mich richtig, dass einer von euch schon als Söldner gearbeitet hat?«

Vinh nickte und zitierte: »Sunzi hat gesagt: ›Vorherwissen kann nicht Geistern und Dämonen entlockt werden; es kann nicht durch Analogien abgeleitet werden; es kann nicht durch Berechnungen ermittelt werden. Es muss von Menschen erworben werden, von Menschen, die die Bedingungen beim Gegner kennen.‹«

»Das bezieht sich auf die Kriegsführung«, sagte Houyi. »Sehr gut.«

Vinh lächelte. Seine Brust schwoll vor Stolz über das Lob an.

Aha, du bist also Söldner?, fragte ich in Gedanken. Seine Himmelstätowierung hatte schon darauf schließen lassen, aber jetzt hatte sich mein Verdacht bestätigt. Es war durchaus üblich, dass sich Kinder aus armen Gegenden in der Hoffnung auf einen besseren Verdienst als Kämpfer anwerben ließen. Söldner erhielten einen Schuldennachlass – aber wie Vinhs Fall bewies, reichte selbst das nicht immer aus, wenn es eine ganze Familie zu versorgen galt. In Madang waren Söldnergruppen gefürchtet. Es waren junge Männer, die durch die unverhoffte Macht vergiftet wurden. Die ihre Aggressionen an Schwächeren ausließen und den Mädchen Narben zufügten. Söldner waren der Grund gewesen, weshalb Ruby Shay Männer zu hassen gelernt hatte.

»Müssen wir uns näher mit Sunzi befassen?«, fragte Sunan und klang dabei ein wenig besorgt.

»Nein«, antwortete Houyi. »Um eines klarzustellen: Wir sind hier nicht in der Schule. Selbst wenn ihr zu gegebener Zeit eine Eignungsprüfung ablegen werdet, wird die Ausbildung zum Wächter nie enden. Wir sind nicht hier, um Kriegsstrategien zu pauken oder die Territorien anderer Clanfamilien zu erobern. Ich bilde euch nicht für die Armee aus. Ihr werdet zur Elite von Frau Jians Leibwache gehören. Wenn ich mit euch fertig bin, wird ein Einziger von euch so effizient sein wie fünfzig staatliche Fußsoldaten. Ihr werdet wissen, wie man mit Schwert und Bogen umgeht und zahlreiche Kampftechniken wie *Shǎolín*, *Bāguà Zhǎng* und *Hóng Jiā* beherrschen. Und was am wichtigsten ist: Ihr werdet in der Lage sein, unsere Herrin zu beschützen. Natürlich schadet es nicht, sich mit Sunzi zu befassen. Als Leitfaden zur psychologischen Kriegsführung kann ich ihn voll und ganz empfehlen. Sunzi lehrt, dass die Kriegsführung auf der Kunst der Täuschung beruht. Will man, dass der Feind einem zuhört, muss man ihm etwas nehmen, das er liebt. Zum Beispiel …« Houyi richtete seine Aufmerksamkeit auf mich. »Wenn ich jetzt Herrn Kong sagen würde, dass ich weiß, wo sein Bruder ist, hätte ich mir schon Gehör verschafft.«

Es wurde still. Im Garten, in meinem Kopf. Vollkommen still.

Als ich begriff, was er gerade gesagt hatte, stellten sich mir die Nackenhaare auf wie bei einem angriffslustigen Wolf. Wusste Houyi, wo Ren war? Oder war das nur eine gemeine Lüge, mit der er Sunzis Lehre beweisen wollte? Ich warf einen Blick auf Sunan neben mir. Er starrte mich an. *Alle* starrten mich an und warteten auf irgendeine Reaktion. Aber die wollte ich ihnen nicht liefern. Ich biss die Zähne zusammen – doch meine Hände waren bereits zu Fäusten geballt, und mein Körper stand unter Strom. Das genügte, um zu beweisen, dass Houyi recht hatte: Er hatte sich Gehör verschafft.

»Ich will nicht allzu lange darauf herumreiten, aber ihr seid jetzt Eigentum von Frau Jian«, sagte Houyi. »Je schneller ihr das akzeptiert, desto leichter wird es für uns alle. Was ihr tut, hat nicht nur Konsequenzen für euch selbst, sondern auch für alle anderen. Vor allem für uns, die wir die Verantwortung für euch tragen.«

Ich gab mir alle Mühe, nicht mit den Augen zu rollen.

»Tanashiri und Qadan werden mich bei eurer Ausbildung unterstützen. Ihr werdet sie mit *Qiánbèi* ansprechen.« Houyi deutete mit dem Kopf auf die knienden Wächter neben sich. »Wir fangen gleich morgen früh an. Nehmt nur ein leichtes Frühstück ein, es sei denn, ihr wollt euch übergeben und den Rest des Trainings damit verbringen, Reiskörner einzusammeln.«

»Trainieren wir alle zusammen?«, fragte Vinh. »Ich meine … Na ja, wir kämpfen alle auf ziemlich unterschiedlichem Niveau.«

Vielleicht zufällig, vielleicht absichtlich fiel sein Blick auf Neana. Sie errötete. Mir war klar, worauf Vinh hinauswollte: Er war Söldner, während Neana wahrscheinlich überhaupt keine Kampferfahrung hatte. Ebenso wenig wie Sunan, der aussah, als wäre er eben erst aus dem Nest gefallen.

»Ihr fangt alle auf demselben Niveau an«, antwortete Tanashiri. Ihre Stimme war strenger als zuvor mir gegenüber. »Mädchen werden hier nicht anders behandelt. Ihr trainiert gemeinsam, niemand darf weniger anstrengende Liegestütze machen oder verlangen, nur Mann gegen Mann zu kämpfen. Wir beurteilen euch nicht nach dem Geschlecht, auch wenn ihr auf verschiedenen Seiten der Palastanlage wohnt.«

Jetzt war es an Vinh, rot zu werden. »Tut mir leid, so habe ich das nicht gemeint … Es ging mir nur um die unterschiedlichen Vorkenntnisse. Wenn wir Schwertkampf oder Bogenschießen üben, fangen manche bei Null an, während andere jahrelange Erfahrung haben. Ich weiß, dass ich gut bin, und Kong-*shīdì* ist ein Bianfu.« Vinh nickte mir zu. »*Cào*, ich habe gesehen, wie er sein Qi kultiviert. Wollt ihr etwa auch ihm erklären, wie man ein Schwert zu halten hat?«

»Was habe ich euch gerade eben über eure erste Lektion gesagt?«, knurrte Houyi. »Bist du wirklich so begriffsstutzig, dass du es nicht schaffst, zwei Grundregeln im Kopf zu behalten?«

»Vergesst alles, was ihr über das Kämpfen gelernt habt«, sagte Zhaya mit einem süßlichen Lächeln auf den Lippen.

»Außerdem hat der Bianfu kein Qi kultiviert«, fügte Houyi hinzu und rümpfte die Nase. »Ich weiß nicht, welche Art von nördlichem Schamanismus das war, aber zumindest nicht das *Nèigōng*, das ich kenne. Es war völlig nutzlos.«

Ich lächelte. Einen feuchten Dreck wusste er über die Brücke zwischen Qiu und mir. Die Tatsache, dass er mich einen flüchtigen Moment lang mit goldenen Falkenaugen gesehen hatte, verriet ihm noch lange nichts über meine Fähigkeiten. Im Wagen war ich verwirrt, hysterisch und unbewaffnet gewesen, aber wenn Houyi eine Kostprobe meiner Fähigkeiten haben wollte, konnte ich auf der Stelle zum Vergeltungsschlag ausholen.

»Es gibt unendlich viele Möglichkeiten, Energie zu nutzen und sie in eine Waffe zu verwandeln«, fuhr Houyi fort. »Nur weil es verschiedene Methoden gibt, heißt das nicht, dass sie alle genutzt werden sollten. Manche sind fragwürdiger als andere. *Nèigōng* ist eine natürliche Art, das Qi zu kultivieren. Sie zu praktizieren, schadet weder dem Gleichgewicht der Natur noch verärgert sie den Himmel. Deshalb halten wir uns daran. Wir wenden keine archaischen oder unnatürlichen Methoden an und verehren auch keine Waffentechnologie, nur um mehr Macht zu erlangen. Die Geschichte hat bewiesen, zu welchen Katastrophen menschliche Zerstörungskraft führen kann. Der Schwarze Regen war die Strafe des Himmels für die Menschheit. Ohne Meister Shuya und seine Führung würde Fusang noch immer unter Hungersnöten und Anarchie leiden. Umso wichtiger ist es daher, dass sich die Herrscher von Fusang bewusst machen, welche Technologien weiterentwickelt werden können und wo Zurückhaltung geboten ist. Der illegale Waffenhandel ist heutzutage eine der größten Bedrohungen für unser Land. Als Wächter liegt es an uns, unser *Nèigōng* so weit zu entwickeln, dass wir mit der Kraft und Schnelligkeit von Schusswaffen mithalten können. Nur so können wir unsere Herrscher in Bedrohungslagen schützen.«

»Ist es also wahr, was man sich erzählt?«, fragte Sunan. »Dass ihr Wächter zu Übernatürlichem fähig seid? Ihr hebelt die Gesetze der Physik aus, indem ihr Drehungen in der Luft vollführt, Energieschilde aufbaut und so weiter?«

»Ich habe gehört, dass die Herrscherin des Ling-Clans Feuer speien kann«, sagte Neana zu Sunan. Ihre großen Augen leuchteten vor Aufregung, als sie hinzufügte: »Wie ein Feuervogel!«

Die Wächter seufzten wie aus einem Mund und tauschten Blicke aus, die verrieten, dass sie dieses Gespräch schon Dutzende Male geführt hatten. Wenn an Neanas und Sunans Gerede von Energieschilden und Feuerspeierei etwas Wahres dran war, dann waren diese Geschichten offenbar nicht viel wundersamer als die Realität. Die Wächter reagierten auf die Gerüchte so nüchtern wie auf kochendes Teewasser.

Qadan räusperte sich. Seine dunkle Stimme kam einem tiefen Grollen gleich: »Ich könnte den jungen Prinzen Lian fragen, ob es ihm recht wäre, die Verwendung von Qi zu demonstrieren. Dann wäre das Thema schnell vom Tisch.«

»Lian-*shàoye*? Sie meinen, der Tigerprinz höchstpersönlich würde uns eine Kostprobe seiner Kunst geben?« Sunan strahlte übers ganze Gesicht. »Himmel …«

»Ganz genau«, sagte Qadan. »Und danach wird sich das Gerede vom Übernatürlichen hoffentlich erledigt haben, und ihr konzentriert euch auf eure eigenen Leistungen. Wir werden euch beibringen, euer Qi zu kultivieren, allerdings nicht, um spektakuläre Kunststücke zu vollführen, sondern um euch als Kämpfer weiterzuentwickeln. Behaltet das im Hinterkopf.«

Mein Bruder,

Worte reichen nicht aus, um zu beschreiben, wie schwer mir das Herz ist. Ich denke an dich und bete, dass du in Sicherheit bist. Mach dir keine Sorgen um mich. Mir geht es gut. Ich werde so bald wie möglich zu dir kommen. Bitte schreib mir. Ich kann nicht schlafen, wenn ich nicht weiß, dass es dir gut geht.

Dìdi

Ich rollte den Brief zusammen und umwickelte ihn mit einer Hanfschnur, die Sunan für mich beschafft hatte. Dann blickte ich zum

Nachthimmel hinauf. Es war bereits einige Zeit vergangen, seit ich die Falken gerufen hatte, und ich wusste, dass beide in der Nähe waren. Da hörte ich ein Rascheln in den Baumkronen, und kurz darauf erschienen die großen Flügel eines Raubvogels und breiteten sich zu einer dämonenhaften schwarzen Silhouette aus.

»Wow«, keuchte Sunan und wich zurück, als Meimeis riesige Gestalt sich aus den Schatten der Trauerweiden löste. Obwohl der lederne Armschoner verhinderte, dass sich ihre Krallen in mein Fleisch bohrten, war ihr fester Griff bis in die Knochen zu spüren. Sie war größer als Qiu und peitschte eine ganze Weile mit den Flügeln, bevor sie ihr Gleichgewicht auf meinem ausgestreckten Arm fand.

Hastig befestigte ich die Nachricht an ihrem Fußgelenk. Ich wollte nicht riskieren, dass jemand sie sah. Obwohl die Stunde des Ebers bereits weit fortgeschritten war und sich keinerlei elektrische Lichtquellen in der Nähe befanden, hatte ich Angst, man könnte uns entdecken. Houyi würde kaum Verständnis für meine heimlichen Nachrichten haben. Sunan hatte ich mitgenommen, um meinen nächtlichen Spaziergang erklären zu können. In seiner Gesellschaft wäre es leicht, den Unschuldigen zu spielen.

»Unglaublich«, sagte Sunan verträumt. Er streckte die Hand nach Meimei aus. Doch kurz bevor er sie berührte, zog er sie wieder zurück. »Tut mir leid. Das darf ich sicher nicht.«

Aus irgendeinem Grund schaffte es seine aufrichtige Bewunderung, mein Herz zu erweichen. Ich sah mich um. Niemand war in der Nähe. Die Grillen zirpten in der Nacht.

»Möchtest du sie streicheln?«, fragte ich lächelnd.

Sunan sah mich überrascht an. Er gluckste vor Freude und streckte die Hand wieder nach dem Falken aus. Vorsichtshalber hielt ich Meimei an den Knöcheln fest, damit sie keinen abrupten Fluchtversuch unternahm. Mich kannte sie und fühlte sich in meinem Beisein sicher, dennoch riss sie empört den Schnabel auf, als ein Fremder sie berührte. Sunan strich ihr über die Brustfedern, die mit ihrem Muster an Pfeilspitzen erinnerten.

»Du kommst aus einer ganz eigenen Welt, Dawei«, sagte er und benutzte meinen Vornamen wie bei einem Freund. »Das ist … äh. Wahnsinn. Kein Wunder, dass wegen dir alle durchdrehen.«

»Tun sie doch gar nicht.«

»Mehr als bei mir jedenfalls«, erwiderte er schmunzelnd. Dabei lächelte er zwar, aber ich spürte, dass ihn etwas bedrückte. Seit wir den Übungsplatz verlassen hatten, war er still gewesen. Beim Abendessen hatten wir mit den anderen Wächteranwärtern an einem Tisch gesessen, Sunan aber hatte sich kaum an der Unterhaltung beteiligt.

Dass er plötzlich so zurückhaltend war, machte mich stutzig. Obwohl wir uns erst vor zwei Tagen kennengelernt hatten, hatte ich bereits Vertrauen zu ihm gefasst. Sunan war harmlos. Er war von Anfang an nett zu mir gewesen, und auch wenn er mir naiv erschien, war es angenehm, Zeit mit ihm zu verbringen. Bekanntschaften im Palast zu schließen, war eigentlich nicht mein Plan gewesen, denn ich hatte nicht vor, hierzubleiben. Doch je häufiger sich Sunan mit mir unterhielt oder neben mir saß, desto deutlicher wurde mir, dass ich Gesellschaft brauchte. Er war dabei, zu einem Freund zu werden.

»Sunan«, sagte ich vorsichtig. »Was ist los?«

Er zuckte mit den Schultern, als spielte es keine Rolle. »Es ist albern. Ich …« Er lachte abermals auf, aber an seiner Stimme hörte ich, dass er den Tränen nahe war. »Ich begreife nicht, warum Frau Jian mich ausgewählt hat. Du und Vinh, da liegt es auf der Hand, ihr seid Krieger. Ich dagegen … Meine Eltern fahren Langheckboote. Ich weiß nichts übers Kämpfen, und noch weniger kann ich Sunzi zitieren. Fusang kann ich nicht lesen. Ich weiß kaum, was auf meinem Geren angezeigt wird. Ich habe mir durch nichts Verdienste erworben, ich habe nichts vorzuweisen, was die Gouverneurin bei der Zeremonie hätte anpreisen können. Du hättest den Gesichtsausdruck der anderen sehen sollen, als Frau Jian mir zugenickt hat. Niemand konnte begreifen, warum sie mich ausgewählt hat.«

Er lachte abermals. Offensichtlich half ihm das, mit schwierigen Emotionen umzugehen.

Ich antwortete nicht sofort. Wir konzentrierten uns beide auf Meimei, die sich ein wenig aufgeplustert hatte. Ich überlegte, ob ich überhaupt etwas sagen sollte. Auf jeden Fall nicht das, was meiner Meinung nach Frau Jians Entscheidung beeinflusst hatte: Sunan war einer der schönsten jungen Männer, die ich je gesehen hatte. Es sagte viel über sein Äußeres aus, dass selbst ich an jenem Tag, an dem ich erst zusammengeschlagen worden war und dann in meinem Kopf vor Entsetzen nichts als Dunkelheit geherrscht hatte, seinen himmelblauen Augen nicht hatte widerstehen können. Wahrscheinlich war es Frau Jian genauso ergangen.

Aber das würde Sunan nicht hören wollen. Er wollte so stark sein wie die anderen.

»Aus dir wird ein hervorragender Wächter werden«, sagte ich. »Und ein beliebter noch dazu. Du wirst hier ein gutes Leben haben. Unter Freunden und in Sicherheit.«

»Meinst du das ernst?«

»Ja. Du möchtest gut sein. Das ist das Wichtigste. Was mich angeht … dies ist nicht der richtige Ort für mich. Ich kann hier nicht bleiben.«

Mehr konnte ich ihm dazu nicht sagen. Jetzt wusste er, dass ich immer noch vorhatte, aus dem Palast zu fliehen, und er fragte auch nicht weiter nach. Ich entließ Meimei in die Lüfte. Sie flatterte wie ein kleiner Vogel mit den Flügeln, um unseren Streicheleinheiten zu entkommen. Mit einem Kloß im Hals sah ich ihr nach. Das Atmen fiel mir schwer. Ich hatte gerade ein Stück von Ren losgelassen, ein Stück seiner Seele.

Flieg zu deinem Seelenbruder, flehte ich in Gedanken. Wo auch immer Ren war, was auch immer man ihm angetan hatte, er war noch nicht nach Naraka gebracht worden. Wenn sich Meimei in Penglai aufhielt, dann musste auch Ren noch hier sein.

Noch hatte ich Hoffnung, ihn zu finden.

12. Kapitel

Entgegen Houyis Rat frühstückte ich üppig. Ich hatte seit Tagen nicht mehr richtig gegessen, und als sich meine Nerven beruhigten, kehrte auch mein Appetit zurück. Ich hatte einen Bärenhunger. Im Palast wurde das Frühstück vom Küchenpersonal serviert, das rund um die Uhr im Einsatz war. Neana wusste, dass täglich Tausende Mahlzeiten zubereitet wurden. Jeden Tag wurde so viel entsorgt, dass man davon ein ganzes Dorf hätte ernähren können.

Was Neana da erzählte, hielt ich zunächst für einen Scherz, bis ich mit eigenen Augen sah, was die Wächter aufgetischt bekamen.

Beim Anblick der überbordenden Essensmengen bekam ich einen Kloß im Hals. Zu Hause in Madang war es ein Unding, eine Mahlzeit einfach stehen zu lassen. Weil die Gerichte für mich zubereitet worden waren, fühlte ich mich verpflichtet, von allem etwas zu nehmen. Ich bediente mich an herzhaften *Bāozi* und Weizennudeln mit Gewürzöl. Seidentofu mit Sojasprossen und Fleisch, Klebreis und *Chángfěn*, gedämpfte Reisnudelrollen, die mit Ei, Fleisch oder Gemüse gefüllt waren. Sunan folgte meinem Beispiel und belud seinen Teller reichlich. Und als ich dachte, dass auf meinen eigenen kein Krümel mehr passen würde, legte er mir noch eine herzhaft frittierte *Yóutiáo*-Gebäckstange dazu. Als wir uns an den Tisch setzten, machten die anderen Wächteranwärter große Augen.

»Seid ihr verrückt?«, keuchte Zhaya. »*Shīzūn* hat etwas von einem leichten Frühstück gesagt.«

»Ich hab keine Lust, dein Erbrochenes aufzuwischen«, sagte Vinh.

Sunan grinste mit vollem Mund. »Ich hab eine gute Verdauung. Dieser Bissen wird von meinen Muskeln absorbiert, sobald ich ihn runtergeschluckt habe. Deshalb bin ich auch so groß und stark.«

»Red nicht so einen Quatsch«, sagte Vinh.

»Außerdem wächst Dawei ja noch. Lass das Kind doch essen. Er fällt sonst noch vom Fleisch.«

»*Āiyā*, Sunan!«, schimpfte Neana. »Du kannst Kong-*shīdì* doch nicht als Kind bezeichnen. Auch wenn du älter bist, ihr seid immer noch im selben Jahr geboren.« Die anderen sahen sie an, als scherzte sie. Neana blinzelte. »Was? Liege ich etwa falsch? Ich war nicht im Auswahlraum, als die Gouverneurin die Männer vorgestellt hat.«

»Ich bin sechzehn«, sagte ich.

»Wirklich? Wie ist das möglich?«

Alle sahen mich neugierig an. Niemand von ihnen wusste, was ich angestellt hatte, um vor Ablauf meiner Schuldentilgungsfrist bei der Auswahlzeremonie zu landen. Ich hatte Bedenken, die Geschehnisse in der Baumwollspinnerei überhaupt zu erwähnen. Sie würden mich gefährlicher wirken lassen, als ich war. In Kombination mit meinem ruhigen Auftreten würde ich garantiert wie ein Psychopath wirken: »Ich wurde sozusagen … wegen Beihilfe zu fünf Raubmorden verurteilt.«

Sunan erstickte fast an seinem Essen. Vinh riss die Augen so weit auf, dass seine Tätowierung bis zum Haaransatz hochschnellte, und Zhayas Gesicht wurde kreidebleich.

»Damit wäre das also geklärt«, sagte Neana. »Immerhin weiß ich jetzt, gegen wen ich in Trainingskämpfen besser nicht antrete.«

Sie fuhr sich mit einem Essstäbchen über die Kehle und ließ theatralisch die Zunge heraushängen, als wäre sie tot.

Ich vergaß beinahe zu schlucken.

Machte sich Neana etwa gerade über mein Verbrechen lustig? Ich muss so verdattert ausgesehen haben, dass die anderen anfingen zu lachen. Neana wehrte eine zusammengeknüllte Serviette von Sunan ab und warf sie zurück. »*Cào nǐ mā,* fick dich«, hörte ich sie fluchen, und

Sunan antwortete auf ähnlich vulgäre Weise. Nicht einmal die Waisenkinder von Madang durften sich an Tantchens Tisch so benehmen.

»Offensichtlich habt ihr euch schon etwas zu gut eingelebt«, erklang eine mürrische Stimme hinter uns. Sunan und Neana hörten sofort auf, herumzualbern. Houyi trat mit einer Miene an uns heran, als würde er uns das ganze Chaos auf unserem Tisch am liebsten um die Ohren hauen. »Ihr räudigen Bastarde widert mich an. Ihr benehmt euch wie die reinste Affenhorde. Ich versuche, euch zu Soldaten auszubilden, und sobald man euch aus dem Auge lässt, bewerft ihr euch gegenseitig mit Scheiße.«

Sunan biss sich auf die Lippe: Er unterdrückte ein Lachen.

»Ich bitte um Verzeihung, *Shīzūn*«, sagte Vinh, der es gerade noch geschafft hatte aufzustehen. »Ich verspreche, dass es nicht wieder vorkommt.«

Houyi verdrehte die Augen. »Macht euch auf. Prinz Lian erwartet euch.«

Sofort rissen sich alle am Riemen. Sunan und Neana hörten auf zu grinsen und räumten das Frühstücksgeschirr ab. Ich schaufelte mir die letzten Bissen in den Mund. Obwohl die Wächterausbildung mit meinen wahren Zukunftsplänen nichts zu tun hatte, war ich neugierig darauf, zu erfahren, was es mit dem Qi auf sich hatte. Ich wusste, wie ich mich geistig mit meinem Falken verbinden konnte, aber unsere Brücke war etwas Selbstverständliches für mich. Die Sprünge und Energieschilde hingegen, die mit den Gesetzen der Physik brachen, klangen wie erfunden.

Wir folgten Houyi zum Übungsplatz, auf dem wir am Vortag trainiert hatten. Unterwegs kamen uns uniformierte Soldaten entgegen und sahen uns mitleidig an. »Frischfleisch für den Tiger?«, rief einer Houyi zu. »Wir haben Lian-*shàoye* eben auf dem Trainingsplatz gesehen.«

»Die Kleinen wollen sehen, was es mit dem Qi auf sich hat.«

»Aber natürlich wollen sie das. Bist du sicher, dass es eine gute Idee ist, die Show so früh am Morgen anzusetzen? Du weißt doch, dass der Prinz um diese Zeit nicht gerade gut drauf ist.«

Houyi lächelte schief. Die Soldaten lachten im Vorbeigehen höhnisch, was mich mit einem unangenehmen Gefühl im Magen zurückließ. Frischfleisch für den Tiger? War das nur ein hohles Wortspiel, um die Überlegenheit des Jian-Clans zu demonstrieren, oder wollten die Soldaten damit etwas andeuten? Jian Lian war Frau Jians Sohn. Gut möglich, dass er genauso wahnsinnig war wie seine Mutter. Alles, was ich über die Familie des Tigerclans wusste, war, dass das Herrscherpaar drei Kinder hatte: zwei Töchter und einen Sohn. Ich hatte pompöse Porträts der Clanerben gesehen, aber noch niemanden von ihnen zu Gesicht bekommen. Die Personen auf den Bildern hatten in meinen Augen mehr Ähnlichkeit mit Göttern als mit Menschen.

Prinz Lian jedoch war aus Fleisch und Blut. Er stand auf dem Übungsplatz und stützte sich auf einen langen hölzernen Kampfstab. Als er uns kommen sah, bedachte er uns mit einem Blick über die Schulter, rührte sich ansonsten aber nicht.

Meine erste Reaktion war Erstaunen: darüber, dass der Prinz, entgegen meinen Erwartungen, einen ganz normalen Schatten hatte. Ihn umgab kein göttlicher Glanz. Prinz Lian war sechzehn Jahre alt, so wie ich. Er war schlank und hatte lange Beine wie ein hoch aufgeschossener Kojotenwelpe, allerdings konnte man an seinen breiten Schultern erkennen, dass er später zu einem stattlichen Mann heranwachsen würde. Er trug eine schneeweiße Hose und eine dunkelblaue *Chángpáo* mit Schlitzen, die bis zum roten Band um seine Taille reichten. Sein glänzendes schwarzes Haar hing ihm trotz des hoch angesetzten Pferdeschwanzes lang über den Rücken: In der Kultur Fusangs wurden Haare nicht geschnitten, denn sie galten als Geschenk der Eltern. Daher hatten die meisten Menschen in Sang unabhängig von ihrem Geschlecht lange Haare.

Obwohl Prinz Lian ein Nachfahre des Weißen Tigers war, überraschte es mich, wie sehr er tatsächlich einem im Schatten ruhenden Tiger ähnelte. Er strahlte dieselbe unterschwellige Macht aus. Sein porzellanglattes Gesicht hatte einen kalten weißen Teint, der die violetten Ringe unter seinen Augen zusätzlich betonte. Er wirkte verschlafen, seine Lider waren halb geschlossen, als wäre er zu sehr früher Morgenstunde geweckt worden.

Vielleicht bewirkte gerade sein träges Erscheinungsbild, dass es mir schwerfiel, ihn als mir überlegen anzusehen. Er war ein ganz normaler Junge – gutaussehend, ja –, aber trotzdem nur ein Jugendlicher. Es war seltsam, sich vorzustellen, dass wir gleich alt, gleich groß und dennoch alles andere als gleichrangig waren.

»Seine Hoheit Xifang Jian Lian«, stellte ihn Houyi vor und führte uns an den Rand des Platzes, wo wir uns aufreihten.

Es brauchte keinen gesonderten Befehl, damit die Wächteranwärter sich verbeugten und wie aus einem Mund sprachen: »Mögen die Götter Euch an diesem Morgen segnen, Prinz des weißen Tigers.«

Ich verneigte mich ein wenig zu langsam und öffnete auch den Mund nicht rechtzeitig, um die Grußformel mitzusprechen. War dies ein Brauch, den man in Penglai bereits im Kindergarten lernte und den ich hätte kennen sollen? Houyi warf mir einen giftigen Blick zu, aber die Lippen des Prinzen deuteten ein Lächeln an. Er erwiderte den Gruß nicht.

»Der Prinz hat sich gnädigerweise bereit erklärt, euch mit dem Qi vertraut zu machen«, sagte Houyi. »Er wird mit Qadan kämpfen. Ihr bleibt still sitzen und schaut zu. Und schweigt, es sei denn, ihr werdet angesprochen. Verstanden?«

Die Anwärter nickten und knieten auf dem Pflaster nieder. Ich eingeschlossen. Obwohl die Stimmung in Prinz Lians Anwesenheit deutlich weniger angespannt war als bei der Auswahlzeremonie mit Frau Jian, galt eine gewisse Etikette. Ein Mitglied des Herrscherclans durfte man nicht ansprechen.

Bei den älteren Wächtern war das offensichtlich anders, denn Qadan murmelte dem Prinzen etwas ins Ohr. Der lächelte und richtete sich auf. Geschickt wirbelte er den hölzernen Kampfstab umher, während er ans andere Ende des Platzes ging. Auch Qadan hatte einen Stab. Er nahm eine tiefe Kampfhaltung ein und fasste ihn mit beiden Händen.

»Die Waffe, die sie benutzen, ist ein *Yīn Shǒu Gùn*«, erklärte Houyi. »Ihr werdet üben, wie man mit dem *Gùn* feindliche Angriffe abwehrt, wenn das Gegenüber nicht getötet werden soll. Die meisten Aufgaben eines Wächters beinhalten kein Blutvergießen. Merkt euch das. Ohne die Erlaubnis unserer Justiz zu töten, ist ein Verbrechen. Dafür werdet auch ihr zur Rechenschaft gezogen.«

Während er sprach, wirbelte Prinz Lian mit beiden Händen den Kampfstab durch die Luft, die Füße wie Qadan fest im Boden verankert. Seine Bewegungen waren ruhig und routiniert, der Stab kreiste vor ihm, verschwand gelegentlich hinter seinem Rücken und kam unter der Achselhöhle wieder zum Vorschein. Ich hörte das Zischen des Luftstroms, den der Stab erzeugte. Zuerst war das Geräusch normal. Dann wurde es allmählich lauter, wie eine Peitsche, die nur dann einen Laut erzeugte, wenn man sie stark genug schwang. Prinz Lians Augen verengten sich. Das Geräusch wurde immer lauter, bis ich mir nicht mehr vorstellen konnte, dass es allein von der kinetischen Energie herrührte.

Ich warf einen Blick auf Sunan, um zu sehen, ob er es auch bemerkte. Er verfolgte die Vorstellung wie in Trance.

In dem Augenblick ließ der Tigerprinz den Stab auf den Boden niedersausen.

Das Geräusch, das eben noch von ihm ausgegangen war, verwandelte sich beim Aufprall in ein Donnern, als würde der Boden unter ihm selbst explodieren. Erde, Blätter und Zweige wirbelten auf. Sie wurden nicht einfach von der Wucht des Aufpralls emporgeschleudert, sondern stiegen rings um den Prinzen bis zur Höhe seines Kopfes auf und blieben dann in der Luft hängen, als schwebten sie unter Wasser.

Neana kreischte. Mit offenem Mund beobachtete ich Prinz Lian, der mit einem zufriedenen Lächeln auf den Lippen den Stab weiter kreisen ließ. Er steuerte die Blätter. Sie gehorchten ihm und tanzten um ihn herum, als ob er für sie sänge.

Himmel … Was beobachtete ich da eigentlich? Das konnte doch nicht möglich sein. Ich hatte in meinem Leben schon alles Mögliche erlebt, aber das hier … Das war wahrscheinlich das Schönste, was ich je gesehen hatte.

»Was Prinz Lian euch hier zeigt«, drang Houyis Stimme in mein Bewusstsein, »ist das Qi. Man bezeichnet es auch als Lebenskraft. Ihr alle habt es. Neugeborene, Pflanzen, sogar die Atome im Gestein haben ihr eigenes Qi. Selbst wenn ihr es nicht spürt, fließt es in euren Meridianen wie das Blut in euren Adern. Es ist nichts Übernatürliches. Alles, was wir erreichen, ist das Ergebnis jahrelanger Übung. Wir lehren euch *Nèigōng*, die Beherrschung der inneren Kraft, und *Qīnggōng*, die Kunst, der Schwerkraft zu trotzen. Durch die Übungen werdet ihr in der Lage sein, euer eigenes Qi zu kultivieren. Wenn ihr *Nèigōng* verinnerlicht habt, werdet ihr bessere Soldaten sein. Eure Schlagkraft nimmt zu, eure Geschwindigkeit und Ausdauer steigern sich ins Unermessliche. Allerdings …«

Houyi betonte das Wort, um seine Botschaft auch wirklich klarzumachen: »… darf euer *Nèigōng* niemals mit unseren Herrschern konkurrieren. Das *Nèigōng* der Clanfamilie befindet sich auf göttlichem Niveau. In ihrem Blut fließt das Erbe der vier Schutzgottheiten Fusangs. Jian Bing, Meng Zhang, Zhi Ming und Ling Guang wurden als Menschen wiedergeboren, damit unser Volk über jeden Zweifel erhabene Oberhäupter hat, denen es folgen kann. Nur Clanfamilien wissen, wie man so regiert, dass der Himmel zufrieden ist.«

»*Shīzūn*«, sagte Prinz Lian plötzlich. »Hör schon auf.«

Er unterbrach die Vorstellung und stieß den Stab senkrecht auf die Erde. Blätter und Staub fielen schlagartig zu Boden. Der Prinz stand aufrecht da und sah gelangweilt aus. Seine Haltung verriet, dass ihm nicht nach einem Kampf mit Qadan war, also gab dieser seine Angriffshaltung ebenfalls auf.

»Nicht in Stimmung?«, fragte Qadan und klang dabei wie ein geduldiger Vater, der mit seinem Kind sprach. »Ich dachte, es würde Euch gefallen.«

Prinz Lian rieb sich den Nacken. »Ich trainiere doch jeden Tag mit dir. Wo bleibt da der Spaß?«

Seine Stimme war so hochmütig wie sein Wesen. *Ein verwöhntes Blag*, wie mir aufging, und meine Bewunderung für ihn schwand so schnell, wie die Blätter um ihn herum zu Boden gefallen waren. Ich ahnte, was der Tigerprinz vorhatte, noch bevor er mit seinem Kampfstab auf uns zeigte.

»Ich könnte doch mit denen da trainieren«, sagte er.

»A-Lian …«, rief Qadan den Prinzen beim Kosenamen.

»Sie sind erst vor zwei Nächten angekommen«, sagte Houyi wieder. »Ich hatte noch keine Zeit für eine einzige Kampfstunde mit ihnen. Sie könnten sich nicht einmal mit Eurem kleinen Finger messen.«

»Das macht nichts. Ich möchte sehen, was Mama da gekauft hat.«

Prinz Lian trat näher an uns heran. »Wer von euch will gegen mich antreten? Nun seid nicht so schüchtern. Ihr sollt meine Wächter werden, also ist es völlig normal, mit mir zu trainieren. Ein paar seichte Runden.«

Wir warfen uns verstohlene Blicke zu. Die anderen Anwärter schienen nicht zu wissen, was sie tun sollten. Ohne Kampferfahrung und entgegen Houyis Willen auf die Aufforderung des Tigerprinzen einzugehen – oder noch schlimmer: sie abzulehnen. Meiner Meinung nach war die Sache klar: Ein unerfahrener Kämpfer durfte jetzt nicht vortreten. Auf den ersten Blick wirkte der Vorschlag wie der Wunsch eines jeden Teenagers, sich mit Gleichaltrigen zu messen, aber ich hatte die warnenden Vorzeichen erkannt. Qadan hatte denselben flehenden Blick in den Augen, wie ich ihn Ruby Shay zugeworfen hatte, als sie im Begriff war, Erlik Hans Männer abzuschlachten.

»Es wäre mir eine Ehre, gegen Euch zu kämpfen, *Shàoye*«, sagte Vinh und erhob sich. Was für ein Dummkopf. Natürlich musste der Söldner zeigen, dass er den anderen Anwärtern überlegen war. Dies war eine einmalige Gelegenheit für ihn, sein Können unter Beweis zu stellen.

Prinz Lian musterte Vinh von Kopf bis Fuß. Er wusste seine Himmels-Tätowierung zu deuten, denn er lächelte und sagte: »Ein Söldner. Wie heißt du?«

»Duong Vinh, *Shàoye*.«

»Mach dir nicht die Mühe, mich mit Titeln anzusprechen. Nenn mich einfach Lian.« Der Prinz drehte sich um und ging ans andere Ende des Platzes zurück. Vinh sah ihm mit einem Blick nach, als wäre er bereit, sich auf die Knie zu werfen und den Boden unter seinen Füßen zu küssen, weil er ihm soeben die Erlaubnis erteilt hatte, ihn beim Vornamen zu nennen. Ich konnte seine Gedanken beinahe hören: *Wir werden die besten Freunde sein, das ist so unfassbar toll, ich sterbe vor Begeisterung.*

»Dann mal los«, sagte Houyi spöttisch. »Verblüffe uns mit deinem Können.«

Um Vinh schien er sich keine Sorgen zu machen. Eher wirkte er schadenfroh. Qadan warf Vinh seinen Stab zu, der ihn in der Luft auffing. Sie tauschten die Plätze. Vinh brachte sich in Position und ließ den Stab kreisen. An Geschicklichkeit mangelte es ihm nicht, das merkte man sofort. Seine Beinarbeit war einwandfrei, sein Gewicht verlagerte sich genau richtig von einer Seite zur anderen. Aber er war ungestüm und wollte all seine Fähigkeiten auf einmal zeigen. Wie ein Kind, das nach jahrelangem Üben endlich beweisen durfte, was es konnte.

Houyi sah Qadan mit hochgezogenen Augenbrauen an. Prinz Lian lächelte. Er beugte sich leicht vor wie ein Tiger auf der Pirsch und beobachtete die Bewegungen seines Gegners genau. Er wartete darauf, dass Vinh zuerst angriff.

Und das tat er. Ein Söldner, der Sunzi gelesen hatte, hätte es besser wissen müssen, als auf einen unbekannten Gegner loszugehen. Wer seinen Feind nicht kennt, kann nur verlieren. Aber vielleicht wollte sich Vinh beim Clan-Spross auch nur einschmeicheln. Vielleicht verließ er sich zu sehr auf seine Fähigkeiten. Vielleicht dachte er, der Kampf sei bloß ein freundschaftliches Training, bei dem es keine Rolle spielte, wer begann.

Die Holzstäbe prallten aufeinander. Vom ersten Moment an war der Kampf schnell und heftig, schön wie die einstudierte Choreografie eines Theaterstücks oder Tanzes. Keiner von beiden musste über seine

Bewegungen nachdenken, sie folgten einem inneren Leitfaden, der ihnen durch Tausende Wiederholungen in Fleisch und Blut übergegangen war. Vinh griff an, Prinz Lian wich zurück. Mir schien, als wollte der Tigerprinz gar nicht wirklich kämpfen, sondern nur sehen, wozu der Söldner fähig war. Und vielleicht ging dies auch Vinh auf, denn seine Bewegungen wurden immer heftiger. Wenn er zustieß, stöhnte er wütend auf, verausgabte sich bis aufs Äußerste und versuchte, die Verteidigung seines Gegners zu durchbrechen.

»Er ist gut«, hörte ich Qadan zu Houyi sagen.

Das war nicht unbedingt ein Kompliment. *Gut* hieß in diesen Kreisen *nicht gut genug*. *Gut* würde für einen Wächter nicht genügen und schon gar nicht für den Prinzen des Weißen Tigers, der sein Leben lang daran gewöhnt war, stets nur das Beste vorgesetzt zu bekommen. Der Prinz begann sich bereits zu langweilen. Er hatte sich fast bis ans andere Ende des Platzes zurückgezogen, als er beschloss, dass er nun genug gesehen hatte.

Dann geschah etwas, so schnell, so unnatürlich, dass Vinh keine Chance hatte, den Schlag abzuwehren. Er war darauf trainiert, gegen seinesgleichen zu kämpfen – nicht gegen jemanden, der *Qīnggōng* beherrschte.

Der Tigerprinz sprang in die Luft, höher als Vinhs Kopf, und vollführte eineinhalb Umdrehungen, als trotzte er jeglicher Schwerkraft. Der Tritt gegen Vinhs Hinterkopf war gnadenlos: Seine unaufhaltsame Wucht schleuderte ihn so heftig mit dem Gesicht voran auf den Boden, dass Vinhs Rücken unnatürlich einknickte und die Beine nach hinten abhoben.

»*Āiyā* …!«, machte Sunan und schnappte nach Luft.

Vinh blieb auf dem Boden liegen. Reglos und ohne einen Laut. Ich konnte sein Gesicht nicht sehen, aber das Blut, das unter seinem Kopf hervorströmte, ähnelte den Blütenblättern einer Blume. Ich war wie versteinert.

Ein Schädelbruch, mindestens, schätzte ich. Bei einem Schlag gegen den Kopf bedurfte es nicht viel, damit er tödlich war, und was Prinz

Lian getan hatte … Er schien nicht einmal überrascht zu sein. Der Tritt war nicht versehentlich zu fest gewesen, und er hatte auch nicht unbeabsichtigt zu hoch getroffen. Der Kampf war genau so ausgegangen, wie es der Tigerprinz beabsichtigt hatte.

»Was für ein Anfänger«, sagte er und rammte die Fußspitze in den Boden. Der aufgewirbelte Staub rieselte auf Vinhs Beine. Dann richtete der Prinz seine Aufmerksamkeit wieder auf die Wächteranwärter. »Wer ist als Nächstes dran?«

»A-Lian, es reicht«, befahl Qadan. Er ging auf den Platz und kniete sich hin, um Vinhs Puls zu fühlen. Anscheinend fand er ihn, denn er seufzte erleichtert auf. Dann ließ er die Hände auf die Oberschenkel sinken und sah den Tigerprinzen düster an. Der zeigte sich über diese stumme Zurechtweisung seines Wächters nicht gerade erfreut, warf sich den Stab über die Schulter und trat wieder vor unsere Reihe.

»Also? Niemand? Du da«, er blieb vor Zhaya stehen. »Darf ich bitten?«

Zhaya zitterte sichtlich. Sie verneigte sich so tief, dass ihre Stirn den Boden berührte.

»*Shàoye*, ich bin Euch nicht gewachsen.«

»Sieh mich an«, befahl der Prinz. Und als Zhaya zaghaft den Kopf hob, fasste er sie am Kinn und riss ihr Gesicht herum, sodass es direkt im Sonnenlicht lag. Er sah Zhaya forsch an, aus seinen Augen sprach eine arrogante, besitzergreifende Macht, die ich nur allzu gut wiedererkannte. »Woher kommst du?«

»Aus S … Sang. Meine Eltern gehören der Soldaten-Garde von Penglai an.«

»Ich dachte mir schon, dass du von hier stammst. Du bist die hübscheste aus dem ganzen Haufen.« Prinz Lian strich mit seinem Daumen über Zhayas Unterlippe. »Willst du schnell aufsteigen? Ich kann dich für mich behalten, wenn du willst.«

Zhayas Augen füllten sich mit Tränen. Sie hatte wirklich Angst.

»Du wirst sie nicht bekommen«, sagte Houyi und lachte. Allen Ernstes. Er *lachte*. Mit verschränkten Armen stand er da, verfolgte das Geschehen und schien nicht im Geringsten überrascht zu sein, welche Wendung der Morgen genommen hatte. *Frischfleisch für den Tiger*, hatte der Wächter vorhin gesagt. Jetzt begriff ich. Houyi hatte vorausgesehen, dass Prinz Lian sich so verhalten würde. Er hatte seinen Schülern die Flausen austreiben wollen.

»Frau Jian hat mir aufgetragen, sie zu Wächtern auszubilden, also werde ich das auch tun. Sprecht mit ihr, wenn Ihr das Mädchen für Euch haben wollt. Im Moment gehört Ming Zhaya Eurer Mutter.«

»Ich will sie gar nicht.« Prinz Lian stieß Zhaya zurück. »War nur ein Scherz. Das ist der jämmerlichste Haufen, den ich je gesehen habe. Wählt Mutter ihre Dienerschaft heutzutage nach ihrer Herkunft aus? Das ist ja schon fast eine Völkerschau: Xilaya, Huafuli … Nanmu.«

Er schritt die Reihe prüfend ab und blieb vor mir stehen. Ich hielt den Blick starr auf seine Stiefel gerichtet – doch als er nicht weiterging, schaute ich auf. In seine Augen hatte sich ein seltsames Glühen geschlichen. Er stand vor der Sonne und blickte von oben auf mich herab, sodass sein Gesicht im Schatten lag. Er lächelte halbherzig.

»Mir ist zu Ohren gekommen, dass du bei der Auswahlzeremonie einen gewaltigen Aufruhr verursacht hast. Ein Bianfu aus dem Norden. Ein seltenes kleines Juwel.« Er stupste mich mit dem Stab in die wunde Seite. »Kämpf gegen mich. Ich will sehen, ob du deinen Preis wert bist.«

»Nein, danke.«

»Wie bitte?«

Er hatte mich ausgezeichnet verstanden. Die Frage galt mehr der Art und Weise, auf die ich ablehnte. Ich hob mein Kinn ein gutes Stück und wiederholte unbeirrt: »Vielen Dank, aber ich werde nicht gegen Euch kämpfen.«

»Das war keine Bitte. Das war ein *Befehl*. Hoch mit dir, Sklave.«

Ich gehorchte so weit, dass ich bereitwillig aufstand, um ihm zu zeigen, dass der geringe Größenunterschied zwischen uns zu meinem Vorteil war. Doch ich machte keinerlei Anstalten, aus der Reihe hervorzutreten. Ich hätte gegen Prinz Lian kämpfen können, wenn es mir einen Vorteil verschafft hätte, aber der Tigerprinz wollte sich nicht ernsthaft mit mir messen. Ich war lediglich der Nächste, an dem er seine Überlegenheit demonstrieren wollte. Ihm sich dabei in den Weg zu stellen, wäre weitaus gefährlicher gewesen, als Widerworte zu leisten. Gute Optionen gab es keine.

Ich sah zu, wie Qadan im Hintergrund den bewusstlosen Vinh aufhob und ihn vom Platz trug. Wo sein Kopf gelegen hatte, blieb eine Blutlache auf dem sandigen Boden zurück.

»Es sind gerade einmal zwei Tage vergangen und schon sind zwei Eurer Anwärter zu verletzt, um zu kämpfen«, sagte ich. »Frau Jian wird außer sich vor Freude sein, wenn sie hört, wie nützlich wir im Krankenlager sind.«

»Stimmt, mir ist zu Ohren gekommen, dass du dir einen blauen Fleck zugezogen hast.« Der Mund des Tigerprinzen verzog sich zu einem raubtierhaften Grinsen. Seine Eckzähne waren auffällig lang und scharf. »Meinst du, deine Wehwehchen interessieren mich auch nur im Geringsten? Steht die Anordnung eines Arztes etwa über meiner?«

»Nein. Aber die Anordnung Eurer großen Schwester durchaus. Prinzessin Ailing hat befohlen, dass meine Wunden versorgt werden sollen. Ich halte mich an ihren Befehl und muss Euren somit verweigern.« Ich verbeugte mich übertrieben tief und fügte hinzu: »*Shàoye*.«

Das Grinsen des Prinzen verblasste. Ich war mir zwar nicht sicher, ob es etwas half, Prinzessin Ailings Namen zu erwähnen – ich hatte das zukünftige Clanoberhaupt noch nie zu Gesicht bekommen –, aber diese Unsicherheit behielt ich für mich. Meinem versteinerten Gesicht war nichts anzumerken. Der Tigerprinz konnte offensichtlich noch nicht einordnen, was ich war: ein bellender Hund oder eine ernsthafte Bedrohung. Er sah mich aufmerksam an – und beschloss, einen Schritt zurückzutreten. Anders als Vinh stellte er sich keinem unbekannten Feind.

»Reine Geldverschwendung, alle miteinander«, zischte der Prinz. Er drehte sich um und warf mir über die Schulter einen Blick zu. »Dein Gesicht werde ich mir merken, Bianfu.«

13. Kapitel

Dìdi,

es gibt nichts, was ich nicht für dich tun würde. Ich weiß, was dir dein Anjing bedeutet hat, und ich kann den Schmerz nicht in Worte fassen, den ich empfunden habe, als du dein Gelübde meinetwegen brechen musstest. Dessen bin ich nicht wert. Ich liebe dich über alles, und du sollst wissen, dass ich stolz auf dich bin, egal was passiert. Pass gut auf dich auf. Versprich mir, dass du nichts Unüberlegtes tust. Der nächste Zug nach Naraka geht in drei Tagen um Mitternacht, am Fackelfest. Ich schätze, dass sich die Abfahrt verzögert, weil Penglai alle Züge für das Fest benötigt. Wenn du kommen kannst, ohne dich dabei in Gefahr zu bringen, würde ich dich gerne noch einmal sehen. Wenn nicht, lass es sein. Ich würde mir nie verzeihen, wenn du noch mehr aufgeben müsstest, als ich dir bereits genommen habe.

– Gēge

Ich lag auf meinem Bett und las die Nachricht wieder und wieder. Es war früher Abend, und die meisten Wächter waren im Meditationsraum und kultivierten ihr Qi.

Ich hätte eigentlich bei ihnen sein sollen. Einige von ihnen waren zwischendurch in der Unterkunft gewesen und hatten mich auf meinem Bett liegen sehen, doch niemand hatte nachgefragt, was los war.

Vielleicht dachten sie, ich wäre nach der Trainingseinheit noch immer verstört. Verständlicherweise. Vinh lag seit dem Morgen auf der Krankenstation, und Zhaya war, als wir vom Übungsplatz zurückkehrten, vor Angst in Tränen ausgebrochen. Neana und Sunan hatten nach Kräften versucht, sie zu beruhigen, aber Zhaya hatte sich geweigert, am Nachmittagstraining teilzunehmen.

»Ich will ihn nie wieder sehen!«, hatte sie geschluchzt. »Er ist böse!«

»Mein Vöglein, das hat er nur getan, um dich einzuschüchtern«, hatte Neana gesagt. »Lian-*shàoye* würde dir nie ernsthaft etwas antun. Er ist der Prinz des Weißen Tigers. Sie sind unsere Beschützer.«

»Ich möchte hier nicht sein – könnte ich nicht einfach … einfach in der Küche arbeiten? Gerel und Yin-hsi sind dort. Sie arbeiten den ganzen Tag in den Diensträumen des Palastes und treten der Herrscherfamilie nie unter die Augen. Ich möchte zu ihnen. Bitte, Neana, könntest du Houyi-*shīzūn* nicht fragen, ob er mich versetzen kann?«

Neana hatte versprochen, es zu versuchen. Dabei hatte sie blass ausgesehen, als wäre ihr allein bei dem Gedanken an Houyis Reaktion übel geworden. Frau Jian hatte sich fünf neue Wächter gekauft, davon waren jedoch nur Neana und Sunan zum nachmittäglichen Kampftraining erschienen. Es war eine Katastrophe. Es war auch ironisch, dass die vielversprechendsten Kandidaten als Erstes ausgefallen waren: Vinh als ausgebildeter Söldner, Zhaya, deren Eltern selbst Soldaten waren, und ich als Bianfu. Niemand von uns hatte Frau Jians Erwartungen erfüllt.

Um meine Ausbildung machte ich mir allerdings keine Sorgen. Houyi, Prinz Lian und der gesamte Clan des Weißen Tigers konnten meinetwegen tun, was sie wollten. Meine Sorge galt Ren. Er hatte in dem Brief so resigniert geklungen, sich mit großen Worten von mir verabschiedet und um Vergebung für seine Fehler gebeten, als hätte er mit Meister Shuya Frieden geschlossen.

Die Handschrift auf dem Papier war nicht seine. Die Tintenstriche waren graziler und geübter. Jemand hatte Ren beim Schreiben geholfen. Er hatte kein Wort darüber verloren, wie es ihm ging, oder darüber, was er ohne Geren anfangen würde.

Ich rollte den Zettel zusammen, drückte ihn an meine Stirn und zählte innerlich alles Positive auf.

Erstens: Ren hatte jemanden, der ihm half.

Zweitens: Er hatte meine Nachricht über Meimei bekommen und mit Qiu eine Antwort geschickt, das bedeutete, dass er freie Sicht auf den Himmel hatte. Also saß er immerhin nicht in einem Kerker.

Drittens: Er kannte das Abfahrtsdatum des Zuges nach Naraka.

Am Fackelfest um Mitternacht, hielt ich noch einmal fest. Das Fackelfest war nach dem Frühlingsfest das größte Ereignis des Jahres. Es wurde überall in Fusang zu Ehren der Opfer des Schwarzen Regens begangen und dauerte mehrere Wochen. Ursprünglich war es eine Gedenkfeier zum Ausdruck der Trauer gewesen. Einen Monat lang verzichtete man darauf, Feuer zu machen, und nahm nur kalte Speisen zu sich, weil auch die Bevölkerung von Fusang während des Schwarzen Regens gehungert hatte. Der Erzählung nach hatte eine Aschewolke am Himmel die Sonne verdeckt und die Temperatur so tief sinken lassen, dass drei Jahre lang keine Getreideernte eingebracht werden konnte. Ein Großteil der Bevölkerung war in der Folge gestorben. Die Wirtschaft war zusammengebrochen, und Ströme von Flüchtlingen hatten sich über Penglai und die anderen großen Städte ergossen. Der Krieg, der den Schwarzen Regen verursacht hatte, war zum blanken Überlebenskampf um Wasser und Nahrung geworden.

Doch die Art und Weise, wie man das Fackelfest feierte, hatte sich im Laufe der Zeit gewandelt. Die Idee einer kargen Mahlzeit hatte heutzutage überwiegend symbolischen Charakter, und die jüngeren Generationen hielten sich nicht mehr allzu streng daran. Vor allem für die Bevölkerung armer Regionen war eine einmonatige Fastenperiode mit großen Risiken verbunden. Somit hatte sich der Schwerpunkt des Festes verlagert, und anstatt Trauer zu tragen, zelebrierte man die neue, blühende Ära, die Meister Shuya eingeläutet hatte. Während es früher darum gegangen war, auf gutes Essen zu verzichten, tischten die Familien nun reichlich davon auf und prahlten geradezu damit.

In der Zeit des Fackelfestes herrschte in ganz Fusang Unruhe. Wie sich die Feierlichkeiten in Penglai konkret auswirkten, wusste ich nicht, aber wenn sie schon kleinere Städte und Dörfer wie Madang und Sandu in einen Ausnahmezustand versetzten, würde es in der Hauptstadt garantiert nicht ruhiger zugehen. Der Eröffnungstag des Fackelfestes wäre die ideale Gelegenheit, aus dem Palast zu fliehen.

Ich drehte mich auf den Rücken und schaute zu den Dachsparren hinauf. Ursprünglich hatte ich mir vorgestellt, dass Ren und ich zum Zeitpunkt des Festes längst wieder zu Hause wären. Wenn mein Plan Erfolg hatte und ich mich aus der Masse der Feiernden davonschleichen konnte, würde ich das Fest in Zukunft noch mehr lieben als ohnehin schon.

Als Kind hatte ich mich immer wochenlang auf das Fest gefreut. Obwohl ich die Bedeutung von Gedenkfeiern nicht verstand, war das Fest eine seltene Freude für meine Adoptivgeschwister und mich. Tantchen tischte Fleisch und andere Köstlichkeiten auf, die wir sonst nicht bekamen. Wir hatten Bilder mit unseren Wünschen auf Lampions gemalt und ließen sie um Mitternacht in den Himmel steigen, sodass die düsteren Berge ringsherum funkelten. Ich musste daran denken, wie Dray und ich den Pfad an den Terrassenplantagen zu der Mauer hochgerannt waren und von dort aus beobachteten, wie die Zelte aufgebaut wurden.

Seitdem hatte sich vieles verändert: Süßigkeiten und Schattenspiele wurden von Alkohol, Glücksspiel und Schlägereien abgelöst. Trotzdem war es immer noch ein Fest, auf das man sich freute.

Ich schloss die Augen und dachte an all meine schönen Erinnerungen an das Fackelfest … Jetzt, wo mir die heiße Luft in Sang den Schweiß aus den Poren trieb und die kühle Bergbrise nur noch eine vage, schmerzhafte Vorstellung war, wusste ich jede einzelne davon zu schätzen. Ich hatte Angst, dass Madang und seine Bewohner für mich genau das bleiben würden: Erinnerungen. Und ich hatte Angst, dass diese Erinnerungen verblassen könnten. Daher musste ich mir Dray präsent halten, musste mir jedes einzelne Detail seines Gesichts, seiner Stimme und jedes Wort, das er gesagt hatte, ins Gedächtnis rufen. Nur so wäre er weiterhin bei mir. Der Gedanke an Dray spornte mich dazu an, geduldig abzuwarten, um erst dann beherzt zu handeln, wenn die Zeit gekommen war.

Vor genau einem Jahr hatte ich zum ersten Mal hausgemachten Reiswein probiert. Auf Drays Drängen hin hatte ich einen Schluck aus der Kalebasse genommen, die Flüssigkeit hinuntergewürgt und bei ihrem bitteren Geschmack das Gesicht verzogen. Der Reiswein hatte mir Gesicht, Magen und Beine gewärmt, als wäre eine kleine Flamme in mir entzündet worden.

»Scheint dir ja zu schmecken«, hatte Dray daraufhin lachend gesagt.

Ren und er hatten die Flaschen in Sandu besorgt und wochenlang vor Tantchen versteckt gehalten. Am ersten Tag des Fackelfests hatten sie sie dann unter den Bodendielen hervorgeholt und kichernd die verschiedenen Sorten probiert. Sie hatten sich wie Füchse in einem Hühnerstall aufgeführt, so voller Übermut und Unfug, dass Tantchen sie garantiert durchschaut hatte.

Die Feier fand am Ufer des Bhakta-tso statt, wo die Dorfbewohner von Madang und den umliegenden Dörfern Zelte und Stoffbahnen über lange Festtafeln gespannt hatten. Man hatte einen der seltenen und kostbaren Generatoren herbeigeschafft, der die Lichterketten über den Tischen mit Strom versorgte. Freiwillige hatten sich um die Verpflegung gekümmert. Tantchen und meine jüngeren Schwestern hatten gemeinsam ein Schmorgericht zubereitet, indem sie heiße Steine in die Bauchhöhle eines geschlachteten Schafes gefüllt und das Hammelfleisch auf diese Weise langsam gegart hatten. Das war eine seltene Delikatesse. Tantchen brachte eine enorme Wertschätzung für das Fest zum Ausdruck, indem sie eines ihrer kostbaren Schafe schlachtete.

Dray und Ren waren schon betrunken, bevor wir auf dem Festplatz ankamen. Ren verschwand schnell in der Menge, aber Dray blieb breit grinsend an meiner Seite. Er wollte an einem Wettspiel teilnehmen, bei dem er erraten musste, unter welchem Becher der Taschenspieler die Kupferscheibe versteckt hatte. Der Mann bewegte die Becher so schnell kreuz und quer über den Tisch, dass Dray sofort aufgab.

Er lächelte mich auffordernd an. »Dawei, hättest du wohl die Güte, eine Brücke zu Qiu zu bauen und mir ein wenig auf die Sprünge zu helfen? Ich könnte deine Falkenaugen gerade gut gebrauchen.«

»Das wird nichts nützen«, mischte sich ein fremdes Mädchen ein. »Die Scheibe ist unter keinem der Becher.«

Das junge Nomadenmädchen hatte sich auf die andere Seite von Dray gesetzt. Ihr dichtes Haar war mit einem gelben Band zu einem unordentlichen Knoten gebunden. Sie sah den Taschenspieler herausfordernd an und verlangte, dass er die Becher umdrehte. Er weigerte sich und verrückte sie stattdessen erneut. Als Dray daraufhin richtig riet, verkündete er sofort begeistert, dass das Mädchen ihm Glück gebracht hätte. Sie gingen zu Hirayal über, und ich verstand kein Wort mehr, verlangte von Dray aber auch nicht, stattdessen Namla zu sprechen. Es war schön, dass er sich in seiner Muttersprache unterhalten konnte.

Nach einer Weile fühlte ich mich jedoch wie das fünfte Rad am Wagen. Dray konnte nichts dafür. Er tat sein Bestes, um mir und dem Mädchen, das augenscheinlich Gefallen an ihm fand, gleichermaßen seine Aufmerksamkeit zu schenken, aber ich spürte, dass er sich nicht entspannen konnte. Aus Angst, Dray würde in mir einen anstrengenden kleinen Bruder sehen, ließ ich ihn in Ruhe.

»Wohin gehst du?«, fragte er, als ich aufstand.

»Ich schaue mich *ein bisschen um*«, sagte ich achselzuckend. »*Bis nachher.*«

Dray sah nicht gerade erfreut aus, aber das Mädchen zog seine Aufmerksamkeit im Nu wieder auf sich. Ich schlenderte allein über das Fest. Erkundete das gesamte Gelände. Schlug die Zeit tot. Schließlich lief ich Freyal und Ren über den Weg, die ihrer Lautstärke nach zu urteilen sternhagelvoll waren. Sie freuten sich so übertrieben, mich zu sehen, als hätten wir uns seit Jahren nicht getroffen. Freyal meldete mich zu einem Wettbewerb an, bei dem man ein schwarz-weißes Zicklein gewinnen konnte. Meine Aufgabe war es, einen Pfeil auf einen roten Papierdrachen in Schmetterlingsform zu schießen, der am Himmel kreiste. Kinderleicht – abgesehen davon, dass der Schwierigkeitsgrad dadurch erhöht wurde, dass man mir die Augen verband und mich herumwirbelte.

Als man mir die Augenbinde abnahm, drehte sich alles. Ich konnte einen Blick auf den roten Drachen erhaschen, zielte instinktiv und schoss. Wenige Augenblicke später lief ich mit einem schwarz-weißen Zicklein im Arm durch die Menge. Ich strahlte über das ganze Gesicht. Alle lachten bei dem Anblick – ein gefährlicher Bianfu, der ein winziges Ziegenbaby trug –, und ich lachte mit ihnen. Fast wäre ich vor Stolz geplatzt. Selten hatte ich etwas so Lustiges erlebt, und ich wollte Dray meinen Gewinn zeigen.

»Das junge Paar aus Hirayal, meinst du?«, antwortete der Taschenspieler auf meine Frage. »Die sind zu den Wagen, glaube ich. Haben irgendwas von Pferden gesagt.«

Natürlich. Beide waren Nomaden – das Mädchen hatte einen Umhang getragen, der vor Sandstürmen schützte –, selbstverständlich interessierten sie sich für gute Pferde. Ich marschierte mit meinem Zicklein im Arm also zu den Pferdewagen hinüber. Es blökte kläglich, und wieder lachten die Leute. Ich war völlig aus dem Häuschen. Meine Ziege. Sie brauchte einen Namen. Sera vielleicht? Das bedeutete auf Namla Erdbeere, denn das Zicklein hatte einen erdbeerförmigen Fleck auf dem Kopf. Ich war mir sicher, dass Dray losprusten würde, wenn er es sah.

Aber als ich den Kutschplatz erreichte, verging mir das Lachen schnell. Nachts war der Platz, auf dem die Pferde und Wagen standen, stockdunkel. Ganz hinten in der Reihe war Drays Stute Amiya angebunden. Sie fraß Heu und drehte mir die Ohren zu. Aber Dray bemerkte mich nicht. Er war mit dem Mädchen beschäftigt. Ich konnte sie nicht sehen, doch es genügte mir, die Geräusche zu hören, das gedämpfte Keuchen des Mädchens hinter dem Wagen und ein regelmäßiges Rumpeln gegen das Holz des Wagens. Bei Drays Seufzern in einem Tonfall, den ich so noch nie zuvor gehört hatte, wurde mir ganz anders.

Ich stürzte davon. Zurück zum Licht und den Leuten. Zurück ins Getümmel. Ich erwiderte kein einziges Lächeln mehr, sondern umklammerte die kleine Ziege und ging weiter. Sie blökte. Ihre Stimme war dünn und hoch, wie die eines Kätzchens. Ich musste sie nach Hause bringen, denn hier, wo die Menschenmassen und der Lärm ihr Angst machten, konnte sie nicht bleiben. Ich musste weg. Ich trug jetzt die Verantwortung für meine Ziege und musste sie von hier wegbringen. Sofort. Nur noch weg.

Ohne jemandem Bescheid zu sagen, verließ ich das Fest. Ich ging zu Fuß nach Hause. Auf der Straße war es stockfinster.

Es dauerte über eine Stunde, bis ich mit erschöpften Armen und einer apathischen Ziege Tantchens Haus erreichte. Ich brachte das Tier in den Stall und setzte es in einen leeren Pferch, wo es Wasser und trockenes Stroh bekam. Es wagte nicht, sich zu rühren. Seine kurzen, zarten Beine zitterten leicht. Wenn ich das Zicklein ansah, zauberte es mir kein Lächeln mehr ins Gesicht. Es war seiner Mutter entrissen worden und hatte Angst vor mir. Angst vor allem, was es umgab.

Drinnen im Haus saß Tantchen bei Kerzenlicht über ihrer Buchführung.

»Hast du zu viel getrunken?«, fragte sie im Hinblick auf meine verfrühte Rückkehr. »Nimm einen Eimer mit, wenn dir schlecht ist.«

Darauf schüttelte ich nur den Kopf und deutete an, dass ich müde war, und Tantchen stellte keine weiteren Fragen. Ich ging in die Küche, wo die 12-jährige Kumari mit dem Abendessen der Kleinsten zu kämpfen hatte. Ling-*ér* und Huan-*ér* waren einjährige Zwillingsbrüder. Kumari wechselte sich mit den anderen Kindern bei der Betreuung ab und hatte das Pech gehabt, ausgerechnet am Eröffnungsabend des Fackelfestes dran zu sein. Meine Adoptivschwester hatte ihren Zopf mit Messingschmuck verziert und ihre besten roten Kleider angezogen, was darauf hindeutete, dass sie es noch zum Fest schaffen wollte, sobald die Jungen im Bett waren.

»*Geh schon*«, bedeutete ich ihr und setzte mich an den Tisch. »*Ich erledige das hier.*«

»Bist du sicher?« Kumaris Augen leuchteten vor Dankbarkeit. Ich nickte und schob Huan-*ér* einen Löffel Brei in den Mund. Gesicht und Brust des Einjährigen waren mit Essen beschmiert, die kleinen Trotzköpfe mussten Kumari ganz schön auf Trab gehalten haben. Meine Schwester verneigte sich zum Dank und flitzte nach oben, um sich frisch zu machen, während ich mich den Kleinen widmete. Nach einer Weile kam sie die Treppe wieder herabgeeilt, wünschte Tantchen und mir einen schönen Abend und verschwand in die Nacht.

Mir machte es nichts aus, mich um die Kinder zu kümmern. Ich tat es sogar sehr gerne. Mir war es wichtig, dass sie die Gebärdensprache von Namla genauso lernten wie die anderen Sprachen der Gegend, und das konnten sie am besten mit mir. Nachdem ich Ling-*ér* und Huan-*ér* die Breireste abgewischt hatte, nahm ich sie mit nach oben. Sie schliefen in einem kleinen Zimmer, das nur durch einen dicken Vorhang vom Flur getrennt war. Ich steckte sie in ihre Betten. Die Zwillinge beknieten mich, ihnen etwas auf der *Tungna* vorzuspielen, einem Zupfinstrument aus Holz, das in ihrem Kinderzimmer lag. Ich war nicht der begabteste Spieler, ließ mich aber überreden.

Ich spielte länger als nötig. Die Kinder schliefen schon lange, als Tantchen hinter dem Vorhang auftauchte. Sie brachte mir Buttertee.

»Mein lieber Junge«, flüsterte sie und reichte mir die Tasse, »du solltest schlafen gehen.«

Das war unmöglich. Trotzdem nahm ich ihr den Tee ab und übergab ihr die Verantwortung für die Kleinen.

Mein eigenes Zimmer war nicht viel größer als das der Kinder:

Alles, was ich besaß, waren ein paar bunte Wandbehänge, eine Truhe und einige selbst geschnitzte Möbelstücke, mehr brauchte ich auch gar nicht. Ich hob den Fensterladen an, stützte ihn mit einem Holzstab ab und atmete die eiskalte Bergluft ein. Obwohl es mehr als zehn *Lǐ* bis zum See waren, konnte ich in der Ferne noch Musik hören.

Ich fühlte mich seltsam. Traurig, weil ich nicht auf dem Fest war, auf dem sich alle anderen amüsierten. Erleichtert, weil ich zu Hause war und meine Ruhe hatte. Ich konnte nicht erklären, warum mich die Sache mit Dray so wurmte. Er hatte schon öfter die Nacht mit einem Mädchen verbracht, es hätte mich also nicht weiter stören müssen. Mir gegenüber hatte er nie ein Wort darüber verloren, aber Rens Sticheleien am Morgen danach, wann immer Dray aus Sandu zurückkehrte, ließen keinen Raum für Spekulationen. Normalerweise verdrängte ich die Bilder, bevor sie mir die Laune verdarben. Ich wollte mir Dray nicht vorstellen, wie er mit anderen zusammen war, wollte nicht wütend sein, weil ich darüber Bescheid wusste.

Warum fühlte ich mich dann so?

Meine Kehle war wie zugeschnürt. Meine Brust brannte buchstäblich, als ob der Gedanke an Dray eine blutende Wunde in mein Herz gebohrt hätte. Ich hatte ihm nur die verdammte Ziege zeigen wollen. Unser Abend hätte perfekt sein können – Zeit miteinander verbringen, an Wettkämpfen teilnehmen, lachen, sich gemeinsam betrinken –, und für einen Moment war auch alles perfekt gewesen. Über den Gewinn hatte ich mich wirklich gefreut. Die Leute hatten gejubelt, mir auf die Schulter geklopft, und in meinem überwältigenden Stolz hatte ich an nichts anderes denken können als: *Wenn nur Dray hier wäre und mich sehen könnte.*

Aber es hatte ihn nicht interessiert. Lieber verbrachte er die Zeit mit einem fremden Mädchen und … sprach mit ihr auf Hirayal, das ich nicht verstand, und … fummelte an ihr herum.

Ich rieb mir die Augen. *Wǒ cào*, keine Ahnung, warum ich weinte. Ich konnte mir nicht erklären, was los war.

Ich musste gar nicht erst versuchen einzuschlafen. Ohnehin hätte ich mich nur im Bett herumgewälzt. Also nahm ich mir ein Buch und begann, im schwachen Schein einer Öllampe an meinen Lesefähigkeiten auf Fusang zu feilen. Ehrlich gesagt hatte ich keinen Schimmer, warum ich das tat – wahrscheinlich bekäme ich nie die Gelegenheit, meine Kenntnisse anzuwenden, denn in Madang kam man mit einigen der häufigsten Schriftzeichen aus. Ich las, weil Dray es mir gesagt hatte. Andere Gründe gab es nicht.

Ich blätterte eine Stunde lang in dem Buch herum. Die Stunde des Rinds musste gerade geschlagen haben, und das Fest war dem Geräuschpegel nach noch in vollem Gange, als plötzlich Dray in der Tür stand.

»Hier bist du also«, sagte er, eine Hand an den Türrahmen gelegt. Vor lauter Überraschung war ich wie versteinert. Dray sah wild aus, zerzaust und betrunken. Das Band um seine Taille war nur notdürftig geknotet. Seine Wangen waren gerötet, entweder vom Alkohol oder von der Kälte. Er musste geritten sein. »Alle haben sich gewundert, wohin du plötzlich verschwunden bist. Ich habe überall nach dir gesucht.«

»*Ich habe plötzlich Kopfschmerzen bekommen.*«

Dray zog die Stirn leicht kraus. »Der Reiswein? Soll ich dir irgendwas bringen?«

Ich schüttelte den Kopf und widmete mich wieder meinem Buch, damit er begriff, dass er mich in Ruhe lassen sollte. Aber er tat es nicht. Drays Lächeln wirkte nicht aufrichtig, als würde er nur vortäuschen, dass er meine schlechte Laune nicht bemerkte.

»Qiren hat erzählt, du hast eine Ziege gewonnen. *Wā sāi*, wie toll, die muss ich mir unbedingt ansehen. Auf dem Weg hierher habe ich mir schon Gedanken über einen Namen gemacht. Wie wäre es mit *Chun*, Frühling? Du hast ja bereits *Qiu*, den Herbst, also dachte ich, du hättest vielleicht gern noch eine Jahreszeit.«

»*Dray, ich bin gerade ziemlich müde.*«

»Okay«, sagte er, doch er blieb unbeholfen im Türrahmen stehen und trommelte mit dem Finger darauf herum. »Bist du wegen irgendwas sauer auf mich?«

»Nein. Kannst du jetzt bitte gehen? Du willst doch sowieso zum See zurück.«

Dray lachte auf. Er stieß sich vom Türrahmen ab und kam ins Zimmer. »Du bist sauer auf mich wegen Alute. Dawei … Jetzt führst du dich aber ein bisschen kindisch auf. Das ist doch kein Grund, dir ein Fest verderben zu lassen, auf das du dich seit Wochen gefreut hast. Es ist im Rausch des Augenblicks einfach passiert. Das weißt du doch.«

Was sollte ich wissen? Dachte Dray ernsthaft, dass ich auch nur die geringste Erfahrung mit dem hatte, was er mitten auf einem Dorffest mit Hunderten von Besuchern als »Rausch des Augenblicks« bezeichnete? Ich stand so unter Strom, dass ich kaum die richtigen Gebärden zustande brachte: *»Das geht mich nichts an.«*

Dray verzog die Lippen zu einem provokanten Lächeln. Er beugte sich zu mir herunter, bis seine Nase nur noch einen Fingerbreit von meiner entfernt war. »Weißt du, wie das für mich aussieht? Du bist eifersüchtig.«

Ich errötete bis zum Hals. Er war mir so nah, dass ich seinen Atem auf meiner Haut spüren und die Düfte riechen konnte, die ihn umgaben, Sattelleder, Amiya und Alkohol. Seine braunen Augen musterten mich, fordernd, hungrig und doch trüb, als wäre er in der Situation gar nicht ganz präsent, sondern wollte vielmehr testen, wie ich auf all das reagierte.

Der Alkohol verlieh ihm Selbstbewusstsein, daher bemerkte er nicht, wie heftig mein Herz pochte – wie ich vor Angst den Rücken an die Wand presste. Ihm war nicht klar, was mir seine Nähe bedeutete. Nichts an der Situation wurde dem gerecht, was ich für ihn empfand. Drays Blick streifte meine Lippen, er kam noch ein wenig näher. Schnell drückte ich die Hand gegen seine Brust und schob ihn weg.

»Nicht. Du hast getrunken, so will ich dich nicht.«

»Wieso habe ich langsam das Gefühl, dass du mich in keinem Zustand willst?«

Drays Tonfall hatte sich drastisch verändert. Er lächelte nicht mehr, neckte mich nicht. Er war verletzt. Ich starrte ihn an und verstand nicht, woher seine Worte plötzlich kamen.

»Ist dir aufgefallen, dass du jedes Mal, wenn etwas in dieser Art zwischen uns passiert, irgendeine Ausrede suchst, um dich aus der Situation herauszuziehen? Wird es nicht langsam Zeit, mir direkt ins Gesicht zu sagen, dass du nichts von mir willst?«

»*Dray.*«

»Ich kapier's nicht.« Er vergrub die Hände in den Haaren und schloss die Augen. »Ich verstehe ehrlich nicht, was du willst, Dawei. Du wirst wütend, wenn ich mit jemand anderem zusammen bin, aber sobald ich versuche, dir näher zu kommen, kehrst du mir den Rücken zu. Du lässt mir keinen Raum, weder in die eine noch in die andere Richtung. Welcher Freund tut so etwas?«

Ich versuchte, die Worte nicht an mich heranzulassen. Das dachte Dray doch nicht wirklich.

»*Bitte*«, sagte ich so beschwichtigend, wie ich konnte. »*Lass uns morgen früh reden. Du bist nicht du selbst und würdest nur sauer werden.*«

»Morgen früh?« Dray lachte auf. »Falls es dir noch nicht aufgefallen ist, ich bin jetzt schon sauer. Stundenlang habe ich nach dir gesucht und konnte die Stimmung auf dem Fest gar nicht genießen. Nur um nachzusehen, ob es dir gut geht, bin ich vom Bhakta-tso weg, obwohl ich nicht einmal sicher war, ob du hier bist. Wann hast du so etwas jemals für mich getan? Wann hast du deine eigenen Bedürfnisse jemals wegen mir hintenangestellt?«

»*Ich wollte den Abend mit dir verbringen.*«

»Ja, klar. Wenn das der Fall ist, warum bist du dann gleich nach einer Stunde mit den anderen Bianfu zum Bogenschießen abgehauen? Ohne Alute wäre ich allein gewesen, also ja – wir haben uns eine schöne Zeit gemacht. Ich möchte mein Leben genießen, Dawei. Du machst einen auf Bianfu, aber Himmel, du bist eine Spaßbremse. *Cào* …« Dray presste die Hände auf die Augen. Er holte tief Luft, als wäre ihm in seinem Gefühlsaufruhr bewusst geworden, dass er Dinge preisgab, die besser ungesagt blieben. »Genau das machst du mit mir. So will ich mich nicht fühlen.«

Ich versuchte gar nicht mehr, mit ihm zu reden. Stattdessen schnippte ich an der vergilbten Seite herum, auf der ich stehen geblieben war. Ich sah, wie sich das Papier unter einer Träne wölbte.

Himmel, du bist eine Spaßbremse – wenn Dray so schlecht von mir dachte, warum war er dann hier?

Ich verstand seinen Wutausbruch nicht. Seine Worte standen so sehr im Widerspruch zu allem, was ich empfand, dass sie überhaupt nicht uns gelten konnten. Vor Jahren schon hatte ich mich in ihn verliebt. Ich wollte mit ihm zusammen sein. Warum sah er das nicht? Wie kam er darauf, dass ich ihn nicht wollte?

Dray blieb lange Zeit still. Dass ich weinte, hatte er offensichtlich nicht gewollt, denn er wusste nicht, was er tun sollte. Der Alkohol fachte Streit an, aber als ich darauf nicht einging, lichtete sich der Nebel in seinem Kopf, und er bereute seine Worte. Seine Schultern sanken herab. Er öffnete den Mund, um etwas zu sagen – überlegte es sich aber anders. Stattdessen verließ er den Raum und knallte die Tür hinter sich zu.

Natürlich war er am nächsten Morgen mies drauf.

Und natürlich machte ich mir vor, alles wäre gut. Dass mir klar wäre, dass er es nicht so gemeint hatte.

Aber als Dray Amiya an jenem Nachmittag mit geschwollenen und geröteten Augen im Hof striegelte und dabei tieftraurig blickte, war ich nicht sicher, welche seiner Worte von letzter Nacht diejenigen gewesen waren, die besser ungesagt geblieben wären. In vielen Dingen hatte er recht gehabt: Ich wusste nicht, wie ich meine Gefühle ihm gegenüber ausdrücken sollte. Dass man mich anlächelte, war ich gewohnt, aber zurückzulächeln fiel mir oft schwer. Warum, wusste ich nicht.

Also ging ich zu ihm, während er sein Lieblingspferd striegelte, und drückte mich an ihn. Ganz sanft. Ich schlang ihm die Arme um die Taille und legte den Kopf an seinen Rücken. Er erstarrte. Sein Atem stockte, als hielte ich ihm ein Messer zwischen die Schulterblätter. Ich drückte ihn ein wenig fester an mich, spürte seine Bauchmuskeln und seine Hüfte. Die weiche Baumwolle seines Hemdes kräuselte sich unter meinen Händen, als ich die Finger krümmte. Mein Herz hämmerte, als wollte es aus meinem Innern in seinen Körper drängen. Trotzdem blieb ich dort, angeschmiegt an Drays warmen Rücken.

Er fing wieder an zu atmen und legte den Kopf zurück. Nahm meine Hände und drückte sie.

So standen wir lange. Wortlos, dem Atem des anderen lauschend. Egal, wie viele Leute uns sahen.

14. Kapitel

»Ich krieg ihn nicht zu«, ächzte Sunan, während er an der Schließe seines Umhangs herumfummelte.

Ich winkte ihn zu mir und befestigte den Haken für ihn. Manchmal rief Sunan in mir die gleichen Gefühle hervor wie meine Adoptivgeschwister, denen ich früher beim Anziehen und anderen alltäglichen Dingen geholfen hatte. *Mā bǎo*, so ein Muttersöhnchen. Nur Sunan konnte so unbeholfen sein. Ungeniert und mit einem Lächeln nahm er meine Unterstützung an, und ich sah sofort den kleinen Sunan vor mir, wie er von seiner Mama verhätschelt wurde. Offensichtlich war er in einer liebevollen Familie aufgewachsen, in der von ihm nicht erwartet wurde, mannhafter oder intelligenter zu sein, als er war.

Im absoluten Widerspruch dazu stand, wie sehr Sunans Arglosigkeit von seiner kriegerischen Wächteruniform geschluckt wurde. Er war stark und breitschultrig. In der schweren Rüstung wirkte er richtig gefährlich. Niemand, der ihn so sah, würde je darauf kommen, dass dieser Soldat nicht einmal seinen Umhang selbst schließen konnte.

Ich machte mit meiner eigenen Ausrüstung weiter, indem ich die Bänder an meinem Unterarmschutz festzurrte. Damit ich den anderen im Gang nicht im Weg war, saß ich auf Sunans Bett. Unsere gesamte Unterkunft stand in den Startlöchern. Die Männer legten die Uniformen an, die am frühen Morgen aus der palasteigenen Rüstkammer gekommen waren. Dort waren sie gewaschen und gewartet worden: Das Leder duftete, das Metall glänzte und die Stoffe fühlten sich an wie neu. Noch nie hatte ich etwas so Weiches getragen: Die Seide glitt so leicht und kühl über meine Haut, dass ich mich ohne den dickeren zeremoniellen Harnisch nackt gefühlt hätte.

Unsere Uniformen waren maßgeschneidert, und Sunan behandelte seine daher wie den größten Schatz auf Erden. Er strich über das Tigeremblem auf den Schulterstücken. Jeder Teil der Uniform, von der Stickerei auf den Stoffen bis hin zu den Metallgravuren, war eigens für ihn angefertigt worden. Für Sunan wurde sein Status als Elitesoldat erst mit der eigenen Wächterausstattung real. Er war stolz. Wie ein neues Gruppenmitglied, das endlich auch offiziell dazugehörte.

Vinhs Uniform lag fein säuberlich gefaltet auf seinem Bett. Er hatte ebenfalls eine erhalten, auch wenn er noch nicht von der Krankenstation zurückgekehrt war und an der Parade zu Ehren des Fackelfests nicht teilnehmen konnte. Es war drei Tage her, dass Prinz Lian Vinh bewusstlos geschlagen hatte. Neana, Sunan und ich hatten ihn besuchen wollen, aber man hatte uns nicht hineingelassen. Anscheinend stand es nicht gut um ihn.

Neben Vinh hatte uns auch Zhaya verlassen. Ich hatte geglaubt, sie wäre in die Küche versetzt worden, bis ich drei Soldaten beim Abendessen darüber reden hörte: »Man hat es ihr gleich angesehen. Das Mädchen war ein Fehlkauf. Bildschön wie ein Edelstein, aber mit extrem schwachen Nerven. Lian-*shàoye* ist sehr wählerisch, was seine Wächter angeht. Er wollte die Standfestigkeit des Mädchens testen, und sie hat versagt. Ein schwacher Geist ist Gift und infiziert die anderen. Der Clan kann so jemanden nicht gebrauchen.«

»Entschuldigung«, hatte Neana gesagt und sich auf ihrem Stuhl umgedreht. »Sprecht ihr über Ming Zhaya?«

»Über wen denn sonst? Ansonsten wurde in den letzten Tagen niemand rausgeworfen.«

»Rausgeworfen, was soll das heißen?«, hatte Sunan gefragt. »Man hat sie nicht einfach versetzt?«

Die Soldaten schnaubten. Einer von ihnen schüttelte den Kopf.

»Frau Jian hat sie als Wächterin erworben, und wenn sie dazu nicht taugt, hat sie auch keinen Nutzen. Der Palast ist keine Zufluchtsstätte für Schuldner, die vor dem Arbeitslager gerettet werden wollen. Wir sind hier, um den Zweck zu erfüllen, für den wir gekauft wurden.«

»Hat man Zhaya nach Naraka geschickt …?«

»Natürlich nicht. Das hätte ihren Kaufpreis nicht ersetzt. Sie wurde weiterverkauft – wahrscheinlich nach Hua Pao. Das Bordell zahlt dem Palast bereitwillig auch große Summen, denn dort weiß man, dass eine schöne Frau ihren Einkaufspreis schnell wieder reinholt. Armes Ding. Hätte sie nur den Mund gehalten. Wenn man Probleme hat, meditiert man und rennt nicht wegen jeder Kleinigkeit heulend zu Houyi. Er ist kein schlechter Mensch, aber euch zu trösten ist nicht seine Aufgabe – weigert ihr euch, am Training teilzunehmen, leitet er die Angelegenheit ans Neiwufu weiter, und dann ist es aus. Im Neiwufu seid ihr nichts weiter als ein Posten in der Palastbuchführung. Vergesst das nicht.«

Unser ganzer Tisch war in ein tiefdüsteres Schweigen versunken.

In den letzten Tagen war ich so sehr mit meinem eigenen Fluchtplan beschäftigt gewesen, dass ich nicht einen Moment darüber nachgedacht hatte, wie es den anderen Anwärtern ging. Erst Zhayas Schicksal rüttelte mich wach. Ich erinnerte mich noch an die Angst in ihren schönen Augen, als sie zum Tigerprinzen aufgeschaut hatte. Sein Verhalten hatte mich angewidert, aber ich hatte nicht geahnt, wie niederschmetternd der Übergriff für Zhaya gewesen sein musste. Ich hatte meine Augen vor ihrem Kummer verschlossen.

Auch Houyi hatte sich nicht um seine Schülerin gekümmert. Er hatte den Fall zur Prüfung ans Neiwufu weitergeleitet, das Büro für interne Palastangelegenheiten. Das Neiwufu hatte Hunderte hochqualifizierter Mitarbeiter. Das bedeutete, dass irgendwelche Paragrafenreiter mittleren Alters, die Zhaya niemals begegnet waren, über ihr Schicksal entschieden hatten. In ihren Augen war allein Zhayas Gesuch, in der Küche arbeiten zu dürfen, Grund genug gewesen, sie in Penglais größtes Freudenhaus zu schicken. Dort konnte jetzt jeder mit ihrem Körper anstellen, was er wollte. *Hua Pao* bedeutete Feuerwerk – und beschrieb die Dienstleistungen des Bordells, das die Bedürfnisse seiner Kunden genauso schnell erfüllte wie eine Flamme, die an der Zündschnur eines Feuerwerkskörpers entlanglief.

Warum hatte ich nichts getan?

Ich hätte Zhaya helfen können. Es wenigstens versuchen müssen. Ich hätte mich erheben und meine Stimme einsetzen, für sie da sein können. Stattdessen hatte ich mich danach gerichtet, wie man es in Namla hielt: Ich hatte mich um meine eigenen Angelegenheiten gekümmert. Wieder einmal war ich der Dawei gewesen, der nicht reagierte, der nicht zeigte, dass ihn etwas berührte, der nicht zurücklächelte. Das musste ein Ende haben.

»Neana«, sagte ich schließlich, während sie in ihrem Essen herumstocherte. »Du hast dein Bestes versucht.«

Sie schaute zu mir auf. Dann schossen ihr Tränen in die großen Augen. Ich hatte ihr Verhalten richtig gedeutet: Neana machte sich Vorwürfe, weil sie mit Houyi über Zhaya gesprochen hatte. Ich wollte ihr klarmachen, dass sie nichts falsch gemacht hatte. Neana trug keinerlei Schuld an den Entscheidungen des Palastbüros.

»Du warst Zhaya eine gute Freundin. Das wird sie nicht vergessen.«

Neana presste die Lippen so stark aufeinander, dass sie eine Linie bildeten. Gleichzeitig sprang sie vom Tisch auf und umarmte mich. Dabei drückte sie meine Taille so heftig, dass meine verwundete Körperhälfte schmerzte und ich das Gesicht verzog. Außerdem war ich Umarmungen nicht gewohnt. Trotzdem stieß ich sie nicht weg. Stattdessen legte ich unbeholfen die Arme um sie und erwiderte ihre Umarmung.

Von da an waren wir zu dritt: Sunan, Neana und ich. Ich durfte immer noch nicht kämpfen, an allen anderen Unterrichtsstunden aber nahm ich teil. Wir meditierten dreimal täglich: morgens vor dem Essen, am Mittag und abends bei Sonnenuntergang. Auf dem Trainingsplatz konzentrierte sich unsere Ausbildung auf repräsentative Aufgaben: Körperhaltung, Marschieren in Formation und Kommandos, auf die wir so schnell reagieren mussten, als könnten wir hellsehen.

Houyi gab sich alle Mühe, uns die wichtigsten Punkte des Ablaufs beizubringen, um Frau Jian ihre neue Wächterschar am Eröffnungstag des Fackelfestes vorführen zu können. Er war angespannt, blaffte uns an und trat Sunan jedes Mal gegen die Knöchel, wenn er die Füße nicht im richtigen Abstand zueinander setzte.

»Jetzt gerade kommt es nur darauf an, wie ihr ausseht«, sagte Houyi. »Von euch wird nichts weiter verlangt, als die richtige Haltung einzunehmen, zu wissen, wie ihr eure Herrin zu grüßen habt, und im richtigen Tempo zu marschieren. Ihr seid Requisiten. Frau Jian hat alle Palastwächter zur Parade beordert, auch euch. Die herrschenden Clans konkurrieren miteinander um alles. Als der Feuervogel-Clan die Zahl seiner Elitewächter auf fünfundfünfzig erhöhte, war der Tiger-Clan gezwungen, mitzuziehen. Deshalb hat euch die Herrin gekauft. Und jetzt, wegen der Dummheiten eines Söldners und einer Hure, hat Frau Jian nur noch dreiundfünfzig Wächter in ihren Reihen. Sie ist schon aufgebracht genug, ohne dass ihr sie erniedrigt, indem ihr wie kopflose Hühner herumrennt. Also aufgestellt! Und von vorn!«

Die rasanten Übungen hielten meinen Geist auf Trab. Am Anfang zählte ich die Stunden eines jeden Tages herunter: Stunde der Ratte, Stunde des Rindes, des Tigers, des Kaninchens, des Drachen, der Schlange, des Pferdes, des Schafes, des Affen, des Huhns, des Hundes, des Ebers … und immer, wenn ein Zyklus voll war, zählte ich die Tage, bis ich Ren sehen würde. Drei. Zweieinhalb. Zwei. Eineinhalb. Einer. Das Gute an den streng durchgetakteten Tagen war, dass die Zeit mit all der Beschäftigung schneller verging. In der Abenddämmerung fiel ich wie ein Stein ins Bett und schlief im Handumdrehen ein. Die Trainingseinheiten verfolgten mich bis in meine Träume. Am Morgen war ich noch müder als vor dem Einschlafen.

Bis ich schließlich am Morgen des Fackelfestes erwachte.

Ich war ernst und konzentriert, wie immer vor einer wichtigen Aufgabe. Ich versuchte, einen klaren Kopf zu bewahren. Meine Gefühle in Schach zu halten. Ich strich über die Ärmel meiner Uniform. Die

Kleidung war für mich angefertigt worden, aber sie war eine Leihgabe. Eine Verkleidung, die mich endlich aus Penglai herausbringen würde – und aus der ganzen Provinz Sang.

»Du siehst krass aus, Dawei«, sagte Sunan, als ich in voller Montur vor ihm stand. Sein beeindruckter Blick verriet, dass er über meine Verwandlung ebenso staunte wie ich über seine. Es kam mir vor, als wäre es erst gestern gewesen, dass ich ohne Hemd im Gouverneursamt gestanden und angsterfüllt auf Frau Jians Leibgarde gestarrt hatte, die im Auswahlraum aufmarschierte. Jetzt war ich dabei, einer von ihnen zu werden.

Ich nahm meinen zeremoniellen Helm mit der fratzenartigen Maske vom Bett. Er hatte eine hohe goldene Spitze mit einer Quaste aus Zobelfellfransen am juwelenbesetzten Ende. Die schwarze Lackierung und die goldenen Schriftzeichen waren so kunstvoll gearbeitet, dass ich mir gar nicht vorstellen wollte, wie viel Geld in die Ausrüstung jedes einzelnen Wächters geflossen war. Wir waren Frau Jians Marionetten. Prächtige Dekorationen für ihre Festtagsparade.

Ich setzte den Helm auf, schob die Maske vor Mund und Nase und zog die Riemen fest.

Zuerst wollte die Herrin mein Schweigegelübde brechen. Jetzt wollte sie mir den Mund verschließen.

»Noch eine halbe Stunde, dann ist Abmarsch!«, rief ein Wächter von der Tür aus. »Seht zu, dass ihr bis dahin alle eure Waffen aus der Kammer geholt und euren Geren aufgeladen habt. Sobald ihr gescannt und ins Himmelsnetz eingeloggt worden seid, geht ihr direkt zum Mittagstor. Bewegung!«

»Geren aufladen?«, fragte ich. »Wir bekommen Geld? Wozu?«

Sunan schüttelte den Kopf. Hinter der Maske klang seine Stimme gedämpft: »Für Notfälle, nehme ich an. Schließlich wäre es peinlich, wenn die Leibgarde des herrschenden Clans wegen ein paar fehlender Wen Probleme bekäme.«

»Freut euch nicht zu früh, das Geld auf unseren Geren ist nicht für uns«, sagte ein Wächter. »Das wird hinterher alles wieder eingesammelt. Das Büro des Neiwufu zählt jeden Wen und verlangt eine Erklärung, wenn etwas fehlt. Denkt daran, bevor ihr losrennt und es an den Ständen für Süßigkeiten auf den Kopf haut.«

Das Angebot der Stände war mir egal. Ich dachte nur an die Flucht. Alles lief einfach zu gut: Ich hatte eine Gelegenheit gebraucht, eine Wächteruniform zu tragen, ich hatte ein Ablenkungsmanöver gebraucht und Geld. Die Parade zum Fackelfest servierte mir alles auf dem Silbertablett. Dass Frau Jian das Guthaben auf meinem Geren einfrieren und ich einen weiteren Vermerk als nicht vertrauenswürdiger Bürger erhalten würde, sobald sie meine Flucht bemerkte, war mir egal. Zu dem Zeitpunkt hätte ich die Provinz Sang längst verlassen und das Geld der Person überwiesen, die Ren mit dem Brief geholfen hatte. Jetzt musste ich nur noch eine Möglichkeit finden, um mich aus der Parade zu stehlen.

Das Unfassbarste war jedoch, dass ich ein Schwert bekam.

Eine richtige, tödliche Waffe. Sein Stahl war fachmännisch geschmiedet und äußerst luxuriös verziert. In die Klinge waren die Seriennummer und der Name des Schwertes eingraviert: Ziying, das bedeutete Purpurner Blitz. Der Griff aus weißer Jade war in Form eines Tigers geschnitzt. An seinem Ende hing eine rote Quaste. Ich hätte mir das Schwert gerne genauer angesehen, um zu testen, wie es in meiner Hand lag, die nur ans Khukri gewöhnt war, aber in der Waffenkammer war so viel los, dass ich es auf später verschob.

Ich folgte den anderen in den hinteren Teil des Raums, wo wir unsere Geren scannten, um uns ins Himmelsnetz einzuloggen. Auf dem Bildschirm meines Armreifs erschien das Wappen des Weißen Tigers, das anzeigte, dass ich unter dem Befehl des Clans stand. Die Seriennummer des von mir gewählten Schwertes wurde notiert und meine Identifikationsnummer im leeren Schwertständer hinterlassen. Wenn die Waffe am nächsten Morgen fehlte, wüssten alle, wer dafür verantwortlich war.

Die Vorstellung amüsierte mich. Sollten sie doch. Das Schwert würden sie nie wiedersehen. Ich verfolgte, wie mit dem röhrenförmigen Lesegerät 2000 Wen auf meinen Geren geladen wurden. Ich hatte wieder Geld.

»Das ist so seltsam«, sagte Sunan, als wir zum Haupteingang des äußeren Palastgeländes gingen. »Ich hätte Neana gerne ein schönes Fackelfest gewünscht, aber ich erkenne sie gar nicht. Ich kann ja schlecht jeder Soldatin zuwinken, die ich sehe – wenn ich Tanashiri-*qiánbèi* erwische, bekomme ich noch eine Faust ins Gesicht. Ein paar Mal habe ich schon völlig Fremde angesprochen, weil ich dachte, das wärst du.«

»Soll ich mich davon jetzt gekränkt fühlen? Nicht jeder hat ein Markenzeichen wie du die himmelblauen Augen.«

»Das liegt daran, dass ich viel Wasser in mir habe. Vor meiner Geburt hatte mein Dorf andauernd mit Bränden zu kämpfen, aber seit es mich gibt, hatten wir keinen einzigen mehr. Außerdem hat meine *Yai*, also meine Großmutter mütterlicherseits, immer gesagt, ich würde jeden Schmerz vergessen, sobald sich die Wunde schließt. Auch das kommt vom Wasserelement.«

Sunan schaute mich stolz an, und ich konnte mir ein Grinsen nicht verkneifen. Die Maske bedeckte meinen Mund, aber Sunan las das Lächeln an meinen Augen ab, denn auch seine eigenen verzogen sich zu Halbmonden. »Das erklärt so einiges«, sagte ich.

Als wir am Mittagstor ankamen, standen zu beiden Seiten des Durchgangs bereits Dutzende Soldaten in Reih und Glied. Im Gegensatz zum inneren Palastgelände, wo die Gebäude dicht an dicht standen, war das äußere spärlich bebaut. Vor dem Mittagstor befand sich eine große, gepflasterte Fläche, die von einer roten Mauer umgeben war. Die Doppelflügel des Tores leuchteten in der Morgensonne feuerrot und goldgelb, als ob sich dahinter die Halle der Götter selbst verbarg.

Wir Wächter nahmen vor den Soldaten nach Größe sortiert Aufstellung. Der Unterschied zwischen Sunan und mir war so gering, dass wir nebeneinander stehen bleiben konnten. Neana hingegen war auf sich allein gestellt. Sie hatte die Bewegungsabläufe beim Marschieren schneller verinnerlicht als wir beide, also würde sie auch ohne uns zurechtkommen. Dennoch wünschte ich, sie hätte bei uns sein können.

Als wir uns aufgestellt hatten, erschien Houyi in der Toröffnung. Er schritt die Reihen ab, um seine Truppen zu kontrollieren. Qadan und Tanashiri folgten ihm. Ihre Masken hingen ihnen um den Hals, die schwarzen Umhänge schwangen hin und her. Houyi blieb vor uns stehen. Auch wenn Sunan Probleme hatte, die einzelnen Wächter zu unterscheiden, schien es Houyi nicht so zu gehen. Er korrigierte Sunans Haltung, trat anschließend vor mich hin und unterzog mich derselben Behandlung. Was auch immer es an uns auszusetzen gab. Houyi musterte mich von Kopf bis Fuß.

»Ihr seht ziemlich glaubwürdig aus«, sagte er. »Fast wie richtige Wächter.«

Dann strich er mir den Umhang von der Schulter. Er ließ seine Hand dort liegen, schwer und dominant, so wie er es nach der Auswahlzeremonie in der Kutsche getan hatte. *Ich habe die Macht dazu.*

Er beugte sich vor und murmelte: »Ich weiß von dem Zug, der heute Nacht ins Arbeitslager fährt. Ich weiß auch, dass dir dein Vöglein vor einigen Tagen eine Nachricht überbracht hat. Trotzdem habe ich nicht vor, den ganzen Abend lang jede deiner Bewegungen zu überwachen. Sollte nun ein Wächter in der Reihe fehlen – es ist nur so ein Gedanke, aber nehmen wir einmal an, dieser Wächter wäre ein Bianfu –, möchte ich, dass ihr beide wisst, dass jemand anderes für die Dummheit dieses Wächters büßen wird.«

Er nahm die Hand von meiner Schulter und trat zurück.

»Und damit hinterher niemand sagen kann, er hätte mich nicht verstanden, sage ich es noch einmal ganz direkt: Wenn ich euch nicht allesamt morgen bei Sonnenaufgang wiedersehe, dann schicke ich unseren blauäugigen Schönling hier geradewegs ins Bordell, um Fräulein Ming Zhaya Gesellschaft zu leisten.« Er richtete den Blick für einen Moment auf Sunan. »Wie ich schon sagte, euer Verhalten hat nicht nur Konsequenzen für euch allein. Behaltet das im Hinterkopf.«

Er beobachtete die Wirkung seiner Worte auf mich, bevor er weiterging.

Ich war wie erstarrt. Gleichzeitig spürte ich Sunans Blick auf mir und hörte seine hauchdünne Stimme, als er fragte: »Du haust heute Abend doch nicht etwa ab, oder? Oder, Dawei?«

Ich antwortete nicht.

»Die Herrin des Weißen Tigers!«

Die Stimme des Zeremonienmeisters schallte über den Platz. Die Soldaten, die die Wimpel hielten, stießen zum Gruß der Clanfamilie gleichzeitig ihre Stäbe in den Boden. Die Doppeltüren des Mittagstors öffneten sich mit einem dumpfen Dröhnen. Der Tross, der dahinter zum Vorschein kam, raubte mir mit seiner überwältigenden Pracht die Sinne.

An der Spitze schritten junge Diener mit Räuchergefäßen und höhere Beamte. Unmittelbar dahinter folgten zwei offene Sänften. Auf der ersten saß in einem gewaltigen Kostüm Frau Jian. Das silberbestickte Gewand lastete vermutlich schwerer auf den Schultern der Träger als die Herrscherin selbst. Ihr goldener Haarschmuck wirkte so prunkvoll wie das Geweih eines stattlichen Hirsches. Der klirrende Juwelenschleier ihres Kopfschmucks gab der Herrin die Möglichkeit, ihre Augen hinter dem funkelnden Glanz zu verbergen, sodass ihr Blick auf nichts Unangenehmes traf – ich wollte gar nicht erst wissen, wie viel Blut vergossen werden musste, bevor sie von diesem Sichtschutz Gebrauch machte. Als Rens Blut über die Bodenfliesen auf ihren Rock zugeflossen war, hatte Frau Jian jedenfalls nur gelächelt.

In der zweiten Sänfte saß ihr Ehemann, der vollkommen im Schatten der Herrscherin stand. Bereits seit einer Woche wohnte ich im Tigerpalast, aber ich konnte mich nicht entsinnen, dass jemand seinen Namen auch nur erwähnt hatte. Der Mann war eine Randfigur. Ein Außenseiter mit Genen, den man für geeignet befunden hatte, eine wichtige Adelslinie fortzuführen. Als Jian aber zählte er nicht. In Fusang war die Abstammung der Männer, die in eine Familie eintraten, zweitrangig, weil die Kinder stets zur Mutter gehörten und ihren Namen erbten. Väter hatten nur wenige Rechte an ihren Kindern. Ich kannte keinen einzigen alleinerziehenden Vater, vaterlose Kinder dagegen umso mehr.

Frau Jian und ihr Mann wurden von ihren drei Kindern begleitet. Sie schritten neben den hochrangigen Beamten und den Dienstmädchen her, die in wunderschöne *Hànfú*-Trachten gekleidet waren. Dennoch waren die drei leicht als Adlige zu erkennen: Sie erschienen edel und mächtig und trugen die Clanfarben des Weißen Tigers. Prinz Lian hätte meinetwegen im Fluss versinken können, seine selbstgefällige Zurschaustellung in der teuren Soldatenuniform war mehr, als mein Auge ertragen konnte. Seine Schwestern hingegen zogen meine Aufmerksamkeit auf sich.

Zwar hatte ich mich bereits auf Prinzessin Ailings Namen berufen, aber erst jetzt bekam ich sie zu Gesicht: das zukünftige Oberhaupt des Tigerclans. Obwohl sie unter den Bediensteten einen guten Ruf genoss, war ich voreingenommen. Alle meine Erfahrungen mit dem Jian-Clan waren furchtbar gewesen.

Aber Prinzessin Ailing war Frau Jian überhaupt nicht ähnlich. Sie trug keine hohe Steckfrisur, sondern einen zierlichen Kopfschmuck mit filigranen Juwelen, die ihre Stirn bedeckten, und der so fein war, als würde er aus Spinnweben bestehen. Ihre Beine waren lang wie bei einem Reh, und sie trug die pechschwarzen Haare kurz geschnitten. Das überraschte mich, denn ich hatte gelernt, dass langes Haar in der Provinz Sang Respekt vor den Eltern symbolisierte. Doch das Haar von Prinzessin Ailing war kürzer als meines. Sie trug eine lange *Hànfú* aus einem metallisch glänzenden Stoff mit eher bescheidenen Stickereien.

Prinzessin Ailing machte einen sehr besonnenen Eindruck. Sie hatte gerade Augenbrauen, die bis zu den Schläfen reichten, und bezaubernde kleine Augen, die gut zu ihren zarten Gesichtszügen passten, außerdem einen langen Hals und ein spitzes, leicht nach oben gebogenes Kinn. Als sie an den Reihen der Wächter vorbeiging, nickte sie einigen Soldaten zum Gruß zu, schenkte den meisten aber keine Beachtung. An mir zog sie vorüber, ohne den Kopf zu drehen.

Der auffallendste Blickfang aber war das jüngste der Geschwister: Prinzessin Chang'e. Die vielen kleinen Farbtupfer auf ihrem Gesicht ließen ihre Haut auf natürliche Weise erstrahlen: Ihre rundlichen Wangen waren von einem rosigen Rotton überzogen, wie bei den Kindern in Namla, wenn sie im Schnee spielten. Die schwarzen Augen blickten groß und unschuldig. Die langen Locken waren offen und so gut gepflegt, dass sie beim kleinsten Windhauch flatterten. Prinzessin Chang'e trug eine silbergraue *Hànfú* mit weißen Quasten, die von dem Band um ihre Taille hingen. Der Rocksaum kräuselte sich an ihren grazilen Beinen wie Meerschaum.

Prinzessin Chang'e war auch die Einzige, die die Wächter anlächelte – und sie lächelte nicht nur, sondern zwitscherte sogar einen Gruß: »*Gēge hǎo*«, hallo, große Brüder.

Gut, dass die Wächter Masken trugen: So konnten die Männer ihr Lächeln erwidern. Zwar hieß *Gēge* »großer Bruder«, es wurde aber auch zum Flirten verwendet. Meine kleinen Schwestern benutzten das Wort, wenn sie sich mit ihrem Schwarm unterhielten und dabei niedlich klingen wollten. Dann verliehen sie ihren Stimmen die gleiche Schüchternheit, wie Prinzessin Chang'e es jetzt gerade tat. Ich hätte nie gedacht, dass sich Mädchen von adliger Geburt derselben Kniffe bedienten wie meine Adoptivschwestern, die in gefilzter Yak-Wolle herumliefen.

Danach zu urteilen, wie eine der Hofdamen Prinzessin Chang'e anstupste, war das Verhalten der Tigerprinzessin nicht standesgemäß.

Die Prinzessin hielt sich den Fächer vor den Mund. Ihre Schultern bebten vor Lachen. Prinzessin Chang'e war jung, vielleicht fünfzehn, aber sie schien sich ihrer Anziehungskraft vollkommen bewusst zu sein. Die Augen der Soldaten folgten ihr wie einem Magneten.

»Was muss man tun, um ihr persönlicher Leibwächter zu werden?«, fragte Sunan, als wir kurz darauf hinter der Herrscherfamilie in der Prozession auf den Platz des Träumenden zumarschierten.

Die Clanfamilie war inzwischen in eine Pferdekutsche gestiegen, die in Schrittgeschwindigkeit durch Penglai kroch. Obwohl die Fenster verhängt waren, versammelten sich die Menschen in Scharen, um ihren Oberhäuptern zuzuwinken. Von allen Seiten hagelte es Glückwünsche. Die Einwohner von Penglai verhielten sich, als liebten sie die Mitglieder des Clans. Ihre Reaktionen standen im Widerspruch zu meinen Erinnerungen an die Auswahlzeremonie. Ich versuchte, an ihren Gesichtern zu erkennen, ob die Freude aufgesetzt war, aber alle schienen wirklich gut gelaunt zu sein. Weiter hinten im Gedränge saßen Kinder auf den Schultern ihrer Eltern. Sie zeigten mit offenen Mündern auf die Palastkutsche, als hätten sie einen Blick auf ihre Helden erhascht.

Die Soldaten marschierten vor und hinter der Kutsche. Einige trugen die Wimpel des Clans, andere sorgten dafür, dass die Menge dem Tross den Weg freimachte. Die ranghöchsten Wächter saßen zu Pferde. Sunan und ich waren zu unerfahren, um etwas anderes zu tun, als im gleichmäßigen Takt am Ende des Zuges mitzumarschieren. Ich versuchte, einen kühlen Kopf zu bewahren. Es war erst Morgen und ich hatte noch reichlich Zeit, darüber nachzudenken, was ich bezüglich Ren und Sunan unternehmen sollte.

Dennoch ließ die Unruhe alle meine Glieder kribbeln. Ich betrachtete die Lampionketten über den Straßen, die einen majestätischen Baldachin über dem Gefolge bildeten. Die geschwungenen Dachtraufen der Häuser waren mit Fisch- und Schmetterlingsanhängern aus Papier geschmückt. Große Drachen kreisten am Himmel, und hin und wieder drang das Zischen von Feuerwerkskörpern an meine Ohren. Ich erhaschte einen Blick auf die Altäre Meister Shuyas am Straßenrand, die mit Räucherwerk, Festtagsessen und Papiergeld beladen waren. Überall rundherum roch es nach Verkohltem, nach gegartem Fleisch und ätherischen Düften.

Für Sunan war das Fackelfest von Penglai ein wohlvertrautes Ereignis, und er nahm seine Umgebung nicht so aufmerksam wahr wie ich. Er gehörte zu den Menschen, die sich in der Hoffnung auf den Straßen drängten, einen Blick auf ihre Herrscher zu erhaschen. Sunan hatte der Kutsche auf dem ganzen Weg vom Palast wehmütig hinterhergeschaut.

»Prinzessin Chang'e ist in Wirklichkeit noch schöner als auf den Gemälden«, fuhr er fort. »Sie hat noch keinen eigenen Leibwächter, wusstest du das? Sie ist noch zu jung. Egal, was *Shīzūn* sagt, ich bin sicher, dass Frau Jian die neuen Wächter eingekauft hat, weil Fräulein Chang'e bald einen eigenen brauchen wird.«

»Du magst sie anscheinend?«

»Ja, also … Wenn ich mich spontan entscheiden müsste, dann … Äh, ich meine ja nur, wenn ich schon die Befehle der Clanfamilie blind befolgen muss, dann würde ich lieber dem Mitglied dienen, bei dem es eher unwahrscheinlich ist, dass es von mir verlangt, Meister Shuyas Friedensgesetz zu brechen. Was meinst du, wer würde eher den Befehl geben, zu töten, Prinzessin Chang'e oder Prinz Lian?«

»Gutes Argument. Andererseits«, ich zuckte mit den Schultern, »hast du das Mädchen doch bloß lächeln sehen. Du weißt nichts über sie.«

»Denken alle in Namla immer das Schlimmste von ihren Mitmenschen, oder bist das nur du?«

Ich lächelte. »Ich schätze, das ist meine Spezialität.«

Sunan lachte. Falls er sich Sorgen über meine Fluchtpläne machte, zeigte er ein bewundernswertes Vertrauen in mein Urteilsvermögen. Er sprach das Thema nicht an, versuchte nicht, mich zum Bleiben zu überreden, sondern träumte lieber von Prinzessin Chang'e und seiner Zukunft als ihr Leibwächter, obwohl wir beide wussten, dass er keine haben würde, falls ich mein Vorhaben umsetzte.

Ich wusste nicht, was ich tun sollte. Houyi hatte mich in eine Zwickmühle gebracht. Wofür ich mich auch entschied, jemand würde die Konsequenzen dafür tragen müssen. Ren war meine Familie. Es war sonnenklar, dass mich nichts davon abhalten konnte, mich um

Mitternacht zu ihm zu schleichen. Aber Sunan war inzwischen mein Freund geworden. Wenn ich ging, würde er bestraft werden. Auch wenn er selbst nichts getan hatte, womit er ein Schicksal im Hua Pao verdient hätte.

Nicht nur Frauen wurden von den Bordellen gekauft. Ich hatte von einem Bordell in Sandu gehört, das die Gewaltfantasien seiner Kunden bediente: Solange der Preis stimmte, durfte man sein Opfer würgen, schlagen oder auf andere Weise verletzen. Ich konnte Sunan nicht zu einem solchen Schicksal verurteilen. Ebenso wenig konnte ich mir aber das Treffen mit Ren entgehen lassen. Ich wusste einfach nicht, was ich tun sollte.

Unser Zug schob sich weiter auf den Platz der Träumenden zu, wo die Aufführungen zum Fackelfest stattfinden sollten. Ich erkannte den Platz kaum wieder, auf dem Ren und ich vor nicht allzu langer Zeit gebetet hatten. An seinem Ende thronte immer noch die Statue von Meister Shuya, ebenso wie zu beiden Seiten die Statuen der vier Schutzpatrone. Das einfache Volk jedoch war vertrieben worden. Dort, wo vorher nur eine grüne Wiese gewesen war, ragten jetzt hohe Tribünen auf. Dort saß die Crème de la Crème des Staates: Beamte, Angehörige kleinerer Clans und angesehene Neureiche. Arme Leute hatten bei einer Gedenkfeier in Penglai nichts zu suchen.

Als der Clan des Weißen Tigers eintraf, nahm der Lärmpegel ohrenbetäubende Ausmaße an. Ich bekam Gänsehaut. Die Clanerben genossen sichtlich, mit welcher Euphorie die Menge sie begrüßte. Als sie aus der Kutsche stiegen, hoben sie die Hand und lächelten strahlend. Beifall und Lobpreisungen hämmerten auf mein Trommelfell ein. Vom stetigen Strom der Durchsagen verstand ich kein Wort.

Ich sah mir die anderen Flaggen auf dem Platz an. Die Soldaten des Jian-Clans hielten die Fahnen des Weißen Tigers vor die Statue ihrer Schutzgottheit, auf der Südseite hingegen dominierte Dunkelrot. Auf den Flaggen war ein Feuervogel mit ausgebreiteten Flügeln abgebildet. Sunan hatte uns zuvor erzählt, dass die vier herrschenden Clans von Fusang jedes Jahr in Penglai zusammenkamen, um den Gedenktag an Meister Shuyas Ruhestätte zu feiern. Das bedeutete, dass auch die nördlichen Clans für das Fest in den Süden reisen mussten.

Ich sah türkise Wimpel auf der östlichen Seite und schwarze Flaggen auf der nördlichen. Mein Blick blieb vor allem beim Clan des Dunklen Kriegers hängen, das Emblem aus Schildkröte und Schlange kannte ich aus den Behörden meiner Heimat. Bei dem Anblick bekam ich einen Kloß im Hals. Wenn ich irgendwo in Uniform und Helm hätte stehen sollen, dann war es in den Reihen der Wächter des Clans Zhi. Bei meinen Landsleuten. Einige von ihnen sprachen bestimmt sogar Namla.

»Ob die Mitglieder des Zhi-Clans netter sind als der Jian-Clan?«, überlegte ich laut.

Sunan antwortete in einem amüsierten Tonfall: »Der Bianfu aus dem Norden kennt seinen eigenen Clan nicht?«

»Ich weiß, dass die Witwe Zhi über hundert Jahre alt ist. In meinem Dorf scherzt man, dass sie uns alle überleben wird.«

»*Báichī ā* … Du Dummerchen.« Sunan schüttelte den Kopf. »Du weißt ja rein gar nichts. Die Mitglieder des Zhi-Clans sind mit einem langen Leben gesegnet, weil der Geist des Schwarzen Kriegers sie gesund hält. Genauso wie der Drache den Meng-Clan und der Feuervogel den Ling-Clan unterstützt. Jeder Clan ist mit seinem Element und dessen Eigenschaften verbunden. Das vorherrschende Element der Jian zum Beispiel ist Metall, deshalb sind die Mitglieder des Tiger-Clans stark und entschlossen. Ich weiß nicht, ob da etwas Wahres dran ist, aber das erzählt man sich über sie. Sie sind Nachkommen von Göttern und erfreuen das Volk.«

Ich lächelte hinter meiner Maske.

»Als ich klein war, hat mein großer Bruder mir immer Göttergeschichten erzählt«, sagte ich. »Ich habe sie geliebt.«

»Dann verstehst du auch, warum die Leute hier so begeistert sind. Für die Menschen in Penglai *sind* die Mitglieder der Clans die Helden aus den Geschichten. Vor ein paar Jahren gab es mal ein Turnier, bei dem Mitglieder der Clans gegeneinander angetreten sind. Es ging darum, wer den Oberbefehl über die fusangische Armee erhalten sollte. Seit den Clankriegen wird dieses Turnier alle fünf Jahre wiederholt. Lieber so als ein weiterer Bürgerkrieg. Das ganze Land war wegen des Turniers damals völlig aus dem Häuschen – ich weiß nicht, unter welchem Stein ihr in Nanmu lebt, wenn ihr nichts davon mitbekommen habt. Hier redet man noch heute über die Wettkämpfe.«

»Wer hat denn aktuell das Kommando über die Armee?«

»Der Meng-Clan.« Sunan nickte in Richtung der gegenüberliegenden Tribüne, wo die türkisen Flaggen wehten. »Die Drachenfamilie. Ihr ältester Sohn Meng Jin ist absolut unschlagbar. Solange er gesund bleibt – und unverheiratet –, wird die Armee bei den Drachen bleiben.«

»Stimmt ja. Er wird seine Familie verlassen müssen, wenn er eine Frau aus einem anderen Clan heiratet.«

»Genau. Und damit verschiebt sich die Armee-Führung komplett. Meng Jin ist zwar ihr Oberbefehlshaber, aber das Wort seiner Frau wiegt schwerer als seins. Die Armee würde also eigentlich seiner Frau unterstehen. Und das würde nur ...« Sunan wurde unterbrochen, als die nächste Bekanntmachung eine laute Beifallswelle auslöste. Er lehnte sich näher zu mir herüber und fuhr über den Lärm hinweg fort: »... Theater geben. Jeder weiß, dass General Meng Jin und Prinzessin Ailing unsterblich ineinander verliebt sind. Frau Jian leckt sich schon die Finger nach der Hochzeit, aber die Drachenherrscherinnen haben ihr Einverständnis noch nicht gegeben. Sie begründen das mit dem schlechten Gesundheitszustand von Prinzessin Ailing. Es wird gemunkelt, die Tigerprinzessin wäre ständig krank.«

Ich widerstand der Versuchung, mich zur Tribüne umzudrehen und Prinzessin Ailing in ihrer Loge zu betrachten.

Krank? In welcher Hinsicht?

Gerade wollte ich Sunan bitten, mir das genauer zu erklären, als die Scheinwerfer, die auf die Tribüne gerichtet waren, erloschen. Allmählich verstummten die Zuschauer. Ihr Geplauder verwandelte sich in erwartungsvolles Flüstern, als die Zeremonienmeister nach den Begrüßungsreden abtraten.

Es folgten dumpfe Trommelklänge. Die Lautstärke dröhnte in meinen Ohren, und ich spürte ihre Schläge unter meinem Brustbein. Dutzende Musiker läuteten die Show mit beeindruckender Energie ein: Ihre Gewänder waren feuerrot, ihre Körperhaltung so ausladend wie die von Kämpfern. Sie folgten einer präzisen Choreografie und verstärkten das Trommeln mit lauten Rufen.

Das Programm dauerte mehrere Stunden, in denen mir die Beine einschliefen und sich die Feuchtigkeit meines Atems unter der Maske auf mein Gesicht legte. Anfangs bemerkte ich das gar nicht. Ich war vollkommen in die Aufführungen vertieft. Noch nie in meinem Leben hatte ich etwas so Großes und Durchorganisiertes gesehen. Das Programm war eine Geschichte über die Zeit vor dem Schwarzen Regen, über den Krieg und den Wiederaufbau. Sie wurde mithilfe von Tanzdarbietungen und Musik erzählt. Die Künstlerensembles waren riesig. Die Tänzer bewegten sich in perfekter Harmonie wie ein Fischschwarm. Mir wären viele Bezüge entgangen, wenn Sunan sie mir nicht erklärt hätte. Er erzählte mir, dass die nationale Gedenkfeier in Fusang jedes Jahr nach demselben Muster ablief. Die Lieder waren so bekannt, dass das Publikum an manchen Stellen in den Gesang der Hauptsolisten einfiel.

Als ich wusste, was das Programm darstellte, wurde es in meinen Augen noch bezaubernder. Die Darbietungen bewiesen ohne Frage Fusangs Fähigkeit, gewaltige Spektakel mit größtmöglicher Disziplin zu paaren, aber der Grundgedanke war die Ehrung der Opfer des Krieges. Ganz so, als verneigten sich die Menschen unserer Zeit auf die würdevollste Art und Weise vor den Opfern des Schwarzen Regens. Man hielt ihr Andenken in Ehren. Das war eine Seite von Fusang, die ich noch nicht kennengelernt hatte.

Allerdings schwand meine Aufmerksamkeit im Laufe der Stunden allmählich. Die Sonne ging unter. Ehe ich mich versah, erleuchteten große Fackeln das Areal. Rundherum hatte die Dunkelheit der Nacht die Bäume und Gebäude bereits verschlungen. Eine Fackel dicht an meiner verwundeten Seite strahlte eine unerträgliche Hitze ab. Ich hielt es kaum aus. Der Schmerz lähmte mich. Engte mich ein. Die Ausdauer der Wächter, die die schweren Flaggen hielten, war mir unbegreiflich. Ihre Arme mussten doch brennen. Das Publikum war von der Aufführung so begeistert, dass niemand einen Gedanken an die Kehrseite der Medaille verschwendete: Während hier getanzt wurde, stiegen andernorts Zwangsarbeiter in einen Zug nach Naraka. Irgendwo da draußen war Ren mit seinem verstümmelten Arm, ohne zu wissen, ob ich käme oder nicht. Ohne zu wissen, dass ich hier stand und genauso hirnlos wie Tausende von Fusangs Haute volée auf flatternde *Hànfú*-Röcke starrte.

Die Zeit wurde knapp. Der Bahnhof befand sich auf der anderen Seite der Stadt, und es konnten nicht mehr viele Stunden bis Mitternacht sein. Ich würde sofort aufbrechen müssen. Jetzt, da die Aufmerksamkeit der Menschen auf die Show gerichtet und das Licht auf den Tribünen ausgeschaltet war, würde es niemandem auffallen, wenn sich ein Wächter von seinem Platz stahl.

Ich senkte das Kinn und sagte so leise, wie ich konnte: »Sunan. Ich werde jetzt gehen. Mein Bruder wartet auf mich, und das ist meine einzige Chance. Die darf ich nicht verpassen.«

Er wandte mir das Gesicht zu. Seine blauen Augen spiegelten eine Vielzahl von Gefühlen wider. Hauptsächlich Verwirrung. Schließlich hatten wir uns gerade noch über die Aufführung und die Clanerben unterhalten, als wäre alles in Ordnung. Sein Blick verfinsterte sich, was darauf schließen ließ, dass er nicht völlig überrascht war. Er hatte es befürchtet. War darauf vorbereitet gewesen.

»Okay«, sagte er. »Verstehe.«

»Ich komme wieder«, fügte ich schnell hinzu. »Du wirst nicht den Kopf für mich hinhalten müssen. Das will ich dir nicht antun. Aber ich kann *Gēge* nicht einfach vergessen. Ich muss ihn sehen – nur noch ein einziges Mal. Ich komme wieder, Sunan. Vertrau mir.«

Er sah aus, als wäre ihm übel, aber er nickte. »In Ordnung.«

Himmel, was für ein Herz er hatte. Ich konnte deutlich sehen, dass er glaubte, meine Dickköpfigkeit würde ihn hier und jetzt sein Glück kosten, und dennoch versuchte er nicht, mich am Gehen zu hindern. Das machte mich nur noch entschlossener, zurückzukehren. Wenn auch nur vorübergehend. Das war ich ihm schuldig.

Ich drückte Sunans Handgelenk und zog meine Hand weg, bevor er auf die Berührung reagieren konnte. Dann trat ich ruhig einen Schritt zurück, wandte mich um und hielt auf die Loge zu, um das Gelände zu verlassen. Ich versuchte gar nicht erst, unauffällig zu bleiben: Mir war klar, dass die Wächter, an denen ich vorbeikam, bemerkten, dass ich meinen Posten verließ. Ich vertraute darauf, dass sie annahmen, ich würde zu einem anderen Einsatzort geschickt werden. Wer ich war, konnten sie im Dunkeln nicht erkennen. Alle waren so darauf konzentriert, einen makellosen Eindruck zu machen, dass niemand fragte, wohin ich wollte.

Ich hielt zielstrebig auf das große weiße *Páilou*-Tor zu. Mein Herz wummerte mit den immer ferner werdenden Trommeln um die Wette. Ich hielt den Blick fest vor mich gerichtet, ließ ihn nicht umherschweifen, sah nicht über die Schulter. Fest umklammerte ich den Jadegriff meines Schwertes. Und rechnete jeden Augenblick damit, Houyis Stimme zu hören: den wütenden Befehl, stehen zu bleiben und mein Gesicht zu enthüllen. Doch da kam nichts. Meine Füße trugen mich Schritt für Schritt näher an das Tor, in Richtung Freiheit und Ren.

Ich war ein Wächter des Clans. Niemand würde mich aufhalten.

15. Kapitel

Die Nacht hatte das Fackelfest in eine feuchtfröhliche Party verwandelt. Die Straßen von Penglai waren ein Meer aus betrunkenen Feiernden, Gelächter und explodierenden Feuerwerkskörpern. Die Luft stank nach Schwarzpulver. Teestuben und Gasthäuser waren bis zum Bersten gefüllt. Vor den größeren Häusern lockten schöne Frauen die Passanten zu Tanzvorführungen und Reiswein. Lampionketten warfen ihren roten Schein auf die Gesichter der Menschen.

Mir gingen alle aus dem Weg. In meiner Wächtermontur glich ich einer Tötungsmaschine, der niemand in die Quere kommen wollte. Die Leute benahmen sich, als könnte ich jeden einzelnen von ihnen mit meinem Schwert aufschlitzen. Sie verbeugten sich und grüßten mich mit einem aufgesetzten Lächeln: »Mögen die Götter Ihren Abend segnen, Krieger des Weißen Tigers!«

Beinahe hätte ich die Maske abgenommen, um ihrem Theater ein Ende zu bereiten. Die Anbiederungsversuche nahm ich ihnen nicht ab. Sie hassten mich. Hatten Angst vor mir. Als Wächter war ich wie ein eisiger Wind, der in ihre warmen Häuser eindrang und den Kamin ausblies. Dabei wollte ich ebenso gerne verschwinden, wie sie mich loswerden wollten. Auf dem Weg durch das duftende, quirlige Restaurantviertel hielt ich nach einer Stelle Ausschau, an der ich mich möglichst unauffällig in eine Seitenstraße verdrücken konnte. Ich brauchte freie Sicht, um zu wissen, ob ich in die richtige Richtung ging.

Unauffällig bog ich vom überfüllten Bürgersteig in eine mit Müll übersäte Gasse hinter den Restaurants ein, in der ein paar Angestellte rauchten. Als sie mich bemerkten, verschwanden sie in den Gebäuden. Endlich konnte ich es riskieren, meinen Schritt zu beschleunigen. Meine Beine wollten sofort losrennen, aber ich musste meinen Eifer zügeln und bog erst einmal in eine schmale Seitenstraße ein, in der die Zweige der üppigen Weidenbäume mit langen roten Gebetsbändern behängt waren. Ich wählte ein zufälliges, schwach beleuchtetes Steingebäude und schlüpfte in den schützenden Innenhof.

Schnell nahm ich Umhang, Helm und Maske ab. Die frische Luft fühlte sich auf meiner verschwitzten Haut himmlisch an. Mein Haar war ebenfalls schweißnass. Ich lockerte es mit den Händen auf und fühlte mich dabei wie ein Pferd, das nach einem langen Tag endlich das Zaumzeug abgenommen bekam und auf die Koppel entlassen wurde. Ich füllte meine Lunge mit dem Duft der Weidenbäume, wickelte meinen Helm und die Maske in den Umhang und band ihn mir um die Taille.

Als ich mich vergewissert hatte, dass niemand zusah, griff ich nach einem Pfosten an der Außenseite des Gebäudes und zog mich daran hoch.

Wie gut sich das anfühlte – etwas Vertrautes zu tun, etwas, das so tief in mir verwurzelt war, etwas Befreiendes. Das Klettern war ein Teil von mir, der Wind ein Teil meines Blutkreislaufs. Ich war wie ein Eichhörnchen: am Boden verletzlich, aber im Baum blitzschnell außer Reichweite seiner Feinde.

Ich kletterte auf die erste Ebene des Daches. Zwischen den Lehmziegeln spross Unkraut. Unmittelbar neben dem Gebäude befand sich ein fünfstöckiges Wohnhaus aus Holz, mit Laubengängen, die von hölzernen Geländern umschlossen waren und mich an die pompösen, runden *Tǔlóu*-Häuser erinnerten.

Ich beschleunigte und sprang mit so viel Kraft ab, dass ich das Geländer des Laubengangs noch zu fassen bekam. Als sich die eckigen Streben in meine Handflächen drückten, verzog ich vor Schmerz das Gesicht. Jeder Bianfu trug normalerweise fingerlose Handschuhe.

Damit waren die Finger frei, die Handflächen aber vor Reibung und Splittern geschützt. Mit bloßen Händen zu klettern, fühlte sich beinahe so an, als kletterte man barfuß.

Ich zog mich am Geländer hoch und stieg weiter auf die Ebene des nächsten Laubengangs, immer höher und höher, bis ich das Dach des Gebäudes erreichte. Ich versuchte mich zu orientieren. Vom Dach des fünfstöckigen Gebäudes aus hatte ich einen besseren Überblick über die Stadt. Ich konnte die Grenze sehen, die die ruhigeren Stadtteile von den belebten Vierteln trennte. Am Himmel schwebten Gebete, auf Draht gespannte Papierwürfel, wie ich sie selbst als Kind gebastelt hatte. Sie sahen aus wie Sterne, die unter der Wolkendecke leuchteten.

Die Eisenbahnlinie, die ich suchte, lag auf der anderen Seite der Stadt. Schienen konnte ich nicht erkennen, aber ich entdeckte die beiden hohen, rot blinkenden Sendemasten, die ich vor dem Bahnhof gesehen hatte. Daran orientierte ich mich. Dennoch hatte ich Zweifel, ob ich es rechtzeitig schaffen würde. Dass Penglai groß war, hatte ich gewusst, aber im nächtlichen Lichterglanz wurden die Entfernungen noch deutlicher. Die Häuser wurden immer höher, und viele von ihnen sahen zu glatt aus, um sie zu erklimmen.

Der Anblick war trostlos, doch um nichts in der Welt würde ich mich davon in die Knie zwingen lassen.

»*Lái ba,* komm schon«, rief ich Qiu. Ich wollte es laut sagen, zum ersten Mal in meinem Leben. Dann schloss ich die Augen und stellte eine Brücke zu meinem Falken her. Ich musste schnell sein. Fehlerfrei. Ich öffnete die Augen und empfing Qius Sinne, seine Furchtlosigkeit und seine schnellen Reaktionen.

Ich schloss den Bund mit ihm.

Überall hingen die Flaggen des Weißen Tigers: An ihren Stangen konnte ich mich von Gebäude zu Gebäude schwingen, flink wie bei einer einstudierten Aufführung. Ich rutschte an einem schrägen Dachfirst entlang, stieß mich ab und landete mit einem Salto auf dem nächsten Dach. So machte ich weiter, ohne innezuhalten oder langsamer zu werden. Nach einer Weile nahm ich aus dem Augenwinkel die Flügelschläge eines Falken wahr: Qiu war gekommen. Er flog mit mir über Penglai, verschmolz mit meinen Bewegungen.

Das beklemmende Gefühl, das seit Tagen auf meinem Herzen lastete, löste sich endlich in Luft auf. Ich fühlte mich lebendig. Ein kühler Luftstrom füllte meine Lunge, meine Muskeln waren warm und voller Kraft. Alles funktionierte. Mein Körper war nicht gebrochen, auch wenn mein Eid es war. Zwischen Qiu und mir war alles wie zuvor, wir waren ein Team wie zu Hause an den Hängen des Aachalendra. Der Boden unter meinen Füßen war ein anderer, das Gefühl in meinen Handflächen wärmer. Die Lichter rauschten an mir vorüber, mal blendend grell, mal flackerten sie flüchtig auf.

Qiu war nicht im *Jarak*, sondern empfand unseren Flug als Spiel. Im Gegenzug teilte ich die Freude über meine Freiheit mit ihm. Qius Ausgelassenheit flößte meinem ganzen Körper neue Energie ein, die Brücke machte meine Bewegungen weicher und verhinderte, dass mich meine vor Anspannung steifen Glieder einschränkten.

Ich hielt erst an, als ich mich noch einmal meiner Richtung vergewissern musste. Ich wählte das höchste Gebäude der Umgebung und erklomm den Wasserspeicher auf dem Dach. Die Sonnenstrahlen des Tages waren auf der stählernen Oberfläche noch deutlich zu spüren. Die Leiter war hoch und klapperte immer wieder gegen die Wand des Tanks. Das Geräusch erinnerte mich an die Nacht, in der ich Ruby Shay auf das Dach der Baumwollspinnerei gefolgt war. Es schien eine Ewigkeit her zu sein. Ich hätte den Horrorgeschichten glauben und nicht nach Yarong gehen sollen – der Ort war verflucht. Ohne die Baumwollspinnerei wäre ich nicht in diese Situation geraten: ein Sklave auf der Flucht inmitten einer fremden Metropole, in einem Wettlauf gegen die Zeit, um ein letztes Mal seinen Bruder zu sehen.

Oben angelangt stellte ich mich aufrecht hin und wischte mir die verschwitzten Hände ab.

Der Anblick nahm mir den Atem: Ich befand mich auf einer Höhe mit den höchsten Gebäuden der Stadt. Unter mir ging es mehr als dreißig Stockwerke in die Tiefe.

Trotz der unglaublichen Höhe fühlte ich mich gut. Der Wind frischte auf und blies mir in den Rücken, aber meine Füße standen fest auf dem Wasserspeicher. Ich hatte keine Angst, denn ich war außer Reichweite von allem Bösen – den Gouverneuren, der Soldatengarde, von Frau Jian … niemand von ihnen konnte mir etwas anhaben, solange ich am Rande des Himmels stand.

Durch Qius Augen sah ich alles. Sogar den Güterbahnsteig für den Zug nach Naraka. Die Waggons standen am Rand, so weit wie möglich von den Lichtern der Stadt entfernt. Die Sklavenfracht sollte vor den Augen der Öffentlichkeit verborgen bleiben. Es war eine raffinierte Taktik, den Abtransport der Zwangsarbeiter auf einen Tag zu legen, an dem die Aufmerksamkeit des Volkes auf Festlichkeiten und Unmengen von Wein lag. Die Grausamkeiten geschahen im Verborgenen, im Schatten der Nacht. Jeglicher Protest würde im mehrtägigen Trubel des Fackelfestes untergehen.

Meine Augen jedoch sahen nichts außer dem Zug.

Den Ort, an dem die Verzweiflung der Zwangsarbeiter den eigentlichen Ursprung der Gedenkfeier widerspiegelte: das Leid.

Als ich mich schließlich vom Dach einer Lagerhalle auf den Güterbahnsteig fallen ließ, war ich schweißgebadet. Ich blieb auf dem Boden hocken. Meine Muskeln zitterten, als hätte ich Schüttelfrost, mein Mund schmeckte nach Blut. Ich zog Schleim hoch, spuckte ihn aus und unterbrach die Brücke, um Qiu vor meiner Erschöpfung zu bewahren. Er landete auf dem Dach der Lagerhalle, wo er aufgeregt keuchte und die Flügel weit abspreizte. Mit dem Erlöschen unserer Verbindung verschwammen auch die Umrisse des Bahnhofs, und Dunkelheit umhüllte den trostlosen grauen Bahnsteig. Lediglich ein paar elektrische Laternen halfen meinen müden Augen zu erkennen, wo ich war.

Auf dem Bahnsteig herrschte gähnende Leere. Die gepflasterte Zufahrtsstraße setzte sich als schmaler Fußweg neben den hohen Lagerhallen fort. Direkt vor mir ragte der Sendemast des Himmelsnetzes auf, den ich als Orientierungshilfe verwendet hatte: Sein rotes Blinklicht blitzte wie ein wachsames Auge am Sternenhimmel. Nirgendwo waren Wächter zu sehen. Es herrschte kein Chaos, man hörte niemanden weinen. Es war still.

Zu still.

Sorge schnürte mir die Luft ab. War ich zu spät gekommen? Ich war so schnell gerannt, wie ich konnte, aber Penglai war groß, und ich wusste, dass ich mehr als eine Stunde gebraucht hatte. Ein lähmendes Gefühl machte sich in mir breit. Schließlich aber zog etwas abseits des verlassenen Bahnsteigs meine Aufmerksamkeit auf sich: Der Zug, der dort stand, war nicht leer. Hinter den vergitterten Fenstern starrten mich unzählige erschrockene Augenpaare an.

Die Gefangenen im Waggon beobachteten mich. Ich hörte Geflüster, erkannte die Worte *Wächter* und *Jian-gǒu*, Köter der Jian.

Alles okay – du bist nicht zu spät, beruhigte ich mich. Obwohl die Verladung abgeschlossen war, fuhr der Zug noch nicht ab.

Ich richtete mich auf, schritt die einzelnen Waggons ab und spähte durch die Gitterstäbe. Dabei wiederholte ich immer wieder atemlos: »*Gēge …?* Ren-*gēge?* Ren-*gēge?*«

An den Fenstern erschienen immer mehr Gefangene. Helle und dunkle Gesichter, Männer und Frauen, mit düsteren und hoffnungsvollen Blicken, kurzen und langen Haaren. Ich musterte sie genau, suchte nach dem einen, der mir so wichtig war.

Durch meine Rufe wurden auch die Gefangenen in den hinteren Waggons hellhörig. Im Handumdrehen war der Bahnsteig, den ich für verlassen gehalten hatte, voller Lärm. Es mussten Hunderte von Menschen sein. Tausende vielleicht, denn die Wagenreihe nahm kein Ende. Die Gefangenen hatten in ihren Abteilen auf dem Boden gesessen, außer Sichtweite, jetzt aber waren sie aufgeschreckt.

Durch meine Stimme, durch mein hastiges Abschreiten des Zuges.

»Ren-*gēge …? Gēge?*«

»Was soll das?«, fragte jemand.

»Da ist ein Wächter des Jian-Clans«, sagte eine andere Stimme.

»Was macht so einer hier?«

»Geh zurück zu deinem Frauchen, du Hund!«

Jemand spuckte mir auf die Uniform. Als kurz darauf auch ein anderer es versuchte, wich ich ein Stück zurück. Je mehr die Lautstärke zunahm, desto stärker raste mein Herz. Plötzlich hatten mir alle etwas zu sagen – dem Wächter des Herrscherclans, in dessen edle Kleidung man mich gesteckt hatte –, sie fingen an, mir Beleidigungen an den Kopf zu werfen und die Hände durch die Gitterstäbe zu strecken, als wollten sie mich in Stücke reißen. Einige trommelten von innen gegen die Wand, andere schrien die heftigsten Drohungen.

In wachsender Verzweiflung rannte ich an den Waggons entlang. Ich versuchte, Ren bei seinem vollen Namen zu rufen, aber meine Stimme war nicht an Lautstärke gewöhnt, und ich schaffte es nicht, den Tumult zu übertönen.

»*Oh Himmel, bitte hört auf*«, wollte ich zu den Gefangenen sagen. Ich war nicht ihr Feind, ich war nicht derjenige, der sie verschleppt hatte. Ich war einer von ihnen. Aus ihren Augen sprach derselbe Hass, den ich verspürte, seit man mir den Geren in den Unterarmknochen implantiert und mich so als Eigentum von Fusang gekennzeichnet hatte.

In meiner glänzenden Wächteruniform repräsentierte ich die Herrscher dieses Staates. Ich verkörperte alles, was das Leben dieser Menschen zerstört und sie wie Schweine in einen Schlachttransport gepfercht hatte. Niemand von ihnen würde die langen Jahre im Arbeitslager überleben. Früher oder später würden sie Symptome der Strahlenkrankheit erleiden. Sie würden den Appetit verlieren und sogar das Wasser erbrechen, das sie tranken, ihre Wunden würden sich entzünden und bluten, bis ihr Körper nicht mehr mitmachte. Ihre Leichen würden in einem Massengrab übereinandergeworfen und mit nassem Zement überschüttet werden.

»*Gēge!*«, rief ich, doch meine Stimme brach. Ich konnte die Menschen nicht mehr auseinanderhalten, sah nur noch schreiende Münder, gebleckte Zähne und vor Wut glühende Augen.

Bis ich ihn endlich hörte.

Eine vertraute Stimme, eine vertraute Sprache, laut und drängend: »*Dìdi!* Hier!«

Mir wurde schwarz vor Augen. Fassungslos rannte ich los. Ohne mich darum zu kümmern, was die Gefangenen mit mir machen würden, stürzte ich auf den richtigen Waggon zu und warf mich gegen die Gitterstäbe. Ren vergrub die Finger in meinen Haaren, ich zwängte die Hände durch die Stäbe und tat es ihm gleich, wir legten die Stirn aneinander, pressten die Nasen zusammen. Ich drückte ihn fest an mich, und er tat dasselbe, schließlich konnte ich mich nicht mehr zurückhalten – und brach in Tränen aus.

Ren war so aufgewühlt, dass er keuchte und mit geschlossenen Augen Gebete murmelte. Ich nickte bei jedem Wort und wollte ihn berühren, mich vergewissern, dass es ihm gut ging, aber meine Finger konnten seine Haare nicht loslassen. Ich brauchte Zeit, um einfach nur anwesend zu sein. Im Hier und Jetzt. Mit jeder einzelnen Zelle musste ich den Moment spüren, von dem ich nicht gedacht hatte, dass ich ihn erleben würde.

Erst im nächsten Augenblick wurde mir bewusst, dass niemand in Rens Abteil versuchte, mir etwas anzutun. Niemand beleidigte oder bedrohte mich. Man ließ uns in Ruhe.

»Ich habe mir solche Sorgen um dich gemacht«, flüsterte Ren. Er lehnte sich gerade weit genug zurück, um einen Blick auf mein Gesicht werfen zu können. Seine Augen glänzten. Aber er lächelte, und es war Rens Lächeln – lässig und ungezwungen, selbst in einer Situation, in der er nicht hätte sein dürfen. »Du bist wirklich gekommen. Das hatte ich nicht zu hoffen gewagt … Es tut gut, dich zu sehen, *Dìdi.*«

»Es tut mir leid«, schluchzte ich. Meine Tränen nahmen kein Ende. Mir wurde klar, dass Ren meinen Kopf mit nur einer Hand hielt. Sein rechter Arm steckte in der Chuba, von der weichen Wolle geschützt. Offensichtlich wollte er mir den Anblick seines Stumpfes ersparen. Doch das machte keinen Unterschied – ich konnte mich noch an seinen Schmerzensschrei erinnern, hatte die bläuliche Hand in der Blutlache noch genau vor Augen. Nichts davon würde jemals verblassen oder im Laufe der Zeit erträglicher werden.

»Verzeih mir«, fuhr ich fort und wusste nicht, was ich sonst noch sagen sollte. »Wenn ich nicht gewesen wäre ... ohne mich wärst du ... es tut mir leid.«

»Himmel«, flüsterte Ren. Er strich mir über die nasse Wange und hob mein Kinn an. In seinen Augen lag ein Ausdruck neugieriger Verwunderung. »Deine Stimme, *Dìdi.* Ich habe dich schon einmal sprechen hören, aber ...« Seine Worte versiegten. Ich konnte ihm den Widerstreit der Gefühle ansehen, was er davon halten sollte, dass ich meinen Eid gebrochen hatte. In seinem Lächeln lag eine tiefe Traurigkeit, als er hinzufügte: »Du klingst gut. Ich wusste immer, dass du eine weiche Stimme hast. Mama wäre so stolz auf dich.«

»*Gēge*, bitte – sag mir, was ich tun soll. Ich mache alles.« In dem Moment erschien es mir unmöglich, in den Palast zurückzukehren. Nicht einmal Sunan zuliebe. Ren bedeutete mir alles, und ich konnte ihn nicht gehen lassen. »Ich komme mit dir. Ich werde mich gefangen nehmen lassen. Wenn ich das Schwert nehme und –«

»Nichts wirst du«, sagte Ren und drückte meine Hand. »Hör zu. Ich habe Mama geschworen, dass ich dich beschützen werde, solange ich lebe. Derzeit bist du im Tigerpalast am besten aufgehoben. Dort bist du sicher, hast zu essen und wirst medizinisch versorgt, solange du keine Dummheiten anstellst. Belasse es dabei. Ich werde mich in Naraka besser schlagen, wenn ich weiß, dass es dir gut geht. Ich gebe nicht auf, *Dìdi.* Wir werden uns den Weg nach draußen erkämpfen – nicht wahr, Zheng Shi?«, fügte er in Fusang hinzu und lugte über die Schulter zu den anderen Gefangenen.

Im Wagen hockten bestimmt fünfzehn Menschen. Der Platz reichte gerade aus, um nebeneinanderzusitzen, sich gleichzeitig hinlegen und schlafen würden sie allerdings nicht können. Die tagelange Zugfahrt würde qualvoll werden. Mir stieg der stechende Schweißgeruch aus dem engen Raum in die Nase.

Die Gefangene, zu der Ren gesprochen hatte, war eine zierliche

Frau mit einseitig geschnittenem Haar, mit dem man unzüchtige Frauen brandmarkte. Sie nickte zur Antwort. »Auf jeden Fall. Wir sind zu viele, als dass sie uns aufhalten könnten. Wir brauchen nur die richtige Gelegenheit. Und Zeit zur Vorbereitung.«

»Du musst dich gedulden«, sagte Ren zu mir. »Wir sind Bianfu. Wir werden ins Aachalendra-Gebirge zurückkehren, selbst wenn wir ein ganzes Leben lang dafür kämpfen müssen. Das schwöre ich dir.«

»Nicht schwören«, flehte ich. »Versprich es mir lieber.« »Dann verspreche ich es. Du und Freyal, ihr seid mein ganzes Leben. Ich werde nicht ruhen, bis ich uns wieder vereint habe. Meimei werde ich mit genauen Anweisungen zu Tantchen nach Madang schicken. Sie muss Freyal und Dray davon abhalten, irgendwelche Dummheiten zu begehen. Die beiden müssen einen kühlen Kopf bewahren, damit unsere Adoptivgeschwister nicht unter den Konsequenzen zu leiden haben. Tantchen wird es verstehen. Ich schätze, wenn es nach Dray ginge, wäre er schon auf dem Weg zu dir. Tantchen wird mit deinem *Himmlischen Wissen* alle Hände voll zu tun haben.«

Ich lachte heiser. *Mein Himmlisches Wissen* ... Es war seltsam, Drays Gebärdennamen laut ausgesprochen zu hören. Wie auch immer Ren es fertiggebracht hatte, nun ging es mir besser. Sogar in der chaotischsten aller Situationen schaffte er es, mir das Gefühl zu geben, dass noch nicht alles verloren war. In ihm glühte dieser Funke, dieser Zorn, der ihn entweder in den Untergang oder in die Freiheit treiben würde – aufzugeben war jedenfalls keine Option.

Da fiel mir das Palastgeld auf meinem Geren wieder ein. Ich zog die Hände zurück und löste die Bänder an meiner Uniform, um den Armreif freizulegen.

»Ich werde dir helfen«, sagte ich. »Ich habe Geld. Gibt es jemanden, dem ich es –«

»Ja! Zheng Shi!«, sagte Ren atemlos und winkte die kurzhaarige Frau heran. »Jedes bisschen hilft. Absolut jedes. Keinen einzigen Wen hat man uns gelassen, daher bewirken auch kleine Summen wahre Wunder.«

Die Gefangene, die Ren Zheng Shi nannte, steckte ihre Hand durch die Gitterstäbe. Sie hatte harte, aber zuverlässige Augen, kantige Kieferknochen und volle Lippen. Ihre sonnengegerbte Haut verriet, dass sie nie in den Genuss des seidigen Lebens einer Hofdame gekommen war. Vielleicht war es Zheng Shi, die den Brief in Rens Namen geschrieben hatte.

Ich legte meinen Geren an ihren, aktivierte die Übertragung und ließ den ganzen Betrag abfließen, die gesamten 2000 Wen, die ich vom Palast erhalten hatte. Zwar kannte ich Zheng Shi nicht, aber ich vertraute Ren. Wenn mein Bruder diese Gefangene zu seiner rechten Hand auserkoren hatte, dann musste die Frau etwas richtig gemacht haben. Überwältigt betrachtete sie das neue Guthaben auf ihrem Geren.

»Du glaubst gar nicht, wie viel uns das bedeutet«, sagte sie auf Fusang. »Möge der Himmel dich segnen.«

»Ich habe noch etwas. Hier, nehmt …« Rasch schnallte ich meinen Waffengürtel ab und schob das Schwert samt Futteral in den Waggon. Ich hörte ein Keuchen. Immer mehr Gefangene erschienen am Fenster.

»Ein Schwert des Jian-Clans«, flüsterte jemand. »Das ist ein Vermögen wert.«

Ren erlaubte ihnen, sich das Schwert anzusehen, machte ihnen aber mit einem scharfen Blick deutlich, wem dieser Schatz gehörte. Ob er das Schwert verkaufen oder als Waffe behalten würde, war Rens Entscheidung. Ich war mir nicht sicher, wie gut er mit der linken Hand kämpfen konnte, aber dass er als Bianfu ein gefährlicherer Schwertkämpfer wäre als alle anderen um ihn herum, so viel war klar.

Ich umfasste die Gitterstäbe und flüsterte: »Sein Name ist Ziying. Die Soldaten hier glauben, dass ein Schwert eine Seele hat. Wenn das stimmt, dann versuche, eine Brücke zu ihm zu bauen. Vielleicht wird es dadurch eins mit dir und führt deine Hand so, wie du es brauchst.«

»Kommst du dafür nicht in Schwierigkeiten?«, fragte Ren besorgt. Er legte seine Hand auf meine Finger. Ich schüttelte den Kopf. Die Seriennummer des Schwertes, das Himmelsnetz und die Konsequenzen, die der Verlust der Waffe mit sich brachte, waren mir vollkommen egal.

»Qiren, beeilt euch«, flüsterte Zheng Shi.

Da bemerkte auch ich eine Bewegung am anderen Ende des Bahnsteigs. Die Unruhe hatte Wärter mit Laternen und Hunden auf den Plan gerufen. Noch waren sie weit entfernt, aber jetzt stieg der Lärmpegel wieder an. Die Gefangenen trommelten gegen die Wände der Waggons. Sie machten einen solchen Radau, dass die Hunde losbellten. Ihr Gekläff hallte auf dem Bahnsteig wider wie in einer Schlucht.

»Du musst jetzt weg«, sagte Ren. Er drückte seine Stirn noch einmal gegen meine. »Du bist das größte Licht, das ich in meinem Leben habe. Du weißt ja nicht, wie viel du mir bedeutest. Pass auf dich auf.«

»*Gēge*, ich … ich kann nicht. Lass mich nicht allein.«

Der Gedanke zu gehen war unerträglich. Ich hörte die Hunde und die wütenden Rufe der Wärter, aber ich konnte Ren nicht loslassen. Er musste das Gleiche empfinden, denn er krallte sich regelrecht an meiner Uniform fest. Er schloss die Augen, und seine Stimme wurde schrill, als er fortfuhr: »Ich bin so stolz auf das, was aus dir geworden ist. Selbst wenn ich in diesem Leben nichts anderes mehr erreichen sollte, müsste ich mich im Reich der Toten nicht schämen, denn es ist mir gelungen, etwas Gutes in der Welt zu hinterlassen – ich habe dazu beigetragen, dich zu dem zu machen, der du bist.«

»Qiren! Die Wärter!«, brüllte Zheng Shi.

Ren trat zurück und sah mir noch einmal in die Augen. Das war der Abschied. Unser Lebewohl. Bei Dray hatte ich es vermieden, ich hasste Abschiede so sehr, dass ich es nicht fertiggebracht hatte, seinen Blick zu erwidern. Ich konnte meine Gefühle nicht länger zurückhalten. Das hier war Ren.

»Dein Blut ist mein Blut«, sagte ich.

»So ist es, Bruder. Wir werden uns wiedersehen. Los jetzt! Lauf!«

Er stieß mich so heftig von sich weg, dass ich über den Bahnsteig taumelte. Die Blase der Geborgenheit, die mich in Rens Nähe umgab, zerplatzte. Im Nachklang seiner Körperwärme fühlte ich mich auf dem Güterbahnsteig ungeschützt und ausgeliefert. Ich stand im Lichtkegel des Laternenmastes. Die Wärter schrien etwas auf Fusang, das ich nicht verstand. Sie sahen mich und ergriffen ihre Schwerter.

Ich hatte keine andere Wahl mehr und hechtete davon.

Über die ganze Wagenreihe brach ein einziges Chaos herein. Die Gefangenen veranstalteten einen Aufruhr, als wollten sie über mich herfallen, sie streckten die Hände durch die Stäbe und schlugen auf die Wände der Stahlwaggons ein. Ich hatte keine Ahnung, ob sie mich zur Flucht anspornten oder hofften, dass man mich erwischte. Ich rannte so schnell, wie mich meine Beine trugen. Spürte Tränen auf den Wangen, doch meine Trauer schlug in Wut um, die mir das Gesicht verzerrte.

Am Ende des Bahnsteigs standen Gebäude. Ich musste nur geradeaus laufen. Schneller. Noch schneller.

Die Wärter ließen die Hunde los. Ich sah nicht nach hinten, doch die Tiere bellten nicht mehr, und daher wusste ich, dass sie hinter mir her waren wie Wölfe auf der Jagd. Ich beschleunigte noch weiter und holte die letzte Kraft aus meinen Muskeln heraus. Ich lief schneller als je zuvor. Die Waggons flogen nur so an mir vorbei, die ausgestreckten Arme und die Schreie der Gefangenen erschienen mir wie ein Leben, das an meinem inneren Auge vorbeizog.

Lauf. Lauf. Lauf.

Als ich am ersten Lagerhaus ankam, wurde ich kein bisschen langsamer, sondern stieß mich ab, machte ein paar Laufschritte an der Wand entlang – und erreichte gerade so den Stützbalken am zweiten Stock. Daran zog ich mich hoch, stieß mich erneut ab und bekam die Überdachung zu fassen. Unter mir bellten die Hunde. Ihre Krallen schabten an der Wand. Ich blickte nicht nach unten, bremste nicht ab. Ich sah nur zu, dass ich weiterkam, ohne an Geschwindigkeit zu verlieren, ohne über meine Richtung nachzudenken. Ich rannte einfach nur. Rannte, bis meine Gefühle und Erinnerungen weit hinter mir lagen und nur noch Fleisch, Blut und Knochen übrig waren.

16. Kapitel

Zurück auf dem Boden hatte ich bereits einige Straßen hinter mir gelassen, als mir wieder einfiel, dass ich ja ein Wächter war. Die Passanten starrten mich an. Maske und Helm hingen im Umhang an meiner Taille, und alle, die mir begegneten, konnten mein Gesicht erkennen. Sie blickten nicht mehr ängstlich, sondern neugierig, als sähen sie ein geheimnisumwobenes Geschöpf der Nacht zum ersten Mal bei Tageslicht.

Himmel, wenn ich so in den Tigerpalast marschiert wäre. Ich war beinahe am Ziel.

Ich schaffte es gerade noch, die Riemen meiner Maske festzuziehen, als mir eine angespannte Stimme zurief: »Du – Wächter! Komm her!«

Ich blieb wie angewurzelt stehen. Am Tor des Palastgeländes wartete ein anderer Wächter in Paradeuniform auf mich. Das konnte doch nicht wahr sein. Ich war darauf gefasst gewesen, mein Verschwinden zu erklären, aber erst am nächsten Morgen. Nicht jetzt, wenige Stunden nach Mitternacht, auf dem Weg zum Tigerpalast. Ich dachte, mir bliebe mehr Zeit, meine Gedanken zu sortieren. Und um mich zu waschen. Mich ein wenig zu beruhigen. Ich war müde und schmutzig, und mir war nicht danach, mir jetzt auch noch eine glaubwürdige Lügengeschichte zu meiner Verteidigung auszudenken.

Ich war so benommen, dass es mich gar nicht interessierte. Wenn

Houyi mich bestrafen wollte, dann war ich bereit dafür. Ruhig ging ich auf den Elitesoldaten am Tor des Östlichen Glanzes zu.

»Ja?«, fragte ich hinter meiner Maske.

Der Wächter bedeutete mir mit einem Nicken, näher zu kommen. Auch er trug eine Maske, sodass ich nicht erkannte, wer es war. Der Mann ging zu einer Pferdekutsche am Straßenrand, in der zwei Dienstmädchen aus dem Palast miteinander flüsterten. Die Kutsche sah nicht luxuriös aus. Ihre Verzierungen waren bescheiden, und das angeschirrte Pferd hatte keine vergoldeten Gamaschen an den Beinen. Der Kutscher stand daneben und sah verwirrt aus. Er war ein einfacher Arbeiter, kein Palastdiener.

»Wenn du sie dazu bringen könntest, etwas Wasser zu trinken«, flüsterte eines der Dienstmädchen dem anderen zu. »Sie erbricht nur noch Magensäure.«

»Ich werde es versuchen – aber du siehst ja selbst, dass sie kaum bei Bewusstsein ist.«

Ich ahnte schon, was mich in der Kutsche erwartete. In der Nacht des Fackelfestes gab es immer jemanden, der nach Hause getragen werden musste. Es war sehr spät, und die Adligen hatten sich, während ich von einem Ende der Stadt zum anderen gelaufen war, mehrere Stunden lang mit Reiswein volllaufen lassen. Das Endergebnis sah ich nun vor mir: die Prinzessin des Weißen Tigers im Vollrausch auf dem Boden einer einfachen Pferdekutsche, die Haare zerzaust, der Rock ihrer *Hànfú*-Tracht völlig zerknittert.

Prinzessin Ailing lehnte schlaff an der Innenwand. Es roch nach Erbrochenem. Ich warf einen Blick auf den Boden der Kutsche, wo die Reste des Abendessens und der Getränke lagen, die sie in der Nacht zu sich genommen hatte. Da sich der Wächter neben mir ebenfalls noch eine Hand auf den Bauch presste, stammte das Erbrochene im Wagen vermutlich nicht nur von einer Person. Dem Soldaten war die Ehre zuteilgeworden, Fusangs Nationalheiligtum nach Hause zu geleiten. Ich konnte mir gut vorstellen, wie quälend die Fahrt in einer ruckeligen Pferdekutsche mit dem spuckenden Mädchen gewesen sein musste.

»Himmel«, sagte ich und versuchte, nicht allzu amüsiert zu klingen. »Geht es ihr gut?«

»Wonach sieht es denn aus?«, raunte der Wächter. »Sie kann nicht laufen. Und ich werde sie garantiert keinen Meter mehr tragen, also bitte sehr. Sie gehört ganz dir. Ich werde mir jetzt diesen Mist abwaschen gehen.«

»Was? Aber ich weiß doch überhaupt nicht –«

»Fang gar nicht erst an. Ich habe keine Geduld für so was. Bring Ihre Hoheit in den Palast und pass auf, dass sie nicht an ihrem Erbrochenen erstickt. Ich habe meinen Teil getan – sogar mehr als das.« Er schüttelte angewidert die Hände. »*Tā mā de.* So eine Scheiße.«

Im Nu war meine Schadenfreude verflogen. Ich hoffte, dass der Mann einen Scherz machte. Er hatte doch nicht ernsthaft vor, die Verantwortung für die Thronfolgerin auf mich abzuwälzen? Ich sah zu Prinzessin Ailing hinüber, die leise vor sich hin hickste. Die Dienerinnen versuchten vergeblich, ihr Wasser zu verabreichen.

»Wo ist Tanashiri-*qiánbèi*?«, fragte ich. »Ist sie nicht Prinzessin Ailings persönliche Leibwächterin?«

»Tanashiri steht die ganze Nacht Frau Jian zu Diensten. Es ist völlig absurd. Die Herrin nimmt ihre Lieblingswächter mit zum Bankett der Clanoberhäupter und lässt ihren Nachwuchs allein feiern. Man weiß doch, was los ist, wenn Jugendliche ohne den kritischen Blick der Eltern zur Flasche greifen. Was können wir Wächter da ausrichten? Nichts!«

»Die Nachkommen der Clanoberhäupter drehen jedes Mal durch, wenn sie zusammenkommen«, kicherte eine der Dienerinnen.

»Komm schon«, sagte die zweite. »Stellt euch vor, ihr hättet in eurer Jugend niemanden in eurem Alter treffen dürfen. Die Erben sehen sich ein- bis zweimal im Jahr – natürlich drehen sie da auf.«

»Aber muss man denn so über die Stränge schlagen?«, knurrte der Wächter. »Prinzessin Ailing ist das zukünftige Oberhaupt des Clans. Was, wenn jemand sie so sieht?«

»Wir haben nicht alles mitbekommen«, erwiderte die Dienerin

und strich Prinzessin Ailing über die kurzen Haare. »Irgendetwas stimmt hier nicht. Das sieht ihr gar nicht ähnlich.«

»Wir müssen sie von der Straße schaffen«, sagte ich und lugte zu ein paar Passanten hinüber, die in unsere Richtung sahen. Der Wächter hatte recht: Wenn einer ihrer Untertanen die Tigerprinzessin in diesem Zustand sähe, wäre das eine Katastrophe. Ich hatte schon genug Sorgen und wollte nicht auch noch dafür verantwortlich gemacht werden, dass ich Prinzessin Ailing im Stich gelassen hätte. »Haben wir etwas, um ihr Gesicht zu verdecken?«

»Nimm deinen Umhang«, sagte der Wächter. »So habe ich es auch gemacht, als ich sie vorhin in die Kutsche getragen habe.«

Wir blickten beide auf seinen fleckigen Umhang. Ich seufzte und machte mich daran, meinen auszuziehen.

»Sag mir noch deinen Namen, Bruder«, bat der Wächter. Erst jetzt schien ihm aufzugehen, dass er meine Stimme nicht kannte. »Ich muss für Tanashiri protokollieren, wem ich für den Rest der Nacht die Verantwortung übertragen habe.«

»Kong Dawei«, antwortete ich und nahm die Maske vom Gesicht. Mir war klar, dass der Wächter jetzt zögern würde. Er überlegte offenbar, ob er es wagen könnte, ein adeliges Mädchen den Händen eines Anfängers zu überantworten. Die Entscheidung lag bei ihm. Ich hatte mich nicht freiwillig gemeldet. Am liebsten wäre ich in mein Bett gekrochen, um mir Rens Worte wieder und wieder vorzusagen.

»Natürlich«, seufzte der Wächter. »*Natürlich* kommt mir von allen Wächtern im Palast ein Grünschnabel zu Hilfe. Sei's drum. Es ist kein Hexenwerk, viel kannst du also nicht falsch machen. Bring Ihre Hoheit zum Palast der Überwältigenden Schönheit und bleib dort, bis Tanashiri zurückkommt. Die Kleider des Mädchens rührst du nicht an, nicht einmal ihre Schuhe. Ihre Dienerinnen werden das erledigen. Verstanden?«

»Selbstverständlich.«

Ich reichte meinen Umhang einem der Dienstmädchen, das ihn

über Prinzessin Ailing ausbreitete. Die Tigerprinzessin wimmerte kläglich. Ich beugte mich in die Kutsche, um sie auf den Arm zu nehmen. Dem Himmel sei Dank war mir der Griff nicht fremd, sodass ich mich nicht allzu sehr verrenken musste, um sie richtig zu packen: Mein ganzes Leben lang hatte ich schlafende Kinder hochgehoben und getragen. Ich sagte mir, dass es im Prinzip nichts anderes war. Prinzessin Ailing hatte lediglich längere Arme und Beine.

Der Geruch des Erbrochenen im Wagen war wie ein dichtes Gebüsch, in das ich meinen Kopf steckte. Ich hielt den Atem an, bis ich mich mit Prinzessin Ailing von der Tür abgewandt hatte. Der Kutscher versuchte, den Gestank mit einem Palmwedel zu vertreiben. Armer Kerl. Nicht nur, dass sich die Prinzessin und der Elitesoldat in seiner Kutsche übergeben hatten, der Mann würde vom Palast ohne Zweifel enorm unter Druck gesetzt werden, falls er es auch nur in Erwägung zog, Klatsch über die betrunkene Thronerbin zu verbreiten.

Ich versuchte, ernst zu bleiben und nicht daran zu denken, dass ich die Erbin des Weißen Tigers in den Armen hielt, eine der mächtigsten Personen in diesem Staat. Der Stoff von Prinzessin Ailings stahlgrauer *Hànfú* war so fein und leicht, dass sich ihre Oberschenkel an meinen Handflächen geradezu nackt anfühlten.

»Vielleicht sollten wir sie noch etwas sorgfältiger in den Umhang wickeln«, schlug ich vor. Das Dienstmädchen hörte überhaupt nicht zu, sondern schob mich weiter.

»Los, los!«, zischte sie. »Bevor jemand bemerkt, was du da trägst!«

Ich tat wie geheißen und rückte Prinzessin Ailing zurecht, damit ich sie besser halten konnte. Dann folgte ich den Dienerinnen zum Tor, an dem die diensthabenden Soldaten nur den Kopf schüttelten.

Eine Clanerbin zu tragen, hatte auch seine Vorteile: Es erleichterte mir die Rückkehr erheblich. Normalerweise durfte man die Palastanlage nicht ohne einen Passierschein betreten, der über den Geren aktiviert wurde. Die Wachen überprüften die Angaben des Besuchers und verweigerten ihm den Zutritt, wenn nicht eindeutig war, was ihn zum Palast führte. Sie hätten eine Erklärung von mir verlangt, weshalb ich nicht mit der restlichen Wächtergarde unterwegs war, wie in meinen Unterlagen vermerkt. Nun aber brauchte ich nichts weiter zu tun, als durch das Tor zu spazieren.

»Wir können nur hoffen, dass Frau Jian nichts davon erfährt«, sagte eines der Dienstmädchen zum anderen. »Sie wird kochen vor Wut! Hat Prinzessin Ailing denn gar nicht bedacht, in was für Schwierigkeiten sie uns alle bringt?«

Ich dachte, Prinzessin Ailing wäre eingeschlafen, aber sie reagierte auf die Worte der Dienerinnen unter meinem Umhang mit einem Wimmern. Ihre Stimme war so leise, dass die beiden Frauen vor mir sie nicht hören konnten: »Es tut mir leid …«

Ich empfand weder Mitgefühl noch Abscheu für die betrunkene Clanerbin. Unter dem Mantel war das Mädchen nichts weiter als ein Bündel aus langen Armen und Beinen, das ich ins Bett schaffen musste. Also konzentrierte ich mich darauf, in gleichmäßigem Tempo den Weg entlangzugehen, der durch die Palastanlage führte und von goldenen Laternen erleuchtet war. Ich versuchte zu verhindern, dass meine Gedanken zu Ren und der Tatsache zurückkehrten, dass sich sein Zug immer weiter von Penglai entfernte. Jetzt war ich offiziell allein. Auf mich selbst gestellt. Plötzlich hatte ich keinen geheimen Plan mehr, an dem ich Tag für Tag feilen konnte. Ich hatte beschlossen, geduldig auf Ren zu warten, wie er es von mir verlangt hatte. Doch der Gedanke erschien mir unbefriedigend.

Prinzessin Ailing bewegte sich erneut in meinen Armen, sodass ihr der Umhang herunterrutschte. Ich konnte den herabfallenden Stoff unter ihrem Rücken auffangen, aber als ich sie gerade wieder damit bedecken wollte, schlang sie die Arme um meinen Hals.

»Danke für deine Hilfe«, sagte sie, den Kopf an meine Schulter gelegt.

Ihre Augen waren geschlossen. Ihre Haut war wie weißer Schnee, auf dem die Wimpern und die lang gezogenen Augenbrauen noch schwärzer wirkten. Ihre Lippen glänzten wie taunasse Kirschen, ihr Haar roch nach Wollgras und ihr Atem nach Alkohol. Ihre Hände um meinen Hals waren eiskalt. Ganz egal, wie warm die Nacht in Penglai auch war, Prinzessin Ailing fröstelte in meinen Armen.

Mich überkam ein seltsames Gefühl, mit dem ich nicht gerechnet hatte. Mir fiel wieder ein, wie stolz sie am Morgen an mir vorbeigegangen war. Trug ich wirklich dieselbe Person im Arm? Die Prinzessin zitterte. Sie drückte ihr Gesicht in meine Halsbeuge, sodass ich ihren ungleichmäßigen Atem spüren konnte. Ihre Hilflosigkeit löste widerstreitende Gefühle in mir aus. Sie war das künftige Oberhaupt des Clans. Die künftige Frau Jian. Man hatte mich als ihren Sklaven gekauft. Die Jians hatten mich meines Bruders beraubt, meines Gelübdes, meiner Freiheit. Ich hätte die Thronfolgerin allein schon aus Abscheu vor allem, wofür sie stand, auf den steinigen Boden fallen lassen können.

Stattdessen aber wurde mein Griff weicher. Ich entspannte die Finger und ließ den Umhang über meinen Arm hängen, weil es für das Mädchen besser war, frische Luft zu atmen.

»Ist dir kalt?«, fragte ich. Ich wusste, dass ich nicht mit ihr reden durfte – und sie schon gar nicht duzen –, aber ich sprach leise. Prinzessin Ailing würde sich am Morgen an nichts mehr erinnern.

Sie lächelte und antwortete auf die Frage, obwohl das, was sie sagte, keinen Sinn ergab: »Jin-*gōngzǐ* ist … heute nicht gekommen. Jin-*gōngzǐ* ist …« Der Rest ging in einem unverständlichen Murmeln unter.

Jin? Ich überlegte, wen sie in ihrem Rausch meinen könnte. Dann fiel mir ein, dass ich den Namen schon einmal gehört hatte. Sunan hatte ihn erwähnt, als er mir von Prinzessin Ailing erzählt hatte. Er sagte, sie und der Sprössling des Meng-Clans wären *unsterblich ineinander verliebt.* General Meng Jin, der Drachenprinz.

»Vielleicht ist es besser, dass er nicht gekommen ist«, sagte ich. »Wenn du dich ein bisschen erholt hast, sieht die Welt schon wieder ganz anders aus.«

»Ich bin nicht gut genug … das werde ich nie sein.«

Ich schnaubte. Aber klar doch. Obwohl ich Prinzessin Ailing nicht kannte und auch keine Vorstellung von dem Druck hatte, unter dem sie lebte, kam mir ihre theatralische Verzweiflung kindisch vor. Wenn ich jedes Mal zur Flasche gegriffen hätte, als es in meinem Leben nicht glattlief, wäre ich jetzt Alkoholiker.

Eine Prinzessin sollte sich um wichtigere Dinge kümmern als um Meng Jin. In den Straßen ihrer Stadt bettelten Menschen mit abgetrennten Händen um Essensreste, junge Menschen wurden wie Waren als Sklaven verkauft, es gab mehr ausgesetzte Kinder als je zuvor in der Epoche Meister Shuyas, Geheimbünde hatten immer größeren Zulauf, und der Waffenschmuggel blühte. Wenn Prinzessin Ailing dachte, dass es das Schlimmste wäre, nicht den Mann ihrer Träume zu heiraten, hatte ich ihr nichts zu sagen.

»Du scheinst ziemlich eingebildet zu sein«, entfuhr es mir dennoch.

Sie nahm es nicht mehr zur Kenntnis, sondern schmiegte sich in meine Arme und merkte glücklicherweise nicht, wie nahe ich daran war, mein Wohlwollen ins andere Extrem kippen zu lassen. Gehorsam trug ich sie dorthin, wohin mich die Dienerinnen führten. Wir folgten den Wegen der Anlage bis zum vergoldeten Dach des inneren Palastes, einem Gebäude, vor dem ich noch nie gestanden hatte. Die Dienerinnen nannten ihn den Palast der Überwältigenden Schönheit.

An der Tür warteten vier Hofdamen. Sie trugen nicht die Gewänder der übrigen Bediensteten, sondern prächtige jadegrüne *Hànfú*-Trachten und glitzernde Haarnadeln wie edle Schönheiten. Es waren junge Fusanger Frauen, die ihrem makellosen Aussehen nach zu urteilen aus angesehenen Familien stammten. Die Dienerinnen, die mich begleiteten, erklärten ihnen, was passiert war. Sofort kamen die Hofdamen von allen Seiten auf mich zu und legten Hand an die schlafende Tigerprinzessin. Sie glätteten ihr Kleid und richteten ihre zerzausten Haare.

Prinzessin Ailing erwachte. Ihre Augen öffneten sich einen Spaltbreit und spiegelten das Mondlicht wie ein klarer Bergbach. Der Anblick schnürte mir die Kehle zu: Erst in diesem Moment wurde mir wirklich bewusst, dass ich die Nachfahrin einer Schutzgottheit in den

Armen hielt. Jian Ailing war atemberaubend schön – selbst jetzt, wo ihre Augen rot und gereizt waren.

»Chuncui ...?«, fragte sie. Eine der Hofdamen nahm ihre Hand.

»Alles in Ordnung, *Gūniang*. Ihr seid jetzt zu Hause. Wir werden uns um Euch kümmern.«

Ich hätte die Prinzessin gerne ihren Hofdamen übergeben. Sie schienen zu wissen, was zu tun war, und benötigten meine Hilfe nicht. Aber anstatt mich zu bitten, sie abzulegen, führten mich die Mädchen in den Palast der Überwältigenden Schönheit, wo mir sofort der süße Duft von Weihrauch, frischen Blumen und Parfüm in die Nase stieg.

Drinnen war es nicht etwa dunkel wie im Wächterquartier – der Palast der Überwältigenden Schönheit wurde von goldenen elektrischen Laternen erhellt, und als eine der Hofdamen die Beleuchtung hochdrehte, explodierte das ganze Zimmer – *der Saal* – förmlich in einem Farbenmeer.

Ich riss die Augen auf. Prinzessin Ailings Schlafgemach war größer als Tantchens Haus mit allen Etagen. Der Raum war durch Paravents und Türbögen, die mit Holzschnitzereien verziert waren, in verschiedene Bereiche unterteilt. In einem dieser Bereiche standen ein niedriger Teetisch und eine *Gǔqín*, eine siebensaitige Zither. In einem anderen zierten Schnittblumen einen Erker. Von dort aus hatte man einen guten Blick auf Prinzessin Ailings eigenes Gewächshaus, in dem rosafarbene *Hǎitáng*-Blumen blühten. Auf einem Tisch war ein Spielbrett aufgebaut. Die Steine auf den Feldern deuteten auf ein unterbrochenes Spiel hin. Überall im Raum prangten Jadeornamente, Porzellanvasen, seidene Wandbehänge. Alle Raumteile waren durch einen dunklen Holzboden miteinander verbunden und mit Möbeln aus seltenem Narrabaum in derselben Farbe eingerichtet. Die Hofdamen schoben mich in den hinteren Teil des Raumes, wo eines der Mädchen gerade dabei war, die Decke auf einem rot glänzenden Bett aufzuschütteln. Ich ließ Prinzessin Ailing aus meinen Armen gleiten und legte sie nahe der Bettkante ab – sie füllte vielleicht ein Fünftel des Ungetüms aus. Eine ganze Familie hätte darin Platz gefunden.

An den Pfosten hingen rote Vorhänge, die man vor das Bett ziehen konnte. Ich war so überwältigt von der Pracht, dass ich nicht einmal wusste, wie ich reagieren sollte, als sie meine Hand nahm.

»Bitte geh nicht«, flehte sie. »Bleib …«

Die Dienerinnen schienen genauso verwirrt zu sein wie ich. Eine von ihnen eilte herbei, um die Finger der Prinzessin von meinem Handgelenk zu lösen. Sie bedeutete mir zurückzutreten und machte sich dann daran, es der Tigerprinzessin im Bett bequem zu machen: »Mein Vöglein, das ist ein Wächter. Ihn braucht Ihr hier nicht.«

»Er hat eine angenehme Stimme«, murmelte Prinzessin Ailing.

Ein paar Mädchen kicherten. Auch ich musste schmunzeln. Ich entfernte mich, damit sich die Hofdamen in Ruhe um die Prinzessin kümmern konnten. Sie zogen die Vorhänge vor dem Bett zu, und einige von ihnen holten Handtücher und Wasserschüsseln. Ich war mir nicht sicher, was meine Rolle war. Der ältere Wächter hatte mir befohlen, bei Prinzessin Ailing zu bleiben, bis Tanashiri zurückkam. Doch diese Sicherheitsvorkehrung war sinnlos, denn die Tigerprinzessin wurde bereits von vier Dienerinnen umsorgt. Wenn sie es da noch schaffen sollte, an ihrem Erbrochenen zu ersticken, wären diese wirklich schlecht in ihrem Job.

Aber Befehl war Befehl. Also schlenderte ich durch den Raum und betrachtete die unschätzbar wertvollen Gegenstände um mich herum. Eine zweiteilige, mit Holzschnitzereien verzierte Schmuckschatulle stand geöffnet da. Ihr Inhalt lag vor meinen Augen ausgebreitet wie Fleischbrocken vor einem hungernden Wolf. Ein einziges Schmuckstück hätte ausgereicht, um die Bürgerschulden mehrerer Waisenkinder zu begleichen.

Wenn ich die kleinste Haarnadel nehmen, sie in meiner Kleidung verstecken und auf dem Schwarzmarkt verkaufen würde, würde es im Palast überhaupt auffallen? Prinzessin Ailing besaß so viele Dinge. Doch obwohl mir der Gedanke durch den Kopf ging, verspürte ich keine echte Versuchung. Ich war nicht der Dieb, als den man mich verurteilt hatte.

»Wächter«, rief eine der Hofdamen. Sie trug ein Tablett mit Tassen und einer dampfenden Kanne und kam lächelnd auf mich zu. »Wir trinken Tee, um wach zu bleiben. Möchten Sie auch einen?«

Sie kniete vor dem Teetisch nieder und wischte die Papierbögen beiseite, die darauf ausgebreitet waren. Sie war zierlich wie ein Kind. Ihr Haar war zu einer eindrucksvollen Pfingstrosenfrisur gesteckt, mit einem Haarschmuck aus Eisvogelfedern an der Seite. Sie erinnerte mich an Manju, meine 13-jährige kleine Schwester, die genauso wie sie beim Lächeln ihre hübschen geraden Zähne zeigte.

»Danke«, sagte ich und kniete mich an den Tisch. »Kann ich irgendwie helfen?«

»Ach nein«, sagte das Mädchen. Sie schenkte roten Tee ein, der nach Kuhstall roch. »Sie haben Ihre Arbeit getan. Jetzt setzen Sie sich hin und entspannen Sie sich. Sie können Ihren Helm abnehmen, wenn Sie wollen. Sie sind einer von den Neuen, stimmt's?«

»Mein Name ist Kong Dawei«, stellte ich mich vor. Ich verbeugte mich höflich, bevor ich die Maske und den Helm abnahm. Meine Haare lagen schweißnass am Kopf an und ich fuhr mir mit der Hand hindurch.

»Sie sind ja goldig«, sagte das Mädchen lächelnd. »Ich bin Chuncui und bereits seit acht Jahren in den Diensten des Palastes. Lassen Sie sich durch diesen Vorfall nicht einschüchtern. Das Leben von Adligen ist dramatisch, aber dies ist das erste Mal, dass Prinzessin Ailing von einer Feier nach Hause getragen werden musste. Etwas muss sie aus der Fassung gebracht haben.«

Ich nahm die Teetasse entgegen. Der starke Duft des *Pǔ'ěr* machte meine Schleimhäute frei und vertrieb die Müdigkeit allein mit seinem Dampf. Ich hätte es vorgezogen, mich aus Gesprächen über das Seelenleben der Tigerprinzessin herauszuhalten, aber weil Chuncui so freundlich war, antwortete ich ihr: »Die Prinzessin hat etwas von Meng-*gōngzǐ* erwähnt.«

»Ah, natürlich. General Meng Jin ist eine Nummer für sich – daran besteht kein Zweifel –, aber es ist wohl kaum der Herzschmerz, der sie in diesen Rauschzustand versetzt hat. Ailing weiß genau, worüber ihre Mutter sich am meisten ärgert.« Chuncui führte die Teetasse an die Lippen, als wollte sie sich dahinter verstecken. »Das haben Sie nicht von mir gehört, aber die Beziehung zwischen Frau Jian und Prinzessin Ailing hat sich in letzter Zeit immer mehr verschlechtert. Ailing ist so gestresst, dass sie ständig krank ist. Manche behaupten, ihre angegriffene Gesundheit wäre das Ergebnis einer fehlerhaften *Qìgōng*-Praxis, aber wenn Sie mich fragen, haben die Streitereien mit Frau Jian ihrer Tochter so übel zugesetzt. Wenn die Herrin will, dass ihre Tochter gesund wird, sollte sie mehr Sanftmut an den Tag legen. Zwar ist der Tiger ein grausames Tier, aber dennoch sollte er seine Jungen nicht verletzen.«

»Vorhin hat sie gefröstelt«, sagte ich und schielte über die Schulter zum verhängten Bett hinüber. »Sie ist also wirklich krank …?«

»Machen Sie sich keine Sorgen, Bruder, Prinzessin Ailing wird es bald wieder besser gehen. Wir Täubchen leisten ihr Gesellschaft, wenn es ihr nicht gut geht. Wir spielen die *Gŭqín*, lesen ihr im Garten Gedichte vor oder spielen mit ihr den ganzen Tag lang *Wéiqí*. Die Prinzessin erledigt ihre Schreibarbeiten oder zeichnet an ihrer Landkarte, wann immer sie kann – sehen Sie her, ich zeige es Ihnen.«

Chuncui trippelte ans Regal und nahm ein Album heraus, das sie auf dem Tisch vor mir aufschlug. Auf der Karte erkannte ich das Festland Fusangs. Die Darstellung war noch unvollendet und offensichtlich über einen längeren Zeitraum hinweg mit großer Sorgfalt gezeichnet worden. Lediglich die südlichen Provinzen waren fertig: Berge, Flüsse und Städte waren genau an den richtigen Stellen eingezeichnet. Je weiter es nach Norden ging, desto weniger detailliert wurde die Darstellung. Die Berge des Aachalendra waren gerade einmal skizziert. Lhatang, Gyamda und Sandu waren auf der Karte verzeichnet, jedoch keines der kleinen Dörfer.

»Toll, oder?«, fragte Chuncui lächelnd. »Prinzessin Ailing liebt Geschichte. Während sie zeichnet, erzählt sie uns immer Legenden aus verschiedenen Orten. Sie können sich gar nicht vorstellen, was für faszinierende und geheimnisvolle Orte es in Fusang gibt, wie viele verschiedene Völker, und was für Traditionen noch praktiziert werden.«

»Ein bisschen was weiß ich. Wo ich herkomme –«

»Chuncui!«, zischte eine Hofdame durch den Spalt im Bettvorhang. »Hör auf zu plaudern! Wir haben zu arbeiten. Den Wächter zu unterhalten, gehört nicht dazu.«

Chuncui errötete. »Natürlich. Tut mir leid.«

»Ich bin derjenige, der sich entschuldigen sollte«, sagte ich schnell, um die aufgebrachte Hofdame zu beschwichtigen. »Ich habe Chuncui-*jiě* von der Arbeit abgehalten. Ich bin neu hier, und sie wollte mir ein bisschen dabei helfen, mich einzuleben. Ich werde nicht weiter stören.«

»Gut«, entgegnete die Dienerin schnippisch und sah Chuncui dabei zu, wie sie mit dem Teetablett zu den anderen hinüberging, bevor sie den Bettvorhang zufallen ließ.

Ich blieb allein an dem niedrigen Tisch zurück und trank meinen Tee aus. Zuerst überlegte ich, ob ich es dabei belassen sollte, aber die Versuchung war zu groß: Das Landkartenalbum, das Chuncui aufgeschlagen hatte, lag noch vor mir. Ich maß die Entfernungen lange ab und rührte nichts an, bis ich mir hundertprozentig sicher war. Dann nahm ich mir aus dem Stiftehalter Zeichenkohle und skizzierte die Schriftzeichen so leicht, dass man sie bei Bedarf wieder wegwischen konnte. Ich markierte Madang am Fuße des Aachalendra, in der Nähe des Bhakta-tso-Sees.

»Was zum Teufel machst *du* denn hier?«, fragte Tanashiri mit strenger Stimme.

Ich schreckte aus dem leichten Schlaf hoch, in den ich während der vergangenen Stunden gefallen war. Den Ellbogen hatte ich auf dem Teetisch abgelegt, meine Wange auf der Handfläche – ich schoss hoch wie eine Feuerwerksrakete. Versehentlich trat ich dabei gegen meinen Helm, der über den Boden rollte. Ich wollte nach ihm greifen, aber als ich Tanashiris Gesichtsausdruck sah, ließ ich es. Die Frau stand in voller Wächtermontur vor mir und hatte die Hände in die Hüften gestemmt. Ihre blutunterlaufenen Augen zeugten von ihrer Vierundzwanzig-Stunden-Schicht. Aus der roten Linie auf ihrem Nasenrücken schloss ich, dass sie die ganze Nacht unter einer Maske gesteckt hatte.

»Also?«, hakte sie nach. »Welcher Banause hat die Thronerbin des Clans in die Hände eines Neulings übergeben?«

Ich breitete unschuldig die Arme aus. »Das wird später im Bericht zu lesen sein, schätze ich?«

»Unfassbar … Nimmt diese Nacht denn gar kein Ende?«

Tanashiri streckte den Hals. Sie sah aus, als würde sie jeden Moment in die Luft gehen, also hielt ich den Mund. Hinter dem Bettvorhang war das gedämpfte Kichern von Prinzessin Ailings Hofdamen zu hören. Nachdem sie die Tigerprinzessin gewaschen hatten, hatten sie sich im Bett verschanzt. Es war so groß, dass sich die Frauen darin verkriechen konnten wie Mäusejunge im Nest. Tanashiri würde es ihnen kaum gleichtun. Erschöpft blickte sie in die Richtung der Kammerzofen, und ihre Miene verriet, dass die Frauen in völlig unterschiedlichen Welten lebten.

»Geh jetzt«, befahl sie mir. »Deine Arbeit hier ist getan.«

»Sicher, *Qiánbèi.*«

Ich verbeugte mich und bewegte mich so geräuschlos wie möglich. Mit irgendeiner Art von Anerkennung rechnete ich gar nicht erst – so naiv war ich nicht, dass ich für jede kleine Aufgabe, die ich erledigte, ein Schulterklopfen erwartete –, daher überraschte mich Tanashiris sanfter Tonfall, als sie erneut den Mund öffnete.

»Bruder, warte. Ich habe mich unglücklich ausgedrückt. Ich bin müde und war die ganze Nacht über angespannt vor Sorge. Das … entlädt sich gerade einfach. Ich bin dir für deine Hilfe wirklich dankbar.«

Gelobt zu werden, hatte sich noch nie so falsch angefühlt. Ich war ein Wolf im Schafspelz. Ein Hochstapler. Daher konnte ich Tanashiris Dank nicht annehmen.

»Danken Sie nicht mir. Finden Sie lieber heraus, wer der Wächter war, der Prinzessin Ailing nach Hause gebracht hat – er verdient die Anerkennung.«

»Mag sein«, sagte Tanashiri. »Trotzdem. Du bist bei ihr geblieben. Houyi hat nicht geglaubt, dass wir dich nach heute Nacht noch einmal zu Gesicht bekommen würden. Er hatte erhebliche Zweifel an deiner Loyalität.«

»Davon weiß ich nichts«, sagte ich gepresst. Ich fühlte mich nicht wohl in meiner Haut, denn ich war überzeugt, dass Tanashiri das fehlende Schwert und die Flecken auf meiner hellen Uniform bemerken würde. Aber sie erwähnte sie mit keinem Wort.

»Sicherlich wirst du verstehen, dass das hier unter uns bleiben muss«, sagte sie. »Prinzessin Ailing ist ein Mensch wie jeder andere. Jeder wird mal schwach. Viel wichtiger ist es, ob man aus seinen Fehlern lernt. Denk daran, dass selbst die schönsten Lotusblumen aus dem Schlamm emporwachsen.«

»Ich verstehe«, sagte ich. »Ich werde kein Wort darüber verlieren.«

Tanashiri nickte. Obwohl sie von Prinzessin Ailing sprach, wusste ich, dass sie gleichzeitig auch mich meinte. *Jeder wird mal schwach.* Ich hatte mich aus den Reihen der Wächter entfernt, aber eingesehen, dass ich zurückkommen musste. Jetzt lag es an mir, aus meinem Fehlverhalten zu lernen und keinen weiteren Fluchtversuch zu wagen. Ich wusste Tanashiris Diskretion zu schätzen. Gleichzeitig plagte ihre Freundlichkeit mein Gewissen. Ich war aus einem einzigen Grund in den Tigerpalast zurückgekehrt: weil Ren gesagt hatte, ich sollte warten.

Wir sind Bianfu. Wir werden ins Aachalendra-Gebirge zurückkehren, selbst wenn wir ein ganzes Leben lang dafür kämpfen müssen.

Ich verneigte mich noch einmal vor Tanashiri, bevor ich den Palast der Überwältigenden Schönheit verließ.

Der Morgen war viel weiter fortgeschritten, als ich es erwartet hatte. Im hinteren Teil von Prinzessin Ailings Schlafzimmer gab es keine Papierfenster und ich hatte nicht bemerkt, wie hell es geworden war. Der Tigerpalast schlummerte noch in der morgendlichen Stille. Als ich den überdachten Säulengang entlangging, fühlte ich mich vor Müdigkeit wie verkatert. Nichts schien real. Mein Körper bewegte sich mechanisch, ich war wie ein Außenstehender, der von einer Hülle in Wächteruniform über die kunstvoll verzierten Fliesen des Tigerpalastes getragen wurde.

Ich war so benommen, dass ich die Adligen beim Frühstück im Garten erst bemerkte, als die anmutige Stimme einer Frau an mein Ohr drang: »*Bǎobèi.*«

Sie bohrte sich wie tausend schartige Dolche in meinen Rücken. Die Erinnerung an die Auswahlzeremonie kam zurück. Daran, wie Frau Jian geklungen hatte, als sie ihren Soldaten befahl, Ren die Hand abzuschlagen. Meine Glieder erstarrten. Ich blieb stehen. Ich wollte die Frau nicht ansehen, hatte aber keine andere Wahl. Frau Jian hob den Arm und winkte mich mit einer nachlässigen Bewegung des Handgelenks herbei. »*Lái ba.*«

Sie wollte, dass ich zu ihr kam. Doch ich wollte nicht. Ganz und gar nicht.

Frau Jian saß zusammen mit ihrem Mann und ihrer jüngeren Tochter im Pavillon. Sie trug eine blassblaue *Hànfú*-Tracht, deren Röcke gleichmäßig um sie herum ausgebreitet lagen wie Wogen auf der Wasseroberfläche, und eine passende Seidenjacke dazu und sah gut ausgeruht aus. Ihr glattes rabenschwarzes Haar fiel ihr offen über die Schultern. Es reichte ihr fast bis zur Taille. Ohne das schwere Brokatgewand und die unzähligen Schmuckstücke sah sie erstaunlich normal aus.

Nur ihre Augen verrieten die Bedrohung, die in ihr schlummerte: Ein metallischer Glanz blitzte in den Iriden auf und deutete an, dass Frau Jian ihr Qi kultivierte.

Prinzessin Chang'e lächelte lieblich hinter ihrer Teetasse, ihr langes Haar war zu einem lockeren Knoten gebunden. Frau Jians Ehemann warf mir lediglich einen kurzen Blick zu und las dann weiter in seinem Notizbuch. Dabei hatte er die Oberlippe hochgezogen, als hätte er statt frischem Obst einen verstopften Abfluss gerochen.

Die Familie hatte den üppig gedeckten Frühstückstisch kaum angerührt. Auf dem Tisch standen Tee, Dutzende verschiedene Obstsorten und *Bāozi*, Gebäck, Pudding, Reis und warme Speisen, die ich nicht einmal benennen konnte. Alles war dekorativ angerichtet: Die Obststücke waren aufgefächert wie Ziehharmonikas und die Frühlingszwiebeln und Kräuter so präzise über den gebratenen Fasan gestreut, dass es zu schade war, ihn anzuschneiden.

Frau Jian beobachtete eine Dienerin, die Lotussamen schälte und ihr auf den Teller legte. Mich sah sie nicht an, was gut war, denn es fiel mir ohnehin schwer, ihre Gesellschaft zu ertragen.

»Verrate mir doch, *Bǎobèi*«, begann sie, »welche Pflicht einen männlichen Wächter dazu veranlasst, zu dieser frühen Stunde aus dem Palast meiner Tochter zu kommen.«

Fräulein Chang'e prustete los. Entweder war das Mädchen so boshaft wie seine Mutter oder es war zu naiv, um zu begreifen, dass ich nur eine falsche Antwort von einer Auspeitschung entfernt war.

»Tanashiri-*qiánbèi* ist gerade erst zurückgekehrt«, sagte ich so gelassen ich konnte und unterstrich meine Friedfertigkeit mit einer leichten Verbeugung. »Bis dahin hatte ich den Auftrag, Prinzessin Ailing zu bewachen.«

»Weshalb?«

Weil Eure Tochter letzte Nacht so betrunken war, dass sie sich nicht auf den Beinen halten konnte. Was zum Teufel sollte ich darauf antworten? Tanashiri hatte mir befohlen, kein Wort über die Sache zu verlieren, und die Dienerinnen waren besorgt darüber gewesen, was passieren würde, wenn Frau Jian von den Vorkommnissen der Nacht erfuhr. Wahrscheinlich würden sie alle bestraft werden. Wächter, Dienerinnen, Hofdamen – alle, die in irgendeiner Form für Prinzessin Ailing zuständig waren. Die Schuld an den Fehlern der Thronfolgerin würde auf weniger wichtige Personen abgewälzt werden, damit Frau Jian durch die Verantwortungslosigkeit ihrer Tochter nicht das Gesicht verlöre.

»Ich habe Ihre Hoheit zum Palast begleitet, weil …«, ich dachte fieberhaft über eine plausible Erklärung nach, »weil sie müde und ich bei der Zeremonie am wenigsten nützlich war. Ich bin unerfahren. Meine Dienste wurden dort nicht benötigt, daher habe ich sie zum Palast gebracht.«

Ich wusste nicht, ob die Erklärung Sinn ergab, aber Frau Jian störte sich nicht daran.

»Unerfahren?«, wiederholte sie und sah mich an. Mein Gesicht erkannte sie sofort – ihre schwarzen Augen leuchteten auf, und ein graziles Lächeln legte sich auf ihre Lippen. »Richtig. Der Bianfu. Ich habe mich gefragt, wie es dir wohl geht. Fühlst du dich wohl im Tigerpalast?«

Tief durchatmen. Tief durchatmen. Tief durchatmen.

»Ja, danke.«

»Ausgezeichnet. Wie ich höre, hat sich auch dein Fusang verbessert. Im Vergleich zu vorher zwitscherst du ja wie ein Vöglein.« Sie streckte den Arm zur Seite aus – auf dem Schmetterlingsärmel ihrer Seidenjacke kam das Bild eines angreifenden Tigers mit ausgefahrenen Krallen zum Vorschein. Dann deutete sie in Richtung einer schattigen Ecke, in der zwei Diener mit gesenkten Köpfen standen. »Leiste uns doch Gesellschaft und genieße den herrlichen Morgen mit uns.«

Ich biss die Zähne zusammen. Diese Schlange. Anders war es nicht zu erklären, warum sie mich mitten im Innenhof des Palastes zwang, ihre Soldatenmarionette zu spielen, wo die größte Bedrohung für sie von den Hummeln ausging, die die Blumen bestäubten. Frau Jian wusste, dass ich meine steife Uniform seit über einem Tag trug und weder gegessen noch geschlafen hatte. Sie wusste, wie sehr ich sie für das hasste, was sie Ren angetan hatte.

Ich stellte mich zu den beiden Dienern, die immer wieder unauffällig zu den Adligen hinüberblinzelten, während diese ihr Frühstück genossen. Sie lauerten auf jede noch so kleine Geste, die darauf hindeutete, dass sie noch Tee oder Obst von der anderen Seite des Tisches haben wollten. Abwechselnd huschten die Diener hinüber, um

Speisen anzureichen, Reste abzuräumen und saubere Teller bereitzustellen. Frau Jian brauchte sich nur in den Nacken zu fassen, und schon erschien einer der beiden Diener hinter ihr, um ihr mit einem Ölpapierfächer kühle Luft zuzufächeln.

Ich war so müde, dass mich das nicht einmal aus der Fassung brachte. Stattdessen lauschte ich nur dem Klirren der Teetassen und dem Rascheln der Seiten von Herrn Jians Notizbuch. Meine Augenlider schlossen und öffneten sich schwerfällig. Der Geruch von Essen ließ meinen Magen knurren. Mir kam der Gedanke, dass Frau Jians Foltermethoden denen ähnelten, mit denen Wilderer Elefantenkälber zur Erschöpfung brachten und ihrem Willen unterwarfen: Sie banden das Tier an einen Pfahl, damit es sich nicht bewegen konnte, und ließen es tagelang dort stehen, bis es fast verhungert war. Das erschöpfte Tier ging mit, wohin man es auch zog. Es kämpfte nicht mehr.

Ich hatte es satt, mich ständig unterwerfen zu müssen. Gründlich satt.

»Mutter – Vater!«, rief plötzlich eine ungehaltene Stimme am Rand des Innenhofs. Ich blickte zu dem Neuankömmling auf, dessen übersprühende Energie wohl vom Reiswein herrührte, den er am Vorabend getrunken hatte. Prinz Lian kam in den Garten gestürmt und sprang die wenigen Stufen zum Pavillon hinauf. Auf seiner weißen Soldatenuniform waren eingetrocknete Getränkeflecken zu sehen. Sein langes Haar war nur lose gebunden und oben am dichten Ansatz zerzaust. Seine Augen blickten glasig. Er sah aus wie ein übergroßes Kind, dem beim Spielen Unrecht geschehen war und das jetzt zu seiner Mutter rannte, um seine Spielkameraden zu verpetzen.

»Mutter.« Der Prinz verbeugte sich vor seinen Eltern. »Die Mitglieder des Zhi-Clans werden einfach immer dreister. Ich habe Prinzessin Rushi zugeprostet und sie hat sich geweigert, mit mir zu trinken. Sie hat mich *auf meinem eigenen Herrschaftsgebiet* abgewiesen!«

»Lian-*ér*«, sagte Frau Jian und stellte ihre Teetasse auf den Tisch. Selbst sie konnte ihr Entsetzen nicht verbergen, als sie das zerrupfte

Erscheinungsbild ihres Sohnes betrachtete. »Sag mir nicht, dass du erst jetzt nach Hause kommst.«

»Er hat einen Korb bekommen!«, kicherte Prinzessin Chang'e. Sie verschränkte die Arme vor der Brust und lächelte breit mit ihren blendend weißen Zähnen. »*Gēge*, hast du wirklich versucht, eine Schönheit aus dem Norden zu beeindrucken? Wie betrunken musst du denn gewesen sein?«

»Halt den Mund«, zischte der Prinz. Sein zorniger Blick schweifte über seine kleine Schwester und fiel auf die Diener im Schatten des Pavillons. Schnell senkte ich den Kopf. Mist. Meine schwache Hoffnung, dass sich der Tigerprinz nach der Episode auf dem Übungsplatz nicht an mein Gesicht erinnerte, schwand mit seinen Worten: »Was macht *der* denn hier?«

»Setz dich, mein Schatz«, sagte Frau Jian. »Kümmere dich nicht um den Bianfu. Er hat deine große Schwester letzte Nacht nach Hause begleitet und genießt mit mir und deinem Vater jetzt sein wohlverdientes Frühstück.«

»Ah ... Er und Ailing scheinen sich gut zu verstehen.«

Die Stimme von Prinz Lian wurde gefährlich sanft. Das verhieß nichts Gutes. Er hatte mir schon früher gedroht – wer weiß, wozu er jetzt mit Alkohol im Blut fähig war. Der Zeitpunkt unseres Wiedersehens hätte nicht ungünstiger sein können. Der junge Prinz stemmte die Hände in die Hüften. Seine Mundwinkel verzogen sich zu einem Lächeln.

»Mutter, wusstest du, dass der Bianfu vor einer Woche Ailings Namen missbraucht hat? Er hat sich geweigert, mit mir zu kämpfen, weil es angeblich gegen einen Befehl meiner großen Schwester verstoßen hätte. Ich habe die Sache überprüft. Der Bianfu hatte Ailing bis zu diesem Tag noch nicht einmal getroffen. Dass er diesmal auch lügt, will ich nicht behaupten, aber wenn ich du wäre, würde ich seine Geschichte überprüfen.«

Verdammter Hund. Wollte er wirklich so dringend nach seinem Tod im tiefsten Verlies der Unterwelt schmoren, dass er jeden einzelnen Menschen um sich herum vernichten musste? Oder war andere zu zerfleischen bei den Mitgliedern des Tigerclans einfach ein natürlicher Reflex? Der Himmel war mein Zeuge, wären wir uns in Madang begegnet, hätte der Prinz im Handumdrehen kopfüber in einem Baum gehangen.

Aber wir waren nicht in Madang. Und ein würgendes Gefühl legte sich um meinen Hals, als sich Frau Jian umdrehte und mich ansah.

Dass sie ruhig war, bedeutete gar nichts. Ich hatte mit eigenen Augen gesehen, wie schnell ihre Gelassenheit in blutige Gewalt umschlagen konnte. Ihre Lippen blieben zu einem Lächeln verzogen, als sie fragte: »Hast du zu dem, was mein Sohn sagt, noch irgendetwas hinzuzufügen, *Bǎobèi*?«

Mein Mund war trocken. »Prinzessin Ailing hatte angeordnet, dass ich am Tag meiner Ankunft medizinisch versorgt werden sollte. Getroffen hatte ich sie da noch nie. Das habe ich Lian-*shàoye* gegenüber aber auch nicht behauptet.«

»Willst du damit sagen, dass ich die Tatsachen verdrehe?«, fragte der Prinz lachend. »Vor meiner Mutter und meinem Vater?«

»Er hat nichts dergleichen gesagt«, widersprach ihm Prinzessin Chang'e.

»Misch dich nicht ein«, knurrte der Prinz seine kleine Schwester an. »Du weißt nichts darüber.«

»Du auch nicht, wie es scheint.«

»Es reicht«, sagte Frau Jian. Ihre Kinder verstummten wie Tigerbabys, denen die Mutter gerade die Reißzähne gezeigt hat. Frau Jian hob den Deckel ihrer Teetasse an und fächelte sich den Duft in die Nase. Als sie mit mir sprach, drehte sie sich nicht um: »Wenn ich meine Tochter nach den Ereignissen der letzten Nacht frage, wird sie deine Geschichte bestätigen? Dass sie müde geworden ist und du ausgewählt wurdest, sie anstelle von Tanashiri nach Hause zu geleiten?«

»Ja«, antwortete ich. Die Lüge lag mir schwer im Magen, aber ich hatte keine andere Wahl. »Das hoffe ich wirklich für dich.« Frau Jian setzte die Teetasse ab. Sie hatte keinen einzigen Schluck getrunken, sondern neigte das Handgelenk zur Seite und goss den Tee auf den Boden. Dann ließ sie die Tasse los, und das handbemalte Porzellan zersprang auf dem Boden des Pavillons. Die Diener neben mir zuckten zusammen. Frau Jian seufzte, als wäre sie Zeugin eines bedauerlichen Missgeschicks geworden: »Mein Frühstück ist ruiniert. Und ich hatte mich so auf einen harmonischen Morgen mit der Familie gefreut.«

»Ich bitte um Verzeihung, Eure Hoheit«, sagte ich.

»Mit dem wirst du noch viel Arbeit haben, mein Liebster«, sagte Frau Jian und sah ihren Gatten an, der sich aus dem Gespräch bisher vollkommen herausgehalten hatte. »Sieh zu, dass Houyi von den ungehobelten Manieren des Bianfu erfährt. Er soll die Ausbildung verschärfen.«

»Ich werde versuchen, daran zu denken«, knurrte ihr Mann.

»Bianfu, ich werde dich nur dieses eine Mal belehren. In Zukunft werde ich nicht mehr so geduldig sein. Wenn du meinen Sohn gekränkt hast, wirfst du dich auf den Boden und bittest ihn um Vergebung. Es ist mir egal, wie stolz ihr in Nanmu seid. Knie vor ihm nieder. Wie man einen Kotau macht, weißt du hoffentlich?«

Ich brachte es nicht über mich, sofort zu antworten.

Die Worte schmeckten bitter. Sie hätten ohne Umschweife kommen müssen, und ich wusste, dass ich meine Lage mit jedem Moment, den ich schwieg, nur noch schlimmer machte. Frau Jian schaute mich über die Schulter an. Sie zog ihre weidenblattförmigen Augenbrauen hoch. Da ich sie nicht ansehen konnte, starrte ich stattdessen auf den Strauch, der über das Geländer des Pavillons wuchs und auf dem winzige Blattläuse umherwuselten. Ich gab mir Mühe, den Worten keine Bedeutung beizumessen, tat so, als wären sie nichts als Laute, als ich sie hervorpresste: »Ja, Eure Hoheit.«

Prinz Lian schnaubte. »Du hast gehört, was Mutter gesagt hat. Zeig mir, wie gut du kriechen kannst.«

Es wäre in kürzester Zeit vorbei. Es bedeutete gar nichts.

Wenn ich einen Kotau am Altar von Meister Shuya oder vor Mamas

Gedenkstein machte, tat ich es aus vollem Herzen. Ohne mich auch innerlich zu verneigen, wäre mein Niederknien nichts als eine reine Muskelbewegung. Ein echter Kotau wäre nie mit dem gleichzusetzen, was gerade von mir verlangt wurde. Jian Lian war kein Mensch, den ich respektierte. Er hatte es nicht verdient, vor mir zu stehen, während ich mit der Stirn den Boden berührte.

Und doch blieb mir nichts anderes übrig, als mir den Saum meiner Uniform von den Knien zu streifen und mich auf den Holzboden des Pavillons niederzulassen. Ich sah den Tigerprinzen nicht an. Stattdessen stellte ich mir die saftig-grünen Bergrücken von Madang vor. Den flachen, ebenen Felsblock, zu dem Ren und ich an Feiertagen Räucherwerk und Speisen gebracht hatten und vor dem ich Jahr für Jahr in aller Stille gesessen und die Schriftzeichen betrachtet hatte, die Mamas Namen ergaben.

Meine Art, einen Kotau auszuführen, war immer ruhig gewesen. Würdevoll. Ich kam gerade einmal so weit, die Arme auszustrecken und mich auf die Fingerspitzen zu stützen, als Prinz Lian schnaubte.

»Ist das deiner Meinung nach ein Kotau? Geh tiefer.« Sein Stiefel donnerte auf meinen Rücken herab und stieß mich mit der Brust auf die Holzplanken. Ich verzog das Gesicht und verbarg es hinter meinen Händen. Aus Reflex wehrte ich mich gegen sein Gewicht und stemmte mich gegen sein Bein. Ich musste all meine Willenskraft aufbringen, um nicht mehr zu tun, und biss mir auf die Lippe, bis ich Blut schmeckte.

Prinz Lians Stimme schnurrte, als er weitersprach, den Fuß wie ein Eroberer auf meinem Rücken: »Ich habe doch gesagt, dass ich mir dein Gesicht merken werde.«

17. Kapitel

Der Wind trieb die Blätter des Maulbeerbaums vor sich her. Ich sah zu, wie sie in sanften Kreisen in den Himmel stiegen, bevor sie im Gegenlicht verschwanden, und lehnte den Kopf gegen den Stamm. Im üppigen Palastgarten hatte ich den Schatten und die Ruhe gefunden, nach denen ich mich sehnte. Ich trug immer noch meine Uniform. Eigentlich hätte ich ins Wohnquartier zurückkehren, mich waschen und etwas essen können, bevor das Kampftraining mit Houyi begann, aber ich brauchte noch einen Moment für mich.

Die letzten vierundzwanzig Stunden hatten mich gründlich durcheinandergebracht. Ich dachte an den überfüllten Zug nach Naraka. Wie Prinzessin Ailing in meinen Armen gezittert hatte. An ihr prunkvolles Gemach und den geradezu lächerlich reich gedeckten Frühstückstisch. Die schreckliche Entscheidung am Bahnsteig, von der ich mich weigerte anzuerkennen, dass ich sie getroffen hatte.

Ich atmete tief durch. Nein, ich würde die Erinnerung nicht wieder hochkommen lassen. Jian Lian würde mich nicht dazu kriegen, denselben Moment noch einmal zu durchleben – nicht einmal in meinen Gedanken. Ich musste stark sein. Ren hatte mir befohlen, auf ihn zu warten. Wenn mein Überleben davon abhing, dann würde ich die Demütigung ertragen. Nur so könnte ich eines Tages nach Hause zurückkehren.

Ich schloss die Augen. Ich wollte mir ins Gedächtnis rufen, dass ich wertvoll war. Dass es auf dieser Welt noch immer einen Menschen gab, der mir einmal zugeraunt hatte: *Du bist ein Geschenk der Götter, Dawei*. Ich erinnerte mich noch an jedes Detail, das diesen Worten vorausgegangen war. Genau diese Worte brauchte ich jetzt. Ich brauchte Dray. Also schob ich die dunklen Gedanken beiseite und konzentrierte mich auf meine Erinnerungen an das, was vor einem halben Jahr passiert war.

Es war im Jahr des Drachen. Nach der Herbst-Tagundnachtgleiche war gerade die *Hánlù* angebrochen, die Zeit des kalten Taus. In Madang war es grau und regnerisch. Die Tage vergingen, ohne dass etwas Spannendes geschah, und ich hatte nichts weiter zu tun, als auf dem Dach herumzuliegen und meine Bambusflöte zu spielen. Ich langweilte mich furchtbar.

An einem dieser Tage hatte Dray mich gebeten, ihn nach Fenghao in der Provinz Runan zu begleiten. Er sagte, er bräuchte Materialien, die man in Namla nicht bekam: weiche Seide, die er beim Schneidern nur sehr sparsam benutzte. Also packte ich meine Sachen und holte noch am selben Tag zwei Ponys aus dem Stall.

Ren und ich waren schon öfter darum gebeten worden, als Begleitung mitzukommen, wenn jemand aus dem Dorf nach Fenghao reiste. Die Handelsroute zwischen den Provinzen Namla und Runan war für ihre Wegelagerer bekannt. Als Bianfu beschützte ich Dray durch meine bloße Anwesenheit – auch wenn ich unsere Reise natürlich nicht als Arbeitsauftrag betrachtete. Für mich war der mehrtägige Ausflug nach Fenghao die Abwechslung, nach der ich mich so sehr gesehnt hatte. Ich nahm an, dass Dray seine Einkäufe erledigen würde und wir danach den Abend gemeinsam bei gutem Essen und Spielen verbringen könnten.

Deshalb war ich erstaunt, dass Dray die Läden in Fenghao gar nicht beachtete. Stattdessen führte er mich zum Tor des Palastes von Beifang Zhi, dem Clan, der über den Norden herrschte. An dem rotgoldenen Doppeltor hing ein großer Aushang aus Papier.

»Kannst du lesen, was da steht?«, fragte Dray.

»*Ich kann es versuchen*«, sagte ich. Ich wusste nicht, warum er auf einmal meine Lesefähigkeit testen wollte, aber ich gab mein Bestes. Die Zeichen waren in Fusanger Kalligrafie geschrieben. Der Text war anspruchsvoll, und ich entzifferte nicht einmal die Hälfte der Wörter. Dray drängte mich nicht. Er bot nicht an, mir den Text vorzulesen, auch wenn ich wusste, dass er es gekonnt hätte. Nachdem ich den Aushang mehrmals gelesen hatte, schien es mir, dass ich ungefähr verstand, worum es ging.

»*Hier wird morgen eine Prüfung abgehalten. Für alle, die Staatsbeamte werden wollen. Die Prüfung hat zwei Teile, und wer den ersten besteht … Dray.*« Ich begriff, was das bedeutete, als ich sein Lächeln sah. »*Willst du etwa daran teilnehmen?*«

»Ich habe es Tantchen noch nicht erzählt, weil ich erst sehen will, wie ich mich schlage, aber ja. Ich werde teilnehmen. Die Beamtenprüfungen stehen jedem offen, warum sollte ich es also nicht versuchen? Damit kann ich unserer Familie ganz neue Möglichkeiten bieten.«

»*Dray, das ist ja unglaublich!*« Ich ergriff seinen Arm und lächelte so begeistert, dass er rot wurde. »*Deswegen hast du so viel gelesen. Du hast dich auf das hier vorbereitet!*«

»Ja, also … Ich habe mich vorbereitet, aber das bedeutet nicht, dass ich hier so einfach durchkomme. An den Beamtenprüfungen nehmen wahnsinnig viele Menschen teil – manche von ihnen haben viel mehr Zeit und Mittel zum Lernen als ich. Ich werde mein Bestes geben, aber sei bitte nicht enttäuscht, wenn es doch nichts wird.«

»*Du schaffst das mit links*«, versicherte ich ihm. Und das meinte ich auch so. Dray war der schlaueste Mensch, den ich kannte. Sein Gedächtnis war unschlagbar. Dass er nicht aus einer reichen Familie kam, die ihre Sprösslinge seit ihrer Geburt auf die Hanlin-Akademie vorbereitete, war da ganz egal. Dray hatte eine innere Motivation, die den Kindern aus den reichen Familien fehlte. Wenn er die Prüfungen bestand und eine angesehene Stelle im Staatsdienst bekam, würde er nicht nur seine eigene Zukunft, sondern auch die von Tantchens Kindern sichern. Er könnte unser Bergdorf verlassen. Den ganzen Tag lesen, mit angesehenen Menschen Wein trinken und durch Fusang reisen. Er könnte alles bekommen, von dem er je geträumt hatte.

»*Du brauchst noch das richtige Schreibwerkzeug*«, bedeutete ich ihm. Auch wenn die Prüfung nichts mit mir zu tun hatte, hatte ich plötzlich das Gefühl, persönlich beteiligt zu sein. Dray hatte mich nicht ohne Grund mitgenommen. Er brauchte jemanden an seiner Seite, der ihn unterstützte. Und ich würde ihm helfen, wo ich nur konnte. »*Du kannst nicht mit einem schlechten Pinsel schreiben. Ich habe noch etwas Geld übrig, davon kann ich dir einen kaufen. Weißt du, ob es für die Prüflinge Kleidungsvorschriften gibt?*«

»Ich glaube nicht. Aber ich habe meinen Musselinkaftan dabei.« Dray lächelte. Er wirkte jetzt weniger energisch als vielmehr gerührt. »Danke, dass du das alles so gut aufnimmst. Viele würden meine Pläne bestimmt für sinnlos halten. Die Prüfungen abzulegen ist … teuer. Das Geld könnte man auch anders verwenden. Für etwas Besseres, als einem verrückten Traum nachzujagen.«

»*Dein Traum ist nicht verrückt. Du schaffst das.*«

Ich fragte nicht, wie viel Geld man genau für die Prüfungen brauchte. Das war ganz egal. Ich hätte alles aus meinen eigenen Ersparnissen gezahlt, wenn Dray nicht genug Geld gehabt hätte, um teilzunehmen. Bisher hatte ich nie auf den Zeitplan der Beamtenprüfungen geachtet, weil das Thema in meinem Freundeskreis keine Rolle spielte. Dray hatte die Anmeldungsgebühr in aller Stille selbst bezahlt. Er verdiente weniger als ich, hatte es aber irgendwie geschafft, das Geld zusammenzusparen. Schon das zeigte deutlich, wie sehr er darauf hoffte zu bestehen.

Ich zog ihn hinter mir her in die Einkaufsstraße von Fenghao. Ich würde ihm alles bezahlen. Einfach alles. Ich würde nicht zulassen, dass er neben den anderen Prüflingen schlecht aussah. Keiner von ihnen durfte auf ihn herabschauen. Dray war genauso gut wie sie. Nein – er war besser.

Der Tag wurde in jeder Hinsicht perfekt. Ich erinnerte mich nicht, wann wir beide zuletzt so gut gelaunt gewesen waren. Wir erkundeten die Läden von Fenghao, kauften ein Tuschestäbchen, einen Reibstein, einen Wasserspender und ein Schälchen. Als wir die richtigen Pinsel auswählten, blieb Dray bei einem Set stehen, das mit goldenen Fledermäusen in der Form eines *Rúyì*-Symbols und Bildern von Lotusblüten verziert war.

»Hey, Bianfu«, sagte er mit einem Grinsen und strich mir mit einem Fledermauspinsel über die Nase. »Ob du mir wohl Glück bringen wirst?«

Mich überkam ein wohliger Schauder, der bis in die Tiefen meines Herzens vordrang. Ich ließ mich von der unbekümmerten Stimmung mitreißen und achtete nicht mehr auf mein Tagesbudget. Ich wollte Dray etwas Gutes tun und ließ mich viel leichter als sonst auf die Angebote der Verkäufer ein. In einem Moment ging ich an einem Süßigkeitenstand vorbei, und im nächsten lief ich Dray auch schon mit zwei *Tánghúlu*-Spießen hinterher, auf denen kandierte Früchte steckten. Dray zügelte meine Kauflust nicht. Ganz im Gegenteil, er schien meine Aufmerksamkeiten zu genießen.

Gegen Abend kehrten wir in das Gasthaus zurück, wo wir unsere Ponys zurückgelassen hatten. Wir bekamen zwei Holzschalen mit dampfendem weißen Reis zum Abendessen, dazu einmal geschmortes Fleisch mit Kohl und einmal Tofu und Gemüsesuppe. Nach dem Essen zogen wir uns in unser Zimmer zurück, wo Dray mir die Bücher zeigte, deren Inhalt in der Prüfung abgefragt wurde. Er erklärte, dass sich die Beamtenprüfung aus vier Teilen zusammensetzte. Wer den ersten davon bestand, wurde *Xiùcai* genannt, »erblühendes Talent«. Nach der zweiten Prüfung verdiente man sich den Ehrentitel *Jŭrén*, »empfehlenswerte Person«, und alle, die danach zu den Prüfungen in der Hauptstadt eingeladen wurden, bekamen den Namen *Jìnshì*, »angesehener Student«. Unter ihnen waren die erfolgreichsten Schüler des Landes.

Ich saß auf meinem Bett und hörte zu, wie Dray Meister Shuyas Lehren aus dem Gedächtnis zitierte. Ich verstand längst nicht alles von dem, was er mir erzählte und vorlas, aber es gefiel mir, wie begeistert er war. Dray hatte zu Hause niemanden, mit dem er diese Begeisterung teilen konnte. Er musste mir sehr vertrauen, um mich so offen an seinen Gedanken teilhaben zu lassen.

Ein Gefühl von Frieden und Wärme stieg in mir auf. Die schwach brennende Öllampe auf dem Nachttisch beleuchtete die Schriftzeichen auf den Buchseiten, die Dray mir zeigte. Von meinem Platz auf der anderen Seite des Raumes konnte ich die Schrift nur schwer erkennen. Also fragte ich, ohne weiter darüber nachzudenken: »*Darf ich zu dir aufs Bett kommen?*«

Erst als Dray die Brauen hob, begriff ich, wie kühn meine Bitte wirken musste. Seit ich ihn am Morgen nach dem Fackelfest umarmt hatte, war viel Zeit vergangen, und keiner von uns hatte in der Zwischenzeit einen Vorstoß gewagt. Zwischen uns stand mit einem Mal eine Vorsicht, die unsere lange Geschichte als beste Freunde in Zweifel zog. Früher wäre an meiner Bitte nichts Seltsames gewesen. Jetzt weckte sie in uns beiden Fragen. Erwartungen, die ich mir nicht eingestehen wollte.

Ich erlaubte mir nicht, zu lange über Drays Reaktion nachzudenken. Ich fühlte mich gut und ließ mich davon leiten. Nachdem er mir die Erlaubnis gegeben hatte, erhob ich mich von meinem Bett und ging zu ihm hinüber. Dray rückte zur Seite und machte so viel Platz, dass ich mich neben ihn legen konnte. Ich lehnte den Kopf an seine Schulter. Betrachtete die Buchseite und versuchte, mich auf die Schriftzeichen zu konzentrieren, aber die Wärme von Drays Körper, sein Atem und sein Geruch hatten eine stärkere Wirkung auf mich, als ich es erwartet hatte.

Plötzlich war ich mir meiner Hände zwischen uns unangenehm bewusst. War es in Ordnung, dass sie so dort lagen? Meine Haltung erschien mir ein wenig steif. Ich bemerkte jede noch so kleine Bewegung, die Dray machte, spürte, wie sich seine Muskeln anspannten, als er ein Knie anwinkelte, um das Buch abzustützen.

Er zitierte weiter aus Meister Shuyas Werken, als wäre es das Natürlichste auf der Welt, so mit mir dazuliegen. Und vielleicht war es das auch. Ich spürte seinen Herzschlag an meinem Ohr. Obwohl sein Puls zuerst alles andere als ruhig war, wurde er mit der Zeit wieder langsamer. Seine tiefe, ruhige Stimme war das Angenehmste, was es auf der Welt gab, und in der Art, wie er Namla sprach, hörte ich den Akzent seiner Muttersprache. Während er aus dem Buch vorlas, musste ich ihn nicht ansehen – so konnte ich mir seine überwältigende Anwesenheit einteilen. Ich entspannte mich völlig. Meine Augenlider wurden schwer. Ich sank in einen Dämmerzustand, in dem mich nur noch Drays Stimme und die Wärme seines Körpers erreichten. Dann schlief ich ein.

Als ich aufwachte, war vieles noch genauso wie vorher. Und einiges nicht.

Die Öllampe leuchtete noch immer schwach, die Stadt hinter dem Papierfenster war nachtschwarz. Dray lag noch in derselben Position da, ein Knie aufgestellt. Er hatte das Buch auf seinem Bauch abgelegt. Aber er war noch wach. Ich hatte im Schlaf den Arm um seine Taille gelegt und die Finger in seinen Kaftan gekrallt. Er streichelte meinen Unterarm, und seine Berührungen waren so sanft wie die einer Feder. Seine Fingerspitzen strichen über die Haare auf meinem Arm, die sich erst jetzt, da ich wach war, zu einer Gänsehaut aufrichteten. Ich wusste nicht, wie viel Zeit vergangen war. Seine Schulter musste unter dem Gewicht meines Kopfes längst taub geworden sein.

Ich richtete mich auf und fuhr mir benommen durch die Haare. »*Tut mir leid. Ich war müde.*«

»Mmh.«

»*Du hättest mich wecken sollen. Dann hätte ich dir Platz gemacht.*«

»Ich liege gerne hier mit dir, Dawei.«

Ich sah ihn an. Er erwiderte meinen Blick ohne jede Scheu, mit derselben Ruhe, die ich ihm gegeben haben musste, während ich neben ihm geschlafen hatte. Himmel, was für einen Blick er hatte. Der wunderbare Schwung seiner Augen, der mich an Regentropfen erinnerte. Seine Lider waren kaum merklich gesenkt, die Augen funkelten wie silberne Monde. Er blieb auf dem Rücken liegen, die Hand unter dem Kopf, und wartete darauf, dass ich ihm zeigte, was in mir vorging. Was ich wollte.

Ich wollte ihn.

Ich wollte, dass er dort liegen blieb und mich genau so anschaute. Ich wollte ihn küssen. Aber im selben Moment, als ich daran dachte, schlich sich auch schon die wohlbekannte Angst heran. Warum war es so schwierig, sich zu bewegen? Wovor fürchtete ich mich eigentlich? Davor, dass ich etwas Ungeschicktes tun und mein Gesicht verlieren würde?

Ich machte mir zu viele Gedanken. Ließ die Zweifel meine Gefühle blockieren, die vom Schlaf noch ganz weich waren. Eine bessere Gelegenheit als jetzt würde ich nie wieder bekommen.

Ich schluckte. »*Könntest du … das Licht ausmachen?*«

»Warum?«, fragte Dray.

Weil die Lampe auf seiner Seite des Bettes war. Weil ich ihn mir einteilen musste. Weil sein Blick mich geradezu verschlang und ich nicht darüber nachdenken wollte, ob ich ihn erwidern konnte. Aber das erklärte ich ihm nicht. Dray mochte auch das zur Liste meiner Eigenheiten hinzufügen – und der Himmel wusste, dass ich ein schwieriger Zeitgenosse war –, aber wahrscheinlich war er schon daran gewöhnt, dass mit mir nichts einfach so passierte.

Er gab nach und drehte sich auf die Seite, um die Öllampe auszuschalten. Der warme Schein auf dem hölzernen Wandschirm schrumpfte zu einem kleinen Kreis um die Lampe, bis er ganz erlosch. Plötzlich war es stockdunkel, und ich sah nicht mehr, sondern hörte nur noch, wie Dray sich mir wieder zuwandte.

»So besser?«

Wahrscheinlich wollte er mich ein bisschen ärgern, meinem Ernst eine spielerische Note entgegensetzen, aber mir reichte es schon zu hören, woher seine Stimme in der Dunkelheit kam. Ich drückte meine Lippen auf den Ursprung seiner Worte.

Drays Mund war noch vom Sprechen geöffnet. Er schnappte überrascht nach Luft und erstarrte, so als hätte mein Vorstoß seinen ganzen Körper auf einmal durchdrungen. Seine erste Reaktion war heftiger, als ich erwartet hatte. Ich spürte die Form seiner Lippen, ihre Wärme und Weichheit, wie gut sie zu meinen passten. Mein Atem strömte in seinen Mund. Heiße Luft wogte zwischen uns hin und her. Ich wagte es nicht, mich zu bewegen.

Ich spürte, dass Dray mich in der Dunkelheit anstarrte. Beinahe meinte ich, seinen Herzschlag zu hören.

Dann lehnte er sich nach vorne. Er drückte die Stirn gegen meine, wie um mir zu sagen: »*Alles ist gut.*« Es war eine Geste aus Namla, nicht aus Hirayal. Dray tat das für mich. Seine Finger strichen über mein Gesicht, zeichneten die Konturen nach, die er im Dunkeln nicht sehen konnte. Sein Daumen berührte meinen Mundwinkel. Wanderte von dort weiter unter mein Kinn, bevor er mich erneut küsste, sanft und hochkonzentriert.

Ich brannte lichterloh. Das Licht zu löschen hatte nicht so sehr geholfen, wie ich es mir vorgestellt hatte. Dass ich nichts sah, schärfte nur meine übrigen Sinne und versetzte mich in einen regelrechten Rauschzustand: sein Geruch, das Gefühl seiner festen Muskeln unter der Kleidung, sein heftiger Atem, der in genussvolles Stöhnen überging, als ich den Mund für seine Zunge öffnete.

Es war die einfachste Sache auf der Welt, mich ihm hinzugeben. Und die berauschendste. Er schmeckte nach Ingwer und süßem Pfirsichblütenwein.

Ich spürte, wie Dray zitterte. Es war gar nicht mein Körper, wie ich zuerst gedacht hatte. Sein Griff war sicher, er legte sich ohne zu zögern auf den Rücken und zog meinen Nacken so bestimmt herunter, dass ich gar nicht anders konnte, als mich über ihn zu beugen – aber gleichzeitig war sein Körper gespannt wie ein Bogen, so als schlummerte in mir eine Gefahr, der ich mir selbst noch nicht gewahr war.

Als ich mich auf ihn schwang, spürte ich meine Kraft und meinen Körper in voller Größe und fühlte mich wie der Bianfu, der ich war. Himmel, ich wollte ihn. Alles, an dem mein Blick jemals hängen geblieben war – sein entblößter Hals, seine leicht geröteten Ohrläppchen, sein Schlüsselbein, das unter dem Kragen seines Kaftans zum Vorschein kam –, all das konnte ich jetzt haben.

Es fühlte sich geradezu unwirklich an. Ich hatte Angst, es könnte alles nur ein Traum sein. Wie es schon so oft der Fall gewesen war. Ich wollte gut zu ihm sein, behutsam, aber ihn so zu sehen, mit einem Blick, der benommen war vor Lust, drängte es mich gleichzeitig dazu, genau das Gegenteil zu tun.

Ich beugte mich vor und küsste ihn am Hals, wo sein Puls heiß und heftig pochte, und gab dem animalischen Teil meines Herzens nach, der mich immer dann leitete, wenn ich mit Qiu zusammen in den *Jarak* geriet. Dray legte den Kopf zurück. Er atmete schwer, hielt sich nicht so stark zurück wie ich.

Ich war hungrig, unersättlich. Warum nur hatten wir das hier nicht schon vorher getan …? Jeden Tag, jedes Mal, wenn wir allein waren? Mit Dray fühlte ich mich unglaublich gut. Und nach allem zu schließen, ging es ihm genauso, denn seine Finger suchten und fanden meinen Gürtel, öffneten ihn ungeduldig. Er flüsterte etwas auf Hirayal. Vielleicht war es auch Namla. Egal, ich verstand kein Wort. Ich merkte nur, wie er mit einem einzigen, ausholenden Schwung unsere Position vertauschte.

Nun lag ich unter ihm. Völlig offen, seinen Körper zwischen meinen Beinen. Ich winkelte das Knie an und packte ihn am Kragen, so als wäre meinem Körper nicht klar, ob er sich wehren sollte oder nicht. Dray küsste mich immer drängender. Er gierte nach mir und war dabei so stürmisch, dass ich fast keine Luft bekam. Durch sein Gewicht auf meinem Bauch konnte ich kaum atmen, und er hielt meinen Kopf so besitzergreifend umschlungen, dass ich schließlich nach Luft schnappen musste.

Seine Dominanz weckte den in mir schlummernden Kampfgeist. In der Bianfu-Ausbildung hatte ich gelernt, dass ich mich aus einer Position befreien musste, in der ich unter meinem Gegner auf dem Rücken lag, und jeder Moment, in dem ich stillhielt, verlangte mir große Willenskraft ab. Das hier war Dray. Für ihn machte ich eine

Ausnahme. Ich vertraute ihm. Alles war gut. Ich tat mein Bestes, um mich zu entspannen, aber als er die Finger über meinen nackten Bauch bis zum Hosenbund gleiten ließ, spannten sich meine Muskeln erneut an, als würde ich einen Schlag erwarten.

Ich fühlte mich schutzlos wie noch nie zuvor. Dray hatte mich unzählige Male ohne Hemd gesehen, aber das waren ganz normale, alltägliche Situationen gewesen. Jetzt berührte sein Mund meine Haut überall, ich spürte seine Härte zwischen meinen Schenkeln, und seine Hände griffen nach meiner Hose.

Ein ungewolltes Keuchen entrang sich meiner Kehle. Ich schloss die Augen und vergrub die Finger in seinem Kaftan. Drays Mund war dicht an meinem Ohr. Er bat mich, etwas noch einmal zu tun – ich wusste nicht, was –, während er gleichzeitig anfing, mich durch den Stoff meiner Kleidung hindurch zu streicheln. Augenblicklich schoss ein Zittern durch meinen ganzen Körper, so heftig, dass ich es nie für möglich gehalten hätte. Ich bestand ohnehin nur noch aus kochendem Blut, hämmerndem Pulsschlag und angespannten Muskeln, und seine Berührungen brachten mich immer näher an die Schmerzgrenze. Er machte das alles so mühelos, so schrecklich gut.

Gleichzeitig begriff ich, wohin sich die Situation entwickelte, und ich wusste nicht, ob ich noch weiter gehen wollte. Mein Körper reagierte zwar auf Drays Berührungen, füllte sich beschämend einfach mit einem brennenden Verlangen und bettelte nach mehr, aber ich war dennoch unsicher. Etwas fühlte sich nicht richtig an. Ich wollte, dass er mich mochte, ich wollte es so sehr, dass ich angefangen hatte, mir immer wieder zu sagen: *Vertrau ihm, vertrau ihm, vertrau ihm.* Gleichzeitig wurde mir klar, dass unter dem glühenden Verlangen ein Dawei war, der sich fürchtete. Der wollte, dass Dray es langsamer angehen ließ. Ich wollte diesen Teil von mir nicht ignorieren. Außerdem war ich mir sicher, dass Dray es erfahren wollte, wenn ich mich unwohl fühlte.

Ich griff nach seinem Handgelenk.

Er verstand mich sofort und hielt inne. Ließ seine Hände dort, wo sie waren, und sah mir in die Augen. Das Adrenalin verschwand nicht aus meinem Körper, sondern mein Herz pochte weiter heftig, und meine Haut kribbelte. Meine Augen hatten sich inzwischen so weit an die Dunkelheit gewöhnt, dass ich Drays Gesicht über mir erkennen konnte. Seine Augen glühten wie die eines Raubtiers bei Nacht. Seine Stimme aber war weich, als er flüsterte: »Zu viel, *Priya* …?«

Ich nickte.

Dray ließ seinen Atem ruhiger werden. Er betrachtete mich noch einen Moment von oben, als wollte er sich das Bild einprägen. Dann zog er die Hand zurück und rutschte von mir herunter.

Ich machte mir schon Sorgen, dass ich ihn wütend gemacht hatte, doch er sagte: »Es ist genug. Du bist einfach unglaublich, aber ich muss mich beruhigen. Ich möchte, dass es dir dabei gut geht.«

Als er das sagte, überkamen mich eine so grenzenlose Zärtlichkeit und Dankbarkeit, dass mein Körper schier überzulaufen schien. Ich nahm sein Handgelenk, hob es an meine Lippen und drückte sie gegen seinen Geren. Dray Prasad Ghale. Ich wollte sein ganzes Wesen küssen.

Er strich mir mit dem Daumen über den Wangenknochen.

»Dreh dich um«, sagte er.

Die Aufforderung ließ mir einen Schauer über den Nacken laufen. Dennoch drehte ich mich auf die Seite, wohl wissend, dass er sich gleich an meinen Rücken schmiegen würde. Und das tat er auch. Er legte mir den Arm um die Taille und drückte mich so fest an sich, dass ich mich beim besten Willen nicht hätte befreien können, selbst wenn ich es versucht hätte. Er küsste meinen Hals und meine Ohrmuschel. Sein Atem war tief und ruhig, so als bekäme er erst jetzt wieder richtig Luft.

»Himmel«, flüsterte er. »Du ahnst ja nicht, wie sehr ich mich danach gesehnt habe. Du bist ein Geschenk der Götter, Dawei.«

In meinem Bauch kribbelte es. Mir war heiß. Ich konnte seine Leidenschaft verstehen, denn dasselbe Gefühl hatte auch mich fest im Griff. Aber seine Worte waren etwas, das ich nur schwer in mein Herz aufnehmen konnte. Er hielt mich so fest, dass zwischen uns nicht der geringste Abstand blieb.

»Ich werde für dich sorgen«, murmelte er. »Ich besorge mir eine anständige Arbeit, und wenn ich dann etwas Geld habe, gebe ich alles dir. Ich baue dir ein Haus am Südhang des Aachalendra, du darfst es so einrichten, wie es dir gefällt, und diese großen, wuscheligen Hunde kaufen, die du so gern magst. Dann brauchst du dich um nichts mehr zu sorgen.«

Ich grub die Finger in seinen Unterarm. Meine Gefühle spielten mir so übel mit, dass ich nichts tun konnte, als in die Dunkelheit des Zimmers zu starren. Natürlich wollte ich, dass Dray eine gute Arbeit und Geld bekam – aber ich hatte nie, wirklich *kein einziges Mal* daran gedacht, dass ich selbst von seinem Erfolg profitieren könnte. Ich hatte gehofft, dass Dray sich selbst und Tantchen helfen könnte. Genau das wollte ja auch ich mit meinen Schuldzahlungen erreichen.

Aber er hatte an mich gedacht.

Es dauerte lange, bevor ich in seiner Umarmung die Augen schließen konnte. Als ich es endlich tat – als mein Geist sich soweit beruhigt hatte, dass ich schlafen konnte –, glaubte ich aufrichtig, dass es mit uns von nun an genau so weitergehen würde. Ich trieb auf einer weichen Woge dahin, die sich meinetwegen ewig hätte fortsetzen können. Noch nie in meinem Leben hatte ich mich so sicher gefühlt. So heil. Unsere Finger blieben die ganze Nacht ineinander verschränkt. Bis zu dem Moment, in dem alles zerbrach.

Der Morgen dämmerte schleichend. Ein grauer Vorhang aus Regen verbarg den Himmel so heimtückisch, dass die Umrisse des Zimmers bereits aus der Dunkelheit aufgetaucht waren, als ich träge die Augen öffnete. Dray bekam einen Schreck, wie ich ihn noch nie zuvor gesehen hatte. Er sprang so schnell aus dem Bett, dass er mich fast getreten hätte. Mit einem Mal war ich hellwach.

Ich stützte mich auf die Ellbogen und sah mit klopfendem Herzen zu, wie Dray die Bücher und Zettel auf dem Tisch zusammenklaubte. Er zischte etwas auf Hirayal, dem harten Ton nach waren es Flüche, und ich hörte die Panik in seiner Stimme. Ich riss die Augen auf, als ich begriff, was das Problem war. Draußen ging die Sonne auf, und Dray hätte schon vor Stunden für die Prüfung aufstehen müssen.

Ich fing an, eilig seine Sachen zusammenzupacken. »*Zieh dich an. Ich mach das schon.*«

Er nickte und griff nach seinen Sachen, um sich umzuziehen. Ich bemühte mich, die wachsende Verzweiflung auf Distanz zu halten. Der Holzboden war kalt unter meinen bloßen Füßen, als ich Papier und Schreibwerkzeug zusammensammelte. Dray hatte den ganzen Abend damit verbracht, mir seine Lernmaterialien zu zeigen. Ich hatte ihm keine Zeit gelassen, sich in Ruhe auf den Morgen vorzubereiten, und er hatte mir an keinem Punkt zu verstehen gegeben, dass ich dabei störte.

»Hast du alles?«, fragte er. Er hatte sich den schwarzen Musselinkaftan übergeworfen. Seine Haare standen in alle Richtungen ab, als hätte ich sie eben erst mit meinen Fingern durcheinandergebracht. In gewisser Weise hatte ich das ja auch.

Ich reichte ihm seine Tasche. »*Bleib ruhig, Dray.*«

»Ich muss mich beeilen. Wir sehen uns heute Abend, wenn die Prüfung vorbei ist. Du kannst weiterschlafen, *Priya*.«

Er warf sich die Tasche über die Schulter und drückte mir einen blitzschnellen Kuss auf die Wange.

»*Viel Glü–*«, begann ich, aber er hatte sich schon umgedreht. Er stürzte aus dem Zimmer und schlug die Tür so heftig hinter sich zu, dass das *Thangka* mit dem Bild von Meister Shuya hin- und herschwang.

Ich blieb auf allen vieren auf dem kalten Boden hocken und zitterte. Mich überkam das Gefühl, dass gerade etwas Unwiderrufliches geschehen war, und ich konnte nicht aufhören, darüber nachzudenken, welchen Anteil ich daran hatte. Dray hatte sich jahrelang auf die Prüfungen vorbereitet. Er wollte vor den anderen Prüflingen und den Aufsehern nicht wie ein nachlässiger Bauer aussehen, der auf den letzten Drücker zur Prüfung rannte. Dray war so etwas nicht egal.

Ich konnte nicht zurück ins Bett kriechen. Stattdessen zog ich mich an und räumte das Zimmer auf, damit Dray bei seiner Rückkehr nicht an das morgendliche Chaos erinnert wurde. Dann schloss ich die Tür hinter mir ab und ging nach draußen.

Es war die Stunde des Tigers, und die Straßen von Fenghao waren so früh am Morgen noch fast leer. Nur das Jaulen der Straßenkatzen drang an meine Ohren. Die einzigen Menschen, die um diese Uhrzeit bereits auf den Beinen waren, waren die Köche der Frühstücksrestaurants. Das ließ mir das Herz ein bisschen leichter werden. Vielleicht war alles gar nicht so schlimm. Dray würde außer Atem zur Prüfung eintreffen, aber sein Aussehen würde keine Rolle mehr spielen, sobald er sein Können zeigte.

Als ich am Palast des Zhi-Clans ankam, war das rote Tor verschlossen. Dem Aushang zufolge fand die Prüfung im vorderen Gebäude der Palastanlage statt, wo alle offiziellen Zeremonien abgehalten wurden. Die Stille auf der anderen Seite der Mauer war undurchdringlich. Ich wusste nicht, wohin ich sonst gehen sollte, also setzte ich mich am Straßenrand auf den Boden.

Ich wartete. Die Stunden schlichen dahin. Die Sonne ging auf, und die Kälte der Nacht wich einer morgendlichen Frische. Die Straßen der Stadt füllten sich mit Stimmengewirr und Menschen. Ich rührte mich nicht vom Fleck. Obwohl ich seit gestern Abend nichts mehr gegessen hatte, verspürte ich keinen Hunger. In meinem Kopf keimte der giftige Gedanke, dass ich Drays Traum zerstört hatte. Erinnerungen an seine Lippen auf meinem Mund stiegen in mir auf, an seinen schnellen Atem über mir, die brennende Berührung seiner Hände – mein Bauch füllte sich mit Schmetterlingen, und ich drückte mir die Finger in die Augenwinkel, um die Erinnerung zu verscheuchen.

Wenn Dray genauso durcheinander war wie ich, dann wäre es für ihn noch schwieriger, sich auf die Prüfung zu konzentrieren. *Cào!* Wie hatte ich so egoistisch sein können? Warum hatte ich von allen Gelegenheiten ausgerechnet diese Nacht gewählt, um ihn zu küssen? Ich war so wütend auf mich selbst, dass ich das Gesicht in den Händen vergrub.

Dann versuchte ich, mich aufzumuntern, indem ich mir vorstellte, wie Dray später müde, aber glücklich durch das rote Tor kam. Wie mir allein sein Lächeln verraten würde, dass alles gut gegangen war. Dann würden wir über die morgendliche Katastrophe lachen.

Und ich würde ihn küssen.

Das alles stellte ich mir immer wieder vor, bis das Palasttor am Nachmittag endlich geöffnet wurde.

Ich sprang auf, klopfte den Straßenstaub von meinem Kaftan und betrachtete die Menschen, die durch das Tor herauskamen. Die Prüflinge sahen genauso aus, wie ich sie mir vorgestellt hatte: Sie waren jung, reich, gut gekleidet und trugen kegelförmige *Fútóu*-Hüte, die sie noch größer erscheinen ließen. Sie scherzten miteinander, woraus ich schloss, dass viele sich kannten. Wahrscheinlich waren sie schon jahrelang gemeinsam zur Schule gegangen. Ich hielt Ausschau nach Dray. Ein heftiges Gefühl der Beklemmung lauerte am Rande meines Bewusstseins. Mein Herz bereitete sich bereits auf das Schlimmste vor, aber ich wollte keine vorschnellen Schlüsse ziehen.

Ich ging auf einen bärtigen Palastdiener zu, der gerade den Aushang vom Tor entfernte.

»*Entschuldigung.*« Ich berührte ihn an der Schulter. »*Ist die Prüfung noch im Gang?*«

Der Diener sah mich verwirrt an. »Natürlich nicht. Alle Prüflinge haben dieselbe Zeit zur Verfügung.«

»*Ich verstehe. Und … Und gibt es noch einen anderen Ausgang aus dem Palast?*«

»Es gibt viele. Aber das ist das Tor, durch das die Prüflinge gehen. Wenn Sie erlauben, junger Herr, ich muss jetzt weiter. Einen schönen Tag noch.«

Er lächelte und verschwand mit dem zusammengerollten Aushang wieder im Inneren des Palastes. Das zuschwingende Tor warf einen Schatten auf mein Gesicht, der auch die letzte Spur von Zuversicht in mir erlöschen ließ. Kälte erfüllte meine Brust wie der Raureif, der im Herbst die Blätter bedeckte. Ich stand stocksteif da und starrte auf die Flügeltüren. Die hässliche Wahrheit offenbarte sich mir Stück für Stück.

Dray war nicht hier.

Dray hatte nicht an der Prüfung teilgenommen.

Er hatte vergeblich für seine Teilnahme bezahlt.

Wenn er jünger gewesen wäre, hätte er es in drei Jahren noch einmal versuchen können, wenn die nächste Prüfung stattfand. Aber er würde bald achtzehn werden, und das bedeutete, dass ihn in zwei Jahren das Arbeitslager erwartete. Dies war seine einzige Chance gewesen.

Das Blut rauschte in meinen Ohren. Mein Atem ging schneller, die Geräusche der Stadt um mich herum verstummten. Ich hatte alles kaputt gemacht. Mit einem einzigen Kuss hatte ich es geschafft, Dray seinen wichtigsten Traum zu nehmen. Das wütende Hämmern meines Herzens erreichte die Ader an meiner Stirn. Ich schaute hinauf zu den eng beieinander stehenden Häusern von Fenghao und ließ mich von einem Impuls mitreißen: Ich bildete eine Brücke zu Qiu. Nahm das primitive Gemüt des Falken an und empfing seine unkomplizierten Gedanken mit offenen Armen. Ich ließ seinen Geist mit meinem verschmelzen, schwang mich in die Lüfte über der Stadt und war einen Moment lang frei.

Als ich in der Abenddämmerung ins Gasthaus zurückkehrte, war ich verschwitzt und voller Schrammen, die ich mir an den Dachziegeln zugezogen hatte. Dray war zurück. Er war in seinen Straßenklamotten auf dem Bett eingeschlafen, die Knie an die Brust gezogen, eine Hand unter dem Kopf. Er hatte zwei *Tánghúlu*-Stäbchen gekauft, so wie die, mit denen ich ihn am Tag zuvor verwöhnt hatte.

Ich strich ihm über die braunen Haare, die ihm bis über die Augen fielen und sich wellten, wo sie auf seine dichten Wimpern trafen. Ich liebte ihn so sehr. Gleichzeitig hatte ich Angst, dass ich seinem Glück im Weg stand. Dass ich zu simpel für ihn war, zu blass und trübselig, und dass ich ihn genau deshalb daran hinderte, seine Ziele zu erreichen. Er würde gut zu mir sein, sich nie beklagen, aber ich konnte nicht zusehen, wie ich ihn kaputtmachte.

Drays Lider zuckten. Er öffnete die Augen nur halb, so als müsste er sich anstrengen, um aufzuwachen. Als er mich bemerkte, setzte er sich jedoch rasch auf. »Dawei … Ich –«

»*Lass mich zuerst.*« Ich hob die Hand, voller Angst, dass ich ihm meine Botschaft nicht übermitteln könnte, wenn ich ihm meine Gedanken nicht sofort mitteilte. »*Dray, es tut mir leid. Ich kann mir nicht vorstellen, wie du dich fühlst, und ich habe keine Worte, um zu beschreiben, wie traurig ich bin. Aber ich verstehe auch, wie gründlich alles schiefgelaufen ist, und ich möchte, dass du das weißt. Ich habe dich gestört. Es ist meine Schuld, dass es so gekommen ist.*«

»Das stimmt nicht«, sagte Dray. »Dass ich zu spät gekommen bin, ist nicht deine Schuld. Nicht im Geringsten. Ich habe die Anforderungen der Hanlin-Akademie einfach nicht erfüllt. Das ist alles. Die Lage ist nicht so ernst, wie du anscheinend glaubst.«

»*Du hättest aber alle Anforderungen erfüllt. Und ja – es ist ernst.*«

»Dawei, bitte lass das. Uns ging es doch gut. Nichts hat sich seitdem zum Schlechteren verändert.« Drays Stimme klang jetzt verärgert. Er grub die Finger in die Bettdecke. »Ich dachte, die Reise nach Fenghao würde dich aufmuntern – die Prüfung war nur ein Grund von vielen, hierherzukommen –, aber jetzt kommt es mir vor, dass dich das Ergebnis mehr enttäuscht als mich.«

Ich wandte den Blick ab. Warum dachte er bloß, dass die Dinge auch nur im Geringsten besser wurden, wenn er mich so anblaffte? Ich war ohnehin schon von meinen Gefühlen überwältigt und nahm Drays Worte nicht mehr so auf, wie er sie meinte. Ich war völlig verkrampft, und er machte alles nur noch schlimmer.

»*Ich bin nicht enttäuscht von dir*«, bedeutete ich ihm. »*Natürlich nicht. Ich brauche nur Zeit zum Nachdenken.*«

Drays Ärger erlosch so schnell, wie er sich entzündet hatte. Seine Schultern sanken herab. Es war seltsam, ihn so apathisch zu sehen. Er sah mich nicht einmal an, als er sagte: »Natürlich gebe ich dir Zeit. Hauptsache, du denkst darüber nach, was ich gesagt habe. Es ist alles gut, Dawei. Wirklich. Ich bin bei dir, was auch immer das für dich bedeutet. Ich brauche nichts. Versuch einfach, die Dinge nicht so kompliziert zu sehen.«

Er bemühte sich so, die Sache schönzureden, dass ich nicht mehr erkennen konnte, wo die Wahrheit aufhörte und die Lüge begann. Ich wollte nicht, dass er so selbstlos war. Er spielte seine Träume um meinetwillen herunter, und ich wollte ihn nicht in diese Lage bringen. Wie war es denn möglich, dass wir beide so sehr versuchten, einander zu lieben, und uns doch nur gegenseitig frustrierten?

Am nächsten Tag kehrten wir nach Madang zurück. Über die Beamtenprüfung verloren wir kein Wort mehr. Es war ein peinliches Schauspiel, das mich nur noch mehr schmerzte, nachdem sich der erste Aufruhr meiner Gefühle wieder gelegt hatte. Die bessere Ausbildung war Drays Traum gewesen, nicht meiner. Dass ich meine Enttäuschung so deutlich zeigte, war sicher Salz in seinen Wunden. Und dennoch schaffte ich es nicht, das Thema anzusprechen. Ich hatte Angst, dass ich uns nur noch tiefer in Missverständnisse stürzen würde.

Entgegen meinen Befürchtungen behandelte mich Dray nach unserer Rückkehr nicht anders als sonst. Er ging mir nicht aus dem Weg. Er verhielt sich ganz normal und verbarg seine Gefühle geradezu schmerzhaft gut. Hin und wieder ertappte ich ihn dabei, wie er mich mit gerunzelter Stirn betrachtete, als versuchte er, ein kompliziertes Rätsel zu lösen. Ich fühlte mich allerdings eher wie ein verworrenes Garnknäuel als wie ein ehrwürdiges Geheimnis.

Trotz meiner Bemühungen dauerte es noch Wochen, bis ich mich in Drays Gegenwart wieder normal verhalten konnte. Vielleicht hatte ich gerade deshalb angefangen, die Erinnerung an unseren Kuss aus meinem Gedächtnis zu tilgen. Ich bewahrte sie stattdessen tief in meiner Seele auf, versteckte sie an einem Ort, an dem sie sich niemals abnutzen und nicht das kleinste Detail einbüßen würde. Und aus den Tagen, die ich mir zum Nachdenken und Entscheiden genommen hatte, wurden Wochen. Aus Wochen Monate.

Es brauchte den völligen Zusammenbruch meiner Welt, bevor ich begriff, dass ich zu lange gewartet hatte.

18. Kapitel

Houyis Miene, als ich zur vereinbarten Zeit zum Kampftraining erschien, war ein unvergesslicher Anblick. Er starrte mich an wie eine Erscheinung, während er versuchte, das, was er sah, mit dem in Einklang zu bringen, was er erwartet hatte.

Ja, ich war immer noch im Tigerpalast. Und nein, er würde seine Enttäuschung nicht an Sunan und Neana auslassen können, denn dafür gab es keinen Grund. Wir waren haargenau dort, wo wir sein sollten, genauso erschöpft wie alle anderen nach dem ersten Tag des Fackelfests. Ich hatte es gerade so geschafft, mich umzuziehen, bevor Houyis tägliche Unterrichtsstunden begannen, und war noch immer schweißverklebt, hungrig und müde. Aber ich war dort, wo ich sein sollte.

»Soll das heißen, dein Kampfverbot ist aufgehoben?«, fragte Houyi. Sein spöttischer Ton passte nicht dazu, dass meine Genesung für ihn als unseren Meister eigentlich eine gute Nachricht war. Er schien sich uneins zu sein, was er jetzt von mir halten sollte. Er hatte mich in die Schublade »Wilde aus dem Norden und andere Schwierigkeiten« gesteckt, aber nachdem ich mich ein ums andere Mal kooperativ gezeigt hatte, ließ seine Besorgnis offensichtlich nach.

»Solange wir es langsam angehen lassen, *Shīzūn*«, sagte ich.

Sunan prustete los, als hätte ich etwas Lustiges gesagt. Er war so gut gelaunt, dass es mir schon Kraft gab, nur neben ihm zu stehen. Mittlerweile war ich so lange wach, dass es mich nicht länger kümmerte, wo ich war und was ich tat. Meine Sinne waren blockiert, und meine Bitte um eine ruhige Trainingseinheit war durchaus ernst gemeint.

Wie durch ein Wunder schaffte ich es mit Bravour durch die Übungen. Und »mit Bravour« hieß »lebendig«. Ich war so träge, dass die anderen sich sicher wunderten, woher all das Gerede über die Einzigartigkeit der Bianfu stammte. Seltsamerweise bewirkte meine unerwartet glanzlose Leistung, dass Houyi mich weniger streng behandelte. Es wäre die perfekte Gelegenheit gewesen, um mich zu quälen, aber stattdessen beendete er die Übungen deutlich früher als sonst.

»Geh schlafen«, befahl er und riss mir den Kampfstab aus der Hand. »So hat das keinen Sinn. Wir machen morgen mit längeren Übungen weiter, wenn du wieder rechts von links unterscheiden kannst.«

Es war das erste Mal, dass Houyi mir und den übrigen Wächteranwärtern gegenüber einen Hauch von Solidarität zeigte. Warum er das tat, war mir ein Rätsel. Vielleicht war er selbst so erschöpft, dass er uns als Vorwand benutzte, um sich aufs Ohr legen zu können.

Nachdem Houyi gegangen war, begannen Neana und Sunan sofort, mich zu umsorgen wie einen verletzten Vogel. Sie fragten immer wieder, was ich wollte, was ich bräuchte. Dass ich so verhätschelt wurde, brachte mich ein wenig in Verlegenheit. Aus irgendeinem Grund dachte Sunan, dass er mir dankbar sein müsste. Etwa weil ich in den Tigerpalast zurückgekehrt war, wie ich es versprochen hatte? Er erwähnte weder das Fackelfest noch fragte er nach Ren. Aber etwas an der Art, wie er mich ansah, hatte sich verändert: In seinem Blick lag eine neue Anerkennung.

»Ich habe gehört, dass Vinh kurz vor seiner Entlassung aus der Krankenstation steht«, sagte Sunan, während wir nebeneinander zu den Quartieren der Wächter gingen. »Neana und ich holen ihn heute Nachmittag ab. Kommst du mit?«

»Meinst du denn, dass Vinh von uns abgeholt werden will?«, fragte ich. Ich redete, so gut es ging, auch wenn ich eigentlich lieber geschwiegen hätte. Rens Zug war inzwischen schon einen ganzen Tag lang unterwegs. Während die Arbeiter Essen und Wasser bekämen, würde die Situation der Gefangenen mit jedem Tag aussichtsloser werden.

»Warum denn nicht?«, fuhr Sunan fort. »Vinh kennt niemanden hier so richtig. Überleg doch mal, wie du dich fühlen würdest. Wenn ich eine Woche im Krankenhaus gelegen hätte, weil der verrückte Tigerprinz mich fast getötet hätte, dann wäre ich froh, auch nur einen einzigen Freund zu haben.«

Ich brummte zustimmend. *Der verrückte Tigerprinz.* Ich überlegte, ob ich Sunan von meinem albtraumhaften Morgen erzählen sollte. Ich brauchte kein Mitleid, aber ich wollte ihn warnen, damit er nicht dieselben Fehler machte wie ich. Er war der Einzige im ganzen Palast, dem ich etwas so Unschönes und Beschämendes zu erzählen gewagt hätte.

Ich war gerade dabei, den Mund zu öffnen, als meine Gedanken unterbrochen wurden.

Bei dem Anblick vor dem Wohngebäude der Wächter wurde mir heiß und kalt: Am Eingang stand ein Beamter in einem schwarzen *Fútóu*-Hut, einer schweren Robe und hohen *Liùhé*-Stiefeln. Ein Mann aus dem Neiwufu, dem Amt für innere Angelegenheiten des Palastes. Dessen Beamte waren es gewesen, die über die Schwerter und Geldmittel des Palastes Buch geführt hatten, als mein Geren am Morgen vor der Parade ins Himmelsnetz eingescannt worden war.

Ich griff unwillkürlich nach meinem Armreif. Bei allem, was seit gestern passiert war, hatte ich die Datenbank des Palastes völlig vergessen. Und auch, dass ich meine Rückkehr aus dem Außeneinsatz nie bestätigt hatte.

Der Beamte war gerade mal so groß wie ein junger Baum. Gut möglich, dass er ein frisch gebackener Absolvent der angesehenen *Jìnshì*-Beamtenprüfung war, also ein Akademiker. Ich war mir nicht sicher, ob er jünger oder älter war als ich. Er hatte eine zierliche Nase, auf der er eine riesige Brille trug. Der Adamsapfel ragte wie eine Sprungschanze aus dem ansonsten langen, schmalen Hals. Seine ganze Gestalt wirkte so zerbrechlich, dass ich ihn mir nur schwer an den übervollen abendlichen Tafeln des Palastes vorstellen konnte. Er sah aus, als lebte er allein von Quellwasser und Sonnenlicht.

Daher war es auch so absurd, dass der Anblick ausgerechnet dieses Mannes die hochgewachsenen Wächter derart in Atem hielt. Anders als ich selbst oder die anderen Arbeiter des Palastes, die auf den roten Märkten gekauft worden waren, hatten die Beamten des Neiwufu Macht. Sie hatten Zhaya an ein Bordell weiterverkauft. Frau Jian bezahlte ihre Beamten für ihre professionelle Arbeitsweise, die sich auch dieser Akademiker mit großer Mühe im Laufe seines Studiums angeeignet hatte.

Der Mann blinzelte, als er mich kommen sah.

»Guten Morgen, junge Soldaten. Kong-*gōngzǐ*, nehme ich an?« Er verbeugte sich würdevoll, und Sunan und ich taten es ihm nach. »Ich hatte gedacht, dass Sie noch zu uns kommen und den Abschluss Ihres Einsatzes melden würden, weil Ihr Geren im Himmelsnetz noch immer mit diesem Auftrag verknüpft ist. In den Berichten habe ich gelesen, dass Sie vergangene Nacht im Tigerpalast angekommen sind. Sie haben wohl nach dem langen Arbeitstag vergessen, Ihren Geren zu scannen?«

Ich starrte den Beamten an wie vom Donner gerührt. Erstens: Er siezte mich. Ein *Jìnshì*, einer der bestausgebildeten Beamten von Fusang, verbeugte sich vor mir und siezte mich. Zweitens: Er brachte selbst Rechtfertigungen für mein Verhalten vor. Ich hingegen hatte mir nicht eine einzige brauchbare Erklärung für das Fehlen meines Schwertes ausgedacht. Jetzt war es zu spät. Meine Erklärung hätte wie aus der Pistole geschossen kommen müssen, um glaubwürdig zu sein, stattdessen vergeudete ich die wertvollen ersten Sekunden damit, erschrocken dreinzusehen.

»Ja«, sagte ich und verbeugte mich erneut. »Ich bin nach der Arbeit direkt zu den Kampfübungen gegangen.«

»Verständlich«, sagte der Beamte lächelnd. »Das macht nichts, manchmal vergisst man eben etwas. Wenn ich darf, würde ich Ihren Geren gern jetzt scannen, damit ich das geliehene Geld wieder in die Palastkasse einzahlen kann. Und das Schwert müssen Sie zurück in die Waffenkammer bringen. Das dauert nicht lange, also lassen Sie uns beides am besten sofort erledigen.«

Der Beamte streckte die Hand aus und bedeutete mir, ihm zu folgen.

Ich rührte mich nicht. Stattdessen ballte ich die Hand zur Faust.

»Dawei«, flüsterte Sunan eindringlich. Er war der Einzige, der wusste, wo ich in der vergangenen Nacht gewesen war. Vielleicht hatte er darauf vertraut, dass ich die Situation vollkommen unter Kontrolle hatte, denn er betrachtete mich genauso verwundert wie die anderen, die das Gespräch verfolgten. Einige Wächter lungerten noch immer vor dem Gebäude herum. Ihre Sensationslust unterschied sich nicht im Geringsten von der nachbarschaftlichen Neugier der Tanten in Madang.

»Herr Kong?«, sagte der Beamte, als ich keine Anstalten machte, mich zu bewegen. »Ich möchte Sie bitten, Ihr Schwert zurück in die Waffenkammer zu bringen. Wären Sie so freundlich, es zu holen?«

Das war's. Was konnte ich jetzt noch tun? Ich hatte das Schwert nicht. Und auch keine Erklärung dafür. Ich holte tief Luft.

»Ich habe es nicht.«

»Wie bitte?« Der Beamte reckte seinen langen Hals »Entschuldigen Sie, aber das verstehe ich nicht.«

»Das Schwert und das Geld – ich habe beides nicht mehr. Ich habe nichts, was ich Ihnen zurückgeben könnte.«

Nun war es der Beamte, der verstummte. Sein Mundwinkel zuckte, als suchte er nach einer Spur von bissigem Humor in meinen Worten. Die Wächter, die die Situation verfolgt hatten, zogen sich ins Gebäude zurück. Sunan warf mir einen Blick zu, der mir wohl etwas mitteilen sollte, aber ich machte mir nicht die Mühe, ihn zu entschlüsseln. Das hier ging Sunan nichts an. Es ging niemanden etwas an außer mir, und ich war bereit, die Verantwortung für meine Entscheidungen zu übernehmen.

Ich bereute es nicht, dass ich Ren das Geld und das Schwert gegeben hatte. Ich hätte es immer wieder getan. Wenn ich die Gelegenheit gehabt hätte, mich auszuruhen, hätte ich mir vielleicht eine glaubhafte Erklärung ausdenken und mein Leben im Palast normal fortsetzen können. Aber mir fehlte die Kraft, weiter zu lügen. Man hatte mich an diesem Tag bereits gezwungen, vor einem Menschen zu knien, den ich verachtete, mein Stolz war verletzt, und egal, welche Bestrafungen auf mich warteten, ich fürchtete sie nicht.

Der Beamte räusperte sich. »Herr Kong. Ich hätte gerne sofort eine glaubhafte Erklärung, wo das Schwert ist, das sich im Besitz des Palastes befindet. Ein Schwert kann nicht einfach verschwinden. Wo ist es?«

Ich antwortete nicht, sondern sah ihm lediglich in die Augen.

Das Gesicht des Beamten lief rot an. Er zog ein Notizbuch aus einer Tasche in seinem Ärmel und begann mit zitternden Fingern, Schriftzeichen auf das Papier zu setzen. »Wenn ich von Ihnen keine Antwort bekomme, bleibt mir nichts anderes übrig, als das Schwert und die 2000 Wen als gestohlen zu melden. Ich melde den Diebstahl Frau Jian, die über Ihre Bestrafung entscheiden wird. Weil das Verschwinden des Schwertes ein gewaltiges Sicherheitsrisiko mit sich bringt, wird Ihre Bestrafung mindestens die Entlassung aus den Reihen der Wächter beinhalten. Hinzu kommen höchstwahrscheinlich eine körperliche Züchtigung und das Entfernen Ihres Armreifs –«

»Herr Wu, was geht hier vor?«

Der Beamte verstummte. Angesichts der drohenden Bestrafung war mir alles so egal, dass ich zuerst nicht einmal erkannte, wer da sprach. Die Stimme kam von der Tür des Wohngebäudes, energisch und zornig und viel lauter, als ich es gewohnt war. Houyi hatte noch nie zuvor in meinem Beisein die Stimme erhoben. Er kam mit langen Schritten zu uns herüber, die rabenschwarzen Haare offen, was darauf hindeutete, dass man ihn eben erst aus seinem Nickerchen gerissen hatte. Wahrscheinlich hatten die Wächter, die eben noch vor dem Gebäude herumgelungert hatten, ihn geholt.

»Erklären Sie mir das hier«, befahl Houyi. »Warum drohen Sie meinem Schüler mit so widerlichen Strafen?«

»*Qiánbèi*, ich habe lediglich versucht, diesem Jungen zu verstehen zu geben, wie ernst es ist, wenn ein Schwert verloren geht«, erklärte der Beamte. Obwohl er in der Hierarchie höher stand als jeder Wächter, schien er sich vor Houyi zu fürchten. Houyi baute sich vor uns auf, die Hände in die Hüften gestützt. Seine Haut war hell wie Eis, die Augenbrauen und Augen scharf wie ein Messer, auf dem Raureif glitzerte. In seinem Schatten erschien der Beamte noch zerbrechlicher als zuvor.

»Der Junge behauptet, er hätte das Schwert nicht mehr bei sich, das auf seinen Namen registriert wurde. Alle anderen Wächter haben ihre Waffen zurückgegeben, nur er nicht.«

»Und? Hat er gesagt, was mit dem Schwert passiert ist?«

»Er ist nicht bereit, irgendetwas zu sagen, *Qiánbèi*. Dieser ...« Der Beamte schluckte, wobei sein Adamsapfel nach oben schnellte. »Dieser Junge war früher ein Anjing. Er neigt zu starken Meinungsäußerungen. Frau Jian hat das Neiwufu angewiesen, sein Geren im Auge zu behalten, falls er anfängt, auf eigene Faust zu handeln. Dieser Vorfall ist genau das, wovor unsere Herrin uns gewarnt hat. Ich kann ihn nicht einfach ignorieren.«

Houyi warf mir einen abgrundtief finsteren Blick zu. Es schien, als wehte ein eisiger Wind durch mich hindurch, und ich wollte schon die Hände heben, um mich zu schützen. Bei Houyis Eingreifen hatte ich für einen kurzen Moment so etwas wie Erleichterung gespürt. Mein ganzes Leben lang war ich daran gewöhnt gewesen, dass mein großer Bruder sich auf meine Seite schlug, ganz egal, worum es ging, und ich war davon ausgegangen, dass Houyi jetzt dasselbe tun würde. Doch als ich seinen enttäuschten Blick sah, wusste ich, dass meine Hoffnung verfrüht war.

»Ich kümmere mich selbst darum«, verkündete Houyi. »Geben Sie mir eine Stunde. Ich verspreche, dass ich dem Neiwufu innerhalb dieser Frist die gewünschten Antworten liefern werde. Danach dürfen Sie den Jungen bestrafen, wie Sie wollen.«

Eine Stunde. Houyi überschätzte sich maßlos, wenn er glaubte, dass er nicht mehr Zeit brauchen würde, um einen Bianfu zu brechen. Durfte man der Gouverneurin von Sang glauben, dann hatten die Behörden drei ganze Tage gebraucht, um Ruby Shay zum Reden zu bringen. Eine Stunde war eine kurze Zeit. Doch auch wenn sie nicht ausreichen würde, um meine Loyalität zu durchbrechen, so war doch sofort klar, dass Houyi es mir nicht leicht machen würde.

Er kommandierte alle Wächter aus dem Gebäude und befahl Sunan, einen Bottich mit Wasser zu holen. Sunans Gesicht hatte ein kränkliches Aussehen angenommen. Er zögerte, sodass ich ihn mit Gesten zu überzeugen versuchte, auch wenn er diese nicht verstand: »*Geh. Mach es nicht schwieriger, als es ist.*«

Dann stand ich auf dem Gang des Wohngebäudes und wartete auf das Unvermeidliche. Mein Herz pochte heftig. Ich sehnte mich nach dem beruhigenden Gewicht meines Khukri. Meine Finger strichen über die Stelle, an der normalerweise mein Waffengürtel hing. Houyi wirkte eher gereizt als wirklich wütend. Er setzte sich auf eines der Betten und begann, sein langes Haar zu einem hohen Pferdeschwanz zu binden. Dabei sagte er kein Wort. Stellte keine Fragen, sah mich nicht einmal an. Erst als Sunan und ein anderer Wächter mit dem großen Wasserbottich zurückkamen, stand Houyi auf.

»Raus. Beide«, befahl er.

Sunan drehte sich steif auf dem Absatz um. Er wusste, was mich erwartete. So wie ich auch. Ich blickte auf den Bottich vor mir, in dem das schwarz glänzende Wasser von einer Seite zur anderen schwappte. *Cào* … Mich grauste es vor dem Wasser. Obwohl ich im Jahr des Wasserbüffels geboren war und mein Charakter viele Eigenschaften des

Wasserelementes aufwies, war es mir in der Realität völlig fremd. Ich hatte notdürftig schwimmen gelernt, weil Ren befürchtet hatte, dass ich in den Bhakta-tso-Fluss fallen und ertrinken könnte. Wasser war immer mit Gefahr verbunden. Mit Warnungen, ihm nicht zu nahe zu kommen.

»*Shīzūn*«, begann ich, als Houyi auf mich zukam. »*Shīzūn*, ich –«

Er ließ mich nicht zu Wort kommen. Ich spürte seinen kräftigen Griff im Nacken und einen scharfen Tritt in der Kniekehle und knickte ein. Im selben Moment war mein Kopf unter Wasser. Mir blieb keine Zeit, meine Lunge mit Luft zu füllen. Blasen stiegen an die Oberfläche, als das Wasser den Rest meines Satzes verschluckte. Kalte Flüssigkeit drang mir in die Nase, die Ohren, den Mund. Ich packte den Rand des Bottichs mit beiden Händen. Sah den schmierigen Boden. Meine Haare schwebten am Rande meines Blickfelds im Wasser.

Ich kniff die Augen zusammen.

Bleib ruhig, befahl ich mir selbst. Jetzt war nicht die Zeit, sich zu wehren. Houyi würde mir nichts allzu Schlimmes antun. Ich würde heute nicht ertrinken. Ich kämpfte nicht um mein Leben. Das hier war, als würde man Ton mithilfe von Wasser geschmeidig machen. Alles wäre schneller vorbei, wenn ich nicht gegen Houyi kämpfte. Ich konzentrierte mich darauf, mein rasendes Herz zu beruhigen. Je langsamer mein Puls, desto weniger Sauerstoff würde ich brauchen.

Ich begann, meine Herzschläge zu zählen. *Ba-dum-ba-dum-ba-dum.* Zuerst schossen die Zahlen nur so an mir vorbei. Dann begann sich der Rhythmus durch den Sauerstoffmangel zu verlangsamen. *Ba-dum-ba-dum.* Dennoch beruhigte sich mein Puls nicht ganz. Houyis eisenharter Griff in meinem Nacken erinnerte mich daran, dass die Situation nicht gut ausgehen würde. Er hielt meinen Kopf nicht unter Wasser, um mir später auf den Rücken zu klopfen und mich dafür zu loben, wie gut ich diese Aufgabe gemeistert hatte. Er wollte mir wehtun – und wie weit er damit gehen würde, darüber wagte ich nicht zu spekulieren.

Ich kam beim Zählen fast bis zweihundert. Dann begann meine Lunge zu protestieren. Vom Sauerstoffmangel verkrampften sich meine Muskeln, und ich musste den Atemreflex physisch unterdrücken. Ich konnte mich nicht mehr auf meinen Herzschlag konzentrieren. Er beschleunigte sich wieder, meine Selbstbeherrschung entglitt mir. Meine Finger klammerten sich noch fester um den Rand des Bottichs, und mein ganzer Körper zitterte im Kampf gegen die Panik. Houyi spürte ganz sicher, wie nahe ich an meine Grenzen kam.

Als es so aussah, als wollte er tatsächlich nicht aufhören, verlor ich die Nerven. Ich fing an, um mich zu schlagen. *Genug – genug, Shīzūn – begreif doch, es reicht!* Ich stemmte mich so heftig hoch, dass das Wasser mir aus dem Bottich über die Kleidung schwappte. Houyis Griff in meinem Nacken ließ nicht locker. Seine Handfläche fühlte sich mit einem Mal sehr heiß an, als würde er flüssige Energie in mich hineinleiten.

Sein Qi, begriff ich. Ich konnte sein Qi spüren!

Im selben Moment, als ich den ersten Mundvoll Wasser schluckte, packte ich sein Handgelenk. Der Schmerz in meiner Lunge war so überwältigend, dass ich einen Moment lang nur würgen konnte, als Houyi meinen Kopf aus dem Wasser riss. Vor meinen Augen zuckten Lichtblitze. Mein Kopf explodierte fast vor Schmerz. Ich erbrach Wasser in den Bottich, hustete und versuchte, dennoch weiterzuatmen. Ich war mir sicher, dass ich ersticken würde.

»Kontrolliere deine Atmung«, sagte Houyi. Er ließ meinen Nacken los, blieb aber neben mir in der Hocke sitzen. »Es fällt dir wahrscheinlich schwer, es so zu sehen, aber du solltest mir danken. Ich bestrafe dich, damit Frau Jian dir keine noch schlimmere Strafe erteilt. Du erholst dich schon wieder.«

»Vielen Dank, *Shīzūn*«, brachte ich zwischen den Hustern hervor. Außer Atem, wie ich war, konnte meine Stimme den Sarkasmus nicht so transportieren, wie ich es mir vorstellte. Falls Houyi den Spott verstand, ließ er es auf sich beruhen.

»Wo ist Ziying?«, fragte er.

Ziying …? Vom Sauerstoffmangel pochte meine Stirn weiterhin so heftig, dass ich nicht sofort begriff, dass Houyi das Schwert bei seinem Namen nannte. Richtig. Die Schwerter der Wächter hatten eine Seele. Houyi sprach von dem verschwundenen Schwert wie von einem lebendigen Wesen. Aus irgendeinem Grund amüsierte mich der Gedanke. Ziying. Ziying! Also gut. Ich würde ihm verraten, wo *Ziying* war. Wenn es um Rens Leben gegangen wäre, hätte Houyi mich so lange foltern können, bis mir Kiemen wuchsen, und ich hätte trotzdem nichts gesagt. Doch jetzt war die Situation eine andere. Ren war bereits auf dem Weg nach Naraka. Man hatte ihm die Hand bereits abgetrennt. Was immer ich auch tat, es hätte keine Auswirkungen mehr auf sein Leben.

»Hätten Sie die Frage nicht stellen können, bevor Sie meinen Kopf ins Wasser getaucht haben? Ich hätte Ihnen geantwortet.«

»Dann antworte.«

Ein leises Lachen entrang sich meiner Kehle. Es zu hören, verschaffte sogar mir eine Gänsehaut – ich lachte normalerweise kaum. Durch meine nassen Haare hindurch grinste ich Houyi an.

»Sie bekommen Ziying in diesem Palast nicht mehr zur Gesicht«, sagte ich atemlos. »Ich habe das Schwert meinem Bruder gegeben. Zusammen mit den 2000 Wen. Er ist schon fast einen Tag und eine Nacht lang unterwegs nach Naraka, und selbst wenn Sie befehlen würden, den Zug jetzt anzuhalten, kämen Sie zu spät. *Gēge* ist ein Schmuggler. Er hat einen Falken, mit dem er jeder Station auf dem Weg eine Nachricht schicken kann. Jede beliebige Person kann sich das Schwert von ihm geholt und es so lange versteckt haben, bis *Gēge* es wieder sicher mit sich führen kann.«

»Du hältst dich wohl für ganz schlau, was?«

»Ich halte mich für gar nichts mehr.«

»Irgendwie fällt es mir schwer, das zu glauben«, sagte Houyi. »Du rebellierst bereits seit dem Tag gegen die Clans, an dem du dein Schweigegelübde geleistet hast. Du hast deinen Stolz, Dawei. So wie alle Anjing. Und genau da liegt das Problem. Frau Jian genügt es vielleicht, dass du im richtigen Moment vor ihr den Kopf neigst, aber das beseitigt nicht die Bedrohung, die von Wilden wie dir ausgeht. Du wartest doch nur auf deine Chance.«

»Wenn ich immer noch vorhätte, gegen den Palast zu rebellieren, dann wäre ich heute nicht hier. Ich hatte die Gelegenheit abzuhauen. Und das habe ich auch getan. Aber dann bin ich zurückgekommen. Warum hätte ich das tun sollen, wenn nicht, um nach Ihrer Pfeife zu tanzen? Ich tue alles, was Sie mir befehlen.«

»Du lügst.«

»Ich bin hier, weil *Gēge* es mir gesagt hat. Er hat mir befohlen zu gehorchen. Das ist die Wahrheit.«

»Warum in Meister Shuyas Namen hätte er dir befehlen sollen zurückzukehren?«

»Ist das denn wirklich so schwer zu begreifen?« Ich ließ den Wasserbottich los und sackte zu Boden. In meiner Kehle lauerte noch immer der Geschmack von Blut und Erbrochenem, aber ich fühlte mich erstaunlich ruhig. Ich sah Houyi ohne eine Spur von Furcht an, war sogar ein wenig amüsiert über das bizarre Machtspiel zwischen uns. »*Shīzūn*. Für mich klingt es so, als hätten Sie selbst an meiner Stelle anders gehandelt. Warum, gefällt Ihnen die Arbeit hier etwa nicht?«

»Du wirst mit jedem Tag geschwätziger«, sagte er. »Das ist anstrengend.«

»Ich kann auch wieder Gebärden benutzen, wenn Ihnen das lieber ist.«

»Nein. Das ist gegen die Gesetze der Provinz. Und außerdem«, Houyi erhob sich, »kann ich deine Gebärden schlecht verstehen. Sie sind ganz anders, als es im Süden damals üblich war.«

Ich lächelte. Houyi verstand also Gebärdensprache. Das überraschte mich nicht. Wenn er verkauft worden war, um Wächter zu werden, dann konnte er nicht aus einer reichen Familie stammen. In den Arbeiterfamilien wusste man, wofür das Gelübde der Anjing stand. Houyi und ich hatten möglicherweise mehr gemeinsam, als ich gedacht hatte.

»Wir machen jetzt Folgendes«, sagte er und wischte sich verärgert über das durchnässte Hemd. »Ich schreibe einen Bericht an das Neiwufu, in dem ich vermelde, dass du die 2000 Wen benutzt hast, um Prinzessin Ailings Fahrt zurück zum Palast zu bezahlen. Das scheint mir am einfachsten. Ziying ist ein komplizierterer Fall. Du hast das Schwert deinem Bruder gegeben, damit er gegen die Soldaten von Fusang kämpfen kann. Ich übernehme keine Verantwortung für den Fall, dass so etwas passiert, und werde auch kein Schreiben unterzeichnen, das dich von der Schuld für Ziyings Verschwinden befreit.«

Ich lauschte ihm schweigend. Als er sich umdrehte, um sich trockene Kleidung überzuziehen, blieb ich nass auf dem Boden sitzen. Ich war mir nicht sicher, ob ich aufstehen durfte.

»Das Neiwufu wird dir den Verlust des Schwertes nicht verzeihen«, fuhr Houyi fort. »Frau Jian vielleicht, aber … nun ja, es ist kompliziert. Deine beste Möglichkeit besteht darin, Fräulein Ailing zu bitten, dich von aller Verantwortung freizusprechen. Bitte darum, sie treffen zu dürfen. Sag ihr, du hast das Schwert verloren, als du sie nach Hause gebracht hast. Mit etwas Glück stempelt sie dir ein Papier, das Ziyings Verschwinden bestätigt. Eine bessere Option kann ich dir nicht bieten.«

»Ich verstehe, *Shīzūn*, aber warum …«

Ich verstummte, bevor ich die Frage beenden konnte. Nein. Ich wollte seine Antwort gar nicht hören. Houyi würde nur abstreiten, was sich mehr und mehr wie Sorge um mich anfühlte.

Warum helfen Sie mir? Er wandte mir weiterhin den Rücken zu, zog sich ein trockenes Hemd über und nahm keine Notiz mehr von mir. Ich begriff nicht, warum er plötzlich bereit war, mir zu helfen. Er war der Soldat, der mich mit Gewalt dazu gezwungen hatte, mein Schweigegelübde zu brechen, als ich am schwächsten gewesen war. Er hatte meinen Kopf unter Wasser gedrückt. Mir mit allen Mitteln zu verstehen gegeben, dass er alles verachtete, was ich war und wofür ich stand, und dennoch bot er mir im selben Atemzug an, mich nach meinem schwerwiegenden Vergehen herauszuboxen. Was hatte sich geändert …? Und warum?

Du hast deinen Stolz, Dawei. Frau Jian genügt es vielleicht, dass du im richtigen Moment vor ihr den Kopf neigst, aber das beseitigt nicht die Bedrohung, die von Wilden wie dir ausgeht. Im ersten Moment hatten Houyis Worte feindselig geklungen. Aber je länger ich darüber nachdachte, desto mehr erkannte ich in ihnen auch andere Töne. Keine Drohung, sondern eine Mahnung. Als wollte er mir ins Gedächtnis rufen, was ich schon fast vergessen hatte: Ich war ein Anjing. Ich hatte meinen Stolz. Was Frau Jian und Prinz Lian mich zu tun gezwungen hatten, änderte nichts daran, wer ich tief im Herzen war.

Ich konnte noch immer nicht sagen, auf welcher Seite Houyi letzten Endes stand. Aber ich hatte das Gefühl, dass ich soeben meine erste echte Lektion von meinem *Shīzūn* erhalten hatte.

19. Kapitel

Alle Audienzen bei Prinzessin Ailing waren abgesagt. Das überraschte mich nicht, denn es war noch keinen Tag her, dass ich sie in ihr Schlafgemach getragen hatte. Dennoch hatte ich Houyis Anweisungen befolgt und darum gebeten, die Clanerbin sprechen zu dürfen. Die alte Dienerin am Tor zum Palast der Überwältigenden Schönheit schnaubte verächtlich, als sie meine Bitte hörte, und befahl mir zu verschwinden.

»Ihre Hoheit ist eine zarte Blume!«, verkündete sie. »Sie leidet unter der Sommerhitze.«

Aber klar doch. Die Hälfte meiner Freunde in den Bergen litt an diesem Morgen wahrscheinlich ebenfalls unter »der Sommerhitze«. *Cào.* Wie konnte ich dem Neiwufu ohne Prinzessin Ailings Hilfe das Verschwinden des Schwertes erklären? Die Zeit drängte. Wenn ich es nicht schaffte, noch heute bei ihr vorzusprechen, würde das Neiwufu das fehlende Schwert für gestohlen erklären. Ich steckte in einer Sackgasse.

Ich kaute auf meiner Unterlippe, bis sie wehtat.

Und wenn ich einfach fliehen würde? Wenn ich mein Glück versuchte, obwohl das Himmelsnetz meinen Geren deaktivieren und ich als Bettler auf der Straße landen würde? Das wäre ein ehrloses Ende. Aber kaum schlechter als das Schicksal, das mich im Palast erwartete. Frau Jian würde dafür sorgen, dass ich jeden einzelnen Atemzug bereute. Wenn ich nicht herausfinden wollte, wie kreativ sie bei ihren

Strafen werden konnte, wäre es das Beste, mich so weit wie möglich vom Palast zu entfernen.

Ich hatte mich schon umgedreht, als die Dienerin mich plötzlich anwies zu warten. Ich warf einen Blick über die Schulter. Eine von Prinzessin Ailings Hofdamen war am Tor erschienen und flüsterte der älteren Dienerin etwas ins Ohr. Die Dienerin verzog das Gesicht. Dann schnaubte sie, verzog die Lippen zu einem gezwungenen Lächeln und verkündete: »Ihre Hoheit erwartet Sie, kleiner Bruder. Bitte, treten Sie ein.«

Wirklich …? Meinte sie das ernst?

Ich begriff nicht, woher mein plötzliches Glück rührte, doch ich verbeugte mich und folgte ihr in die Wohnräume der Clanerbin, zu denen männliche Wächter normalerweise keinen Zutritt hatten. Ich war nicht formell gekleidet: Ich trug nur ein gewöhnliches *Tángzhuāng*-Hemd und hatte noch immer nasse Haare von der Wasserfolter. Ich wusste nichts von den Formalitäten, die man bei einer Audienz beachten musste. Gleichzeitig fühlte ich mich so schwach, dass von Aufregung keine Rede sein konnte. Ich ging einfach nur vorwärts, ließ mich vom Fluss der Geschehnisse tragen und wartete ab, wie weit ich auf diese Weise kommen würde.

Die Dienerin führte mich in Prinzessin Ailings privaten Thronsaal, der getrennt von den Wohnräumen lag. Der Raum war riesig. Drinnen war es düster, und die Wände waren bis unter die hohe Decke verziert. In der Mitte befand sich ein breiter Thron aus Blutharzholz und dahinter ein fünfteiliger Wandschirm, auf dem in einer kunstfertigen Emaillearbeit eine weitläufige Landschaft mit Bergen und Vögeln dargestellt war. Vor dem Thron stand ein niedriger Schemel und zu beiden Seiten zahlreiche Statuen, Räucherpfannen und Vasen.

Prinzessin Ailing saß auf ihrem Thron in einer langen weißen *Hànfú*-Tracht, die sich über die Stufen ergoss. Sie hatte die Beine übereinandergeschlagen und sah mich mit blutunterlaufenen Augen an. Sie lächelte nicht. Ihre Haltung war würdevoll und ihr Gesicht sorgfältig geschminkt, um die Übelkeit zu verdecken, die sie zweifellos plagte. Ihr pechschwarzes Haar war zu Wellen geformt, und auf ihrer glänzenden Stirn komplettierte eine rote *Huādiàn*-Verzierung ihr Make-up. Ihr Kopfschmuck war voller leise klimpernder Edelsteine. Sie zeigte keine Spur von einer demütigen Scham, wie man sie nach dem gestrigen Trinkgelage erwartet hätte. Nein, Prinzessin Ailing betrachtete mich fordernd, als wäre ich derjenige, der ihr eine Erklärung schuldete.

Im selben Moment bemerkte ich, dass auf dem Schemel vor ihr eine Karte von Fusang lag – dieselbe, die ich mir in der vergangenen Nacht in ihrem Zimmer angesehen hatte. Hitze stieg mir ins Gesicht. Meine Zeichnung von Madang war noch ungelenker, als ich sie in Erinnerung hatte. Neben den Pinselstrichen einer hochrangigen jungen Frau wirkte meine eigene Handschrift furchtbar. Himmel, ich hatte die Zeichnung schon ganz vergessen. In wie viele Schwierigkeiten hatte ich mich da innerhalb eines einzigen Tages nur hineingeritten?

»Du bist das also«, begann Prinzessin Ailing. »Der Junge, der mit den Falken fliegt. Der mich letzte Nacht an meinem absoluten Tiefpunkt erlebt hat. Dir ist das Leben wohl noch nicht aufregend genug, Herr Bianfu.«

Ich sagte nichts. Hier galten die Regeln der Etikette. Ich durfte die Erbin des Weißen Tigers nicht ansprechen, sofern sie es nicht ausdrücklich verlangte.

»Nach dem Aufwachen ist mir aufgefallen, dass jemand meine Karte verschoben hatte«, fuhr Prinzessin Ailing fort. »Ich habe sie ausgebreitet und gesehen, dass mitten auf meinem Kunstwerk ein winziges Gebirgsdorf aufgetaucht war. Die Zeichnung stammt aus deiner Hand, nicht wahr?«

»Es tut mir leid.« Ich verneigte mich. »Sie lässt sich auch wieder entfernen.«

»Wahrscheinlich. Aber ich denke nicht, dass ich das tun werde. Du hattest offenbar das brennende Bedürfnis, meine Aufmerksamkeit zu wecken, sodass ich deine Anstrengungen nicht so bald zunichtemachen werde. Du wolltest, dass ich von deinem Heimatdorf … *Madang* erfahre, und das ist dir auch gelungen. Herzlichen Glückwunsch.«

Es folgte eine kurze Stille. Ich war mir nicht sicher, wie und warum das Gespräch auf dieses Thema gekommen war. Ich war in den Palast der Überwältigenden Schönheit gekommen, um Prinzessin Ailing wegen des verschwundenen Schwertes um Hilfe zu bitten, das ich gegen alle geltenden Regeln meinem Bruder gegeben hatte. Stattdessen sprachen wir von ein paar schlecht gezeichneten Pagoden und Falken, die mir letzte Nacht geholfen hatten, wach zu bleiben.

Ich fühlte mich peinlich berührt. Dachte Prinzessin Ailing etwa, dass ich um ihre Aufmerksamkeit geheischt hatte? Dass ich mit ihr über Madang reden und sie auf die Provinz Namla aufmerksam machen wollte?

Sie wirkte kühl.

»Was willst du von mir?«, fragte sie geradeheraus.

»Ich … also …« Die Worte wollten nicht kommen. Ich holte tief Luft und konzentrierte mich auf das, was ich mir überlegt hatte. »Es ist mir sehr unangenehm, aber letzte Nacht, als ich Sie hochgehoben habe, habe ich mein Schwert auf den Boden gelegt. Danach habe ich vergessen, es wieder aufzuheben, und jetzt ist es verschwunden. Das Neiwufu hat nach seinem Verbleib gefragt. Ich bin hier, weil ich Sie bitten möchte, einen Stempel unter den Bericht zu setzen, mit dem ich von der Verantwortung für das verschwundene Schwert freigesprochen werde.«

»Kong Dawei, weißt du, was das hier für ein Wesen ist?«, fragte Prinzessin Ailing, als hätte sie meine Worte gar nicht gehört. Ich warf einen Blick auf das Räuchergefäß, auf das sie deutete. Auf einem Holzsockel saß dort grinsend ein mit bunter Emaille verziertes Tier. Es sah aus wie eine Mischung aus einem breitmäuligen Löwen und einem Reh, hatte aber den Schwanz eines Pferdes und ein einzelnes Horn mitten auf der Stirn. Aus seinem Maul schlängelten sich zarte Rauchschwaden.

»Das ist ein *Lùduān*«, sagte Prinzessin Ailing. »Es kann die Wahrheit von einer Lüge unterscheiden. Die Herrschenden unseres Landes haben im Laufe der Jahrhunderte immer dann ein *Lùduān* an ihrer Seite gehabt, wenn sie mit ihren Beamten zu tun hatten. Was meinst du? Hat dieses Wesen in dem, was du mir gerade erzählt hast, auch nur eine Spur Aufrichtigkeit erkannt?«

Das Schuldgefühl legte sich auf meine Brust wie ein Stein, und eine Welle aus Kälte erfasste meinen gesamten Körper.

Ich sah Prinzessin Ailing an, ohne die Wahrheit in meinem Gesicht verbergen zu können. Sie wusste, dass ich log. Dass ich gekommen war, um eine Gegenleistung für meine Hilfe in der vergangenen Nacht zu erbitten. Sie hielt mich nicht nur für hinterlistig, sondern auch für einen Betrüger, der es auf ihren Reichtum abgesehen hatte. Ich ballte die Hände zu Fäusten.

»Ich habe dir geholfen«, sagte ich. Ich schaffte es nicht länger, mich durch Siezen bei ihr anzubiedern. Wenn sie wollte, dass ich aufrichtig war, dann konnte ich mit ihr genauso gut wie mit einer Gleichgestellten sprechen. »Ich habe geschwiegen, als Frau Jian nach dir gefragt hat.«

»Also hast du auch meine Mutter angelogen«, sagte Prinzessin Ailing. Sie strich sich eine Haarsträhne aus der Stirn. Ihre langen Nägel waren spitz wie Nadeln. An einer Hand trug sie wie viele adelige Frauen zwei *Hùzhǐ*, verzierte Nagelschoner aus Metall, die ihren Ringfinger und den kleinen Finger verlängerten. »Langsam verstehe ich, warum ich so oft auf deinen Namen stoße, auf Kong Dawei, den Bianfu aus dem Norden. Du sprichst nicht viel, aber wenn ich deine Stimme höre, dann erinnere ich mich an sie, selbst wenn ich alles andere vergessen habe. Du hast mich letzte Nacht eingebildet genannt. Das hast du doch, oder?«

»Ich erinnere mich an nichts in der Art.«

»Du scheinst nicht besonders schlau zu sein«, sagte sie mit einem leisen Lachen. »Ich werde dich nicht fragen, was mit dem Schwert meines Clans passiert ist und warum du es nicht mehr hast. Ich will nicht, dass du mir noch mehr Lügen erzählst. Vielleicht hast du nette

Geschichten über mich gehört, aber es ist ein Fehler, mich für weichherzig zu halten. Ich gestatte es keinem Diener, mich als Schutzschild zu benutzen. Lüg mich noch einmal an, und ich bestrafe dich entsprechend. Hast du verstanden?«

Sie verteidigte sich wie ein Igel, alle Stacheln ausgefahren für den Fall, dass ich versuchte, sie anzugreifen. Sie vertraute mir nicht – warum sollte sie auch? Wahrscheinlich hatten alle Berichte, die Prinzessin Ailing über mich gelesen hatte, etwas mit den Problemen zu tun, die ich verursacht hatte. Sie wollte mich loswerden. Ich überlegte fieberhaft, wie ich sie umstimmen konnte. Wie konnte ich die Tigerprinzessin davon überzeugen, dass ich zwar ihre Hilfe brauchte, aber nicht vorhatte, ihren guten Willen auszunutzen? Dass sie in mir einen starken Verbündeten finden würde, wenn es darauf ankam?

»Wenn du mir hilfst, kann ich im Gegenzug auch etwas für dich tun«, bot ich ihr an.

»Was stellst du dir denn vor, wie du mir helfen kannst?«

»Ich kann deinen Energiefluss korrigieren.«

Meine Worte ließen ihre Hand mit dem Fächer innehalten.

Sie riss die Augen auf, der rote Farbton an den Rändern ihrer schwarzen Iris trat hervor, ganz so, als hätten meine Worte sie in Brand gesetzt. Ich hatte keine Angst vor ihr. Ich zog den Tiger an den Schnurrhaaren, genauso, wie ich es gewollt hatte. Schließlich war ich mir sicher, dass Prinzessin Ailings Kränklichkeit eines der am besten gehüteten Geheimnisse des Palastes war. Jemandem wie mir stand es nicht zu, ohne Androhung einer schweren Strafe über ihre Schwächen zu reden. Ich schaufelte mir mein eigenes Grab.

Doch ich behielt die Nerven und fuhr entschlossen fort: »Ich weiß, dass du Probleme mit deinen Meridianen hast. Ich habe es letzte Nacht mit eigenen Augen gesehen – du hast gefroren, weil die Energie im Inneren deines Körpers nicht frei fließt. Du bist ständig krank. Und du bekommst deswegen auch nicht den Partner, den du möchtest. Ich kann dich von deinen Beschwerden befreien.«

»*Bì zuǐ*«, zischte sie.

»Ich meine es ernst: Ich kann dir helfen. Ich habe keine Erfahrung in dem *Qìgōng*, das hier unterrichtet wird, aber ich kenne eine andere Methode, die dir von Nutzen sein könnte. Im Norden nennen wir diese Technik die Brücke. Es ist durchaus möglich, dass ich den Schlüssel zu der Tür habe, die du nicht öffnen kannst.«

»Das ist ja ein starkes Stück«, sagte Prinzessin Ailing lachend. »Jetzt habe ich wirklich alles gesehen: Ein Halbblut aus Nanmu verspottet mich. Diener –!«

»Bitte. Lass es mich nur einmal versuchen. Was hast du schon zu verlieren? Wenn ich dir nicht helfen kann, kannst du mich dem Neiwufu übergeben und hörst nie wieder etwas von mir. Niemand wird je erfahren, dass du mir erlaubt hast, es zu versuchen. Aber wenn ich es schaffe, bist du dein Problem für immer los. Ist es das nicht wert?«

»Du willst doch nur, dass ich dich von der Verantwortung für das Schwert freispreche. Hältst du mich etwa für schwach?«

»Wen interessieren meine Gründe, wenn wir beide davon profitieren?«, fuhr ich sie im Gegenzug an. Ich hatte alle Regeln der Etikette längst gebrochen. Genauso gut konnte ich die Sache jetzt zu Ende bringen. »Ich bitte um Verzeihung, aber ich werde jetzt einmal etwas probieren, *Gūniang*.«

Und dann tat ich, was ich in Madang schon nach den ersten paar Sätzen gemacht hätte: Ich marschierte durch den Saal zum Thron, nahm die Stufen mit einem Sprung, legte meine Hände auf die Armlehnen und beugte mich zu Prinzessin Ailing hinunter, sodass unsere Augen auf einer Höhe lagen. Dass ich ihr plötzlich so nah kam, ließ die Tigerprinzessin zurückschrecken. Sie öffnete den Mund, doch bevor sie etwas sagen konnte, befahl ich ihr: »Sei still und sieh mich an.«

Sie gehorchte. Vielleicht aus reiner Verblüffung darüber, dass ich ihr Befehle gab.

Ihr blumiger Duft stieg mir in die Nase. Die pfirsichfarben geschminkten Augen waren weit geöffnet, so als würde sie etwas ganz anderes erwarten. Danach mochte es auch aussehen. Wenn jemand in den Thronsaal gekommen wäre, hätte er gesehen, wie Prinzessin Ailing sich gegen die Lehne ihres Throns presste, die Finger in den Seidenfächer gekrallt und den Blick auf meine Augen gerichtet wie ein Mädchen, das seinen ersten Kuss erwartete – und mich, über sie gebeugt, das Gesicht so nahe an ihrem, dass wir uns fast berührten.

Ich wusste nicht, ob ich das, was ich vorhatte, tatsächlich in die Tat umsetzen konnte. Doch ich versuchte es.

Ich stellte eine Brücke zu Prinzessin Ailing her.

Zuerst verspürte ich nur ein Druckgefühl rund um meinen Schädel – wie ein straff gespanntes Band, das Prinzessin Ailing mir nicht zu lockern erlaubte. Mit ihr war es genauso wie am Anfang mit Qiu, als der Falke noch nicht bereit gewesen war, sich voll und ganz auf mich einzulassen: Prinzessin Ailings Geist nahm mich ganz in sich auf, mitsamt meiner Welt und meinen Gefühlen, aber zugleich erschreckte diese neue Erfahrung sie so, dass sie ganz steif wurde und keine Hoffnung bestand, sie würde die Verbindung erwidern.

Sie griff nach einer zufälligen Erinnerung aus meinem Gedächtnis, blieb an ihr kleben wie an einem Honigklecks und ließ sie mit derselben Mischung aus Furcht und Faszination an sich vorbeiziehen, mit der Kinder ein lichterloh brennendes Haus betrachteten. Sie sah Madang, seine üppigen Terrassenfelder und die Hühner, die in der Erde pickten. Sie sah einen Jungen. Ein lächelndes Kind, das auf einem Pony über die Felder geritten kam, ein schwarzes Shemagh-Tuch zum Schutz vor der Sonne um den Kopf gewickelt.

In dieser Erinnerung war ich sieben und Dray neun Jahre alt. Auch wenn ich als Kind lediglich Bewunderung für ihn empfunden hatte, hatten die Details mit den Jahren an Bedeutung gewonnen. Prinzessin Ailing sah durch mein geistiges Auge, wie die Kinder des Dorfes sich um Dray drängten. Sie bettelten ihn um Mitbringsel an.

Drays Kleidung kennzeichnete ihn eindeutig als Nomaden, und obwohl er so jung war, erwarteten alle, dass er Köstlichkeiten aus dem Westen mitbrachte. Dray stieg von seinem Pony. Während die Kinder ihn mal auf Namla, mal auf Fusang ansprachen, griff er in die Tasche und zog eine Handvoll Geleewürfel mit Puderzucker hervor, die traditionelle Süßigkeit aus der Provinz Hirayal.

Die Kinder machten sich über sie her wie ausgehungerte Hunde. Ich hätte diese Köstlichkeiten aus dem Westen auch gerne probiert, aber für mich war kein Platz mehr. Also wartete ich auf meine Gelegenheit. Als Dray mich etwas abseits stehen sah, schloss er die Hand um die Geleewürfel und fragte, ob ich auch einen wollte. Ich konnte nicht einmal nicken, bevor eines der anderen Kinder – Samaya, die später nach Naraka geschickt werden sollte – schon begann, mich zu verspotten, die Zähne noch klebrig vom Gelee: »Das ist bloß Dawei, der ist dumm und kann nicht mal sprechen!«

Die Kinder fingen an zu lachen. Ich schämte mich so sehr, dass ich Samaya wegschubste und davonrannte. Ich konnte durchaus kommunizieren. Samaya verstand nur meine Sprache nicht. Aber ich wollte den anderen Kindern nicht die Genugtuung geben, mich weinen zu sehen, und versteckte mich im Verschlag meines Lieblingsponys Yiguo. Erst dort ließ ich dem Schluchzen freien Lauf. Stundenlang wischte ich mir die Tränen ab.

Dray kam am nächsten Tag wieder auf mich zu, als ich mich gerade auf den Weg zu den Reisfeldern machte. Damals arbeitete ich oft Seite an Seite mit den Erwachsenen, weil ich auf den Feldern den anderen Kindern aus dem Weg gehen konnte. Drays Anblick machte mich nervös. Ich senkte den Blick und versteckte mein Gesicht unter dem Kegelhut. Ich dachte, er würde mich für den Dummkopf halten, als den mich alle bezeichneten.

Stattdessen fragte er: »Bist du ein Anjing?«

Vorsichtig hob ich den Blick. Er sah mich mit seinen dunklen Augen so forschend an, dass ich sofort begriff, wie wissensdurstig er von Natur aus war. Gerüchte hatten keinen Einfluss auf seine Meinung. Dray war voller *Yáng*-Energie, dieser positiven, sonnigen Kraft. Er hätte alle Sprachen studiert, alle Bücher gelesen und jede Ecke der Welt bereist, wenn es ihm möglich gewesen wäre. Ich liebte es, wenn seine Stimme einen träumerischen Klang annahm – wenn er das Ende des Satzes vergaß, weil seine Gedanken bereits Flügel bekommen hatten und so viel schneller flogen als seine Worte.

Die Vertrautheit der Erinnerung ließ mein Gesicht glühen. Hätte ich die Wahl gehabt, hätte ich Prinzessin Ailing das Bild von Dray nicht gezeigt, aber diesen Preis musste ich zahlen, wenn ich eine echte Brücke zu ihr aufbauen wollte. Prinzessin Ailing hatte ein Stück von mir bekommen – jetzt stand mir ein Stück von ihr zu.

Ich umfasste ihren Nacken und strengte mich noch mehr an. Versank in ihren Augen, deren Pupillen bis an die Ränder der Iris geweitet waren. Mein Gesicht spiegelte sich darin. Ich sah zugleich sie und mich selbst an – und in dem Moment, als Prinzessin Ailing begriff, dass sie dasselbe tat, ließ sie mich unbewusst etwas näher an sich heran. Ich bekam einen Faden ihres Geistes zu fassen, ergriff ihn und schloss ihn ein wie einen Vogel in einen Käfig.

Panik erfüllte ihr Bewusstsein. Ihre Seele begann, in ihrem Käfig wie rasend mit den Flügeln zu schlagen, sie wehrte sich so heftig, dass ich die Zähne zusammenbeißen musste, um die Brücke aufrechtzuerhalten. Prinzessin Ailing krümmte sich und hielt sich den Kopf, als versuchte sie, sich vor mir zu verstecken.

»Himmel …! Was machst –«

»Keine Sorge«, sagte ich. »Es ist alles gut. Du bist bei mir in Sicherheit.«

Ich achtete darauf, meine Gedanken im Zaum zu halten. Wenn ich anfangen würde, darüber nachzudenken, wie offen ich in diesem Moment war – dass die Erbin des Weißen Tigers ein Stück meiner Seele in ihrer Gewalt hatte –, würde ich den Mut verlieren, und sie würde es durch die Verbindung zwischen uns spüren. Ich musste die Kontrolle behalten. Also lenkte ich mein Bewusstsein ruhig in Prinzessin Ailings verschlossenen Geist, so sanft, wie ich nur konnte.

Da spürte ich den Schmerz. Einen plötzlichen, scharfen Stich, der die Welt in Schwärze tauchte. Prinzessin Ailing gewährte mir so schnell und ohne Vorwarnung Zutritt, dass ich buchstäblich stolperte. Ihre Gefühle schüttelten meinen Geist durch wie ein Taifun und füllten die Verbindung zwischen uns unkontrolliert aus. Im Inneren meines Kopfes blitzten Bilder von Erinnerungen auf, die nicht mir gehörten, ich erlebte die Vergangenheit der Clanerbin in kurzen Ausschnitten und befand mich mit einem Mal nicht mehr im Tigerpalast, sondern an einem völlig anderen Ort.

Es war ein Thronsaal. Größer als der Saal im Palast der Überwältigenden Schönheit. Reihen aus roten Säulen umrahmten den Raum. Im hinteren Teil stand ein vergoldeter, glänzend lackierter Thron mit neun eingravierten goldenen Drachen an den Seiten. Weitere Drachen grinsten vom Wandschirm hinter dem Thron und von der Decke herunter, wo zwischen den Zähnen eines zusammengerollten Drachen eine große Silberkugel hing: Es hieß, sie würde herunterfallen, wenn auf dem Thron jemand Platz nähme, der kein Nachfahre von Meng Zhang war, dem Türkisen Drachen. Ich wusste das, obwohl ich noch nie zuvor in diesem Saal gewesen war.

Mein Geist war mit dem von Prinzessin Ailing verschmolzen. Ich sah die Welt, die sie einst gesehen hatte. Sie war nervös. Und sie war sich in jedem Moment der Hofdiener bewusst, die aufmerksam darauf achteten, dass kein direkter Blickkontakt zwischen den beiden Erben entstand. Wir befanden uns im Osten von Fusang, in der Ruinenstadt Dongxu. In der Heimat des Drachenclans. Der Saal der Höchsten Harmonie war so heilig, dass die beiden Erben unterschiedlichen Geschlechts einander in seinem Inneren nicht zu Gesicht bekommen durften. Vor dem Thron stand ein gelber Wandschirm aus Seide, hinter dem sich eine verschwommene Gestalt abzeichnete. Der Mann, den Prinzessin Ailing sprechen wollte, saß nicht auf seinem Thron, sondern war an den Wandschirm herangetreten.

Das Gefühl, das der Schatten des Drachenprinzen in Prinzessin Ailing weckte, war mir erstaunlich vertraut. Ich hatte viele Male dasselbe empfunden, wenn ich Dray angesehen hatte – wenn ich ihn hatte berühren wollen, mich danach verzehrt hatte, aber nichts hatte tun können. Dieses Gefühl war die süßeste und zugleich quälendste Droge der Welt. Für Prinzessin Ailing war es nicht Liebe. Es war

Besessenheit. Ein allumfassendes Zittern, das allein durch den Gedanken an den anderen hervorgerufen wurde. Ein fiebriges Verlangen.

»Du musst die Armee für dich gewinnen«, sagte Prinzessin Ailing auf ihrer Seite des Wandschirms. »Du musst. Jin-*gōngzǐ*, hörst du? Wenn nicht, geht die Armee an A-Lian über, und mein kleiner Bruder darf nicht so viel Macht bekommen. Meine Mutter würde die Armee sofort unter ihr Kommando bringen. Sie und der Feuervogelclan fühlen sich durch die Friedensbedingungen benachteiligt, die im Vertrag der Clankriege vereinbart wurden. Sie wollen die Gebiete zurückerobern, die ihre Mütter verloren haben. Sie werden ganz Nordfusang niederbrennen.«

»Und was, wenn ich die Armee nicht will?«, antwortete der Drachenprinz Meng Jin. Seine Stimme war tief und ruhig, aber ihr fehlte die für Herrscher typische Überheblichkeit. Stattdessen sprach er in einem geradezu gefälligen Ton, als stände er einer Ranghöheren gegenüber. »Die Machtspiele der Clans interessieren mich nicht. Ich möchte ein Leben, das mir gehört. Wenn mir die Armee zugesprochen wird, verliere ich das bisschen an Freiraum, das ich noch habe. Ist das wirklich das, was du willst?«

»Ich versuche nur, einen Krieg zu verhindern. Möglicherweise ist dies der einzige Weg. Jin-*gōngzǐ*, bitte. Tu, was du tun musst – solange du die Armee für dich gewinnst. Ich bitte dich.«

Prinzessin Ailing verneigte sich. Hinter dem Wandschirm stand der Drachenprinz reglos da. Und sagte kein Wort.

Das Bild veränderte sich.

Diesmal stand kein seidener Wandschirm zwischen ihnen. Das Gesicht des Drachenprinzen war meinem eigenen erschreckend nahe – Himmel, er küsste mich –, und sein Körper war nackt, seine Haut heiß und verschwitzt. Er lag auf mir, geradezu übermächtig groß, und drang auf eine Art in mich ein, die mich fast dazu gebracht hätte, die Brücke noch im selben Atemzug abzubrechen. Diese Erinnerung gehörte nicht zu mir. Dieser Körper gehörte nicht zu mir, und das Gefühl, das Prinzessin Ailing verzehrte, war ganz anders als alles, was ich je empfunden hatte. Es war schmerzhaft. Es war gut. So entsetzlich erfüllend, dass ich mich ihm nach meinem anfänglichen Widerstand hingab.

Gleichzeitig empfand ich ein aufrüttelndes Gefühl der Bedrohung.

Nicht nur, weil das, was sie da taten, gegen alle Regeln des Hofes verstieß und in den alten Zeiten Grund genug gewesen wäre, Prinzessin Ailing in einem Schweinekäfig im Fluss zu ertränken. Sie fürchtete Meng Jin. Diesen Mann, der seine Hand um ihre Luftröhre legen und sie durch sein reines Körpergewicht zerdrücken konnte. Dieser Mann war der Drache selbst. Er war eine Massenvernichtungswaffe. Ich spürte Prinzessin Ailings widersprüchliche Gefühle: Die Zärtlichkeit, die sich mit einem Gefühl grenzenloser Macht vermischte, als Meng Jin seinen Höhepunkt erreichte, sein kraftvoller Körper sich anspannte und jede einzelne seiner Zellen in Prinzessin Ailings Händen lag – in jenem Moment war der Drachenprinz ihr schutzlos ausgeliefert und hätte sich nicht dagegen wehren können, wenn sie ihm einen Dolch in den Rücken gestoßen hätte.

Das Thema Macht war immer präsent. Ich spürte es selbst dann noch in den verborgenen Winkeln von Prinzessin Ailings Geist, als sie Meng Jins Nacken streichelte.

»Liebling«, flüsterte sie ihm ins Ohr. »Du bist perfekt. Wenn du die Armee hast und ich Penglai, dann wiegt niemandes Wort schwerer als unseres. Zusammen sind wir unbesiegbar.«

»Ich weiß«, sagte Meng Jin. Er prahlte nicht, sondern klang eher so, als mäße er der Sache keine besondere Bedeutung zu. Dann hob er den Blick, um Prinzessin Ailing anzusehen. Er war jungenhaft schön – kein Wunder, denn Drachen liebten Schönheit. Ich erkannte jedes noch so kleine Detail in seinem ebenmäßigen Gesicht, jeden einzelnen der vielen kleinen Schweißtropfen, deren Glanz ihn nur noch schöner machte. Die schwarzen Haare fielen ihm über die Schultern und klebten an seiner feuchten Haut. In seinen dunklen Augen schimmerte eine Spur Grün, die das Element seines Clans verriet: Holz. Sein Qi floss so kraftvoll durch seine Meridiane, dass seine

Augen regelrecht leuchteten. Er liebte Prinzessin Ailing. Liebte sie wirklich. Und das sagte er dann auch, in Worten, wie ich sie noch nie zuvor gehört hatte: »*Wǒ xiǎng yǒngyuǎn hé nǐ zài yìqǐ.* Ich möchte für immer mit dir zusammen sein.«

Das Bild veränderte sich.

Prinzessin Ailing war wieder zurück im Tigerpalast. Ich erkannte den Platz, auf dem Houyi mich und die anderen Wächteranwärter trainierte. Prinzessin Ailing kauerte auf allen vieren auf dem Boden. Sie trug eine nachtschwarze *Chángpáo*-Robe und eine ebenso dunkle Hose, ihre langen Haare glänzten. An ihrem Pferdeschwanz flatterte ein feuerrotes Band im Wind.

Prinzessin Ailing keuchte. Sie hielt sich mit gespreizten Fingern die Brust, in dem Versuch, ihren immer schneller werdenden Puls zu beruhigen. Ich begriff nicht, was mit ihr nicht stimmte – aber es war etwas Ernstes. Ich spürte den heftigen Druck ihres Herzens, wie der Schmerz stärker wurde und sich ihre Panik zur Todesangst steigerte. Ihr Herz war kurz davor zu zerreißen. Es schien, als würde es anschwellen und von innen gegen ihre Rippen drücken, ihr ganzer Körper war glühend heiß, das Blut in ihren Adern glich flüssiger Lava, die ihre Kräfte lähmte.

»Ailing!«, rief Tanashiri. »Prinzessin Ailing!«

»Was ist los!?« Die Stimme von Frau Jian drang an Ailings Ohren. »Was passiert mit ihr?«

»Sie hat ihre innere Energie nicht unter Kontrolle«, sagte Tanashiri. »Eine Degeneration des Qi, so etwas ist mir schon einmal begegnet. Ailing, hör auf meine Stimme. Konzentriere dich auf deinen Atem. Ganz ruhig … ja. Genau so, gut.«

Prinzessin Ailing hörte kaum, was die Menschen um sie herum sagten. Das Pochen ihres Herzens dröhnte ihr in den Ohren. Sie keuchte so heftig, dass ihr Speichel und Tränen ungeniert übers Gesicht flossen. Aber etwas drang dann doch zu ihr durch: die Worte ihrer Mutter, die ihre größte Angst bestätigten und ihr Vertrauen in Frau Jian endgültig zerstörten: »Beschämend … Wenn Ailing unfähig ist, ihr

Qi zu kultivieren, wie soll sie dann jemals unseren Clan führen? Sie ist nichts als ein Papiertiger.«

Papiertiger. Papiertiger. Papiertiger …

In der letzten Erinnerung stand Prinzessin Ailing allein im Palast der Überwältigenden Schönheit. Sie hielt das Schwert ihres Vorvaters Jian Bing im Arm und spiegelte in seiner glänzender Schneide ihr Gesicht. Sie weinte nicht mehr. Ihr Herz hatte den schlimmsten Anfall überstanden, aber ihr Zustand hatte sich nicht wieder normalisiert. Sie konnte den instabilen Energiefluss in ihren Meridianen noch immer spüren. Wann immer sich die Energie staute, überliefen sie kalte Schauer. Ihre Muskeln verspannten sich. Ihre Gedanken, die immer klar und scharf gewesen waren, wurden trüb.

Frau Jian hatte dem Palast verboten, öffentlich darüber zu sprechen. Das Volk durfte nicht erfahren, dass die Clanerbin an einer so beschämenden Krankheit litt. Prinzessin Ailing schloss die Finger fest um den Griff des Schwertes.

Papiertiger, so hatte Frau Jian sie genannt. *Papiertiger*.

Sie ergriff ihre langen Haare und setzte das Schwert an der Wurzel ihres Pferdeschwanzes an. Presste die Lippen aufeinander. Und schnitt.

Die Erinnerungsbilder wurden trübe. Dieses Mal traten jedoch keine neuen Bilder an ihre Stelle, sondern die Welt um mich herum war wieder da. Mir war schwindelig. Ich sah Sterne und presste mir den Handrücken an die Stirn. Prinzessin Ailing hatte dieselbe Position angenommen. Sie saß vornübergebeugt da, die Ellenbogen auf den Oberschenkeln. Ihr Geist war ganz still, so als hätte sie eben die Prügel ihres Lebens bezogen und traute sich nicht, auch nur einen Ton von sich zu geben, um keine weiteren Schläge zu bekommen.

Ich verstehe dich, dachte ich so deutlich, wie ich nur konnte. *Ich halte dich nicht für schwach.*

Ich zwang ihr den Gedanken nicht auf, wie ich es am Anfang getan hatte. Diesmal war ich vorsichtiger. Es war mir unangenehm, dass ich bis in ihre Erinnerungen vorgedrungen war, aber es wäre sinnlos gewesen, die Brücke an diesem Punkt abzubrechen. Ich schloss die Augen und ließ sie spüren, wie ich meine eigene Energie steuerte.

Die größte Energiequelle des Menschen befand sich in seinem Bauch, also konzentrierte ich meinen Atem auf das Zentrum meines Körpers. Ich zeigte Prinzessin Ailing, wie ich die Energiepforten öffnete. Die Wärme stieg zuerst in meinen Bauch, dann in meine Brust, und breitete sich glühend weiter nach oben aus, in die Schultern, die Arme und die Hände. In meine Finger, die die Energie in Prinzessin Ailings Nacken leiteten.

»Spürst du das?«, fragte ich leise, die Augen noch immer geschlossen. Die Energie floss ruhig zwischen uns dahin. Als Reaktion begann ihr Körper, mich nachzuahmen. Sunan hatte recht gehabt: Das vorherrschende Element des Weißen Tigers war Metall – ich merkte es daran, wie fest und unnachgiebig Prinzessin Ailings Qi im Vergleich zu meinem eigenen war. Ich löste sanft die Blockaden in ihren Meridianen und half so ihrem Qi, gleichmäßig durch den gesamten Körper zu fließen. Ich heilte die Degeneration ihres Qi allein dadurch, dass ich meine eigene Energie auf sie übertrug.

Ich wusste nicht, wie lange es anhielt, denn ich verlor jedes Zeitgefühl. Dennoch machte ich weiter, bis Prinzessin Ailings Magen krampfte und sie sich auf den Fußboden erbrach. Ich ließ sie los. Sie blieb keuchend auf den Knien sitzen. In sich zusammengesunken verharrte sie so lange, wie ich unsere Verbindung aufrechterhielt. Ich hockte mich hin, um mich zu vergewissern, dass es ihr gut ging.

Der Anblick verstörte mich: Über Prinzessin Ailings Wangen rollten Tränen. Aber sie weinte nicht aus Angst oder Furcht. Diese Tränen standen für die Last, die ich ihr von den Schultern genommen hatte. Dies war das erste Mal seit Jahren, dass die Tigerprinzessin das Qi ungehindert durch ihre Meridiane fließen spürte.

»*Gūniang*«, flüsterte ich. »Möchtest du, dass … dass ich jemanden bitte …«

Ich schaffte es nicht, meinen Satz zu Ende zu bringen. Prinzessin Ailing schluchzte laut auf – und warf sich in meine Arme.

20. Kapitel

Nachdem Ren fort war, folgte eine lange Zeit, in der ich wieder zu mir fand. Die Beamten des Neiwufu ließen mich in Ruhe, nachdem sie das Dokument mit Prinzessin Ailings Stempel bekommen hatten, und ich setzte keinen Fuß mehr über die Grenzen des Tigerpalasts, sondern lebte das Leben eines angehenden Wächters, Tag für Tag, Woche für Woche. Ich aß. Ich trainierte. Ich schlief. Ich atmete. Ich kam mit vielen anderen Bediensteten ins Gespräch und lernte sowohl jene kennen, die seit vielen Jahren im Palast arbeiteten, als auch jene, die sich noch sehnsuchtsvoll an ihre Heimat erinnerten. Mit der Zeit kannten mehr und mehr von ihnen meinen Namen. Ich war nicht mehr der Bianfu aus dem Norden, sondern Bruder Kong, der kleine Kong, Bruder Dawei, ihr kleiner Bruder. Ich war der jüngste Wächter, den der Jian-Clan gekauft hatte, und deshalb behandelten vor allem die älteren Dienerinnen mich wie ein Kind. Sie stellten mir Essen hin, auch dann, wenn ich gerade erst gegessen hatte, und ließen auch nicht locker, wenn ich sagte, ich sei satt.

»Warum verhätscheln sie nur dich?«, fragte Sunan, während wir gemeinsam die Nüsse knabberten, die eine alte Frau mir zugesteckt hatte. »So niedlich bist du doch gar nicht.«

»Findest du nicht?«, fragte ich lächelnd.

Ich nahm mir ein Beispiel an Sunan und versuchte zu leben, ohne mir zu viele Gedanken zu machen. Jeden Abend versicherte ich mir, dass Ren zu mir zurückkehren würde. Ich vertraute meinem Bruder.

Zwar tat ich mein Bestes, um zu verhindern, dass meine Gedanken sich im Kreis drehten, aber manchmal wurde ich trotzdem von meinen Gefühlen übermannt. Wenn ich an Ren dachte, der im Sklavenzug saß, oder an Dray, dem ich nicht geschrieben hatte, spürte ich einen Druck auf der Lunge, der mir den Atem nahm. In solchen Momenten zog ich mich zurück, umarmte mich selbst und blies die angestaute Luft aus.

Ich kehrte erst zu den anderen zurück, wenn ich mich beruhigt hatte. Nach außen hin erweckte ich den Anschein, alles unter Kontrolle zu haben. Ganz so, als hätte ich mich an das Leben im Palast gewöhnt.

Tatsächlich half es mir, dass ich mir ein neues Ziel gesetzt hatte: Ich wollte *Qìgōng* lernen. Wenn ich in Bewegung blieb, vergingen die Tage schneller, und meine Gedanken konnten nicht auf Abwege geraten. Ich strengte mich richtig an, als Houyi uns die ersten *Qìgōng*-Übungen beibrachte.

Am Anfang waren die Stunden reine Theorie. Houyi erklärte uns alles in verständlichen Worten, aber ich brachte die Begriffe trotzdem durcheinander. *Qīnggōng* war eine *Qìgōng*-Technik, mit der man den Körper leichter und die eigenen Bewegungen schneller machen konnte und die auch Prinz Lian bei seinem übernatürlichen Luftkick benutzt hatte. Bevor wir jedoch mit beeindruckenden Kampfübungen loslegen konnten, mussten wir zuerst lernen, uns richtig zu bewegen, richtig zu atmen, zu sitzen, zu schlafen und zu essen – kurzum, wir mussten *Nèigōng* beherrschen –, damit das Qi im Kampf richtig fließen konnte.

Bei unserer ersten physischen Übung kommandierte Houyi uns in eine meditative Hocke, die vor allem die Oberschenkel beanspruchte und die Muskeln umso stärker brennen ließ, je länger die Übung dauerte. Houyi steigerte den Schwierigkeitsgrad noch, indem er uns befahl, ein Bein waagerecht nach vorne zu strecken. Nachdem er bei uns allen die Haltung kontrolliert hatte, steckte er einen Holzstab aufrecht in die Erde.

»Haltet eure Position, bis der Schatten einmal um diesen *Gùn* herumgewandert ist«, sagte er und deutete auf den Stab. »Wenn einer von euch vor der Zeit zusammenbricht, bekommt die ganze Gruppe kein Abendessen.«

»Das ist doch unmöglich!«, ächzte Sunan. »Ich kann mich jetzt schon kaum aufrecht halten!«

»Konzentrier dich auf deinen Atem. Denk nicht darüber nach, wozu dein Körper fähig ist oder nicht. Leere deinen Geist – man sollte meinen, das sollte einem Dummkopf wie dir leicht fallen. Wenn der Geist leer ist, kann das Qi fließen. Lasst es fließen, dann könnt ihr auf Steinen, im Schnee oder in der Wüste schlafen, ohne den geringsten Schmerz zu empfinden.«

Natürlich schaffte es keiner von uns beim ersten Versuch. Auch beim zweiten nicht. Oder beim dritten. Aber Houyi lag richtig in der Annahme, dass Sunan *Nèigōng* schneller lernte als wir anderen. Nach nur drei Wochen hatte seine Ausdauer unglaubliche Ausmaße erreicht: Er konnte sich mit angespanntem Körper über eine Stunde auf den Unterarmen halten und dabei lachen, als läge er gerade entspannt auf seinem Bett.

Zusätzlich zu den Theoriestunden unterrichteten Houyi, Qadan und Tanashiri uns in den Marschregeln der Garde, im Reiten, im Bogenschießen und in verschiedenen Kampfkünsten, also im *Wǔshù*. Das penible Wiederholen der Marschregeln war ebenso einschläfernd wie in der ersten Woche, und so begann ich, dem Kampftraining mit umso größerer Vorfreude entgegenzusehen. Am besten waren die Tage, an denen Qadan das Training leitete. Er war nachgiebiger als die anderen Meister und scherte sich nicht darum, wenn wir beim Training ein bisschen herumalberten. Anders als Tanashiri oder Houyi, die sich schon über ein paar fehlerhafte Wiederholungen aufregten, war Qadan geduldig genug, seine Erklärungen Dutzende Male zu wiederholen. Er verwendete einprägsame, alte Redensarten wie »Fürchte dich nicht davor, zu langsam zu gehen, sondern davor, stehen zu bleiben« oder »Wenn du einen Hasen laufen siehst, dann lass den Hund auf ihn los«.

Neana und Sunan begannen, seine Weisheiten in lustigen Alltagssituationen zu benutzen.

»Die Versuchung aufzuhören ist kurz vor dem Erfolg am größten«, verkündete Sunan, bevor er sich die zehnte Teigtasche in den Mund stopfte.

»Aus gutem Eisen macht man keine Nägel und aus Kavalieren keine Wächter«, antwortete Neana, den Blick auf seine vollen Wangen gerichtet.

Meine Freundschaft mit den anderen Novizen wurde mit jedem Tag enger. Nach der anfänglichen Zurückhaltung zeigte jeder von ihnen immer mehr von seinem eigentlichen Wesen: Sunan wurde noch sarkastischer, und Neanas spöttisches Lachen und ihre herausragenden Fähigkeiten im Reiten und Bogenschießen verrieten ihre Vergangenheit als ungestümes Hirtenmädchen. Auch Vinh war in unsere Mitte zurückgekehrt. Gesund sah er allerdings nicht aus. Es fiel mir schwer, in ihm denselben Söldner zu sehen, der damals im Brustton der Überzeugung verkündet hatte, gegen Prinz Lian anzutreten. Vinhs Körperhaltung war erschlafft. Er prahlte nicht mehr mit seinen Kampfkünsten. Er nutzte sein Können lieber, um Neana und Sunan zu helfen, statt sich mit ihnen zu messen.

Mitunter hatten Sunan und Neana es sogar leichter als wir, denen sich bestimmte Reflexe schon vor langer Zeit eingeprägt hatten: Jedes Mal, wenn Qadan uns in der Speerform unterrichtete, die mehr als 70 einzelne Bewegungen miteinander verbinden sollte, kamen Vinh und ich nicht über die ersten fünf hinaus, bevor unsere Muskeln von selbst weitermachten und dabei von dem abwichen, was Qadan uns beibringen wollte. Neana und Sunan waren dagegen unbeschriebene Blätter, die sich die Kampfformen der Wächter aneigneten wie ein Kleinkind seine Muttersprache. Verglichen mit ihnen waren Vinh und ich Fremde, die aus einem anderen Land kamen und jetzt versuchten, neue Laute zu lernen: An Ehrgeiz mangelte es uns nicht, aber was wir zuvor gelernt hatten, ließ sich unmöglich wieder vergessen. Vinh hatte seine Eigenheiten in seinen Bewegungen, und bei mir war es genauso. Qadan musste mir immer und immer wieder verbieten, die Schneide des Schwertes so zu drehen, wie ich es beim kurzen Khukri gewöhnt war.

Von Prinzessin Ailing hörte ich wochenlang nichts. Ich vermutete, dass sie das, was zwischen uns geschehen war, als unangenehm empfand. Sie war die künftige Herrscherin eines mächtigen Clans, und für sie war es besonders wichtig, das Gesicht zu wahren. Ich hatte Verständnis dafür, dass sie mir nicht mehr begegnen wollte.

Doch als ich eines Abends mit Sunan Karten spielte, hörte ich plötzlich hinter mir ein leises Klimpern. Eine der Hofdamen aus dem Palast der Überwältigenden Schönheit, Chuncui, eilte auf den Garten der Diener zu. Ihre jadegrüne *Hànfú*-Tracht und der Seidenfächer stachen aus der Menge der übrigen Bediensteten heraus. Sie sah aus wie eine Adelige.

»Bruder Kong.« Chuncui verneigte sich. »Darf ich Sie bitten, mich zu begleiten? Prinzessin Ailing möchte Sie treffen.«

»Jetzt?«, fragte ich. Die Abendtrommeln waren bereits geschlagen und die Tore zum Palast geschlossen worden. Der Zeitpunkt für eine Audienz mit der Clanerbin war so ungewöhnlich, dass ich nicht sofort auf den Befehl reagieren konnte, wie es sich für einen demütigen Diener gehörte. »Kann sie nicht bis morgen warten?«

Sunan hüstelte. Er nahm mir die Karten aus der Hand und gab mir mit einem Zwinkern zu verstehen, dass ich gehen sollte.

»Nein«, sagte Chuncui mit einem hartnäckigen Lächeln. »Sie müssen jetzt sofort mitkommen. Prinzessin Ailing verhandelt nicht mit den Bediensteten darüber, wann es ihnen am besten passt.«

»Verzeihung. Natürlich komme ich mit.«

Ich erhob mich und klopfte mir den Staub von der Hose.

Dieses Mal gingen wir nicht in den Palast der Überwältigenden Schönheit. Chuncui führte mich durch die steinernen Gassen in einen Teil des Palastes, den ich noch nie gesehen hatte. Der Tigerpalast war so groß, dass ich noch immer nicht alle seine Winkel kannte, obwohl ich schon viele Wochen hier lebte. Wir erreichten einen dämmrigen, von elektrischen Laternen beleuchteten Gartenpfad, neben dem riesige Laubbäume aufragten. Auf ihren Ästen wuchsen Hunderte kleine weiße Trauben aus Früchten, die wie Brombeeren geformt waren. Der Duft war berauschend. Zwischen den Blättern saßen so viele Früchte, dass die Bäume aussahen wie mit reinem Pulverschnee überzogen.

Wie Schnee … Schnee in Penglai.

Inmitten der weißen Bäume stand Prinzessin Ailing in ihrer silbernen *Hànfú*-Tracht. Der Anblick erinnerte mich an Schneekraniche, schöne, große Vögel, denen man mystische Kräfte nachsagte. Ich hatte erst einmal so einen Schneekranich gesehen: Er hatte am Ufer des Bhakta-tso im Wasser gestanden, den Hals gekrümmt, das Gefieder leuchtend weiß im morgendlichen Dunst. Ich hatte mich ruhig verhalten, um ihn nicht zu stören. Mit derselben Vorsicht trat ich nun Prinzessin Ailing gegenüber. Sie war so bezaubernd, dass es sich verboten anfühlte, sie anzusehen. Gerade berührte sie vorsichtig einen herabhängenden Ast und pflückte eine weiße Frucht, die in ihrer Hand aussah wie ein Vogelei.

»*Sāng*«, sagte sie unvermittelt. »Wusstest du, Dawei, dass man mit vielen Pflanzen Nachrichten verschicken kann, ohne auch nur ein Wort zu schreiben? Wie mit dieser hier. Weißt du, was der Maulbeerbaum, der *sāng*, symbolisiert?«

Ich warf Chuncui einen fragenden Blick zu, doch die lächelte lediglich und ließ mich mit Prinzessin Ailing allein. Ich hätte Chuncui gerne weiterhin neben mir gehabt. Auch wenn Prinzessin Ailing mir nichts Schlimmes angetan hatte, war ich in der Gegenwart der Weißen Tigerin noch immer auf der Hut.

Ich zwang mich zum Sprechen: »Ich weiß es nicht, *Gūniang*.«

»Du sprichst immer noch sehr förmlich mit mir. Bruder, wie du bestimmt gemerkt hast, habe ich dich gerade mit deinem Vornamen angesprochen. Du darfst bei mir dasselbe tun. Du kannst mich Ailing nennen. Oder A-Ling, was immer dir besser gefällt.«

»Ist das ein Befehl?«

Ailing lächelte mir über die Schulter hinweg zu. Sie war kaum geschminkt – weniger, als ich es je bei einer Adeligen gesehen hatte – und sah daher jünger aus als sonst. Sie war erst 18 Jahre alt, doch das vergaß man leicht, wenn man ihr so erwachsen wirkendes öffentliches Gesicht betrachtete.

»Ich gebe dir das Recht dazu. Die Menschen achten genau darauf, wie meine Familie und ich uns von anderen anreden lassen. Selbst kleine Unterschiede im Tonfall haben eine große Bedeutung. Wenn du mich mit meinem Vornamen ansprichst, sendet das eine direkte Nachricht an das Neiwufu, und sie wissen, dass sie bei dir vorsichtig sein müssen. Und wenn du in der Klemme steckst, dann benutze ebenfalls meinen Namen – genauso, wie du es schon einmal A-Lian gegenüber getan hast.«

»Du … hast also davon gehört?«

Sie ignorierte meine Frage. Stattdessen widmete sie sich wieder der Frucht in ihrer Hand.

»*Sāng*«, sagte sie erneut und beantwortete dann selbst die Frage, die sie mir einen Moment zuvor gestellt hatte: »Dieser Baum ist durch die Mythen unseres Landes bekannt geworden. Wie du sicherlich weißt, erzählt man sich, dass unsere Hauptstadt Penglai einst ein Paradies war, in dem es nie an Essen oder Wein mangelte. Den Erzählungen nach wuchs im Paradies ein Maulbeerbaum, der einmal in dreitausend Jahren Früchte trug, und wenn man sie aß, konnte man Unsterblichkeit erlangen. Viele wissen allerdings nicht, dass der Maulbeerbaum auch die Sehnsucht nach der Heimat und der eigenen Mutter symbolisiert. Mit einem anderen Zeichen geschrieben bedeutet *sāng* ›Trauer‹. In alten Zeiten trugen Menschen, die ihre Mutter verloren hatten, einen Maulbeerbaumzweig bei sich, um damit ihrer Sehnsucht Ausdruck zu verleihen. In unserem Palast wachsen Maulbeerbäume, weil sie für die Lebenskraft der Provinz Sang stehen, aber die Bäume und ihre trauerweißen Früchte schenken auch unseren Bediensteten Trost, die von weit her kommen. Sie können durch den Garten gehen und unter den blühenden Maulbeerbäumen an ihre Heimat denken.«

Eine leichte Brise ließ die Baumkronen rascheln. Die herabgefallenen Blätter hoben sich in die Luft und tanzten wie in einem sanften Strudel. Mir wurde klar, dass Prinzessin Ailing ihr Qi kultivierte. Sie betrachtete die Maulbeerblätter, die über ihrem Kopf schwebten.

»Ich dachte mir, dieser Ort könnte dir gefallen«, fügte sie hinzu.

»Das tut er«, sagte ich und pflückte ein Blatt vom nächsten Baum. Es war ledrig und dick und riss auch bei kräftigem Zug nicht ein. Es war aufmerksam von Prinzessin Ailing, mich in den Garten der Heimat zu bringen – auch wenn in Madang gar keine Maulbeerbäume wuchsen und sie für mich kein Symbol der Heimat waren. Und dennoch … Die weißen Früchte hatten mich an Schnee denken lassen.

Săng. Würde Dray um die Bedeutung des Maulbeerbaums wissen, wenn ich ihm einen Zweig schickte? Vielleicht. Wenn der Maulbeerbaum in einem Buch über die Mythen von Fusang beschrieben wurde, dann war es wahrscheinlich, dass auch Dray auf diese Symbolik gestoßen war, während er für die Beamtenprüfung lernte. Wenn ich ihm einen Maulbeerzweig schickte, dann wüsste er, dass ich an meine Heimat und an ihn dachte. Aber würde ihn das freuen? Oder traurig machen? Ren hatte gesagt, dass er Tantchen eine Nachricht schicken würde, in der er sie darum bat, Dray und Freyal zu beruhigen. Ein Brief von mir könnte all seine Bemühungen zunichtemachen und Dray in Gefahr bringen. Ich wollte nicht, dass er meinetwegen nach Penglai reiste. Es gab nichts, was er hätte tun können.

»Dawei.« Prinzessin Ailings Stimme unterbrach meine Gedanken. Sie sah mir mit ernstem Blick in die Augen, ganz so, als teilten wir uns noch immer einen Geist. »Der Junge aus deinen Erinnerungen – der den Kindern in dem Bergdorf Süßigkeiten gegeben hat – wie ist sein Name?«

Ich riss die Augen auf. Dem Himmel sei Dank, dass wir in diesem Moment nicht durch eine Brücke verbunden waren, denn meine Gedanken waren mit einem Mal von Drays Gesicht erfüllt, seinem Lächeln und der Art, wie er mich küsste, dass ich nicht fähig gewesen wäre, seine Identität zu schützen. Dray Ghale. Dray Ghale. Dray. Dray. Dray!

»Ähm …« Ich überlegte, wie ich ihrer Frage ausweichen könnte. Der Weißen Tigerin wollte ich Drays Namen nicht verraten. »Er … Also …«

»Du möchtest ihn schützen«, stellte Prinzessin Ailing fest. »Das verstehe ich. Du bist in ihn verliebt.«

»Äh …«

»Ich weiß nicht, ob du mir die Erinnerung an ihn aus Versehen oder absichtlich gegeben hast, aber du hast mich dabei an einem Gefühl teilhaben lassen, mit dem ich keine Erfahrung habe. Ich dachte, ich hätte sie. Aber nein – ich weiß zwar nicht, wie sich Liebe anfühlen sollte, aber ich glaube, dass ich durch dich der Wahrheit ein Stück näher gekommen bin.« Sie schüttelte den Kopf. Obwohl sie lächelte, klang ihre Stimme traurig. »Danke, dass du mir dieses Gefühl gezeigt hast. Ich würde euch beneiden, wenn die Situation eine andere wäre. Aber das liegt nicht in meiner Macht, Dawei. Ich kann die Befehle meiner Mutter nicht außer Kraft setzen.«

»Ich habe auch nichts dergleichen erwartet.«

»Wenn die Entscheidung an mir wäre, würde ich dich sofort nach Hause reisen lassen. Ich möchte niemanden gegen seinen Willen hier festhalten. Der Tigerpalast kann für viele eine Rettung sein, und genau solchen Schuldnern möchte ich eine Arbeit im Dienst des Clans anbieten. Mein Zuhause soll für niemanden ein Gefängnis sein.«

Leider war es genau das. Und dem kühlen Ton in Prinzessin Ailings Stimme nach zu urteilen war es das auch für sie. Sie durfte keine Zeit mit gewöhnlichen Menschen verbringen. Niemand durfte mit ihr sprechen. Die Clanerben waren Spielfiguren, die nach einem vorgegebenen Plan lebten. Ich hätte niemals den Wind des Aachalendra und den Galopp der Pferde im Hochland gegen das getauscht, was die Tigerprinzessin besaß.

Vielleicht lag der größte Unterschied zwischen uns auch darin, dass ich mich an ein anderes Leben erinnern konnte. Prinzessin Ailings ganze Welt lag zwischen den Mauern des Palastes. Selbst wenn sie durch Fusang reiste und versuchte, die zahlreichen Völker ihres

Reiches und ihre Kulturen zu verstehen, war sie von Wächtern, Dienern und Beamten umringt.

Prinzessin Ailing wandte mir den Rücken zu, bevor sie erneut das Wort ergriff: »Ich kann dich nicht nach Hause reisen lassen, aber ich kann dafür sorgen, dass der Staat sich um deine Liebsten kümmert. Ich habe nach dem Namen des Jungen gefragt, damit ich seine Bürgerschulden bezahlen kann. Wenn ich mich nicht irre, hast du dich des Diebstahls schuldig gemacht, weil deine Familie kein Geld hat. Der Junge aus deinen Erinnerungen war älter als du. Vielleicht aber noch keine zwanzig? Wenn er noch ausstehende Schulden hat, kann ich sie bezahlen. Dann muss er nicht ins Arbeitslager.«

Ich hörte ihr stumm und regungslos zu und atmete dabei so flach, dass sich mein Brustkorb kaum bewegte. Mein ganzer Körper schwieg, als wäre ich ein Haselhuhn, das sich in einem Busch versteckte, während der Fuchs in der Nähe herumschlich. Ich wartete darauf, dass sie weitersprach. Auf eine Bedingung. Ein Aber. Nichts davon kam.

Als ich weiter schwieg, legte Prinzessin Ailing den Kopf schief. »Wenn du nicht möchtest, dass ich –«

»Dray«, sagte ich deutlich. Ich kniete vor ihr nieder. »Sein Name ist Dray Prasad Ghale.«

Und dann wiederholte ich seinen Namen auf Fusang und zählte alle sechzehn Zeichen seines Gerens auf, die ihn von den anderen Dray Ghales in Fusang unterschieden. Ich musste nicht lange überlegen, um mich an die Zahlen zu erinnern – sie kamen ganz automatisch, wie ein Gebet. Prinzessin Ailings Mund öffnete sich ein Stück. Sie war nicht darauf vorbereitet, sich etwas zu notieren, und nachdem ich die letzte Ziffer genannt hatte, ließ das Zirpen der Grillen die Stille zwischen uns nur noch deutlicher werden.

Schließlich nickte sie. »In Ordnung. Ich sorge dafür, dass das Neiwufu die Sache morgen früh erledigt.«

Mein angehaltener Atem brach in einem lauten Seufzer aus mir heraus. Eine glühend heiße Welle an Gefühlen rollte von meiner Brust aus über mein Gesicht und trieb mir die Tränen in die Augen. Ich biss mir auf die Lippen und senkte den Kopf, bevor Prinzessin Ailing es bemerkte. Dann machte ich einen Kotau: Ich verneigte mich und drückte die Stirn auf den Boden. Wiederholte die Bewegung viele Male, aufrichtig und aus eigenem Antrieb. Aus vollem Herzen.

»Danke, *Gūniang* – ich meine – danke, Ailing, A-Ling. Danke.«

»Jetzt, wo ich angeboten habe, dir einen Dienst zu erweisen, hoffe ich, dass du mir wiederum etwas verraten kannst.« Ailings Verhalten wurde wieder deutlich förmlicher. Sie verbot mir nicht, mich zu verneigen, aber meine Geste schien sie zu ärgern. Ich hielt in meinem Kotau inne. Es gab also doch eine Bedingung für das Wohlwollen der Tigerprinzessin. Aber das spielte keine Rolle. Ich würde mich zu allem bereit erklären, wenn ich nur Dray von seinen Schulden befreien konnte.

Ich blieb auf den Knien sitzen, während Ailing fortfuhr: »In den letzten Tagen habe ich über die Verbindung nachgedacht, die du zwischen uns geschaffen hast. Soweit ich weiß, kann keiner der Wächter im Palast, die *Nèigōng* beherrschen, seinen Geist auf dieselbe Weise mit einem anderen Menschen teilen. Ich habe gehört, dass du auch eine Verbindung zu einem Falken herstellen kannst. Zu einem Tier. Deshalb frage ich dich jetzt direkt: Was genau machst du, wenn du diese ... Brücke herstellst? Was bedeutet sie für euch Bianfu?«

»Es ist eine Verbindung zwischen zwei Seelen«, antwortete ich. »Für uns Bianfu ist ein Falke weder ein Haustier noch ein Diener. Qiu ist mein Bruder, unsere Seelen sind miteinander verbunden. Ich habe ihn gewählt und er mich. Er hilft mir, wenn ich in den Bergen bin, und ich helfe ihm, wenn er Angst hat.«

»Das ist Schamanismus. Dem alten Glauben nach hat ein Mensch, der des Schamanismus mächtig ist, auch eine Verbindung zum Reich der Götter. Wusstest du das?«

»Ich kenne Schamanen, die Kontakt zum Reich der Toten haben, aber ich habe noch nie – Frau Trizin hat nie von Göttern gesprochen, wenn sie *Gēge* und mir beigebracht hat, wie man seine Gedanken kontrolliert. Sie hat uns nur gezeigt, wie man eine Brücke zu einem Falken aufbauen kann.«

»Du stehst in Kontakt mit der Welt der Geister, Dawei. Ob du es glaubst oder nicht. Anders lässt es sich nicht erklären, dass du eine so starke Verbindung zu einem Tier aufbauen kannst. Ich glaube, du könntest noch viel mehr erreichen, wenn du den richtigen Meister hättest. Ich bin erstaunt, dass du der Sache nicht schon selbst auf den Grund gegangen bist.«

Ailing machte eine kurze Pause. Sie schien zu überlegen, ob es klug war, mit mir über dieses Thema zu sprechen, entschloss sich dann aber, fortzufahren: »Ich habe in der Palastbibliothek nachgeforscht und versucht herauszufinden, welchen Gott ihr Bianfu anbetet. Deine Fähigkeiten kommen nicht von ungefähr. Auch wenn du den Namen deines Gottes nicht kennst, so hat er dich doch erhört.«

Sie schob die Hand in einen ihrer Schmetterlingsärmel und zog eine schmale Schriftrolle hervor, die aus zusammengebundenen Bambusstreifen bestand. Ich runzelte die Stirn. Die Schriftrolle wirkte uralt. Ich hatte ähnliche in Sandu gesehen, wo die Händler ihre auf Bambus geschriebenen, angeblich historischen Texte zu unverschämten Preisen verkauften. Dray hatte immer sehnsüchtig über die Schriftzeichen gestrichen.

Und jetzt hielt Ailing eine echte Schriftrolle in den Händen.

»Dieser Text erzählt vom Donnergott Leigong«, sagte sie. »Er wird als Nachtgestalt mit langen Krallen, blaugrauer Haut und den Flügeln einer Fledermaus beschrieben. Er sieht furchterregend aus, aber er ist bemüht, nur diejenigen Menschen zu bestrafen, die dem Bösen verfallen. In diesem Text heißt es auch, dass Leigong Helfer braucht, damit er in der Dunkelheit nicht die falsche Person tötet. Ihm zur Seite steht seine Gemahlin Dianmu, die Göttin des Blitzes, die Leigongs Augen in der Dunkelheit leuchten lässt. Das muss es sein.«

Daran, dass Ailing immer schneller sprach, erkannte ich, wie sehr der Fund sie begeisterte. Sie reichte mir die Schriftrolle, und plötzlich hielt ich einen unbeschreiblich wertvollen historischen Schatz in der Hand. Mir stockte der Atem. Die Schriftzeichen endeten auf einem Bambusstreifen und setzten sich auf dem nächsten fort. Es fühlte sich falsch an, etwas so Wunderbares berühren zu können und es nicht zu verstehen.

Enthielt diese Schriftrolle wirklich den Ursprung der Kraft, die ich mir in jahrelanger Übung angeeignet hatte? Ich musste einfach mit meinen Fingern über die Zeichen fahren und die Worte spüren, auch wenn ich kein klassisches Fusang lesen konnte.

»Dawei.« Ailing lächelte mich an. »Leigong ist dein Gott. Die Fledermausflügel, der Vogelschnabel, die Augen des Gehilfen, die dir helfen, im Dunkeln zu sehen – es passt einfach alles.«

»Ich kann also Verbindung zu einem Gott aufnehmen? Ist es das, was du mir sagen willst?«

Ich fragte sie in aller Arglosigkeit. Ohne die Absicht, Leigong anzurufen oder meine Kräfte so zu steigern, dass ich für andere nicht mehr zu kontrollieren war. Ich wollte nur wissen, worüber wir sprachen. Wer war dieser Gott, unter dessen Schutz Frau Trizin mich, Ren und alle anderen Bianfu gestellt hatte? Wenn ich meine Kräfte von einem finsteren Dämon erhielt, dann wollte ich das wissen.

»Ehrlich gesagt«, sagte Ailing und ihr Lächeln verblasste ein wenig, »weiß ich es nicht. Ich verstehe von Schamanismus nicht genug, um dir zu sagen, was die Verbindung zu einem Gott tatsächlich bedeutet. Sei vorsichtig. Ich wollte dir dieses Wissen im Gegenzug für das geben, was … du mir geschenkt hast.«

»Ich habe dir nichts geschenkt. Dein Qi war die ganze Zeit in dir. Ich habe dir nur geholfen, die Schlösser zu öffnen.«

Ailing schüttelte den Kopf. Sie war anderer Ansicht. Auch wenn ich nicht behaupten wollte, dass ich an ihr eine Wunderheilung vollzogen hatte, musste ich zugeben, dass sich etwas an ihr verändert hatte. Ihr Qi glühte. Ich sah es an ihren rosigen Wangen. Den glänzenden Augen. Dem Licht, das aus ihrem Lächeln strahlte, und den *Cùn*, die sie gewachsen zu sein schien. Ich überlegte, ob die anderen es wohl auch sahen.

»Hast du vor, deine Genesung noch lange geheim zu halten?«, fragte ich, um das Thema zu wechseln. Ich rollte das Schriftstück auf und wollte es Ailing zurückgeben. Sie hob abwehrend die Hände.

»Behalte es. Es ist ein Geschenk.«

Sie sagte es beiläufig, die Gedanken ganz bei meiner Frage. Für Ailing war das Wort »Geschenk« genauso gewöhnlich wie das Wort »Blume« – beides nahm sie tagtäglich entgegen. Für mich war »Geschenk« ein fremdes Wort. In Madang zeigte man seine Dankbarkeit durch Arbeit und gutes Essen. Einmal, als ich gerade fünfzehn Jahre alt geworden war, hatte ich ein neues Khukri auf meinem Bett gefunden. Seine Schneide war mit den Worten »gewidmet meiner Heimat« auf Namla verziert. Ich wusste nicht, von wem das Geschenk stammte, doch meine Stimmung verdunkelte sich, während ich das Messer in der Hand hielt. Es war zu wertvoll. Wie viele Wen hatte mein Gönner an mich verschwendet?

Das hier war schon das zweite Geschenk, das ich bekam. Ich hielt die Leigong-Schriftrolle wie einen zerbrechlichen Eiszapfen und wusste nicht, wie ich Ailing danken sollte. Sie hatte mir in kurzer Zeit so viele Wohltaten erwiesen, dass ich erst jetzt begriff, wie viel ihr die Genesung von der Degeneration ihres Qi bedeutete. Die Tigerprinzessin verwöhnte mich geradezu. Ich wusste nicht, was ich davon halten sollte.

»Ich habe es nicht nötig, jemandem meine Gesundheit zu beweisen«, sagte Ailing. »Ich weiß, dass ich stark bin. Und ich werde noch stärker werden, wenn ich jeden Tag *Nèigōng* trainiere. Dir, Dawei, befehle ich, dasselbe zu tun. Finde heraus, wozu du wirklich fähig bist. Ich möchte, dass du stark wirst und an meiner Seite stehst – im Gegenzug sorge ich dafür, dass deine Familie keinen Mangel leiden muss. Wie klingt das in deinen Ohren?«

Ich sah sie ernst an. Was Ailing da sagte, waren keine kindischen Fantasien zweier Freunde. Sie war nicht interessiert an einer theatralischen Zurschaustellung ihrer Macht, damit ihre Untergebenen sie aus ihrer erniedrigten Position heraus bewunderten. Ailing hatte vor, ihre Kräfte verborgen zu halten. Sie würde sanftmütig bleiben und ihre Widersacher erst angreifen, wenn es keinen anderen Weg mehr gäbe. Sie wollte mich als Geheimwaffe an ihrer Seite wissen, aus der sie göttliche Kraft schöpfen konnte.

Doch, ich verstand sie gut. Aber wenn ich in ihre Dienste trat, wäre ich kein Bianfu mehr. Bianfu gehorchten niemandem.

Gleichzeitig gab dieses Angebot der Weißen Tigerin mir alles, wofür ich jahrelang gearbeitet hatte. Ich war zum Bianfu geworden, um für meine Familie zu sorgen. Nicht, um meinen eigenen Interessen zu folgen. Jetzt würde ich dasselbe tun und für Dray und die Kinder da sein. Ich schloss die Finger fest um die Leigongschriftrolle.

»Das klingt gut.«

3. Teil

Das Jahr des Pferdes

18 Monate später

21. Kapitel

Es hätte schlimmer kommen können. Fünf gegen einen war eine Konstellation, die ich schon einmal überlebt hatte. Vor eineinhalb Jahren hatte ich in der Baumwollspinnerei Yarong an Ruby Shays Seite gestanden und vier bewaffneten Soldaten die Stirn geboten. Damals hatte ich dem vertraut, was mich die Bianfu gelehrt hatten. Ich hatte meine Gegner entwaffnet und versucht, eine Technik anzuwenden, die zum Töten gedacht war, ohne dabei Blut zu vergießen. Erst jetzt wurde mir klar, wie schlecht ich für meine damalige Rolle geeignet gewesen war. Ruby Shays Charakter hatte dem gefährlichen Ruf der Bianfu viel eher entsprochen. Sie hatte Schwächere betrachtet wie ein Raubtier seine lahmende Beute. Sie hatte zum Vergnügen getötet.

Das Leben eines Bianfu ist kurz und hart, hatte uns Frau Trizin zu verstehen gegeben. Ich hatte gedacht, sie meinte das Risiko, von den Berghängen und Dächern abzurutschen, denn hin und wieder verlor jemand den Halt, oder ein Sprung geriet zu kurz. Aber Frau Trizin hatte noch etwas anderes gemeint. Das Schicksal. Die Bianfu mochten sich in den Schatten verbergen und so eine Zeit lang Unglücken entgehen können, doch früher oder später ließ der Himmel sie immer für ihre Entscheidungen bezahlen.

Ruby Shay war eine vollkommene Bianfu gewesen – und deshalb war sie jetzt tot.

Und ich nicht.

Ich zog mein Schwert Qingsuo aus der Scheide. Sein glänzender

Stahl schnitt eine eisige Bahn durch die Luft. Ich kultivierte mein Qi, ließ die Energie in das Schwert fließen. Qingsuo wurde zu einem Teil meines Körpers. Als ich es von einer Hand in die andere wirbeln ließ, bewegte es sich gehorsam wie ein lebendiges Wesen. Es war ein erstklassiges Schwert. Besser als mein altes Khukri. Qingsuos Schneide spiegelte das Sonnenlicht, als ich mein Gewicht auf das hintere Bein verlagerte und das Schwert auf Schulterhöhe hob.

Ich regulierte mein Qi, indem ich Zeige- und Mittelfinger aneinanderdrückte. Staub wirbelte unter meinen Füßen auf. Meine Energie erzeugte einen Luftwirbel, der den Saum der schwarzen *Chángpáo*-Robe flattern ließ. Alles hatte mit einem Mal eine unglaubliche Intensität. Eine brennende Kraft, die ich ohne meine Fähigkeiten im *Nèigōng* als unerträglich empfunden hätte, wie einen Kopfschmerz, als hätte ich mich zu lange im Kreis gedreht. Die Welt verwandelte sich in eine langsamere, vereinfachte Version von dem, was ich gewohnt war. Mein Körper war stark. Leicht.

Ich atmete gleichmäßig. Ließ das Qi in meinen Meridianen zirkulieren. Die Soldaten um mich herum kompensierten ihre Unsicherheit mit einem wuterfüllten Schrei. Ich brauchte nicht einmal Qius Sinne, um mit ihnen fertigzuwerden. Ich wich ihren unbeholfenen Schwertschlägen aus, ganz so, als stammten die physikalischen Gesetze, die für uns galten, aus zwei völlig verschiedenen Welten. Ich hatte es nicht eilig, zum Gegenschlag anzusetzen. Stattdessen konzentrierte ich mich auf den verfließenden Moment, las die Bewegungen meiner Gegner und studierte ihre Technik. Ich ließ mir meinen Stolz nicht zum Verhängnis werden, indem ich versuchte, meine Fähigkeiten zu früh zu demonstrieren.

Vor meinem inneren Auge erschien ein klares Muster. Ich stellte mir den Ablauf meiner Bewegungen vor und vollführte sie mit einer Routine, die durch Tausende von Wiederholungen in mein Rückgrat gemeißelt worden war. Ich benutzte *Qīnggōng* und zielte mit einem Tritt auf den Soldaten neben mir. Ihm blieb keine Zeit auszuweichen. Mein Stiefel traf seinen Oberarm mit einer solchen Wucht, dass er zu Boden geschleudert wurde. Sein Körper prallte auf den Sand, als wäre er nur halb so schwer.

Das Gefühl der Überlegenheit war seltsam. Befriedigend. Als der nächste Soldat sein Schwert gegen meinen Hals schwang, ergriff ich sein Handgelenk und renkte ihm mit einem Tritt die Kniescheibe aus. Er ging sofort zu Boden. Sein Schrei ließ einen seiner Kameraden den Mut verlieren. Bevor er begriff, was geschah, war ich schon hinter ihn gewirbelt und hatte ihm mit der Handkante ins Genick geschlagen. Der Hieb auf den Energiepunkt ließ seine Muskeln erschlaffen. Er stürzte im selben Moment, in dem ein vierter den Arm um meinen Hals schlang. Er ballte die Fäuste, um sein Handgelenk zu stützen, und legte seine ganze Kraft in den Würgegriff. Ich lehnte mich mit meinem vollen Gewicht gegen ihn, stieß beide Beine in die Luft und warf mich nach vorne – der Soldat folgte meiner Bewegung und hob vom Boden ab. Ich packte seine *Chángpáo*-Robe und schleuderte ihn wie eine Stoffpuppe über meine Schulter. Er krachte mit dem Rücken voran auf den Boden und blieb hustend liegen, während er versuchte, seine Atemwege wieder freizubekommen.

In nur wenigen Momenten hatte ich vier von fünf Soldaten kampfunfähig gemacht. Mein letzter Gegner umklammerte das Schwert mit beiden Händen. Ich ließ ihm keine Gelegenheit zum Angriff, sondern bewegte mich mit aggressiven Ausfallschritten auf ihn zu und hieb dabei pausenlos auf ihn ein. Er versuchte, sich zu verteidigen, aber als ihn eine einzige Bewegung aus dem Gleichgewicht brachte, folgte sofort eine ganze Reihe weiterer Fehler. Qingsuo brachte ihm eine Wunde am Bein bei. Dann nahm ich die andere Hand vom Schwert und schlug ihm mit der Faust direkt ins Gesicht. Er stürzte. Sein Gesicht war sofort von dem Blut überströmt, das ihm aus der Nase quoll, und er war zu verblüfft, um auch nur zu winseln. Er hob den Blick zu mir, während ich Qingsuos Schneide über seinem Kopf hielt.

Ich hörte auf, sobald mein Gegner am Boden lag. So war es mir beigebracht worden. Als Bianfu hatte mich der Moment des Sieges immer gequält, denn ich wollte mein Schwert nicht in menschliches

Fleisch stoßen. Als Wächter musste ich über solche Dinge nicht nachdenken – ich musste keine *Wahl treffen.*

Meine einzige Aufgabe war es, zu meiner Herrscherin hinüberzusehen, die auf einer Tribüne im Schatten saß wie eine Kaiserin.

Ich erwartete ihren Befehl. Sie würde die Entscheidung für mich treffen.

Plötzlich sah ich im Augenwinkel etwas Rotes aufblitzen: einen Pfeil, dessen Schütze über so starkes *Nèigōng* verfügte, dass sein Qi die Waffe zum Glühen brachte. Ich hob die Hand und packte den Pfeil im selben Moment, als seine Spitze meine Schläfe streifte. Der rot gefiederte Pfeil zitterte vor Energie, so als drängte es ihn, seinen Weg bis zum Ziel fortzusetzen. Die Wärme des Holzes drang mir bis in die Fingerspitzen.

Ich ließ die Hand mit dem Pfeil sinken und warf einen gereizten Blick zu Houyi, der am Rand des Kampfplatzes einen Bogen im Anschlag hielt.

»Auf den Kopf?«, fragte ich. »Versuchst du, mich umzubringen?«

»Wenn du nicht in der Lage gewesen wärst, den Schuss abzuwehren, hättest du den Tod verdient gehabt«, antwortete mein Meister. Er senkte den Bogen und wandte sich der Tribüne zu, wo an den Rändern der Treppenaufgänge die Flaggen des Weißen Tigers im Wind flatterten. Dann verbeugte er sich vor Frau Jian. »Meine Arbeit ist getan, Herrin.«

Frau Jian sagte nichts.

Im Schatten sitzend sah sie aus wie eine unsterbliche Göttin. Die vergangenen Monate hatten ihr Gesicht nicht einen Tag altern lassen. Frau Jian war schön wie Oleander, ein giftiger Strauch, der prunkvolle rote Blüten trug. Sie musterte mich, der ich auf dem Übungsplatz meine Beurteilung erwartete.

Ich tat, was von mir verlangt wurde: Ich hob das Schwert in die Waagerechte und verneigte mich vor ihr. Die Bewegung fühlte sich noch immer so an, als würde jemand mir mit Gewalt das Rückgrat verbiegen.

Frau Jians Mundwinkel hoben sich ein wenig. Ich hatte gelernt, noch die kleinsten Regungen ihres Gesichts zu deuten, und konnte erkennen, wann ihr Lächeln Gutes verhieß und wann es Gewalt bedeutete. In diesem Moment war Frau Jian zufrieden mit mir und mit Houyi, der die Ehre hatte, mich ausgebildet zu haben. Sie erhob sich von ihrem Thron. Der Saum ihrer leuchtend roten Seidenrobe zog sich wie eine Blutspur hinter ihr her, als sie die Stufen der Tribüne hinabstieg und von ihrer Dienerschaft begleitet den Übungsplatz verließ.

Houyi nickte mir zu, wie um mir wortlos mitzuteilen: *Gute Arbeit heute.* Mehr Lob hatte er für mich oder die anderen Schüler nicht übrig, sondern schloss sich der Dienerschaft an, die Frau Jian folgte.

Als sie weit genug weg waren, hielt ich dem Soldaten, den ich außer Gefecht gesetzt hatte, die Hand hin.

»Entschuldigung«, sagte ich. »Ich wollte nicht so hart zuschlagen.«

»Mir geht es gut, Kong-*xiōng*«, sagte der Junge und ergriff meine Hand. Ich zog ihn auf die Beine. Er wirkte angeschlagen, lächelte mich aber an, während er die Hand auf seine blutende Nase presste. »Wow, du bist schnell!«, sagte er mit undeutlicher Stimme »Houyi-*qiánbèi* ist der beste Bogenschütze im Palast – ich habe noch nie gesehen, dass jemand seinen Pfeil abgewehrt hat.«

»Wenn du öfter bei unseren Übungen zuschauen würdest, dann würdest du dich daran gewöhnen«, kam eine vertraute Stimme von der Seite. Ich sah zu Sunan hinüber, der mit einem breiten Lächeln auf den Lippen über den Platz kam. »Dieser Dämon hier macht das ständig. Glückwunsch, Dawei! Jetzt bist du offiziell ein Wächter.«

»Du doch auch«, sagte ich und erwiderte sein Lächeln.

Ich schob Qingsuo ins Futteral und nahm das Schwert damit aus dem Weg, als Sunan die Hände fest um meine Arme schloss. Das war seine Art, mich zu umarmen.

Ich hatte mich in den vergangenen eineinhalb Jahren daran gewöhnt, wie oft er Körperkontakt mit anderen suchte: Er fasste mich immer aus irgendeinem Grund an. Mitunter war ihm gar nicht bewusst, wie grob er war. Seine Muskelkraft hatte in den letzten Monaten massiv zugenommen. Nachdem ich ihn schon bei der Auswahlzeremonie für gut in Form gehalten hatte, war mit der Ausbildung zum Wächter auch das letzte bisschen Weichheit aus seinem Körper verschwunden. Jetzt hatte er breite Schultern, starke Unterarme und ausgeprägte Brustmuskeln, die mich schamhaft den Blick abwenden ließen, wenn er sich auszog. Seine Haut bekam in der Sonne einen schönen, gleichmäßigen Braunton und verbrannte nicht wie meine, die nicht an die Hitze des Südens gewöhnt war.

Sunan war ein erwachsener Soldat. Sein Qi floss im Einklang mit dem Rest seines Körpers. Wenn er kämpfte, verriet das Aufwirbeln des Staubs unter seinen Füßen die Kraft, die ihm innewohnte. In solchen Momenten konnte ich den Blick nicht von ihm abwenden.

»Wir müssen diesen Tag feiern«, sagte Sunan. »Himmel, wir sind jetzt keine Novizen mehr, sondern echte Wächter. Nie mehr eine Unterrichtsstunde mit *Shīzūn*. Wie werde ich nur leben können, ohne dass er mich herumkommandiert?«

»Genau wie vorher auch«, rief Vinh uns zu. Er half zusammen mit Neana den anderen Soldaten, die ich zu Boden geschlagen hatte. »Nur weil wir keine Novizen mehr sind, heißt das nicht, dass es keine Kampfübungen mehr geben wird. Die Ausbildung eines Wächters ist nie ganz abgeschlossen. Du hast gerade mal an der Oberfläche gekratzt und noch einen weiten Weg vor dir, wenn es um *Nèigōng* geht.«

»Ich bin immer noch besser als du, Brüderchen«, sagte Sunan mit einem Grinsen.

»*Bì zuǐ!*«

»Ihr seid alle großartig«, sagte Neana. Sie brachte einen humpelnden Soldaten zum Rand des Platzes, wo das Personal der Krankenstation die Wunden derer untersuchte, die beim Schaukampf verletzt worden waren. Der Soldat dankte Neana überschwänglich. Sie hockte sich vor ihn hin wie eine aufmerksame große Schwester, obwohl doch ich für die Wunde an seinem Knie verantwortlich war.

Ich konnte mich allerdings nicht überwinden, es ihr gleichzutun. Die jungen Soldaten hatten sich freiwillig für den Kampf gemeldet.

Sie wussten, dass sie als Unterlegene in einen Zweikampf gegen einen Wächter gehen, verprügelt werden und sich Verletzungen zuziehen würden – und dennoch, als die Ankündigung kam, dass Sunans, Neanas, Vinhs und meine Schaukämpfe bevorstanden, hatten sich so viele Soldaten freiwillig gemeldet, dass nicht alle dabei sein konnten.

Frau Jians Anwesenheit war der entscheidende Faktor. Die jungen Soldaten waren unter zwanzig und hatten ihre Bürgerschulden noch nicht abbezahlt. Wenn sie Frau Jian als gute Kämpfer auf sich aufmerksam machen konnten, würden sie vielleicht in die Ausbildung zum Wächter aufgenommen werden. Für die meisten war diese Chance – so verschwindend gering, wie sie auch war – eine gebrochene Nase wert.

Ich selbst hatte nicht einen Kratzer abbekommen. Sunans Ohr hatte einen schmalen Schnitt davongetragen, aus dem Blut über seinen Hals rann. Einem der Soldaten war es gelungen, mit dem Schwert ungewöhnlich nahe an sein Gesicht zu kommen. Die Wunde war nicht weiter schlimm, aber im Ohr saßen viele dünne Blutgefäße, und jede kleinste Verletzung ließ das Blut in Strömen fließen. Sunans schwarze Haare waren schon ganz verklebt.

»Du warst nachlässig«, sagte ich. »Wenn Frau Jian schlechter Laune gewesen wäre, hätte sie dich für deinen Fehler tadeln können. Was, wenn du den Test wegen dieser einen Schramme nicht bestanden hättest?«

»Das war keine Nachlässigkeit«, korrigierte mich Sunan. »Ich habe eine Gelegenheit zum Gegenangriff gesehen und sie ergriffen. Der Erfolg hat mich einen kleinen Schnitt gekostet – na und? Es tut nicht einmal weh.«

»Geh in Zukunft keine Risiken ein, wenn du sie vermeiden kannst. Bitte.«

Ich senkte die Stimme und strich Sunan ein paar blutige Strähnen hinters Ohr. Seine Haare waren ihm bis zu den Schultern gewachsen, genau wie bei mir, und er hatte sie zur Hälfte zusammengebunden. Obwohl keiner von uns nach den Gebräuchen von Fusang erzogen worden war, wurde von uns als Wächtern eines mächtigen Clans verlangt, dass wir uns an die Traditionen hielten, die lange Haare vorschrieben. Sunan stand die Frisur geradezu beunruhigend gut. Er war allerdings nicht geschickt darin, seine langen Haare zusammenzubinden, was mir wiederum einen Grund gab, seine Frisur hin und wieder in Ordnung zu bringen. Ich wusste nicht, woher das plötzliche Bedürfnis kam, ihn zu berühren. Aber es fühlte sich gut an.

Den zärtlichen Blick in seinen blauen Augen zu sehen, mit dem er mich bedachte, wenn ich mich um ihn kümmerte.

»Also gut«, sagte Sunan und lächelte. »Was immer du sagst, Dawei.«

»*Shīxiōng, Shīdì!*«, rief Vinh. »Kommt jetzt! Wenn ihr vorhabt, auch nur einen Tropfen Wein zu ergattern, bevor die Wächter alles ausgetrunken haben, dann müsst ihr euch beeilen. Das Abendessen wird in diesem Moment aufgetragen, und wir können nicht wissen, wann wir das nächste Mal Wein zu trinken bekommen. Dies ist vielleicht die einzige Gelegenheit, bei der wir uns daran erinnern können, wie ein guter Reiswein schmeckt.«

»*Wǒ qù,* verdammt noch mal!«, schrie Sunan. »Ich habe mich fast zwei Jahre an diesem piekfeinen Hof an den Gedanken geklammert, dass ich nach meiner Prüfung einen Becher Wein trinken kann. Mehr brauche ich nicht. Ein Tropfen reicht schon. Ich verspreche, dass ich die nächsten zwei Jahre ohne Sex oder Alkohol durchhalte, aber wenn ich jetzt nicht –«

»Sei nicht so dramatisch«, unterbrach Vinh ihn. »Du bist kein Tier, sondern ein Soldat. Die Luohan verzichten ihr ganzes Leben lang auf fleischliche Genüsse. Ein Kavalier hält seinen Geist rein.«

»Sagt der, der sofort einen Steifen bekommt, wenn Neana auftaucht. Kein Wunder, dass du dich bei den Kampfübungen so oft von ihr zu Boden werfen lässt. Du bist gar nicht schwach, bloß pervers.«

Ich vergrub mein Gesicht in den Händen, und von der anderen Seite des Platzes rief Neana: »Das habe ich gehört!«

Vinh wurde nicht einmal rot. Er war so an Sunans ständige Sticheleien gewöhnt, dass er sich nicht mehr so leicht provozieren ließ wie noch zu Beginn unserer Ausbildung. Er hatte sich ein dickeres Fell zugelegt. In Sunans Gegenwart war das auch nötig, wenn man nicht verrückt werden wollte. Vinh war als ewiger Besserwisser das perfekte Ziel für Sunans Sticheleien, und über die Monate hatten die beiden sich zu so etwas wie Brüdern entwickelt, die sich gegenseitig ärgerten. Neana und ich kamen dagegen relativ ungeschoren davon. Uns beide behandelten Sunan und Vinh, als wären wir ihre Ehepartner, immer mit sanfter Stimme und ohne uns je zu unterbrechen.

»Ich trinke normalerweise nicht mehr als zwei Becher Reiswein, aber heute mache ich wegen dir eine Ausnahme«, sagte Vinh zu Sunan. »Ich werde mit beiden Händen zulangen und das nur, damit du nicht so viel bekommst. Je weniger für dich übrig bleibt, desto besser.«

»*Āiyā*. Bist du sicher, dass du mit mir mithalten kannst?«

»Ich bin aus Lai Chou. Wir vertragen mehr Alkohol als ihr Milchbubis von den Paradiesstränden.«

Sunan lachte. »Wir Milchbubis von den Paradiesstränden tun den ganzen Tag nichts anderes, als Alkohol zu trinken. Du wirst schon sehen, was ich meine.«

Er war schon seit Tagen in glänzender Stimmung. Auch wenn allein das Ende unserer Ausbildung einen Meilenstein darstellte, war es nicht der einzige Grund zum Feiern. Die schlimmste Hitze des Sommers ließ endlich nach. Auf die Trockenperiode folgten heftige Regenschauer, die über die Blumenbeete des Tigerpalasts peitschten und Blätter von den Bäumen rissen. Nachts gewitterte es. Bis zum Vormittag waren die vom Regen überspülten Steinwege wieder getrocknet, und die Hitze kehrte zurück. Die Luft war feucht und drückend.

Es war das siebte Jahr der *Yǒngtài*, der Ära des ewigen Friedens, und Meister Shuyas sechste Amtszeit. Das Jahr, in dem Dray ins Arbeitslager geschickt worden wäre, wenn der Clan des Weißen Tigers seine Schulden nicht bezahlt hätte. Das Jahr, in dem ich achtzehn Jahre alt wurde. In dem Prinzessin Ailing sich mit dem Drachenprinzen Meng Jin verlobte.

Ganz Fusang hielt inne, um die Hochzeit zwischen der Weißen Tigerin und dem Türkisen Drachen zu feiern. Ailing war schon einen ganzen Monat lang mit besonderen Zeremonien gefeiert worden. Sie hatte von Tempel zu Tempel reisen müssen, um den Segen des Himmels, der Erde und ihrer Vorväter zu erbitten. Der Drachenclan blieb aus denselben Gründen im heimatlichen Dongxu, aber je näher die Hochzeitsfeier rückte, desto mehr verlagerten sich die Feierlichkeiten in die Provinz Sang. Es wurden gemeinsame Festessen ausgerichtet, Reden gehalten und Geschenke ausgetauscht.

Frau Jian hatte Houyi befohlen, den ganzen Tag nicht von Prinzessin Chang'es Seite zu weichen, denn die gerade siebzehnjährige Tigerprinzessin erhielt zu viel Aufmerksamkeit von adeligen jungen Männern. Sie war schon vor eineinhalb Jahren eine Schönheit gewesen, aber jetzt war sie erblüht wie eine Lotusblume. Die kindliche Rundlichkeit war aus ihrem Gesicht verschwunden, ihre Hüften waren breiter geworden und ihre Beine länger. Ihre großen Pfirsichblütenaugen waren klar wie Quellwasser, die hellroten Lippen leicht geöffnet, als wäre sie immer über etwas erstaunt.

Den Dienerinnen zufolge quoll Prinzessin Chang'es Flügel des Palasts über vor Blumen, Schmuck und anderen Geschenken, eines größer als das andere. Das ungewöhnlichste Geschenk, das sie bekommen hatte, war ein kleines, schneeweißes Kaninchen. Prinzessin Chang'e nahm es überallhin mit – einmal hatte ich sogar gesehen, wie Houyi das flauschige Tier auf dem Arm gehalten hatte, während sie die Karpfen im Teich fütterte. Es war ein amüsanter Anblick gewesen. Sunan hatte Houyi noch lange danach mit Kaninchenwitzen geärgert, doch Houyi hatte sich nicht darum geschert. Prinzessin Chang'es Gesellschaft hatte eindeutig eine besänftigende Wirkung auf ihn.

Das offizielle Verlobungsabendessen wurde im prunkvollsten Gebäude des Tigerpalasts ausgerichtet, im Palast der Großen Harmonie, in den neben den herrschenden Clans auch die wichtigsten Beamten, die Gouverneure der Provinzen und die Anführer der Armee geladen waren. Frau Jian befahl allen Wächtern, als Demonstration ihrer Macht beim Abendessen anwesend zu sein. Unsere einzige Aufgabe bestand darin, Haltung anzunehmen und in unseren Uniformen Stärke auszustrahlen. Ich konnte nicht einmal mit Sunan sprechen, um mir die Zeit zu vertreiben. Stattdessen beobachtete ich still, wie die geladenen Gäste schlemmten und die neusten Gerüchte austauschten.

Prinzessin Ailing und Frau Jian saßen in erhöhter Position am Kopfende des Saals. Dort nahmen sie Geschenke entgegen und sprachen mit jedem Neuankömmling einzeln. Die Gäste saßen in Gruppen an langen Tischen zusammen, die mit roten Tischtüchern und goldenem Geschirr gedeckt waren. Das Angebot an Speisen war so reichlich, dass die Serviertabletts übereinandergestapelt wurden. Es gab gewürzten Tofu, Mandarinfisch mit Pinienkernen, gedünstetes Gemüse, mit Jadegarnelen gefüllte Teigtaschen, gegrilltes Schwein auf Bambusblättern, Hühnerfüße in Sojasoße, Rouladen und Kuchen.

Als das Abendessen schon zwei oder drei Stunden im Gang war, öffneten sich die Flügeltüren zum Saal. Die Mienen der Gäste hellten sich auf, als wäre Meister Shuya selbst zum Fest erschienen. Ich wusste auch ohne Ankündigung, wer es war: Der Clan des Türkisen Drachen war endlich in Penglai angekommen.

Sie alle waren riesig. Wie Götter. Die zwei Frauen, die als Erste eintraten, waren größer als Sunan und ich, und wir waren für Penglaier Verhältnisse nicht eben klein. Es waren die Zwillingsherrscherinnen des Drachenclans, Frau Meng Wanyu und Frau Meng Peishan. Sunan hatte erzählt, dass im Drachenclan selten Mädchen geboren wurden, weshalb die beiden elf ältere Brüder hatten. Großmutter Meng hatte den Himmel um eine Tochter angefleht, bis sie schließlich im Alter von über vierzig Jahren die beiden Zwillingsmädchen bekam, die zu den Erbinnen ihres Clans wurden. Die Geschwister teilten sich alles. Sogar die Mutterschaft, obwohl nur die jüngere der beiden, Frau Meng Wanyu, selbst Kinder hatte: drei erwachsene Söhne, die hinter ihren Müttern einherschritten, hochgewachsen und schön wie zwei *Xiān*.

Der älteste von ihnen war Ailings Verlobter, General Meng Jin. Er schritt in voller Soldatenuniform durch den Saal, hinter ihm wehte ein blauer Mantel. Ich hatte ihn schon einmal in Ailings Erinnerungen gesehen. Er war ein eindrucksvoller Mann, stark, aber zugleich anmutig. Seine Gesichtszüge waren glatt und vornehm, die Augenbrauen dicht, und in seinen Augen lag eine Spur von Traurigkeit. Er mochte in Rens Alter sein, vielleicht ein oder zwei Jahre älter.

Die Drachen traten vor Ailing und Frau Jian, die Söhne neben ihren Müttern. Sie verneigten sich gleichzeitig.

»Meine liebe Schwester«, begann Frau Meng Peishan, »ich bitte demütig um Entschuldigung, dass wir erst jetzt kommen. Es ist eine unermessliche Freude und Ehre, meinen Sohn im Rahmen dieses großen Familienfestes begleiten zu dürfen.«

»Mögen die Götter euch segnen«, säuselte Frau Jian. Sie und Ailing sahen vor den Drachen nur halb so groß aus wie sonst, obwohl sie in höherer Position saßen als ihre Gäste. »Bitte nicht um Entschuldigung, Peishan-*jiějie* – wir alle haben Verständnis dafür, dass euer Clan seine Zeremonien in Dongxu abhalten muss, genau wie wir es hier tun. Die Hauptsache ist, dass ihr jetzt in Penglai seid.«

Ich verfolgte interessiert, wie Ailing sich gegenüber ihrem zukünftigen Ehemann verhielt. Obwohl die Nachricht von der Hochzeit schon vor einem halben Jahr verbreitet worden war, hatte ich Meng Jin vor dem Verlobungsabendessen kein einziges Mal gesehen. Die Ehe war auf dem Papier besiegelt worden. Das bedeutete jedoch nicht, dass sie die Entscheidung nicht selbst getroffen hätten – ich hatte Meng Jin in Ailings Erinnerungen gesehen und wusste, dass ihre Gefühle aufrichtig waren – aber jetzt, da sie sich gegenüberstanden, hätten sie sich genauso gut völlig fremd sein können.

Sie zeigten ihre Gefühle nicht. General Meng Jin betrachtete Ailing mit kühlem Blick, verneigte sich erneut und folgte dann den Herrscherinnen zu dem Tisch, der seinem Clan zugewiesen worden war. Auch Ailings Gesicht blieb so regungslos, als trüge sie eine Maske. Sie fächelte sich mit einem Fächer aus weißem Ölpapier Luft zu.

Diese Leute wussten wirklich, wie man schauspielte.

»Es ist so lange her, dass wir A-Jin hier im Süden zu Gast hatten«, sagte Frau Jian. Sie warf ihrem zukünftigen Schwiegersohn einen schmeichelnden Blick zu, dieser Verkörperung von Macht, dem die Armee von ganz Fusang unterstand. »Alle anderen schlagen hier ständig auf, aber A-Jin scheint immer beschäftigt zu sein. Das ist wirklich schade. Er wäre schon vorher herzlich willkommen gewesen, den Tigerpalast kennenzulernen. Aber wie dem auch sei. Es kommt selten vor, dass unsere Clans so zahlreich zusammenkommen – lasst es uns genießen. Meine Töchter reisen morgen zum Sommerpalast, um die Rituale zu Ehren von Xifang Baihu zu absolvieren, und kehren erst zum Hochzeitstag zurück. Das hier ist unsere letzte gemeinsame Mahlzeit vor der privaten Feier.«

»Der Sommerpalast ist dieser Tage kein Ort für junge Frauen«, ließ sich General Meng Jin vernehmen.

Der ganze Saal verstummte, um ihm zuzuhören. Seine Stimme war eindrucksvoll, aber nicht so makellos, wie ich gedacht hatte: In seinem Fusang hörte ich einen östlichen Dialekt, der im Süden als ordinär galt. Meng Jin sah zu Ailing auf, und jetzt offenbarten seine Augen auch die Gefühle, die ich von einem Bräutigam erwartet hatte. In der Luft lag eine elektrisierende Spannung – aber auch echte Besorgnis angesichts von Frau Jians Worten.

»Die Angehörigen des Eisenaufstands haben in den vergangenen Monaten für Unruhen in den Provinzen Baoshan und Yamen gesorgt«, sagte er. »Auch in Yueyang, wo der Sommerpalast eures Clans steht, gab es gewalttätige Zwischenfälle. Dort wurden viele illegale Feuerwaffen beschlagnahmt. Die jungen Damen sollten nicht aufbrechen, bevor die Region um den Sommerpalast nicht erkundet und gesichert ist.«

»Der Sommerpalast ist der Tempel des Weißen Tigers«, gab Frau Jian zu bedenken. »General Meng wird doch nicht wirklich vorschlagen wollen, dass meine Tochter die Opferrituale für ihre Schutzgottheit am Vorabend ihrer Hochzeit vernachlässigt?«

»Es ist nicht sicher«, wiederholte Meng Jin. »Wir können den Hochzeitstag um eine Woche verschieben, damit meine Soldaten Yueyang nach Waffenverstecken absuchen können. Danach können die jungen Damen zum Sommerpalast reisen.«

»Unsinn«, sagte Frau Jian. Ihr angespanntes Lächeln verriet, dass das herrische Gehabe ihres Schwiegersohns sie reizte.

»Der Hochzeitstag kann nicht verschoben werden. Wir haben einen besonders günstigen Tag aus dem *Tōng-Shèng*-Kalender gewählt, damit Ailing viele Töchter bekommt. Ein anderer Tag könnte Unglück über die Ehe bringen. Das würde General Meng doch nicht wollen, oder?«

»Ich bin in dieser Angelegenheit derselben Meinung«, sagte Frau Wanyu. »Der Hochzeitstag muss nach Plan stattfinden und die Braut muss zum Sommerpalast reisen können, um Xifang Baihu zu opfern. Wegen ein paar Aufständischen werden wir unsere Pläne nicht ändern. Wir können doch nicht zulassen, dass der Pöbel dem Adel diktiert, wann sie zu feiern haben. Das würde den Eindruck erwecken, wir hätten Angst vor ihnen.«

»Ganz genau«, sagte Frau Jian. »Ich werde einige Wächter schicken, um meine Töchter zu begleiten. Was können ein paar Bauern ihnen schon anhaben? Sie mit Mistgabeln pieksen?«

Im Saal wurde gelacht. Ich spürte, wie mir heiß wurde, wie der reine Hass, den ich angesichts der Überheblichkeit der herrschenden Clans empfand, die Energiepforten meines Körpers öffnete. Dass sie die arme Bevölkerung für machtlos hielten und in ihr nichts als eine Belastung sahen, war nichts Neues. Daran war ich gewöhnt. Doch die Schamlosigkeit, mit der sie die Gründe für die Aufstände ignorierten, ärgerte mich so, dass ich die Finger fest um den Griff meines Schwertes schloss.

Die Herrscherinnen fragten General Meng Jin nicht einmal nach dem Grund für das Erstarken der Rebellenbewegung. Was brauchte das Volk in den betroffenen Gebieten – was war es, das ihm fehlte, sodass es keine andere Möglichkeit mehr sah, als sich gegen seine Herrscher zu erheben? Stattdessen überlegten die Clans, wie sie die Widerstandsbewegung ersticken konnten, damit ihre jungen Damen der Gottheit des Weißen Tigers Gold und anderen Tand opfern konnten.

Mein Blick begegnete dem von Ailing, die während des gesamten Abendessens noch kein Wort gesagt hatte. Ich las ihre stumme Botschaft in der kaum wahrnehmbaren Bewegung ihrer Augenbrauen und in der Furche, die sich auf ihrer porzellanglatten Stirn bildete: *Es tut mir leid.*

22. Kapitel

Die schlimmste Armut war bereits aus dem Straßenbild verbannt worden, als sich das Gefolge des Jian-Clans dem Sommerpalast der Familie näherte. Ich betrachtete die verschlossenen Fensterläden und die Radspuren im Schlamm, die verrieten, dass die Straße vor Kurzem noch voller Verkaufsstände gewesen war. Von den Bewohnern Yueyangs waren nur diejenigen gekommen, die kräftig genug waren, um die Clan-Erben zu begrüßen. Unter ihnen waren auch Kinder. Sie schwenkten die Stöcke, mit denen sie sonst den Tag über spielten, während die Erwachsenen sich vor Ailings verschlossener Kutsche verneigten. In ihren Blicken lagen jedoch dunkle Schatten, die ich nur zu gut kannte. Anders als die Bevölkerung in Penglai am Eröffnungstag des Fackelfestes waren diese Menschen nicht freiwillig hier. Sie verneigten sich aus demselben Grund, aus dem Ren und ich uns bei der Auswahlzeremonie vor Frau Jian verbeugt hatten.

Die Umstände ließen ihnen keine andere Wahl.

Die Stadt Yueyang war nicht so wohlhabend wie Penglai. Sie gehörte nicht zum staatlichen Programm der Sicheren Städte und war noch immer geprägt von Hochhäusern aus der alten Zeit. Diese Gebäude ähnelten riesigen, verdorrten Bäumen. Sie waren unbewohnbar. Einige von ihnen trugen noch die klaffenden Spuren von Bombenangriffen, doch ihr Abriss war so aufwendig, dass die Mehrheit der Städte in Fusang noch immer auf staatliche Unterstützung wartete.

Ich verspürte eine unerwartete Nostalgie, obwohl Yueyang dem

Aussehen nach nichts mit den Städten in Namla gemeinsam hatte. Im Norden zeigte sich das kulturelle Erbe von Hirayal und Namla im Baustil der Häuser, in den farbenfrohen Gebetsfahnen, den Mani-Mühlen und den Steingravuren. Im Süden baute man mehr mit Holz. Die neu errichteten Häuser waren niedrig und machten einen wohnlichen Eindruck, damit bildeten sie einen starken Kontrast zu den Turmskeletten am Stadtrand. Hier und dort standen stählerne Sendemasten des Himmelsnetzes, einer davon direkt im Zentrum der Stadt. Die farbenfrohen Blumenbeete an seinem Sockel waren der halbherzige Versuch der Einwohner, seine Missgestalt etwas zu entschärfen. Yueyang war eine so deutliche Mischung des neuen und alten Fusang, dass ich mir vorstellen konnte, wie die Stadt vor dem Schwarzen Regen ausgesehen haben musste.

Der Hauptgrund für meine Nostalgie waren allerdings die Gerüche. Ich hatte fast zwei Jahre innerhalb der Mauern des Tigerpalastes zugebracht, wo nichts an die Armut der entlegeneren Städte erinnerte. Da ich an den Weihrauch, die Gärten und das gute Essen des Palastes gewöhnt war, war mir nie in den Sinn gekommen, dass Armut ihren eigenen Geruch hatte. Es war der Geruch von alltäglicher Arbeit und Schweiß, aber daneben roch es auch ein wenig nach Speisen, die ich schon lange nicht mehr gegessen hatte. Ich erkannte den Geruch nach fermentierten Kräutern und auf die Straße geworfenen, verrottenden Fischabfällen.

Wenn ich allein unterwegs gewesen wäre, hätte ich mein Pferd angehalten, die Maske abgenommen und Yueyang eingeatmet. Als Teil des Clan-Gefolges konnte ich das jedoch nicht tun. Ich ritt wie alle Wächter vor Ailings Kutsche. Durch den Spalt zwischen Helm und Maske betrachtete ich die Einwohner von Yueyang, von denen kein einziger es wagte, meinen Blick zu erwidern. Wächter waren in ihren Augen Dämonen. Ich wusste nicht, ob die Menschen ebenso gehorsam am Straßenrand stehen geblieben wären, wenn wir nicht da gewesen wären. Adelige junge Damen waren in ihrer Nähe nicht sicher. Je schneller wir zum Sommerpalast kamen, desto besser.

Der Palast lag fünfzehn *Li* westlich von Penglai genau an der Grenze zwischen den Provinzen Yamen und Sang. Er war als Ferienresidenz des Clans deutlich kleiner als der Tigerpalast, und der größte Teil des Geländes innerhalb der Mauern bestand aus einem wunderschönen Garten. Prinzessin Ailing sollte im Tempel des Weißen Tigers, einem Nebengebäude des Palastes, die Opferzeremonien und rituellen Verbeugungen absolvieren, mit der sie ihre Schutzgottheit Xifang Baihu um den Segen für ihre Hochzeit bitten würde. Mit ihr reiste Prinzessin Chang'e. Beide Damen genossen sichtlich die Abwechslung, die die Reise mit sich brachte. Ich sah zum ersten Mal, dass sie Zeit miteinander verbrachten wie normale Schwestern.

Ich war einer von fünf Wächtern, die die Damen zum Sommerpalast begleiteten. Für die Aufgabe waren Ailing und Prinzessin Chang'es persönliche Leibwachen Tanashiri und Houyi ausgewählt worden, außerdem Sunan, ich und eine der fähigsten Soldatinnen, Biying. Darüber hinaus gehörten dem Gefolge zwanzig Fußsoldaten an, außerdem der Zeremoniebeauftragte des Neiwufu und je vier Hofdamen beider Clanerbinnen, insgesamt acht Mädchen in wallenden Röcken.

Meiner Meinung nach waren es zu wenige Wächter für die Anzahl an Menschen, die wir bewachen sollten. Ich war nicht der einzige Soldat, der so dachte, denn auch Houyi und Tanashiri hatten gegenüber Frau Jian ihre Sorge geäußert – und trotzdem war an der Zusammensetzung des Gefolges nichts geändert worden. Ich begriff nicht, warum. Nach dem zu urteilen, was ich über die Unruhen in Yueyang gehört hatte, war ich davon ausgegangen, dass Frau Jian für ihre Töchter mehr Schutz aufbieten würde. War sie tatsächlich so überheblich, dass sie glaubte, die aufkeimende Rebellionsbewegung könnte keine ernsthafte Bedrohung darstellen? In der Region waren Verstecke mit Feuerwaffen gefunden worden, Beweis dafür, dass es in Fusang unter der Oberfläche brodelte. Neben uns Wächtern war zwar auch eine Gruppe gewöhnlicher Fußsoldaten zum Sommerpalast geschickt worden, doch gegen illegale Feuerwaffen konnten sie nichts ausrichten.

Ich war mir nicht sicher, ob es bei den Wächtern auch so war. Wir waren unschlagbar im Nahkampf, aber bei Feuerwaffen sah es anders aus. Die Kugeln flogen schnell. Sie trafen ihr Ziel fast gleichzeitig mit dem ohrenbetäubenden Knall, den die Waffen von sich gaben. Ich würde eine auf meinen Kopf abgefeuerte Kugel nicht auf dieselbe Art abfangen können, wie ich es mit dem Pfeil getan hatte. Ich konnte nur mein Qi kultivieren und hoffen, dass mein *Nèigōng* stark genug war, um die Kugel abzuwehren, bevor sie mich traf.

Als es dämmerte, bezogen wir zur Nachtwache Posten vor dem Palastgebäude, in dem die Damen wohnten. Obwohl die Fackeln im Hof die kahle Umgebung gut ausleuchteten, schien Houyi unruhig. Er bat mich, eine Brücke zu meinem Falken herzustellen, damit ich die Umgebung mit geschärften Sinnen im Auge behalten konnte.

Ich befolgte seine Anweisung und verband meinen Geist mit Qiu, der auf einer Dachtraufe schlief und sich perfekt in die Reihe der *Chīwěn*-Drachen einfügte. Er erwachte, als er die Verbindung spürte, und breitete seine Flügel aus, aber als er merkte, wie ruhig mein Geist war, legte er sie wieder an und schloss die Augen.

Ich stand regungslos da und praktizierte *Nèigōng*, spürte ein angenehmes, warmes Summen tief im Bauch. Dunkle Schatten von Fledermäusen auf der Jagd nach Insekten huschten durch den Lichtkreis der Laternen. Es war ganz still. Selbst die Grillen, die im Sommer noch gezirpt hatten, waren mit Beginn des Herbstregens verstummt. Ich war noch nie zuvor in Yueyang gewesen und konnte nicht sagen, wie ruhig das Gebiet rund um den Sommerpalast normalerweise war. Die Stadt erschien mir geisterhaft – wie Frühnebel über einer Wiese. Ich konnte die in der Luft hängende Feindseligkeit beinahe riechen.

Von uns Wächtern wirkte nur Sunan völlig unbesorgt. Er bemühte sich, eine unbekümmerte Plauderei am Laufen zu halten, ohne sich darum zu scheren, dass er weder von Houyi noch von mir oder den Soldatinnen echte Antworten bekam. Ich hatte den Eindruck, dass ihm die Verantwortung nicht ganz klar war, die auf ihm lastete. Dennoch hörte ich seine Stimme gern – sie lockerte die drückende Atmosphäre auf.

»Ich habe eine Theorie. Den ganzen Tag habe ich darüber nachgedacht, warum Frau Jian beschlossen hat, General Mengs Warnung zu ignorieren. Sie hat das nicht unbedingt aus reiner Gleichgültigkeit getan. Vielleicht glaubt sie einfach wirklich, dass die Verschwörer keine Chance gegen eine Handvoll Wächter haben.«

»Bist du da ganz alleine drauf gekommen?«, brummte Houyi.

»Du bist also meiner Meinung, *Shīzūn*? Dass Frau Jian nicht auf dem neuesten Stand der Dinge ist?«, entgegnete Sunan.

»Das ist eine alte Tradition in Fusang«, seufzte Tanashiri. »Die Untergebenen wollen ihren Herrschern keine schlechten Nachrichten überbringen. Sie berichten nur Dinge, die ihren eigenen Interessen dienen – zum Beispiel haben viele Provinzgouverneure in den Jahren nach dem Schwarzen Regen falsche Angaben zu den Getreideernten in ihren Gebieten gemacht, um in den Augen der Clans besser dazustehen. Diese falschen Angaben führten wiederum dazu, dass aus den Provinzen immer größere Mengen Getreide für die staatlichen Silos angefordert wurden, was schließlich in einer Hungersnot endete.«

»Du meinst also, hier gilt das Gleiche?«, fragte Sunan. »Frau Jian hat fünf Wächter für diesen Auftrag abgestellt, weil die Beamten sie glauben machen wollen, dass die Verschwörer keine ernsthafte Bedrohung sind. Was soll das denn? Ist es nicht die Aufgabe der Beamten, die Herrscherin über alle Angelegenheiten des Staates zu informieren?«

»Das Neiwufu versucht durchaus, Frau Jian einen guten Überblick zu geben«, erklärte Tanashiri. »Die Beamten sind auf die Berichte der Gouverneure angewiesen. Aber wenn der Gouverneur von Yamen nicht wahrheitsgemäß von den Aufständen in seiner Provinz berichtet, wie soll dann das Neiwufu Frau Jian über dieses Problem unterrichten?«

»Ich kapiere das trotzdem nicht. Wäre es nicht besser für den Gouverneur, dem Clan von den Problemen in seiner Provinz zu erzählen, damit er militärische Hilfe bekommt?«

»Willst du etwa derjenige sein, der Frau Jian schlechte Nachrichten überbringt?«

»Wenn ich damit die Lage in meiner Heimatstadt verbessern könnte, na klar.«

»*Báichī ā*«, sagte Tanashiri und schüttelte den Kopf. »Wie selig dein simples Leben sein muss.«

Sunans Glucksen drang dumpf durch die Maske. Er wusste, dass Tanashiri ihn mochte. Alle mochten ihn. Sunan war ein Bruder, wie jeder ihn haben wollte. Ein aufrichtiger Freund, der trotz seiner Sticheleien immer seine Hilfe anbot.

Ich hörte mit halbem Ohr zu, wie Sunan und Tanashiri ihr Gespräch fortsetzten, lauschte aber nicht mehr auf die einzelnen Worte. Qiu hatte die Augen geöffnet. Sein Kopf machte eine halbe Drehung, so als hätte er Geräusche gehört. Ich trat einen Schritt vor, den Blick fest auf die Dachfirste gerichtet, und überprüfte jede einzelne der Figuren für den Fall, dass zwischen ihnen eine zusätzliche Silhouette aufgetaucht war.

Ich bemerkte nichts Ungewöhnliches. Nur den nachtschwarzen Himmel, vor dem die Rauchfahnen der Fackeln im Hof aufstiegen. Ich legte die Hand auf Qingsuos Griff.

»Dawei«, sagte Houyi. Der ernste Ton in seiner Stimme ließ Sunan in seinem Geplapper innehalten. »Rede mit uns. Hast du etwas gesehen? Oder dein Falke?«

»Qiu ist wach«, sagte ich. Besser konnte ich es nicht ausdrücken. Ich hatte nichts gesehen oder gehört, was ich hätte berichten können. Es war nur ein Gefühl. Der unerklärliche Instinkt eines Wildtieres, der auf die Gefahren reagierte, die in der Nacht lauerten. Ich schärfte alle meine Sinne. Spähte umher. Lauschte. Ich prüfte die Luft, indem ich den Zeigefinger an meinem Daumen rieb. Die Luftfeuchtigkeit war hoch. Das nahende Gewitter machte die Luft schwer – aber da war noch etwas anderes. Der leichte Wind schien etwas Bitteres mitzubringen. Ich griff nach meiner Maske und zog sie so weit herunter, dass meine Nase frei war. Ich atmete ein – und ja – ich erkannte den Geruch: den süßlichen Gestank von Eisen, von frischem Blut, den der Wind mit sich trug.

Ich setzte die Maske wieder auf.

»Wie viele Soldaten bewachen den Haupteingang?«, fragte ich Houyi.

Alle vier Wächter hielten jetzt Pfeil und Bogen in der Hand. Sie behinderten meine Zusammenarbeit mit Qiu nicht, bereiteten sich aber darauf vor, auf alles zu reagieren, was ich über die Brücke wahrnahm.

»Fünf«, sagte Houyi. »Die übrigen sind an den anderen Eingängen stationiert.«

»Schick eine Nachricht an ihre Geren«, sagte ich. »Sie sollen bestätigen, dass alles in Ordnung ist. Ich möchte die Lage auch selbst überprüfen. Vielleicht irre ich mich, aber du wolltest, dass ich auf meinen Falken höre, und das ist das Gefühl, das er mir übermittelt.«

»Geht klar«, sagte Houyi und nickte. Er entfernte die Schutzhülle von seinem Geren und verfasste eine elektronische Nachricht, wozu er als hochrangiger Soldat berechtigt war. Das Himmelsnetz verband Houyi jetzt mit allen, die den Sommerpalast bewachten. Er konnte kurze Befehle geben oder einen allgemeinen Alarm auslösen.

Als Houyi fertig war, kam er zu mir. »Dawei, komm mit. Tanashiri, geh nach drinnen zu den Damen. Biying, Sunan, ihr bleibt, wo ihr seid. Solltet ihr verdächtige Bewegungen oder einen Soldaten in Uniform sehen, den ihr nicht erkennt, dann zögert nicht. Ihr habt die Erlaubnis, jeden Feind zu töten, der auf das Gebiet des Palastes vordringt.«

»Ja, *Shīzūn*«, sagten alle wie aus einem Mund.

Die Erlaubnis zu töten.

Houyi hatte Sunan und mir noch nie zuvor einen solchen Befehl gegeben. Ich beschloss, mich davon nicht ablenken zu lassen. Der Tod war schon so viele Jahre lang Teil meines Alltags, dass er mein Denken und Handeln kaum noch beeinträchtigte. Mein Herz schlug nicht schneller. Die Angst trocknete mir nicht den Mund aus. Ich wurde höchstens wachsamer, während ich neben Houyi zum Haupttor des Sommerpalastes ging. Er hielt Pfeil und Bogen im Anschlag, ich hatte die Hand an Qingsuos Griff.

Qiu erhob sich in die Luft. Er glitt an den Dachverzierungen entlang und verschwand hinter den Mauern des Palastes. Damit spiegelte er meinen Geisteszustand. Unsere Verbindung übertrug ihm statt Furcht die Instinkte eines Jägers, die ihn näher an den *Jarak* brachten. Qiu suchte eine Beute, in die er seine Klauen schlagen konnte.

»Ich habe Meldungen vom Osttor und vom Westtor«, las Houyi von seinem Geren ab, »aber kein Wort vom Haupttor.«

Ich nickte. So etwas hatte ich befürchtet. Je näher wir dem südlichen Eingang kamen, desto intensiver wurde der Blutgeruch.

Das Haupttor des Sommerpalastes war nicht so robust wie das im Tigerpalast. Es war eine einfache Doppeltür aus Eichenholz, die von außen bewacht wurde. Houyi trat zuerst nach draußen. Nach einem raschen Sprung zielte er mit dem Bogen in beide Richtungen. Sein Qi ließ den Saum seiner *Chángpáo*-Robe aufflattern, als hätte ein heftiger Windstoß seine Kleidung erfasst.

Ich fand denselben Anblick vor wie mein Meister: Vor dem Tor lagen fünf Leichen auf dem Boden.

»*Cào*«, fluchte Houyi. »Überprüf sie.«

Unter seinem wachsamen Auge konnte ich die Hand vom Schwert nehmen und mich neben die Leichen knien. Ihr Tod war lautlos gewesen. Heimtückisch. Aber er hatte auch lang genug gedauert, um den Opfern ungeheure Schmerzen zuzufügen. Die offenen, schreckerfüllten Augen der jungen Fußsoldaten verrieten, dass sie überrascht worden waren. Man hatte ihnen die Kehlen durchtrennt. Das Blut war so frisch, dass es immer noch aus den Halsschlagadern auf den steinigen Boden floss. Die roten Bäche vereinigten sich zu dunkelroten Pfützen.

Vor meinem geistigen Auge sah ich das Bild von Rens abgetrennter Hand. Die riesige Blutlache auf dem Boden.

Ich schüttelte den Kopf, um die Erinnerung zu verscheuchen.

»Sie wurden gleichzeitig angegriffen«, erklärte ich Houyi. »Die Angreifer müssen zu fünft gewesen sein, vielleicht auch mehr. Sie haben den Soldaten nicht die Uniformen ausgezogen und auch keine Feuerwaffen benutzt – wenn sie überhaupt welche haben. Sie versuchen, lautlos und im Schutz der Dunkelheit vorzugehen. Ich schätze, sie laufen über die Dächer.«

Genau wie die Bianfu, fügte ich im Stillen hinzu.

»Schalte das Licht im Wachturm ein«, befahl Houyi. »Ich alarmiere die anderen über unsere Geren, aber die Eindringlinge sollen auch wissen, dass wir sie bemerkt haben. Wenn sie sich auf die Dunkelheit verlassen, wird das helle Licht sie vielleicht von weiteren Taten abhalten. Wir müssen zurück zu Tanashiri – die Clanerbinnen müssen um jeden Preis beschützt werden.«

»Ich weiß.«

Ich strich einem der toten Soldaten mit der Hand über die Stirn und schloss seine blutunterlaufenen Augen. Sein Gesicht war glatt, der Hals lang und verletzlich wie bei einem Falkenküken, das noch im Nest saß. Er konnte nicht viel älter sein als ich. Wahrscheinlich hatte er sich als Soldat anwerben lassen, um seine Bürgerschulden zu verringern. Das musste auch den Aufständischen klar sein. Sie hatten den Sohn einer mittellosen Familie getötet, nur weil er zufällig eine Soldatenuniform trug.

Ich hatte gedacht, ich könnte die Wut der Aufständischen verstehen, aber das hier …

Diese Gewalt war mir unbegreiflich.

Es war einfacher, nicht lange nachzudenken. Ich musste nicht versuchen, mich in die Aufständischen hineinzuversetzen. Ebenso wenig musste ich über meine Rolle als Wächter nachdenken, auch nicht darüber, dass ich noch vor eineinhalb Jahren eher auf der Seite der Aufständischen gestanden hätte. Der Anblick dieser ermordeten Jungen beseitigte alle Zweifel. Meine Aufgabe war es, Ailing, Prinzessin Chang'e und ihre Hofdamen vor den Bestien zu schützen, die sich von hinten an ihre Opfer anschlichen und ihnen das Messer in die Kehle rammten, bevor sie auch nur die Gelegenheit hatten, ihren Mördern in die Augen zu sehen.

Mein Bedürfnis, die Frauen im Palast zu verteidigen, war aufrichtig und simpel. Ailing hatte Dray vor dem Arbeitslager bewahrt. Sie kümmerte sich schon seit fast zwei Jahren finanziell um Tantchen und die Kinder – um alle Menschen, die ich liebte. Im Gegenzug würde ich jetzt sie beschützen.

Da ich für die toten Jungen nichts mehr tun konnte, ließ ich ihre Leichen draußen vor der Mauer liegen. Ich half Houyi, das Tor zu verbarrikadieren. Wir hoben den schweren Querbalken in die stählerne Verriegelungsvorrichtung, wobei wir uns weder hetzten noch ein einziges Wort wechselten – in dieser Hinsicht passten wir gut zusammen.

Während Houyi über seinen Geren den Alarm auslöste, kletterte ich auf den steinernen Wachturm der Mauer. Oben befand sich ein riesiger Suchscheinwerfer aus Stahl, der aus der Nähe betrachtet wie ein blinder Tunnel aussah. Die Idee war, dass die anderen Wachtürme ebenfalls ihre Scheinwerfer anschalteten, sobald sie das Licht sahen. Auf diese Weise würde es im ganzen Sommerpalast taghell und wir könnten die Verstecke der Feinde ausfindig machen.

Ich verlor keine Zeit, sondern packte den breiten Griff des Scheinwerfers und riss ihn nach oben. Eine plötzliche Wärme ergoss sich über mich. Das Licht traf meine Netzhaut mit so unbarmherziger Helligkeit, dass es sich anfühlte, als wären mir Dolche durch die Augen bis in den Hinterkopf gedrungen. Sofort schlug ich mir die Hände vors Gesicht und taumelte nach hinten. Ich sah Sterne. Rote, gelbe, weiße. Ich hörte das elektrische Brummen, spürte die wachsende Hitze des Scheinwerfers auf meiner Haut.

Ich drehte mich mit dem Rücken zum Licht und blinzelte, bis ich wieder etwas sehen konnte. Die Farben des Palastgartens wirkten unnatürlich. Das Grün, Rot und Gold, in das die Palastgebäude tagsüber getaucht waren, war nun mit Grau vermischt … Der Mond wurde neben diesem menschengemachten, künstlichen Lichtungeheuer zu einer einfachen weißen Perle am Himmel.

Da zerriss ein Schuss die Stille der Nacht.

Das Geräusch war so laut, dass es selbst aus der Ferne mein Trommelfell noch traf wie ein Peitschenhieb. Etwas prallte gegen den Scheinwerfer hinter mir – die Linse zersprang und Glassplitter regneten auf meine Haare herunter. Ich duckte mich, auch wenn meine Ausweichbewegung viel zu spät kam. Das Qi brauste mit solcher Wucht aus meinen Meridianen, dass der Scheinwerfer meine Energie aufnahm und blendend weiß aufleuchtete, bevor er endgültig zerplatzte.

Erneut senkte sich Dunkelheit über den Sommerpalast.

Ich sah in die Richtung, aus der der Schuss gekommen war, und sah gerade noch drei schwarzgekleidete Gestalten fallen, von Houyis Pfeilen durchbohrt. Mein Meister hatte nicht gezögert. Im selben Moment, in dem der Schuss mich in die Deckung gezwungen hatte, hatte er die Feinde bereits erfasst und zwei weitere Pfeile aus dem Köcher gezogen. Er hatte alle drei Pfeile gleichzeitig abgeschossen, und sie trafen ihr Ziel mit solcher Wucht, dass die dunklen Gestalten umgerissen wurden und vom Dach stürzten.

Ich wusste, dass die Aufständischen tot waren, noch bevor sie auf dem Boden aufschlugen. Houyi verfehlte sein Ziel nie.

Ihr habt die Erlaubnis zu töten, wiederholte ich im Stillen. Houyi hatte nicht übertrieben. Er hatte getötet. Genau wie Ruby Shay die um Gnade flehenden Söldner getötet hatte.

Meine Ohren klingelten noch immer von dem ersten Schuss, als schon die nächsten aus allen Richtungen kamen. Sie klangen wie Feuerwerk – nein: wie die breiten Planken, die beim Bau eines Hauses umfielen und mit solcher Wucht auf den Boden knallten, dass die Tiere erschreckt davonsprangen.

Und auf die Schüsse folgten Schreie. Die Panik der verletzten Soldaten, die von etwas getroffen waren, das sie nur als seltsamen, unsichtbaren Pfeil begreifen konnten, gefolgt von lähmendem Schmerz.

Mir entfuhr ein völlig unangebrachtes Lachen. Mein Herz trommelte wie wild, und mein Qi ließ den Rauch der durchgebrannten Lampe und die Funken um mich herum in der Luft tanzen. Ich sprang auf die steinerne Balustrade des Wachturms und hockte mich hin. Ein seltenes Grinsen spielte um meine Lippen und ich schloss die Hand fest um den Schwertgriff, bereit, die schwarz gekleideten Gestalten zu jagen wie Ratten.

Ich war im *Jarak*. Mir war bewusst, dass meine Gefühle durch die Brücke verzerrt wurden, die noch immer zwischen Qiu und mir bestand, aber zugleich wollte ich diese Verbindung nicht unterbrechen. Die Sorge, die ich hätte spüren sollen, verwandelte sich in die ekstatische Überlegenheit des Jägers. Das Gefühl war besser als die Angst. Es war befreiend, genau wie damals, als ich an den Berghängen des Aachalendra in den *Jarak* geraten war. Ich hielt Ausschau nach Bewegungen auf dem Dachfirst – diesmal erkannte ich zwischen den Verzierungen menschliche Gestalten – erblickte einen Aufständischen hier, einen zweiten dort – und allein der Gedanke an das Blut meiner Feinde ließ meinen Körper erglühen.

Ich hob den Arm, als Qiu zu mir geflogen kam. Er ließ sich mit ausgebreiteten Flügeln darauf nieder und blieb mit offenem Schnabel regungslos sitzen. Seine goldenen Augen blickten in dieselbe Richtung wie ich, seine Krallen umklammerten mein Handgelenk unter der Uniform ebenso fest wie ich den Griff von Qingsuo. Wir waren ein Herz, eine Seele. Ich hatte keine Angst vor den Aufständischen. Keine Angst vor ihren altmodischen Feuerwaffen.

Ich wollte jagen.

»… wei!«, brüllte Houyi vom Boden her. Ich schrak auf, als ich die Wut in seiner Stimme hörte. Hatte er etwas gesagt? Seine Augen im Spalt zwischen Helm und Maske waren vor Zorn geweitet.

»Hörst du mir überhaupt zu? Wir müssen zu Tanashiri und den anderen zurück! Sie brauchen uns!«

»Geh du zu den Damen, *Shīzūn*«, sagte ich. »Ich komme sofort nach. Erst bringe ich A-Ling einen ihrer Feinde.«

»Was …!?«

Das Entsetzen in seiner Stimme mochte zweierlei Gründe haben: entweder, weil ich ihm nicht gehorchte, oder aber, weil er hörte, wie ich Ailings Kosenamen gebrauchte, als wäre ich ihr Liebhaber. Ich hielt mich nicht damit auf, Houyi zu erklären, warum ich tat, was ich tat. In meinem Herzen war ich immer noch ein Bianfu – das begriff ich jetzt. Ich hatte meinen Wunsch nach Freiheit unterdrückt und mich in Frau Jians Dienste gefügt, aber Qius *Jarak*, die Dachziegel unter mir und das Schwert in meiner Hand machten mir wieder bewusst, wer ich wirklich war. Hier oben auf dem Dach war ich eine Fledermaus in der Nacht – und ich war bereit zu fliegen.

Mit diesem Gedanken tauchte ich hinab in die allumfassende Dunkelheit.

Ich landete weich auf dem Dach unter mir und folgte den Gestalten, die ich auf Ailings Palastgebäude hatte zulaufen sehen. Ich ließ mein Qi fließen, spürte es als warmes Kribbeln unter den Rippen. Es gab meinen Beinen die nötige Energie, als ich Anlauf nahm und mich bereit machte für den weitesten Sprung meines Lebens. Ich benutzte *Qīnggōng*, die Technik, mit der man den Körper leichter machen konnte. Weil sie im Kampf kaum zum Einsatz kam, wurde ihr eindrucksvollster Aspekt selten gezeigt: Für einen gewöhnlichen Menschen sah es aus, als würde ich fliegen.

Ich versetzte dem ersten Aufständischen einen Tritt, bevor er sich auch nur umdrehen konnte. Er wurde seitwärts auf die Dachziegel geschleudert und rollte auf den Abgrund zu. Zwei weitere, mit schwarzen Kegelhüten und Gesichtsschleiern bekleidete Gestalten wirbelten herum. Der Größere hob eine lange Feuerwaffe aus Metall und rief: »Xiaolian, lauf! Das ist ein Wächt–«

Er wurde von meinem Schlag unterbrochen, als ich seine Waffe ergriff und sie ihm ins Gesicht stieß. Der stumpfe Kolben brach ihm die Nase. Er drückte den Abzug, ohne zu zielen, und weil der Lauf der Waffe direkt an meinem Kopf lag, spürte ich den Schuss als Explosion von Schmerz und Druck an meinem Ohr.

Ich hörte nur den Beginn des Knalls. Dann war da nichts mehr außer einem lauten, anhaltenden Klingeln, das die Welt vor meinen Augen schwanken ließ.

Ich presste mir die Hände auf die Ohren und schüttelte den Kopf. Der Schmerz pochte tief in meinem Gehirn. Ich hörte nicht mehr, was gesprochen wurde, aber ich sah, wie der Aufständische mit der gebrochenen Nase seiner kleineren Kameradin bedeutete zu fliehen. Gleichzeitig fummelte er mit zitternden Fingern an der Feuerwaffe herum – lud er sie? Houyi hatte erklärt, dass diese Waffen mit Schwarzpulver funktionierten, genau wie Feuerwerk. Die meisten konnten nur wenige Male abgefeuert werden, bevor man sie nachladen musste. Das war langsam. Umständlich. Es machte den Aufständischen hilflos im Nahkampf gegen einen der besten Elitesoldaten des Landes. Er war wie eine zornige Wespe, die ins Wasser gefallen war und dort zappelte und verzweifelt versuchte, wieder loszufliegen, obwohl das Spiel für sie verloren war.

Ich hatte mehr erwartet. Wenigstens einen kurzen Zweikampf. Aber keiner meiner Gegner hatte eine Kampfausbildung genossen – das merkte man daran, wie kopflos die kleinere von ihnen mit ihrem primitiven, schlecht geschmiedeten Säbel auf mich losging. Sie versuchte, ihren Kameraden zu verteidigen, und fuchtelte mit der Waffe, so gut sie konnte, ohne die geringste Ahnung davon, wie viele Lücken dabei in ihrer Verteidigung klafften.

Den Angriffen auszuweichen fühlte sich an, als würde ich mit einem Kleinkind spielen. Meine Bewegungen waren wendiger. Ich verwendete eine Technik aus dem *Bāguàzhǎng*-Stil, bei der ich immer wieder mit einer Drehung hinter meine Gegnerin sprang und ihre Säbelschläge so ins Leere laufen ließ. Ich hätte sie außer Gefecht setzen können, wann immer ich wollte. Hätte sie töten können.

Aber ich hatte noch nie jemanden getötet, und auch die Wächteruniform änderte nichts an meinem Herzen. Ich wusste, wie ich das Schwert führen musste, damit es keine lebenswichtigen Organe verletzte, und als der größere Aufständische erneut seine Waffe gegen mich erhob, wirbelte ich herum und stieß ihm Qingsuo in den Bauch. Seine Augen wurden groß wie Hühnereier. Mein Gehör kehrte allmählich zurück, denn ich hörte die kleinere Aufständische schreien: »Zhongyi!«

Ich trat dem anderen gegen die Brust – er ging zu Boden und Qingsuos blutbeschmierte Schneide kam wieder zum Vorschein. Er rollte vom Dach. Die Feuerwaffe glitt ihm aus der Hand und blieb an der Dachtraufe hängen. Die kleinere Aufständische stürzte hinterher – aber nicht, um ihrem Freund zu helfen, wie ich zuerst angenommen hatte. Stattdessen griff sie nach der Feuerwaffe.

Richtig. Das war die einzige anständige Waffe, die die drei besaßen. Ihre Säbel taugten nichts, und es gab nicht genug Feuerwaffen für alle. Die Aufständische langte mit einer Verzweiflung nach der Waffe, als ob es auf nichts anderes auf der Welt ankäme.

Bei dem Anblick regte sich etwas in meiner Brust.

Ich erinnerte mich an die Nächte, in denen ich gegen Bezahlung illegale Waffen transportiert hatte. Ich hatte keine Wahl gehabt. Hatte jeden einzelnen Wen gebraucht. Aber gleichzeitig hatte ich die Menschen verachtet, die sie kauften, und mich gefragt, wie ihre Welt aussehen mochte und was ihre Ziele waren.

Jetzt wusste ich es. Die Menschen, die die von den Bianfu geschmuggelten Feuerwaffen schlussendlich in die Hand bekamen, waren nicht wie Erlik Han, der Geld und andere Reichtümer besaß. Die Wahrheit war hässlich und verzweifelt. Ich hatte unwissentlich Waffen an ein schlecht gekleidetes Bauernmädchen geliefert, das in ihrem Leben keine andere Möglichkeit mehr sah, als adelige Damen und ihre Dienerinnen zu ermorden.

Ich setzte den Stiefel im selben Moment auf die Feuerwaffe, als die Aufständische sie ergriff.

Sie zerrte daran, hatte aber nicht genug Kraft, sie unter meinem Schuh wegzuziehen. Ich verfolgte ihre erbärmlichen Anstrengungen, ohne mich zu rühren. Es hatte keinen Sinn mehr, mit Qiu in Kontakt zu bleiben. Ich brach die Brücke ab. Dann packte ich die Aufständische bei ihrem Kaftan und riss sie von der Waffe weg. Ihr Körper war so leicht, dass es sich anfühlte, als schleuderte ich einen kleinen Sack Mehl herum. Sie prallte auf den Hintern. Der schwarze Kegelhut rutschte ihr über die Augen, und sie schob ihn wütend nach oben. Der Blick, mit dem sie mich bedachte, brannte vor Zorn, und sie atmete so schwer, dass ihre Schultern sich hoben und senkten.

»Jian-*gǒu*«, zischte sie. Das Klingeln in meinen Ohren war noch nicht ganz verschwunden, aber ich konnte sie hören. Sie nannte mich einen Köter des Jian-Clans. Ihr schweißfeuchtes Haar hing ihr in die Augen.

»Fühlst du dich stark? Mächtig? Du bist nichts als ein gesichtsloser Schatten deiner Herrin! Du bist nicht besser als ich – du bist erbärmlich!«

»Ich weiß.«

»Was?«

»Ich weiß, dass ich erbärmlich bin. Aber du bist es auch.«

Mit diesen Worten schob ich Qingsuo zurück in die Scheide. Ich war mir nicht sicher, warum ich überhaupt etwas zu ihr sagte. Ich wollte nicht versuchen, ihre Sympathie zu gewinnen. Ebenso wenig war ich darauf aus, mich als einer von ihnen auszugeben oder so zu tun, als wüsste ich, wie die Geschichte gerade dieser Aufständischen aussah. Aber der Blutrausch, den der *Jarak* in mir ausgelöst hatte, war abgeklungen, und ich wollte sie nicht mehr für Ailing gefangen nehmen.

Ich hob die Feuerwaffe auf. Sie war schwer und roch stark nach Schwarzpulver. Die Waffe musste als Kriegsbeute genügen. Die Aufständische durfte meinetwegen verschwinden und tun, was sie für das Beste hielt.

»Hau ab«, sagte ich. »Flieh aus der Stadt. General Meng wird die Geschehnisse heute zum Anlass nehmen, Yueyang zu besetzen, und Frau Jian will sicher Köpfe rollen sehen, nachdem ihre Töchter bedroht wurden. Sie werden die Verdächtigen und ihre Familien hinrichten. Wenn du also noch irgendjemandem von Nutzen –«

»Dawei. Was tust du da?«

Ich schreckte auf, als ich die vertraute Stimme hinter meinem Rücken hörte. Als ich den Kopf umwandte, erblickte ich Sunan, der auf das Dach gekommen war, um mir zu helfen. Er hielt Pfeil und Bogen im Anschlag und zielte auf die Aufständische, als wäre sie eine Bedrohung für mich. Im Schlitz zwischen Helm und Maske sahen seine blauen Augen mich fragend an. Er hatte gehört, was ich gesagt hatte, und wusste, dass ich vorhatte, eine gefährliche Verbrecherin entkommen zu lassen.

Die Aufständische öffnete den Mund: »Dawei …«

Meinen Namen aus dem Mund einer Fremden zu hören, tat mir in den Ohren weh. Aus demselben Grund, aus dem sie ihre Identität mit einem Gesichtsschleier schützte, bewahrte auch ich meine eigene. Ich wollte nicht, dass die Aufständischen meinen Namen erfuhren. Dass die Menschen wussten, wer hinter der Wächtermaske steckte.

Ich warf der Aufständischen einen eisigen Blick zu. Sie versuchte nicht zu fliehen. Sie hätte jede Gelegenheit dazu gehabt, aber sie schien etwas gehört zu haben, das ihre Neugier geweckt hatte.

»Goldene Augen. Ein Falke. Ja – ja – jetzt bin ich mir sicher. Kong Dawei. Kong Dawei aus Madang.«

»Was sagst du da?«

Sie kicherte, und ihr feindseliger Blick über dem Rand des Schleiers bekam einen manischen Glanz. »Er hat ja keine Ahnung … Er spricht von dir wie von einem Kind. *Dìdi* – ja klar! Haha – Himmel! Als ob dich irgendjemand beschützen müsste!«

Dìdi …

Ich griff erneut nach Qingsuo, ohne zu wissen, warum. Die Wärme wich aus meinem Körper, als ob die Worte des Mädchens den winterlichen Gebirgswind in meine Eingeweide geweht hätten. Der bloße Hinweis auf Ren erschien mir wie eine Halluzination. Ich hatte so sehr versucht, nicht an ihn zu denken. Daran, was mit meinem Bruder passiert sein mochte, nachdem ich vor eineinhalb Jahren das Schwert zwischen den Gitterstäben hindurchgesteckt und ihn in dem beengten Sklavenzug zurückgelassen hatte. Ich hatte darauf vertraut, dass er überleben würde. Und jetzt plötzlich … stand vor mir jemand, der meinen Namen wusste. Jemand, der andeutete, meinen Bruder zu kennen.

In meiner Stimme lag eine leise Warnung, als ich fragte: »Wen hast du getroffen?«

»Jetzt klingst du auch wie er – er ist immer so wütend. Wenn er erst erfährt, dass–«

Der Pfeil schnitt ihr das Wort ab. Ihre Augen weiteten sich, und ihr Kopf wurde so plötzlich nach hinten gerissen, dass der schwarze

Kegelhut herunterfiel. Die langen Zöpfe flatterten durch die Luft, als sie auf den Rücken knallte, die Hände ausgestreckt, als würde sie um Hilfe bitten.

»NEIN!«, schrie ich. Ich stürzte vor, um sie aufzufangen, so als könnte ich mit meiner eigenen Schnelligkeit verhindern, dass ihre Seele aus ihrem Körper entfloh. Ich packte sie am Handgelenk und konnte verhindern, dass sie vom Dach fiel, aber das war auch schon alles, was ich tun konnte. Für alles andere war es zu spät. Der Pfeil zwischen ihren Augen steckte so tief im Schädel, dass die blutige Spitze aus dem Hinterkopf herausragte. Ihre leblosen Augen waren verdreht, eines von ihnen quoll aus seiner Höhle hervor.

Ich blickte über die Schulter. »Sunan ...«

Er stand noch in Schussposition mit dem leeren Bogen in der Hand und sah aus, als wäre er zur falschen Zeit am falschen Ort. So als wüsste er nicht, was hier passierte und wie er in diese Situation geraten war. Er blinzelte, und seine Augen leuchteten hell.

»Entschuldigung. Ich hätte deinen Namen nicht sagen sollen. Ich wollte nur ... Ich ...«

»Begreifst du überhaupt, was du gerade getan hast?«

»Sie hat gehört, wer du bist, und hätte das gegen dich verwenden können.«

»Und deshalb ist es besser, dass sie stirbt?«, entgegnete ich mit zusammengebissenen Zähnen. Ich schloss die Finger um das Handgelenk des Mädchens. Ihr Geren fühlte sich auf meiner Handfläche an wie ein Brandzeichen. Ich legte sie auf den Rücken und bedeckte ihr Gesicht mit dem Kegelhut. Dann stand ich auf.

Sunan trat einen Schritt zurück, als ich auf ihn zuging – er schaffte es nicht, noch weiter zurückzuweichen, bevor ich ihn an der Uniform packte. Ich zog ihn mit einem Ruck zu mir heran, bis sein argloses, erschrockenes Gesicht beinahe mein eigenes berührte. Ich demonstrierte meine Dominanz, wie es die Wölfe taten, und zwang ihn, sich mir zu unterwerfen.

»Du hast gerade einen Menschen getötet«, sagte ich langsam und deutlich. »Einen echten, fühlenden Menschen. Die Schwester, die Tochter von jemandem. Berührt dich das gar nicht?«

»Ich … Houyi hat gesagt–«

»*Houyi hat gesagt*«, wiederholte ich. »Wenn dir *Shīzūn* also die Erlaubnis gibt zu töten, dann tust du das, ohne mit der Wimper zu zucken. Weißt du was, Sunan, du bist ein großartiger Wächter. Diese Arbeit ist wie für dich gemacht.«

»Du bist wütend – Houyi hat gesagt, dass wir in Zukunft genauer abwägen müssen, wann du eine Brücke zu Qiu aufbauen darfst. Sie macht dich leichtsinnig.« Sunan schluckte. Seine Stimme blieb überraschend ruhig, wenn man bedachte, wie heftig er in meinem Griff zitterte: »Ich habe nicht geschossen, weil *Shīzūn* es mir erlaubt hat. Das Mädchen ist ein *Guǐzi*. Ein Staatsfeind. Wenn sie weiß, wer du bist, könnte Frau Jian denken, dass du mit den Verschwörern in Verbindung stehst.«

Jedes Wort aus seinem Mund machte die Situation nur noch schlimmer. Wenn Sunan aus Versehen geschossen hätte – oder wenigstens, weil es ihm befohlen worden war –, dann hätte er sich einen Teil seiner Unschuld bewahrt. Aber je länger er sprach, desto mehr wurde mir klar, dass seine Entscheidung zu töten gut überlegt gewesen war. Er nannte das Mädchen *Guǐzi*, Dämon. Es war ein einfaches Wort, das half, den Feind zum Ungeheuer zu machen und seinen Tod im Namen des Guten zu rechtfertigen.

Ich ließ Sunan los und wandte mich ab, aber er sprach in meinem Rücken weiter: »Ich wollte dich nur beschützen, Dawei. Wenn ich dafür einem Menschen das Leben nehmen muss … dann tue ich das.«

»Hör auf«, bat ich ihn. »Bitte … sag einfach nichts mehr.«

Er gehorchte. Zum ersten Mal seit Monaten hörte Sunan auf zu reden.

23. Kapitel

Die Drachenarmee traf schon am nächsten Tag ein. General Meng Jin galoppierte auf seinem schwarzen Pferd durch die Tore des Sommerpalastes, als wäre der Angriff noch immer im Gange. Ihm folgten Dutzende von berittenen Kriegern in blauen Uniformen, die sich über den Palasthof verteilten. Meng Jin trug eine Soldatenuniform mit einem langen Mantel, der die Kruppe seines Pferdes bedeckte. Seinen Helm zierten zwei gebogene Hörner, und die spitzen Enden der Schulterrüstung waren zu grinsenden Drachenköpfen geformt. Seine Miene war hart und ließ sich auch nicht erweichen, als Ailing und Prinzessin Chang'e sich verneigten, um ihn zu begrüßen.

»*Qīnàide*, Liebling«, begann Ailing mit sanfter Stimme. »Alles ist gut. Unsere Soldaten haben die Situation unter Kontrolle gebracht, und das Gelände des Sommerpalastes ist gesichert. Es gibt keinen Grund zur Sorge.«

»Wo sind sie?«, fragte Meng Jin. Er meinte die Gefangenen – ein paar junge Aufständische, die die Soldaten der Jian lebend gefangen genommen hatten. Seine Stimme war so eisig, dass es geradezu widernatürlich schien, einen Bräutigam so mit seiner Verlobten sprechen zu hören. Natürlich war er nicht wütend auf Ailing – doch wenn er seinen Zorn nicht einmal vor den Damen im Zaum halten konnte, dann wollte ich nicht wissen, welches Schicksal die gefangenen Aufständischen in seiner Gewalt erwartete.

Der Drachenprinz übernahm das Kommando über den Sommerpalast. Er schickte Ailing und Prinzessin Chang'e zurück nach Penglai, obwohl Ailing noch keine Gelegenheit gehabt hatte, die Zeremonien im Tempel des Weißen Tigers zu absolvieren. Der Grund für seine Entscheidung war offensichtlich: Meng Jin wollte die Damen aus dem Weg haben, bevor er anfing, Blut zu vergießen.

Ich bekam einen Vorgeschmack auf das Kommende, als das Gefolge des Jian-Clans die Stadt verließ. Die Stadt Yueyang, die bei unserer Ankunft so still gewesen war, füllte sich mit Weinen und Klagen, als die Soldaten wahllos Söhne und Töchter aus den Häusern zerrten. Ich hatte geahnt, dass es so kommen würde. Meng Jin würde jeden Stein in Yueyang umdrehen, bis er auch noch das letzte Mitglied der Verschwörung gefunden hätte. Ich sah mit grimmiger Miene zu, wie die Soldaten ihre Ohren vor dem Flehen der Eltern verschlossen. Die Jugendlichen, die sie der Zugehörigkeit zu den Aufständischen verdächtigten, wurden in den Sommerpalast geschleppt und zum Verhör vor den Drachenprinzen gebracht. Ich wusste nicht, was mit ihnen geschehen würde. Sie konnten unmöglich alle an dem Aufstand beteiligt sein, aber wie sollte man die Schuldigen von den Unschuldigen unterscheiden? Jeder Mensch, der den Tod fürchtete, flehte auf die gleiche Weise um Gnade.

Ich hätte mir gewünscht, Ailing wäre im Sommerpalast geblieben. Sie hätte ihrem Verlobten zur Seite stehen und seine drastischsten Urteile abmildern können – denn je mehr Unschuldige hingerichtet wurden, desto eher würde sich die Verbitterung auf dem Land ausbreiten. Ailing stellte Meng Jins Vorgehen jedoch nicht infrage. Offenbar vertraute sie auf die Rechtschaffenheit ihres Bräutigams, auch wenn ich ihre Gründe dafür nicht verstand. In meinen Augen war Meng Jin auf geradezu gefährliche Art distanziert. Er sah seine Diener nicht an, wenn er ihnen Befehle erteilte.

Während der Reise nach Penglai sprachen Sunan und ich kein Wort miteinander. Auch unsere Pferde reagierten auf die gedrückte Stimmung zwischen uns: Sie legten die Ohren an und versuchten, nacheinander zu schnappen, bis ich genug hatte und Sunan hinter mir ließ. Er sah mir nach. Ich wusste, dass wir miteinander reden mussten, aber in diesem Moment hatte ich ihm nichts zu sagen.

Sofort nach unserer Ankunft im Palast ging ich in den Garten, um zu meditieren. Ich setzte mich in den Lotussitz und praktizierte *Nèigōng*. Ich musste meinen Geist beruhigen. Meine Gedanken waren ein einziges Chaos aus Sorge und Paranoia, seit die Aufständische, die Sunan hingerichtet hatte, meinen Namen gesagt hatte.

Er spricht von dir wie von einem Kind. Dìdi, ja klar! Als ob dich irgendjemand beschützen müsste!

Ren … War es wirklich möglich, dass sie ihn gemeint hatte? Waren sie sich begegnet? Was, wenn er in Yueyang gewesen war – ganz in meiner Nähe, ohne dass einer von uns es gewusst hatte? Und was, wenn Meng Jin ihn gefangen nahm …? Wenn er meinen Bruder hinrichtete und ich niemals davon erfuhr?

Aus dem Meditieren wurde nichts. Ich konnte nicht aufhören, an Ren zu denken. Dabei starrte ich mit weit offenen Augen vor mich hin, ohne etwas zu sehen. Als im Palast die Abendtrommeln erklangen, gab ich auf. Ich musste Sunan gegenübertreten und mit ihm über alles reden. Ich hatte ihn immer noch gern. Was immer er tat – wie falsch es auch sein mochte –, sein Leiden brachte mir keine Genugtuung.

In den Wohnquartieren waren zu dieser Abendstunde noch keine anderen Wächter. Sunan hatte als Schutz vor dem Licht ein Laken vor sein Bett gehängt. Es war am oberen Bett befestigt, in dem ich schlief, und hing wie ein Vorhang herunter, wie immer, wenn er seine Ruhe haben wollte. Ich störte ihn nie, wenn das Laken sein Bett verdeckte. Auch jetzt zog ich den Vorhang nicht zur Seite, sondern blieb neben seinem Bett stehen.

»*Shīxiōng*«, sagte ich behutsam. »Bist du wach?«

Ich hörte weder das Knarren des Bettes noch eine Veränderung im Rhythmus seiner Atemzüge – Sunan schlief nicht. Er war wach und musste meinen Schatten auf der anderen Seite des Lakens sehen. Trotzdem sagte er nichts. Ich wartete geduldig. Es war nicht Sunans

Art, mich zu ignorieren, aber vielleicht war ich zu schnell auf ihn zugekommen.

Ich überlegte schon, ihn wieder in Ruhe zu lassen, als Sunan das Laken plötzlich zur Seite schob.

»Dawei«, sagte er. Er stützte sich auf die Ellenbogen und wischte sich mit der Hand übers Gesicht. Seine Augen waren rot und geschwollen. Sein Gesicht war verschwitzt, ganz so als hätte die Sommerhitze die Wohnquartiere noch immer fest im Griff. Er sah fiebrig aus. »Tut mir leid, aber … Es geht mir gerade nicht gut. Vielleicht ist es besser, wenn wir später reden.«

Ich setzte mich auf die Bettkante, nahm seine Hand in meine und legte die Finger auf sein Handgelenk. Er gab ein leises Wimmern von sich und presste die Lippen zusammen, als wäre ihm das Geräusch versehentlich entschlüpft. Ich konzentrierte mich auf seinen Puls. Nachdem ich die Finger lange genug an sein Handgelenk gehalten hatte, war ich mir sicher: »Du bist nicht krank. Wahrscheinlich ist es nur der Stress, der sich jetzt Bahn bricht.«

»Dir scheint es aber soweit gut zu gehen.«

In seiner Stimme lag eine Bitterkeit, die ich von ihm nicht gewohnt war. Sunan hatte auf seiner ersten richtigen Mission ein Menschenleben ausgelöscht. Bisher waren wir Novizen nur gut genug für repräsentative Aufgaben gewesen, bei denen das Schwert am Gürtel eher als Requisite gedient hatte. Der Angriff in Yueyang war das erste Mal gewesen, dass Sunan echte Lebensgefahr erlebt hatte. Anders als ich, der bereits mit Blut und Leichen in Berührung gekommen war. Sunan hatte nicht gewusst, wie seine Psyche im Ernstfall reagieren würde. Er hatte zum ersten Mal den angsterfüllten Hass auf einen unbekannten Feind und den berauschenden Adrenalinschub gefühlt, den das Spannen des Bogens ausgelöst hatte.

Ich glaubte zu wissen, was er im Moment des Schusses empfunden hatte: die Macht, die man ihm genommen hatte.

Und ich glaubte auch, dass er keine Verbindung mehr zu dem Sunan herstellen konnte, der sich entschieden hatte zu töten.

»Ich habe schon viele gefährliche Situationen erlebt«, sagte ich. »Die ersten Male habe ich genau wie du jetzt im Nachhinein diese Angst gespürt. Es wird mit der Zeit besser.«

»Du hast mehr Erfahrung als ich, aber trotzdem hast du noch nie jemanden getötet«, stieß Sunan hervor. Er drehte sich auf den Rücken, den Blick auf die Latten des oberen Bettes gerichtet. »Ich traue mich nicht, die Augen zu schließen. Wenn ich es tue, taucht sie vor mir auf. Ich sehe sie immer wieder.«

»Das Mädchen?«

»Mmhm.« Sunan legte sich den Unterarm über die Augen. Seine Stimme war leiser als sonst, und seine Lippen zitterten, während er versuchte, die Tränen zurückzuhalten: »Ihr Geist verfolgt mich. Ich spüre es. Der Himmel bestraft mich, und er wird mir nie vergeben. Wenn ich sterbe, bleibt meine Seele für immer in den eisigen Kammern des Jenseits, ich werde nicht wiedergeboren und–«

»Das stimmt nicht.«

»– und du hasst mich.«

»Was?«

Dieses Ende seines Bekenntnisses hatte ich nicht erwartet. Sunan hatte gerade seine Ängste in Worte gefasst, und es ging ihm dabei buchstäblich um Leben und Tod. Wie konnte meine Meinung über ihn in diesem Zusammenhang überhaupt erwähnenswert sein?

Ich konnte Sunans Gesicht nicht sehen, denn er wandte sich ab und verbarg es in seiner Armbeuge. »Ich habe es in deinem Blick gesehen. Ich widere dich an. Du denkst, ich bin ein Mörder. Das meintest du, als du gesagt hast, dass ich perfekt für diese Arbeit bin.«

»Das habe ich gesagt, weil ich wütend war. Ich verstehe, warum du es getan hast.«

Das war die Wahrheit. Ich hatte gedacht, Sunan würde das verstehen, obwohl ich mich den Tag über von ihm ferngehalten hatte. Das Missverständnis verursachte ein Ziehen tief in meinem Bauch, so als wäre ich der Grund für seine Tränen. Sunan war niemand, der sich dafür schämte, seine Gefühle zu zeigen, aber er war grundsätzlich lebhaft und gut gelaunt. Als er nun plötzlich vor mir weinte, verspürte ich den dringenden Wunsch, für ihn da zu sein.

Ich legte die Hand auf sein Knie. »Sunan, ich bin immer noch dein Freund. Der Tod schreckt mich nicht. Qiu tötet jeden Tag. Viele Bianfu, die ich sehr schätze, haben getötet. Aber zu töten, sofern man es nicht tut, um selbst am Leben zu bleiben, widerspricht den Lehren von Meister Shuya, und deshalb tut es dir jetzt in der Seele weh. Du musst die Verantwortung für deine Tat übernehmen – erinnere dich an das Gesicht des Mädchens. Achte ihren Geist. Ihr Tod wird bis ans Ende deines Lebens ein Teil von dir sein.«

»Ich kann nicht reparieren, was ich schon zerstört habe«, schniefte er und zog das Knie an. Meine Hand rutschte nach unten auf sein Schienbein. Ich spürte die Kraft seiner Muskeln durch das Hosenbein hindurch, die Anspannung in seiner Wade, und die unerwünschten Gedanken, die mir dabei kamen, ließen mein Herz schneller pochen.

»Ich will kein guter Wächter sein«, fuhr Sunan fort. »Nicht, wenn es bedeutet, zu töten. Ich will nur, dass alles wieder so ist wie vorher.«

»Du solltest meditieren. Das hilft. Wenn du möchtest, kann ich mit dir zum Tempel gehen und Höllengeld verbrennen. Ich bin mir sicher, wenn du das Mädchen um Verzeihung gebeten hast, geht es dir gleich besser.«

Ich nahm die Hand von seinem Bein, legte sie wieder in meinen Schoß und betrachtete die verzweigten Meridiane unter meiner Haut, die sichtbar geworden waren, als sie sich erwärmt hatten. Mein beschleunigter Puls hatte die Energiepforten in meinem Inneren geöffnet. Ich zog den Ärmel über meine Hand und versteckte sie für den Fall, dass Sunan die Augen öffnete und sah, wie mein Körper auf ihn reagierte.

»Danke«, murmelte er. »Ob du es glaubst oder nicht, Dawei, aber schon allein, dass du so etwas zu mir sagst, bedeutet mir viel. Ich weiß, dass das alles für dich auch nicht leicht ist.«

Ich biss mir auf die Lippe. Nein, es war wirklich nicht leicht. Nicht genug, dass die Sorge um Ren und meine Zukunft so sehr an mir nagte, dass mein Kopf vor Schmerz zu zerspringen drohte. Zu allem Überfluss hatte mein Herz auch noch beschlossen, auf diese Weise auf Sunan zu reagieren. Ein Kichern kroch durch meine Eingeweide, wie schon so viele Male zuvor, als ich ihm nahe gewesen war. Ich fühlte mich schon seit einiger Zeit zu ihm hingezogen, aber ein so starkes Verlangen hatte ich nicht erwartet. Es musste daher kommen, dass ich nach dem Jarak noch immer aufgewühlt war und mich so lange kein anderer Mensch mehr berührt hatte.

Ich rief mir ins Gedächtnis, dass Sunans Geruch weit von dem entfernt war, wonach ich mich sehnte. Er roch nach einer Mischung aus Meersalz und tropischer Luft. Aber wie er da auf dem Rücken lag, entblößt und schutzlos, ließ mich unweigerlich daran denken, dass Dray ganz genauso ausgesehen hatte, als ich ihn geküsst hatte. Das schien Dutzende Jahre her zu sein. So lange, dass ich mir nicht mehr sicher war, ob Dray mich jemals berührt hatte oder ob ich mir in meiner Einsamkeit alles nur eingebildet hatte.

Ich fragte mich, ob Sunan wohl vor Schreck an die Decke gehen würde, wenn ich mich jetzt zu ihm hinunterbeugte. Wenn ich die Hand auf seinen Bauch legen und den Streifen nackter Haut berühren würde, der unter seinem hochgerutschten Hemd hervorlugte.

Ich traute mich nicht, es zu versuchen. Ich kam mir wie ein Verräter vor, auf so vielen Ebenen.

Ich hasste es, wie die Zeit verging. Hasste es, dass ich mich allem ergab, was geschah. Dass ich dies als mein neues Leben akzeptierte, dass ich meiner Lunge erlaubte, sich mit Sunans Geruch zu füllen, und meinem Puls, sich in seiner Gegenwart zu beschleunigen, dass ich ihn zu einem so wichtigen Teil meines Lebens werden ließ, obwohl ich gleichzeitig wusste, dass Dray das nicht wollen würde. Ich hatte ihn schon zu sehr verletzt. Ich fühlte mich einfach so leer. So himmelschreiend bedeutungslos, dass ich mein Herz auf keine andere Weise beschwichtigen konnte. Ich wusste nicht, was ich tun sollte.

Noch während meine Gedanken zu einem einzigen Durcheinander wurden, bemerkte ich auf einmal die Geräusche, die von draußen hereindrangen: Vom Trainingsfeld erklang eine Reihe von lauten Befehlen.

Ich hob den Kopf, um zu lauschen. Seltsam. Die Abendtrommeln waren schon geschlagen worden. Es geschah nur selten, dass innerhalb der Palastmauern Marschbefehle gegeben wurden, noch dazu um diese Zeit. Wenn ich genauer nachdachte, dann erinnerte ich mich an kein einziges Mal, bei dem ich in den Wohnquartieren der Bediensteten militärische Befehle gehört hätte. Wenn wir noch im Sommerpalast gewesen wären, dann hätte ich mich gefragt, ob wir uns vielleicht in Gefahr befanden. Aber wir waren hier mitten in Penglai, auf einem der bestgeschützten Palastgebiete im ganzen Land. Die Möglichkeit einer Bedrohung durch die Aufständischen bestand hier schlicht und einfach nicht.

Ich warf Sunan einen Blick zu, doch er hatte allem Anschein nach nichts gehört. Erst als Vinh türenknallend ins Wohnquartier stürzte, schreckte Sunan auf. Die Tränen, die er vor mir versteckt hatte, funkelten in seinen blauen Augen wie Gletschereis.

»Schnell, ihr Esel!«, blaffte Vinh. »Frau Jian hat alle Wächter zur Befragung aufs Trainingsfeld beordert.«

»Warum?«, fragte Sunan und schwang ein Bein über die Bettkante.

»Weiß ich nicht«, erwiderte Vinh. »Niemand weiß es. Ich war gerade bei Neana, als Yin-hsi angerannt kam. Er sagte, Frau Jian wäre richtig wütend, und alle Wächter sollten sich auf dem Trainingsfeld versammeln. Deshalb bin ich hier, um euch zu holen. Es wäre unklug, sie noch länger warten zu lassen.«

»*Cào*«, murmelte ich. Ein Verhör mit Frau Jian hatte an diesem Tag gerade noch gefehlt.

Ich konnte nicht umhin, mich zu fragen, ob die Sache den Wortwechsel zwischen mir und der jungen Aufständischen in Yueyang betraf. Vielleicht hatte General Meng Jin erfahren, dass mein Bruder etwas mit der Verschwörung zu tun hatte.

Beruhig dich, befahl ich mir selbst. Ich war in exakt derselben Lage wie alle anderen auch. In diesem Moment überlegte jeder einzelne Wächter im Tigerpalast, was er wohl falsch gemacht hatte.

Sunan, Vinh und ich liefen zum Trainingsfeld. Die Stimmung war beklemmend. Alle fünfzig Elitesoldaten standen aufgereiht zu beiden Seiten des Sandplatzes. Ihre Aufstellung erinnerte stark an die Auswahlzeremonie: Anders als bei den Militärparaden hielten die Soldaten die Köpfe gesenkt und die Hände dort, wo man sie sehen konnte. Niemand trug einen Helm oder eine Maske, um seine Identität zu schützen.

Frau Jian stand vor den Reihen in einem Umhang aus tiefschwarzem Brokat, der mit seinem Saum einen gleichmäßigen Kranz um ihre Füße bildete. Ihre Kleidung war ungewöhnlich schmucklos. Die schwarzen Haare fielen ihr glatt und offen über den Rücken. Ihre Augen wirkten kleiner als sonst, die Lippen schmaler. Was immer hier vorging, die Situation war offensichtlich schnell eskaliert. Ihre Miene war eisig.

Frau Jian wurde von drei Beamten des Neiwufu mit kegelförmigen Hüten sowie Prinz Lian und Prinzessin Chang'e begleitet, die ihr Bruder zu meinem Erschrecken auf die Knie gezwungen hatte. Der Anblick fegte alle meine Gedanken mit einem Mal hinweg. Prinzessin Chang'e sah schrecklich aus. Ihre großen Augen waren vom Weinen geschwollen. Auf ihrem fleckigen Gesicht hatten die Tränen deutliche Spuren hinterlassen, so als wäre sie erst kürzlich geschlagen worden. Die langen Haare waren aus ihrer kunstvollen Frisur gerissen worden, der Saum ihrer grauen *Hànfú*-Tracht voller Staub. Sie sah aus wie ein schmächtiges Bauernmädchen, das beim Stehlen erwischt und von ihrer Familie verprügelt worden war.

Ich wusste nicht, was ich von all dem halten sollte. Prinzessin Chang'es Bestrafung hatte nicht das Geringste mit Ren zu tun oder damit, dass ich nahe daran gewesen war, dem Mädchen in Yueyang zur Flucht zu verhelfen. Ich verspürte eine schwindelerregende Erleichterung, als ich begriff, dass dieser Skandal nicht mich betraf –

bis ich zur Besinnung kam und mir klar wurde, dass jemand anders in großen Schwierigkeiten steckte.

Die Wächter sahen einander nicht an. Sie achteten auch genau darauf, nicht zu Prinzessin Chang'e hinüberzusehen, so als könnte sie der Anblick der Clanerbin in diesem Zustand mit einem Fluch belegen. Ich folgte ihrem Beispiel und senkte den Blick.

Frau Jians Qi ließ die Sandkörner zu ihren Füßen aufwirbeln. Sie sprach kein Wort, sondern wartete, bis auch die letzten Wächter sich eilig in die Reihe gestellt hatten. Prinzessin Chang'es Schluchzen zerrte an meiner Selbstbeherrschung. Es widersprach allen Gesetzen der Natur, untätig zu bleiben. Vor meinem inneren Auge tauchten Bilder der Auswahlzeremonie auf, Erinnerungen an Einzelheiten mitten im Chaos, an das Blut und Rens herzzerreißende Stimme. Ich war mir sicher, dass auch dieser Abend nicht glücklich enden würde. Auf dem Platz würde bald Blut fließen.

Frau Jians Stimme war kaum wiederzuerkennen.

»In meinem gesamten Leben«, begann sie heiser, »habe ich noch nie etwas so Widerliches erlebt. Ihr Hunde habt eure Bürgerpflicht nicht erfüllt, und dennoch haben meine Familie und ich euch ein sicheres Zuhause und eine angesehene Stellung gegeben. Ihr zeigt keine Spur von Dankbarkeit für die Chance, die euch gegeben wurde, sondern spuckt auf meine Fürsorge. Ihr törichten, wertlosen Hinterlassenschaften einer Schildkröte. Ihr rückgratlosen Würmer.«

Niemand sagte etwas.

Noch immer war mir nicht klar, wo Frau Jians Zorn herrührte. Wir waren nicht mehr ihre Jadesteine. Stattdessen hatten wir uns wieder in niedere Sklaven verwandelt, die ohne sie längst im Arbeitslager zugrunde gegangen wären. Mir fiel auf, dass Frau Jian nur die Reihen der Männer ansah. Die Frauen waren angespannt, aber es war klar, dass sich diese Drohung nicht an sie richtete. Frau Jian stieß den Finger in Richtung ihrer weinenden Tochter.

»Dieses Mädchen ist von hoher Geburt«, zischte sie. »Sie ist eine Prinzessin des Weißen Tigers. Eine Erbin unseres Beschützers Jian

Bing. In ihren Adern fließt göttliches Blut. Und trotzdem hat einer von euch Ratten sich eingebildet, dass er das Recht hätte, sie zu berühren.«

Frau Jian starrte die Reihe der Männer an. Sie wartete darauf, dass jemand freiwillig vortrat und seine Schuld bekannte. Niemand rührte auch nur einen Muskel. Die Männer tauschten keine Blicke, versuchten nicht, den Schuldigen zu finden. Frau Jians Worte ließen viele von ihnen erbleichen.

Himmel – behauptete sie etwa, dass einer der Wächter Prinzessin Chang'e belästigt hatte? Es fiel mir schwer, das zu glauben. Prinzessin Chang'e war zwar schon siebzehn, älter als ich bei meiner Ankunft im Tigerpalast, aber in meinen Augen war sie immer noch dasselbe Mädchen wie damals: ein verspieltes Rehkitz, das seine Wächter *Gēge* nannte. Jetzt weinte sie heftig, was bewies, dass Frau Jian es ernst meinte.

»Natürlich deckt ihr euch gegenseitig«, sagte Frau Jian, während sie die Reihe abschritt. »Ihr habt keine Ehre. Aber das soll mir gleich sein. Wir bestrafen den Schuldigen hier und jetzt, selbst wenn ich jeden Einzelnen von euch an dem Pfahl da drüben aufhängen muss.«

Sie zeigte auf den hölzernen Pfahl in der Mitte des Trainingsplatzes. Die Beamten des Neiwufu nickten bei ihren Worten. Sie sahen ekelhaft selbstzufrieden aus, ganz so, als hätten sie nur darauf gewartet, dass die Herrscherin des Weißen Tigers ihre schlummernde Zerstörungskraft zeigte.

»Mama, bitte …!«, schluchzte Prinzessin Chang'e. »Hör auf …!«

Prinz Lian zerrte an ihren Haaren, um sie zum Schweigen zu bringen. Prinzessin Chang'es Stimme machte Frau Jian nur noch wütender. Als sie die Hand ausstreckte, war ich mir sicher, sie würde nach mir greifen. Aber ihre Krallen übergingen mich. Stattdessen packte sie den Wächter neben mir und riss ihn so heftig vorwärts, dass er schwankte.

»Du«, zischte Frau Jian Sunan an. »Deine Augen verraten dich, Junge. Hast du Schuldgefühle?«

Sunan fiel auf die Knie in einen Kotau, bevor ich auch nur blinzeln konnte.

»Ich bitte um Vergebung, Herrin«, stammelte er. Er hatte sich so tief verbeugt, wie er nur konnte, und gab all seine Selbstachtung mit einem Mal auf. »Ich bin Eure Aufmerksamkeit nicht wert, ich bin gar nichts wert. Die Prinzessin des Weißen Tigers steht über mir und ich würde eher sterben, als ihr etwas anzutun. Bitte vergebt uns, dass wir versagt haben, sie zu beschützen. Bitte vergebt uns.«

Er hatte das Gesicht in den Sand gedrückt, die Hände lagen zu beiden Seiten des Kopfes, sodass seine hektisch hervorgebrachten Worte schwer zu verstehen waren. Ich starrte Sunan mit großen Augen an. Obwohl ich ihn innerlich anschrie, dass er aufhören sollte – ich wollte ihn auf die Beine zerren und ihm einen Tritt versetzen dafür, dass er sich zum Sündenbock machte –, rührte ich keinen Muskel. Ich hörte nur ungläubig zu, wie Frau Jian seine Strafe verkündete.

»Zweihundert Schläge«, flüsterte sie. »Zweihundert Peitschenschläge für die Schande, die du meiner Familie bereitet hast.«

»Mama, er war es nicht –«

»Wer dann?!«, brüllte Frau Jian. »Nenn mir die Person, von der du dich hast schänden lassen! Wenn du dich nicht schämst, mit den Bediensteten anzubandeln, dann musst du auch die Konsequenzen tragen. Welcher ehrbare *Shàoye* wird dich denn jetzt noch haben wollen? Ganz Fusang lacht hinter meinem Rücken über deine Dummheit!«

Prinzessin Chang'es Protest verkam zu einem wortlosen, tränenerstickten Wimmern.

Cào … Begriff sie denn nicht, was das bedeutete? Schon hundert Peitschenschläge waren eine lebensgefährliche Strafe. In Namla wurde sie nur dann vollstreckt, wenn man den Verbrecher demütigen und mit dem Tod bedrohen wollte. Zweihundert Peitschenschläge dagegen … waren ein Todesurteil.

Frau Jian grinste. Sie winkte mit der Hand in Richtung des Pfahls. »Tanashiri, Biying – bindet den Jungen fest. Mit nacktem Rücken.« Sie wandte sich um und ging zurück zu den Beamten des Neiwufu, die sofort begannen, ihr zu der guten Entscheidung zu gratulieren. Sie warteten darauf, dass die Wächter alles für die Bestrafung vorbereiteten, die einen herzensguten Menschen das Leben kosten sollte. Tanashiri und Biying begannen, die Hanfseile abzuwickeln, die um den Pfahl gebunden waren.

Ich betrachtete das nackte Holz, an dem ich während unserer *Qīnggōng*-Übungen so viele Male hinaufgeklettert war. Wer hätte ahnen können, dass der Pfahl, auf dem auch Qiu gesessen und meine Ausbildung verfolgt hatte, eine solche Verwendung finden würde? Ich spürte mein Herz nicht mehr. Die Wärme meines Qis war dahin, und mit ihr meine ganze Kraft.

Sunan kniete noch immer am Boden. Ich fühlte seinen eisigen Schrecken, erlebte ihn, als wäre es mein eigener, und hatte plötzlich den verzweifelten Drang zu schreien: *Nicht er, Herrin, ich bitte Euch!* Doch statt meiner Wut freien Lauf zu lassen, wurde ich von einer stillen Gleichgültigkeit erfüllt. Ich hatte diesen Moment schon einmal erlebt. Damals hatte ich Frau Jian angefleht, Ren zu verschonen, und sie hatte nicht auf mich gehört. Frau Jian konnte ihren Ruf nur durch Blutvergießen aufrechterhalten, ganz egal, wessen Blut es war. Diese Erkenntnis gab mir eine innere Ruhe, denn nun wusste ich, was ich zu tun hatte.

Ich helfe dir, sagte ich im Stillen zu Sunan. *Ich nehme die Strafe an deiner Stelle an, hab keine Angst, ich lasse nicht zu, dass dir jemand wehtut, ich beschütze dich, ich kann –*

»Er war es nicht«, unterbrach eine energische Männerstimme meine Gedanken.

Ich war schon aus der Reihe getreten, meine Hände waren zu Fäusten geballt und mein Atem ging schnell, als ich bemerkte, dass ich nicht der Einzige war, der beschlossen hatte, die Strafe für Sunan zu übernehmen. Weiter vorne in der Reihe, an der Stelle, die Frau Jian auf ihrer Suche nach dem Schuldigen am schnellsten passiert hatte, stand Houyi aufrecht und mit ernster Miene. Seine Kühnheit wirkte völlig deplatziert. Der feste Blick, der eben noch seelenlosen Gehorsam signalisiert hatte, trotzte jetzt seiner Herrin.

Ich traute meinen Ohren kaum, als Houyi fortfuhr: »Herr Sunan Sichantha sagt die Wahrheit. Er ist unschuldig. Ihr seid dabei, einen unschuldigen Mann zu bestrafen, und das ist in den Augen der Himmlischen Könige ein unverzeihliches Verbrechen.«

»Was weißt du schon von den Göttern?«, zischte Frau Jian. »Du Hund. Zurück in die Reihe, bevor ich dich auch noch bestrafe.«

»Bei allem Respekt, Herrin, aber das werde ich nicht tun. Ich bleibe, wo ich bin.«

»Wie schamlos!«, rief einer der Beamten des Neiwufu. »Was glaubst du, wer du bist, dass du dich dem Befehl unserer ehrenwerten Herrin widersetzen kannst!?«

Houyi lächelte kaum merklich. »Ich bin verantwortlich für unsere jungen Wächter. Als ihr *Shīzūn* bürge ich für sie. Sofern unsere Herrin Anlass dazu sieht, Herrn Sichantha zu verdächtigen, dann sollte die Strafe mich treffen. Außerdem«, Houyi sah zu Prinzessin Chang'e hinüber, die versuchte, den Kopf zu schütteln, »bin ich auch für die Prinzessin verantwortlich. Wenn ihr etwas passiert, ist das meine Schuld. Ich habe in meinen Aufgaben versagt und werde die Konsequenzen tragen. Ich bin es, der an den Pfahl gestellt werden sollte. Herr Sichantha hat mit dieser Sache nichts zu tun.«

Er nickte Sunan zu, damit er in die Reihe zurückkehrte. Sunan hatte sich auf die Knie erhoben und schaute seinen Meister mit schreckstarrem Blick an, als hätte er seine Worte nicht verstanden. Auch ich konnte kaum begreifen, was er gesagt hatte. Nahm Houyi Sunan in Schutz ...? Auf eigene Gefahr? Houyi war nicht unser Freund. Außerhalb des Trainings sprach er kein Wort mit uns, es sei denn, um uns zu bedrohen oder zu verspotten. Und jetzt nahm er Sunan in Schutz?

Ich verstand überhaupt nichts mehr. Doch ich nutzte die Gelegenheit und zerrte Sunan auf die Beine. Ich zog ihn zurück in die Reihe und nahm wieder eine gehorsame Haltung an, bevor Frau Jian auf die Idee kam, Houyis Worte zu verdrehen. Sunan zitterte heftig.

Alles in Ordnung, wollte ich ihm sagen. *Keine Sorge. Du hast dich nur erschrocken.*

»Du hast gerade den Fehler deines Lebens begangen«, sagte Frau Jian zu Houyi. »Nach allem, was ich für dich getan habe – bist du bereit, dein Leben für einen wertlosen Fischersohn wegzuwerfen?«

»Ich tue, was ich tun muss, Herrin. Ich verliere mein Gesicht, wenn ich jetzt nicht die Verantwortung übernehme.«

Die Verantwortung für was?

Houyi hatte Ren die Hand abgehackt. Er hatte mich geschlagen, als ich unbewaffnet und in Panik gewesen war, er hatte meinen Kopf unter Wasser gedrückt, bis ich fast ertrunken war, und er war dafür verantwortlich, dass man Zhaya ins Bordell geschickt hatte. Sein Gewissen konnte doch nicht jetzt erst angefangen haben, ihn zu quälen. Sein Eingreifen musste einen anderen Grund haben als den brüderlichen Beschützerinstinkt, den er uns vorspielte. Houyi war während des wochenlangen Trubels vor der Verlobung Prinzessin Chang'es Leibwächter gewesen. Er hatte mehr Zeit mit ihr verbracht als irgendjemand sonst. Rührte daher sein Schuldgefühl?

Frau Jian schien ähnliche Gedanken zu haben. Sie wägte seine Worte ab und sah mit prüfendem Blick erst Houyi und dann ihre Tochter an, die ihre Gefühle nicht verbergen konnte, wie es der Wächter tat. Sie begann, sich gegen den Griff ihres Bruders zu wehren, als Frau Jian Houyi mit einer Handbewegung an den Pfahl schickte.

»Nein, nein, nein, bitte, Mama, ich habe gelogen, vergib mir, Mama, ich habe nicht die Wahrheit gesagt!«

»*Gūniang*, beruhigt Euch«, sagte Houyi sanft. »Es ist nicht Eure Schuld.«

»Sei still!«, fauchte Frau Jian. »Du sprichst kein Wort zu ihr!«

»Es tut mir so leid.« Prinzessin Chang'e vergrub das Gesicht in den Händen. Ich dachte, sie wollte ihre Tränen verbergen, doch stattdessen fing sie an zu beten. Sie flüsterte Worte, die ich auf Tempelgravuren gesehen hatte. Ihr Qi ließ den Sand zu ihren Füßen so hoch aufwirbeln, dass Prinz Lian die Augen zusammenkneifen musste. Prinzessin Chang'e besaß Kräfte, aber nicht genug, um sich ihrer Mutter zu widersetzen. Egal, wie sehr sie es versuchte.

Im selben Moment fiel mir ein, was Ailing einmal gesagt hatte: *Und wenn du in der Klemme steckst, dann benutze ebenfalls meinen Namen.*

Natürlich. Ailing hatte mehr Macht als ihre kleine Schwester. Auch wenn sie in der Hierarchie unter Frau Jian stand, hatte sie die Unterstützung von General Meng Jin und seiner gesamten Armee. *Wenn du die Armee hast und ich Penglai, dann wiegt niemandes Wort schwerer als unseres*, hatte Ailing in ihren Erinnerungen zu Meng Jin gesagt. *Zusammen sind wir unbesiegbar.*

Ailing hatte Frau Jian viel fester im Griff, als es irgendjemand zuzugeben wagte. Sie würde nicht zulassen, dass ihre Mutter die Bediensteten auf so schändliche Weise angriff. Wo war sie? Konnte nicht ein Diener loslaufen und sie holen?

Houyi löste den Gürtel seiner *Chángpáo* und legte die Robe ab. Dann zog er sich das weiße Unterhemd über den Kopf und entblößte seinen Rücken, auf dem sich zahlreiche alte Narben abzeichneten. Seine Arme und sein Rücken mussten unzählige Male aufgeschlitzt worden sein. Bei dem Anblick wurde mir zum ersten Mal bewusst, dass ich nichts über Houyis Vergangenheit wusste. In seiner Wächteruniform wirkte er stets unversehrt und wie auf Hochglanz poliert. Jetzt stellte er sich mit nacktem Oberkörper an den Pfahl, vernarbt und mit sonnengegerbter Haut.

Houyi war wie betäubt. Er ließ keine Gefühlsregung erkennen, als er die Hände ausstreckte, um sich festbinden zu lassen. Biying drückte seine Handgelenke gegen den Pfahl und zog an dem Hanfseil, als wollte sie eine Flagge hissen. Das Seil zerrte Houyis Hände so weit nach oben, dass seine Beine ihm kaum noch Halt boten. Die Position allein sah schmerzhaft aus. Houyi lehnte die Stirn gegen den Pfahl und schloss die Augen. Er atmete aus.

»Halt das hier.« Frau Jian reichte Tanashiri ihren schwarzen Umhang. Darunter kamen eine tiefschwarze *Chángpáo*, eine schwarze Hose und hohe Stiefel zum Vorschein. So also hatte Jian Daji vor ihrem Aufstieg zur Macht ausgesehen? Auch wenn ich es gewohnt war, unsere Herrin in schweren Kleidern und langsamen Prozessionen zu sehen, war sie doch in *Wŭshù* ausgebildet worden, ebenso wie ihre Kinder.

»Und zähl die Peitschenhiebe laut mit«, fuhr sie fort. »Sonst komme ich noch durcheinander und schlage zu, bis die Knochen blank liegen.«

»Ja, Herrin«, sagte Tanashiri mit einem Nicken.

Frau Jian schüttelte die Peitsche aus. Wollte sie die Strafe tatsächlich eigenhändig vollstrecken? Ich hätte mich nicht gewundert, wenn sie einen von Houyis Kameraden dazu bestimmt hätte, denn ein ausgebildeter Wächter konnte mehr Kraft in seine Schläge stecken. Aber diese Bestrafung war persönlich. Und was Frau Jian an Muskelkraft fehlte, das machte sie durch ihre innere Stärke wett.

Sie lenkte ihr Qi in die Armmuskeln. Hob die Peitsche.

Und schlug mit zehnfacher Kraft zu.

Das Geräusch, als die Bleigewichte auf Houyis Rücken trafen, war schrecklich. Sunan zuckte zusammen. Seinem Mund entrang sich ein Krächzen, so als stellte er sich vor, er würde gerade selbst an Houyis Stelle stehen.

»Eins …«, sagte Tanashiri.

Frau Jian hob erneut die Hand. Die Peitschenschnüre pfiffen durch die Luft und trafen mit einem neuerlichen Klatschen auf die nackte Haut. Prinzessin Chang'e heulte auf. Immer mehr Wächter schlossen die Augen.

»Zwei …«

Mein Herz hämmerte. Ich wandte den Blick nicht ab. Ich hatte schon einmal gesehen, wie jemand ausgepeitscht wurde. Nie würde ich vergessen, wie der Junge, der beim Stehlen auf dem Basar von Sandu erwischt worden war, sich unter den Schlägen der mit scharfen Spitzen und Bleigewichten verstärkten Peitsche gewunden und geheult hatte. Es waren drei gewesen, die auf ihn einschlugen. Sie hatten sich sofort abgewechselt, sobald einer von ihnen Anzeichen von Müdigkeit zeigte. Der Junge war bald nach dem achtzigsten Peitschenhieb gestorben. Davor hatte er geschrien, um Gnade gefleht und war schließlich in eine Art Trance verfallen, in der sein Blick leer gewesen und Speichel aus seinem Mund geflossen war.

Ich war damals dreizehn gewesen, allein auf dem Basar, um Kohle zu besorgen, und hatte zusammen mit den anderen Umstehenden zugeschaut, wie die letzten zwanzig Peitschenhiebe den leblosen Körper in eine blutige Masse verwandelten. Ich hatte niemandem erzählt, was ich gesehen hatte. Aber ich hatte das Leid des Jungen in meinen Albträumen wieder und wieder erlebt, war schweißgebadet und voller Angst aufgewacht. Ich erinnerte mich immer noch daran, wie das Fleisch in Streifen vom Rücken des Jungen gehangen hatte wie bei einer Schlange, die sich häutete.

Im Vergleich dazu schlug sich Houyi noch gut. Er lehnte die Stirn gegen den Pfahl, atmete tief ein und aus und spannte alle Muskeln an, wann immer ein weiterer Peitschenschlag seinen Rücken traf. Wie war es möglich, dass die Peitschenschnüre seine Haut nicht aufrissen, wie sie es hätten tun sollen? Stattdessen blieb nach jedem Schlag eine hellrote Spur zurück, die an eine Brandwunde erinnerte. Wie ein blauer Fleck, der entstand, wenn ein heftiger Schwerthieb auf die Lederrüstung traf.

Dann begriff ich: *Nèigōng*. Houyi verwendete *Nèigōng*. Deshalb ertrug seine Haut die Peitschenhiebe so gut. Deshalb schrie er nicht oder versuchte, den Schlägen zu entgehen. Er stand einfach nur da. Atmete ruhig ein und aus. So als hätte er dies schon viele Male zuvor getan.

Tanashiri zählte die Schläge.

»Fünfzehn … sechzehn … siebzehn …«

Er schafft es, dachte ich. Houyi war einer der hochrangigsten Wächter des Palastes. Obwohl ich ihn nie kämpfen gesehen hatte, mussten seine Fähigkeiten im *Nèigōng* ausgezeichnet sein. Deshalb war er zu unserem Meister bestimmt worden, obwohl es noch ältere und auch erfahrenere Wächter gegeben hätte. Houyis *Nèigōng* mochte sogar besser sein als die der so hoch angesehenen Adeligen.

Wenn dem so war, dann würde diese Bestrafung einfach an ihm abperlen.

Prinzessin Chang'e schien das ebenfalls begriffen zu haben: Sie blinzelte mit ihren großen, tränenerfüllten Augen und hörte auf, ihr Qi zu kultivieren. Sie wirkte sichtlich erleichtert.

Frau Jian dagegen fühlte sich durch die fehlende Wirkung der Schläge herausgefordert. Ich sah es an ihrem verzerrten Gesicht, an den Lippen, die sie bei jedem Schlag zusammenpresste. Davon abgesehen aber hielt sie ihre Wut zurück. Sie konnte nichts sagen, was verraten hätte, wie stark Houyis *Nèigōng* war. Seine Unversehrtheit war ein stiller Protest. Der Beweis dafür, dass Frau Jian nicht allmächtig war. Dass noch immer kein Blut zu sehen war, ließ sie als Herrscherin schwach erscheinen.

Ihr Atem wurde zu einem rasenden Keuchen. Die bedrohliche Aura der Überheblichkeit, die sie verströmt hatte, als sie Rens Hand abschlagen ließ, war dahin. Zurück blieben nur reiner Zorn und – noch gefährlicher – Scham.

Frau Jian hielt sich nicht länger zurück. Ihr Qi strömte mit solcher Macht aus den Meridianen, dass die Spitzen ihrer langen schwarzen Haare zu schweben begannen. Die Haarsträhnen richteten sich einzeln um ihren Kopf herum auf, als ob sie unter Wasser schwebten. Der Anblick war dämonisch. Wann immer sie zuschlug, entrang sich ihrer Kehle ein heiseres Brüllen, animalisch und voller Wut. Die Peitsche pfiff nicht mehr nur, sondern durchschnitt die Luft mit einem Heulen.

Frau Jian wollte diese Haut durchbrechen. Und sie bekam, was sie wollte.

»Sechsundachtzig«, zählte Tanashiri, als sich der erste Riss in Houyis Panzer zeigte. Es geschah ganz plötzlich. Houyi war so standfest gewesen. So selbstsicher. Dieses Mal aber erzitterte er unter dem Schlag und drückte sich fest gegen das Holz.

Frau Jian hielt inne, um sicherzugehen, dass es keine Einbildung war: Dunkelrotes Blut rann aus der langen Wunde, die zwischen seinen Schulterblättern entstanden war. Der Ausdruck auf ihrem Gesicht veränderte sich. Ihre Nasenflügel blähten sich und in ihre Augen trat ein wahnsinniges Glühen wie bei einer Barbarin, die es beim Angriff auf eine Stadt endlich geschafft hatte, eine Bresche in die Mauer zu schlagen.

Der Weg ist frei, sagte ihre Miene. *Zerstör ihn. Schnell. Bevor sich die Lage ändert.*

Frau Jian schwang die Peitsche jetzt geradezu manisch. Dabei verzog sie das Gesicht so heftig, dass ihre scharfen Eckzähne sichtbar wurden. Ihre Haare bauschten sich immer weiter auf. Es sah aus, als verwandelte sie sich in eine *Jiāngshī*, eine blutdurstige Untote aus dem Reich der Schatten. Tanashiri versuchte, weiter mitzuzählen, aber ihrer Stimme war anzuhören, dass ihre Nerven blank lagen.

»Hundertacht … hundertneun …«

Houyis Beine gaben nach. Das Seil um seine Handgelenke hielt ihn noch aufrecht, und mit seiner Hilfe suchte er nach Halt auf dem sandigen Boden. Der nächste Schlag versenkte die Spitzen der Peitsche in seinem Fleisch und riss Stücke heraus, als Frau Jian sie zurückzog. Houyi schnappte nach Luft. Wenn er sich immer noch auf sein *Nèigōng* verließ, dann hielt es ihn höchstens davon ab zu schreien. Seine innere Kraft entglitt ihm zusehends. Der Himmel war Zeuge, dass er es versuchte, aber Frau Jians Peitschenschläge kamen so schnell hintereinander, dass er keine Zeit mehr fand, sich zu sammeln.

»Hundertdreizehn …«

Er schafft es nicht, begriff ich mit zusammengebissenen Zähnen. Houyi hatte erst etwas mehr als die Hälfte seiner Strafe erhalten und Frau Jian legte mithilfe ihres Qi so viel Kraft in ihre Schläge, dass sogar der dicke Pfahl, an dem er festgebunden war, tiefe Schnitte bekam. Das harte Eichenholz, das eigentlich nur unter den Schlägen einer Axt nachgeben sollte, nahm die Peitschenhiebe entgegen wie nasser Schnee. Der Pfahl färbte sich blutrot, ebenso der Sand zu Houyis Füßen. Eine Wunde nach der anderen öffnete sich. Längst waren es keine blassroten Brandwunden mehr, stattdessen bildeten die Schnitte ein groteskes, blutiges Gitternetz, bis Houyis Rücken wie ein roter Umhang aussah und das herabströmende Blut seine Hose durchtränkte.

»Mama, hör auf …!«, schrie Prinzessin Chang'e aus vollem Hals. »*Hör auf!* Du bringst ihn um!«

Sie war die Einzige, die es wagte, den Mund zu öffnen. Tanashiri zählte weiter, war aber ihrem glasigen Blick nach zu schließen in Gedanken weit weg.

Über fünfzig Wächter standen auf dem Platz, allesamt Elitesoldaten, die zu den besten Kämpfern des Landes ausgebildet worden waren. Dennoch tat keiner von ihnen etwas. Niemand kam seinem Bruder zu Hilfe, niemand versuchte, Frau Jian aufzuhalten, indem er sagte, dass sie gerade einen Mord beging. Diese Strafe hatte kein Gericht angeordnet. Es war nichts als blindwütige Gewalt.

Wir brauchten Ailing. Warum war sie nicht schon längst hier? Hatte ihr denn niemand Bescheid gegeben? Wir brauchten sie jetzt sofort. Qiu. Qiu könnte sie holen, Ailing würde ihn wiedererkennen. Ich schloss die Augen und baute schnell eine Brücke zu ihm auf. Spürte, wie sich seine Flügel ruckartig öffneten, als mein aufgeschreckter Geist seinen berührte.

Flieg. Hol Ailing. Hol Hilfe. Gefahr.

Ebenso schnell, wie ich sie hergestellt hatte, brach ich die Verbindung wieder ab. Ich wollte nicht, dass Qiu meine Angst zu lange spürte. Er floh, wenn Gefahr im Verzug war. Jetzt aber musste er handeln. Ich hatte ihn nie zuvor darum gebeten, Hilfe zu holen, doch ich hoffte, dass er meine Absicht verstand. Eine Alternative gab es nicht. Houyi würde sterben, wenn ich nicht einschritt. Ich konnte nicht stumm dastehen, wie ich es bisher jedes Mal getan hatte. Ich hatte eine Stimme. Wozu sollte sie gut sein, wenn ich sie in solchen Momenten nicht nutzte?

Sag was, Dawei. Du hast eine Stimme. Du brauchst nur etwas Zeit, bis Ailing hier ist.

Ich trat einen großen Schritt nach vorne, gerade als Tanashiri sagte: »Hundertzweiundzwan–«

»Ihr wollt also wirklich einen Mann töten, nur weil er seine Brüder beschützt?«, sagte ich laut.

Frau Jians Arm verharrte in der Luft.

Sie bedachte mich mit einem Blick aus ihren Augen, mit Pupillen, die so riesig waren, dass das Weiße kaum noch zu sehen war. Sie war vollkommen außer Atem. Ihr Gesicht war voller Blutspritzer. Die langen Haarsträhnen hingen wirr herunter. In diesem Moment offenbarte Clanoberhaupt Jian Daji ihr wahres Inneres: ein dunkles, hasserfülltes, gefährliches Herz.

Houyi atmete flach. Er stand nicht mehr auf den Beinen, sondern hing mit den Handgelenken im Seil. Seinem Atem nach zu urteilen war er bei Bewusstsein. Das war ein Wunder. Sein Rücken ähnelte bereits dem des Jungen, der in Sandu hingerichtet worden war. Weil zwischen den weit aufklaffenden Wunden kaum noch intakte Haut übrig war, hatte die Peitsche die bereits vorhandenen Verletzungen so vertieft, dass das Blut an einigen Stellen nicht mehr über die Haut, sondern über blanken Muskel floss. Rote Blutströme quollen aus Houyis unterem Rücken hervor. Noch zehn Schläge mehr und seine Wirbelsäule würde tatsächlich blank liegen, wie es Frau Jian angedroht hatte.

»Hast du etwas gesagt, *Bǎobèi*?«, fragte Frau Jian. Sie strich sich die Haare hinters Ohr. Tanashiri sah mich an und schüttelte den Kopf. Der erschrockene Ausdruck auf ihrem Gesicht war in Wut umgeschlagen.

Bist du wahnsinnig?!, bedeutete mir der Blick meiner Lehrmeisterin. *Tritt zurück in die Reihe!*

Sie hatte recht. Ich würde meine Tat noch bereuen. Aber ich brauchte nur ein wenig Zeit, damit Qiu Ailing erreichte. Wenn ich die Möglichkeit hatte, Houyi das Leben zu retten, dann musste ich es zumindest versuchen.

»Ihr habt keinen Beweis dafür, dass die Wächter die Regeln gebrochen haben«, sagte ich. »Ihr wisst nicht einmal, wen Ihr beschuldigen sollt – Ihr habt rein zufällig einen der jüngsten Soldaten ausgewählt, obwohl er nichts Falsches getan hat. Houyi-*shīzūn* hat ihn beschützt.

Und jetzt tötet Ihr ihn genau dafür. Nicht einmal in Namla wird jemand so grundlos verurteilt. Ihr wagt es, uns als Wilde zu bezeichnen, obwohl Ihr Euch selbst benehmt wie eine Hündin.«

Viele Wächter rissen die Augen auf. Die Beamten des Neiwufu öffneten entgeistert den Mund. Einer von ihnen deutete mit dem Finger auf mich: »D... Du ...!«

Ja, ich hatte soeben mein eigenes Todesurteil unterschrieben. Mit einem Schlag war mein Körper voller Adrenalin. Worte hatten nie zuvor so viel Macht besessen. So musste Ren sich gefühlt haben, als er auf den Boden gespuckt und Frau Jian widersprochen hatte. Ich empfand keine Angst. Jetzt würde ich Frau Jian zeigen, wer ich im Grunde meines Herzens war. Sie hatte ihre Maske abgelegt, und ich tat es ihr nach.

Als sie mit einem Lächeln auf mich zutrat, legte ich meinen ganzen Hass in meinen Blick. Sie packte mich am Hals, ihr *Hùzhǐ* und ihre langen Nägel bohrten sich in meine Haut. Ich weigerte mich, auch nur einen Schritt zurückzuweichen. Frau Jian war kleiner als ich. Sie stellte sich auf die Zehen, bis ihr Gesicht das meine fast berührte. Das blutige Ende der Peitsche drückte gegen meine Wange.

»Willst du sterben, Bianfu?«, flüsterte Frau Jian. »Willst du seinen Platz einnehmen? Denn das, was du gerade von dir gegeben hast, Schätzchen, gibt mir die Macht, mit dir alles zu tun, was ich will.«

»Warum? Weil ich ausgesprochen habe, was jeder hier weiß?«

»Du weißt wirklich nicht, wie du deine Stimme zu gebrauchen hast. Zuerst muss ich deinem Bruder die Glieder abschlagen, damit du überhaupt den Mund aufmachst. Und dann bekomme ich ihn nicht mehr zu. Muss ich dir etwa die Zunge abschneiden? Dann wärst du zumindest still, weil ich es so verlange, und nicht aus deinem eigenen Willen.« Sie drückte ihren *Hùzhǐ* noch fester in die Haut unter meinen Kieferknochen. Mein Puls pochte heftig gegen seine scharfe Schneide. Frau Jian lachte. »Genau das werde ich wohl tun müssen.«

»Ihr fürchtet uns«, sagte ich. »Ihr fürchtet Euch davor, dass sich das hier bald wiederholt. Bitte, statuiert an mir ein Exempel. Macht Euch nur die Hoffnung, dass es die anderen dazu bringt, Euch zu fürchten, und nicht dazu, sich gegen Euch aufzulehnen.«

In Frau Jians Augen blitzte etwas auf. Sie warf einen Blick auf die anderen Wächter. Obwohl diese weiterhin schwiegen, hielten viele von ihnen den Blick nicht mehr gesenkt. Sie sahen Frau Jian mit finsterer Miene an. Wie ein angekettetes Löwenrudel, das die Peitsche der Dompteurin zwar noch fürchtete, aber zugleich schon um sie herumschlich und auf ein Zeichen von Schwäche wartete.

Ich war das ungezähmte Tier, das das ganze Rudel mit seinem Verhalten unruhig machte.

Auch Frau Jian verstand es. Sie beugte sich vor, bis ihre rot bemalten Lippen ganz dicht an meiner Schläfe waren. Ihr warmer Atem kitzelte mich am Ohr, als sie flüsterte: »Ich werde dich brechen.«

Sie nahm die Peitsche von meiner Wange. Auf meiner Haut blieb eine klebrige Blutspur zurück. Ich wischte sie nicht weg. Stattdessen starrte ich Frau Jian unverwandt an, während sie zum Pfahl hinüberging und mit einem Lächeln sagte: »Also gut. Holt Houyi herunter. Der Bianfu möchte seine Strafe auf sich nehmen.«

24. Kapitel

Frau Jian sprach auf die einschmeichelnd süße Art, die ich noch mehr hasste als ihr Zischen: »Natürlich respektiere ich den Willen eines Bianfu. Genau wie Houyis Willen. Meinetwegen könnt ihr euch alle nacheinander an den Pfahl stellen. Die Strafe sind zweihundert Peitschenhiebe für jeden. Tanashiri – fang wieder von vorne an.«

»Mutter ...« Prinz Lian öffnete zum ersten Mal den Mund. Vor Houyis Bestrafung hatte er hinter seiner Mutter und ihren Entscheidungen gestanden, ganz so, als fände er die Situation unterhaltsam. Jetzt war alle Farbe aus seinem Gesicht gewichen. Ungeachtet seines bösartigen Charakters war er der behütete Lotusprinz des Palastes – er hatte möglicherweise noch nie zuvor eine so brutale Folter mit angesehen. Was immer in ihm vorging, jetzt hatte er offensichtlich genug. »Mutter, das hat nichts mehr mit Chang'e zu tun.«

»Dass ein Wächter seiner Herrin trotzt, ist eine bodenlose Unverschämtheit!«, ließ einer der Beamten des Neiwufu verlauten. »Das kann nicht geduldet werden. Herrin, überlasst uns die Angelegenheit. Wir im Neiwufu werden dafür sorgen, dass der Junge eine angemessene Strafe erhält.«

Frau Jian gab vor, sie nicht zu hören, und wiederholte: »Zweihundert Schläge. Der Bianfu möge beweisen, dass er zu seinem Wort steht. Stell dich an den Pfahl, *Bǎobèi*.«

Ich ballte die Hände zu Fäusten. Meine Handflächen waren feucht vom Schweiß.

Zweihundert Schläge. Wenn Houyi es selbst mit der Kraft seines *Nèigōng* nicht geschafft hatte, wie sollte ich dann auch nur bis zur Hälfte durchhalten? Mir würde es ergehen wie dem Jungen in Sandu. Ich würde genauso zerrissen wie er, genauso … Nein. Keine Angst jetzt. Ich musste nicht bis zum Ende durchhalten. Prinzessin Ailing würde mir zu Hilfe kommen. Qiu würde zu ihr fliegen und Ailing würde begreifen, dass der Falke eine Nachricht von mir überbrachte. Sie würde bald kommen. Sehr bald. Ich müsste nicht mehr als ein paar Schläge ertragen, und das würde ich auf jeden Fall schaffen. Schon hörte ich unruhiges Räuspern aus der Reihe der Wächter. Doch statt in ihre Richtung zu schauen, sprach ich mir selbst Mut zu: *Du schaffst das. Du bist in den Bergen geboren, wo die Unsterblichen leben. In dir wohnt die Seele des Aachalendra, die selbst der Schwarze Regen nicht zerstören konnte. Du schaffst das.* Ich ging hinüber zu dem Pfahl, wo Tanashiri und Biying Houyi vom Seil lösten. Als die Knoten sich öffneten, legte Tanashiri sich schnell seinen Arm über die Schulter, um seinen kraftlosen Körper zu stützen. Houyis Haare klebten an seinem blutüberströmten Rücken. Er war bei Bewusstsein, aber still wie ein Tier, das sich vor dem Schmerz in einen Schockzustand geflüchtet hatte. Ihm war wahrscheinlich nicht bewusst, dass ich vorhatte, seinen Platz einzunehmen.

»Wird er überleben?«, flüsterte ich Tanashiri zu und legte meine *Chángpáo* und das Unterhemd ab, wie Houyi es getan hatte. Normalerweise wäre die Zurschaustellung meines nackten Oberkörpers das Letzte, was ich freiwillig getan hätte, aber in diesem Moment schämte ich mich nicht. Ich ließ die Kleidung zu Boden fallen.

Tanashiri warf mir einen gequälten Blick zu. »Dir geht es bald genauso und trotzdem sorgst du dich noch um ihn. Dawei. Diese Strafe übersteigt deine Kräfte.«

»Ich schaffe das schon. Helft ihm einfach. Die Knolle der *Yánhúsuǒ*-Pflanze lindert Schmerzen. Versuch, etwas davon zu besorgen.«

»Dawei, konzentrier dich«, befahl Tanashiri. »Kultiviere dein Qi. Jetzt sofort.«

Sie beweinte mein Schicksal nicht bereits im Vorhinein, sondern blieb bis zum Ende meine Lehrerin. Ich legte die Hände um den Pfahl, damit sie zusammengebunden werden konnten, und spürte die Wärme von Houyis Körper auf dem rauen Holz. Blutige Splitter kratzten an meiner nackten Brust. Biying nahm meine Hände entgegen und wickelte das dicke Hanfseil um meine Handgelenke: Wo es an Houyis verschwitzter Haut gerieben hatte, war das Seil feucht.

So fühlte er sich also an. Der vielleicht letzte Gegenstand, den er in seinem Leben berührt hatte. Nicht besonders kalt. Nicht besonders schmutzig. Ich lehnte die Stirn gegen den Pfahl, wie ich es bei Houyi gesehen hatte.

Keine Panik. Was immer geschah, ich musste an nichts anderes denken als daran, den Moment zu überstehen. Auf eine Empfindung würde stets die nächste folgen. Der Schmerz würde vorübergehen. Keine Panik. Auch wenn ich jetzt Schmerzen hatte, würde es schon einen Augenblick später vorbei sein. Es würde nicht lange dauern. Ich musste nur einen Moment lang durch–

Der erste Schlag kam, bevor ich meinen Körper vorbereiten konnte.

Ein weißer, schneidender Schmerz entbrannte zeitgleich mit dem Geräusch der Peitsche, ohne Vorwarnung oder Verzögerung. Mein ganzer Körper erstarrte. Meine Gedanken. Mein Bezug zur Wirklichkeit. Der Rest der Welt verschwand, als die scharfen Enden der Peitsche aus meiner nackten Haut gerissen wurden wie ein Angelhaken aus einem Fischmaul. Meine Augen verdrehten sich. Mein Oberkörper drückte sich gegen den Pfahl, um dem Schmerz zu entkommen. Meinem Mund entrang sich ein heftiges Keuchen, das ich nicht zurückhalten konnte. Ich schloss die Finger fest um das Hanfseil. Spürte, wie eine warme Flüssigkeit über meinen Rücken rann.

»Eins«, sagte Tanashiri.

Cào. Ich schnappte nach Luft. Das war gerade einmal der erste Schlag. Blieben noch einhundertneunundneunzig. Ich stieß die Luft in schnellen Stößen aus, versuchte, meinen Körper auf den nächsten Schlag vorzubereiten. Houyi hatte über achtzig Schläge ausgehalten, bevor er angefangen hatte zu bluten, und ich zitterte schon nach dem ersten. *Kultiviere dein Qi, konzentrier dich auf dein* Nèigōng, *beeil dich, bevor –*

Der nächste Schlag traf mit noch größerer Wucht auf meinen Rücken. Ich heulte auf.

Frau Jian ließ ein verächtliches Lachen hören, als hätte sie mehr Widerstand erwartet. Tanashiris Stimme zitterte vor Entsetzen, als sie sagte:

»Zwei …«

Reiß dich zusammen. Reiß dich zusammen.

Ich schloss die Augen und atmete tief ein, wie Houyi es uns in den ersten *Nèigōng*-Lektionen beigebracht hatte. Beim Ausatmen schnaufte ich durch die Nase wie ein Ochse, der eine schwere Last zog. Ich umklammerte das Hanfseil so fest, dass meine Knöchel weiß hervortraten. Zwang mich dazu, mich auf das Atmen zu konzentrieren, aus reiner Verzweiflung, und verzog das Gesicht zu einer Grimasse, als der dritte Peitschenschlag mich bis ins Mark erschütterte. Mein Rücken schrie vor Schmerz. Er glühte heiß, wie um mich daran zu erinnern, dass meine Haut nie wieder so sein würde wie vorher. Es brannte, wie ich es noch nie zuvor erlebt hatte, doch ich zwang meine Gedanken zurück zu meiner Lunge. Wiederholte innerlich immer wieder zwei Wörter: *ein, aus, ein, aus.*

Ich fügte mich in den Rhythmus, den das Zischen der Peitsche und Tanashiris Stimme vorgaben. Dachte an meine Lunge. Stellte mir vor, wie sie sich im Takt meiner Atemzüge ausdehnte und zusammenzog, konzentrierte mich darauf, erst in die Brust, dann in den Bauch zu atmen. Ich dachte daran, wie Tantchens jüngste Kinder, Ling-*ér* und Huan-*ér*, im Schlaf atmeten – wie sich ihre runden Kinderbäuche hoben und senkten, hoben und senkten. Sogar Kinder konnten das, *Nèigōng* war letzten Endes nicht kompliziert, man musste nur den Geist leeren und sich auf den eigenen Atem konzentrieren. Alles andere geschah von selbst, meine innere Ruhe würde die Energiepforten öffnen, das Qi durch die Meridiane im ganzen Körper fließen lassen, damit es mich wärmte, schützte, stärkte.

Ein … Aus … Ja … Genauso …

»Sechs.«

Es geht voran. Die ganze Zeit. Immer näher an die Zweihundert. Bleib ruhig. Konzentrier dich auf deinen Atem. Auf nichts anderes. Nichts anderes. Atme ein … aus … ein … aus …

»Vierzehn.«

Nichts anderes. Nichts anderes. Nichts anderes. Da ist kein Schmerz. Es tut nicht weh. Nichts anderes.

Ein. Aus. Ein. Aus. Ein. Aus. Ein. Aus. Ein. Aus. Ein. Aus. Ein. Aus. Ein. Aus. Ein. Aus …

Rens Chuba war so steif gefroren, dass sie keinen Geruch mehr hatte. Ich stützte das Kinn auf seine Schulter und hielt die Arme locker um seinen Hals geschlungen, während er mich auf dem Rücken über den schmalen Bergpfad trug. Mein großer Bruder war müde. Er schwankte im Gehen von einer Seite zur anderen. Seine Schritte waren kürzer geworden und seine Füße schleiften über den Boden, und das Knirschen des Sandes in meinen Ohren wurde zu den endlosen Wellen eines Flusses.

Ich hatte Angst um seine Stiefel. Mama hatte mir gerade erst neue Schuhe besorgt. Die letzten waren mir zu klein geworden. Sie hatte nicht genug Geld, um auch Ren ein neues Paar zu kaufen.

Wenn ich gekonnt hätte, hätte ich Mama gesagt, dass wir keine neuen Stiefel brauchten. Wir konnten sie wieder zurückgeben, wenn sie zu viel gekostet hatten. Mir würde das nichts ausmachen. Ich könnte barfuß laufen wie der *Xiān* Liu Cao, der in Rens Gutenachtgeschichten vorkam. Wenn ich damit nur Mama wieder nach Hause bringen konnte. Wenn sie zurückkäme, würde ich versprechen, dass ich sie nie wieder um etwas bitten würde, dass ich mich niemals schlecht benehmen und auch nie wieder etwas Neues brauchen würde.

Ich hatte Hunger. So großen Hunger, dass sogar die dünne Eisschicht auf den Weizenhalmen gut schmeckte. Ren hatte sie mir zum Lutschen gegeben. Ich kaute auf ihnen herum, bis sie weich waren, schmatzte und schluckte. Ren schenkte mir ein schwaches Lächeln. Seine Wangen waren eingefallen, die Augen geschwollen, als hätte er kürzlich geweint. Ich hatte ihn noch nie weinen sehen. Den ganzen letzten Monat lang hatte er das Feuer geschürt, Lieder gesummt und mir Geschichten erzählt. Er hatte mit mir geredet, auch wenn ich nicht geantwortet hatte.

Ich hatte nur still und reglos auf dem *Kàng* gelegen, dem beheizten, steinernen Ofenbett. Mein Handgelenk mit dem daran befestigten Metall hatte noch Tage nach dem Anbringen des Geren wehgetan. Ich hatte die Finger um die schmerzende Stelle geschlossen, wo mein Puls gegen die harte Oberfläche des Armreifs pochte. Meine ganze Hand war heiß gewesen. Hatte gebrannt wie Feuer. Mein Körper wehrte den Fremdkörper in meinem Knochen ab. Ich wollte zu meiner Mutter. Mir war es egal, dass sie im Zelt des Gouverneurs nicht für mich da gewesen war – ich wollte einfach nur in ihre Arme kriechen.

Ren blieb während meiner ersten fiebrigen Tage bei mir. Er deckte mich mit Wolfsfellen zu und achtete darauf, dass die Glut unter dem *Kàng* nicht erlosch. Unser Haus am Stadtrand von Sandu hatte nur ein einziges Zimmer. Wir teilten uns Außenküche und Abort mit den Nachbarn, daher hatten wir im Haus nur wenige Möbel. Nur den Altar für Meister Shuya und das *Kàng*-Bett. Normalerweise schlief Mama zwischen Ren und mir. Ohne sie erschien mir das Bett groß und kalt.

Ich drückte ihren Schal an mich, während Ren Talismane aus Reisig bastelte. Er hängte sie am Kopfende des *Kàng* auf – wozu sie dienten, verriet er nicht, aber sein Gesicht war dabei ganz grau. Er betete oft an Meister Shuyas Altar und kam dann herüber, um meinen Puls zu fühlen, als wollte er überprüfen, ob sein Gebet einen direkten Einfluss auf meinen Zustand gehabt hatte.

Als uns der Reis ausging, war Ren gezwungen, mich für kurze Zeiten allein zu lassen. Er deckte mich sorgfältig mit den Fellen zu und sagte mir, dass ich schlafen sollte.

»Du kannst träumen, was du willst, *Dìdi*«, sagte er. »Was wünschst du dir heute?«

Ihm zuliebe schloss ich die Augen. Mein Bruder blieb auch dann noch neben mir sitzen, als er schon glaubte, ich sei eingeschlafen. Er strich mir übers Haar. Ich hörte ihn schniefen, traute mich aber nicht, nachzusehen, ob er weinte. Dann stand er auf. Er zog sich den Winterumhang an und ging hinaus. Ich dachte, er würde nach Mama suchen.

Jeden Tag hoffte ich, dass sie zusammen heimkehren würden. Aber als die Dämmerung hereinbrach, kam Ren allein zurück und hatte nur ein paar Möhren und Rüben dabei. Zuallererst stürzte er zum *Kàng* und hielt den Finger unter meine Nase, um zu überprüfen, ob ich noch atmete. Als ich ihn ansah, lächelte er, und seine glänzenden Augen wurden ganz schmal. Erst danach besann er sich und legte den Winterumhang ab.

Aus irgendeinem Grund benutzte Ren nicht den gemeinsamen Kochverschlag im Hof, sondern machte drinnen ein kleines Feuer. Er sortierte das Gemüse, das er mitgebracht hatte, schnitt es klein und kochte es, bis es weich war. Der Rauch vom Feuer brannte in meinen Augen. Ich wusste nicht, woher Ren das Gemüse hatte. In unserem Hof wuchs es jedenfalls nicht.

Du darfst nicht stehlen, wollte ich ihm sagen. *Mama hat gesagt, dass wir nichts von den Beeten der Nachbarn nehmen dürfen.*

Trotzdem aß ich alles, was er mir vorsetzte. Seine Portion war kleiner als meine. Als ich einen besorgten Blick auf seinen Teller warf, schüttelte er den Kopf und versicherte mir, er hätte schon etwas gegessen. Er magerte zusehends ab. Seine Kleider waren schmutzig, ebenso wie meine. Obwohl ich Winterkleidung trug, lief meine Nase, und mir war kalt. Das Fieber ließ nicht nach. Mein Handgelenk wurde um den Geren herum immer röter, und unter dem Armreif nahm die Haut einen bläulichen Ton an. Ren versuchte, mich zu behandeln, indem er ein Tuch in heißes Wasser tauchte und es um den Geren wickelte.

Als mein Bruder das nächste Mal nach draußen ging, lag ich unter der Decke und lauschte auf die Geräusche, die von draußen hereindrangen. Ich liebte jedes einzelne von ihnen. Das Gackern der Hühner im Hof, das Plaudern der Nachbarn und das Klirren, Zischen und Brodeln, das aus der Gemeinschaftsküche drang. Dann und wann hörte ich die Kinder reden – ich erkannte sie alle: Diese Stimme gehörte zu Rinzen, diese wiederum zu Mida, dieses Lachen musste von Yelei kommen. Sie waren Rens Freunde, älter als ich, und ich hatte mir alles eingeprägt, was sie sagten und taten. Ich wollte dazugehören. Ich hoffte, dass sie eines Tages auch meinen Namen rufen und mich bei ihren Spielen im Hof mitmachen ließen, deren Regeln ich vom Zuschauen schon längst kannte.

Der Himmel war noch hell, als sich in die Geräusche von draußen plötzlich wütende Töne mischten. Der Nachbar brüllte jemanden an. Er fluchte und rief die anderen Nachbarn herbei – ich nahm an, dass es um ein Huhn ging, das der Fuchs geholt hatte. Die Hunde schützten unsere Tiere vor Räubern, aber hin und wieder war einer von ihnen listiger als sie und nutzte die Gelegenheit, wenn sie angeleint waren.

Doch dann hörte ich noch etwas: den Namen meines Bruders.

»Verfluchter Dieb!«, brüllte unser Nachbar. »Kong Qiren! Ich schlage dir die Beine ab und verfüttere sie an die Schweine!«

Auf seine Worte folgten ein Stockschlag und der panische Aufschrei eines Jungen. Ich richtete mich im Bett auf. Ren …? Was war da los – Ren – oh nein, sie durften ihn nicht schlagen. Die Welt um mich herum begann zu schwanken. Die Wände unseres Hauses bogen sich, als ich mich zwang, die Beine über den Rand des *Kàng* zu schieben, und zur Tür taumelte. Ich fiel hin. Vor meinen Augen verschwamm alles, und das Licht, das durch die Papierfenster drang, blendete mich, bevor das Zimmer wieder Form annahm. Meine entzündete Hand konnte mein Gewicht nicht tragen. Ich zog sie an den Körper und kam mithilfe der anderen Hand unbeholfen wieder auf die Beine.

Draußen war es kalt. Furchtbar kalt. Der Wind fuhr durch den gewalkten Wollstoff und biss mir mit nadelspitzen Zähnen ins Fleisch.

Ich blieb vor unserer Haustür stehen und erkannte, was los war:

Menschen standen auf dem Hof, Kinder hatten aufgehört zu spielen. Ich sah unseren Nachbarn, der einen Bambusstock in der Hand hielt und noch weiter zugeschlagen hätte, wenn seine Frau nicht dazwischengegangen wäre. Und ich sah Ren, der am Boden lag und sein Gesicht vor dem nächsten Schlag schützte. Seine Wange glühte feuerrot, und seine Hose hatte am Knie einen blutigen Riss. Er keuchte, sein Gesicht war tränenüberströmt. Der Inhalt seiner Tasche lag auf dem staubigen Boden verteilt: die Rüben und Möhren, die im Garten nebenan wuchsen.

»Ich hätte wissen müssen, dass diese kleinen Ratten ihre Finger im Spiel haben!«, brüllte der Nachbar. »Nichtsnutzige Diebe!«

»Das ist Kong Yinas Sohn«, sagte seine Frau. »Ich dachte, die beiden wären schon längst weggebracht worden.«

»Waren sie die ganze Zeit alleine hier? Yina ist doch schon fast zwei Monate tot.«

»Himmel, schau dir dieses Kind an.«

»Sagt dem Gouverneur Bescheid! Jemand muss das arme Kind hier wegholen.«

»NEIN!«, schrie Ren. »IHR BRINGT IHN NICHT WEG!«

Er rappelte sich auf und stürzte auf mich zu. Ich sah meinem Bruder ängstlich entgegen und biss mir auf die Unterlippe, um nicht zu weinen. Ren hob mich ohne zu zögern hoch, er ging nicht einmal mehr ins Haus zurück, obwohl ich keinen Winterumhang anhatte, keine Mütze und keine Handschuhe. Er schloss mich fest in die Arme und floh mit mir aus dem Dorf. Ich vertraute ihm, schlang Arme und Beine um seinen Körper und blickte zurück auf mein Zuhause in Sandu, das sich immer weiter entfernte, die erschütterten Gesichter der Nachbarn, Rinzan, Mida und Yelei, die ich nie wiedersehen würde.

Ren rannte, bis er fast umfiel. Er keuchte und drückte mich so fest an sich, dass es wehtat. Ich lehnte das Kinn gegen seine Schulter. Mir fehlte die Kraft zu verfolgen, wohin er uns brachte. Stattdessen starrte ich auf die Erde, ohne sie zu sehen, und konzentrierte mich auf den Rhythmus seiner Schritte. Ich zitterte vor Kälte. So müde war ich, dass ich zuerst gar nicht bemerkte, wie Ren mich auf den Boden stellte.

»Ist dir kalt, *Dìdi*?«, fragte er. Er hockte sich vor mich hin und versuchte zu lächeln. Die blauen Flecken auf seinem Gesicht wurden bereits dunkler. Er war schmutzig und übel zugerichtet. Aber er stützte mich, damit ich nicht in den Knien einknickte, und ich hielt mich an ihm fest, während er seinen Winterumhang auszog. Er warf ihn mir über die Schultern und stülpte mir die riesige Kapuze über den Kopf. Dann zog er die Lederhandschuhe aus und steckte meine Hände hinein.

»So. Jetzt geht es dir gleich besser. Gleich ist dir nicht mehr kalt. Kannst du meinen Hals umfassen?«

Er drehte sich um und deutete auf seinen Rücken. Ich stieg auf, wie schon so oft, er schlang die Arme um meine Knie und rückte mich zurecht.

Auf diese Weise wanderten wir den ganzen Abend, hinaus aus den Wohngebieten von Sandu, wo die elektrischen Lampen Sicherheit versprachen. Ren hielt auf die Berge zu. Die schroffe schwarze Silhouette des Aachalendra erhob sich vor dem dunklen Nachthimmel. Mit jedem Schritt kamen wir dem Gebirge näher. Ich wusste nicht, welches Ziel Ren hatte. Er ging so lange den dunklen Bergpfad entlang, dass ich an nichts anderes denken konnte als an das Knirschen seiner schlurfenden Schritte im Sand. Ich schlief ein, den Kopf an seine Schulter gelehnt.

Als ich die Augen wieder öffnete, war mir ungewöhnlich warm. In der Luft hing der schwere Geruch von Räucherstäbchen. Mein Kopf schmerzte. Rot. So viel Rot überall um mich herum: Die seidenen Vorhänge, die Laken, sogar die Wände des Zimmers und die dort aufgehängten *Thangkas* waren so blutrot, als stimmte etwas mit meinen Augen nicht. Im Zimmer brannten Dutzende Kerzen. Von den Räucherstäbchen zu beiden Seiten des Bettes stiegen kleine Rauchfahnen auf.

Mein Handgelenk schmerzte. Jemand hatte einen feuchten Umschlag darumgewickelt, der nach bitteren Kräutern roch. Ich setzte mich auf. Wo war ich denn überhaupt? Das hier war doch kein Wohnhaus. Das Bett war kein steinernes *Kàng*, sondern eine flache Matratze, die auf einer Tatamimatte lag. War das hier ein Labrang – ein Nebengebäude des Tempels, in dem die Luohan wohnten, die Meister Shuyas Weg folgten? Wenn ja, wie war ich dann hierhergekommen? Zwischen unserem Zuhause und dem nächsten Bergtempel lagen über sechzig *Lǐ*.

Ren.

Oh nein, wo war Ren?

»Mein Kind«, sagte da eine ruhige Männerstimme. Ich wandte mich nach dem Ankömmling um, der an der Tür stand und in eine weiße Trauerrobe gekleidet war. Der Mann hatte kurz geschorene Haare und ein ruhiges, rundes Gesicht. Ich hatte die Heiligen des Tempels schon einige Male gesehen, als Mama Ren und mich am Fackelfest zum Gebet in Meister Shuyas Tempel mitgenommen hatte. Jetzt sah einer dieser heiligen Männer mich an. Während er sprach, bewegte er die Hände, ließ sie auf eine Weise tanzen, wie ich sie bei den stummen Leuten im Dorf gesehen hatte, wenn sie ein Gespräch führten. »Wie fühlst du dich?«

Ich sah ihn an, starr vor Schreck. Dann blickte ich mich von Neuem um – *Ren, Ren?*

Der Luohan sah, dass ich Angst hatte, und fuhr fort: »Deinem Bruder geht es gut. Er ist sehr tapfer gewesen und ruht sich jetzt im Nebenzimmer aus. Ihr wart beide tapfer. Alles ist gut. Meister Shuya hat euch zu uns geführt, und wir wenden uns nicht von denen ab, die Hilfe brauchen.«

Und Mama?

»Mein Kind, deine Mutter wandelt im Jenseits, bis sie bereit ist, wiedergeboren zu werden. Wenn der Himmel es will, werden eure Seelen sich wieder begegnen. Du darfst um sie trauern, wir alle vermissen die Menschen, die uns im Leben wichtig waren. Aber der Tod ist nicht unser Feind. Er ist nichts, vor dem wir uns fürchten müssten. Wir alle führen den Plan des Himmels aus, und auch das, was ihr durchlebt habt, dein Bruder und du, hat seine Bedeutung. Wenn

Meister Shuya euch zu uns geführt hat, dann weiß ich, dass es sogar von großer Bedeutung sein muss.«

Der Luohan legte mir seine warme Hand auf die Stirn.

»Ruh dich aus, kleiner Anjing. Du bist hier in Sicherheit. Der Gouverneur wird weder dich noch deinen Bruder von hier wegholen, das verspreche ich dir. Wir sind in der Nähe des Kunlun-Gebirges, wo die Götter wohnen – der Gouverneur weiß, dass seine Macht nicht bis hierher reicht. Die Götter machen keinen Unterschied zwischen König und Ameise.«

Ich hörte ihm mit einem Kloß im Hals zu. Erst später ließ ich die Worte der Luohan an mich heran, all die tröstlichen und beruhigenden Wahrheiten, die Ren und ich in den nächsten Wochen im Kloster hörten. In jenem Moment aber verstand ich von dem, was der Luohan sagte, nur eines: Mama war im Jenseits. Sie würde nie wieder nach Hause, nie wieder zu mir zurückkommen.

Sie hatte Ren und mich alleingelassen.

Und wenn auch Ren mich eines Tages verlassen würde …

Dann hätte ich niemanden mehr. Nichts mehr. Ich würde einsam durchs Leben wandeln, still und unbemerkt, und wenn meine Seele meinen Körper verließ, wäre ich ebenfalls allein. Ich konnte mir kein schlimmeres Schicksal vorstellen.

»Hunderteinundsechzig.«

Was …? Ich wusste nicht, wie oder warum, aber aus irgendeinem Grund hatten mich Tanashiris Worte aufgeschreckt, die auf keinen Fall der Wahrheit entsprechen konnten.

»Hundertzweiundsechzig.«

Ungläubig öffnete ich die Augen. Ich musste mich verhört haben. Im selben Moment überkam mich ein seltsames Schwächegefühl, ein Schwindel, als hätte ich zu lange kopfüber gehangen. Ich hielt mich nicht mehr am Hanfseil fest. Wann hatte ich es losgelassen? Meine Finger waren taub, und mein Körper hing mit seinem ganzen Gewicht am Seil. Meine Beine waren völlig gefühllos, meine Knöchel unter meinem Gewicht eingeknickt. Meine Arme schmerzten. Die Handgelenke … Meine Handgelenke … *Es tut so weh … Öffne doch jemand diese Knoten, meine Hände bekommen kein Blut mehr.* Blut. Überall Blut.

»Hundertsiebzig.«

Mein Kopf sackte nach vorne. Ich blinzelte und sah hinab in den sonnengebleichten Sand, wo die kleinen Steine in einer tiefen, dunklen Blutlache versanken. War das alles mein Blut …? Oder Houyis? War meine Haut aufgerissen, konnte man die Knochen sehen? Mein Rücken war wie eine heiße, brodelnde Quelle, die sich über Rippen, Hüften und Beine ergoss. Ich hatte keinen Rücken mehr, an seine Stelle war ein gefühlloser, blutiger Krater getreten. War das der Schock …? Oder *Nèigōng* …?

»Hundertachtundachtzig.«

Das Atmen schmerzte. Ich bekam keine Luft. Meine Lunge verkrampfte sich. Ich konnte kaum noch etwas sehen. Blitze am Rande meines Blickfelds. Dann nichts mehr. Alles verschwommen.

Dray.

Es tut mir leid.

»Hundertachtundneunzig – hundertneunundneunzig –«

Ich gehe, wohin du auch willst.

Ich habe geträumt,

dass du ihn laut ausgesprochen hast.

»Zweihundert! Das war der zweihundertste, hört auf!«

»Er hat seine Strafe bekommen!«

»Das war der zweihundertste!«

»Du kannst nicht weitermachen, bei Meister Shuya, hör auf!«

Alle schreien durcheinander.

Meine Stimme …

Ich wollte deinen Namen sagen.

Ich wollte dir so viel sagen.

Es tut mir leid …

25. Kapitel

Überall Dunkelheit.
Kälte.
Schnee.
Schmerz.

Der Frost brannte. Eiskristalle stachen mir in die nackte Haut, sodass mein Körper im Nu taub wurde. Ich schlang die Arme schützend um den Oberkörper und kniete mich in den Schnee. Das Aachalendra konnte auch für erfahrene Wanderer den Tod bedeuten. Zwar hatte ich seine schneebedeckten Hänge schon einmal im Winter bestiegen, aber niemals im Dunkeln. Im Sturm. Das hier war das schreckliche Aachalendra aus den Erzählungen. Das gnadenlose Aachalendra. Erhaben. Todbringend.

Ich rang nach Luft. In einer Höhe von vierzehn *Lǐ* gab es nur halb so viel Sauerstoff wie auf Höhe des Meeresspiegels. Hier oben ohne zusätzlichen Sauerstoff zu atmen, war ein schmerzhaftes Ersticken. Ich sah zu dem Berg auf, der vor mir in die Höhe ragte und dessen Gipfel sich durch den dichten Schneesturm gerade so ausmachen ließ. An seinen Felswänden türmte sich der Schnee zu senkrechten Vorsprüngen auf. Nicht mehr lange, dann würden diese Blöcke abbrechen und sich mit so gnadenloser Gewalt den Abhang hinabwälzen, dass man das Donnern noch auf den Terrassenfeldern von Madang hören konnte.

In der Nähe des Berggipfels sah ich eine große Gestalt, die ihre Flügel bewegte. Mit ihren langen Klauen hielt sie sich am Rand eines Felsvorsprungs fest wie ein Nachtfalter. Die riesigen schwarzen Lederflügel entfalteten sich im nächtlichen Schneesturm zu einer unnatürlichen Spannweite.

Ich begriff sofort, in welchem Teil des Gebirges ich war: Es war Kunlun. In seiner Nähe hatten die Luohan, die Ren und mich gerettet hatten, ihren Tempel in Namla errichtet. Die legendäre Wohnstatt der Götter, die Meister Shuya während des Schwarzen Regens erklommen hatte. Der Erzählung nach hatte er die Beschützer Fusangs angerufen – und die Götter hatten sich ihm gezeigt. Genauso wie mir jetzt.

»Leigong …?«, flüsterte ich.

Die Augen des Wesens waren wie flüssiges Gold. Genau wie bei mir und allen anderen Bianfu, wenn wir eine Brücke herstellten. Ich hatte immer geglaubt, die goldene Farbe käme von den Augen unserer Falken und stünde für unsere Seelenverbindung zu ihnen. Tatsächlich aber kam sie von diesem Wesen. Sie stand für die Verbindung mit ihm.

Möchtest du Licht, Kind?

Die Stimme hallte von den Berghängen wider wie ein Donnergrollen. Ich schloss die Augen.

Möchtest du meine Hilfe?

Möchtest du Macht …?

»Ja«, flüsterte ich.

Das leise Lachen des Donnergottes ließ die Felsen erbeben. Ich spürte es im Schnee unter meinen Knien, als Knistern in der Atmosphäre um mich herum. Ich schnappte nach Luft und zwang mich dazu, die Augen zu öffnen. Zwar fürchtete ich mich davor, das Wesen anzusehen, aber in diesem Moment musste ich es tun. Leigong hatte seine Flügel zu voller Breite aufgespannt. Durch den Sturm hindurch konnte ich keine Einzelheiten erkennen, aber ich sah eine mannsähnliche Gestalt, mit kohlengrauer Haut wie bei einer steinernen Statue.

Den scharfen Schnabel eines Raubvogels, unter dem der Mund zu einem wahnsinnigen Grinsen verzerrt war.

Dies war mein Gott. Es war normal, sich vor ihm zu fürchten. Entsetzen zu empfinden. Er war kein Mensch. Seine Absichten waren für Sterbliche unbegreiflich.

»Ja …«, flüsterte ich erneut und sah ihn dieses Mal direkt an. »Das möchte ich.«

Leigong reagierte sofort auf meine Bitte, ohne zu zögern, wie es ein Mensch getan hätte.

Ich kann dir Macht verleihen.

Im selben Moment durchbrach ein Licht die Schwärze. Weiße Elektrizität erfüllte den Himmel und die schneebedeckten Berge, sie brannte sich blendend hell und so schnell durch die ganze Landschaft, dass Leigong mir das Licht wie ein Schwert in die Augen stechen konnte. Ich öffnete den Mund zu einem Schrei, und das Licht drang in mich ein, setzte mein Blut in Brand, ließ mein Qi erbeben und jagte es mit solcher Geschwindigkeit durch meine Meridiane, dass ich das Gefühl nicht aushielt. Es war, als schössen Messer durch meinen Körper, winzige, scharfe Klauen, die mich von innen heraus zerfleischten, meine Adern zerrissen. Sie strömten in meinen Rücken, nisteten sich dort ein und schlitzten mir das Fleisch auf.

Ich brüllte. Schrie aus vollem Hals, denn für diesen Schmerz gab es keine Worte.

Der Pfahl, dachte ich verzweifelt. *Sie schlagen mich immer noch. Es hat nie aufgehört.*

Ich hatte einen widerlichen Geschmack von Galle im Mund, von Erbrochenem, das mir in der Kehle brannte. Jemand hielt mich fest. Ich versuchte, mich loszureißen, zu fliehen, aber ich war nicht stark genug. Er hatte mich gepackt, seine Hände waren zu heiß, viel zu heiß. Warum konnten sie nicht aufhören – warum wollten sie mir so wehtun – was hatte ich denn getan!?

Leigongs Lachen grollte noch immer leise wie ferner Donner.

Gleichzeitig sah ich inmitten des gleißenden Lichts eine Bewegung. Schwache Farbflecken, die anschwollen und flimmerten wie eine Luftspiegelung. Ein Tiger. Eine weiße Bestie von einer Größe, wie ich sie noch nie zuvor gesehen hatte, mit schwarzen Streifen und Augen wie Eiskristallen. Sie kam trotz ihrer gewaltigen Tatzen leichtfüßig und völlig lautlos auf mich zugesprungen.

Ich schnappte nach Luft und starrte den Tiger an, der immer näher kam, sich über mich beugte, bis seine langen Schnurrhaare mein Gesicht berührten. Ich roch den göttlichen Duft des Tieres, sah den sattgrünen Bambuswald, der hinter ihm aufragte. Auf den Blättern glitzerte der Morgentau. Das Licht ließ mein Sichtfeld mal verschwimmen und dann wieder scharf werden, bis mein Kopf vor Schmerz fast explodierte.

Und aus dem Licht blickte mir nun nicht mehr der Tiger entgegen, sondern Ailing, die mein Gesicht in ihre Hände nahm.

Ihre zierlichen Finger waren wie Milch auf meiner brennenden Haut.

Ach, mein Freund.

Hilf mir, flehte ich sie an. *Mach, dass es aufhört.*

Ich werde alles tun.

Pst, flüsterte Ailing, und ihre Stimme verlor sich. Ich strengte mich an, um sie zu hören, aber etwas war im Weg, eine andere Stimme. Die Worte eines anderen. Es waren so viele. So viele Stimmen, die gleichzeitig schrien, so viele, die immer wieder meinen Namen sagten. *Du machst das gut, Dawei. Nur noch einen Moment.* Jemand trug mich, in meinem Blickfeld blitzte das Dämmerblau des Himmels auf, das Mondlicht, das durch die Blätter eines Baumes fiel. Die Welt schwankte. Der Schein des Mondes wurde immer heller, bis die Farben wieder im Licht verschwanden, im bodenlosen Weiß, das kein Ende kannte. Kein Ende. Keine Erlösung.

Dawei. Dawei, bleib wach. Bleib bei mir.

Sunan …?

Um Himmels willen, ich bitte euch …!
Aus dem Weg!
Halt das hier fest – konzentrier dich und halt es fest!
Dawei, bitte – bleib wach …
Ich bin hier. Es ist alles gut. Alles ist gut.
Seine Hand. Die meine umklammert.

Helles Tageslicht wärmte mir das Gesicht. Erschöpft und verwirrt öffnete ich die Augen, als hätte ich eine Nacht sehr schlecht geschlafen. War es Morgen …? Warum stand die Sonne schon so hoch …? Die Morgenmeditation begann doch schon zur Stunde des Tigers, ich würde zu spät kommen.

Ich lag auf einer unglaublich weichen Unterlage auf der Seite, jemand hatte mich mit einem dünnen Laken zugedeckt. Zuletzt hatte ich als Kind im Kloster auf einer Matratze geschlafen, vor mehr als zehn Jahren. Wessen Bett war das? Meins jedenfalls nicht. Ich musste am falschen Ort sein.

Ich ließ den Blick schweifen. In der Luft hing der bittere Geruch von Kräutern. Vor meinem Bett stand als Sichtschutz ein Wandschirm mit einem harmonischen Landschaftsbild. Daneben war ein mit Papier bespanntes Fenster, durch das die Sonne auf das schwarze Haar eines schlafenden jungen Mannes schien. Sunan. Er döste in einer unbequem aussehenden Haltung seitlich auf einem Stuhl, die Wange gegen den Handrücken gedrückt. Er war zu groß für den kleinen Stuhl, aber eingeschlafen war er trotzdem. Mit dunklen Ringen unter den Augen, das dichte Haar fettig, die Lippen trocken und aufgesprungen.

Ich versuchte, mich auf die Ellenbogen zu stützen – *Cào, nein, keine gute Idee.* Der Schmerz strahlte von meinem Rücken in den Nacken und die Arme aus, das Gefühl, dass meine Haut spannte, kam so plötzlich wie ein Funken, der aus einem Feuerstein geschlagen wurde. Ich musste ein Wimmern von mir gegeben haben, denn Sunan schreckte auf. Seine blauen Augen waren sofort hellwach. Ich hatte noch nie gesehen, dass er so schnell auf den Beinen war.

»Dawei.« Im Bruchteil einer Sekunde war Sunan an meinem Bett und drückte meine Schultern zurück auf die Matratze. »Versuch nicht aufzustehen. Alles ist gut, du bist in Sicherheit.«

In Sicherheit? Was redete er da, warum sollte ich – Dann überfiel es mich. Es erfüllte meinen Geist ohne klare Bilder, ohne klare Stimmen. Nur dieses Gefühl. Entsetzen. Die Angst, dass ich nicht entkommen, mich nicht verteidigen konnte, ich wollte fliehen, etwas tun, egal was, aber es ging nicht, ich konnte nicht. Ich erstarrte. Da Sunan immer noch meinen Oberarm festhielt, konnte ihm nicht entgangen sein, dass ich vor Angst zitterte.

»Wenn ich dich jetzt loslasse, bleibst du dann liegen?«, fragte er. »Und versuchst nicht aufzustehen?«

»Wohl nicht«, brachte ich heraus. Tatsächlich war mir schwindelig. Es war einfacher, den Kopf zurück auf die Matratze sinken zu lassen.

Sunan ließ meinen Oberarm los. Der Stuhl kratzte über den Boden, als er ihn näher heranzog. Er sah mich mit einem seltsamen Blick an, gequält und erleichtert zugleich.

»Sie haben gesagt, dass es sinnlos ist, hier Wache zu halten – deine Schmerzen wären so stark, dass du nicht aufstehen könntest, selbst wenn du aufwachst. Ich war anderer Meinung. Du versuchst ja, selbst dann auf die Beine zu kommen, wenn du halb bewusstlos bist. Jemand muss sicherstellen, dass du dir nicht gleich nach dem Aufwachen die Wunden aufreißt.« Sunan lachte. »Ich bin vielleicht der nutzloseste Mensch der Welt, aber ich tue, was ich kann. Auch wenn das heißt, dass ich hier Wache halte, während du schläfst. Ich kann mir diesen Ort einfach nicht ohne dich vorstellen.«

Er sprach so viel und so schnell, dass ich nicht alles verstehen konnte. Ein Teil seiner Worte zog einfach an mir vorüber. Ein anderer Teil wiederum kam mir bekannt vor, so als hörte ich ein Echo.

»Das hast du schon mal gesagt«, murmelte ich. »Vielleicht im Traum ...«

Sunan wirkte überrascht. Sein Mund öffnete sich, dann lächelte er traurig.

»Ich dachte nicht, dass du dich daran erinnern würdest. Du warst zu dem Zeitpunkt ziemlich verwirrt.«

»Zu dem Zeitpunkt ...?«

»Vor sechs Tagen. Dir ging es wirklich schlecht, Dawei. Du hast nur noch geschrien. Manchmal Wörter – ich weiß nicht, was. Neana meinte, es war vielleicht Namla. Dann warst du wieder ganz still. Es war schrecklich. Alle waren sich sicher, dass wir dich verlieren würden. Nicht mal ich ... nicht mal ich habe noch geglaubt, dass ich dich wiedersehen würde, nachdem Prinzessin Ailing dich in den Palast der Überwältigenden Schönheit gebracht hat.« Er senkte den Blick auf seine Finger mit den eingerissenen, blutigen Nagelhäuten. »Da habe ich es dir gesagt.«

»Anscheinend erinnere ich mich ... zum Teil«, gab ich zu.

Vorsichtig befühlte ich mein Handgelenk, um das sich eine rote Schürfwunde zog. Eine plötzliche Erinnerung an das Gefühl von rauem Holz an meiner Brust zuckte auf – ich fuhr zusammen. Offenbar kam die Erinnerung an das, was passiert war, allmählich zurück.

Sunans Beschreibung deckte sich jedoch nicht ganz mit meiner eigenen Version: Zwar erinnerte ich mich daran, dass ich geschrien hatte, als die Peitsche das erste Mal auf meinen Rücken traf – aber danach hatte ich mich auf mein *Nèigōng* konzentriert und keinen Laut mehr von mir gegeben. Zumindest war es meiner Meinung nach so gewesen.

»Ich habe also geschrien? Laut?«

Sunan antwortete nicht sofort. Er sah mit einem Mal so furchtbar erschöpft aus, dass ich mir Sorgen machte. Seine Augen waren rot gerändert, die Haut darunter dick geschwollen. An den Wangenknochen wirkte sie trocken wie Papier. Hatte er sich in den letzten sechs Tagen überhaupt ausruhen können?

»Es hat so unfassbar lange gedauert«, sagte Sunan. »Jedes Mal, wenn sie dich geschlagen hat, habe ich … Ich habe mir immer wieder gesagt, dass es bald vorbei ist. Aber das war es nicht. Alle standen einfach nur da. Sie haben hingenommen, dass sie dich gefoltert hat. Ich konnte nicht …« Sunan schluckte. »Ich konnte nicht hinsehen. Irgendwann habe ich die Augen zugemacht. Ich habe versucht, an etwas anderes zu denken. Vinh hat das gemerkt und gesagt, ich soll die Augen aufmachen, denn nur wegen mir wären *Shīzūn* und du –«

»Sunan.«

Er schüttelte den Kopf. »Nein. Vinh hat die Wahrheit gesagt. Es war meine Schuld. Welches Recht hatte ich, mich aus der Situation zurückzuziehen? Indem ich die Augen zugemacht habe, habe ich … dich einfach aufgegeben.«

»Sag das nicht.«

»Diese Frau hat nicht bei zweihundert aufgehört. Sie ist ein Dämon. Sie hätte noch weitergemacht, wenn Prinzessin Ailing nicht aufgetaucht wäre. Ich erinnere mich nicht mehr genau an alles. Es war ein einziges Chaos. Prinzessin Ailing war außer sich vor Wut. Ich habe sie noch nie so gesehen. Sie haben die Stricke gelöst, und Qadan hat dich auf den Arm genommen – er hat so liebevoll mit dir gesprochen.«

Sunans Stimme zitterte. Obwohl er den Blick auf den Boden gerichtet hielt, konnte ich sehen, dass seine Augen glänzten. »Ich wollte dich nicht allein lassen. Du warst so schwer verletzt. Ich habe darum gebeten, bei dir bleiben zu dürfen, aber Prinzessin Ailing war zu wütend. Sie hat dich in ihren Palast bringen lassen, und niemand außer den Ärzten und den Dienern von Meister Shuya durfte zu dir. Sie haben hinter verschlossenen Türen vier Tage lang zu den Göttern gebetet.«

Himmel …

War das alles wirklich mir passiert? Ich war verwirrt. Sogar geschockt, wenn ich daran dachte, was alles um mich herum geschehen war, während ich bewusstlos dagelegen hatte. Vier Tage ununterbrochene Gebete? Wegen eines unbedeutenden Bauernjungen? Ailing und ich hatten zwar ein Bündnis geschlossen, und ich hatte darauf vertraut, dass sie mir ihren Möglichkeiten entsprechend helfen würde, aber dass sie so drastische Maßnahmen ergriff, hatte ich nicht erwartet. Auf diejenigen, die von unserem Bündnis nichts wussten, musste ihr Verhalten noch seltsamer wirken. Wo waren Frau Jian, General Meng Jin, und was dachten sie über all das?

»Es ist gut, dich wach zu sehen«, fuhr Sunan fort. »An den Tagen, als niemand wusste, was im Palast vor sich ging, habe ich das Schlimmste befürchtet. Ich habe deine Kleider gewaschen. Für den Fall, dass du zurückkommst. Das ... Aber das schien immer unwahrscheinlicher, je mehr Zeit verging.« Er schluckte und versuchte, seine Stimme unter Kontrolle zu bekommen, bevor er weitersprach: »Aber dann hat Prinzessin Ailing dich auf die Krankenstation verlegen lassen, und ihre Hofdamen sagten, dein Zustand wäre nicht mehr kritisch. Sie sagten, du würdest es schaffen ... Ich bin noch nie in meinem Leben so zusammengeklappt.«

Er hob die Schultern und legte wieder eine Pause ein, in der ich wahrscheinlich etwas hätte sagen sollen. Stattdessen sah ich ihn einfach nur an. Sunans Ehrlichkeit fand ich von jeher erstaunlich. Ich dachte an Neanas Bemerkung auf dem Weg zum Palast vor eineinhalb Jahren, als ich zum ersten Mal sprechen geübt hatte: *Mit Taktgefühl habt ihr es in Lopbur nicht so, oder?*

Sunan warf mir einen Blick zu, um sicherzugehen, dass ich nicht wieder eingeschlafen war.

»Du bist müde – tut mir leid –, ich bin immer noch ein bisschen durcheinander.«

»Sprich weiter«, sagte ich mühsam. »Ich muss wissen, was passiert ist. Wo ist *Shīzūn*?«

Aus unerfindlichem Grund erstarrte Sunan, als er meine Frage hörte. Er öffnete und schloss den Mund, als müsste er über seine Worte nachdenken.

»*Shīzūn* wird durchkommen«, begann er. »Sie lassen ihn am Leben, aber er wird aus den Diensten des Clans entlassen. Das Neiwufu hat seinen Bürgerstatus als ›nicht vertrauenswürdig‹ definiert. Deinen auch.« Sunan wischte sich übers Gesicht, als versuchte er, die Tränen zurückzudrängen.

»Ich weiß nicht, was ich sagen soll … Es hilft niemandem, wenn ich um Vergebung bitte. *Shīzūn* hat die Strafe meinetwegen auf sich genommen. Und du dann wiederum seine – keiner von euch beiden hätte leiden müssen, wenn ich mutiger gewesen wäre. So denken alle im Palast. Ich bin derjenige, der hätte sterben sollen. Ich bin am wenigsten wert. Stattdessen hat man zwei Starke geopfert, damit ein Schwacher leben kann.«

»Du bist nicht schwach«, stieß ich hervor. Ich stützte mich auf die Ellenbogen, ohne auf das Schwindelgefühl zu achten, das mich dabei überkam. »Das bist du nicht. Du folgst Meister Shuyas Pfad gewissenhafter als jeder einzelne von uns. Darum hat *Shīzūn* sich entschieden, dich zu beschützen. Ich hätte dasselbe getan. Und das habe ich auch. Ich war schon vorgetreten, als er sich zu Wort gemeldet hat.«

»Ähm … warum denn?«

»Es war eine der leichtesten Entscheidungen, die ich je getroffen habe«, sagte ich. In meiner aufrechten Position überkam mich Übelkeit, sodass ich mich wieder auf die Matratze zurücksinken ließ. Ich musste wohl blass geworden sein, denn Sunan legte mir die Hand auf die Stirn. Seine Haut war kühl. Ich schloss die Augen. »Ich möchte das alles nie wieder erleben, aber falls ich es doch muss, dann tue ich es für dich. Darauf kannst du dich verlassen«, sagte ich.

»Du hast wohl immer noch Fieber. Eben hast du zwar Fusang gesprochen, aber was du sagst, ergibt immer noch genauso wenig Sinn wie das wirre Gerede, als du bewusstlos warst.«

Ich lächelte. *Das wirre Gerede war Namla*, wollte ich ihn berichtigen, aber schon diese wenigen Sätze hatten mich völlig erschöpft. Meine Halluzinationen waren ohnehin ein Thema, von dem ich nichts mehr hören wollte. Ich hatte nicht die geringste Vorstellung davon, was ich auf Namla daherfantasiert hatte, aber ich war erleichtert, dass die Sprache des Nordens den Menschen im Süden nicht geläufig war. Wenigstens dieses Geheimnis hatte ich also bewahren können.

Doch dann fügte Sunan hinzu: »Ich habe nicht gleich begriffen, dass es ein Name war. Ich dachte, es wäre ein Wort, das in Nanmu häufig benutzt wird, bis Neana und Vinh dich besuchen kamen. Neana hat gefragt, ob ich wüsste, wer *Dray* ist.«

Ich öffnete die Augen. Sunan hatte das Kinn in die Hand gestützt und schürzte die Lippen.

»Genau. Das war es, was du immer wiederholt hast. Dray. Neana wusste, dass es ein hirayalischer Name ist, und weil du so oft nach Dray gerufen hast, muss er dir wichtig sein. Neana hält es übrigens für unfassbar, dass ich nicht einmal das von dir weiß, obwohl du meinetwegen fast gestorben wärst. Sie hat natürlich recht – und auch wieder nicht. Du bist mir ein Rätsel, Dawei. Das bist du immer gewesen. Ich kann dich einfach nicht so gut kennen, wie Neana denkt.«

Seine Wangen hatten einen leichten Rotton angenommen. »Ich habe noch nie jemanden getroffen wie dich. Da standest du zum Verkauf, mitten im Büro der Gouverneurin, obwohl alle gesehen haben, dass du dort nicht hingehörtest. *Cào*, ich weiß es noch genau. Ich dachte, ich wüsste schon, wen Frau Jian auswählen würde – aber dann kamen dein Bruder und du in den Raum wie so eine Art Götter des Nordens, und ihr habt alles durcheinandergebracht. Ich dachte, dass damit meine letzte Chance verloren wäre. Du hast mich angesehen, erinnerst du dich? Das alles ist mir im Gedächtnis geblieben. Du hattest keinen Grund, jemandem zu trauen, aber bei mir hast du seltsamerweise genau das getan. Beim Fackelfest hättest du verschwinden können, aber du bist zurückgekommen. Du weißt ja nicht, wie viel mir das bedeutet hat. Ich brauche nicht viel, ich habe mich immer über das gefreut, was mir gegeben wurde. Aber als du mit deinem Falken und deinen magischen Kräften aufgetaucht bist, ist alles anders geworden. Fast so als ob … Ich … Ich kann es nicht erklären.«

Er biss sich auf die Lippen und schien sich nicht sicher, ob er weiterreden sollte. Ich wusste selbst nicht, ob ich das wollte. Seine Worte fühlten sich unwirklich an. Sie wärmten mich. Seine Hand hatte sich am Knie in den Stoff seiner Hose gegraben, nahe genug, dass ich nach ihr hätte greifen können.

»Für ihn muss es sich genauso anfühlen«, fuhr Sunan fort. Seine Lippen verzogen sich zu einem bedrückten Lächeln, so als wäre ihm klar geworden, dass er einen Krieg führte, den er nicht gewinnen konnte. »Für diesen Jungen, der in Nanmu zurückgeblieben ist. Ich weiß nicht, wer Dray ist, aber Himmel, für ihn muss es sich wie eine Ewigkeit anfühlen.«

»Er ist mein bester Freund«, sagte ich.

»Du hast ihm nicht geschrieben. Das hätte ich mitbekommen. Du hast einen Falken, aber der ist immer noch hier.«

Der ernste Ton in seiner Stimme sagte mir, dass Sunan meine Rechtfertigungen nicht verstehen würde. Gleichzeitig wurde mir klar, dass es bei Dray genauso war. Sie hatten erstaunlich viel gemeinsam. Obwohl der eine belesen war und der andere nicht, behandelten sie andere Menschen auf dieselbe zuvorkommende Weise. Ich war nie zu einer solchen Offenheit fähig gewesen, ich konnte nicht mit all den großen Worten umgehen, die sie benutzten und bei denen ich nicht wusste, wie ich mich verhalten sollte. Ich zeigte meine Zuneigung auf andere Weise.

»Ich habe versucht, ihn zu schützen«, sagte ich.

»Zu schützen?«

»Dray wäre hierhergekommen. Er hätte etwas Dummes getan. Es ist besser, wenn er nichts von mir hört.«

»Das kann doch nicht dein Ernst sein«, schnaubte Sunan. »Du bist gerade ausgepeitscht worden. Du bist fast *gestorben.* Du glaubst also wirklich, dass du ihm damit einen Dienst erweist? Wenn es ihm so schlecht ginge wie dir jetzt – fändest du es etwa besser, nichts davon zu wissen? Du würdest einfach in seliger Unwissenheit weiterleben, ohne auch nur darüber nachzudenken, ob er noch am Leben ist und wenn ja, wie es ihm geht. Und das soll besser sein?«

Die Frage war so einfach zu beantworten, dass mir die Tränen in die Augen stiegen. »Nein …«

Nichts in der Welt war wichtiger, als dass es Dray gut ging. Er war kein Krieger und hatte sich noch nie etwas gebrochen, so wie Ren und ich. Aber als er sich einmal eine Lungenentzündung eingefangen hatte und wir wegen der verschneiten Pässe aus Sandu keine Medikamente bekamen, war ich vor Sorge vollkommen außer mir gewesen. Ich war nicht von seiner Seite gewichen. Ich hatte Wermut verbrannt, Medizin aus Kräutern zubereitet und mich schließlich an seinen Rücken geschmiegt, um ihn mit meinem eigenen Körper zu wärmen, während er hustend und zitternd unter seinen Fellen gelegen hatte.

Dray war daran gewöhnt, dass ich immer bei ihm war. Ich kannte ihn und wusste, wie schnell er die Schuld bei sich selbst suchte, wenn ich einmal Zeit für mich brauchte. Er musste sich im Stich gelassen fühlen. Aber ich hatte versucht, mir einzureden, dass sein Kummer nur von kurzer Dauer sein würde: Ren hatte ja versprochen, dass wir nach Madang zurückkehren würden. Dass ich wieder nach Hause käme. Dray würde zwar wütend auf mich sein, aber im Innersten wäre er erleichtert und würde mich mit der Zeit auch wieder anlächeln.

Nichts davon würde jemals passieren. Das wurde mir jetzt klar. Ren hatte mich verlassen. Niemand würde kommen, um mich hier herauszuholen. Ich war wie ein treudoofer Hund, der nach dem Tod seines Herrchens halb verhungert noch immer auf dessen Rückkehr wartete. Ich würde hier sterben. Wahrscheinlich schon bald, denn ich war weiterhin Frau Jians Eigentum, und sie würde ihr Werk ganz sicher nicht unvollendet lassen. Ich würde Dray nie wiedersehen. Er würde in dem Glauben weiterleben, dass er mir egal war. Er verdiente so viel mehr. Ich wollte, dass er sich wichtig fühlte, geliebt, denn das war er.

»Oh, Dawei«, flüsterte Sunan. Seine Strenge schmolz in dem Moment dahin, als er sah, wie ich mir die Tränen abwischte. Er stand auf und beugte sich über mich. Er legte seine Hand an meinen Kopf, küsste meinen Scheitel, meine Haare. Ich erstarrte. Ihn so über mir zu haben, in seiner ganzen Größe, fühlte sich bedrohlich an, und einen flüchtigen Moment lang versetzte mich meine Hilflosigkeit in Panik.

Ich unterbrach die Bewegung meiner Hand, die schon im Begriff gewesen war, ihn wegzustoßen. Ich hatte es mir anders überlegt. Dann setzte ich zu einer weicheren Geste an, die man fast schon eine Umarmung nennen konnte.

»Du musst ihm schreiben«, sagte Sunan. »Es ist noch nicht zu spät.«

»Nein …?«

»Ganz bestimmt nicht.«

Er hatte es nicht eilig, sich zurückzuziehen. Ich gewöhnte mich rasch an den Schatten, den er auf mich warf, seine wärmende Kraft über mir. Ich roch den vertrauten Duft von Meersalz, den ich in seiner Nähe schon so oft eingeatmet hatte. Mein Körper entspannte sich, zeigte ihm, dass ich ihm vertraute. Sunan war nicht Dray. Aber er war mir wichtig, und ich verdankte ihm viel.

Du gibst mir Halt. Ich war es leid zu fliehen. Vor den Menschen wegzulaufen, die mir etwas bedeuteten, vor dem Leben, das ich beinahe verloren hatte. Ich wollte meine Gefühle nicht mehr unterdrücken. Denn diese Momente – diese kurzen, wunderbaren Bande zwischen zwei Menschen – waren allen Schmerz wert, den ich erfahren hatte.

26. Kapitel

Lieber Dray,

ich wollte dir diesen Brief auf Hirayal schicken, aber es ist wohl besser, wenn ich ihn in meiner eigenen Handschrift schreibe. Hoffentlich wird er unterwegs nicht nass, und du kannst meine Zeichen gut lesen.

Ich weiß, du bist wütend. Ich habe dich zu lange im Unklaren gelassen. Hoffentlich verstehst du aber trotzdem, dass ich bei allem, was ich getan habe, immer nur an dich gedacht habe. Jetzt, wo deine Schulden bezahlt sind, kannst du endlich ein gutes Leben beginnen. Du bist begabt und fleißig – genau so, wie es Fusang von uns erwartet. Ich habe diese Fähigkeiten nicht. Gēge hat es mir ganz klar gesagt: Tantchen wird nicht ewig für mich sorgen, und zum Bianfu tauge ich nur, bis ich dreißig bin. Ich hätte dir nichts bieten können. Früher habe ich von einer Zeit geträumt, in der ich mit dir zusammen in einem eigenen Haus leben könnte, aber der Gedanke, dir zur Last zu fallen, ist mir unerträglich. Deshalb habe ich das Geld von Erlik Han genommen. Mit diesem Geld hätte ich dir etwas Besseres bieten können.

Vielleicht fällt es dir schwer, mir das zu glauben, aber meine Absichten waren gut. Die Dinge sind nicht so gekommen, wie ich es mir erhofft hatte, und deshalb habe ich auch so lange gebraucht, um dir zu schreiben. Ich übernehme für alles die Verantwortung. Ich hoffe, du kannst mir verzeihen. Du bist der wunderbarste Mensch, den ich kenne, und ich bin dankbar für jeden Moment, den ich mit dir verbringen durfte. Ich vermisse dich.

Versuche nicht, Qiu zurückzuschicken. Sein Platz ist in Namla. Solange er über dem Gebirgspass schwebt, kann auch ich noch einen Hauch meiner Heimat spüren.

Dein Priya.

Ich rollte den Brief zusammen und steckte ihn in die Ledertasche an Qius Bein. Er saß ruhig auf meinem Armschoner. Obwohl ich gezwungen gewesen war, ihn vom Fenster der Krankenstation aus zu rufen, war er gekommen. Jetzt raschelte er mit den Federn. Er wusste nicht, dass es das letzte Mal sein würde, dass wir uns sahen.

Ich streichelte die Federn an seiner Brust, die aussahen wie Pfeilspitzen, und konzentrierte mich auf das seidenweiche Gefühl an meiner Haut, auf den wilden Duft des Falken, den Druck seiner kräftigen Klauen an meinem Arm. Qiu war das letzte Stück von Madang. Mein Seelenverwandter, der mit mir in Penglai geblieben war, obwohl er die Freiheit gehabt hatte, fortzufliegen, wann immer er wollte. Er hatte sich an die Großstadt angepasst und war zum Schrecken der Rabenkrähen geworden, zu Penglais einzigem großen Raubvogel, dem König im Reich der Gefiederten. Er hielt oben auf den Hochhäusern Wache, fraß sich voll und nahm so schnell zu, dass es jetzt noch schwerer war, ihn dazu zu bringen, meinen Aufforderungen zu folgen.

Es war an der Zeit, ihn nach Hause zurückkehren zu lassen.

»Es war eine Ehre, mit dir zu fliegen, mein Bruder«, flüsterte ich auf Namla. »Das ist meine letzte Bitte an dich. Flieg zurück nach Hause ins Aachalendra.«

Qius goldene Augen spähten aufmerksam umher. Selbst wenn er verstanden hätte, dass ich mich von ihm verabschiedete, lag es nicht in seiner Natur, mir seine Zuneigung zu zeigen, indem er mich mit dem Kopf anstupste. Als ich den Arm hob, breitete er seine großen

Schwingen aus. Bei meinem letzten Befehl, den ich ihm über die Brücke gab, begann er heftig mit den Flügeln zu schlagen: *Heimat. Berge. Nest.*

Ihm stand eine lange Reise bevor, aber er würde es schaffen. Und auch wenn ich nie erfuhr, wie alles schließlich enden würde, wollte ich mir doch vorstellen, wie Dray in den Himmel spähte und Ausschau nach den vertrauten Falken hielt, von denen Ren versprochen hatte, dass sie nach Madang zurückkehren würden.

Ich schluckte schwer und sah in den grau bewölkten Himmel, während ein Vorhang aus Nieselregen die Silhouette meines Falken nach und nach verschluckte. Ich war allein. Als Ren gegangen war, hatte ich mich wie ein Waisenkind gefühlt, aber damals war mir zumindest noch Qiu geblieben. Jetzt war es endgültig. Ich akzeptierte, dass ich nie wieder über die Terrassenfelder von Madang gehen würde. Ich würde nie mehr mit den anderen im Dorf die Ernte einholen und nie wieder sehen, wie Dray den Gebirgspfad entlang auf mich zugeritten kam. Ich würde nie wieder dabei helfen, einen Erdofen zu graben, um dann Steine darauf zu schichten und zu warten, bis die frisch geernteten Kartoffeln gar waren.

All das gehörte jetzt meiner Vergangenheit an. Der einzige Weg, eine Verbindung zu meiner Heimat zu spüren, war Qiu. Ich war mir nicht sicher, über welche Entfernung die Brücke zwischen uns reichte, aber ich hoffte, dass ich mich mit ihrer Hilfe davon überzeugen konnte, dass mein Falke eines Tages glücklich in seiner vertrauten Umgebung in den Wipfeln einer Kiefer saß.

»Dieser Vogel hat Ihnen das Leben gerettet«, seufzte Chuncui. Sie stand am offenen Fenster, fächelte sich Luft zu und blickte wie ich zum Himmel hinauf. »Prinzessin Ailing sagte, er hat sich auf dem Pavillon niedergelassen, als sie gerade zum *Yǐn Chá* bei Tee und Dimsum saß. Er war vollkommen außer sich und hat den Diener angegriffen, der ihn verscheuchen wollte. Sie hätten ihn beinahe getötet. Stellen Sie sich das nur vor – Ihr Falke wäre fast gestorben, aber wenn er sich nur ein bisschen ruhiger verhalten hätte, hätte das wohl kaum Prinzessin Ailings Sorge geweckt. Die Findigkeit Ihres Vogels hat Sie gerettet, Bruder.«

»Ja«, sagte ich. »Ich schulde Qiu viel.«

»Das versteht er doch gar nicht. Er ist ein Vogel. Ihm reicht es, wenn er nisten und jagen darf«, sagte Chuncui und hob die Schultern.

Ihre Offenheit brachte mich zum Lächeln. Sie war während der vergangenen Woche oft bei mir am Krankenlager gewesen. Sie und die anderen Hofdamen sollten darüber wachen, dass der Palastarzt mir die bestmögliche Behandlung zuteilwerden ließ. Sie berichteten Ailing auch von meinem Zustand. Als ich mich zum Beispiel aufgesetzt hatte oder erstmals ein paar Schritte gegangen war, waren die Hofdamen sofort zu ihr gestürmt, um ihr die Neuigkeiten mitzuteilen. Ich war wie ein Kätzchen von der Straße, dem die Hofdamen bei der Genesung zusahen.

Ailing dagegen war nicht ein einziges Mal an meinem Krankenbett gewesen.

Den Hofdamen zufolge kam das daher, dass es sich für die Tigerprinzessin nach allem, was passiert war, nicht schickte, mit mir gesehen zu werden. Ailing hatte alle Hände voll damit zu tun, die Wogen nach der Katastrophe zu glätten, denn Frau Jian wurden zwei Mordversuche vorgeworfen. In Fusang waren Hinrichtungen ohne rechtliche Grundlage eine ernste Angelegenheit, und nicht einmal die Herrscherin eines großen Clans stand über dem Gesetz. Die Hofdamen wussten auch zu berichten, dass Frau Jian sich auf ihr Recht zur Selbstverteidigung berufen hatte. Darauf, dass die Todesstrafe, die sie gegen die aufständischen Wächter verhängt hatte, rechtmäßig und die Wächter zudem ihr Eigentum gewesen seien.

In meinem Inneren brodelte es.

Selbstverteidigung? Gegen was? Houyi und ich waren an einen Pfahl gebunden worden. Um Himmels willen.

»Es macht keinen Unterschied, was die Bediensteten sagen«, meinte Chuncui. »Frau Jian ist das Clanoberhaupt. Man kann sie nicht einfach der Lüge bezichtigen. Momentan behauptet sie, Sie seien gefährlich, während Prinzessin Ailing versucht, Sie zu verteidigen. Niemand in der Herrscherfamilie versteht, warum sie das tut. Es wäre so einfach zu behaupten, Sie hätten unsere Herrin bedroht. Dann würde man Sie verurteilen, und damit wäre die ganze Sache erledigt. Die Situation belastet alle sehr. General Meng ist verärgert. Wir alle machen uns Sorgen, was aus der Hochzeit wird, wenn ihm oder den Drachenherrscherinnen der Verdacht kommt, dass Ailing etwas für Sie empfindet. Sie könnten den Ehevertrag auflösen. Prinzessin Ailing ist Ihretwegen in einer wirklich schwierigen Lage.«

Ich hörte ihr verwirrt zu. Gefühle …? Für mich …? Das war völlig absurd. Wie konnte man einen Bauernjungen auch nur in einem Atemzug mit dem mächtigen Drachenprinzen nennen, ohne Verachtung und Spott zu ernten?

Andererseits wusste ich auch, was Gerüchte anrichten konnten. Sollte das Gerede über eine geheime Beziehung zwischen der Clanerbin und ihrem Wächter dem Volk zu Ohren kommen, würde General Meng Jin das Gesicht verlieren – selbst wenn es sich als haltlos herausstellte. Ich war dem Drachenprinzen ohne es zu wollen auf die Füße getreten. Deshalb konnte Ailing sich nicht mit mir sehen lassen.

Dafür wechselten Sunan, Vinh und Neana sich mit regelmäßigen Besuchen an meinem Krankenbett ab. Ihre Aufgaben als Wächter hielten sie auf Trab, aber sie nahmen sich Zeit für mich, so gut es ging. Ich spielte mit Vinh Karten, lernte mit Neana Hirayal und plauderte mit Sunan. Auch andere Bedienstete des Palastes kamen vorbei, um sich nach meinem Befinden zu erkundigen. Die älteren Dienerinnen brachten mir Reisbrei und mit Zucker aufgebrühte Lotuswurzeln, weil sie fürchteten, dass der Arzt mir zu stark gewürzte Speisen gab. Egal, wie oft ich ihnen versicherte, dass es mir gut ging, konnte ich sie doch nicht davon überzeugen, zu gehen, bevor sie nicht meinen Rücken mit ihren selbst gemachten Kräuterextrakten behandelt hatten.

Meistens war ich jedoch allein. Dann lehnte ich mich an den Fensterrahmen, stützte das Kinn auf meine Hand und sehnte mich danach, nach draußen zu gehen. Hätte mein Rücken nicht so wehgetan, hätte ich mich den Anordnungen widersetzt und mein Krankenlager verlassen. Die Untätigkeit weckte in mir melancholische Gedanken und Erinnerungen an die seltsamen Halluzinationen, die ich in meinem Schmerzdelirium gehabt hatte. In meinem Geist tauchte wieder und wieder Leigongs donnernde Stimme auf: *Möchtest du Macht, Kind?*

Ich hatte nicht vergessen, wie der Donnergott in den Kunlun-Bergen ausgesehen hatte. Je öfter ich zu der Erinnerung zurückkehrte, desto mehr nahm Leigong meinen Geist in Beschlag. Schließlich fasste ich mir ein Herz und bat Sunan um einen Gefallen. Ich wies ihn an, mir die Bambusschriftrolle zu bringen, die Ailing mir geschenkt hatte. Sunan fand sie dort, wo ich auch meine alte Chuba versteckt hatte, und brachte sie mir.

Während der folgenden Tage vertiefte ich mich in die Schriftrolle. Ich starrte auf den alten Text, obwohl die komplizierten Schriftzeichen für mich keine Bedeutung hatten. Dennoch lernte ich sie auswendig und suchte nach Verbindungen zum modernen Fusang, und es gelang mir, einige Brocken zu entziffern. Bei jedem Wort, das ich erkannte, hatte ich das Gefühl, dass etwas in mir erzitterte. Mit dem Gefühl des Qi war ich vertraut, aber die Energie, die ich beim Lesen der Leigong-Schriftrolle verspürte, fühlte sich anders an. Beinahe so, als würde in das Wasserelement, das mein Qi beherrschte … *Strom* eingeleitet.

Es vergingen mehr als zwei Wochen, bevor Chuncui kam, um mich zu einer Audienz bei Ailing zu bringen. Ich wusste nicht, warum sie mich sprechen wollte oder wie ernst ihr Anliegen war, aber ein Treffen mit ihr stellte nach meiner langen Krankenzeit eine willkommene Abwechslung dar. Die frische Luft war Balsam in meiner Lunge. Zugleich hingen in der Luft noch immer die Reste des nächtlichen Gewitters. Sie lagen wie eine schwere Decke über dem Himmel, wie feuchter Wasserdampf auf meiner Haut.

Der Monsun kam immer näher. Ich hatte ihn hier im Süden erst einmal erlebt, aber wenn die Wetterbedingungen genauso wären wie letztes Jahr, dann würde die ganzen nächsten Wochen Platzregen auf die Dächer von Penglai trommeln.

»Fühlt man das hier immer so deutlich?«, fragte ich Chuncui, als wir auf den Palast der Überwältigenden Schönheit zugingen. Ich hob die Hand, um die Luft zu prüfen. Es war, als würden winzige elektrische Ströme direkt auf meiner Haut kribbeln. Die Luft fühlte sich dicker an als sonst.

»Fühlt man was so deutlich?«, fragte Chuncui.

»Das Gewitter«, sagte ich. Ich rieb den Daumen an meinen Fingerspitzen. »Ich kann die Elektrizität in der Luft spüren.«

»Das ist Wasserdampf, Sie Einfaltspinsel. Erst vor einer Stunde hat der Regen auf die Dachziegel getrommelt.« Chuncui schüttelte den Kopf. »Sie sind auf der Krankenstation noch mehr durchgedreht, als ich dachte.«

Ich senkte die Hand und sagte nichts mehr.

Chuncui führte mich den vertrauten Weg entlang in den Palast. Schon als wir in den roten Säulengang einbogen, sah ich, dass Prinzessin Ailings Gemächer bewacht wurden – doch die Wächter waren keine Soldaten des Jian-Clans. Sie trugen dunkelblaue Uniformen, schwarze Gesichtsmasken und schwere, bodenlange Umhänge. Durch den Spalt zwischen Maske und Helm konnte ich die glänzenden Schweißperlen auf ihren Gesichtern sehen.

Natürlich. Das waren Wächter des Meng-Clans. Die Drachenkrieger des Ostens.

Chuncui senkte den Kopf und huschte an den Männern vorbei. Sie bat um die Erlaubnis, Prinzessin Ailings Gemächer zu betreten, so als wäre es nicht selbstverständlich, dass sie dorthin gehörte. Die Tür öffnete sich einen Spalt und eine zweite, in jadegrüne *Hànfú*-Tracht gekleidete Hofdame erschien.

Chuncui verbeugte sich. »Guten Abend. Ich bringe Wächter Kong Dawei zu seiner Audienz bei Prinzessin Jian Ailing. Könnten Sie ausrichten, dass wir da sind?«

»Die Prinzessin erwartet Sie bereits«, sagte die Zofe und öffnete die Tür ganz. »Bitte sehr.«

Sie verbeugte sich und blieb mit demütig geneigtem Kopf stehen, als Chuncui und ich an ihr vorbeigingen. Seltsam. Ein so vorsichtiges Verhalten hatte ich bei den Hofdamen bisher nur bemerkt, wenn Frau Jian anwesend war. In Ailings Nähe waren sie gelöster, lauter und lebhafter. Der Grund für ihre Zurückhaltung mussten die Drachenkrieger sein.

Auch General Meng Jin war da. Nach dem Angriff der Aufständischen war er noch in Yueyang geblieben, aber vielleicht war die Säuberung dort bereits abgeschlossen. Möglicherweise befand er die Situation im Tigerpalast im Hinblick auf seine Zukunft auch für wichtiger.

Was immer der Grund sein mochte, seine Anwesenheit im Palast der Überwältigenden Schönheit war nicht zu übersehen. Der Drache hatte sein Türkis in Ailings silbernes Reich gebracht und ihre Krieger durch seine eigenen ersetzt. Er hatte den Tigerpalast so hinterlistig und zugleich so dreist erobert, dass ich meinen Augen kaum traute. Sollte sich der Mann in der Ehe nicht der Frau unterwerfen und nicht umgekehrt?

Ich spürte die Anwesenheit des Drachenprinzen bereits auf dem Gang, der zu Ailings Gemächern führte, wo mein Geruchssinn normalerweise vom Duft frischer Blumen eingenommen wurde. Jetzt war der Geruch maskuliner, ein mir unbekanntes Parfüm, das ich schon öfter an hochrangigen Männern gerochen hatte. Es sorgte dafür, dass sich meine Muskeln anspannten, noch bevor ich ihn sah.

General Meng Jin saß auf demselben Sessel, auf dem ich in der Nacht des Fackelfestes gedöst hatte. Er trug schwarze *Liùhé*-Stiefel und einen stählernen Schulterharnisch, der an den Schultern spitz zulief. Die schwarze Hose und die blaue *Chángpáo* waren so kunstvoll geschneidert, dass sie wie angegossen saßen. Der Saum der *Chángpáo* fiel bis auf den Boden.

Meng Jin stützte sich mit dem Ellenbogen auf die Armlehne und saß breitbeinig da wie ein Feldherr. Die schwarzen Haare waren mit einem silbernen Haarschmuck zu einem hohen Pferdeschwanz zusammengebunden. Sein Porzellangesicht gab ihm einen jungenhaften Ausdruck, auch wenn ich wusste, dass er deutlich älter war als ich.

Ich hatte früher öfter gehört, dass meine Adoptivschwestern einen bestimmten Ausdruck benutzten, wenn sie von einem bildhübschen Jungen sprachen: *xiǎo xiān ròu*. Junges, frisches Fleisch. Ich dachte daran, wie ich die Bilder der Helden betrachtet hatte, die von allen verehrt wurden, und mir der Gedanke kam, dass sie nicht echt aussahen. Echte Menschen hatten Fehler.

Doch der Mensch, der hier vor mir saß, hatte nichts Natürliches an sich. General Meng Jins Anwesenheit allein verbrauchte den ganzen Sauerstoff im Raum. Er sagte kein Wort. Das musste er auch nicht. Ich wusste sofort, dass er mich verabscheute: Sein prüfender Blick wanderte an mir herunter. Meng Jin betrachtete mich lange und kritisch, so als suchte er nach etwas Besonderem, ohne es zu finden.

Ich musste schrecklich aussehen in meiner grauen Bediensteten-kleidung. Dazu waren meine Haare mehr schlecht als recht zusammengebunden, und ich hatte schlecht geschlafen. Die Schmerzen im Rücken machten meine Bewegungen steif und hölzern. Ich war ein halbblütiger Bauernjunge, weit entfernt vom Glanz eines Drachenprinzen, und höchstwahrscheinlich roch ich auch noch schlecht.

General Meng Jins Blick wanderte von mir zu Ailing, ganz so, als wollte er sich versichern, dass sie mich als ebenso nichtswürdig betrachtete. Doch Ailing achtete nicht auf ihn.

Die Tigerprinzessin war schon auf halbem Weg zu mir: »Da … Kong-*gōngzǐ*.«

Ailing blieb stehen und verschränkte die Arme, sodass ihre seidenen Schmetterlingsärmel ineinanderflossen. Sie hatte sich mit größerer Sorgfalt zurechtgemacht, als sie es sonst in ihrem eigenen Zuhause tat. Ihr Gesicht war nach Art von Frau Jian geschminkt: Die Lippen waren nur in der Mitte kirschrot, sodass der Mund noch kleiner wirkte. Ihre Stirn schmückte ein roter *Huādiàn*, die Augenränder geschwungene Linien. Die dunklen Umrandungen schmeichelten der schmalen Form ihrer Augen, und die hellen Akzente auf den unteren Lidern betonten die rotbraune Farbe ihrer Iris. Ich hatte Ailing immer schön gefunden, aber jetzt war sie nicht nur das – sie sah aus, als bereitete sie sich darauf vor, den Platz ihrer Mutter an der Spitze des Jian-Clans einzunehmen.

Das konnte natürlich nicht sein. Die Hierarchie der Clanfamilie war völlig durcheinandergeraten. Das war offensichtlich, wohin man auch blickte. General Meng Jin saß auf seinem Stuhl und beobachtete mit schmalen Augen seine künftige Ehefrau und mich, den Außenstehenden, der seiner Ansicht nach die Wurzel allen Übels war.

Ich tat, was von einem gehorsamen Diener erwartet wurde: Ich verneigte mich.

»Mögen die Götter Euren Abend segnen, Prinzessin des Weißen Tigers und Prinz des Türkisen Drachen«, sagte Chuncui an meiner statt. »Ich bringe Euch den Wächter Kong Dawei.«

Ailing nickte und gab ihr die Erlaubnis, sich zu entfernen. Ich hatte gehofft, dass sie an meiner Seite bleiben würde. Chuncui wusste besser darüber Bescheid, was hier vor sich ging, während ich noch immer nicht gelernt hatte, wie ich mich in der Gesellschaft von Adeligen verhalten sollte, wenn ich keine Maske trug. Mit Ailing allein wäre ich zurechtgekommen, aber jetzt war General Meng Jin dabei. Ich wollte Ailing nicht noch mehr Schwierigkeiten bereiten, als ich es ohnehin schon getan hatte.

»Mögen die Götter Euch segnen«, sagte ich vorsichtig.

»Du siehst besser aus«, sagte Ailing. »Hast du dich gut erholt?«

»Ja. Alle sind mir gegenüber sehr hilfsbereit.«

»Denkst du, dass du bald auf deinen Posten zurückkehren kannst?«

»Ähm …« Ich warf einen Blick auf General Meng Jin und überlegte, welche Antwort ich an die Ohren des Drachenprinzen gelangen lassen wollte. »Sobald ich die Erlaubnis bekomme. Ich bin Wächter. Ich sollte nicht zu lange auf der faulen Haut liegen.«

Ailings schmale Augenbrauen hoben sich. Wenn ich mit ihr allein gewesen wäre, hätte ich offener reden können. Ich hätte ihr von meinen Halluzinationen aus den Kunlun-Bergen erzählt. Davon, dass ich versucht hatte, die Leigong-Schriftrolle zu lesen. Warum erlaubte sie Meng Jin, im Zimmer zu bleiben? Sie hätte ihrem Verlobten doch befehlen können zu gehen. Oder war dies Ailings eigener Wille? Vielleicht hatte alles, was sie meinetwegen durchmachen musste, ihre Sicht auf unsere Allianz geändert. Ich war ihr Untergebener. Wir durften keine Freunde sein.

»Das ist gut«, sagte Ailing. Sie straffte die Schultern, obwohl sie ohnehin schon sehr aufrecht stand. »Ich habe dich hierherrufen lassen, weil du nach Einschätzung des Arztes wieder stark genug bist, um dich zu bewegen. Wir müssen darüber reden, wie es weitergehen soll.«

»Was meinst du damit?« Mir kam eine böse Vorahnung. »Ich … Ich bin doch wohl immer noch ein Wächter der Jians?«

»Nein. Das ist leider nicht mehr möglich.«

Stille.

Ich war mir nicht sicher, was ich von unserem Treffen erwartet hatte, aber das war es ganz bestimmt nicht gewesen. Sie … Ailing entließ mich aus ihren Diensten? Einfach so? Ich hatte von Houyis Entlassung gewusst, war aber davon ausgegangen, dass sie auf dem Verdacht beruhte, der auf seinem Verhältnis zu Prinzessin Chang'e lastete. Warum bekam ich jetzt dieselbe Strafe? Ailing gab mir keine weiteren Erklärungen.

»Verstanden«, sagte ich ausdruckslos. »Wozu tauge ich denn stattdessen?«

»Du kannst weiter als Wächter arbeiten, aber in einer anderen Familie«, sagte Ailing. »Hier können wir dich nicht behalten, aber ich habe Vorkehrungen getroffen, die für dich von Vorteil sind. Der Zhi-Clan wird dich in seine Dienste aufnehmen. Ich habe ihnen gesagt, dass du als Bianfu gearbeitet hast, und sie sind daran interessiert, dich zu kaufen. Du kommst nach Runan, in die Nachbarprovinz von Nanmu. Dort wirst du auch näher an deiner Heimat sein.«

Sie lächelte, während sie sprach, aber ich hörte keine Freude in ihrer Stimme. Ailing wusste, wie ihre Worte in meinen Ohren klingen mussten. Auch Penglai war nicht mein Zuhause. Aber noch weniger gehörte ich nach Runan, wo ich niemanden kannte.

Ich stände wieder vor dem Nichts. Allein.

»Sie wollen mich kaufen«, wiederholte ich. »Sie wollen mich kaufen, das bedeutet, dass du um mich gehandelt hast. Du hast mich verscherbelt wie ein Pferd.«

»Dawei, das heißt auf gar keinen Fall –«

»Zu welchem Preis? 500 000 Wen? 600 000, damit du die Kosten wieder hereinbekommst, die ich dir verursacht habe?«

»Als wäre mir das *Geld* dabei am wichtigsten«, fauchte Ailing. »Was willst du denn bitte hören? Dass du unersetzlich bist? Denn das bist du, und deshalb habe ich zwei Wochen lang Tag und Nacht dafür gearbeitet, dass du wieder in deinem Bett aufwachen darfst, das du ja so sehr zu hassen scheinst. Glaubst du wirklich, dass ich das Geld des Zhi-Clans brauche? Ich gebe jedes Jahr mehr für Blumen aus, als ich für dich bekomme.«

Das verschlug mir die Sprache. Erst in der Stille, die sich über das Zimmer senkte, wurde mir bewusst, wie respektlos ich mit der Tigerprinzessin gesprochen und wie viele Regeln der Etikette ich unter General Meng Jins Augen gebrochen hatte. Ailing rang im Schutz ihrer langen Ärmel die Hände.

»Wenn du hierbleibst, ist es nur eine Frage der Zeit, bevor wieder etwas Schlimmes passiert«, fuhr sie fort. »Du brauchst nur einen einzigen Fehler zu begehen, und meine Mutter wird von allen Anklagen freigesprochen, die ich gegen sie erhoben habe. Sie flüstert A-Lian unhaltbare Versprechen ein, weil sie genau weiß, wie sehr *Dìdi* ihr gefallen will. Sie ist auch schon an die Beamten des Neiwufu herangetreten und hat ihnen eine Belohnung versprochen, wenn einer von ihnen ihr aus der Klemme hilft. Das Neiwufu ist durch und durch korrupt. Warum denkst du, dass ich meine Hofdamen zu dir geschickt habe, damit sie über dich wachen? Der Palastarzt ist ein treuer Diener meiner Mutter – wenn ich ihn nicht im Auge behalten hätte, wärst du schon vor Tagen an einer Vergiftung gestorben. Und du bist immer noch nicht in Sicherheit. In dem Moment, in dem du die Schwelle deines Krankenzimmers überschritten hast, waren sofort tausend Pfeilspitzen auf dich gerichtet. Solange du unschuldig herumläufst, ist der Thron meiner Mutter gefährdet. Begreifst du das nicht? Ich bin die Einzige, die dich noch schützen kann, Dawei. Du versuchst gar nicht erst, dich in meine Lage zu versetzen, du suchst nur nach Gründen, um dich bei mir zu beschweren, und das macht mich wahnsinnig. Du hast dich noch nicht einmal bei mir bedankt.«

»Danke«, sagte ich.

Doch es klang falsch, viel kindischer, als ich gewollt hatte, und Ailing gab ein wütendes Zischen von sich. Chuncui tauchte unaufgefordert hinter dem Wandschirm auf. Sie geleitete Ailing zum nächsten Stuhl, als wäre sie eine gebrechliche Frau und nicht die Tigerprinzessin, die vor Energie strotzte. Ailing presste die Finger gegen ihre Stirn. Sie nickte, als Chuncui fragte, ob sie eine Tasse Tee wünschte.

»Ich sollte dir wohl gratulieren«, sagte eine ruhige Männerstimme.

Ich erschrak. General Meng Jin sprach zu mir. Mein Herz hämmerte, als hätte er mir einen Pfeil vor die Schuhspitzen geschossen.

Er sprach *Namla*.

Ich sah ihn an und traute meinen Ohren kaum. Der Drachenprinz saß nach wie vor auf seinem Sessel, hatte sich aber die ganze Zeit kein Stück bewegt. Daraus schloss ich, dass er alles andere als gelassen war.

»Du hast deine Karten hervorragend gespielt«, fuhr er auf Namla fort. »Sie nennt dich beim Vornamen und bemerkt ihren Fehler nicht einmal. Nach allem, was ich gehört habe, sprichst du sie auch ohne Titel an. Du siezt sie nicht. Das finde ich … eigenartig. Ich kenne keinen einzigen Sklaven, dem es gelungen wäre, seine Herrin so geschickt um den Finger zu wickeln. Und nicht irgendeine Herrin, sondern eine der einflussreichsten Frauen des Palastes.«

»Ihr … sprecht Namla?«, fragte ich ihn in meiner Heimatsprache.

Meng Jin hob eine Braue, als wollte er sagen: *Welche andere Sprache sollten wir in diesem Moment auch sprechen?* Ailing sah erst ihren

Verlobten und dann mich fragend an. Sie verstand uns nicht. Das war auch Meng Jins Absicht. Er konnte zu mir sagen, was er wollte, und Ailing würde es nie erfahren.

»Ich stamme aus Dongxu, der Ruinenstadt im Osten, wo sechs der wichtigsten Sprachen von Nord-Fusang gesprochen werden. Meine Brüder und ich beherrschen sie alle. Namla ist eine von ihnen.«

»Eure Aussprache ist gut.«

Ich wusste, dass ich mich wie ein Idiot aufführte. Die Verwirrung, die der Klang meiner Muttersprache in mir auslöste, war einfach so groß, dass Meng Jins Worte keinen tieferen Eindruck hinterließen. Wahrscheinlich lächelte ich dazu auch noch. Ailing spiegelte meine Reaktion. Sie wirkte erleichtert, ganz so, als sähe sie dabei zu, wie zwei ihr wichtige Menschen Freundschaft miteinander schlossen. Doch sie irrte sich.

General Meng Jins Worte drangen erst dann wirklich zu mir durch, als er fortfuhr: »Ich kenne diese Frau schon mein ganzes Leben. Sie trifft keine vorschnellen Entscheidungen und lässt sich nicht so leicht von ihren Gefühlen mitreißen. Jetzt hat sie sich mit ihrer Mutter aus Gründen überworfen, die sie selbst nicht erklären kann. Es macht mich rasend, das zu sehen. Sie sagt, dass sie dich mit aller Macht beschützen wird, aber bei Meister Shuya, genauso werde ich sie schützen.«

»Ich hätte nichts Geringeres von Euch erwartet. Die Prinzessin des Weißen Tigers betet Euch an.«

»Was weißt du denn schon davon?« Seine Finger umklammerten die Armlehnen. Er zügelte den Hass in seiner Stimme, aber gleichzeitig entströmte ihm das Qi wie ein grüner Sturm. Seine dunkle, maskuline Energie erfüllte den Raum und schlang sich um mich wie eine dicke Ranke, die mich erwürgen wollte.

»*Qīnàide*«, versuchte Ailing, ihn auf Fusang zu besänftigen.

»Sie ist zu weichherzig, um deine Hinterlist zu erkennen«, fuhr Meng Jin auf Namla fort. »Du spielst deine Rolle als verwirrter Streuner sehr geschickt. Ein Bianfu. Hier halten sie euch für Krieger, aber wir wissen es besser. Ihr seid verzweifelt. Ihr missbraucht Menschen, verteilt Drogen und Waffen an diejenigen, die ohnehin schon ganz unten sind. Für Geld tut ihr alles. Ihr helft diesem Land nicht, sondern verbreitet euer Gift überall, und dann verschwindet ihr in den Bergen, um Diebe zu werden. Ich nehme an, dass das auch der Plan von deinem Bruder und dir war.«

»Ihr kennt meinen Bruder und mich nicht.«

Dennoch entsprach alles, was er gesagt hatte, der Wahrheit.

Unser ursprünglicher Plan war es gewesen, mit illegalen Mitteln Geld zu verdienen und schließlich ins Gebirge zu fliehen. Es stimmte: Die Bianfu waren verzweifelt. Wir waren Gift. Die Jugendlichen in Sandu, die im Rausch auf Pappunterlagen dahindämmerten und deren Handgelenke so dünn waren, dass die Geren aus der Haut herausragten, konnten ihrem Teufelskreis nicht entkommen, weil ich ihnen jeden Abend die Pfeife füllte. Nicht persönlich, niemals von Angesicht zu Angesicht. Aber ich war derjenige, der die Lieferung abholte und sie zu einem Mittelsmann brachte. Ich ermöglichte die Lieferung, sodass General Meng Jins Untergebene die Verbreitung von Drogen in den verarmten Gebieten nicht verhindern konnten.

»Ich weiß genug«, erwiderte er verächtlich. »Oder glaubst du, dass hier niemand deinen Hintergrund geprüft hat, während du unter A-Lings aufopferungsvoller Pflege in deinem Krankenbett geschlummert hast? Ein Teil von Nord-Fusang gehört mir. Die Armee auch. Ich bin es, der zuerst davon erfährt, wenn es in meinem Reich zu Tumulten kommt. Kong ist kein seltener Familienname, aber laut dem Himmelsnetz bist du mit Kong Qiren verwandt. Sein Name ist mir nach dem Mordanschlag des Eisenaufstands auf die Gouverneurin von Hirayal in der Stadt Mandopur vor einigen Monaten im Gedächtnis geblieben.«

»Was …?«

Allein Rens Namen zu hören, erschien mir unwirklich. Warum wusste der General, wie mein Bruder hieß? Wegen der Säuberungen in Yueyang? Nein, er sprach von einem anderen Ort, von Hirayal. Was hatte das zu bedeuten, war Ren stattdessen in Hirayal? Das war schon das zweite Mal, dass sein Name in Verbindung mit der Verschwörung genannt wurde – was hatte mein Bruder nur vor –, war mit ihm alles in Ordnung, war er …?

»Was?!«, wiederholte ich mit Nachdruck. »Sagt es mir!«

Ailing erhob sich. »Jetzt reicht es. Entweder ihr sprecht eine Sprache, die ich verstehe, oder ihr sprecht überhaupt nicht. Was ist so geheim, dass ihr nicht wollt, dass ich es höre?«

»*Qǐng děng yī xià*, einen Moment noch«, sagte Meng Jin auf Fusang. Dann wandte er sich auf Namla wieder an mich: »Ich habe nicht vor, A-Ling dadurch in Verlegenheit zu bringen, dass ich diese Informationen enthülle. Sie hat dich so heftig verteidigt, dass es eine Erniedrigung wäre, wenn ich ihr neue Informationen über dich geben würde. Aber ich will, dass du Folgendes weißt: Dein Bruder wird gesucht. Er gilt als gewalttätiges Mitglied des Eisenaufstands, was deiner Situation nicht gerade guttut. Wenn ich das Gericht darüber informiere, dass dein Bruder mit Feuerwaffen hantiert, dann wird Frau Jians Version der Ereignisse, die zu den Auspeitschungen geführt haben, plötzlich sehr glaubhaft erscheinen.«

»Was sollen denn *Gēges* Taten mit dem zu tun haben, was zwischen Frau Jian und mir passiert ist?«, knurrte ich, obwohl ich die Antwort bereits wusste. Derselbe Grundsatz hatte gegolten, als ich für die fehlenden Schuldzahlungen meines Bruders zur Verantwortung gezogen worden war.

Es gab keine Individuen. Es gab Gemeinschaften. Familien, deren Mitglieder für die Fehler der anderen bezahlten. Wenn jemand wegen Mordes verurteilt wurde, bekam seine ganze Verwandtschaft bis ins dritte Glied eine Strafe – sofern es ihnen nicht gelang, das Gericht davon zu überzeugen, dass sie alle Verbindungen zu dem Beschuldigten abgebrochen hatten. Ich hoffte und glaubte, dass Tantchen und die Kinder auf diese Weise auch nach meinem Verbrechen ein normales Leben führen konnten.

»Natürlich hat deine Verwandtschaft zu Kong Qiren einen Einfluss darauf, wie du beurteilt wirst«, sagte General Meng Jin mit einem Lachen. »Warum würde jemand einen Wächter kaufen wollen, wenn nach seinem Bruder gefahndet wird? Das Schwert in deiner Hand kann sich jederzeit gegen deinen Besitzer wenden – und genau das hast du getan, behauptet Frau Jian. Gegen diese Vorwürfe kannst du nichts ausrichten. Nicht einmal A-Ling kann das.«

»A-Jin!« Ailing schlug so heftig auf den Tisch, dass der Tee, den Chuncui ihr serviert hatte, über den Rand der Tasse schwappte. »Du hast meinen Namen gesagt. Ihr redet über mich.«

»Du hast scharfe Ohren, meine Tigerin«, sagte Meng Jin, jetzt wieder auf Fusang. Er erhob sich aus seinem Stuhl und ging zu Ailing hinüber. Aus ihren Augen schossen Blitze. Der Drachenprinz nahm ihre Hand, beugte sich zu ihr hinunter und schnurrte ihr mit so sanfter Stimme ins Ohr, dass ihre Augenlider sich wie auf Knopfdruck schlossen: »Ich tue das alles nur für dich.«

Ich wandte den Blick ab. Meng Jin tat das mit Absicht. Er präsentierte mir seinen Platz in diesem Spiel und verwies mich auf meinen eigenen. Er hatte die Beziehung zwischen Ailing und mir so gründlich falsch verstanden, dass ich fast die Nerven verlor. *Streuner* hatte er mich genannt. Als solcher fühlte ich mich auch, unberechenbar und voller Furcht. Die Versuchung, den Mund aufzumachen und Ailing zuzurufen, was für einen großen Fehler sie beging, wenn sie den Drachenprinzen in ihre Nähe ließ, war unglaublich groß, doch ich hielt mich zurück.

General Meng Jin hatte die Oberhand. Er musste nichts weiter tun, als dem Gericht Rens Namen zu nennen, und ich würde hingerichtet werden.

»Was habt Ihr vor?«, fragte ich respektvoll auf Fusang. »Mein General?«

»A-Ling hat es eben gesagt«, antwortete er. »Du wirst in der Provinz Runan in die Dienste des Zhi-Clans eintreten. Dort benimmst du dich und kommst nicht zurück, dann sind alle zufrieden.«

»Ich versuche, deine Verlegung so bald wie möglich zu organisieren«, fügte Ailing hinzu. Ihr entschuldigender Ton streute Salz in meine Wunden. Ich wollte ihr Mitleid nicht. »In den kommenden Tagen. Aber so, dass du Zeit hast, dich von deinen Freunden zu verabschieden. Ich weiß, dass diese Entscheidung für viele ein Schock sein wird, aber ich hoffe, sie verstehen, dass es die beste Lösung ist. Unter den gegebenen Umständen.«

Ich nickte.

»Dawei«, fuhr Ailing fort. »Halte dich bitte bedeckt, bis wir dich losschicken können. Nimm kein Schwert in die Hand. Mach keine Kampfübungen mit. Tu einfach nichts, was man gegen dich verwenden könnte. Ich bin mir sicher, dass meine Mutter versuchen wird, dich zu provozieren.«

27. Kapitel

Ich machte mich bereit, Sunan von meiner bevorstehenden Versetzung zu erzählen. Ich hatte nicht vor, ihm die Neuigkeit zu verheimlichen, auch wenn das bedeuten würde, dass die schönen Momente mit ihm vorbei waren. Ich wollte nicht, dass unser Abschied genauso plötzlich kam wie damals bei Dray und mir. Erwartungen hatte ich keine. Sunan durfte genauso reagieren, wie es ihm angemessen erschien. Ich wollte meinen Abschied nur so leicht wie möglich machen. Versprechen, dass ich zurechtkommen und dass … dass ich ihn vermissen würde.

Ich überlegte noch immer, was ich sagen sollte, als mich die ersten Wächter bemerkten.

»Himmel!«, rief jemand aus. »Da kommt Dawei!«

Plötzlich umringten mich alle. Vertraute Gesichter, Soldaten, mit denen ich den Alltag geteilt, aber auch solche, mit denen ich noch nie ein Wort gewechselt hatte. Sie alle lächelten mir zu, hießen mich willkommen, zeigten offen ihre Wiedersehensfreude. Ich wusste nicht, was ich sagen sollte. Wegschieben konnte ich sie nicht. Es wurden immer mehr.

Dann merkte ich plötzlich, dass ich sie auch gar nicht wegschieben wollte. Für diese Menschen war ich jemand. Sie kannten meinen Namen. Sie empfingen mich, sagten »Willkommen *zu Hause*«, so als gehörte ich dazu. Und das tat ich wohl auch. Ich hatte einen Platz im Tigerpalast. Ein eigenes Bett, einen Tagesrhythmus und Freunde, mit denen ich einen Sinn für Humor teilte.

Ich wollte nicht nach Runan. Ich wollte mir keinen Ort vorstellen, an dem alles von vorne beginnen würde. Fremde Menschen. Das Misstrauen, das mein stilles Wesen in ihnen weckte. Ich konnte die Blase nicht sprengen, die mich umgab. Stattdessen wollte ich diese lächelnden Gesichter und das Schulterklopfen, ich wollte in das fröhliche Stimmengewirr eintauchen, das mich an die gemeinsamen Abendessen zum Mondfest mit meiner Familie in Madang erinnerte.

Mit einem Mal überkam mich ein Schwall von Gefühlen. Ich trocknete mir rasch die Augen.

»Oh nein, tut dir was weh?«, rief einer der Bediensteten. »Klopft ihm nicht so fest auf die Schulter, er hat Schmerzen!«

»Mir tut nichts weh«, sagte ich mit einem Lachen. Die Hände, die mich berührten, verschwanden dennoch sofort. Bis auf zwei, denn Qadan fasste mich mit seinen Pranken bei den Schultern. Er trat direkt vor mich. Die Art, wie alle anderen dem älteren Mann Platz machten, verriet mir, dass er Houyis Platz als Anführer der Garde eingenommen hatte.

Er sah mich ernst an, und es war mir unmöglich, seine Miene zu deuten. Ich wusste, dass Houyi und er gute Freunde waren. Und dass es Qadan gewesen war, der mich getrag–

Er zog mich in eine erdrückende Umarmung, ohne sich auch nur im Geringsten um Vorsicht oder Zurückhaltung zu bemühen, und drückte mich dabei so fest gegen seinen kräftigen Oberkörper, dass ich seinen Herzschlag spürte. Ich war zu überrumpelt, um mich zu bewegen.

»Du bist ein Geschenk der Götter, Kong Dawei«, sagte Qadan. »Meister Shuya hat uns gesegnet, als er dich schickte.«

Mein Gesicht glühte. »Ähm … Ich habe nur getan, was ich für richtig hielt.«

Qadan ließ von mir ab und trat einen Schritt zurück, um mir in die Augen zu sehen. »Was du für richtig hieltest? Mein Junge, du hast getan, was vor dir niemandem gelungen ist. Du hast dich unserer Herrin widersetzt – einer Erbin des Weißen Tigers – und bist immer noch hier. Begreifst du denn nicht, was für eine Botschaft das aussendet?«

»Damit kenne ich mich nicht aus ... *Shīzūn* brauchte Hilfe, und ... und ich ...«

Ich brachte den Satz nicht zu Ende. Alle warteten darauf, dass ich weitersprach, aber vor Publikum zu reden, gehörte nicht zu meinen Stärken. Ich hatte keine Ahnung, wie ich mich Frau Jian vorher so eiskalt hatte widersetzen können. Die Wächter, die sich jetzt um mich versammelten, waren alle dort gewesen. Sie hatten eine Seite an mir gesehen, die keine Furcht kannte. Die nicht gewusst hatte, dass Frau Jian mich nur einen Moment später zum Schreien bringen und darum betteln lassen würde, dass die Schmerzen aufhörten. Auch diese Seite an mir hatten sie gesehen. Was gab es daran zu feiern?

Qadans Blick wurde milder, als er bemerkte, dass ich mich zurückzog und meinen Gedanken nachhing. »Du suchst Versagen, wo es keines gibt. Dawei. Es gibt nichts, was du hättest anders machen können. Oder besser. Du hast jemandem das Leben gerettet. Houyi hat nie zuvor eine solche Brüderlichkeit erfahren. Danke dafür.«

Ich schluckte den Sturm an Gefühlen hinunter, der sich in mir regte. Und nickte.

»Davon abgesehen«, fuhr Qadan fort. »Diese Strafe ist nicht das Ende für ihn. Houyi hat nicht immer Meister Shuyas Lehren befolgt, aber er weiß um seinen Wert. Er hätte sich nie für etwas auspeitschen lassen, was er nicht getan hat. Ich habe mit ihm gesprochen.«

Ich blinzelte. »Meinst du ... er und Prinzessin Chang'e ...?«

»Wer weiß«, seufzte Qadan. »Das ist ihre Sache, und ich bin nicht in der Position, Houyi nach seinen Motiven zu fragen. Aber was auch immer zwischen ihnen passiert ist, *Shīdì* hätte nie etwas gegen Prinzessin Chang'es Willen getan. Er hat sie vergöttert. Und der Tigerprinzessin kann man auch keinen Vorwurf machen. Sie hat schon genug gelitten. Wir werden ihr helfen, über diese Tragödie hinwegzukommen. Ihre Mutter tut das ganz sicher nicht.«

Um mich herum erklang zustimmendes Gemurmel. Zum ersten Mal hatte ich das Gefühl, dass die Wahrheit nicht verschwiegen wurde. Die Bediensteten standen füreinander ein. Sie hielten zusammen, obwohl sie aus ganz unterschiedlichen Lebensumständen in den Palast gekommen waren. Ich ließ meinen Blick über die Gruppe schweifen und sah auch Neana, Vinh und Sunan. Sie alle lächelten mir zu. Und ich erwiderte ihr Lächeln.

An diesem Abend aßen wir gut. Sogar ich durfte jetzt wieder gewürzte Speisen anrühren, weil die Wunden auf meinem Rücken sich allmählich schlossen. Ich kostete zwei Bällchen aus Klebreis, eines war mit roter Bohnenpaste, das andere mit Nüssen gefüllt. Es gab weiße Wonton-Suppe, Schweinefleisch in Knoblauchsoße und gedämpfte Süßkartoffelblätter mit Tofu und grünem Chili. Obwohl das Essen ausgezeichnet schmeckte, war mein Appetit noch nicht zurück. Ich aß langsam. Sunan versuchte, mich in ein Gespräch zu verwickeln, aber ich hörte die meiste Zeit nur zu.

In der Nacht konnte ich nicht einschlafen. Mich plagte die Wahrheit, die ich Sunan noch nicht gesagt hatte. Was, wenn Ailing beschloss, mich schon am Morgen auf die Reise zu schicken? Oder wenn ich abreisen musste, während meine Freunde gerade bei den Kampfübungen oder bei der Arbeit waren? Ich würde spurlos verschwinden und hätte einen weiteren Abschied vermasselt. Erst den von Dray, dann von Sunan.

Ich lauschte dem Regenschauer, der auf das Ziegeldach trommelte. Darin lag etwas Beruhigendes. Ich dachte an Sunan, der im Bett unter mir schlief, direkt unter meinem Rücken, und einen Moment lang überlegte ich, ob ich zu ihm hinuntersteigen sollte. Ich würde mich so leise bewegen, dass niemand etwas bemerkte. Und wenn Sunan es wollte, würde ich ihn ebenso leise küssen. Ich konnte das Rauschen des Regens nutzen und darauf vertrauen, dass die Geräusche, die wir machten, vom Trommeln auf dem Dach übertönt wurden. Ich konnte ihn berühren und er mich, ich konnte neben ihm einschlafen und rechtzeitig wieder in mein Bett klettern, bevor die Wächter von der Nachtschicht zurückkehrten.

Trotz dieser Gedanken blieb ich in meinem eigenen Bett liegen. Ich stellte mir mit geschlossenen Augen Dinge vor, die ich nie in die Tat umsetzen würde. Erst in den frühen Morgenstunden schlief ich endlich ein.

Als ich aufwachte, war das Gebäude fast leer. Nur die Wächter der Nachtschicht schliefen noch in ihren Betten. Sunan und Vinh waren aufgestanden, ohne mich zu wecken. Durch die Papierfenster drang klares Licht herein, woraus ich schloss, dass der Morgen noch nicht allzu weit fortgeschritten war. Die Wächter meditierten immer direkt nach dem Aufstehen. Der Trubel rund um das Frühstück begann erst zwei Stunden später. Während der Morgenübungen der Wächter war es im ganzen Palast am ruhigsten.

In Gedanken kehrte ich zurück zu meinem ersten Morgen im Tigerpalast. Die anderen Auserwählten und ich hatten uns alle verloren gefühlt. Wir waren durch die Außenbereiche des Palastes gelaufen und hatten versucht, uns mit dem vertraut zu machen, was wir später unser Zuhause nennen würden. Dasselbe wiederholte sich jetzt. Ich wanderte durch die äußeren Bereiche des Palastes. Ich prägte mir ein, was ich sah und roch, staunte über diesen Ort, den ich Gefängnis nannte und nun doch nicht verlassen wollte.

Als ich zur Küche der Bediensteten kam, sah ich eine junge Dienerin, die schwere Reissäcke von einem Karren hob. Sie sah nicht aus, als bräuchte sie Unterstützung – Mädchen, die an körperliche Arbeit gewöhnt waren, konnten viel mehr tragen, als man auf den ersten Blick vermutet hätte –, aber ich eilte ihr trotzdem zu Hilfe.

»Vorsicht«, sagte ich, als sie einen Sack an den Rand des Karrens zerrte. Sie sah mich an. Ihr schwarzes Haar war im Nacken zu einem Knoten gebunden, und um die Taille trug sie eine kleine Schürze. Ihre runden Augen leuchteten auf, als hätte sie erkannt, wer ich war.

»Guten Morgen, Bruder«, sagte sie mit einem Lächeln. »Danke für die Hilfe, aber du solltest dich nicht zu sehr anstrengen.«

»Das ist wirklich keine große Mühe«, sagte ich, zog den Sack vom Karren und warf ihn mir mit einer Routine über die Schulter, die verriet, dass ich auf dem Land aufgewachsen war. Bei der plötzlichen Anstrengung schoss mir ein heftiger Schmerz durch den Rücken, aber ich ließ mir nichts anmerken. Ich sehnte mich nach dem einfachen Leben. Das Mädchen schien das zu verstehen, denn sie nahm meine Hilfe an. Sie hockte sich hin, um einen weiteren Sack hochzuheben, und trug ihn vor mir her in die Vorratskammer neben der Küche. Drinnen roch es himmlisch. An den Wänden hingen Bündel aus Chili und Knoblauch, geflochtene Kegelhüte und getrocknete Kräuter. Das Mädchen führte mich in den Innenhof und zu dem offenen Kochverschlag, wo sechs weitere Bedienstete das Frühstück vorbereiteten. Eine der älteren Frauen verteilte gerade Reismehl auf einem Brett, als sie mich sah.

»Guten Morgen, mein Junge«, sagte sie und lächelte breit. Auch die anderen begrüßten mich freundlich. »Das Frühstück ist gleich fertig. Du musst dich noch etwas gedulden.«

»Guten Morgen. Eigentlich dachte ich, dass ich … Könnte ich vielleicht …« Ich zögerte, entschloss mich dann aber doch, einfach zu fragen: »Dürfte ich beim Kochen helfen?«

Die Frauen wechselten erstaunte Blicke. Die Jüngeren blieben still und warteten auf die Entscheidung der Älteren. Ich war mir sicher, dass sie ablehnen würden. Immerhin hatte ich die Hierarchie des Tigerpalastes schon genug ins Wanken gebracht, jetzt musste ich nicht auch noch die Aufgaben der Bediensteten durcheinanderbringen. Ich versuchte trotzdem mein Glück, denn ich kochte gerne. In Madang hatte ich so meine Nerven beruhigt und unangenehme Gedanken verscheucht: Das simple Zerkleinern, Vermischen und Kneten hatte mich an vielen Tagen gerettet, wenn meine Sorgen zu groß geworden waren, um sie zu ertragen.

»Warum nicht«, sagte eine der Bediensteten mit einem Lachen. »Was möchtest du machen?«

Ich trat vor wie ein übereifriger Schüler. »Egal was.«

Die jüngeren Mädchen kicherten. Sie gingen wieder an ihre Aufgaben, während eine der Frauen mir Schritt für Schritt zeigte, wie man *Chángfěn* zubereitete.

Das Kochen hatte den gewünschten Effekt: Die zielgerichtete Tätigkeit munterte mich auf. Ich lächelte und plauderte. Verglichen mit den laut durcheinanderredenden Frauen war ich immer noch ziemlich still, aber sie störten sich nicht daran. Sie ließen mich genau so sein, wie ich war. So versunken war ich in meine Tätigkeit, dass ich die Stimmen aus dem Hof zuerst nicht bemerkte. Zumindest nicht, bis eines der Mädchen eine Sojaschale fallen ließ.

Das Gefäß zerbarst auf den Bodenfliesen. Dunkelbraune Soße spritzte auf unsere Hosenbeine. Die älteste der Frauen rief wütend: »*Āiyā!*«

Dann verstummte sie ebenfalls.

Ich schaute auf den Hof hinaus zu der Gruppe, die die Dienerinnen mit ihrer Ankunft so erschreckt hatte. Aus dem Gespräch, das ich bisher nur als Murmeln im Hintergrund wahrgenommen hatte, kristallisierten sich Worte heraus. Mein Herz gefror zu einem harten Klumpen. Ich hatte nicht erkannt, wer da sprach, weil ich seine Stimme noch nie gehört hatte. Und ich hatte die Worte nicht erkannt, weil sie in einer anderen Sprache waren als die, in der sie ursprünglich geschrieben worden waren.

»*Ich hoffe, du kannst mir verzeihen.*« Der Drachenprinz, gekleidet in eine azurblaue *Chángpáo*, übersetzte das Namla mit hämischer Betonung. Die Jungen, die da vor mir standen, mussten die jüngeren Brüder von General Meng Jin sein, die ich zuletzt beim Verlobungsbankett gesehen hatte: Meng Mu und Meng Nai. »*Du bist der wunderbarste Mensch, den ich kenne, und ich bin dankbar für jeden Moment, den ich mit dir verbringen durfte. Ich vermisse dich.* Oh Himmel, ich halte das nicht aus!«

Sie lachten und taten ihr Bestes, um jedes Wort zu verhöhnen, das ich an Dray geschrieben hatte. Aber das kümmerte mich nicht.

Meine Aufmerksamkeit galt dem dritten Ankömmling.

Und dem, was von seiner Hand herabhing.

»*Versuche nicht, Qiu zurückzuschicken*«, fuhr Meng Nai fort. »*Sein Platz ist in Namla. Solange er über dem Gebirgspass schwebt, kann auch ich noch einen Hauch meiner Heimat spüren.* Hey, Lian!« Der Drachenprinz ließ den Brief sinken und brach in Gelächter aus. »Vielleicht hätte der Bianfu sein Hühnchen von Anfang an zu Hause lassen sollen, was?«

Mir gefror das Blut in den Adern. Mein Herz pochte heftig. Ich wollte aus diesem Albtraum aufwachen. Mich in den Wohnquartieren der Wächter, auf der Krankenstation oder am Pfahl unter der Peitsche wiederfinden, ganz egal wo, wenn ich nur keinen Moment länger in dieser Wirklichkeit leben musste.

»Himmel …«, hörte ich ein Küchenmädchen flüstern.

Mitten auf dem staubigen Hof, dort, wo die Drachenbrüder mich verhöhnten, stand nun auch Prinz Lian in seiner weißen Uniform. Er hielt meinen Falken an den Beinen gepackt. Qiu hing kopfüber in seinem Griff, die Flügel ausgestreckt, von denen einer in einem unnatürlichen Winkel abstand. Sein Gefieder hing schlaff herab. Der Falke war wie zur Statue erstarrt, aber man sah ihm an, dass er versucht hatte, gegen seinen Angreifer zu kämpfen. Sein Schnabel stand offen. Aus seinen Augen schrie die nackte Panik. Schmerz. Leid.

Die Welt um mich herum verschwamm. Qius Schmerz versetzte mich in höchste Alarmbereitschaft und legte zugleich selbst die einfachsten Körperfunktionen lahm. Ich wollte losstürzen. Angreifen. Doch als ich mich bewegte, hob Prinz Lian Qiu hoch. Seine andere Hand lag auf dem Griff seines Schwertes.

»Oh nein.« Er wich gespielt erschrocken zurück. »Du hast doch nicht etwa vor, deine Herren anzugreifen? Ailing hat *sooo* oft beteuert, dass du so etwas niemals tun würdest. Ein harmloser kleiner Bianfu.«

»Ich kapiere nicht, was Ailing in ihm sieht«, sagte Meng Mu und rümpfte die Nase. »Man kann ihn ja nicht mal mit *Gēge* vergleichen.

Ich hatte etwas Beeindruckenderes erwartet, aber dieser Bianfu ist ja hässlich wie nur was. Platte Nase, boshafte Augen. Huren wie ihn bekommst du in Nanmu in jedem Bordell.«

»Vielleicht hat Ailing ihn noch nie ohne Maske gesehen«, höhnte Meng Nai.

»Mir ist es völlig schnuppe, wie räudig dieser Streuner aussieht«, knurrte Prinz Lian. Seine Miene war todernst. Er ballte die Faust um Qius Beine. »Wegen diesem Bastard hat meine Mutter das Gesicht verloren. Genauso wie meine Schwester und Jin-*gēge*. Dieser Bianfu hat unsere Clans mit seinem anmaßenden Verhalten von Anfang an verspottet, und dass er das Ansehen meiner Schwester beschmutzt, ist nur ein Beispiel dafür. Ich will, dass er für seine Taten bezahlt.«

»Hört auf …«, flüsterte ich. »Ich habe schon verstanden.«

Meine Stimme war so leise, dass ich mich selbst kaum hörte. Zu mehr war ich nicht fähig. Ich wollte den Prinzen sagen, dass mir die Situation vollkommen klar war. Sie wollten einen Angriff provozieren. Sie wollten, dass ich ihnen einen Grund gab, mich zu verhaften. Deshalb trugen sie Uniformen und am Gürtel Schwerter, die ich an ihnen außer zu repräsentativen Zwecken noch nie gesehen hatte. Sie waren am frühen Morgen hier, weil sie wussten, dass die Wächter ihnen jetzt nicht in die Quere kommen würden. Niemand würde mir helfen.

Ailing hatte mich davor gewarnt, dass Frau Jian mich provozieren würde. Ich hatte einiges erwartet. Aber nicht das. Sie hatten Qiu. Sie hatten die Oberhand. Sie hatten alles.

Mir war, als hielte Prinz Lian mein pochendes Herz in der Hand.

»Hört auf«, flüsterte ich wieder. Ich hob die Hände. Streckte sie nach Qiu aus. Meine Finger zitterten. »Bitte … *Shàoye* …«

»Hört nur, wie er winselt!«, rief Meng Nai aus. »Wie ein kleines Kind! Wollt ihr mir etwa sagen, das da ist ein Wächter? Was für ein Witz!«

Machte er etwa immer weiter? Begriffen sie nicht, dass sie mich nicht provozieren mussten? Nichts von dem, was sie über mich sagten, bedeutete mir etwas. Mein Stolz spielte hier keine Rolle. Dieser

Kampf war sinnlos, denn Prinz Lian hatte ihn bereits gewonnen. Er wusste es nur selbst noch nicht.

Es gab nur eines, was ich tun konnte: Ich stellte eine Brücke zu Qiu her. *Keine Angst. Ich bin hier, mein Bruder. Alles ist gut. Keine Sorge. Du hast jetzt keine Schmerzen mehr.*

»*Wǒ qù!*« Meng Nai zog scharf die Luft ein. Er und sein Bruder zogen ihre Schwerter. Sie nahmen eine Kampfhaltung ein, so als hätte ich ihnen Anlass dazu gegeben. »Macht euch bereit, er hat etwas vor!«

»Das ist nur eine Brücke«, flüsterte ich, so ruhig ich konnte. Ich hielt meine Hände weiter dort, wo sie sie sehen konnten. Mir war bewusst, dass meine goldenen Augen bedrohlich wirken mussten, daher sank ich auf die Knie. Ich atmete tief durch und konzentrierte mich darauf, meinen Geist zu beruhigen, denn er war jetzt mit Qiu verbunden, und alles, was ich ihm geben wollte, war ein Gefühl von Sicherheit. »Ich tue das nicht wegen Euch. Ich will es nur Qiu leichter machen. Er hat Schmerzen.«

Alles ist gut. Ich bin hier. Gib mir den Schmerz, gib mir alles. Keine Angst, mein Freund. Keine Angst.

»Siehst du, wie dieser Bianfu sich dir weiterhin widersetzt?« Meng Mu lehnte sich zu Prinz Lian. »Du musst deinen Sklaven wieder unter Kontrolle bringen. Er verwendet Magie gegen dich.«

»Ich gebrauche keine Magie, und ich widersetze mich niemandem«, sagte ich. »Lian-*shàoye*. Ich tue, was immer Ihr wollt. Wenn Ihr verlangt, dass ich anstelle Eurer Mutter angeklagt werde: gerne. Ich kann aussagen, dass ich Frau Jian angegriffen habe. Was immer Ihr wollt, Ihr bekommt es. Wenn Ihr nur Qiu nicht mehr wehtut.« Das Sprechen nahm mir den Atem. Qius Panik hämmerte mir gegen das Brustbein und ließ mir den Schweiß ausbrechen. Ich atmete durch die Nase aus. Lenkte Ruhe und Linderung in Qius Geist. Er hörte auf zu hecheln. »Bitte, mein Herr. Ihr tut ihm weh.«

»Ist doch nur ein Vogel«, sagte Prinz Lian.

Dennoch, ungeachtet seiner Worte klang er, als zweifelte er an seinem Vorhaben. Er warf einen Blick auf den Falken in seiner Hand.

Qius Blick war starr geworden. Die Panik in seinen Augen war endlich verschwunden, die Federn in seinem Nacken richteten sich wieder auf. Er nahm meine Hilfe an, ließ mich den Schmerz übernehmen. Ich nahm Qius Seele entgegen und beschützte sie, indem ich ihm ein Bild schickte, auf dem ich ihn in eine Decke wickelte und ihn im Arm hielt. An seinem Blick erkannte ich, dass er nicht mehr in seinem eigenen Körper war. Sein Geist war an den sicheren Ort gewandert, den ich ihm anbot.

»Ich weiß, dass Ihr mich nicht mögt«, sagte ich. »Wenn Ihr ... Qiu einfach den Mädchen geben könntet. Bitte. Erlaubt ihnen, dass sie Euch Qiu abnehmen. Ich tue alles, wenn Ihr mir jetzt gnädig seid. Ich bitte Euch, *Shàoye*.«

Ich konnte den Blick nicht abwenden, ohne die Verbindung zwischen Qiu und mir zu unterbrechen, aber aus den Augenwinkeln sah ich, wie sich eines der Küchenmädchen bewegte. Sie trat aus dem Schutz des Kochverschlags und kam vorsichtig auf die drei Prinzen zu.

»Ja«, sagte sie. »Ich kann den Falken nehmen.«

Prinz Lian atmete schwer. Seine Finger zuckten an Qius goldenen Beinen, so als könnte er nicht entscheiden, ob er loslassen oder noch fester zupacken sollte. Der Sturm, der in seinem Kopf tobte, war deutlicher zu sehen als je zuvor.

Die Drachenbrüder fingen an, ihm von hinten zuzuzischen: »Erlaubst du ihm etwa, dich zu manipulieren?«

»Töte ihn!«

»Das ist die Gelegenheit, deine Ehre wiederherzustellen!«

»Bist du etwa kein Tiger?«

Prinz Lians Miene verzog sich. Er kniff die Augen zusammen und öffnete sie wieder, als versuchte er, seine Gedanken so lange durcheinanderzuschütteln, bis sie einen Sinn ergaben. In seinen schwarzen Augen glänzten Tränen und ein Gemisch von Wut und Scham. Der Anblick ließ alle Wärme aus meinem Körper entweichen. Ich begriff, dass die Situation hoffnungslos war. Mein größter Schatz, meine Seele hing an der Hand dieses gebrochenen Jungen. Prinz Lian stand mit dem Rücken zur Wand. Sein Geist war so gründlich manipuliert, dass er Richtig nicht mehr von Falsch unterscheiden konnte.

»*Shàoye*, ich flehe Euch an …« Meine Stimme brach. »Ihr möchtet so nicht sein. Bitte. Tut ihm nichts –«

»RUHE!!«, brüllte er aus vollem Hals. Die Bediensteten erschraken, und die Drachenbrüder verstummten. Prinz Lian fuhr mit wutverzerrter Stimme fort: »Sagt mir nicht, was ich tun soll – ich bin ein Erbe des Weißen Tigers – niemand sagt mir, was ich zu tun habe!«

Und er hob die Hand, mit der er Qiu hielt. Er ließ mir keine andere Möglichkeit.

Als zuzuschauen.

Wie er Qiu auf den Steinboden schmetterte.

Ein ganzes Leben in einem einzigen Moment. Und dann der Tod. Für den Betrachter ist die Grenze zwischen den beiden nicht messerscharf, sondern wie in Nebel gehüllt. Verschwommen. In einem Moment existiert die Brücke noch, das Gefühl für Qiu, und im nächsten ist die Verbindung unterbrochen. Qiu ist fort. Ich kann sein kleines, unregelmäßig schlagendes Herz nicht mehr spüren, und dennoch begreife ich nicht, was gerade geschehen ist. Dass da etwas ist, was ich nie mehr zurückbekomme. Was ich nicht rückgängig machen kann. Was sich nicht reparieren lässt.

Ich starre regungslos auf die Stelle, wo die leuchtend braunen Flügelfedern von seinem Körper abstehen.

Der Wind frischt auf und zerzaust die Daunen auf seiner Brust. Er bewegt die Federn so, dass ich immer noch nicht glauben kann, einen Kadaver vor mir zu haben. Qius Schmerz steckt noch immer in mir. Er ist schlimmer geworden. Nimmt zu. Wie der Wind. In meiner Brust brennt es, von meinem Herzen geht ein stechender Schmerz aus. Ich weiß nicht, wohin mit mir. Ich kann nicht atmen. Ich kann es nicht. Ich will weg von hier. Ich will, dass alles aufhört.

Ich will, dass er leidet.

Ich will, dass er stirbt.

Ich hebe den Blick und sehe ihn an, diesen Prinzen. Lian betrachtet mich argwöhnisch, mit Schweißtropfen auf dem Gesicht. Er ist angespannt. Breitbeinig steht er da, die Finger auf dem Griff seines Schwertes, als erwarte er meinen Angriff. Der auffrischende Wind drückt den Stoff seiner weißen Uniform gegen seine Haut, schiebt seinen Körper in meine Richtung. Er merkt es nicht. Er verspürt keinen Triumph. Keinen Stolz. Er weiß, dass er etwas Falsches getan hat, aber er betrachtet seine Tat mit gespielter Gleichgültigkeit und hebt die Brauen, wie um zu sagen: *Tja, was soll man machen.*

Ich hasse ihn.

Ich hasse ihn so sehr, dass jede einzelne Zelle meines Körpers in Flammen steht.

Ich stütze die Hände in den Sand, kauere auf allen vieren, wie um einen Kotau zu machen, und balle die Fäuste. Die scharfen Sandkörner bohren sich in meine Handflächen. Tränen laufen mir über die Wangen. Tränen der Trauer. Tränen des Hasses. Ich höre jemanden reden. Worte, die mich nicht kümmern. Der Himmel verdunkelt sich. Zuerst denke ich, dass sich die Welt nur vor meinen eigenen Augen eintrübt, denn mein Herz pumpt schwarzes Blut, das sich in mir ausbreitet und mein Inneres überzieht wie Öl.

Doch dann sehe ich, dass Lian in den Himmel blickt. Er wirkt erstaunt und runzelt die Stirn.

Möchtest du meine Hilfe?

Möchtest du Macht …?

Der Wind wird immer stärker. Inzwischen fegt er so heftig durch den Innenhof, dass er den Sand aufwirbelt. Blechschalen und Töpfe aus der Küche fallen klappernd vom Tisch auf die Bodenfliesen. Das Haar des Dienstmädchens auf dem Hof peitscht ihm ins Gesicht. Sie sieht verängstigt aus und geht schutzsuchend in die Hocke. An den Gesichtern der Clanerben sehe ich, dass ihre Reaktion sie nervös macht. Die Dienerinnen rufen das Mädchen, und es rennt zurück in den Schutz der Küche, weg von dem Ort, auf den sich mein Zorn richtet.

Ich kann dir Macht verleihen.

Mit einem dumpfen Grollen kündigt sich der Donner an. Das Geräusch ist noch in weiter Ferne, aber es bringt Meng Nai dazu, sein Schwert wieder in die Scheide zu stecken.

»Das kann doch nicht dein Ernst sein!«, ruft er Lian über den Wind hinweg zu. »Du Idiot! Du hast gerade jemanden wütend gemacht, der eine Verbindung zu einem Gott hat! Davon war nie die Rede!«

»Er hat keine Verbindung zu irgendwem«, sagt Lian, allerdings ohne jede Überzeugung. Seine Miene verrät, dass er seinen Worten selbst nicht glaubt: »Das Wetter ist unbeständig. Das kommt vom Monsun.«

»Vom Monsun?!«, wiederholt Meng Nai in genau dem Moment, als ein weiteres Donnergrollen seine Stimme verschluckt. Dieses Mal ist es direkt über ihnen, ein so gewaltiges Krachen, dass die Prinzen alle zusammenfahren. Die Erde bewegt sich unter meinen Füßen. Ich schließe die Augen. Mein Atem wird schwerer, als sich meine inneren Energieportale öffnen, das Qi erhitzt die Meridiane so heftig, dass sie unter der Haut rot glühen wie Blutgefäße. Ich zittere von Kopf bis Fuß, und die Erde bebt mit mir.

Mein lieber, treuer Bruder … es tut mir leid … es tut mir so furchtbar leid.

Hinter meinen geschlossenen Lidern blitzt ein helles Licht auf, dann folgt ein weiteres Brüllen des Himmels, noch heftiger als zuvor. Es hört sich an wie ein lebendiges Wesen, ein verletztes Raubtier. Der Donner hämmert gegen die Trommelfelle, als würden Berge einstürzen. Eine Dienerin stößt einen Schrei aus.

Ich öffne die Augen. Aus dem dunklen Himmel ergießt sich ein Sturzregen. Die Tropfen haben sich zu einer tobenden Welle vereinigt, als wäre oben in den Wolken ein Damm gebrochen. Die Prinzen sind augenblicklich klatschnass. Ihre langen Haare kleben an ihren Schädeln, die teuren Kleider färben sich dunkel und hängen schwer herab. Die Drachenbrüder weichen vor Lian zurück. Sie verstoßen ihn, opfern ihn wie ein verletztes Lamm.

Meng Nai späht nach einem Fluchtweg. »Wir müssen *Gēge* holen … Dieser Gegner ist eine Nummer zu groß für uns.«

»Sei doch keine Memme«, zischt Lian und wischt sich die nassen Haare aus dem Gesicht. Dann richtet er mitten im Platzregen das Schwert auf mich. »Dieser Bianfu ist nicht der Einzige, der besondere Kräfte hat. Unser *Nèigōng* ist stark. Wovor habt ihr bloß Angst?«

»Du kannst keinen Gott herbeirufen!«, schreit Meng Nai. »Keiner von uns kann das! Das hier«, er blickt nach oben in den Regen, »ich weiß nicht, was das ist. Aber wir dürfen uns ihm nicht in den Weg stellen!«

»Dann lauf doch weg!«, fährt Lian ihn an. »Dann bist du eben ein Feigling!«

Meng Nai wägt seine Möglichkeiten ab. Am liebsten würde er fliehen. Aber sein Bruder rührt sich nicht vom Fleck, also zieht auch er wieder sein Schwert. Es beeindruckt mich nicht. Ich starre Lian an, während ich mich erhebe, überströmt vom Regen, erfüllt von schwarzem, blindem Hass. Das Wasser tropft mir aus den Haaren, von der Nase, von den Lippen.

Rundherum blitzt es mehrmals gleichzeitig, dann folgt ein Donnern und das Krachen von splitterndem Holz, als die große Trauerweide entzweibricht. Ein schmaler Spalt im Felsgrund rast vom Baum bis vor die Füße des Tigerprinzen, zieht eine Grenze zwischen ihm und Qius Körper.

Lian weicht erschrocken zurück. Mit einem Mal wirkt er kraftlos. Zeigt endlich die Angst, die ich sehen will. Und er soll Angst haben. Weil ich ihm wehtun werde. Weil ich ihn töten werde.

Wieder schlägt das Gewitter zu. Ich höre nichts mehr. Nur Leigong.

Ich kann dir Macht verleihen.

Meng Nai verliert als Erster die Beherrschung. Blitzschnell wie eine Schlange greift er an, zeigt seine Technik des fliegenden *Qīnggōng*, die nur besonders begabte Wächter beherrschen. Er dreht sich in der Luft und schwingt sein Schwert so schnell, dass die Regentropfen einen Bogen um ihn herum bilden. Doch er ist nicht so schnell, wie er denkt. Qiu ist tot, aber ich verfüge jetzt über die Sinne eines viel mächtigeren Wesens. Ich sehe den Drachenprinzen. Sehe, wie er sich bewegt. Und dass er mit dem Schwert auf meine Brust zielt, in der Absicht, mich zu töten, nicht nur zu verletzen.

Er will einen Unbewaffneten töten.

Meine Bewegungen entspringen den tiefsten Tiefen meines Gedächtnisses. Dem Rückgrat eines Bianfu. Aber meine Reflexe, meine Schnelligkeit, meine Kraft sind etwas Neues. Etwas Helles, Scharfes. Gerade erst geboren und zugleich uralt. Es ist, als pulsiere in mir eine unerschöpfliche Energie, die danach schreit, entfesselt zu werden.

Und ich entfessele sie.

Ich tauche unter der Schwertklinge hindurch und springe hoch, mein Ellenbogen trifft direkt in Meng Nais Gesicht. Ich höre ein befriedigendes Krachen, als seine Nase bricht. Meine Bewegung ist so schnell, dass er noch mitten im Angriff ist, seine Füße haben eben erst den Boden berührt, als ich meinen eigenen Zug vollende: Ich packe seine Schwerthand und wirbele mit solcher Wucht herum, dass ich ihn über meinen Kopf zu Boden schleudern kann. Meng Nai hat keine Chance, sein Schwert festzuhalten, als ich es ihm aus der Hand reiße.

»*DÌDI!*«, schreit Meng Mu.

Sein kleiner Bruder ist kaum auf dem Boden aufgeprallt, als er auch schon panisch vor mir wegkrabbelt. Erst dann spritzt ihm das Blut aus dem Mund. Er spuckt einen Zahn in die Hand und starrt das blutige Ding mit weit aufgerissenen Augen an. Niemals zuvor hat ihn jemand geschlagen. Das ist nicht erlaubt, nicht einmal bei den Kampfübungen. Nicht der Schmerz lähmt Meng Nai, sondern der Schreck. Er bleibt einfach auf dem Boden sitzen und macht keine Anstalten, aufzustehen, so als wäre unser Kampf nur eine Übung, die er unterbrechen kann, wann immer er will.

Tu es, donnert Leigong oben am Himmel.

Und ich gehorche meinem Gott. Ich gebe mich dem Blutrausch hin, gehe zum Drachenprinzen und trete ihm, als er den angsterfüllten Blick zu mir hebt, so hart in sein porzellanglattes Gesicht, dass er dieses Mal nicht wieder aufsteht.

Meng Nai bleibt reglos am Boden liegen. Das Blut unter seinem Kopf vermischt sich mit dem Regenwasser.

Vor meinen Augen blitzen Funken auf. Die elektrische Energie in meinem Inneren betäubt meine Sinne. Alles kribbelt. Der Boden unter meinen Füßen will mich nicht mehr tragen. Er ist weich wie Sanddünen am Strand, obwohl ich weiß, dass ich auf festem Grund stehe. Ich halte ein Schwert in der Hand, die verzierte, zweischneidige Waffe des Meng-Clans mit der roten Quaste am drachenförmigen Griff. In die Klinge ist der Name des Schwertes eingraviert: Juque. Es leitet den Strom, der durch meinen Körper fließt. Qi strömt aus meiner Hand in das Schwert. Die Klinge erglüht, und die Fasern der Quaste stehen mit einem Mal ab wie steif gefrorene Haare im tiefsten Winter.

Was passiert hier …? Was ist das …?

Aus dem Augenwinkel erhasche ich eine schnelle Bewegung. Und drehe mich im selben Moment um, als Meng Mu mich angreift. Der Drachenprinz schlägt sein Schwert gegen Juque und geht sofort in eine Angriffsfolge über, die mein Körper instinktiv zu beantworten weiß. *Ich lese in dir wie in einem offenen Buch.* Training, Training, Training. Diese Muskeln, die das Schwert führen, sind nicht nur die eines Bianfu, sondern auch die eines Wächters. Alles, was Meng Mu tut, ist mir vertraut. Houyi hat dafür gesorgt, dass sich seine Lehren eingeprägt haben. Tanashiri, Qadan, Sunan, Neana, Vinh – ich habe meine Tage damit verbracht, gemeinsam mit ihnen zu schwitzen, bin jeden Fehler und jede einzelne Möglichkeit durchgegangen, und jetzt habe ich ganz einfach keine Schwachstellen mehr. Ich bin zu einem Elitesoldaten ausgebildet worden. Zu einem der tödlichsten Kämpfer dieses Landes. Zu einem der Besten, um die Menschen zu schützen, die ich jetzt töten will.

Meng Mu brüllt vor Zorn. In seinen smaragdgrünen Augen flammt das Qi auf, die Schneide seines Schwertes wird immer heißer, bis sie rot glüht wie im Schmiedefeuer. Die Macht des Drachen in seinem Inneren bricht sich Bahn. Sein Qi ist so stark, dass die Regentropfen auf der Schneide zischen wie in einer heißen Pfanne. Dampfschwaden folgen seinen Bewegungen und zeichnen silberne Muster in die Luft. Sie breiten sich überall um uns herum aus und verdecken die Sicht auf alles außer ihn.

Ich weiß, was Meng Mu vorhat. Er ist nicht allein. Und ich habe auch den lauernden Tiger nicht vergessen, der jenseits der Mauer aus Dampf herumschleicht und auf seine Gelegenheit wartet. Ihn will ich. Nicht diesen Jungen, der nur dazu da ist, mich abzulenken, damit ich mein Schwert auf ihn richte und mein Rücken ungeschützt ist, wenn der Weiße Tiger schließlich angreift.

Es geschieht im Bruchteil einer Sekunde, genau als Meng Mu das Tempo anzieht. Der Dampf macht mich nahezu blind. Der Regen taub. Doch ich spüre den Luftstrom, der von Lian ausgeht, und handele aus Reflex, bevor mein Verstand es mir verbieten kann. Das Schwert immer noch an Meng Mus Klinge, lasse ich die Waffe mit einer Hand los. Drehe mich um und greife nach dem, was den Dampf durchschneidet wie ein Pfeil.

Lians Schwert – das gerade auf meinen Nacken herunterfährt – bleibt in meiner bloßen Hand stecken. Meine Finger umklammern die Schneide. Ich verziehe das Gesicht. Das Schwert gleitet noch ein winziges Stückchen weiter und schlitzt mir die Handfläche auf, bevor es zum Stillstand kommt. Blut rinnt aus meiner Faust über mein Handgelenk, doch ich spüre keinen Schmerz. Ich will Lian am Schwert zu mir heranziehen, denn er hält immer noch den Griff umklammert. Ich lasse nicht zu, dass er mir entkommt.

Also ziehe ich.

Lians Augen weiten sich. Auch Meng Mu hält inne und starrt mich mit offenem Mund an. Ihre Fassungslosigkeit gibt mir genug Zeit, um meine Kräfte zu entfesseln.

Es folgt ein Geräusch – das ohrenbetäubende Krachen des Donners, als Leigong lacht – und ein blendendes Aufflackern von Licht, als der Blitz einschlägt. Ich sehe nicht, wo genau er trifft, aber mit dem Lichtblitz lässt der Druck von Meng Mu an meinem Schwert nach. Die Wucht, mit der Leigong ihn getroffen hat, schleudert ihn zu Boden. Kurz darauf fängt Meng Mu an zu schreien. Er ist ein Prinz, aber er brüllt wie ein Schlachttier. Kreischt Worte, die ich nicht beachte. Ich sehe ihn nicht einmal an. Anders als Lian, der aussieht, als würde er sich jeden Moment übergeben.

Ich ziehe ihn am Schwert zu mir heran. Er zerrt an seiner Waffe wie ein Kind an seinem Spielzeug. Seine Stimme ist unnatürlich hoch, als er ruft: »Was für ein verdammtes Wesen bist du?! Hör auf!«

Hör auf.

Hör auf?

Habe ich nicht eben noch genau dasselbe zu ihm gesagt? Ihn angefleht? Ich war zu allem bereit, wenn er nur *aufgehört* hätte. Er hätte nichts weiter tun müssen. Nur Qiu am Leben lassen.

Meinen Seelenbruder.

Ich suche mit meinem Blick die Stelle, wo Qiu liegt. Der Dampf, den der Drachenprinz erzeugt hat, verzieht sich nur langsam, und ich kann meinen Falken nicht sehen. Meine Lunge krampft sich erneut zusammen. Wieder kommen mir die Tränen. *Verzeih mir, mein Freund …* Dieses Mal wird mein Atem zu einem kraftlosen Keuchen. Ich beuge mich vor und drücke die Stirn gegen das Schwert, das zwischen mir und dem Tigerprinzen in der Luft hängt.

»Du hättest …«, presse ich heraus. »Hättest nicht …«

»Es tut mir leid«, sagt Lian so schnell, dass ich es kaum begreife. Ich sehe ihn durch den Tränenschleier hindurch an. Er lässt das Schwert los und weicht mit erhobenen Händen zurück. »Es tut mir leid, dass ich deinem Vogel wehgetan habe.«

Aber er meint nichts von dem, was er sagt. Seine Worte kommen zu schnell. Zu panisch, während er gleichzeitig versucht, noch weiter vor mir zurückzuweichen, jetzt, da ich zwei mächtige Schwerter in den Händen halte.

Vogel …? So nennt er Qiu also?

Ist doch nur ein Vogel.

Da spüre ich in meiner Brust plötzlich ein seltsames Reißen, das mich mit Wucht nach hinten wirft. Ich keuche auf. Die Schwerter fallen mir aus den Händen, als ich instinktiv nach dem greife, was sich in mein Fleisch gebohrt hat. Meine tastenden Finger finden einen festen, schmalen Pfeil. Meine Augen sehen die roten Federn, die so tief in der Haut unter meinem Schlüsselbein stecken, dass der Pfeil mich einmal komplett durchschlagen haben muss. Ich mache einen schwankenden Schritt nach vorn, dann einen zweiten, bevor ich auf die Knie falle. Ich schließe die Hand um den Pfeil.

Ich schnappe nach Luft. Vor meinen Augen verschwimmt alles.

Der Donner grollt noch immer. Aber das Geräusch entfernt sich.

Kurz bevor ich zur Seite sacke, sehe ich die Palastwächter, meine Freunde, von denen einer Pfeil und Bogen auf mich gerichtet hält. Als er näher kommt, erkenne ich den langen Zopf, den Bart und die Narbe über dem linken Auge. Lian stürzt im Laufschritt auf ihn zu. Er ist sichtlich erleichtert, wie ein Kind, das endlich wieder bei seinem Vater in Sicherheit ist.

»Alles in Ordnung?«, fragt Qadan ihn. Lian nickt.

Es ist das Letzte, was ich sehe. Dann stürze ich zu Boden.

28. Kapitel

Ich hoffte, dass alles nur ein Traum gewesen war. Ein langer, abscheulicher Albtraum, den ich nie wieder erleben müsste. Doch als ich aufwachte, war mir kalt. Eiskalt. Wo war mein Hemd? Hatte ich etwa die Decke weggetreten? Ich versuchte, mich umzudrehen, mich zusammenzurollen, doch etwas verhinderte die Bewegung. Ein Klirren. Metall an meinem Handgelenk. An meinen Knöcheln. *An meinem Hals.*

Bodenloses Entsetzen übermannte mich, als ich begriff, dass ich angekettet war. Ich zerrte mit Armen und Beinen an den Fesseln, stemmte mich so heftig gegen das Metall, dass ich mich verletzte. Ich schrie auf. Die Bewegung sandte einen schneidenden Schmerz durch mein rechtes Schlüsselbein, als hätte ich mich auf einem spitzen Gegenstand aufgespießt. Ich biss die Zähne zusammen, um nicht zu wimmern. Ich kam nicht hoch. Schließlich ließ ich den Kopf wieder auf die harte Unterlage sinken und versuchte, mich zu beruhigen. Was mir nicht sonderlich gut gelang.

Mein nackter Bauch hob und senkte sich im hektischen Takt meines Atems.

Okay. Okay. Eins nach dem anderen, befahl ich mir. Zunächst einmal: Wo war ich?

Ich ließ den Blick über meine Umgebung schweifen. Der Raum war lang und schmal. In den Wandnischen brannten Kerzen. Ich lag auf dem Rücken auf einem Holztisch, über dem eine schwach leuchtende Öllampe hing. Von den Holzbalken an der niedrigen Decke tropfte Wasser. Meine Haare waren nass, der Stoff meiner Hose klebte eiskalt an meinen Beinen. Ich zitterte am ganzen Körper. Die Luft war so kalt, so feucht und abgestanden, dass ich nirgendwo anders sein konnte als unter der Erde.

Allein der Gedanke zwang mich, die Augen zu schließen und die Lippen aufeinanderzupressen.

»Hast du gut geschlafen, *Băobèi*?«, fragte eine weiche Frauenstimme. Ich öffnete die Augen wieder. Dann hob ich den Kopf und versuchte herauszufinden, wer da gesprochen hatte, obwohl ich schon wusste, wer es war. Es gab nur einen Menschen auf der Welt, dessen Stimme sich wie eine Nadel in mein Herz bohren konnte.

Frau Jian saß im Halbdunkel, sodass ich nur den blutroten Saum ihrer Kleidung deutlich erkennen konnte. Ihre blasse Hand ruhte auf einer Armlehne und die langen Nägel fuhren über ihre steinerne Oberfläche, als wäre sie eine rundum zufriedene Katze. »Du bist einer der gefährlichsten Männer, die ich kenne, und dennoch«, sie machte eine Pause, »hast du Angst vor engen Räumen.«

»Wo sind wir?«, fragte ich.

»An einem sicheren Ort. Das hier ist die Gruft unter dem Platz der Träumenden. Man erzählt sich, dass Meister Shuya während des Putsches die Staatsoberhäupter hier eingesperrt hat. Siehst du die Siegel an den Wänden, die von den Kerzen beleuchtet werden?« Sie hob die Hand und deutete auf die Wandnischen. »Das ist Meister Shuyas Kalligrafie. Sie hindert Schamanen daran, ihre Kräfte anzuwenden. Das hier ist ein einzigartiger Ort. Du kannst deinen Gott hier nicht zu Hilfe rufen – so verlockend der Gedanke auch sein mag.«

»Ich habe noch nie jemanden gerufen«, sagte ich. Dann drehte ich den Kopf und starrte an die Decke, denn ich hielt es nicht länger aus, den Hals nach ihr recken zu müssen. Mir war klar, wohin dieses Gespräch führen würde.

»Nicht?«, fragte Frau Jian. »Bei deinen Sachen wurde eine Schriftrolle gefunden, die vom Donnergott Leigong berichtet. Sie stammt aus der geheimen Bibliothek meiner Familie. Meine Tochter hat zugegeben, sie dir ausgehändigt zu haben. Sie war natürlich erschüttert, als sie davon hörte, was du getan hast. Dass du versucht hast, meinen Sohn zu töten, offenbart deinen wahren Charakter. Was mich angeht, so muss ich zugeben, dass ich deine Intelligenz unterschätzt habe. Du hast Ailings Schwäche auf tausend verschiedene Arten ausgenutzt.«

»Ich habe sie nicht …«, begann ich, ließ den Satz jedoch unvollendet.

»Ja?«

»Was nützt es mir denn, Euch meine Version der Dinge zu erzählen? Oder überhaupt zu sprechen? An Euren Ansichten ändert es nichts. Ihr habt über mein Schicksal doch schon längst entschieden.«

Ich hörte das Rascheln von Stoff, als Frau Jian die Beine übereinanderschlug.

»Hilf mir zu verstehen«, sagte sie. »Mein Sohn hat dich absichtlich provoziert. Er hat deinen Falken abgeschossen, genau wie ich es ihm befohlen hatte. Ich wusste, dass dich das ärgern würde, aber so sehr – nein – das hatte ich nicht erwartet. Was war an dem Tod dieses Vogels so schlimm, dass du bereit warst, im Gegenzug drei Sprösslinge der mächtigsten Clans zu töten? Dass du Leigong anrufen musstest?«

»Das würdet Ihr nicht verstehen.«

»*Bǎobèi*«, seufzte Frau Jian. »Jetzt verletzt du mich. Dass mich die Stammestraditionen nicht interessieren, bedeutet nicht, dass ich sie nicht verstehen will. Du verkörperst eine Bevölkerungsgruppe, deren Werte offensichtlich nicht mit meinen eigenen übereinstimmen, und ich möchte eure Motive verstehen, damit ich in Zukunft besser mit deinesgleichen umgehen kann. Ich gebe zu, dass wir in deinem Fall versagt haben. Ich habe mich bei den Bediensteten schon für den Vorfall entschuldigt. Es war nicht meine Absicht, auch nur einen von ihnen in Gefahr zu bringen, indem ich einen Wolf in ihre Mitte hole.«

Sie sagte das alles so sachlich.

So als wäre es eindeutig, dass ich ein Monster war. Als wäre ich moralisch so verkommen, dass ich bereit war, für ein Tier drei Menschen zu töten. Frau Jian wusste nicht, dass ich noch nie zuvor einen

Menschen getötet hatte. Ich hatte Achtung vor dem Leben. Aber nicht nur vor dem von Menschen, sondern auch vor allem anderen Leben. Ich tötete, um mich zu ernähren. Genau wie Qiu. Er war für mich weder bloß ein wildes Tier, noch war mir sein Leben gleichgültig. Ich schätzte es ebenso sehr wie mein eigenes. Mehr noch. Denn Qiu war unschuldig.

»Dieser Falke«, brachte ich heraus, »war meine Seele.«

Frau Jian schwieg. Falls sie glaubte, ich würde übertreiben, dann bewies sie damit nur, dass ich recht hatte: Sie konnte die Verbindung zwischen den Bianfu und ihren Falken nicht verstehen. Qiu war wirklich meine Seele gewesen. Jetzt schien es, als fehlte mir ein großes Stück. Ein Lebenssinn. Ein Motiv. Ich war eine leere Hülle, konnte das Aachalendra nicht mehr spüren, auch den Stolz nicht, der es mir erlaubt hatte, Frau Jian zu trotzen. Sie hatte gewonnen. Wieder einmal. Ich war müde. Am Ende. Tränen liefen mir aus den Augenwinkeln über die Schläfen.

»Ich erkläre dir jetzt, was als Nächstes kommt«, sagte Frau Jian. »Ailing kann dich nicht mehr retten. Die höchste Entscheidungsgewalt unseres Clans liegt immer noch in meinen Händen. Ich habe gemeinsam mit dem Meng-Clan die Todesstrafe für dich gefordert, weil du unsere Kinder angegriffen hast. Die Drachenprinzen werden sich zwar erholen, aber, nun ja – sie sind nicht gerade froh über die ästhetischen Mängel, die dein Angriff verursacht hat. *Bǎobèi*, du hast die Drachen wirklich wütend gemacht. Dir ist doch wohl bewusst, dass die Jungen, die du angegriffen hast, die Brüder von General Meng Jin sind? Seine Position als oberster Armeekommandant unseres Landes gibt ihm die Macht, über deine Strafe zu entscheiden. Keine Sorge, dieses Mal werden wir uns an das Gesetz halten. Den Gerichten ist es wichtig, dass wir in deinem Fall keine voreingenommenen Entscheidungen treffen.«

»Und der General ist nicht voreingenommen?«

Ich brauchte nichts weiter zu sagen. Dass Frau Jian ein amüsiertes Geräusch von sich gab, bewies, dass sie wusste, worauf ich anspielte.

General Meng Jin hatte schon allein meinen Namen von Anfang an gehasst. Nicht den Menschen, der ich war, sondern alles, wofür er mich hielt. Obwohl er allgemein als übermenschlich galt, war er nicht immun gegen normale menschliche Gefühle. Er war wegen Ailing eifersüchtig. Dass ich seine Brüder verwundet hatte, machte die Sache wohl nicht besser. Wenn General Meng Jin bereit gewesen war, die Aufständischen in Yueyang hinzurichten, dann konnte mein Schicksal kaum gnädiger sein.

Frau Jian erhob sich. Sie kam an den Tisch, sodass ich den Kopf nicht drehen musste, um sie zu sehen. Das Licht der niedrig hängenden Öllampe betonte die Schatten unter ihren Augen. Das lange schwarze Haar fiel ihr offen auf die Schultern. Ihre Haut war fahlgrau. Die Augen waren blutunterlaufen, so als hätte sie tagelang nicht geschlafen.

Sie stützte sich mit der Hand auf den Tisch, auf dem ich lag wie ein Leichnam vor dem Sezieren, und betrachtete mich von oben herab mit schmalen Augen. Ich drehte den Kopf zur Seite. Meine Muskeln zitterten krampfartig, und das lag nicht mehr nur an der Kälte. Ich hatte Angst vor ihr. Angst davor, was sie sagen würde, denn trotz allem hatte ein kleiner Teil von mir gehofft, sie würde zugeben, dass ich als Wächter von Wert war. Dass sie in meinen Kräften ein Potenzial sah, das mich vor ihrer Willkür schützen würde.

»Ich habe eine Strafe vorgeschlagen, mit der sich General Meng einverstanden erklärt hat«, flüsterte sie. »Den Gesichtsverlust. Das bedeutet, dass morgen, nachdem dein Urteil verkündet wurde, zwei Ärzte kommen, die dir zwei kleine Schnitte beibringen werden, nämlich hier«, ihr scharfer Fingernagel berührte meinen Haaransatz, »und hier.« Sie strich über meinen Kieferknochen. »Die Haut im Gesicht ist nur locker mit den Muskeln verbunden. Sie lässt sich mit einem Ruck abtrennen. Das dauert nicht lange.«

So viel wusste ich auch. Ich hatte bereits tote Tiere gehäutet.

»Die Götter schützen die ihren«, fuhr Frau Jian fort. »Aber sie sind auch stolze Wesen und kennen kein Mitleid. Ich glaube nicht, dass

Leigong uns nach der Operation noch gefährlich werden wird. Dann können wir dich zurück an die Oberfläche bringen. Hast du schon einmal von *Língchí* gehört?«

Ich antwortete nicht.

»Er wird auch der ›Tod durch tausend Schnitte‹ genannt, wenn dir das mehr sagt. Das Fleisch des Verurteilten wird in Stücken abgeschnitten und die Gliedmaßen so Stück für Stück amputiert. Ganz zuletzt wird der Kopf abgetrennt. Das erwartet dich, wenn du zurück an der Oberfläche bist. Die Vollstreckung der Strafe wird vor dem Gerichtsgebäude erfolgen. Mein Schwiegersohn hat noch nie zuvor eine Hinrichtung durch *Língchí* verhängt, daher habe ich ihm versprochen, mich darum zu kümmern, dass alles gut läuft. Wenn man es denn so nennen kann. Denn du wirst an dieser Strafe sterben, Bianfu. Es wird nur eine Weile dauern.«

Frau Jian wartete auf meine Reaktion. Ich sah sie nicht an. Anstelle der Bilder, die sie mit ihren Worten heraufbeschwor, konzentrierte ich mich auf die Kerzen in den Wandnischen. Eines der Flämmchen tanzte, als spürte es in dem muffigen Kerker einen Luftzug. Es flackerte mal heftiger, mal wiegte es sich nur ruhig hin und her. Die Schatten an den Wänden zuckten, als gehorchten sie dem Willen der Kerzen.

Ich hatte Feuer immer gemocht. Im Bergdorf, wo die einzige Wärme vom Ofen kam, war es unsere Lebensgrundlage. Das Feuer stand für das Zuhause und seinen Geist. Über seinen Flammen wurde Essen gekocht. Es war der Ort, an dem man sich nach einem langen Ritt aufwärmte. An dem dir der Atem stockte, wenn ein hübscher Hirtenjunge deine eisigen Hände zwischen seine nahm und sie anhauchte.

Ich mochte das Feuer.

Ich mochte dieses Flämmchen in der Wandnische.

Tanz, mein Kleines, tanz.

»Du weigerst dich, darüber nachzudenken, was ich gerade gesagt habe, nicht wahr?«, sagte Frau Jian leise. »Das macht nichts. Ich verstehe das sehr gut und bin darauf vorbereitet. Wächter!«

Im selben Moment öffnete sich die Tür. Ich spannte alle Muskeln an und ballte die Fäuste, als zwei Wächter in weißen Uniformen hereinkamen. Wegen der Masken konnte ich unmöglich sagen, wer sie waren. Ich wusste nicht, wie gut sie mich kannten.

Frau Jian legte die Hand auf meinen Scheitel.

»Keine Angst«, flüsterte sie. Sie beugte sich vor und drückte mir einen eiskalten Kuss auf die Stirn, als wollte sie mich ermuntern durchzuhalten. Dann machte sie den Wächtern Platz. »Verbindet ihm die Augen. Mit mehreren Lagen, und den Mund auch. Und löscht die Kerzen, wenn ihr geht. Es soll kein Licht im Raum bleiben, kein Funken Wärme. Der Bianfu darf seinen letzten Tag unter der Erde verbringen, allein mit seinen Gedanken.«

Bleib ruhig. Bleib. Ruhig.

Kälte. Dunkelheit. Es war so still, dass ich meinen eigenen Herzschlag hören konnte. Die Wächter hatten mein Gesicht so fest mit schwarzem Klebeband umwickelt, dass ich den heftigen Drang verspürte, es mir von den Augen zu reißen, obwohl ich wusste, dass es in dem unterirdischen Raum stockfinster war. Doch ich konnte die Arme nicht heben. Die Fesseln ließen es nicht zu. Das Klebeband bedeckte auch meinen Mund und gab mir das Gefühl zu ersticken. Ich atmete langsam durch die Nase. Sagte mir immer und immer wieder, dass ich Luft bekam. Dass alles in Ordnung war.

Es geht mir gut.

Ich wollte ein Geräusch hören, egal was, damit ich wusste, dass ich noch existierte. Probehalber bewegte ich das Handgelenk mit dem Geren und lauschte dem leisen Klirren des Metalls, als der Armreif gegen die Fesseln stieß. Langsam schob ich die Hände vor und zurück.

Ich fand nicht, dass ich ein schlechter Mensch war. Zwar war ich nicht perfekt, denn ich hatte viele Fehler gemacht und gewusst, dass ich eines Tages für meine Entscheidungen würde bezahlen müssen, aber war ich so schlecht, dass ich diesen Albtraum verdiente? Gefoltert und gehäutet und – sofern der Schock mein Herz nicht vor der Zeit zum Stillstand brachte – so langsam in Stücke geschnitten zu werden, dass meine Seele nicht einmal im Jenseits wieder heil werden würde.

Ich konnte mir nicht vorstellen, wie sich ein so furchtbares Leiden anfühlte. Auf der Welt hatte es Hunderte, wenn nicht Tausende von Menschen gegeben, die vor mir eine Hinrichtung durch *Lingchi* erlebt hatten. Sie wussten es.

Wir alle führen den Plan des Himmels aus, hatten die Luohan aus dem Bergtempel gesagt. *Wenn Meister Shuya euch zu uns geführt hat, dann weiß ich, dass es sogar von großer Bedeutung sein muss.*

Das also gehörte zum großen Plan des Himmels?

Das hier?

Ich begann, gegen das Klebeband anzuschreien. Ich schrie aus vollem Hals, nur um festzustellen, dass meine Stimme klang, als läge ich unter Wasser. Das dumpfe Brüllen prallte gegen die engen, steinernen Wände und erstickte, bevor es ein Echo hervorbringen konnte. Ich zerrte an den Fesseln, bis meine Handgelenke aufgescheuert waren und brannten. Bis ich vor lauter Panik, vor Hilflosigkeit und Erschöpfung in Tränen ausbrach, wohl wissend, dass auch diesen Nervenzusammenbruch niemand sehen konnte. Nicht einmal die Götter, weil dieser Ort noch immer die Spuren von Meister Shuyas Berührung trug. Er war ein Vakuum.

Ich weinte leise, bis meine Nase verstopfte und das Atmen schwierig wurde. Dann schnaubte ich, um meine Atemwege wieder frei zu bekommen. Ich zwang mich selbst zur Ruhe, meditierte über das Freibekommen meiner verstopften Nase, bis in meinem Inneren nur noch ein stilles, weiches Gefühl zurückblieb. Ich fügte mich in die Haltung, die mir die Fesseln aufzwangen. Atmete Kälte durch die Nase ein. Stieß sie wieder aus.

Ich stellte mich meiner Situation.

Dies war das Ende meines Lebens. Hier würde alles aufhören. Ich hatte mir ein anderes Ende vorgestellt, früher das Arbeitslager in Naraka, später dann ein Haus in Penglai, ein langes Leben mit Dray, Rens Rückkehr und schließlich die Verlegung nach Runan. Nichts davon hatte sich erfüllt. Ich fühlte mich unvollständig. Als hätte ich meine Reise nicht einmal zur Hälfte geschafft, aber was ich wollte oder tat, hatte keinen Einfluss mehr darauf, was mit mir geschah.

Alles endete hier.

Ich hatte ein gutes Leben gehabt. Menschen, die ich liebte. Und die mich liebten.

Ren, der mich auf dem Rücken getragen hatte.

Tantchen, die mich aufgezogen hatte.

Ling-*ér*, der immer auf den Schoß genommen werden wollte.

Huan-*ér*, der mich gebeten hatte, die *Tungna* zu spielen.

Freyal, die mir das Haar zerzaust hatte.

Dray, der mich geküsst hatte.

Ich hatte keine Erinnerungen an meine Mutter, so wie Ren sie hatte, aber ich glaubte, mich an ihre Stimme zu erinnern. Ich hatte eine dunkle Vorstellung davon, wie sie im Kerzenlicht Wiegenlieder gesungen hatte. Warm und sicher hatte ich in ihren Armen gelegen. Ich erinnerte mich daran, wie sie mit den Fingerspitzen von meiner Nasenwurzel bis zur Nasenspitze gewandert war. Ich hatte gelacht und gezappelt, als sie mich umarmt und Küsse auf meinen Scheitel gedrückt hatte.

Kleiner Froschjunge, ich fresse dich auf!

Sie hatte mich geliebt. Hatte alles gegeben, um Ren und mir ein gutes Leben zu bieten. Nachdem mein Vater gegangen war, hatte sie einen Großteil der Menschen verloren, die sie unterstützt hatten, doch sie hatte nicht aufgegeben, sondern Arbeit an den Silos gefunden und von morgens bis abends geschuftet, um ihre Familie satt zu bekommen.

Sie hatte ihr Bestes getan. Genau wie Ren und ich.

Hoffentlich würde meine Mutter mich noch erkennen. Ich war gewachsen, aber vielleicht kannten Seelen auch kein Alter. Hoffentlich hatte sie den Trunk des Vergessens noch nicht genommen und war auch noch nicht wiedergeboren worden, sondern wartete im Jenseits auf mich. Hoffentlich würde sie mich mit derselben Liebe ansehen wie vor vierzehn Jahren. Denn wir würden uns bald wiedersehen. Sehr bald.

Die Zeit verging. Ich konnte nicht sagen, wie schnell, denn nichts änderte sich. Ich hatte nur meine Gedanken. Nur das Zittern meiner unterkühlten Muskeln, die versuchten, meinen Körper warm zu halten. Ich lag da und praktizierte *Nèigōng*. Bereitete mich auf das vor, was mich erwartete. Ich dachte an die Erzählungen über die Luohan, die in der Zeit der Clankriege gelebt und einen so vollkommenen seelischen Zustand erreicht hatten, dass sie selbst dann keinen Laut von sich gaben, als die Eroberer aus dem Süden sie an Pfähle banden und bei lebendigem Leib verbrannten. Die Luohan waren jenseits allen irdischen Leidens gewesen. Sie hatten der Gewalt jede Macht genommen. Wenn sie dazu fähig gewesen waren, warum sollte ich es nicht auch sein?

Es gelang mir, in einen Zustand hinabzusinken, in dem mir die Kälte nichts mehr ausmachte.

Wenn der Geist leer ist, kann das Qi fließen, hatte Houyi uns beigebracht. *Lasst es fließen, dann könnt ihr auf Steinen, im Schnee oder in der Wüste schlafen, ohne den geringsten Schmerz zu empfinden.* Danke, Houyi. Danke, *Shīzūn*. Er hatte mich eine Fähigkeit gelehrt, von der ich nie geglaubt hatte, dass sie mir so viel nützen würde wie jetzt. Als ich mich lange genug auf meinen Atem konzentrierte, begann das Qi, meinen Körper zu wärmen. Meine Muskeln hörten auf zu zittern. Ich wurde ganz still.

Alles war gut. Ich würde es schaffen. Ich würde das aushalten können, was mich erwartete. Es gab nichts, wovor ich mich fürchten musste. Alles war gut.

Das Knirschen der Metalltür schmerzte in meinen Ohren, die sich so sehr an die Stille gewöhnt hatten. Ich schreckte auf und hörte echte Geräusche, echte Menschen, deren Schritte von den Stufen des Kerkers widerhallten. Jetzt also war es so weit …? Jetzt schon? Ich fühlte mich noch nicht bereit.

Ich brauche noch einen Moment, bat ich stumm. *Gebt mir noch einen Augenblick, damit ich noch … irgendetwas …*

Ich rührte mich nicht. Obwohl ich versuchte, meinen Geist wieder zu beruhigen, schien es nun unmöglich. Ich wollte die Menschen hören, die da in meinen dunklen Kerker kamen. Jemand riss ein Streichholz an. Durch das Klebeband sah ich das Licht nicht, aber ich erkannte am Geräusch, dass eine kleine Flamme aufflackerte. Eine der Personen, die das Verlies betreten hatten, kam schnurstracks auf mich zu. Ich fuhr zusammen, als jemand unerwartet eine große Hand auf meine Brust legte. Wer auch immer da neben mir stand, seine Haut war so heiß und das Qi strömte so heftig aus den Meridianen in seiner Hand, dass ich befürchtete, es würde ein Loch in meine Brust brennen.

Mein Herz erwachte wieder zum Leben. Es pochte so heftig, als hätte der Neuankömmling sein Wasser-Qi auf mich übertragen und mich gewaltsam mit seiner Energie erfüllt. Er sagte nichts, sondern hielt nur seine Hand auf eigenartige Weise über meinem Herzen und bewegte den Daumen, als würde er mich streicheln.

Eine zweite Person kam auf den Tisch zu.

»Lebt er noch?«, flüsterte eine Männerstimme. Ich war mir nicht sicher, ob ich sie kannte.

»Mmmh«, machte der Mann, der seine Hand auf meine Brust gelegt hatte. »Beeil dich.«

Diese Stimme erkannte ich. Und im selben Moment war ich mir

sicher, dass mir meine Psyche einen Streich spielte. Dass sie mir in diesem Moment der Verzweiflung helfen wollte, denn nichts von alldem geschah wirklich.

Ich will das nicht, dachte ich, den Tränen nahe. Ich wehrte diese Halluzination ab, denn Sunan war nicht wirklich hier, seine Hand lag nicht auf meiner Brust, und Vinh öffnete auch nicht gerade die Fesseln an meinen Handgelenken. Ich lag immer noch auf dem Tisch, allein in der Dunkelheit, und es würde keine Hilfe kommen, nein, ganz egal, wie wirklich sich das alles anfühlte. Ich hörte, wie Vinh eine Fessel nach der anderen auf den Boden warf, doch ich bewegte mich nicht. Ich wollte nicht zurück in die Wirklichkeit geworfen werden, in der meine Handgelenke gegen die kalten Fesseln stießen.

Trotzdem konnte ich auch nicht verhindern, dass Sunan meine Oberarme umfasste und mich mit solcher Kraft nach oben zog, dass er es auch ohne meine Mithilfe geschafft hätte. Er war schon immer stärker gewesen als ich.

»Komm schon …«, murmelte Sunan. Seine Stimme klang gedämpft. Trug er eine Maske? Eine Wächteruniform? Seine Ärmel waren weich wie Seide. Ich setzte mich mit seiner Hilfe auf, grub die Finger in seine muskulösen Arme. Himmel, wie echt sich sein Fleisch durch den Stoff hindurch anfühlte.

Ich lehnte die Stirn gegen seine Brust. Er umarmte mich fest und behutsam zugleich. Die harte Maske drückte gegen meine Kopfhaut. Ich wusste, dass ich mir selbst einen Bärendienst erwies, indem ich weiter an diese Lüge glaubte, denn der Sturz zurück in die Wirklichkeit wäre nach alldem nur noch tiefer. Aber ich brauchte Sunan. Ich brauchte ihn wirklich sehr.

»Vorsichtig«, flüsterte er, als ich vom Tisch stieg. Meine gefühllosen Beine konnten mein Gewicht nicht tragen. Ich klammerte mich noch fester an ihn. Er hielt meine Taille mit beiden Händen umfasst und trug mich praktisch.

»Keine Angst, Dawei. Ich bin hier.«

Langsam kehrte das Gefühl in meine Beine zurück. Durch den

Blutfluss fingen meine Unterschenkel und Fußsohlen an zu kribbeln. Es wurde immer heftiger. Dann bekam ich den schlimmsten Wadenkrampf, den ich je gehabt hatte. Ich wimmerte vor Schmerz und beugte mich vornüber. Vinh stürzte herbei, um mich auf der anderen Seite zu stützen.

»Er kann nicht laufen«, sagte Sunan, und ich hörte den Schmerz in seiner Stimme.

»Er muss«, sagte Vinh. »*Jiā yóu*, Dawei! Komm schon!«

Warum redeten sie, als ob wir irgendwohin gehen würden?

Wenn das eine Halluzination war, müsste sich dann nicht jetzt und hier alles in eine Blumenwiese verwandeln? Ich wollte sie alle sehen. Wollte unter einem blauen Himmel ungehindert frische Luft atmen können. Ich tastete mit der Hand über das Klebeband an meinem Mund, doch Sunan fasste mich am Arm.

»Tut mir leid«, flüsterte er. »Das muss dranbleiben.«

Dann bog er mir den Arm auf den Rücken.

Was …? Sie fesselten mir die Handgelenke. Wickelten ein raues Seil um meine Schürfwunden. Mein Atem ging wieder heftiger. Hatte ich die Situation falsch gedeutet? Sie hatten weder das Klebeband entfernt, noch ließen sie mich frei. Vielleicht war alles doch keine Halluzination. Vielleicht waren sie nicht hier, um mir zu helfen.

Sie befolgten Befehle. Sie brachten mich zum Gerichtsgebäude. Ich … Ich konnte das nicht. Ich hielt es ganz einfach nicht mehr aus.

Mit steifen Beinen ging ich, wohin sie mich führten. Sie bewegten sich langsam. Ich stieß mit dem Fuß gegen eine Stufe. Tastete blind nach den nächsten, bevor ich mich an ihre Höhe gewöhnte und ungefähr wusste, wohin ich treten musste. Sunan und Vinh schwiegen. Sie hatten sich in namenlose Soldaten verwandelt, die meine Oberarme zu beiden Seiten umfasst hielten und mich führten und stützten, wenn ich stolperte.

Ich wusste nicht, was schlimmer war: dass Sunan mich so hilflos sehen musste oder dass ich ihn selbst nicht sehen durfte. Er hätte sich von alldem fernhalten sollen. Ich wollte nicht, dass er mich so in Erinnerung behielt. Gleichzeitig spendete seine Gegenwart mir Trost. Das Wissen, dass zumindest ein Mensch bei mir war, der nicht das Schlimmste von mir dachte, ganz egal, was passierte. Er hielt mich fest. Ich wollte ihm danken. Seine blauen Augen sehen.

Draußen glich die Luft weichem Wasserdampf. Ich sog den Geruch vom Herbst in Penglai ein. Wieder und wieder. Es fühlte sich so gut an, dass mein ganzer Körper in sich zusammensinken wollte. Auch wenn ich nichts sehen konnte, ließ das Zirpen der Grillen keinen Zweifel: Es war Nacht. Die warme, feuchte Nacht von Penglai. Ich hatte einen ganzen Tag und einen Teil der Nacht unter der Erde verbracht. Von den vierundzwanzig Stunden, von denen Frau Jian gesprochen hatte, waren allerdings noch einige übrig. Sollte ich nicht erst an die Oberfläche gebracht werden, nachdem mir die Gesichtshaut abgezogen worden war? Falls Frau Jians Überzeugungen zutrafen, dann hatte ich jetzt eine Verbindung zu meinem Gott.

Ich hob den Kopf. War der Himmel bewölkt?

»Du musst jetzt den Fuß ein wenig höher heben«, sagte Sunan. »Hopp.«

Der Geruch von Pferd und geteertem Holz stieg mir in die Nase. Ein Pferdewagen? Ich folgte Sunans Anweisung und hob den Fuß. Testete vorsichtig die zu überwindende Höhe, bevor ich Schwung holte. Sunan stieg neben mir auf. Er nahm mich bei den Schultern und schob mich in den Wagen. Als er mich da hatte, wo ich sein sollte, drückte er mich nach unten. Gehorsam setzte ich mich auf die Bank.

Dann spürte ich, dass noch andere Menschen anwesend waren. Ich hörte ihren Atem, von draußen kamen gedämpfte Stimmen und das Knirschen von Sand. Das Zugpferd trat ungeduldig auf der Stelle. Dann schlug jemand mit der Faust gegen den Wagen, das Zeichen für den Kutscher, dass er losfahren sollte. Mit einem Ruck setzten wir uns in Bewegung. Das rhythmische Klappern der Hufe klang besser als alles, was ich mir vorstellen konnte. Pferde erinnerten mich immer an Dray.

Es dauerte nicht lange, bis ich hörte, wie Sunan sich vor mich hockte.

»Himmel, jetzt dürfen wir doch wohl endlich reden!?«, begann er mit wütender Stimme. Ich hörte ein Klicken, als er die Schnalle an seinem Umhang öffnete und ihn mir über die Schulter warf. »Dawei ist ja eiskalt.«

»Nehmt ihm endlich das Klebeband vom Gesicht, in Meister Shuyas Namen!«, setzte Vinh hinzu.

»Vorsichtig … vorsichtig.« Das war Neanas Stimme. Und es waren ihre schlanken Finger, die Sunans ungeschicktere Hand von meinem Gesicht wegschoben. Das Herz schlug mir bis zum Hals, als ich spürte, wie sie sich mit ihren Fingernägeln am Rand des Klebebands zu schaffen machte. »Ich mache es mit einem Ruck. Eins, zwei … drei.«

Sie riss das Band so energisch ab, dass ich kaum Zeit hatte, den Schmerz zu spüren. Ich öffnete den Mund und sog die Luft ein, als wäre ich gerade fast ertrunken. Neanas warme Hände legten sich sofort auf meine Wangen. Sie lehnte ihre Stirn gegen meine.

»*Sabai thik chha*«, flüsterte sie auf Hirayal, von dem sie mir in den eineinhalb Jahren ein wenig beigebracht hatte. »*Sabai thik chha.*« *Alles ist gut.*

Ich nickte. Dennoch keuchte ich heftig und konnte noch immer nichts sagen oder tun, da ich fürchtete, damit die zerbrechliche Wirklichkeit zu zerstören. Sunan öffnete die Stricke an meinen Handgelenken. Neanas Finger tasteten nach dem Klebeband über meinen Augen, während sie weiterhin leise wiederholte: »*Sabai thik chha.*«

Dieses Mal entfernte sie es nicht mit einem Ruck. Stattdessen wickelte sie es langsam ab, wobei sie die Hände auf dieselbe Art um meinen Kopf bewegte, wie es die Wächter getan hatten, nur in umgekehrter Richtung. Es waren viele Lagen. Als nur noch eine übrig war, zupfte Neana das Klebeband vorsichtig von meinen Augenbrauen und Wimpern, als vollendete sie ein detailliertes Kunstwerk. Das Licht, das jenseits der Dunkelheit zum Vorschein kam, erschreckte mich zu Tode.

Wie hell doch die tiefste Nacht sein konnte. Wie viele aufblitzende Lichter, Spiegelungen, Sterne. Ich kniff die Augen zusammen. Sie schmerzten. Mir war schwindelig. Meine Sicht wurde nicht sofort klar, sondern verschwamm und stellte an den falschen Stellen scharf. Als ich genug geblinzelt hatte, um endlich wieder richtig sehen zu können, betrachtete ich die beiden Menschen, die vor mir standen. Ich erkannte Neanas rundes Gesicht, die großen Augen und die vollen Lippen, auf denen ein bedrücktes Lächeln lag. Sie trug die weiße Soldatenuniform der Wächter, hatte aber die Maske abgelegt.

Sunan war es nicht eingefallen, dasselbe zu tun. Ich starrte in seine himmelblauen Augen, die im Schlitz zwischen dem Helm und der Maske funkelten. Diese Augen. Kurz zuvor noch war ich mir sicher gewesen, dass ich sie nie wieder …

Ich griff nach Sunans Maske und riss sie mit mehr Kraft herunter, als ich meinen tauben Fingern zugetraut hätte. Er ließ es zu, obwohl er gleichzeitig nach meinen Handgelenken griff.

»Ganz ruhig, Blitz. Ich bin es doch.«

Die Maske hing ihm jetzt um den Hals. Ich vergewisserte mich, dass es sich wirklich um ihn handelte. Und das Bild änderte sich nicht. Es verschwand nicht. Es war und blieb Sunan. Er lächelte schwach. Der Anblick war weit entfernt von seinem üblichen breiten Grinsen, aber die Grübchen in seinen Wangen waren immer noch da.

Passiert das hier gerade wirklich?, wollte ich fragen.

Sunan verstand mich auch ohne Worte. »Ja. Das tut es wirklich, Dawei.«

»Wir müssen jetzt schnell handeln«, sagte Neana. »Alles muss bereit sein, wenn wir ankommen. Dawei darf nicht so aussehen. Erst mal braucht er trockene Sachen. Hier. Außerdem will ich jetzt sofort die Wunde reinigen und verbinden, die Qadans Pfeil hinterlassen hat. Und die Abschürfungen an den Handgelenken auch. Und er braucht Wasser. Vinh!«

»Wird erledigt.«

»Und ich, was mache ich?«, fragte Sunan.

»Meine Güte, rede mit ihm«, seufzte Neana. »Er steht unter Schock, siehst du das denn nicht?«

Unter Schock? Ich? Ich konnte meine Gedanken nicht wirklich sortieren. Gemessen daran, wie ich mich wohl eigentlich fühlen sollte, war ich seltsam ruhig. Ich ließ mich mit der Strömung treiben. Mir war, als stände ich an einem Abhang des Aachalendra, hörte die Lawine herannahen und wüsste, dass ich nicht vor ihr davonlaufen konnte. Unter dem Schnee war es nicht unbedingt kalt. Dort konnte man sich nur nicht bewegen. Ich betrachtete Neana, die verschieden große Fläschchen mit Kräutersalben und Verbandsmaterial neben mir abstellte. Sunan rieb meine Unterarme warm.

»Hat A-Jin diese Bestrafung für Dawei befohlen …?«

Erst da bemerkte ich, dass noch eine fünfte Person im Wagen war. Ich sah nach hinten, wo ein großes, schlankes Mädchen in den grauen Kleidern einer Arbeiterin saß. Ihre Haare waren unter einem weißen Kegelhut versteckt und das kunstvolle Make-up von ihrem Gesicht entfernt worden, doch ihre königliche Haltung war nicht zu übersehen. Die Beine lagen anmutig nebeneinander, am Geren war ein Sperrmechanismus angebracht. Prinzessin Ailing sah mich mit schmerzerfülltem Blick an.

Die Wächter wollten ihre Frage nicht beantworten.

»Ja«, sagte Neana schließlich. »General Meng Jin und Herrscherin Jian Daji, beide zusammen.«

»Ich wusste, welche Strafen meine Mutter vorgeschlagen hatte, und deshalb war ich mir sicher, dass A-Jins Einschreiten … ein gutes Zeichen wäre. Ich wusste von alldem nichts.«

»Tja, jetzt wisst Ihr es. Euer Bräutigam ist von der grausamen Sorte. Wenn ich das so sagen darf.«

»A-Jin hat nie zuvor etwas Derartiges getan.« Ailing senkte den Blick auf ihre Hände. »Nie.«

»Das hilft Dawei jetzt aber auch nicht, oder?«, zischte Neana. Vinh trat hinter sie und legte ihr die Hand auf die Schulter. Neana verstand den Wink und verstummte. Sie setzte ihre Arbeit schweigend fort, und auch Ailing sagte nichts mehr. Sie starrte weiter auf ihre Hände.

In den Kleidern einer Arbeiterin sah sie ungewohnt aus. Ein Teil von mir hätte gerne gefragt, wozu die Verkleidung diente. Ich wusste nicht, was hier vorging, aber meine Gedanken wandten sich langsam der vagen Möglichkeit zu, dass ich der Hinrichtung durch *Língchí* tatsächlich entkommen war. Dennoch wagte ich nicht, mir allzu große Hoffnungen zu machen. Ich hatte fast einen Tag und eine Nacht lang dafür gebraucht, mich mit meinem Schicksal abzufinden. Ich hatte akzeptiert, dass ich einen hässlichen und qualvollen Tod erleiden würde. Dieser Teil von mir weigerte sich, meine Deckung aufzugeben.

Ich verspürte keine Freude. Genauso wenig brachte ich es fertig, Erleichterung zu empfinden, obwohl Sunan mich hielt. Ich hatte das Gefühl, alle warteten darauf, dass ich etwas sagte. Während Neana meine Wunden säuberte, fragte sie gelegentlich, ob es mir gut ginge, ob es wehtäte. Doch ich antwortete nicht. Ich wollte den Moment nicht zerstören. Für den Fall, dass ich bald in einer anderen Wirklichkeit aufwachte. Dass ein Messer meinen Haaransatz aufschlitzte. Und dass die Welt sich blutrot vor mir öffnen würde, ohne Augenlider, die ich schließen konnte.

29. Kapitel

Meine schwarze Chuba war unversehrt. Sie duftete nach Schafswolle, als ich meine Nase in den Ärmel drückte. Sunan hatte mir die Jacke mitgebracht. Während ich mir das traditionelle Gewand aus Namla überzog, ließ ich darunter auch all das Schlimme verschwinden, das die Provinz Sang mir angetan hatte. Nur Neanas Verbände an meinen Handgelenken und meiner Handfläche waren noch zu sehen, wo ich mich an Prinz Lians Schwert geschnitten hatte.

»Du siehst genauso aus wie beim ersten Mal, als ich dich getroffen habe«, sagte Sunan. Er lächelte wehmütig, so als wüsste er, dass er mich nach diesem Tag nie wiedersehen würde. »Nur ein bisschen größer. Weißt du noch, als du gesagt hast, dass dein Platz nicht im Tigerpalast ist?«

Natürlich wusste ich das noch. An jenem Abend hatte ich den Brief an Ren abgeschickt und Sunan hatte Meimeis Federn gestreichelt. War das hier etwa unser Abschied? Es fühlte sich so an. Ich betrachtete den Ort, an den wir gekommen waren. Eine riesige, chaotische Baustelle. Die Nacht ging langsam in den Morgen über. Der Himmel war grau und bewölkt.

»*Mèimei*«, flüsterte Ailing. Sie umarmte Prinzessin Chang'e, die zusammen mit Houyi aus dem vorderen Teil des Wagens gestiegen war. Neben den Tigerprinzessinnen wirkte Houyi riesig und grobschlächtig. So gerade, wie er sich hielt, war es schwer zu glauben, dass er vor knapp einem Monat noch an der Schwelle des Todes gestanden hatte.

Er trug eine schwarze Robe und am Gürtel sein Schwert Yitian, aber sonst nichts, was zur Ausrüstung eines Wächters gehörte.

Jetzt wurde mir klar, was hier vor sich ging: Houyi war aus den Diensten des Clans entlassen worden. Dennoch blieb er der Tochter der Familie treu – auch wenn das in diesem Fall bedeutete, dass er zusammen mit einem zum Tode verurteilten Jungen und einer entmachteten Clanerbin aus der Provinz Sang fliehen musste.

Prinzessin Chang'e umarmte ihre große Schwester fest. »Ich bin so stolz auf dich. Es fühlt sich vielleicht gerade nicht so an, aber du wirst hier geliebt, *Jiějie*. Alles wird sich zum Besseren wenden. Du wirst schon sehen.«

»Ich will dich nicht verlassen«, sagte Ailing. »Es wird nicht lange dauern, bis Mutter erfährt, was wir getan haben, und dann –«

»Du fürchtest dich umsonst vor ihrer Reaktion. Was kann sie mir schon antun? Sie kann *Gēge* zum zukünftigen Clanoberhaupt ernennen, aber das sind bloß leere Drohungen. Sie weiß, dass der Name Jian nur bei unseren Kindern sicher ist. Bei deinen und meinen.«

Ailing nickte. Trotz der Selbstsicherheit ihrer Schwester wirkte sie nicht überzeugt.

Was kann sie mir schon antun?, hatte Prinzessin Chang'e gesagt. Sie vertraute darauf, dass Frau Jian auch in ihrer größten Wut keine Gefahr für sie darstellte. Das bedeutete aber nicht, dass sie ihren Zorn nicht gegen andere Menschen richten konnte. Es wäre nicht das erste Mal.

Ich sah hinüber zu Sunan, Vinh und Neana in ihren weißen Wächteruniformen. Was würde Frau Jian ihnen antun, wenn die Wahrheit über meine Flucht herauskäme? Sie alle waren ihr Eigentum. Soldaten, die die falsche Seite gewählt hatten. Ich wollte nicht dafür verantwortlich sein, dass sie bestraft wurden.

Ich verabschiedete mich von Sunan auf dieselbe Art, wie ich es mit Ren vor eineinhalb Jahren am Bahnhof getan hatte – ich legte die Hand in seinen Nacken und drückte meine Stirn gegen seine. Ich schloss die Augen, bevor ich sein Erstaunen sehen konnte. Nur sein stählerner Helm trennte unsere Gesichter voneinander. Unsere Nasen lagen so dicht aneinander, dass ich spürte, wie er aufhörte zu atmen.

Meine Geste entstammte der Sprache der Namla und sagte deutlicher als alle Worte der Welt: *Du bist mir wichtig.*

»Lass nicht zu, dass dir jemand wehtut«, flüsterte ich. »Versprich es mir. Ganz egal, in welcher Situation, pass auf dich auf. Du kannst das. Du bist viel stärker, als du denkst.«

Sunan gab keinen Ton von sich. Erst als ich innehielt und abwartete, ob er etwas sagen würde – etwas tun würde –, merkte ich, dass auch die anderen verstummt waren. Ich spürte ihre Blicke. Mit einem Mal wurde mir bewusst, wie intim meine persönliche Ansprache an Sunan wirken musste. Es war vor allem deshalb ungewohnt, weil ich normalerweise so zurückhaltend war. Ich war kein Mensch, der andere umarmte. Aber das kümmerte mich jetzt nicht. Wenn dies das letzte Mal war, dass ich Sunan sah, dann konnte ich mich von ihm nur so verabschieden.

Er griff nach meinem Handgelenk. Ich verstand den Hinweis: *Danke, aber hör jetzt auf.*

Ich ließ seinen Nacken los. Eben wollte ich zurücktreten, als er plötzlich den Kopf neigte. Fast unmerklich tupfte er seine Lippen weich und warm auf meinen Mund und zog sich gleich wieder zurück, bevor er mich richtig berührt hatte. Sein Kuss ließ meinen Körper bis ins Mark erzittern. Es fühlte sich an, als hätte er auf meinen Lippen ein Stück Meer und Tropen hinterlassen, als Erinnerung daran, dass ich einmal hier gewesen war. Mit ihm.

Sunan trat einen Schritt zurück.

Er lächelte mich an, sein Gesicht leuchtete rot.

»Tut mir leid«, sagte er. »Du hast es mir zu einfach gemacht. Sorg dich nicht um mich, Dawei. Ich passe schon auf mich auf. Meister Shuya mag mein Lächeln zu sehr, als dass er irgendjemandem erlauben würde, es auszulöschen. Davon abgesehen«, er blickte über die Schulter zu Vinh und Neana, die uns mit hochgezogenen Brauen zulächelten, »muss hier doch einer das fünfte Rad am Wagen bleiben und dafür sorgen, dass im Palast nicht noch mehr unerwünschte Romanzen entstehen.«

»Du bist verrückt«, sagte Vinh mit einem Lachen.

»Wir haben keine Zeit für so was«, knurrte Houyi. Der Ausdruck *unerwünschte Romanzen* hatte offensichtlich seinen Anstoß erregt. Sein Blick glitt zu Prinzessin Chang'e, die noch bedrückter aussah als vorher. Er spannte die Kiefermuskeln an. »Es ist bald Morgen. Prinzessin Ailing.«

»Ich weiß«, stimmte die Tigerprinzessin zu. Sie legte ihrer kleinen Schwester noch einmal die Hand auf die Wange. Eine einzelne, kristallklare Träne rann über Prinzessin Chang'es Gesicht. Ailing lächelte wehmütig, bevor sie sie losließ.

»Flieg schon los, Bianfu«, sagte Sunan zu mir. »Überlass uns die Arbeit als Wächter, wir wissen zumindest so ungefähr, wie man eine Adelsfamilie beschützt.«

»Ich weiß nicht, wie ich euch danken soll«, brachte ich hervor. Mir war seltsam schwerfällig zumute. Mein Kopf sagte mir, dass dies der Moment war, in dem ich Kummer empfinden sollte. Abschiedsschmerz und Rührung. Sogar Herzflattern nach dem, was Sunan eben getan hatte. Aber es war, als hätte sich mein Körper völlig von meinen Gedanken gelöst. Ich war kalt und gefühllos und hoffte, dass die anderen Verständnis dafür hatten. Diese Situation würde ich erst viel später begreifen – wenn überhaupt. Ich verneigte mich vor ihnen. »Ich werde euch nie vergessen.«

»Wir dich auch nicht«, antwortete Neana. »Von dir wird man sich noch Geschichten erzählen, Kong Dawei.«

Da standen sie nun nebeneinander, diese drei, mit denen ich während der Ausbildung zusammengelebt hatte wie mit Geschwistern. Es war das letzte Mal, dass ich sie sehen würde. Aber ich hatte alles sagen können, was ich sagen wollte, und jetzt blieb nichts mehr zu tun. Ich wandte mich um und verneigte mich auch vor Prinzessin Chang'e. Sie nickte, die Ärmel aneinandergelegt. Es war eine kleine Geste, die viel bedeutete. Sie kannte mich nicht, aber ich hatte ihrem

Liebhaber das Leben gerettet, und dafür gab sie mir die Gelegenheit zu fliehen.

Ich folgte Houyi und Ailing durch den Zaun der Baustelle, auf ein Ziel zu, an das ich nicht zu denken wagte.

Wir liefen rasch durch die Nacht, vorbei an Gruben, Pfählen und Betonsäulen. Houyi ging voraus und blickte immer wieder über die Schulter zurück, um sicherzugehen, dass Ailing hinter ihm blieb. Sein langes Haar schwang hin und her wie der Schweif eines Pferdes. Obwohl er eine gewöhnliche schwarze Robe trug, hätte man ihn nie für einen Arbeiter gehalten. Dafür hielt er sich zu aufrecht, und seine Bewegungen waren zu forsch. Das Schwert an seinem Gürtel verstärkte den schneidigen Eindruck nur noch.

Niemand von uns sagte ein Wort. Ich blickte zum Himmel. Sah zu, wie die Wolken langsam vor dem verblassenden Mond dahinglitten. Nicht mehr lange und die Sonne würde am Horizont auftauchen, und wir würden diesen seltenen Moment erleben, in dem Mond und Sonne gleichzeitig zu sehen waren. Ich hatte gedacht, ich wäre nicht mehr bei Verstand, wenn die Sonne das nächste Mal aufging. Das Licht hätte meine Augen erst berühren sollen, wenn der Schock nach dem Abziehen der Haut meinen Geist bereits vernebelt hatte. Wie würde dieser Sonnenaufgang aussehen? Ich wollte ins Licht starren, bis vor meinen Augen farbige Punkte tanzten.

Jenseits der Baustelle wurde die Stille von immer mehr Geräuschen abgelöst. Ich hörte sie schon lange, bevor Houyi Ailing und mich auf die andere Seite des Zauns führte. An der Straße bauten Händler ihre Imbissstände auf. Sie waren früh auf den Beinen, denn die Arbeiter der Baustelle würden bald zu ihrer ersten Schicht antreten. Die Händler rollten die Schutzdecken an ihren Buden hoch und holten aus den Körben auf ihren Rikschas die Speisen, die sie in der Nacht für das Frühstück zubereitet hatten.

Houyi warf Ailing einen vielsagenden Blick zu und ging zu einem Pferdewagen, vor dem schwere Reissäcke und Tonkrüge standen. Daneben rauchte ein alter Bauer seine Pfeife und spuckte immer wieder dunklen Schleim aus. Als er Houyi sah, lächelte er so breit, dass seine Zähne zum Vorschein kamen, die an den Wurzeln dunkel waren.

»Die hier?«, fragte Houyi und zeigte auf die Krüge.

Der Bauer nickte. Er warf Ailing einen süffisanten Blick zu, so als wüsste er genau, mit wem er es zu tun hatte. Ailing zog sich den Kegelhut tiefer ins Gesicht. Sie eilte hinter Houyi her zum Wagen, wo er sich bereits an die Arbeit gemacht hatte. Zusammen hoben sie die Krüge und Säcke auf den Wagen, Houyi schnell, Ailing unbeholfen.

Houyi bedachte mich mit einem finsteren Blick, als wollte er sagen: *Komm schon! Steh nicht einfach so herum!*

Mir war schon klar, was hier vor sich ging. Wir sollten uns als Arbeiter verkleiden und in einer Lieferung von Nahrungsmitteln aus Penglai fliehen. Sobald man unsere Flucht bemerkt hatte, würden unsere Geren im Himmelsnetz sofort zur Fahndung ausgeschrieben werden. Dann würde es auch nicht helfen, wenn wir es geschafft hätten, in einen Zug zu steigen – unsere Reise würde an der nächsten Grenzstation enden. Wenn es uns dagegen gelänge, vor dem Morgengrauen das Gebiet der Sicheren Städte zu verlassen, vervielfachten sich unsere Chancen zu entkommen.

Der Plan gefiel mir nicht, aber ich packte dennoch mit an. Die Tonkrüge waren genauso schwer, wie sie aussahen. Schon beim Anheben des ersten wurde mir schwindelig und übel. Als ich den dritten Krug hochstemmte, schwankte die Welt vor meinen Augen so heftig, dass ich mich gegen die Tür des Wagens lehnen musste. Meine Brust schmerzte … Ich schloss die Augen, um meinen Puls zu beruhigen, und konzentrierte mich auf meinen Atem.

Mir kam es vor, als hätte ich erst einen kurzen Moment dort gestanden, als Houyi mich am Oberarm packte.

»Reiß dich zusammen. Begreifst du denn nicht, wie ernst unsere Lage ist?«

Er warf mich geradezu in den Wagen, sodass ich außer Sichtweite der anderen Menschen war. Vorsichtig tastete ich mich weiter hinein und setzte mich zwischen die Kisten.

Nach einiger Zeit stiegen auch Houyi und Ailing ein. Die Tigerprinzessin setzte sich mir gegenüber. Sie winkelte die Beine anmutig an und hielt den Rücken gerade, als würde sie keine andere Art zu sitzen kennen. Sie warf mir aus dem Augenwinkel einen Blick zu. Bisher hatte sie noch kein Wort zu mir gesagt. Sie entschuldigte sich nicht und fragte auch nicht, ob es mir gut ging. Sie schien eher wütend als besorgt zu sein.

Houyi lauschte auf die Geräusche von draußen. Seine Hand ruhte auf Yitians Griff, bis der Fahrer sein Pferd antrieb. Der Wagen schwankte, und die unebene Straße ließ den Boden, auf dem wir saßen, erzittern.

»Alles in Ordnung«, seufzte Houyi. Er ließ das Schwert los. »Wenn alles gut geht, müssen wir uns jetzt einige Stunden lang nicht darum kümmern, was draußen los ist. Wir werden vielleicht zwischendurch kurz anhalten, aber wir dürfen die Türen keinesfalls öffnen.«

»Kennt der Zhi-Clan den Zeitplan?«, fragte Ailing.

Houyi nickte. »Sie erwarten uns in Baoshan, an der Grenze zu ihrem Herrschaftsgebiet. Es ist alles abgesprochen.«

Er setzte sich neben Ailing, stützte die Ellenbogen auf die Knie und nahm eine entspannte Haltung ein, so als wäre die Hierarchie zwischen ihnen mit einem Mal bedeutungslos geworden. Ich sah die beiden erstaunt an. Houyi hatte sich in der Gegenwart von Adeligen noch nie so ungezwungen verhalten. Zumindest nicht, wenn ich dabei war. Und Ailing schien sich nicht daran zu stören. Sie legte den Kegelhut ab und lehnte sich gegen ihn, bis ihr Kopf auf seiner Schulter ruhte.

Was zum …? Und ich hatte mir eingebildet, der einzige Wächter zu sein, dem eine Sonderbehandlung von einer Clanerbin zuteilwurde. Ailing und Houyi benahmen sich wie enge Freunde.

»Versuch, ein wenig zu schlafen, *Gūniang*«, sagte Houyi. »Alles wird gut gehen. Ich verspreche es.«

»Ich wollte sie nicht zurücklassen«, murmelte Ailing. »*Mèimei* ist so empfindlich. Sie kann es nicht mit Mutter aufnehmen.«

»Ich denke, du unterschätzt ihre Kräfte. Chang'e weiß, was sie tut. Wenn sie dich begleitet hätte, hätte deine Mutter einen Grund gehabt, Lian an erste Stelle der Erbfolge zu setzen. Jetzt kann sie nur dich als Landesverräterin bezeichnen. Chang'es Stellung ist weiterhin gesichert, und sie kann ihren Platz an der Spitze des Clans einfordern. Frau Jian weiß, dass der Clan des Weißen Tigers ohne eine Erbin keine Zukunft hat. Im Moment ist Chang'e ihr wichtigster Garant dafür.«

»Ich hasse das alles …« Ailing schloss die Augen. »Die Dinge standen noch nie so schlecht. Was habe ich falsch gemacht?«

»Gar nichts. Das hier ist nicht deine Schuld.«

Darin war ich mit Houyi einer Meinung. Nicht Ailing war für diese Situation verantwortlich, sondern Houyi und ich. Wir beide hatten Entscheidungen getroffen, die dazu geführt hatten, dass sie in einem schwankenden Pferdewagen zwischen zwei kürzlich ausgepeitschten Männern saß. Ohne uns wäre Ailing nicht abgesetzt worden. Sie hätte sich nicht als Bäuerin verkleiden und vor ihrer Mutter aus einer Provinz fliehen müssen, die ihr gehörte.

Ich zupfte am ausgefransten Saum meines Verbands.

Warum wollte Ailing mir helfen? Wäre es nicht einfacher gewesen, meinen Namen zu vergessen? Ich begriff nicht, warum sie bereit war, ihre Privilegien meinetwegen aufzugeben. Warum ich überhaupt noch am Leben war.

Durch die Lücken zwischen den Brettern des Wagens sah ich, wie es draußen immer heller wurde. Bald würde die Gouverneurin von Sang mein Urteil verlesen. Wenn ich noch im Kerker gewesen wäre, hätten mich jetzt die Stimmen der Palastärzte aufgeschreckt, die mit ihren Messern kamen. Doch sie würden nur einen leeren Tisch und offene Fesseln vorfinden.

Houyi hatte gesagt, die Angehörigen des Zhi-Clans würden uns an der Grenze zu ihrem Herrschaftsgebiet erwarten. Ich versuchte, nicht zu genau darüber nachzudenken, dass ich auf dem Weg nach Norden war. Jeder Moment brachte mich näher an mein Zuhause, näher an Dray, eine *Lǐ* nach der anderen. Aber gleichzeitig entfernte ich mich immer weiter von Sunan.

Cào. Was hatte er sich nur dabei gedacht, sich so von mir zu verabschieden? Er hatte mich geküsst, nur um einen Moment später für immer aus meinem Leben zu verschwinden. Dachte Sunan, dass er mir damit irgendeine Art von Befriedigung verschaffte? Ich verspürte jedenfalls nicht die geringste Erleichterung, wie man es nach dem Ausbruch eines lange schwelenden Gefühls vielleicht erwartet hätte. Stattdessen war ich einfach nur verwirrt. Ich würde niemals erfahren, ob Sunan wirklich etwas für mich empfand oder ob er mich nur geküsst hatte, weil er dachte, dass ich das wollte.

Vielleicht hatte er um meinetwillen nur so getan. Er hatte gewusst, dass er danach nicht mit mir darüber reden musste.

Mir war übel. Durch und durch übel …

Im nächsten Moment übergab ich mich so heftig, dass es sich anfühlte, als würde die Hälfte meiner Eingeweide aus meinem Mund schießen. Durch das Brennen in meinem Magen konnte ich nicht anders, als mich zusammengekrümmt an einen Tonkrug zu klammern. Ich wand mich unter heftigen Würgeanfällen. Doch es kam nichts, nur weißer Schleim und Speichel. Trotzdem gab mein Körper nicht auf, sondern versuchte, auch das Letzte aus mir herauszupressen.

»Houyi …«, hörte ich Ailing sagen.

Er war sofort bei mir und legte mir seine große Hand auf den Rücken, während ich weiter würgend hinter den Tonkrügen hockte. Wenn ich gekonnt hätte, wäre ich vor seiner Berührung zurückgewichen. Houyi nahm seine Hand jedoch nicht weg, sondern strich mir weiter über den vernarbten Rücken. Ich spürte die milde Wärme seines Qi durch meine Kleidung.

»Atme, Dawei. Es ist alles in Ordnung. Dir geht es gut.«

»Tut mir leid, *Shīzūn*«, keuchte ich.

»Du brauchst dich nicht zu entschuldigen. Dein Körper reagiert nur auf den Stress. Du kannst nichts dagegen tun.«

»Möchtest du etwas Wasser?«, fragte Ailing. In meinem Blickfeld erschien ihre perlweiße Hand, mit der sie mir einen geöffneten Wasserschlauch hinhielt. Was tat sie da – sie war eine Prinzessin –, sie sollte etwas so Schmutziges nicht mitansehen müssen. Ich wandte den Kopf ab und lehnte die Stirn gegen einen Krug, damit sie mein Gesicht nicht sehen konnte. Die Krämpfe hatten nachgelassen, aber sie hatten mir jede Kraft geraubt. Meine Beine waren ganz schlaff, und ich war zu schwach, um meinen Körper zu kontrollieren.

»Das ist meine Schuld.« Ailings Stimme zitterte.

Im selben Moment zersprang etwas in ihr, und sie konnte sich nicht länger zurückhalten. Tränen strömten ihr über die Wangen. Ein Damm war gebrochen. Seit der Nacht, in der ich sie nach Hause gebracht hatte, hatte ich sie nicht mehr so hilflos gesehen. Ohne die wunderschönen Kleider und ihr Make-up sah Ailing genauso aus wie alle ihre Untergebenen.

»Ich hätte dich noch besser schützen sollen … Ich hätte … Ich hätte dich im Palast der Überwältigenden Schönheit behalten können. Ich hätte nie gedacht, dass A-Lian … oder A-Jin …«

Sie weinte so heftig, dass sie ihren Satz nicht beenden konnte. Houyi sprach leise auf sie ein. *Mèimei*, kleine Schwester, hörte ich aus seinen Worten heraus. Vielleicht waren sie das ja füreinander: In einer anderen Konstellation hätte Houyi Ailings Schwager werden können. Sie hätten eine Familie sein können. Das musste ich verstehen, wenn ich nach den Gründen für Ailings Verhalten suchte.

Sie hatte ihr ganzes Leben im Schutz der Palastmauern verbracht. Ihre Beziehungen zu anderen Menschen konnten selten aufrichtig sein, denn alle achteten genau darauf, wie sie sich in ihrer Gegenwart verhielten. Das hatte sie dazu gezwungen, heimliche Freundschaften zu schließen. Sie hatte die Gabe, andere Menschen dazu zu bringen, dass sie ihr vertrauten. Vielleicht, weil sie ihnen als Individuen begegnete. Vielleicht war ihr deswegen auch Prinz Lian noch immer wichtig. Sie kannte ihren jüngeren Bruder noch aus Zeiten, als die Macht ihn noch nicht verdorben hatte. Dasselbe galt für ihren Verlobten, General Meng Jin.

»Du siehst immer das Beste in den Menschen«, sagte ich leise und wischte mir über den Mund. Ailing horchte auf, als sie meine Stimme hörte. Sie sah mich mit geröteten Augen an, das Gesicht nass von Tränen.

»Du solltest dir deswegen keine Vorwürfe machen«, fuhr ich fort. »Das ist eine Tugend. Du hast darauf vertraut, dass dein Bruder und dein zukünftiger Ehemann gerecht handeln würden, weil du an sie geglaubt hast. Deswegen verteidigst du wohl auch mich. Du glaubst, dass ich ein guter Mensch bin.«

Ailing hörte mir schweigend zu. Sie legte die Hände in den Schoß und senkte den Blick, als sie antwortete: »Ich glaube es nicht nur. Ich weiß, dass du ein guter Mensch bist. Meine Familie hat ein Unrecht begangen, das ich nicht so einfach wiedergutmachen kann – aber ich bin immer noch die Erbin des Weißen Tigers und werde meine Macht ausüben, solange es geht. Du wirst nach Hause zurückkehren, Dawei. Dafür werde ich vor allem anderen sorgen. Für mich ist die Sache noch nicht vorbei. Ich halte an meinem Recht auf den Thron fest, auch wenn das bedeuten sollte, dass ich gegen meine Mutter und meinen Bruder Krieg führen muss. Ich habe noch nicht aufgegeben.«

Zum Ende hin gewann ihre Stimme an Sicherheit. Und als sie den Blick wieder hob und mich ansah, erkannte ich in ihr den Weißen Tiger, den ich in meinem Delirium gesehen hatte. Ich glaubte ihr. Ailing würde alles zum Besseren wenden können. Und das würde sie auch müssen.

»Die ehrwürdigen Beifang Zhi Zhiruo, Beifang Zhi Rong, Beifang Zhi Rushi!«

Die Ausruferin, eine Frau in schwarzer Uniform, sang die Namen, als würde sie ein traditionelles Gedicht vortragen. Sie hob ihre Standarte, und die ganze Gruppe von zwanzig Wächtern hinter ihr tat es ihr nach. Die Soldaten standen aufgereiht wie eine Kette aus schwarzen Perlen. Ihre Helme und Schilde glänzten in der Sonne. Das Symbol des Dunklen Kriegers, das auf den Standarten prangte, eine Schildkröte, die von einer Schlange umwunden war, flatterte im Wind.

Wir hatten die Grenze nach Norden überquert. Ich war zu Hause.

Ich sah hinauf zu dem prunkvollen Rundbogen über uns. In den Stein waren Reliefs der Beifang Xuanwu und der wichtigsten Helden des Zhi-Clans gemeißelt. Die Luft hatte sich abgekühlt, obwohl wir erst eine Tagesreise von Penglai entfernt waren. Der Wind war stärker und trockener. Der Herbst war hier eindeutig schon weiter fortgeschritten.

Ailing zitterte vor Kälte, obwohl sie ihr Bestes tat, es zu verbergen. Die einfache Kleidung einer Arbeiterin reichte nicht aus, um die an die Hitze Penglais gewöhnte Tigerprinzessin warm zu halten. Ihre Nase und Ohrläppchen hatten sich rot verfärbt. Doch es sprach für sie, dass sie sich nicht beschwerte. Stattdessen trat sie an der Grenze zum Herrschaftsgebiet des Zhi-Clans so würdevoll auf, als würde sie sich vorstellen, einen teuren Winterumhang und eine Haarkrone zu tragen.

»Mögen die Götter euch segnen, Herrscherinnen des Dunklen Kriegers«, sagte Ailing und senkte den Kopf.

Houyi und ich verneigten uns noch tiefer. Wir hielten uns hinter Ailing, als wären wir ihre Wächter, obwohl weder er noch ich eine Uniform, einen Helm oder eine Maske trugen.

Vor uns unter dem Rundbogen standen drei adelige Frauen. Drei Generationen von Herrscherinnen des nördlichen Clans. Die älteste von ihnen, das amtierende Oberhaupt des Zhi-Clans, war eine grauhaarige Frau, die im Norden als Witwe Zhi bekannt war. Auf dem Land kannte niemand ihr genaues Alter, aber man erzählte sich, dass sie wie eine Schildkröte älter als zweihundert Jahre werden konnte. Die wuchtigen Ohrringe hatten ihre Ohrläppchen in die Länge gezogen, und die Robe aus tiefschwarzem Brokat wirkte an ihr ebenso schwer wie die leise klingelnde Haarkrone auf ihrem Kopf. Ungeachtet der faltigen Haut und der dicken Tränensäcke strahlte sie eine Würde aus, die verriet, dass noch immer sie den Clan anführte. Die Witwe war eine strenge Frau. Das sah man an ihren zusammengekniffenen Lippen und dem steinharten Blick, mit dem sie Ailing bedachte.

Neben der Witwe stand ihre Tochter, Frau Zhi, sowie die älteste der Clanerbinnen, Prinzessin Rushi. Sie war die Einzige, die Ailing zulächelte. Die Kriegerprinzessin des Nordens war wunderschön, jedoch auf andere Art als die Hofdamen des Tigerpalastes, die im Garten Blumen pflückten. Prinzessin Rushi trug Hosen, einen Waffengürtel und hohe Stiefel. Ihr dickes Haar war hier und dort zu kleinen Zöpfen geflochten, ihr Gesicht war dunkler und markanter als das der Frauen im Süden, die Nase breiter und die Lippen voller. Prinzessin Rushi war eine echte Schönheit des Nordens.

»Schwester«, sagte die Kriegerprinzessin mit einem Grinsen und stiefelte mit ausgebreiteten Armen auf Ailing zu. »Willkommen im Norden.«

»Vielen Da–« Ailings Satz wurde jäh durch Prinzessin Rushis herzliche Begrüßung unterbrochen. Die Kriegerprinzessin packte sie kräftig bei den Schultern und drückte sie fest.

Der Anblick hob meine Stimmung ein wenig.

Ja, ich war wirklich wieder zu Hause.

»Du musst unbedingt aus diesen Kleidern raus«, sagte Prinzessin Rushi mit einem Lachen. »Du siehst unglaublich aus. Ich wusste gar nicht, dass so etwas überhaupt geht. Ihr Tiger achtet doch sonst so sehr auf euren Pelz.«

»Äh, das stimmt wohl«, sagte Ailing und blinzelte ein paar Mal. »Danke, dass ihr uns aufnehmt. Diese Situation ist in vielerlei Hinsicht außergewöhnlich.«

»Das ist sie in der Tat«, mischte sich die schnarrende Stimme der Witwe ein. Wie auf Befehl ließ Prinzessin Rushi Ailing los und trat zur Seite, um ihre Großmutter sprechen zu lassen. Die Witwe blieb stehen, wo sie war. »Ihr Clans des Südens haltet es also partout nicht aus, auf eurem Posten zu bleiben. Ich wusste zwar, dass Daji temperamentvoll ist, aber im Alter ist sie noch schlimmer geworden. Und das ist also die Folge … Die Tiger am Rande eines Bürgerkrieges … *Āiyā*. Ich habe die Clankriege erlebt und erinnere mich noch genau, wie es anschließend im Land aussah. Leidende Männer und Frauen an Pfählen, *Lǐ* für *Lǐ*. Aufgequollene Leichen in den Flüssen. Du, mein Kind, kennst den Krieg nur aus Büchern, aber hör gut zu, was ich dir sage: Auch die Clankriege haben mit kleinen Familienstreitigkeiten begonnen. Wenn man das bedenkt, dann hast du diese Suppe schon gefährlich weit hochkochen lassen.«

»Ich will keinen Krieg«, sagte Ailing. »Ich tue alles, um ihn zu verhindern. Jetzt brauche ich nur einen Ort, an dem ich mit meiner Mutter aus der Ferne verhandeln kann.«

»Das können wir akzeptieren«, sagte die Witwe. »Wir bieten dir Schutz auf unserem Gebiet, bis du deine Angelegenheiten in Ordnung gebracht hast. Ich komme allerdings nicht umhin, mich zu fragen, warum du dafür nicht nach Dongxu gehst. Dein Mann und seine Familie werden dich doch auf dem Herrschaftsgebiet des Drachen empfangen.«

»Genau genommen …«, Ailings Gesicht lief rot an, »sind General Meng Jin und ich noch nicht verheiratet. Wir haben die Hochzeit aufgrund der außergewöhnlichen Umstände verschoben. Außerdem bin ich mir nicht mehr sicher, ob ich ihn noch heiraten möchte. Der General hat Züge an sich offenbart, die mir vorher nicht bewusst waren.«

Die Witwe und Frau Zhi warfen einander argwöhnische Blicke zu.

»A-Ling«, sagte Frau Zhi, »dir ist doch sicher bewusst, dass der Drachenprinz der oberste Kommandant unserer Armee ist? Es wäre unklug, die Beziehungen zu ihm zu gefährden. Wenn er hört, dass du bei uns bist, könnte er Fenghao besetzen.«

»Er hat keinen Grund, seine Truppen hierher zu verlegen. A-Jin und ich haben schon früher Meinungsverschiedenheiten gehabt, und die sind nie –«

»Du spielst mit seinen Gefühlen«, unterbrach Frau Zhi sie. Ihr Blick wanderte zum ersten Mal zu mir, der ich bis dahin nur ein Schatten im Hintergrund gewesen war. Ich senkte rasch den Blick. »Du sagst, dein Verlobter hätte auf einmal eine Seite an sich gezeigt, die du nie zuvor gesehen hast. Na, was mag wohl der Grund dafür gewesen sein?«

»Jin-*ér* ist der Erbe des großen Beschützers Meng Zhang«, fuhr die Witwe fort. »Die Drachen sind besitzergreifend. Sie dulden keine Konkurrenz. Willst du wirklich darauf vertrauen, dass dein General genug Selbstbeherrschung hat, um einfach zuzusehen, wie du mitten in der Nacht mit einem anderen Mann durchbrennst? Mädchen, Mädchen …«

Die Witwe schnalzte missbilligend mit der Zunge und schüttelte den Kopf.

»Moment mal.« Ailing richtete sich auf. »Davon kann keine Rede sein. Das hier ist Wächter Kong. Meine Mutter hat ihn zu Unrecht verurteilt, und ich versuche, ihm Gerechtigkeit zu verschaffen, indem ich ihn nach Hause bringe. Ich will Meister Shuyas Weg folgen.«

»Oh, wir wissen, wer dieser Junge ist«, sagte Frau Zhi. »Du hast ihn uns vor ein paar Tagen noch als Bediensteten angeboten, erinnerst du dich?«

»Ich wollte verhindern, dass die Situation eskaliert.«

»Er ist wirklich ein ansehnlicher Wächter, das muss man schon sagen«, sagte Prinzessin Rushi mit einem Lächeln. Sie musterte mich schamlos von Kopf bis Fuß. »Verkaufst du ihn noch, wenn ich das Angebot erhöhe?«

»Rushi!«

»Das war ein Witz, Mutter. Ich genieße nur die Aussicht.«

»Wächter sind nicht zum Vergnügen da«, sagte die Witwe. »Sie sind Elitesoldaten. Ihr jungen Mädchen scheint das nicht zu begreifen, bis ein Unglück passiert. Zum Beispiel Prinzessin Jian Chang'e: ihre Jungfräulichkeit an einen namenlosen Bediensteten zu verlieren – was für ein Skandal. Wenn du diesen Jungen respektieren möchtest, A-Ling, dann hättest du zuallererst seine Unantastbarkeit garantieren sollen.«

»Augenblick mal«, sagte Ailing mit Nachdruck. Ihre Stimme zitterte ein wenig, und ich fragte mich, ob ihr Gesicht ebenso rot leuchtete wie meines. »Ich würde Kong-*gōngzǐ* niemals auf diese Weise benutzen. Ich weiß, dass er nichts für mich empfindet, und das respektiere ich. Und zweitens, was meine Schwester angeht, sie ist eine Prinzessin des Weißen Tigers – sprecht bitte über sie mit mehr Respekt. Chang'e ist sanftmütig und gerecht. Sie folgt ihrem Herzen, und ich bin stolz auf ihre Entscheidungen. Der Wächter, der ihr gedient hat, ist ein hervorragender Mann, der die Ehre meiner Schwester mit seinem Leben verteidigt hat. Das ist alles, was ich zu diesem Thema zu sagen habe.«

»Das waren viele Worte auf einmal«, sagte die Witwe.

Es folgte eine unangenehme Stille. Ailing hätte keinen schlechteren Zeitpunkt wählen können, um sich so aufzuplustern: Sie kritisierte die Witwe im selben Atemzug, in dem sie um ihren Schutz bat. Ich traute mich nicht, den Herrscherinnen ins Gesicht zu sehen. Gleichzeitig fragte ich mich, wie unwohl sich Houyi wohl gerade fühlte – die Frauen des Zhi-Clans wussten ganz offensichtlich nicht, dass ausgerechnet er derjenige war, den die Witwe so öffentlich tadelte. Ailing war jedoch diskret und behielt diese Information für sich.

Die Witwe klappte den Kragen ihrer Winterrobe hoch.

»Der Wind ist ganz schön frisch. Ich muss zurück nach Fenghao. A-Ling, komm mit mir. Wir reden bei einem Tee weiter, sobald du dir die Anstrengungen der Reise abgewaschen hast. Meine Wächter werden dafür sorgen, dass der Bianfu seine Reise per Zug oder Pferd fortsetzen kann – was immer der Junge bevorzugt.«

»Aber …« Ailing warf mir einen hastigen Blick zu. »Ich würde gerne in die Provinz Nanmu weiterreisen. Ich habe versprochen, Kong-*gōngzǐ* bis ans Ziel zu begleiten.«

Das brachte die Zhi-Herrscherinnen zum Lächeln – sogar die Mundwinkel der Witwe hoben sich ein wenig. Ich sah ein, warum Ailings Worte sie amüsierten. Allein zu wissen, dass diese Menschen mit mir auf einer Wellenlänge waren, gab mir das Gefühl, als wenn ein Reiter bei seinem Pferd die Zügel nach langer Zeit endlich wieder locker ließ.

»Dein Wächter ist ein Bianfu, Ailing«, erklärte Prinzessin Rushi. »Er weiß deine Fürsorge sicher zu schätzen, aber lass dir gesagt sein, dass er lieber alleine reist. Von Baoshan schafft man es zu Pferd in einer Woche nach Namla. Er kann sich seine Freiheit zurückerobern, bevor er zu Hause ankommt.«

Ailing hob die Hand, als wollte sie protestieren. Sie konnte es nicht verstehen. Sie war eine junge Dame, die ihr ganzes Leben lang von Menschen umgeben gewesen war. Allein zu sein war für sie ein fremder, beängstigender Gedanke. Doch ihr Schweigen bewies, dass sie gelernt hatte, die Unterschiede zwischen uns zu akzeptieren. Anstatt Prinzessin Rushi zu widersprechen, sah sie mich an.

»Ist es das, was du willst?«

Ich holte tief Luft. Es kostete mich einen Moment, bis ich meine Stimme fand: »Ja«, sagte ich schließlich. »Ich würde gerne allein losziehen.«

Prinzessin Rushi grinste.

Ailing schob das Kinn vor. Sie zog die Augenbrauen zusammen, als sie sich wieder an die Zhi-Familie wandte. »Wie wollt ihr denn sicherstellen, dass ihn niemand anhält? Dawei ist zur Fahndung ausgeschrieben. Wie kann er mit seinem Geren Essen kaufen oder eine Unterkunft bezahlen oder –«

»A-Ling«, seufzte Frau Zhi.

Die Tigerprinzessin verstummte. Sie ballte die Hände zu Fäusten, als kämpfte sie mit den Gefühlen, die in ihr tobten. Ich dagegen hatte das Gefühl, nicht genug zu tun. Dabei wollte ich Ailing doch zu verstehen geben, dass dieser Abschied mir nicht egal war, auch wenn ich nur still dastand. Sie hatte mich, Dray und wer weiß wie viele von

Tantchens Kindern gerettet. Selbst wenn unsere Wege sich hier trennten, würde ich ihr für immer dankbar sein. Ich wusste nicht, wie ich ihr das mitteilen sollte.

Im selben Moment kam die Witwe auf uns zu. Sie ging langsam, und die schwere Robe aus Brokat schleifte hinter ihr über den Boden. Ich verneigte mich hastig und verharrte in der Position, als die alte Frau meine Hände zwischen ihre knochigen Finger nahm. Ihre faltige Haut fühlte sich eiskalt an. Aber ihre Berührung war sanft, als sie mit dem Daumen über mein verbundenes Handgelenk strich.

»Wie hat es dich nur so weit weg von zu Hause verschlagen, mein Kind?«, fragte sie auf Namla. »Mein altes Herz schmerzt, wenn ich diese Wunden sehe. Jian Daji hat noch nie viel Verständnis für stolze Wesen gehabt. Sie dressiert einen Elefanten mit der Peitsche, obwohl er sich am besten in Freiheit an einem Wasserfall entfalten könnte.«

»Meine Herrin«, flüsterte ich. Das Wort kam mir leicht über die Lippen. Die Witwe Zhi war meine Herrin. Die einzig wahre.

»Wir hätten dich in unsere Dienste genommen«, fuhr sie fort. »Als ich hörte, was in Penglai passiert war, wusste ich sofort, dass ich helfen wollte. Du, mein Junge, repräsentierst den Norden mit all seinem Stolz. Ich würde herzlich gerne dafür sorgen, dass du in Fenghao eine dauerhafte Zuflucht findest. Wir verbieten unseren Wächtern nicht, eine Familie zu gründen. Ich möchte jeden einzelnen von ihnen kennenlernen und sie nach Kräften unterstützen, weil ich glaube, dass ich mir nur so ihren Respekt verdienen kann.«

BUMM.

Die lange Reihe der Wächter stieß ihre Speere gleichzeitig in den Boden. Wie ein einziger Geist in zwanzig Körpern. Eine Seele. Ich wollte meine Hände aus dem Griff der Witwe befreien. Als sie meinen Ärmel hochschob, um den Geren freizulegen, zuckte ich reflexartig zurück.

»Na«, tadelte sie mich. »Jetzt warte doch kurz.«

Ich zwang mich stillzuhalten. Mein Atem wurde schneller, als ich sah, wie die Witwe den Ärmel von ihrem eigenen Handgelenk zurückschob. Ihr Geren war schlicht und schmucklos. Ohne Sperre. Nur ein metallener Armreif, genau wie bei mir. Sie legte ihren Geren auf meinen. Die schwachen Lichter leuchteten auf, um die Transaktion anzuzeigen.

Ich konnte nicht länger zusehen und senkte den Blick. Meine Hände ballten sich zu Fäusten, aber die Witwe streichelte sie mit einer Hand, bis sie sich wieder öffneten. Die andere Hand lag lange auf meinem Geren.

»Kong Dawei, deine Bürgerschulden sind hiermit beglichen«, verkündete sie schließlich. »Meine Beamten werden dafür sorgen, dass deine Fahndungsanzeige im Himmelsnetz gelöscht und dir ein Passierschein für das gesamte Herrschaftsgebiet der Zhi ausgestellt wird. Du bist ein freier Mann. Kein Wächter mehr und an niemanden zu verkaufen. Ich werde dir etwas Geld auf den Geren überweisen, damit du ein neues Leben beginnen kannst. Wir möchten doch deinen Namen nicht noch einmal auf der Fahndungsliste sehen, nicht wahr?«

Ich schnappte hörbar nach Luft. Mir war schwindelig. *Passiert das gerade wirklich …?* Ich war bereit, auf die Knie zu fallen und mich vor der Witwe in eine so demütige *Sānguìjiǔkòu* zu werfen, wie nicht einmal jemand auf dem Platz der Träumenden es vermocht hätte. Mein Knie hatte eben den Boden berührt, als die Witwe mich aufhielt.

»Ich würde dir davon abraten, das zu dieser Jahreszeit zu tun. Der Boden ist gefroren. Du erkältest dich noch.«

Sie warf mir einen schelmischen Blick zu, und ich konnte nicht anders, als ihr Lächeln zu erwidern, denn sie hatte recht. Es war mitten im Herbst. Und hier war der Boden tatsächlich gefroren.

Die alte Herrscherin lächelte. »Willkommen zu Hause.«

30. Kapitel

Es kostete mich zwei Wochen, zu Pferd die gleiche Strecke zurückzulegen, die Ren und ich mit dem Zug in zwei Tagen geschafft hatten. Die wunderschöne Stute namens Raksha hatte ich geschenkt bekommen. Ihre Schnauze war sanft nach außen gewölbt, und im Trab hob sie den Schweif und die Hufe, als würde sie im Wasser planschen. Mit Ausnahme eines kleinen weißen Sterns auf der Stirn hatte sie am ganzen Körper glänzend schwarzes Fell. Geschirr und Sattel bestanden aus hochwertigem Leder, die Satteldecke aus weißer Wolle. An das Zaumzeug waren rote Quasten angenäht.

Ich vermutete, Raksha war so viel wert, dass selbst manche Bürgerschulden zusammengezählt im Vergleich dazu nur Sandkörner in der Wüste waren. In meinem ganzen Leben hatte ich noch kein so teures Tier besessen.

In den ersten Tagen meiner Reise wurde ich daher von Schuldgefühlen geplagt. Mir kam es vor, als dürfte ich nicht einfach auf diese Weise allein unterwegs sein. Auf einem so teuren Pferd. Mit einer absurd großen Summe auf meinem Geren. Ich traute mich nicht anzuhalten. Stattdessen ritt ich in gleichmäßigem Tempo durch die Provinz Baoshan und ließ dabei das alltägliche Treiben der Bewohner in ihren Werkstätten und auf den Feldern an mir vorbeiziehen. Die Menschen warfen mir Blicke zu, die mir seltsam vorkamen. Missgünstig. Als ich abstieg, um mir etwas Wasser zu kaufen, ließen mir schon die Grußworte des Händlers die Nackenhaare zu Berge stehen.

Was, wenn mein Geren doch nicht funktionierte? Wenn das Himmelsnetz feststellte, dass mein Konto eingefroren war, und meine Koordinaten an den Gouverneur von Baoshan übermittelte, der dann seine Garde losschicken würde, um mich festzunehmen? Baoshan gehörte nicht zum Programm der Sicheren Städte. Ich war mir jedoch nicht mehr sicher, ob die Behauptungen der Regierung über das Himmelsnetz und die Sicheren Städte tatsächlich stimmten.

In Madang hatte ich in dem Glauben gelebt, dass der Geren nur dann Daten ans Himmelsnetz schickte, wenn man sich eine Loglizenz besorgt hatte. Es hieß, die Regierung wüsste nur deshalb nichts über die tödlichen Raubüberfälle, die außerhalb der Sicheren Städte geschahen, weil es auf dem Land nicht genug Sendemasten gab. Seit einiger Zeit nagte jedoch der Verdacht an mir, dass es dabei eigentlich nur um Prioritäten ging. Der Staat hatte nicht genug Mittel, um jedem Verbrechen auf dem Land nachzugehen. Deshalb war es einfacher, das Volk zu belügen und zu behaupten, dass die Schuldigen außerhalb der Sicheren Städte ohne eine Loglizenz nicht ermittelt werden konnten. Der Staat mischte sich erst ein, wenn das Opfer eine bedeutende Person war.

Ich war mir sicher, dass Frau Jian selbst in diesem Moment wusste, wo ich war. Und ebenso, dass mein Profil im Himmelsnetz ein Feuerwerk aus Warnungen und verschiedenen Zuverlässigkeitseinstufungen war. Die Witwe Zhi hatte versprochen, es zu bereinigen – aber was, wenn sie das nicht konnte?

Dem Händler sagte ich nichts, als ich für das Wasser bezahlte. Ich aktivierte einfach meinen Geren und hoffte das Beste.

Die Zahlung funktionierte. Ohne Probleme.

»Mögen die Götter dich segnen«, sagte der Händler, als er mir den Krug reichte. Ich nahm ihn entgegen und verabschiedete mich, stieg aufs Pferd und spornte es mit einem Tritt zum Galopp an. Dieses Tempo hielt ich Stunde um Stunde aufrecht, bis das Fell an Rakshas Schultern nass war und ihr Speichelfäden aus dem Maul hingen. Sie schnaufte. Weil sie so zäh war, hasste ich mein Verhalten so sehr, dass ich sie anhielt. Sie streckte den Hals und kaute auf ihrem schleimigen Gebiss. Ich legte ihr die Hand auf das verschwitzte Fell.

»Tut mir leid«, flüsterte ich auf Namla. »Das hast du nicht verdient.«

Als der erste Abend anbrach, gingen an den Dachvorsprüngen der Wohnhäuser von Baoshan rote Papierlaternen an. Die schweren Türstürze der Gasthäuser wirkten einladend und abstoßend zugleich.

Ich wollte nicht anhalten. Aber ich konnte die Reise nach Madang auch nicht zurücklegen, ohne mich ein einziges Mal auszuruhen. Ich hatte seit mehr als zwei Tagen und zwei Nächten nichts gegessen. Ich brauchte Schlaf und eine Mahlzeit, sonst würde ich noch aus dem Sattel fallen. Und ich musste Raksha versorgen. Ich war für sie verantwortlich und durfte sie nicht meinetwegen leiden lassen.

Dennoch schob ich meine Entscheidung so lange wie möglich auf. Ich ritt an vielen einladend aussehenden Gasthäusern vorbei, bis der Himmel so schwarz war, dass die offenen Felder in der Dunkelheit verschwanden. Ein Gewirr aus elektrischen Kabeln über den Straßen leitete den Strom zu den Straßenlaternen, die mit ihrem goldenen Licht die Pflastersteine besprenkelten. Die Arbeiter schlossen die Luken ihrer Werkstätten und gingen zum Abendessen in ihre Häuser.

Als ich schließlich doch noch an ein erleuchtetes Gasthaus kam, hielt ich an und stieg vom Pferd. Die Wirtin versprach mir einen Unterstand für Raksha. Ich versicherte mich, dass die Ställe in Ordnung waren, bevor ich mein Pferd in der Obhut der Tochter des Hauses ließ. Das Mädchen war jung, vielleicht dreizehn Jahre alt. Sie hatte Sommersprossen und trug das Haar in zwei geflochtenen Zöpfen. Ich bemerkte sofort, dass sie mit ihrer Mutter in Gebärden kommunizierte – und weil ihre Mutter auch in Gebärden antwortete, ging ich davon aus, dass das Mädchen entweder schlecht hörte oder ganz gehörlos war.

Während ich die beiden beobachtete, wurde mir klar, wie anders die Dinge im Herrschaftsgebiet des Zhi-Clans standen. Hier war es den Menschen erlaubt, Gebärdensprache zu benutzen. Dasselbe galt auch für mich. Ich war nicht länger Frau Jians Eigentum. Ich war frei. Von nun an durfte ich mir meine Sprache selbst aussuchen. Ich konnte Namla, Fusang und dank des Unterrichts von Neana mittlerweile auch Hirayal sprechen, aber am sichersten hatte ich mich immer in der Gebärdensprache meiner Heimat gefühlt.

Es war an der Zeit, mir meine Freiheit zurückzuholen. Ich berührte das Mädchen an der Schulter, als sie gerade Raksha den Schweiß abwischte.

»*Hör mal*«, begann ich und verspürte eine flüchtige Unsicherheit dabei, eine Sprache zu sprechen, die ich so lange nicht benutzt hatte. Aber ich verließ mich auf mein motorisches Gedächtnis und fuhr fort: »*Kümmerst du dich bitte gut um mein Pferd? Du bekommst 30 Wen, wenn sie morgen früh noch da ist.*«

Das Mädchen sah mich überrascht an. Ich befürchtete schon, dass sie meine Gebärden nicht verstand, als sie nachhakte: »*30 Wen?*«

Ich nickte. »*Das gilt auch für die Ausrüstung. Alles muss vorhanden sein.*«

»*40 Wen*«, sagte sie. »*Und 10 im Voraus.*«

Ich rollte mit den Augen. Wie ich dieses Feilschen hasste. Doch ich war so angespannt, dass ich mich nicht auf etwas so Unwichtiges wie das Aushandeln von Trinkgeld konzentrieren konnte. Also stimmte ich ihren Forderungen zu und hoffte, dass ich nicht gerade Raksha und zusätzlich noch zehn Wen an eine Diebin verloren hatte.

Ich aß zu Abend, aber das Essen schmeckte mir nicht. Obwohl mich der verlockende Duft von Lammfleisch in siedendem Fett nostalgisch stimmte, bekam ich kaum etwas herunter. In meinem Zimmer schloss ich die Tür hinter mir ab und zündete eine Öllampe an. Dann saß ich lange auf dem Bett, ohne an etwas Bestimmtes zu denken. Ich starrte einfach nur vor mich hin. Irgendwann versuchte ich zu schlafen, doch dieser Versuch endete mit heftigem Herzklopfen und kaltem Schweiß. Ich glitt vom Bett und setzte mich auf den Holzfußboden. Ich keuchte. Zitterte. Ich war mir sicher, dass bald jemand kommen würde. Die Soldaten. Sie waren hinter mir her. Sie würden mich finden, die Tür aufbrechen und mir die Augen verbinden.

Es gab keinen Ort, an den ich fliehen konnte. Weder heute noch morgen, weder hier noch irgendwo anders.

In jener Nacht tat ich kein Auge zu. Noch vor Sonnenaufgang verließ ich das Gasthaus wieder. Ich bezahlte das versprochene Trinkgeld, holte Raksha und ritt in die Morgendämmerung, als die Luft noch frostig war. An Rakshas Nüstern bildete sich Reif. Nachdem ich die letzten Häuser des Dorfes hinter mir gelassen hatte, folgte ich einem schmalen Feldweg, der zwischen riesigen Teefeldern verlief. Die goldenen Strahlen des Morgens tauchten das Hochland in ein unglaublich helles Licht. Ich brachte Raksha zum Stehen, nur um mir dieses Leuchten anzuschauen.

In der Nähe der Teefelder lag ein schlummerndes Dorf, noch still im Morgengrauen. Nebel hatte sich über den Feldern gesammelt. An ihren Rändern wuchsen große Laubbäume, die ich vor meiner Zeit in Penglai nicht hätte benennen können, doch jetzt erkannte ich sie schon von Weitem.

Sāng, der Maulbeerbaum. Symbol für Heimat und Sehnsucht. Ich erlebte einen seltenen Moment vollkommener Ruhe. Die Wolke meines Atems strich mir wie Nebel über das Gesicht, löste sich in Luft auf und verschwand. Alles, was ich sah, war real. Ich war hier. Vom Pferderücken aus beobachtete ich den Sonnenaufgang, mitten zwischen den Teefeldern. Mir ging es gut. Ich war auf dem Weg nach Hause.

Vielleicht war das der Moment, in dem meine Furcht zum ersten Mal nachließ. Ich konnte die Landschaft von Nordfusang betrachten und die Orte bestaunen, die mir auf der Zugreise nicht aufgefallen waren. Oft kam ich an kleinen Ansammlungen von Dörfern vorbei. Selbstständigen Gemeinschaften, in denen die Menschen das Land bestellten und Ziegen, Hühner und Schafe hielten. Ich rastete, um Raksha zu tränken, wenn sie müde wurde, und kaufte Essen, wenn ich Hunger hatte. Manchmal spornte ich mein Pferd zum Galopp an, bis der kalte Wind mir Tränen in die Augen trieb. Dann wieder stapfte ich neben dem Pferd dahin und staunte über die Schafherden, die uns entgegenkamen, und die kleinen Kinder, die sie hüteten und sich während der Arbeit gegenseitig Streiche spielten.

Mit jedem Tag schienen meine Gedanken ein wenig klarer zu werden. Ich schaffte es, immer wieder zu dösen, und zusammen mit meinem Schlafdefizit verschwand auch der Verfolgungswahn. Niemand war hinter mir her. Die Witwe Zhi hatte ihr Versprechen gehalten.

Nach der ersten Woche bemerkte ich außerdem, dass ich schneller außer Atem kam. Ich führte Raksha fast ausschließlich sanfte Hänge hinauf, und obwohl ich gut in Form war, belastete der stetige Aufstieg meine Lunge. Die Luft wurde dünner. Die Straße nach Namla wurde immer kurviger, je steiler und unwegsamer das Gelände wurde. Die Abstände zwischen den Dörfern wuchsen. Der Zustand der Feldwege wurde schlechter, und ich rutschte auf den großen Steinen aus, die von den kiefernbewachsenen Abhängen gerollt waren. Abends war es so kalt, dass ich mir einen warmen Filzmantel kaufen musste. Der tiefschwarze Stoff war schwer und roch durchdringend nach Yak. Dieser Geruch war mir kein einziges Mal begegnet, seit ich nach Penglai aufgebrochen war.

Ich hatte nicht die geringste Ahnung, was ich tun würde, wenn ich in Madang ankam.

Wenn ich Dray sah.

Bis dahin wären es wahrscheinlich nur noch wenige Tage. Sollte ich nicht fröhlicher sein? Ungeduldiger? Sollte ich Raksha nicht noch mehr antreiben, anstatt ständig anzuhalten, um die im Wind flatternden Gebetsfahnen zu betrachten, die sich im kalten Gebirgsklima langsam auflösten? Ich hatte es die ganze Zeit vermieden, an Madang zu denken, aber als ich schließlich die Grenze zur Provinz Namla überschritt, blieb mir keine andere Wahl. Ich bereitete mich darauf vor, den Menschen zu begegnen, die meinetwegen gelitten hatten und die ich in ihrem ruhigen Alltag jetzt noch einmal erschüttern würde.

Ich konnte nicht sagen, wie sehr ich mich verändert hatte. Vielleicht war ich wie Houyi geworden, der auch dann wie ein Soldat wirkte, wenn er versuchte, sich unter das einfache Volk zu mischen. In Penglai war ich ein echter Namla gewesen, ein echter Bianfu, und niemand hatte daran gezweifelt. Jetzt aber, zum ersten Mal in meinem Leben, überkamen mich Zweifel, ob ich überhaupt nach Madang passte. Ich hatte Angst, nicht mehr zu meiner Gemeinschaft zu gehören.

Dann überlegte ich, ob ich erzählen sollte, dass ich mein Schweigegelübde gebrochen hatte. Es machte mich fertig, mir vorzustellen, dass ich zusätzlich zu allem anderen auch noch den Schock meiner Familie über meine Stimme verkraften musste. Doch meine Stimme änderte nichts daran, wer ich war. Sie machte mich nicht zu einem besseren oder vollständigeren Menschen. Als ich mein Gelübde gebrochen hatte, hatte ich mich nach dem Trost meiner Liebsten gesehnt und mir ihre Reaktion vorgestellt, weil mich die unbekannte Situation geängstigt hatte. Doch dann hatte ich mir eine neue Identität geschaffen. Inzwischen fühlte ich mich in allen meinen Sprachen zu Hause und hielt es nicht für nötig, mich gegenüber anderen dafür zu rechtfertigen, welche ich sprach. Ich musste den Bruch meines Gelübdes nicht vor meiner Familie verheimlichen – ich wollte nur nicht, dass er das Erste war, was ihnen bei meiner Rückkehr auffiel.

Ich schloss die Augen. Dray …

Ich wagte es nicht einmal, mir seine Reaktion vorzustellen. Seit meiner Abreise waren fast zwei Jahre vergangen. Während dieser ganzen Zeit hatte Dray nichts von mir gehört. Er hatte den Brief nicht bekommen, den ich ihm zu schicken versucht hatte, und jetzt würde ich … einfach angeritten kommen. Unerwartet auf dem Hof auftauchen.

Ich hatte Bauchschmerzen. Diese Heimkehr machte mich auf eine Art nervös, die ich nicht erwartet hatte. Ich befürchtete das Schlimmste und wusste nicht, was ich tun sollte, wenn Dray mich zurückweisen würde. Was, wenn er sein Leben weitergelebt, eine Partnerin gefunden und mit ihr Kinder bekommen hatte? Das wäre natürlich nur richtig. Dray hatte sich immer eine Familie gewünscht, und ich hatte ihm keine gegeben.

Aber ich konnte nicht leugnen, dass es mir das Herz brach, wenn ich mir jemand anderen an seiner Seite vorstellte. Ich wollte den unangenehm berührten Ausdruck auf Drays Gesicht oder dem Gesicht seiner Partnerin nicht sehen, wenn wir taten, als wäre ich nicht nur seinetwegen zurückgekommen. Oder dass ich ihn nicht mehr liebte.

Vielleicht konnte ich deswegen keine Vorfreude empfinden, sondern schob diesen Gedanken bis zum Schluss von mir. Ich funktionierte geradezu mechanisch: Ich wachte morgens auf, aß etwas und setzte dann meine Reise fort. Ich ritt den gewundenen Bergpfad immer weiter empor, bis die Schluchten tiefer wurden und immer mehr Hängebrücken zwischen den einzelnen Wegabschnitten auftauchten. Und schließlich, als die Landschaft zum ersten Mal den Blick auf den Gebirgspass meiner Kindheit freigab, glaubte ich, die Silhouette eines Falken zu sehen, der über dem Bhakta-tso schwebte und im strahlenden Weiß der schneebedeckten Berge verschwand.

Über den steilen Hängen des Aachalendra.

Ein Hütehund bellte. Die Kuhglocke um seinen Hals läutete, als er so weit nach vorne lief, wie seine Kette es zuließ. Zwei weitere Hunde erwachten von dem Geräusch und begannen ebenfalls zu bellen. Sie erkannten mich nicht. Für die Wachhunde war ich ein Wildfremder, der ungebeten und mit einem großen schwarzen Pferd an der Seite über die Terrassenfelder ins Dorf spaziert kam. Der Besitzer der Hunde, der Ziegenbauer Zhaxi, steckte gerade vor seinem Haus Bambusspieße in die Erde. Um die Spieße hatte er dünne Bahnen aus geronnenem Ziegenmilchquark gewickelt, der mit der Zeit ledrig wurde und trocknete. Als er seine Hunde bellen hörte, wandte der alte Mann seine Aufmerksamkeit mir zu. Er erstarrte.

Ich nickte ihm zur Begrüßung zu, ohne eine Antwort zu erwarten. Onkel Zhaxi hatte noch nie mit mir gesprochen, und daran änderte sich auch diesmal nichts. Der alte Mann blinzelte mit seinen feuchten Augen, als ich Raksha an seinem Hof vorbei zu dem größeren Haus führte.

Mein Herz hämmerte. Diese robusten Häuser aus Eichenholz. Der Duft nach Rauch. Die einfachen Geräusche des Landlebens, das Gackern der frei laufenden Hühner vermischt mit dem Klingeln der Glocken, die die Tiere um den Hals trugen. Hier und dort waren leise Stimmen zu hören, Namla mit dem echten Akzent der Gegend, wenn meine einstigen Nachbarn während der Arbeit miteinander plauderten. Alles war wie früher. Mein Zuhause existierte noch. Hier war es gewesen. Die ganze Zeit.

Ich ließ den Ansturm der Gefühle zu, als ich die Ersten von ihnen sah.

Immer mit der Ruhe, sagte ich mir. Ich wollte gelassen bleiben, denn soweit ich sie kannte, würden diese Mädchen es nicht sein. Meine Adoptivschwestern Manju und Kumari kämmten Wollgarn, aus dem Teppiche geknüpft wurden. Ihre hellen Stimmen waren bis ans Ende der Dorfstraße zu hören. Sie trugen olivgrüne Khullu-Kleider und verzierte Schultertücher. Ihre langen Haare waren zu ordentlichen Zöpfen geflochten.

Noch deutlicher als zuvor wurde mir bewusst, wie gut Tantchen sich um ihre Kinder kümmerte. Keines der Waisenkinder, das ich auf meiner Reise gesehen hatte, war so ordentlich gekleidet gewesen wie meine Geschwister. Manju und Kumari sahen aus wie junge Damen. Sie waren unglaublich in die Höhe geschossen. Wie war es möglich, dass dreizehnjährige Mädchen in zwei Jahren so schnell wuchsen, dass der Unterschied zwischen Kindheit und Erwachsenenalter so deutlich wurde? Sie waren jetzt fünfzehn Jahre alt. Schön wie die Gletscherlilien, die in den Bergen wuchsen. Ich wurde von einer so gewaltigen Zärtlichkeit erfüllt, dass es mir fast die Brust zerriss.

Meine Schwestern sahen mich nicht sofort. Erst als die zwölfjährige Chesa – ein liebenswürdiges Mädchen mit Brandnarben am Hals und an einem Ohr – und der zehnjährige Tenzin vom Brunnen kamen, wurde mein Ankommen bemerkt. Chesa blieb mit dem Wassereimer in der Hand stocksteif stehen, ebenso wie Tenzin. Sie sahen mich erschrocken an, lächelten nicht und hoben auch nicht die Hand, obwohl ich nicht sehr weit von ihnen entfernt stand.

Ich hatte die Haare halb zusammengebunden und mich nach Art der Einheimischen gekleidet, damit ich nicht zu sehr wie ein Fusanger aussah. Meine Haut hatte in Penglai zwar Sonne abbekommen, aber sonst hatte sich meiner Meinung nach nichts an mir radikal verändert. Dennoch wollten diese Kinder mich nicht wiedererkennen, ganz so, als ob etwas an mir nicht mit den Bildern in ihrem Gedächtnis übereinstimmte.

»Kumari ...«, begann Chesa.

Die älteren Mädchen warfen ihr einen Blick über die Schulter zu. Dann entdeckten sie mich. Beide verstummten. Ich versuchte, die Mundwinkel hochzuziehen, aber die Geste fühlte sich gezwungen an. Ich hatte seit Wochen nicht mehr gelächelt. Meine Kehle war wie zugeschnürt. Mir war, als dränge ich in ein fremdes Haus ein, einen fremden Hof. Ich hielt inne und wartete.

»Um Himmels willen«, flüsterte Kumari. Und dann, ohne den Blick von mir zu wenden, begann sie nach Tantchen zu rufen: »*Gānmā! Gānmā*, komm her! Schnell! *Gānmā!*«

Manju rannte los. Sie gab keinen Laut von sich, sondern stürmte den Weg zum Haus entlang, als ob sie jemandem helfen wollte, der einen Unfall gehabt hatte. Kumari folgte ihr, und Chesa und Tenzin blieben mit ihren Wassereimern zurück wie gelähmte Kaninchen.

»Qiren ist da!«, rief Kumari noch im Lauf. »*Gānmā*, Qiren ist nach Hause gekommen!«

Qiren ...? Verwechselten sie mich etwa mit meinem großen Bruder? Der ruhige Vormittag auf den Terrassenfeldern war mit einem Schlag vorbei, als auf Kumaris Ruf immer mehr verblüffte Fragen der Nachbarn erklangen: »Kong Qiren?«– »Was in aller Welt ...?«– »Hat sie Qiren gesagt?«

Ich sah gerade noch, wie die Nachbarn an den Türen ihrer Höfe auftauchten, bevor Manju sich gegen meine Brust warf. Mir blieb der Atem weg, und ich stolperte ein paar Schritte nach hinten. Meiner kleinen Schwester strömten die Tränen über die Wangen, und sie umklammerte meine Taille so fest, dass es wehtat. Kurz darauf folgte ein zweiter Aufprall, diesmal war es Kumari. Raksha entriss mir das Zaumzeug und trabte den Feldweg hinunter. Ich konnte mich jetzt nicht um sie kümmern. Die seidenweichen Köpfe meiner Schwestern waren direkt unter meinem Kinn, sie dufteten nach Wolle und Reis, und ich liebte sie so sehr, dass ich keine Luft mehr bekam.

Ich habe euch vermisst, wollte ich sagen. Stattdessen grub ich die Finger in ihre Schals, drückte mein Gesicht in ihre Haare und atmete ihren Duft ein.

»Wo bist du gewesen?« Kumari weinte und lachte zugleich. Sie hob den Kopf und erkannte erst jetzt, wen sie da wirklich umarmte. »Wa... Was? Dawei? Du bist das? Himmel, ich dachte, dass ... Um Himmels willen, Dawei, das bist ja wirklich du. Wie bist du bitte so riesig geworden – einfach so als erwachsener Mann hier aufzutauchen, nach all den Monaten – ich sollte dich schlagen!«

Und das tat sie auch: Ihre kleine Faust traf ohne Nachdruck auf meinen Arm.

Im selben Moment knarrten die Türangeln am Haus, und Tantchen tauchte auf der Vortreppe auf, die Lesebrille noch auf der Nase. Ihr Mund war leicht geöffnet, die Hand gegen die Brust gepresst. Ihr Kinn legte sich in Falten und ihrem Mund entrang sich ein leises, hilfloses Geräusch, als sie mich erkannte. Tantchen kam die Vortreppe herunter, die Hand fest am Geländer. Ihre Beine machten ihr schon seit Jahren zu schaffen. Ich konnte sie keinen Schritt alleine weitergehen lassen. Kumari und Manju begriffen, was ich wollte, und ließen mich los.

Ich stürmte im Laufschritt zu Tantchen hinüber, die letzten Schritte nahm ich im Sprint. Sie streckte die Arme nach mir aus, ihre Augen waren schon voller Tränen, bevor ich sie überhaupt berührt hatte.

»Mein Junge«, schluchzte sie. Ihre Hände legten sich behutsam in meinen Nacken, und sie drückte die Stirn gegen meine, als ich mich verbeugte. »Mein lieber, wunderbarer Junge.«

Es tut mir so leid, wollte ich antworten. Ich hielt sie so fest, wie ich konnte, ohne ihr wehzutun. Tantchen schloss die Augen und begann zu beten. An den Geräuschen um uns herum hörte ich, dass immer mehr Nachbarn auf dem Hof auftauchten, um meine Ankunft zu bestaunen, aber sie störten unser Wiedersehen nicht. Tantchens Kleidung verströmte den beruhigenden Geruch der Scheune. Ihre von der Arbeit gehärteten Finger zitterten, als sie die Haare in meinem Nacken streichelte. Es fühlte sich so traumhaft an, dass mein tagelanges Zögern absolut keinen Sinn mehr ergab. Ich hätte schon vor Ewigkeiten zu Hause sein können. Die Art, wie Tantchen mich willkommen hieß, zerstreute alle meine Befürchtungen.

Dann begriff ich. Ich hob den Kopf und betrachtete die Menschen, die sich um mich herum versammelt hatten. Ich sah die Kinder, die auf der Vortreppe standen, Ling-*ér* und Huan-*ér*, sogar ein ganz neues Kleinkind, das aus verschlafenen Augen aus Zigsas Armen in meine Richtung blinzelte, so als wäre es eben erst aus seinem Mittagsschlaf geweckt worden. Bei den Nachbarhäusern winkten mir vertraute Menschen mit großen Gesten zu. Sie riefen auch die übrigen Familienmitglieder nach draußen, so als gäbe es keine Hausarbeit, die Vorrang vor meiner Rückkehr hätte. Ich erkannte die Nachbarn aus meiner Kindheit und ihre erwachsenen Kinder, die in meiner Abwesenheit geheiratet und ihrerseits Kinder bekommen hatten – sie alle tauchten einer nach dem anderen auf dem Hof auf.

Nur Dray war nirgends zu sehen.

»Er ist vor über einem Jahr fortgegangen«, sagte Kumari. »Nachdem der Gouverneur Tantchen vom Vorwurf der Unterschlagung freigesprochen hatte. Wir bekamen auf einmal monatliche Spenden aus einer anonymen Quelle, und Tantchen hat damit die Schulden einiger Waisenkinder bezahlt. Zumindest Dray, Manju und ich sind schon alle Schulden los, Chesa bald auch. Ich weiß nicht, warum, aber Dray hasst diese Spenden anscheinend. Er ist nach Sandu gezogen und kommt nicht mehr allzu oft nach Madang. Letzten Sommer hat er Freyals Familie dabei geholfen, ihr Haus wieder herzurichten. Eigentlich hat er sich um alles gekümmert, was Ren-*dàgē* früher gemacht hat. Hierher kommt Dray hauptsächlich dann, wenn wir ihn bei Arbeiten brauchen, die wir selber nicht schaffen. Aber er bleibt nie lange. Tantchen hat uns gesagt, wir dürfen in seinem Beisein nicht von dir sprechen, denn sie hofft, dass er dann nicht so schnell wieder weg ist.«

»*Ich verstehe*«, sagte ich. »*Es tut mir leid.*«

Ich hatte mich schon oft entschuldigt und würde es wohl noch viele Male tun. Ich fuhr mit dem Finger über den Fensterrahmen. Hier hatte ich abends gerne gesessen. Das Zimmer sah nicht mehr aus wie meines. Alle meine Sachen waren weggeräumt, und stattdessen standen überall Tenzins geschnitzte Holzfiguren. Er war schon zehn Jahre alt. Es war nur gerecht, dass er sein eigenes Zimmer bekam. Dennoch spürte ich einen Kloß im Hals, als ich die Umrisse meiner Vergangenheit betrachtete, den Ort, an dem so viele Dinge noch genauso waren wie früher und gleichzeitig nichts beim Alten geblieben war.

Kumari stand im Türrahmen. Sie war die Einzige, die mir Gesellschaft leisten durfte, während alle anderen in der Küche oder bei Raksha im Stall aushalfen oder draußen auf die Kinder aufpassten. Aus dem Erdgeschoss drangen laute Stimmen herauf. Gelächter und das Quietschen der Kleinen. Tantchen wollte zur Feier meiner Rückkehr ein großes Mittagessen kochen, und das bedeutete, dass die anderen Arbeiten auf den nächsten Tag verschoben wurden. Aus der Nachbarschaft war eine ganze Reihe Frauen gekommen, um ihre Hilfe anzubieten – zweifellos, damit sie unter den Ersten waren, die erfuhren, was in den vergangenen eineinhalb Jahren passiert war.

Ich hatte noch nichts von dem Geld erzählt, das ich vom Zhi-Clan bekommen hatte. Die Zeit dafür würde noch kommen.

»*Ihr seid meinetwegen in Schwierigkeiten geraten*«, sagte ich. »*Ich verstehe, dass diese Zeit für alle hart war. Aber ist Dray gesund, und geht es ihm gut?*«

Ich bemühte mich, vor Kumari nicht zu niedergeschlagen zu wirken. Schließlich hatte ich sie alle lieb und wollte ihre Freude nicht mit meinem eigenen Schmerz verderben. Kumari durchschaute mich allerdings sofort.

»*Gēge*. Wir mussten so tun, als ob Ren-*dàgē* und du Tantchen verraten hättet. Zu ihrem Schutz waren wir zu allem bereit. Wir mussten deine Sachen wegschmeißen, damit es nicht so aussah, als würden wir auf deine Rückkehr warten. Der Gouverneur hat uns alle lang und breit befragt. Ich musste schreckliche Dinge behaupten.« Ihre Stimme erstarb und sie verneigte sich. »Bitte entschuldige.«

»*Mach dir keine Sorgen*«, sagte ich mit einem Lächeln. »*Ihr habt genau richtig gehandelt. Ich bin stolz darauf, dass ihr Tantchen beschützt habt.*«

»Von Dray haben sie auch eine Stellungnahme gefordert. Ich weiß nicht, was er über dich sagen musste. Bei mir lief das Verhör so ab, dass sie mir einen Stapel fertig formulierter Aussagen vorgelegt haben, die ich unterschreiben musste. ›*Ich hatte Angst vor ihm, zum Glück hat er jetzt bekommen, was er verdient.*‹ All so was. Ich glaube, bei Dray war es genauso, denn als er zurückkam … *Gēge*, es war schrecklich.«

»*Was meinst du?*«

»Er ist in dein Zimmer gegangen und hat alles heruntergerissen. Den Wandschmuck, deine Kleider, deine Bücher, dein Khukri. Manju und ich haben versucht, einen Teil deiner Sachen zu retten, aber er hat uns angebrüllt, dass wir sie nicht anfassen sollen. Tantchen ist zu ihm gegangen, sie hat die Tür hinter sich zugemacht, aber wir haben gehört, dass sie sich gestritten haben. Dann haben sie beide geweint. Und wir haben draußen auf dem Flur geweint, die Kleinen hatten Angst … Ich weiß gar nicht, wie ich es beschreiben soll.«

Sie verstummte, als die Erinnerung sie einholte. Ich unterbrach die Stille nicht. Kumari brauchte nicht alle Einzelheiten jener Tage wieder hervorzuholen, die sie so angestrengt zu vergessen versucht hatte. Sie und Manju waren jetzt die ältesten Kinder in der Familie: Ich wusste, was es für ein Gefühl war, wenn die Verantwortung für die Jüngeren auf einen selbst überging. Man wollte alle Sorgen für sich behalten. Sicherstellen, dass die Jüngeren eine glückliche Kindheit hatten, auch wenn das bedeutete, dass man sich selbst zum Lächeln und Durchhalten zwingen musste.

Ich drehte eins von Tenzins Elefantenfigürchen in der Hand hin und her.

Meine Entscheidungen hatten tiefe Spuren in dem Umfeld hinterlassen, in dem diese Kinder aufwuchsen. Tantchens Ruf war beschmutzt. Die Erinnerung an mich hatte den Alltag im Haus überschattet, obwohl ich alles getan hatte, um das Leben meiner Adoptivgeschwister zu verbessern. Sie waren der Grund, dass ich Bianfu werden wollte. Ich hatte ihnen das geben wollen, was ich als Kind nicht gehabt hatte. Stattdessen hatte ich ihnen nur noch mehr Leid gebracht. Wenn ich gute Menschen berührte, machte ich sie zu Schatten ihrer selbst.

Kumari schniefte. Sie tat ihr Bestes, um ihrer Stimme wieder einen fröhlichen Klang zu verleihen: »Deine Rückkehr ist das hellste Licht, das dieses Dorf in diesem Jahr gesehen hat. Ich habe Tantchen schon lange nicht mehr so energisch erlebt. Und ich bin mir sicher, dass Dray dich auch sehen möchte. Mach dir keine Sorgen, *Gēge* – er kommt sicher sofort ins Dorf, sobald ihm die Nachricht von deiner Rückkehr zu Ohren kommt.«

»*Danke, Kumari*«, sagte ich und nickte ihr zu. Ich gab mir Mühe, ihren Worten zu glauben, aber mir stockte dennoch das Herz. Genau auf diese Situation hatte ich mich gefasst gemacht. Ich hatte gewusst, wie Drays Reaktion aussehen würde. Er würde nicht *sofort* zu mir kommen, wie Kumari sagte. Es war naiv gewesen zu glauben, dass er noch immer zu Hause auf mich wartete. Dass ich einen so großen Einfluss auf ihn hatte, dass er alles still ertrug, während ich im Hofdrama der Clans den großen Bösewicht spielte. Ich hatte ihn verletzt. Viel schlimmer, als ich gedacht hatte. Und ich hatte ihn verloren.

Das Gefühl, dass mir der Boden unter den Füßen wegbrach, machte mir weniger zu schaffen, als ich gedacht hätte. Eigentlich fühlte ich kaum etwas. Ich stellte den Holzelefanten zurück auf die Fensterbank.

Der Mond wirkte erstaunlich groß und klar. Er warf sein silbernes Licht auf die Berge, während ich die Beine über die Felskante baumeln ließ. Die Feuchtigkeit hatte sich zu einem Nebel verdichtet, der im leichten Wind dahinwallte wie Wellen auf einem bodenlosen Meer.

Ich dachte an die Zeiten, als ich mich über eine Brücke mit Qiu verbunden und mich dann vom Felsvorsprung fallen gelassen hatte. Ich war durch den Vorhang aus Nebel gestoßen wie ein Falke auf der Jagd. Diese Berge waren mein Spielplatz gewesen, meine ganze Welt. Ich wusste noch genau, wo die in den Fels geschlagenen Pfähle und die dicken Seile darauf warteten, dass jemand sie benutzte. Einen von ihnen hatte ich wiedergefunden. Das Seil war in den vergangenen eineinhalb Jahren grau geworden, aus den Spalten im Fels waren Äste gewachsen und hatten es überwuchert.

So verschwand also jeder Hinweis auf unsere Existenz, wenn wir nicht mehr da waren?

Ich sah zum nachtschwarzen Horizont und dachte an Ren. Er war irgendwo dort. Unter demselben Himmel und demselben Mond. Ich hatte gehört, dass es in der Ferne, jenseits von Naraka, Städte gab, die genauso riesig waren wie Penglai. Sie gehörten zu Nationen, deren Bewohner viele verschiedene Sprachen benutzten und Dutzende Gottheiten verehrten, andere als die, die ich kannte. Die meisten Einwohner von Fusang wussten nichts von ihnen – nur jene, die neugierig genug waren, hatten sich einzelne Informationsschnipsel zu kleinen Wissensbrocken zusammengesetzt.

Wie dumm … Meine Gedanken flogen schon wieder anderen Ländern entgegen, obwohl ich doch gerade erst in Madang angekommen war, meinem Heimatdorf, nach dem ich mich in der Fremde so gesehnt hatte. Vielleicht ja gerade deshalb. Vielleicht entsprach dieser Ort nicht mehr dem, was ich mir gewünscht hatte. Ich sah um mich herum alles, was die Heimat meiner Kindheit ausmachte – bis hin zu einzelnen Häusern und den Kletterseilen am Fels –, aber ohne Dray, Ren und Qiu fühlte sich alles anders an.

Wenn das Wichtigste fehlte, waren die Spuren der Vergangenheit nur noch schmerzhaft. Sie erinnerten an Zeiten, deren Vollkommenheit man erst im Nachhinein erkannte. Es hatte eine Zeit gegeben, als ich alles gehabt hatte.

Ich schloss die Augen und konzentrierte mich darauf, die Nacht meiner Heimat zu spüren. Ich atmete die Berge ein. Die kalte Luft duftete nach Kiefern, Eis und dem Rauch, der sich in meinem dicken Filzumhang festgesetzt hatte.

Ich lauschte dem Pfeifen des Windes.

Dem Rauschen der Bäume.

Dem Klappern von Hufen.

Letztere gehörten zu einem Pony, einem der stämmigen namlaischen Reittiere, die daran gewöhnt waren, sich im steilen und unebenen Gelände zu bewegen. Kleine Steine kullerten den Abhang hinunter, während das Pony nach einem festen Halt suchte und gemächlich den Hang hinaufstieg. Ich öffnete die Augen und saß wie versteinert da, während ich auf das Hufklappern lauschte, das immer näher kam. Dummes Herz. Warum schlug es nicht schneller, wenn ich an einem tödlichen Abhang saß, aber wenn es ein Pony hörte, fing es an, wie wild zu hämmern? Ich drückte die Hand in einem plötzlichen Anfall von Schwäche auf den Felsvorsprung.

Der Reiter hielt sein Pferd hinter mir an. Stille. Er stieg nicht aus dem Sattel, so als wüsste er nicht, ob er das gefahrlos tun konnte. Er hielt sich alle Möglichkeiten offen, war bereit, schnell zu reagieren, als säße an der Felskante nicht ich, sondern ein seltenes Raubtier, das beim kleinsten Rascheln entweder angreifen oder in der Nacht verschwinden würde.

Ich konnte beides tun. Ich sehnte mich so sehr nach ihm, dass mein Verstand aussetzte. Allein das Geräusch seines Atems war die reinste Folter.

Ich drehte den Kopf, wagte es aber nicht, ihn anzusehen. Stattdessen drückte ich das Kinn auf meine Schulter und starrte auf die im Wind schwankenden Grashalme. Er sah mein Gesicht, bevor ich ihn sah. Ich fragte mich, wie anders ich in seinen Augen wirken mochte. Wie ein Wächter. Der Wind spielte mit meinen langen, halb zusammengebundenen Haaren, meine Haut war gebräunt, und der schwarze Winterumhang betonte meine breiter gewordenen Schultern.

Dray sagte erst einmal nichts. Ich spürte seinen Blick auf mir ruhen.

Seine Stimme war tiefer, als ich sie in Erinnerung hatte. Ihr wohnte eine Kälte inne, ein freudloser Zynismus, den ihm die harten Jahre aufgezwungen hatten. Ich war mir nicht sicher, welche Gefühle in seinen Worten mitschwangen. Vielleicht Unglauben. Wut. Zorn.

»*Priya*«, sagte er. »Du bringst mich noch ins Grab.«

Ich atmete zitternd ein. Dann wandte ich mich um und sah ihn an.

Epilog

Im Herzen von Youdu, der größten Arbeiterstadt in Naraka, öffnete ein junger Mann widerwillig die Augen. Er blickte hinauf zu dem niedrigen Strohdach, vor dem die Rauchschwaden Bilder aus seinem Unterbewusstsein erstehen ließen, und sah, wie im Rauch ein Falke erschien. Ein Khukri. Eine Frau mit Zöpfen, die ihr bis zur Taille reichten.

Der Mann schloss die Augen wieder. Er rieb sich das Gesicht und setzte sich in seinem Bett aus Fellen auf. Neben ihm schmolz ein Mädchen mit Grübchen in den Wangen über einer Öllampe Kristalle, formte aus ihnen einen kleinen Klumpen und stopfte ihn in eine Pfeife. Das Verlangen nach der Droge schnürte dem Mann den Hals zu. Sein Mund war knochentrocken, und kalter Schweiß ließ die Muskeln auf seinem Rücken erzittern.

»Mein Gebieter«, sagte das Mädchen und reichte ihm die angezündete Pfeife.

Der Mann nahm sie zwischen seine trockenen Lippen und sog gierig den Rauch ein. Ein scharfes Brennen reizte seine Kehle und seinen Brustkorb, bevor es sich in eine weiche, betäubende Wärme verwandelte. Sie zog den Mann in einen sanften Nebel, verwischte die Umrisse der Frau im Rauch. Erst dann war er bereit, den Fremden anzusehen, den man in sein Haus gebracht hatte.

Der Junge, der in der Mitte des Zimmers stand, war sicher noch keine zwanzig Jahre alt. Das bedeutete, dass er sein Zuhause aus freiem Willen verlassen hatte und nach Naraka gekommen war. Er hatte seinen schwarzen Kegelhut abgenommen und umklammerte ihn mit beiden Händen.

»Mir ist schon berichtet worden, was in Yueyang passiert ist«, sagte der Mann. »Zheng Shi hat mir genau aufgelistet, wie viele Feuerwaffen und Kameraden wir verloren haben. Was hast du dem noch hinzuzufügen?«

»Ich gehöre zu den Kämpfern, die den Sommerpalast angegriffen haben, mein Herr«, sagte der Junge. »Ein Wächter hat mich mit seinem Schwert getroffen, aber ich hatte Glück – die Klinge hat weder mein Herz noch meine Lunge durchbohrt. Ich habe es geschafft, aus dem Palast zu fliehen, bevor General Meng Jin seine Truppen nach Yueyang verlegt hat.«

»Was für ein Zufall«, sagte der Mann und zog erneut an seiner Pfeife. »Hast du es auch geschafft, auf dein Gewehr aufzupassen?«

»Es tut mir leid ... Ich habe es verloren. Aber mein Herr, das ist es nicht ...« Der Junge unterbrach sich und schluckte. »Das ist gar nicht das, was ich berichten wollte. Ich habe nämlich ... Als ich getroffen wurde, bin ich vom Dach gefallen. Meine Kameradin ist oben geblieben. Sie hat es geschafft, den Wächter einen Moment lang in Schach zu halten, und währenddessen habe ich zufällig etwas gehört, was Ihr wissen solltet.«

»Und zwar?«

»Der Wächter, der mich verwundet hat – er trug den Namen Eures Bruders. Kong Dawei.«

Die Stimme des Jungen versagte. Er ließ die Schultern sinken, während der Mann sich mit einem Mal aufrichtete. Der Klang des Namens löste in ihm ein plötzliches Schuldgefühl aus, das er schon so lange versuchte, mit der Pfeife zu ersticken. Die Finger des jungen Aufständischen zupften an der Krempe seines Hutes. Mit zitternder Stimme fuhr er fort: »Er hat mich verwundet und ... Xiaolian getötet. Er steht auf der Seite der Clans und kämpft gegen uns.«

»Fusang ist groß. Viele Soldaten haben denselben Familiennamen wie ich.«

»Er hatte einen Falken. Und goldene Augen – ich bin mir sicher, dass sie durch eine Brücke miteinander verbunden waren.« Der Junge warf dem Mann einen verstohlenen Blick zu. »Mein Gebieter. Ich möchte Euch nicht schockieren oder haltlose Gerüchte verbreiten. Ich erzähle nur, was ich selbst gehört und gesehen habe.«

»Mmhm.« Der Mann legte den Kopf zur Seite. Er schwenkte die Pfeife und betrachtete sie, als überlegte er, ob er seine Lunge noch einmal mit dem betäubenden Rauch füllen wollte. Alles, was der Junge sagte, klang nach leerem Geschwätz. Alles außer dem Namen. Er legte die Pfeife auf den Tisch. »Gut, dass du aus Yueyang entkommen bist und mir deine Treue beweist, indem du von dem berichtest, was du erfahren hast. Aber. Du hast in deiner Mission versagt und eines unserer wertvollen Gewehre an die Drachenarmee verloren. Du weißt genau, was ein gescheiterter Krieger in den Reihen des Eisenaufstands tun muss.«

»Ja, mein Gebieter.«

Der junge Aufständische verbeugte sich. Sein Gesicht war schweißüberströmt, auch wenn er sicher gewusst hatte, dass es so kommen würde. So lief es beim Eisenaufstand. Dies waren die Regeln, auf die sie sich geeinigt hatten, und jedes Mitglied befolgte sie mit unerschütterlichem Stolz. Der Eisenaufstand war eine Bewegung, die junge Arbeiter dazu brachte, ihr Bündel zu schnüren und ihr Leben für die Ideale der Revolution zu opfern. Auch dieser Junge war bereit gewesen, unter dem Schwert eines Wächters in Yueyang zu fallen. Obwohl er überlebt hatte, hatte er seinen Anführer enttäuscht und würde daher um Vergebung bitten, indem er sich ein Stück seines eigenen Fleisches abschnitt.

Der junge Aufständische zog ein Messer aus dem Gürtel. Dann kniete er sich hin und legte die linke Hand auf den Boden. Die Finger gespreizt. So fest, dass seine Hand nicht zitterte. Er setzte das Messer am kleinen Finger an.

Der Mann beugte sich vor.

»Mach dir keine Sorgen. Es ist nur ein Finger. Du wirst lernen, ohne ihn zu leben.« Er legte den Ellenbogen auf sein Knie – den Arm, der keine Pfeife hielt, kein Schwert, überhaupt nichts. Der zaghafte Blick des Jungen traf auf den Lederschutz über dem Armstumpf, wo die Tigerschlampe vor zwei Jahren den Geren des Mannes abgetrennt hatte.

Kong Qirens Lippen verzogen sich zu einem Grinsen. Die Rauchschwaden kringelten sich vor seinem Gesicht.

»Erzähl es mir noch mal, mein Freund«, flüsterte er. »Was genau hat mein *Dìdi* getan?«

Nachwort der Autorin

Dass ich Daweis Geschichte erzählen konnte, ist das Verdienst zahlreicher Menschen, die mir geholfen haben. Wenn ich als Schriftstellerin über eine andere Kultur als meine eigene schreibe, kommt der Recherche und einer verantwortungsvollen Darstellung eine besondere Bedeutung zu. Geschichten können das Weltbild ihrer Leser*innen beeinflussen, im Guten wie im Schlechten. Darauf, wessen Geschichten erzählt und welche Werte als Norm angesehen werden, kann jede*r Einfluss nehmen.

Die Arbeit an *Die Gabe des Schattenkriegers* war für mich sehr lehrreich und emotional. Ich habe mich dem Thema mit großer Offenheit genähert und zugleich die Tatsache akzeptiert, dass meine Darstellung nicht allumfassend sein kann. Ostasien ist ein großes Gebiet, das eine Vielzahl unterschiedlicher Länder und Kulturen umfasst. Aus diesem Grund halte ich es für wichtig zu betonen, dass der fiktionale Staat Fusang seine Inspiration nicht aus einer einzigen Kultur bezieht und dass er sich als solcher nicht mit bestehenden Staaten vergleichen lässt. Ungeachtet dessen habe ich mich bemüht, zum Beispiel die Han-chinesische und die tibetische Kultur so gut wie möglich zu respektieren. Obwohl die Fantastik ihren Autor*innen sogenannte künstlerische Freiheiten gewährt und sich das in *Die Gabe des Schattenkriegers* verwendete historische Material nicht nur auf eine einzelne Epoche bezieht, habe ich kulturelle Fakten nicht bewusst übergangen. Eventuelle Fehler habe ich mir selbst zuzuschreiben.

Ungeachtet meiner Recherchearbeit hätte ich dieses Buch nicht allein schreiben können. Ich hatte das Privileg, von zahlreichen Expert*innen, qualifizierten Leser*innen sowie meinen Freund*innen, meiner Familie und natürlich dem Team der Kinder- und Jugendbuchabteilung bei WSOY unterstützt zu werden. Ohne ihren Einsatz gäbe es dieses Buch nicht. Daher möchte ich als Nächstes den Menschen danken, die bereitwillig alle meine Fragen beantwortet, bereichernde Gespräche mit mir geführt und meine Arbeit geprüft haben.

Ich danke Wang Zhiying, die mich mit der chinesischen Kultur vertraut gemacht hat. Während meine Eltern in Foshan in der chinesischen Provinz Guangdong lebten, hatte ich das Vergnügen, Zhiying, Mr. Wen und Xia kennenzulernen, die mir außer Foshan und Guangzhou auch Guilin und Yangshuo gezeigt haben. Zhiying hat außerdem mit großem Einsatz die Namen aller Figuren überprüft, die ihre Inspiration aus China beziehen, zum Beispiel Kong Dawei 孔大为 und Kong Qiren 孔其仁.

Ich danke meinen Testleser*innen: Jenna Kostet, Juha Tuisku und Sini Helminen, die die erste Version meines Buches gelesen und mir dabei geholfen haben, der Geschichte eine bessere Form zu geben. Ich kann nicht genug betonen, wie wichtig ihr Feedback während der ersten Phase des Schreibens war, als ich noch nicht wusste, ob ich mich in die richtige Richtung bewege oder völlig auf dem Holzweg bin.

Ich danke den Testleser*innen, die wertvolle Expertise beigesteuert haben: Esmeray Eemil Kontu, dey in die finnische Gebärdensprache dolmetscht und die Darstellung von gebärdensprachlicher Kommunikation im Roman überprüft hat, sowie Alice Jäske, einer der Gründerinnen der Gruppe »Mixed Finns«, mit der ich wichtige und aufschlussreiche Gespräche über die kulturelle Repräsentation in diesem Roman geführt habe.

Ich danke Erik Salminen für sein Wissen über Nepal sowie Ketsarin Wongphiankeao, die mir mit den thailändisch inspirierten Namen geholfen hat.

Weiterhin danke ich Anniliina Lassila, Paula Halkola und Ulla

Huopaniemi-Sirén von WSOY, die das Potenzial des Romans gesehen und ihm eine Heimat bei WSOY gegeben haben. Ein besonderes Dankeschön gebührt meiner Lektorin Anniliina, die mich beim Schreiben in die richtige Richtung gelenkt hat und mir vor allem die dringend benötigte Unterstützung und den Ansporn während des langen Arbeitsprozesses gegeben hat.

Ich danke der Grafikerin Kaisu Sandberg für das wunderbare Cover, auf das ich wahnsinnig stolz bin! Außerdem danke ich der Kulturstiftung »Suomen Kulttuurirahasto«, dem Zentrum für Kunstförderung »Taiteen edistämiskeskus« und der Kulturstiftung von WSOY für die Finanzierung meiner schriftstellerischen Arbeit. Ich danke dem Zentrum für Literaturförderung KIDE für die Finanzierung meiner ersten Recherchereise.

Und ich danke meiner Familie: meinem Vater und meiner Mutter, mit denen ich meine ersten Erfahrungen auf dem chinesischen Festland teilen durfte. Ich danke Arttu und Tiina mit ihren Familien, außerdem Markus, der mich im Entstehungsprozess des Buches unterstützt und auch in den hektischsten Zeiten noch Verständnis für mich gezeigt hat.

Und schließlich danke ich euch, liebe Leser*innen, die ihr zusammen mit mir nach Fusang gereist seid: Eure Unterstützung macht mich unfassbar glücklich.

Glossar

A-
(z. B. A-Lian, A-Ling)
阿, Partikel, das vor einen Namen bzw. die Kurzform eines Namens gesetzt wird, um eine nahe Beziehung zu dieser Person auszudrücken.

dàgē
大哥 »ältester Bruder«, auch als Anrede für einen gleich alten oder älteren Freund.

dìdi
弟弟 »kleiner Bruder«, auch als Anrede für einen jüngeren Freund.

-ér
(z. B. Ling-ér, Huan-ér)
儿, Partikel, das an den Namen angehängt wird, um eine nahe Beziehung zu dieser Person auszudrücken.

gānmā
干妈 (umgangssprachlich) Adoptivmutter

gēge
哥哥 »großer Bruder«, auch als Anrede für ältere, nicht verwandte Personen, je nach Ton und Situation respektvoll, vertraulich oder kokett.

gōngzǐ
公子 Anrede für den Sohn eines Beamten oder eines Adligen.

gūniang
姑娘 Mädchen, unverheiratete Frau

jiě, jiějie
姐, 姐姐 »große Schwester«, Anrede für eine ältere Schwester oder ein älteres Mädchen bzw. eine junge Frau im Allgemeinen.

mèimei
妹妹 »kleine Schwester«, Anrede für eine jüngere Schwester oder ein jüngeres Mädchen bzw. eine jüngere Frau im Allgemeinen.

priya
परयिा (priyā) »Liebling, Schatz«

qiánbèi
前辈 »Älterer, Angehöriger einer früheren Generation«, ehrenvolle Anrede für jemanden, der einen höheren Rang innehat oder über mehr Erfahrung verfügt.

shàoye
少爷 »junger Herr«, formelle Anrede von Bediensteten gegenüber dem Sohn ihres Herrn oder ihrer Herrin; auch allgemein: Bezeichnung für einen Sohn aus einer reichen oder adeligen Familie.

shīdì
师弟, Anrede für einen jüngeren Mitschüler in einer chinesischen Kampfkunstschule, wobei das Alter sich nach der chronologischen Reihenfolge in der Nachfolge eines Lehrmeisters richtet; auch allgemein: jüngerer Mitschüler.

shījiě
师姐, Anrede für eine ältere Mitschülerin in einer chinesischen Kampfkunstschule; auch allgemein: ältere Mitschülerin.

shīmèi
师妹, Anrede für eine jüngere Mitschülerin in einer chinesischen Kampfkunstschule; auch allgemein: jüngere Mitschülerin.

shīxiōng
师兄, Anrede für einen älteren Mitschüler in einer chinesischen Kampfkunstschule; auch allgemein: älterer Mitschüler.

shīzūn
师尊 »Lehrer, Meister«, respektvolle Anrede.

shuài gē
帅哥 »hübscher großer Bruder«, höfliche Anrede für jemanden, mit dem man nicht verwandt ist.

Elina Pitkäkangas stammt aus Nokia, Finnland, und setzt sich aktiv für YA-Literatur ein. Sie hat Kreatives Schreiben studiert und ihren Master an der Universität Helsinki mit dem Schwerpunkt Literatur gemacht. In ihren Werken verbindet sie nahtlos Elemente aus der Fantasy mit Sozialkritik und moralischen Fragen. Sie wurde unter anderem mit dem Topelius-Preis, dem Literaturpreis der Stadt Tampere und dem Kuvastaja-Preis ausgezeichnet. Bisher hat sie fünf Romane veröffentlicht und postet regelmäßig Videos auf TikTok und Instagram unter @elinapitkakangas.

Von Elina Pitkäkangas sind bei cbj erschienen:
Die Gabe des Schattenkriegers (31718)

Claudia Nierste hat Fennistik, Skandinavistik und Slawistik in Greifswald und Tampere (Finnland) studiert und übersetzt Belletristik und Sachliteratur aus dem Finnischen.

Sarah Onkels wuchs im Rheinland auf und studierte Germanistik, Skandinavistik und Keltologie in Bonn, Köln und Turku. Die Liebe zu Fremdsprachen zog sie auf Reisen, und so verbrachte sie privat wie beruflich längere Zeit in Finnland, Island und Nordamerika. Heute arbeitet sie als Übersetzerin aus dem Finnischen und den skandinavischen Sprachen, schwerpunktmäßig im Bereich Kinder- und Jugendbuch.

Mehr zu unseren Büchern auch auf Instagram

Sabaa Tahir

An Ember in the Ashes

An Ember in the Ashes
Band 1, ca. 512 Seiten,
ISBN 978-3-570-31695-5,
erscheint im April 2025

A Torch Against the Night
Band 2, ca. 512 Seiten,
ISBN 978-3-570-31712-9,
erscheint im Juni 2025

A Reaper at the Gates
Band 3, ca. 512 Seiten,
ISBN 978-3-570-31697-9,
in Vorbereitung

A Sky Beyond the Storm
Band 4, ca. 512 Seiten,
ISBN 978-3-570-31698-6,
in Vorbereitung

Während Elias in der berühmten Militärakademie von Blackcliff dazu ausgebildet wird, als Elite-Krieger die silberne Maske der Macht voller Stolz und ohne Erbarmen zu tragen, muss Laia täglich die Willkür der Herrschenden fürchten. Als ihre Familie ermordet wird und ihrem Bruder die Hinrichtung droht, schließt sie sich dem Widerstand an. Als Sklavin getarnt, dringt sie in das Innerste von Blackcliff vor. Dort trifft sie auf Elias, den jungen Krieger, der eigentlich ihr Feind sein müsste. Und doch sind ihre Wege schicksalhaft miteinander verknüpft ...

30516_4

www.cbj-verlag.de

Rachel E. Carter
Magic Academy

Das erste Jahr
Band 1, 416 Seiten,
ISBN 978-3-570-31614-6

Die Prüfung
Band 2, 496 Seiten,
ISBN 978-3-570-31615-3

Die Kandidatin
Band 3, 448 Seiten,
ISBN 978-3-570-31616-0

Der letzte Kampf
Band 4, 560 Seiten,
ISBN 978-3-570-31617-7

eOnly

Der dunkle Prinz
eOnly, 146 Seiten
ISBN 978-3-641-22572-8

Die 15-jährige Ryiah kommt mit ihrem Zwillingsbruder an die Akademie. Die berüchtigtste Ausbildungsstätte ihres Reichs, an der nur die besten Schüler aufgenommen werden. Nur fünfzehn der Neuankömmlinge werden die Ausbildung antreten dürfen. Der Wettkampf um die begehrten Plätze ist hart und die Rivalität groß. Werden die Zwillinge trotz aller Widerstände gut genug sein, um sich an der Akademie zu behaupten?

30502_4

www.cbj-verlag.de